W0244719

INHALTSVERZEICHNIS

UEBER DEN EINFLUSS DES VERSCHIEDENEN CHARAKTERS
DER SPRACHEN AUF LITERATUR UND GEISTESBILDUNG

Dass eine Sprache bloss ein Inbegriff willkührlicher, oder zufällig üblich gewordener Begriffszeichen sey, ein Wort keine andre Bestimmung und Kraft habe, als einen gewissen, ausser ihm entweder in der Wirklichkeit vorhandenen, oder im Geiste gedachten Gegenstand zurückzurufen, und dass es daher gewissermassen als gleichgültig angesehen werden könne, welcher Sprache sich eine Nation bediene, sind Meynungen, die man wohl bei niemanden mehr voraussetzen darf, welcher der Natur der Sprachen auch nur einiges Nachdenken gewidmet hat. Man kann vielmehr als allgemein anerkannt annehmen, dass die verschiedenen Sprachen die Organe der eigenthümlichen Denk- und Empfindungsarten der Nationen ausmachen, dass eine grosse Anzahl von Gegenständen erst durch die sie bezeichnenden Wörter geschaffen werden, und nur in ihnen ihr Daseyn haben (was sich in der Art, wie sie im Worte gedacht werden, und im Denken durch Sprache auf den Geist wirken, eigentlich auf alle ausdehnen lässt), dass endlich die Grundtheile der Sprachen nicht willkührlich, und gleichsam durch Verabredung entstanden, sondern aus dem Innersten der Menschennatur hervorgegangene, und sich (man könnte hinzusetzen: als gewissermassen selbstständige Wesen in einer bestimmten Persönlichkeit) erhaltende, und forterzeugende Laute sind. Allein über die Natur des Einwirkens der Sprache auf das Denken, die Andeutung derjenigen unter ihren Eigenschaften, auf welchen es eigentlich beruht, die Festsetzung der Erfordernisse in ihr, wenn darin ein solcher, oder solcher Grad erreicht werden, oder diese, oder jene bestimmte Verschiedenheit des Denkens hervorgebracht werden soll, über die Abhängigkeit, oder Unabhängigkeit, in der sich die Nation zu ihrer Sprache befindet, die Macht, die sie über dieselbe ausüben kann, oder den Zwang, den sie von ihr erleiden muss, liegt das Feld der Forschung noch offen, und man darf, wenn man auf diese Fragen eingeht, eher besorgen, ein wenig zugängliches, als ein schon zu oft durchwandertes Gebiet zu betreten.

Es ist der Zweck der gegenwärtigen Arbeit, diese Untersuchung vorzunehmen, und so weit, als nothwendig und möglich scheinen wird, fortzuführen, dabei ebensowohl rein betrachtend, und in die Natur der Sprache überhaupt eindringend, als geschichtlich durch Prüfung der

bedeutendsten wirklich vorhandenen Sprachen zu verfahren, und auf
diese Weise dahin zu gelangen, den Einfluss des verschiedenen Charakters der Sprachen (welchen genau festzustellen schon an sich keine
leichte Aufgabe ist) auf Literatur und Geistesbildung zu bestimmen.

Wenn die Grammatik und Wörterlehre als die Zergliederung der
Sprachen gelten können, so werden wir hier gleichsam auf ihre physiologischen Functionen geführt; erkennen, wie ihre Bestandtheile einzeln,
und zusammen wirken, und wie sich daraus und dadurch ihr organisches Leben gestaltet. Denn ein solches kann den Sprachen nicht abgesprochen werden. Die Geschlechter vergehen, aber die Sprache bleibt;
jedes findet sie schon vor, und stärker und mächtiger, als es selbst ist,
ergründet sie nie ganz, und hinterlässt sie dem nachfolgenden; ihr Charakter, ihre Eigenthümlichkeit lässt sich nur durch die ganze Reihe der
Geschlechter hindurch erkennen, aber sie verbindet sie alle, und alle
stellen sich in ihr dar; man sieht, was sie einzelnen Zeiten, einzelnen
Männern verdankt, aber was alle ihr schuldig sind, bleibt immer unbestimmbar. Im Grunde ist die Sprache, nicht wie sie in fragmentarischen
Lauten und Werken auf die Nachwelt kommt, sondern in ihrem regen,
lebendigen Daseyn, nicht auch die äussere bloss, sondern zugleich die
innere, in ihrer Einerleiheit mit dem durch sie erst möglichen Denken,
die Nation selbst, und recht eigentlich die Nation. Denn was ist die
Sprache anders, als die Blüthe, zu der Alles in des Menschen körperlicher und geistiger Natur zusammenstrebt, in der sich Alles sonst Unbestimmte und Schwankende erst gestaltet, und die feiner und aetheri-
scher, als die immer tiefer mit Irrdischem vermischte That ist? Sie ist
aber ebenso die Blüthe des Organismus der ganzen Nation. Denn der
Mensch kann sie ebensowenig allein hervorbringen, als bloss von andern empfangen, und das Geheimniss ihres Ursprungs beruht auf dem
Geheimniss einer getrennten, und doch in höherem Sinne wieder unläugbar verbundenen Individualität.

Bei der Untersuchung des Einflusses der Sprachen auf die Nationen
scheint es vielleicht sonderbar, gerade der Literatur zu erwähnen, die oft
bloss ein künstliches, nicht von selbst, und durch die Begeisterung der
eignen Sprache aus ihr hervorgehendes Werk ist. Ein Volk gewährt im
häuslichen und öffentlichen Leben, auch wenn es nie nur zu einem Anfange von Literatur gelangte, viel merkwürdigere Erscheinungen, und
grössere Energien, die gewiss nicht minder unter dem Einfluss der Sprache stehen, und diese geht meistentheils nur geschwächt und arm gemacht in Schriften und Bücher über, indess sich ihr voller Strom kräftig
und sinnvoll durch die tägliche Rede des Volkes ergiesst. Die Bildung
einer Literatur gleicht der Bildung der Verknöcherungspunkte in dem
alternden menschlichen Körperbau, und von dem Augenblick an wo der
frei in Rede und Gesang ertönende Laut in den Kerker der Schrift ge-

bannt wird, geht die Sprache erst angeblicher Reinigung, dann ihrer Verarmung, und endlich ihrem Tode zu, wie reich und weitverbreitet sie seyn möge. Denn der Buchstabe wirkt erstarrend auf die noch einige Zeit frei und mannigfaltig neben ihm fortbestehende gesprochene Rede zurück, drückt seine ungebundneren Ausbrüche, seine vielfachen Formen, seine jede kleinste Nuance bildlich bezeichnenden Modificationen durch seine Vernehmlichkeit zur Volkssprache herunter, und duldet bald nichts mehr um sich, als was ihm gleich ist. Allein auf der andren Seite ist dies ein unvermeidliches, nur daher entspringendes Uebel, dass die Sprache mit allem übrigen Irrdischen ein vergängliches Daseyn theilt. Denn wenn die Schrift sie nicht heftet, wenn die Gegenwart nichts hat, als die immer dunkle und schwankende Ueberlieferung um die Töne der Vorwelt zu vernehmen, so wird kein Fortschritt festgehalten, und alles läuft in einem dem Zufall allein überlassenen Kreisgang durch einander. Auch gehören selten in der Weltgeschichte wiederkehrende Verknüpfungen von Umständen dazu, wenn es einer Sprache, da sie aus der Alltagsrede des Volks in ein abgeschiedneres Gebiet der Ideen geborgen wird, nicht an Reinheit, Adel, und Würde fehlen soll. Ohne also, was gewiss sehr irrig wäre, das Daseyn, oder den Mangel einer Literatur gerade als das Kennzeichen anzusehen, das den Einfluss der Sprachen auf die Geistesbildung bestimmte, kann man doch bei einer Untersuchung, wie die gegenwärtige, nicht nur die Literaturen der Nationen nicht übergehen, sondern muss sogar dabei anfangen, das Augenmerk auf sie zu richten, da sie allein feste und sichere Formen abgeben, in welchen sich der Einfluss der Sprachen ausprägt, und durch die man ihn sicher beweisen kann. Zugleich aber muss man allerdings frei von aller, dem Sprachforscher gerade am wenigsten geziemenden Geringschätzung solcher Sprachen seyn, die vermuthlich nie eine Literatur besessen haben, noch besitzen werden, und kann gewiss aus ihnen einen grossen und mächtigen Nutzen auch für diese Untersuchung ziehen. Denn eine unpartheiische Prüfung wird zeigen, dass auch scheinbar dürftige und rohe Sprachen reichlichen Stoff zu feiner und vielseitiger Bildung in sich tragen, der darum, dass er nicht durch Schriften wirklich ausgebildet wird, nicht ohne Wirkung auf die Sprechenden bleibt. Denn da das menschliche Gemüth die Wiege, Heimath und Wohnung der Sprache ist, so gehen unvermerkt, und ihm selbst verborgen, alle ihre Eigenheiten auf dasselbe über. Auf den hier angedeuteten Einfluss der Schrift auf die Sprache, der übrigens auch schon vielfältig, vorzüglich bei Gelegenheit der Aufzeichnung der Homerischen Gesänge, bemerkt worden ist, werden wir in der Folge noch besonders zurückkommen. Der Gang mancher Sprachen lässt sich bloss durch diese Wanderung aus Volks- in Schriftsprache erklären, und wenn man Montaigne mit Voltaire vergleicht, sollte man meynen, die Sprache einer Nation sey in die eines Stadtzirkels übergegangen.

Es giebt noch immer, und nicht wenige Menschen, welche, die Sprache doch mehr für ein gewissermassen in sich gleichgültiges Werkzeug haltend, alles, was man von ihrem Charakter behauptet, dem Charakter der Nation beilegen. Für diese wird in dieser ganzen Untersuchung immer etwas Schiefes liegen, und nach ihnen wird hier nicht vom Einfluss der Sprachen, sondern vom Einfluss der Nationen auf ihre eigne Literatur und Bildung die Rede seyn. Man kann, um diese Ansicht zu widerlegen, auf die Thatsache aufmerksam machen, dass doch gewisse Sprachformen dem Geist unläugbar eine gewisse Richtung geben, und ihm einen gewissen Zwang auflegen, und dass, um in einer wortreichen und wortarmen dieselben Ideen auszudrücken, man doch wenigstens einen verschiedenen Gang gehen, und also wenigstens Vorzüge mit Vorzügen vertauschen muss, was unmöglich ohne allen ferneren Einfluss bleiben kann. Man kann hernach ferner zeigen, dass …

UEBER DEN NATIONALCHARAKTER DER SPRACHEN

Bruchstück

Ich habe in einer meiner früheren akademischen Vorlesungen die Aufmerksamkeit darauf zu richten versucht, dass die Verschiedenheit der Sprachen in mehr, als einer blossen Verschiedenheit der Zeichen besteht, dass die Wörter und Wortfügungen zugleich die Begriffe bilden und bestimmen, und dass, in ihrem Zusammenhange, und ihrem Einfluss auf Erkenntniss und Empfindung betrachtet, mehrere Sprachen in der That mehrere Weltansichten sind.

Ich habe in einer andren Vorlesung in dem Baue der Sprachen die Stufe aufgesucht, von welcher aus Dichtung und wissenschaftliche Forschung erst in Klarheit und Freiheit möglich werden, und mithin eine Forderung aufgestellt, die, ohne Rücksicht auf besondre Eigenthümlichkeit, an alle ergeht.

Ich wünschte gegenwärtig auf diesen Grund fortzubauen, die Sprachen an dem Punkte aufzunehmen, wo sie im Stande sind, in das Tiefste und Feinste des geistigen Strebens einzugreifen, allein die Individualität in Betrachtung zu ziehen, in der sie sich auf verschiedene Wege vertheilen, um, jede mit der ihr einwohnenden Kraft, das allen gemeinschaftlich vorliegende Gebiet in das Eigenthum des Geistes umzuschaffen.

Dass Individualität Einheit der Verschiedenheit ist, braucht kaum erwähnt zu werden. Sie wird nur da bemerkbar, wo man in der Beschaffenheit, durch welche sich eine Sprache von der andren unterscheidet, auf gleiche Weise bewirkte und zurückwirkende Einerleiheit erkennt. Eine wahrhaft geistige aber kann nur in Sprachen vorhanden seyn, die schon eine höhere Stufe der Ausbildung erreicht haben.

Die Untersuchung dieser Individualitaet, ja sogar ihre genauere Bestimmung in einem gegebenen Falle ist das schwierigste Geschäft der Sprachforschung. Es ist unläugbar, dass dieselbe, bis auf einen gewissen Grad, nur empfunden, nicht dargestellt werden kann, und es fragt sich daher, ob nicht alle Betrachtung derselben von dem Kreise des wissenschaftlichen Sprachstudiums ausgeschlossen bleiben sollte?

Die Zergliederung des Baues und der Bestandtheile der einzelnen Sprachen gewährt zwei Arten des Gewinnes, die niemand leicht in Abrede stellen wird. Sie verbreitet Licht über die Art, wie der Mensch die Sprache zu Stande bringt, und ist allein fähig, mit Sicherheit über die Abstammung der Sprachen und Nationen zu entscheiden.

Von der letzteren dieser beiden Aufgaben ist es nicht nothwendig, hier weiter besonders zu reden. Die erstere hat man bisher meistentheils nur auf dem philosophischen Wege zu lösen versucht. Dies ist auch so wenig zu tadeln, dass man ihn auch künftig wird immer, neben dem historischen, verfolgen müssen, da jede Vernachlässigung des reinen Denkens sich in allen wissenschaftlichen Bemühungen immer empfindlich rächt. Allein das Schlimme war, dass man die philosophische Untersuchung zugleich durch Thatsachen, und durch unvollständig gesammelte, unterstützte, wodurch sich in den meisten Versuchen allgemeiner Grammatik dem entschieden Richtigen viel Halbwahres, und manches offenbar Falsche beimischte.[1] Das geschichtliche Studium kann zwar niemals Vollständigkeit gewähren, weshalb auf keinem Gebiete, auf welchem das reine Denken Gültigkeit hat, Erfahrung an die Stelle desselben treten kann. Allein es ist ganz etwas Andres, wenn die gesammte Masse des geschichtlich Bekannten, als wenn nur ein Theil davon zusammengestellt wird, da die Erfahrung immer in dem Grade ihrer Ausdehnung Allgemeinheit gewährt.

Es muss aber durch das vergleichende Sprachstudium dreierlei geschichtlich dargestellt werden:

1. wie jede Sprache die verschiedenen, bei dem Bedürfniss der Rede vorkommenden Aufgaben löst?

auf der einen Seite die grammatischen, und zwar wiederum:

welche Ansicht sie von jedem der einzelnen Redetheile, und von ihrer Verbindung gewährt?

welcher Bezeichnungsart der grammatischen Begriffe, der Anfügung, der Beugung, des Umlauts u. s. f. sie sich bedient?

welche Laute sie hierzu bestimmt, ob nur gewisse, wie die Arabische die sogenannten servilen, oder alle, und welche in jedem einzelnen Fall?

auf der andren Seite die lexicalischen Aufgaben:

wie in Absicht der Laute Wörter aus Wörtern entstehen?

nach welcher Vorstellungsweise in der Bedeutung der Wörter Begriffe aus Begriffen hergeleitet werden?

wie die Wörter sich zu den Begriffen, jedes den ihm angewiesenen erschöpfend, oder auch mehrere verwandte umfassend, verhalten?

ob und welcher erkennbare Zusammenhang zwischen den Lauten und ihren Bedeutungen Statt findet?

2. wie und woran die Sprachen, welchen wir einen langen Zeitraum hindurch folgen können, Veränderungen in ihrem Inneren erfahren haben?

3. welche Verschiedenheiten in Wortbau und Redefügung die nähe-

ren und entfernteren Verwandtschaftsgrade in Sprachen gemeinschaftlicher Abkunft zulassen?

Die systematische Zusammenstellung aller Thatsachen, welche die bekannten lebenden und todten Sprachen zur Beantwortung der hier aufgeworfenen Fragen liefern, ist ein Unternehmen, an dessen Möglichkeit und Wichtigkeit niemand zweifeln wird. Sie muss der Abfassung einer wahren Geschlechtstafel der Sprachen sogar vorangehen, da sich erst aus ihr ergeben kann, welche Uebereinstimmungen? in welchen Punkten und welchem Umfange? auf Gleichheit der Abstammung zu schliessen berechtigen.

Es giebt aber noch eine dritte Anwendung des geschichtlichen Sprachstudiums, die, deren Schwierigkeiten im Vorigen erwähnt worden sind, die Untersuchung der Individualität, in welcher die Sprachen auf das Denken und Empfinden einwirken.

Ich habe nicht geglaubt, dass mich diese Schwierigkeiten von der Behandlung dieses Gegenstandes abhalten dürften. Die Frage, ob die Sprachen in der That eine bestimmte Form geistiger Einwirkung besitzen, und ob, und woran diese Form in ihnen erkennbar ist, kann nicht übergangen werden, wenn das Sprachstudium es nicht aufgeben will, sich gerade in seiner höchsten und wichtigsten Beziehung klar zu werden. Richtige Ansicht lebendiger Kräfte muss allerdings die Hoffnung abschneiden, das Wirken derselben in seiner Individualitaet erschöpfend darzustellen. Man kann aber dem Umriss, dessen Linien wahrhaft zu beschreiben allerdings unmöglich bleibt, so nahe kommen, so viele Punkte bemerken, die seine Richtung bestimmen, dass sich dasjenige, was der genauen Schilderung widerstrebt, dennoch bis auf einen gewissen Grad empfinden und erahnden lässt. Man kann um so weniger der Begierde widerstehen, wenigstens den Versuch zu wagen, als das ermüdende Sammeln der unzähligen Einzelheiten, welches die Erforschung jeder Sprache voraussetzt, erst durch diese höheren Betrachtungen wirklich belohnt wird.

Die Eigenthümlichkeit der Nationen und Zeitalter vermischt sich so innig mit der der Sprachen, dass man unrecht thun würde, den letzteren zuzuschreiben, was ganz oder grössentheils den zuerst genannten Umständen angehört, und wogegen sich die Sprachen nur leidend verhalten. Schon einzelne Schriftsteller vermögen, mit denselben Wörtern, denselben Redefügungen, nur durch einen andren Gebrauch, vermittelst des kräftigen Anhauchs ihres Geistes, der Sprache in ihren Werken einen neuen Charakter aufzudrücken. So bleibt darum doch nicht weniger wahr:

1. dass die Sprache durch die auf sie geschehende Einwirkung eine Individualität erhält, die insofern ganz eigentlich auch zu ihrem Charakter wird, als sie nun auch wiederum in demselben zurückwirkt, und

als sie sich nur innerhalb der Gränzen desselben mit Willigkeit gebrauchen lässt.

2. dass ihre Rückwirkung um so bestimmender ist, als in ihr das vermittelst ganzer Zeiträume und Nationen in Masse Hervorgebrachte auf
das Individuum einwirkt, dessen selbst schon, durch die Gleichheit der
Einwirkungsursachen ähnlich gestimmte Individualität ihr nur wenig
zu widerstehen vermag.

3. dass, insofern auch, wie eben gesagt worden, einzelne Eigenthümlichkeit den Sprachen einen neuen Charakter verleihen kann,
auch solche Bildungsfähigkeit zu ihrem ursprünglichen Charakter
selbst gehört.

4. dass, da alle Folgen von Ursachen und Wirkungen stätige Reihen
sind, in welchen jeder Punkt durch einen vorhergehenden Punkt bedingt wird, und da unsre geschichtlichen Hülfsmittel uns immer nur in
die Mitte, nie in den Anfang einer solchen Reihe versetzen, jede einzelne Sprache der Nation, welcher wir sie zuschreiben, schon in einer gewissen Gestalt, mit bestimmten Worten, Formen und Fügungen überkommen ist, und daher eine Einwirkung auf sie ausgeübt hat, die nicht
bloss Rückwirkung einer von ihr empfangenen, sondern für diese Nation ursprünglicher Charakter der Sprache selbst war.

5. dass mithin, wenn man die Nation mit der Sprache zusammen-
denkt, in der letzteren allemal ein ursprünglicher Charakter mit einem
von der Nation empfangenen in Eins zusammengeschmolzen ist. Zwar
darf man auch hier nicht, und am wenigsten geschichtlich, einen gleichsam festen Punkt annehmen, wo eine Nation ihre Sprache im Entstehen
empfängt, da das Entstehen der Nationen selbst nur ein Uebergehen in
stätigen Reihen ist, und sich ebensowenig ein Anfangspunkt einer Nation, als einer Sprache gedenken lässt. Allein unsre Geschichtskunde
rechtfertigt doch nirgends die Annahme, dass je eine Nation durchaus
vor ihrer Sprache vorhanden gewesen, oder um es mit andren Worten
auszudrücken, dass irgend eine Sprache allein durch die Nation, der sie
angehört, gebildet worden wäre. Demnach liegt auch in jeder Sprache
eine ursprüngliche Eigenthümlichkeit und Einwirkungsweise. Doch
kann in den Sprachen, deren Ursprung in das Dunkel der Zeiten zu-
rückgeht, diese Verbindung eines doppelten Charakters gleichgültig erscheinen, da sich über den ursprünglichen nichts mehr ausmachen
lässt. Wo aber Sprachen, wie die lateinischen Töchtersprachen, durch
Veränderung und Vermischung uns als völlig ausgebildet bekannter entstanden sind, und, wie in diesem Fall, auch die Literatur der früheren
auf die späteren einwirkt, da wird die Unterscheidung des Gemeinsamen und Eigenthümlichen leicht und wichtig zugleich.

So lässt sich, ohne Verwechslung der wirkenden Ursachen, eine Eigenthümlichkeit in den Sprachen erkennen, die wirklich die ihrige ist,

oder doch zu der ihrigen wird, und man würde das innerste Wesen und die bedeutungsvolle Mannigfaltigkeit der Sprachen verkennen, wenn man das Gepräge des Nationalcharakters in ihnen unbeachtet liesse. Man würde ebensosehr die feine, aber tiefe Verwandtschaft zwischen den verschiedenen Arten geistiger Hervorbringung und der eigenthümlichen Weise jeder Sprache übersehen, wenn man nicht sich zu erklären versuchte, wie und warum jede sich vorzugsweise der einen, oder anderen aneignet, und nur wenn man den Charakter der Nationen in allen nicht mit Sprache zusammenhängenden Aeusserungsweisen, den von subjectiver Individualität unabhängigen der verschiedenen Bahnen des Denkens und Schaffens, und denjenigen, welche die Sprachen besitzen, und annehmen können, in der Betrachtung verbindet, nähert man sich der Einsicht in die Mannigfaltigkeit und Einheit, in welchen sich das unendliche und unerschöpfliche Ganze des geistigen Strebens zusammenwölbt.

Der zarte Sprachsinn der Griechen fühlte den engen Zusammenhang der Dichtungsarten und Sprachweisen so sehr, dass, auch als Volksmässigkeit nicht mehr die Veranlassung war, jede nur in einem ihr besonders gewidmeten Dialect der reichen Sprache ausgeführt ward, und die Macht des Sprachcharakters zeigt sich hier an einem lebendigen Beispiel. Denn wenn man die Rollen verwechselt, sich die epische Dichtung in Dorischer, die lyrische in Ionischer Mundart denkt, fühlt man sogleich, dass nicht Laute, sondern Geist und Wesen umgetauscht sind. Die höhere Prose hätte sich, ohne den Attischen Dialect, niemals wahrhaft entfalten können, und die Entstehung desselben, so wie seine merkwürdige Verwandtschaft mit dem Ionischen, wird daher zu einem der wichtigsten Ereignisse in der Geschichte des menschlichen Denkens. Denn schwerlich hat es vor, oder unabhängig von ihm Prosa im höchsten Verstande des Worts gegeben; diejenige, welcher der menschliche Geist zu seiner edelsten und freiesten Entwicklung bedurfte, ist erst in und nach ihm entstanden. Allein dies verdienet und fordert eine eigne, der Folge dieser Untersuchungen vorzubehaltende Ausführung.

Ich habe im Vorigen festzustellen versucht, dass und inwiefern es einen Charakter der Sprachen giebt. Zunächst und am vollsten und reinsten liegt er in dem lebendigen Gebrauche der Rede. Dieser aber stirbt mit den Redenden und Hörenden dahin, und wir müssen daher den Charakter der Sprachen auf dasjenige beschränken, was davon in ihren todten Werken, und wo sie dieser entbehren, in ihrem Bau und ihren Bestandtheilen übrigbleibt. In noch engerem Sinn verstehen wir darunter das, was sie ursprünglich besitzen, oder sich doch schon so früh angeeignet haben, dass es auf die Generation der Sprechenden, als ihr gewissermassen fremd, bedingend einwirkt.

Durch diesen Charakter wirken aber die Sprachen weit über alle

Geschlechter der Nationen, denen sie angehören, hinaus, wenn sie nemlich früh, oder spät, oft nur als schon erstorbene, in ihren Werken, oder
auch nur in der Kenntniss ihres Baues mit andren in Berührung treten.
Ihr Einfluss auf einander wird dadurch ein zwiefacher; ein bewusstlo-
ser, indem sie Wesen und Charakter den von ihnen abstammenden mittheilen, und ein andrer, gerade im Verhältniss der Tiefe und der Klarheit
des Bewusstseyns immer wachsender, wenn sie ein Gegenstand des Studiums für Nationen anderweitig gebildeter Sprachen werden, oder mit
diesen in lebendige Verbindung gerathen. Die Griechische und Lateinische Sprache, um jetzt nur diese zu nennen, verdanken in ihrem ursprünglichen Bau ihre Anlage zum gelingenden Ausdruck jedes Gedankens der Alt-Indischen. Aber diese Verbindung war auf dem Wege
vorgegangen, auf dem die Natur, auch das höchste Geistige vorbereitend, wirkt; tiefe Nacht hatte sich darüber verbreitet; und sie war für
die Geschichte verloren, ohne die Niederlassung Europaeischer Nationen auf Indischem Boden, von welcher die Bekanntschaft mit dieser
Sprache nicht gerade für das weltliche Treiben der Völker, aus der jene
Niederlassung entstand, eine besonders wichtige Folge ist, allein für die
Menschheit in der Erweiterung und Erhöhung ihres Denkens wohl die
dauerndste seyn dürfte. Man ist dadurch plötzlich in ein Alterthum hin-
abgestiegen, das, dem Ausdruck und Charakter nach, weit über das
Griechische hinausreicht, und in dem man, wundervoll ergriffen von
der Würde geistiger Ansicht, der eisernen Beharrlichkeit tiefsinniger
Betrachtung, und der grossartigen Fülle immer in ganzen Massen aufge-
stellter Naturbeschreibung, verweilt. Man kann aber mit Zuversicht
vertrauen, dass sich an jenen mächtigen Einfluss, welchen die Alt-Indi-
sche Sprache durch den nur historisch verdunkelten Zusammenhang
mit unsrer vaterländischen, und den classischen, welchen diese einen
grossen Theil ihrer Ausbildung verdankt, auf unsre heutigen wissenschaftlichen Fortschritte ausübt, mit der Zeit ein zweiter anknüpfen
wird. Wenn, wie es bei der Wissbegierde unsrer Zeit schwerlich fehlen
kann, Indische Literatur und Sprache unter uns so bekannt werden, als
es die Griechischen sind, so wird der Charakter beider einestheils Spuren in der Behandlung unsrer Sprache, unsrem Denken und Dichten
hinterlassen, andrentheils aber ein mächtiges Hülfsmittel abgeben, das
Gebiet der Ideen zu erweitern, und die mannigfaltigen Wege auszuspä-
hen, auf welchen der Mensch mit demselben vertraut wird.

   Von dieser Seite gewinnt die Verschiedenheit der Sprachen eine
welthistorische Ansicht. Das Zusammentreten verschiedenartiger Eigenthümlichkeiten leiht dem Denken neue Formen, auf die nachfolgenden Geschlechter überzugehen; die Kraft und das Gebiet der Ideen
wachsen zugleich, und werden zum gemeinsamen Eigenthum eines jeden, der nicht die Mühe scheut, sich den Zugang dazu zu bahnen. So-

lange diese Kette, welche die Gedanken und grossentheils auch die Empfindungen der Nationen Jahrtausende hindurch an einander knüpft, nicht durch gewaltsame Umwälzungen zerrissen wird, geht nie das Alte verloren, indem es immer neuen Zuwachs empfängt, und dies Fortschreiten kennt ebensowenig, als der Gedanke und die Empfindung selbst, eine Schranke.

Jede menschliche Einrichtung hat einen Gipfelpunkt, über den es vergeblich seyn würde, sie hinausführen zu wollen, weil einmal in ihm das Ziel wirklich erreicht ist; allein die Idee, welche einer solchen Einrichtung zum Grunde liegt, kann bis ins Unendliche hin reiner, vollständiger, in mannigfaltigeren Berührungen mit allen übrigen gedacht und empfunden werden. So liesse sich denken, dass die Abschaffung der Sklaverei, welche von dem Augenblick begann, als durch die Verbreitung des Christenthums die Scheidewand zwischen den Nationen sank, und eine allgemeine Verbrüderung aller entstand, einst auf dem ganzen Erdboden vollendet seyn könnte. Es wäre dieser Einrichtung alsdann nichts mehr hinzuzusetzen. Allein die innere Würdigung dieser Freiheit, gegründet auf die Erkenntniss desjenigen in der menschlichen Natur, worauf das Anrecht auf Freiheit beruht, kann ebensowenig in ihrem Wachsthum, als in jener Erkenntniss ein Ende finden.

In dem Gebiete des Denkens selbst aber wirkt die Sprache gerade auf eine Weise, die von selbst jedes Stillstehen bei einem erreichten Punkte verbietet. Denn es hängt nicht von ihrer Beschaffenheit die Erforschung einer Wahrheit, die Bestimmung eines Gesetzes, als wobei auch das Geistige eine feste Gränze sucht, wohl aber die Stimmung ab, in welcher der Mensch seine gesammten inneren Kräfte entwickelt; und wie er darin einem Unendlichen nachstrebt, so begleitet auch sie ihn durch Aufforderung, und Verleihung von Muth und Kraft auf diesem endlosen Wege.

Daher ist das Fortschreiten in der Wechselwirkung des Gemüths und der Sprache auf einander nicht zu vermischen weder mit dem Fortschreiten in gesellschaftlichen Einrichtungen, und der daraus entspringenden sittlichen Vervollkommnung, noch mit dem Fortschreiten in Wissenschaft und Kunst, obgleich es mit beiden in der engsten Berührung steht. In sich selbst aber äussert sich der aus dem Einfluss der Sprache hervorgehende Gewinn auf eine zwiefache Weise, als erhöhete Sprachfähigkeit, und als eigenthümliche Weltansicht. Man lernt sich des Gedankens besser und sicherer bemeistern, ihn in neue anregende Formen giessen, und die Fesseln minder fühlbar machen, welche die nach einander fortschreitende, und immer sondernde und wieder verbindende Sprache der Schnelligkeit und Einheit des reinen Gedankens anlegt. Insofern aber die Sprache, indem sie bezeichnet, eigentlich schafft, dem unbestimmten Denken Gestalt und Gepräge verleiht,

dringt der Geist, durch das Wirken mehrerer unterstützt, auch auf neu-
en Wegen in das Wesen der Dinge selbst ein.

Was in langen Reihen auf einander folgender Ursachen und Wirkungen hinläuft, hat vorzugsweise ein Recht, der Weltgeschichte anzugehören, und um so mehr, als es näher das gesammte Wesen der Menschheit
betrifft. Darum sagte ich im Vorigen, dass die Verschiedenheit der Sprachen, in ihrem, hier beschriebenen Einfluss auf das durch sie bestimmte
Wirken des Gemüths, eine welthistorische Ansicht gewänne. Denn Vorzeit und Gegenwart stehen darin nicht bloss durch die Reihe vermittelnder Geschlechter, zwischen welchen die Sprache gleichsam eine
fortwährende geistige Zeugung bildet, in Verbindung, sondern das Aufbewahren des Geistes in der Schrift knüpft auch unmittelbar Zeiten
und Fernen an einander.

Die Sprachen und ihre Verschiedenheit müssen daher als eine die
Geschichte der Menschheit durchwaltende Macht betrachtet werden,
und wenn man sie übersieht, oder ihren Einfluss nicht rein, oder zu beschränkt auffasst, so muss es allemal dem Begriff, wie die Menschheit
zu dem Besitz der geistigen Masse – wenn der Ausdruck erlaubt ist –
gelangt ist, welche sie dem Reich der Gedanken in Bestimmtheit und
Klarheit abgewonnen hat, an Vollständigkeit mangeln. Es wird ihm sogar gerade das Wichtigste fehlen, weil die Sprache am unmittelbarsten
auf den Punkt hinwirkt, wo die Erzeugung des objectiven Gedankens
und die Erhöhung der subjectiven Kraft in gegenseitiger Steigerung aus
einander hervorgehen. Die Betrachtung der Einwirkung der Fortschritte der Nationen in Wissenschaft und Kunst, und des Zusammenhanges
ihrer Literaturen kann allein diesen Mangel nicht ersetzen. Es ist darin
mehr, als was die Sprache wirkt, und nicht Alles, was ihr angehört, enthalten.

Von diesem Gesichtspunkt aus treten nun die verschiedenen Sprachen in verschieden umgränzte Kreise des Einflusses. Einige müssen
wir als solche anerkennen, die zu unsrer heutigen Bildung wesentlich
beigetragen haben, und zu der Reihe von Entwickelungen gehören, in
welcher diese von dem fernsten Alterthume aus fortgeschritten ist. Andre haben sich ein abgesondertes Gebiet geistiger Bildung, ohne unmittelbaren Zusammenhang mit dem unsrigen, geschaffen. Viele haben
entweder den Grad der Entwicklung nicht erreicht, aus dem Geisteswerke hervorgehen, oder sind wieder von dieser Höhe herabgesunken.
Sie sind daher hier nur wichtig, insofern sie zur Stammgeschichte andrer Sprachen gehören, oder insofern sie die verschiedenen Culturzu-
stände der Nationen an einzelnen Beispielen beweisen. Denn die durch
diese weltgeschichtliche Betrachtung der Sprachen zu lösende Aufgabe
ist zu zeigen, wie die Sprache, hervorgehend aus Naturlaut und Bedürfniss, zur Erzeugerin und Erhalterin des Höchsten und Zartesten in der

Menschheit wird. Nach der Verschiedenheit dieser ihrer Schicksale, so wie nach ihren anderweitigen Verbindungen und Verwandtschaften müsste man nun die uns bekannt gewordenen Sprachen absondern und zusammenstellen, ihren Charakter bestimmen, die Ursachen desselben in ihrem Bau aufsuchen, und ihre geschichtliche Geltung würdigen.

Vorher aber ist es nothwendig, um sich nicht in unbestimmten und schwankenden Begriffen zu verlieren, im Allgemeinen genauer festzustellen und durch Beispiele anschaulich zu machen, worin der Charakterunterschied der Sprachen bestehen, wie an der Kraft, die vermittelst der Sprache den Gedanken erzeugt, und an dem Gedanken selbst offenbar werden kann? sowie durch welche Anlagen der Sprache, und welche Beschaffenheiten ihres Baues die Eigenthümlichkeit des Charakters entsteht? Ja es hätten sogar diese Untersuchungen der Darstellung, wie sich die Sprachen, nach dem Einfluss ihrer Charaktereigenthümlichkeit, geschichtlich bearbeiten lassen, vorausgehen sollen, da es erst von ihnen abhängt, ob sich ihr Einfluss mit einer zu solcher Bearbeitung genügenden Bestimmtheit auffassen lässt.

Ich habe aber die natürliche Ordnung hier absichtlich umgekehrt, weil es mir darauf ankam, zu zeigen, wie wichtig und wesentlich das vergleichende Sprachstudium für die Einsicht in die Gesammtheit des geistigen Wirkens der Menschheit ist, da die Vernachlässigung desselben augenblicklich eine bedeutende Lücke darin sichtbar macht. Denn es giebt noch immer nur zu Viele, welche den Werth der Beschäftigung mit einer Sprache nur nach dem Werth ihrer Literatur abmessen, das Studium solcher, welche gar keine besitzen, nur für Befriedigung müssiger wissenschaftlicher Neugier ansehn, und die Untersuchung von Lauten, Wörtern und Beugungen kleinlich, und einer philosophischen Behandlung unwürdig finden. Dennoch ist die Sache sehr einfach. Ist es wahr, und im Ganzen dringt sich schon aus eigner Erfahrung dem Gefühl die Ueberzeugung davon auf, dass die blosse Eigenthümlichkeit der Sprache Einfluss auf das Wesen der Nationen ausübt, sowohl derer, welchen sie angehört, als derer, die nur, als mit einer fremden, mit ihr vertraut werden, so lässt sich das sorgfältige Studium der Sprache von nichts ausschliessen, was sich, in Geschichte und Philosophie, mit dem innersten Menschen beschäftigt. Da aber die Sprache nur durch sich wirkt, so muss man dieselbe auch, wie überhaupt jeden Gegenstand, den man wahrhaft ergründen will, nur um ihrer selbst willen, und unabhängig von jedem andren Zwecke studiren. Dies, sie nicht als Mittel zum Verstehen, sondern als Zweck in sich, als Werkzeug des Denkens und Empfindens einer Nation, anzusehen, ist die Grundlage alles eigentlichen Sprachstudiums, von welchem sich jede andre Erlernung einer Sprache, wie gründlich sie sey, ihrem Wesen nach entfernt. Dies Studium der Sprache in sich ist nun wie das jedes andren Naturgegen-

standes. Es muss, so viel als möglich, alle Gattungen umfassen, weil
jede zu dem Ganzen des Begriffes überhaupt gehört, es muss in die feinste Zergliederung der Bestandtheile eingehen, weil die Gesammtheit
des Einflusses der Sprache nur aus der immer wiederkehrenden Wirksamkeit dieser Bestandtheile zusammengesetzt ist.

Es kommt also jetzt auf die Beantwortung der Frage an, in welcher
Art die Charakterverschiedenheit der Sprachen erweiternd und erhebend auf die Erkenntniss und Empfindung einzuwirken vermag?

Die Sprache hat, nach der Insensitaet ihrer Wirksamkeit, einen dreifachen Zweck.

Sie vermittelt das Verständniss, und bedarf insofern der Bestimmtheit und Klarheit.

Sie leiht der Empfindung Ausdruck, und ruft die Empfindung hervor, und bedarf insofern der Stärke, der Zartheit und der Geschmeidigkeit.

Sie regt, selbst schaffend, durch die Gestalt, die sie dem Gedanken
ertheilt, zu neuen Gedanken und Gedankenverbindungen an, und bedarf insofern des Geistes, der sein Gepräge, als Spur seines Wirkens, in
dem Worte zurücklässt.

Eine Sprache kann sich von der andren durch die hervorstechende
Stärke in einer dieser Wirkungsarten, wie durch Schwäche in andren
unterscheiden, allein jede der drei fordert eigentlich die andern, und
wie eine allein waltet, geräth sie auf einen Abweg, die Klarheit auf
nüchterne Gehaltlosigkeit, der Empfindungsausdruck auf schwülstige,
oder gezierte Empfindelei, die sinnvolle Gewichtigkeit auf grübelnde
Dunkelheit. Die fehlerfreie Eigenthümlichkeit entsteht daher durch ein
angemessenes Zusammenstimmen dieser Wirkungsarten, in dem aber
eine vorherrschend ist.

Die Sprache drückt den Gedanken und die Empfindung, als Gegenstände, aus, aber sie folgt auch der Bewegung des Denkens und des
Empfindens, der Schnelligkeit, Gleichartigkeit und Ungleichartigkeit ihres Ganges, den eigenthümlichen Wahlverwandtschaften, nach welchen
sich bei verschiedenen Nationen Gedanken und Empfindungen an einander reihen. Beides, das formale Begleiten des Denkens, und das materiale
Bezeichnen des Gedankens wirken befördernd, aber auch beschränkend
auf einander. Die zu gehaltvolle Bezeichnung nach innerer Ideenverbindung hemmt die leichte Gewandtheit, die zu geschmeidige Schnelligkeit
raubt dem Gewicht der sinnlicher werdenden Bezeichnung.

Der Mensch denkt, fühlt und lebt allein in der Sprache, und muss
erst durch sie gebildet werden, um auch die gar nicht durch Sprache
wirkende Kunst zu verstehen. Aber er empfindet und weiss, dass sie
ihm nur Mittel ist, dass es ein unsichtbares Gebiet ausser ihr giebt, in
dem er nur durch sie einheimisch zu werden trachtet. Die alltäglichste

Empfindung und das tiefsinnigste Denken klagen über die Unzulänglichkeit der Sprache, und sehen jenes Gebiet als ein fernes Land an, zu
dem nur sie, und sie nie ganz führt. Alles höhere Sprechen ist ein Ringen mit dem Gedanken, in dem bald mehr die Kraft, bald die Sehnsucht
fühlbar wird.

Daraus entstehen zwei höchst merkwürdige Unterschiede unter den
Sprachen; der eine aus dem Grade des Gefühls jener Unzulänglichkeit,
und dem Streben sie aufzuheben, der andre aus der Verschiedenheit der
vorherrschenden Ansichten in der Bezeichnungsart, da die Vielseitigkeit der Gegenstände, verbunden mit der Mannigfaltigkeit der Auffas-
sungsorgane, eine unbestimmbare Anzahl derselben erlaubt.

Einige Nationen begnügen sich gleichsam mehr an dem Gemälde,
das ihre Sprache ihnen von der Welt entwirft, und suchen nur in sie
mehr Licht, Zusammenhang und Ebenmass zu bringen. Andre graben
sich gleichsam mühseliger in den Gedanken ein, glauben nie genug in
den Ausdruck legen zu können, ihn anpassend zu machen, und vernachlässigen darüber das in sich Vollendete der Form. Die Sprachen
beider tragen dann das Gepräge davon an sich. Es sind aber auch hierin
noch Nuancen. Die mehr auf die Form, wenn auch der Gehalt leiden
sollte, bedachten Nationen suchen bald vorzugsweise die logische, besonders Klarheit und leichtes Verständniss fordernde, bald eine, mehr
die Einbildungskraft ansprechende, sinnlichere.

Die andre, aus der Bezeichnungsart entstehende Gattung der
Sprachunterschiede beruht auf der Ansicht der Gegenstände, und der
nach ihnen gebildeten Begriffe. Ungeachtet der unendlichen Verschiedenheit derselben, liegt in allen, indem sie von Einer Nation aufgefasst
werden, etwas Gemeinsames der Erscheinung, das sich dem Worte, als
Zeichen, mittheilt. Man kann dies wohl, in groben Umrissen, so charakterisiren, dass die Wörter einer Sprache mehr sinnliche Anschaulichkeit, einer andren mehr innre Geistigkeit, einer dritten mehr nüchterne
Begriffsdarlegung u. s. f. besitzen, allein die Mannigfaltigkeit, und vor
allem die Eigenthümlichkeit der Auffassung in der Bezeichnung lässt
sich nicht in so allgemeine Ausdrücke bannen. Keine jener angeführten
Eigenschaften steht so vereinzelt da, und wo sie sich auch in verschiedenen Nationen gemeinsam finden, sind sie in keiner dieselben. Man muss
die Nationen in ihrer Eigenthümlichkeit, ihre Werke, endlich die Bestandtheile der Sprache studiren, dann dem Gefühl überlassen, sich ein
Bild zu entwerfen, und dies erst, so gut als es angeht, in Worte kleiden.
Auch die Gattung der Gegenstände und Gefühle, durch welche eine
Nation überhaupt vorzugsweise, oder in ihrem frühesten Daseyn, wo
die Sprache ihre erste Form empfängt, getroffen wird, wirkt auf die
Sprache ein.

Die Sprache, und dies betrift vorzüglich ihre hier erwähnten Verschiedenheiten, ist von einer Seite mit der Kunst zu vergleichen, da sie, wie diese, das Unsichtbare sinnlich darzustellen strebt. Denn wenn sie auch im Einzelnen und in ihrem alltäglichen Gebrauche sich nicht über die Wirklichkeit zu erheben scheint, so liegt doch immer das ganze Bild aller Gegenstände, und nicht bloss dieser, sondern auch ihrer unsichtbaren Verknüpfungen und Verwandtschaften in ihrem Schoosse aufgerollt da. Wie also das Gemälde des Künstlers bleibt sie der Natur mehr, oder minder getreu, verbirgt, oder zeigt sie mehr die Kunst, stellt sie ihren Gegenstand vorzugsweise in diesem oder jenem Ton der Farben dar.

Von der andren Seite aber ist die Sprache der Kunst gewissermassen entgegengesetzt, da sie sich nur als Mittel der Darstellung betrachtet, diese aber, Wirklichkeit und Idee, insofern sie abgesondert vorhanden sind, vernichtend, ihr Werk an die Stelle beider setzt. Aus dieser beschränkteren Eigenschaft der Sprache, als Zeichen, entstehen neue Charakterunterschiede derselben. Eine Sprache zeigt mehr Spuren des Gebrauchs, und der Verabredung, trägt mehr Willkühr, die andre mehr Natur an sich, was vorzüglich bei der Herleitung der Bedeutungen bei verschiedenen sowohl, als denselben Wörtern sichtbar wird. In jeder Sprache sind, ausser der Bezeichnung der wirklichen Gegenstände des Denkens und Empfindens, Bestandtheile, die nur der Verknüpfung, der grammatischen Technik angehören. Von dem Verhältniss dieser ihrer beiden Theile zu einander hängt es ab, wie sich die Begriffe dem Gemüth darstellen, in gedrängteren, oder leichteren Massen, in mehr fliessendem, oder schroffem und unterbrochnem Zusammenhange. Der Grund dazu, die Möglichkeit, oder Unvermeidlichkeit des einen, oder andren Charakters, liegt in dem festen und ursprünglichen Bau der Sprache; die Folgen aber äussern sich in dem feinsten und durch Bildung ausgearbeitetsten Wirken des Geistes.

Je nachdem nun eine Sprache anders geformt ist, erhält sie auch eine andre Tauglichkeit zu dieser, oder jener geistigen Wirksamkeit. Es wäre aber dennoch unrichtig, wenn man, wie wohl versucht worden ist, die Sprachen hiernach absondern, die einen der Dichtung, andre der Philosophie, andre dem unmittelbar praktischen Wirken u. s. f. zutheilen wollte. Wenn eine Sprache, die vorzugsweise der Erforschung abgezogener Wahrheit gewidmet scheint, die Dichtung wenig begünstigt, so liegt das nicht in ihrer philosophischen Richtung, und umgekehrt, sondern in andren Ursachen, nicht in ihren Vorzügen, sondern ihren Mängeln. Auch die Philosophie, in ihrer das ganze Wesen der Dinge umfassenden Tiefe, wird in solcher Sprache nicht ihre wahre Förderung antreffen. Denn alle diese Aeusserungen der hauptsächlichsten Geisteskräfte unterstützen und tragen einander gemeinschaftlich, und gleichen aus Einem Brennpunkt schiessenden Strahlen. Will man das intellectuelle Streben so abtheilen, wie es in der That in der Sprache abgetheilt erscheint, so muss man es, wenn die Vergleichung erlaubt ist, nicht der Fläche, sondern der Tiefe nach thun. Wie gesammelt in sich der Geist, frei von Einseitigkeit in der Sprache waltet, wie nah er dem Grunde aller Erkenntniss und Empfindung zu treten sucht, wirkt auf jeder Stufe, die er erreicht, auf jede seiner Richtungen auf analoge Weise zurück.

Aus allem bisher Gesagten erhellt, dass dasjenige, worin die Charakterverschiedenheit der Sprachen zunächst sichtbar wird, die Stimmung des Geistes, die Art des Denkens, und des Empfindens ist. Der Einfluss derselben auf die Subjectivitaet ist unbestreitbar. Daher leuchtet auch die Eigenthümlichkeit jeder Sprache am meisten in ihren Dichtungen hervor, wo die Beschaffenheit eines gegebnen Stoffes dem Geist wenig, oder keine Fesseln anlegt. Noch natürlicher äussert sie sich in dem lebendigen Leben des Volks, und den Gattungen der Literatur, auf welche dies Einfluss hat. Am schönsten aber und seelenvollsten tritt die Individualitaet der Sprache in dem philosophischen Gespräch auf, wo sie die Entdeckung objectiver Wahrheit aus der harmonischen Anregung der edelsten Subjectivitaet hervorgehen lässt. Die Empfindung nimmt die Ruhe und Milde des Gedankens, der Gedanke die Wärme und die Farbe der Empfindung an, das Ernsteste und Grösseste, was den Geist zu ergreifen vermag, ist der Vorwurf und Zweck, und die Beschäftigung damit scheint ein leichtes, nur durch die freiwillige Freude daran fortgesetztes Spiel. Wo sich diese schönste Blüthe der Geselligkeit entfalten soll, muss die Menschheit in einer Nation durch wundervoll glückliche Zufälle gesteigert seyn, und die Sprache ihre Kraft gerade in der engen Verschwisterung des Objectiven und Subjectiven besitzen, in welcher das erstere die Oberhand behält, ohne die Rechte des letzteren zu kränken. Das lebendig in einander eingreifende, Ideen und Empfindungen wahrhaft umtauschende Wechselgespräch ist schon an sich gleichsam der Mittelpunkt der Sprache, deren Wesen immer nur zugleich als Hall und Gegenhall, Anrede und Erwiderung gedacht werden kann, die in ihren Ursprüngen, wie ihren Umwandlungen, nie Einem, sondern immer Allen angehört, in der einsamen Tiefe des Geistes eines jeden liegt, und doch nur in der Geselligkeit hervortritt. Die Tauglichkeit der Sprachen zu dieser Gattung des Gesprächs ist daher der beste Prüfstein ihres Werthes, und die natürlichsten Vorzüge, die leichtesten und reichsten Anlagen zu dem mannigfaltigsten Gebrauch wird immer diejenige besitzen, die darin hervorstechend ist.

Der Einfluss der durch die Sprache bestimmten und bedingten Subjectivitaet auf die Objecte des Geistes, den Gedanken und die Empfindung, die Erkenntniss und die Gesinnung ist insofern leicht zu ermessen, als mit stärker und vielseitiger angeregter Kraft nothwendig auch mehr errungen werden muss.

Dagegen scheint es nicht, dass die wahrhaft objective Erkenntniss durch Verschiedenheit der Sprachen gewinnen könne, wenn das Denken einmal in einer die zu Auffassung der Wahrheit nothwendige Schärfe und Klarheit erreicht hat.

Anmerkungen

1 Ich erinnere hier nur an das oft über die Folge der Ausbildung der verschiedenen Redetheile Behauptete, wo man bald das Nomen, bald das Verbum für den ursprünglichen hielt, und das Pronomen ganz spät entstehen liess, ohne zu bedenken, dass ursprünglich Nomen und Verbum gar nicht grammatisch geschieden waren, und das letztere erst durch die Verbindung des Pronomen mit dem noch grammatisch zwitterartigen Wort entstand.

3

UEBER DAS VERGLEICHENDE SPRACHSTUDIUM
IN BEZIEHUNG AUF DIE VERSCHIEDENEN EPOCHEN DER
SPRACHENTWICKLUNG

[Vorgelesen den 29. Junius 1820.]

1. Das vergleichende Sprachstudium kann nur dann zu sichren und bedeutenden Aufschlüssen über Sprache, Völkerentwicklung und Men-
schenbildung führen, wenn man es zu einem eignen, seinen Nutzen und
Zweck in sich selbst tragenden Studium macht. Auf diese Weise wird
zwar allerdings selbst die Bearbeitung einer einzigen Sprache schwierig.
Denn wenn auch der Totaleindruck jeder leicht aufzufassen ist, so verliert man sich, wie man den Ursachen desselben nachzuforschen strebt,
in einer zahllosen Menge scheinbar unbedeutender Einzelheiten, und
sieht bald, dass die Wirkung der Sprachen nicht sowohl von gewissen
grossen und entschiednen Eigenthümlichkeiten abhängt, als auf dem
gleichmässigen, einzeln kaum bemerkbaren Eindruck der Beschaffenheit
ihrer Elemente beruht. Hier aber wird gerade die Allgemeinheit des Studiums das Mittel, diesen feingewebten Organismus mit Deutlichkeit vor
die Sinne zu bringen, da die Klarheit der in vielfach verschiedner Gestalt
doch immer im Ganzen gleichen Form die Forschung erleichtert.

2. Wie unsre Erdkugel grosse Umwälzungen durchgangen ist, ehe sie
die jetzige Gestaltung der Meere, Gebirge und Flüsse angenommen,
sich aber seitdem wenig verändert hat; so giebt es auch in den Sprachen
einen Punkt der vollendeten Organisation, von dem an der organische
Bau, die feste Gestalt sich nicht mehr abändert. Dagegen kann in ihnen,
als lebendigen Erzeugnissen des Geistes, die feinere Ausbildung, innerhalb der gegebenen Gränzen, bis ins Unendliche fortschreiten. Die wesentlichen grammatischen Formen bleiben, wenn eine Sprache einmal
ihre Gestalt gewonnen hat, dieselben; diejenige, welche kein Geschlecht, keine Casus, kein Passivum, oder Medium unterschieden hat,
ersetzt diese Lücken nicht mehr; ebensowenig nehmen die grossen
Wortfamilien, die Hauptformen der Ableitung ferner zu. Allein durch
Ableitung in den feineren Verzweigungen der Begriffe, durch Zusammensetzung, durch den inneren Ausbau des Gehalts der Wörter, durch
ihre sinnvolle Verknüpfung, durch phantasiereiche Benutzung ihrer ursprünglichen Bedeutungen, durch richtig empfundene Absonderung ge-

wisser Formen für bestimmte Fälle, durch Ausmerzung des Ueberflüssi-
gen, durch Abglättung des rauh Tönenden geht in der, im Augenblick
ihrer Gestaltung armen, unbehülflichen und unscheinbaren Sprache,
wenn ihr die Gunst des Schicksals blüht, eine neue Welt von Begriffen,
und ein vorher unbekannter Glanz der Beredsamkeit auf.

3. Es ist eine bemerkenswerthe Erscheinung, dass man wohl noch
keine Sprache jenseits der Gränzlinie vollständigerer grammatischer
Gestaltung gefunden, keine in dem flutenden Werden ihrer Formen
überrascht hat. Es muss, um diese Behauptung noch mehr geschichtlich
zu prüfen, ein hauptsächliches Streben bei dem Studium der Mundarten wilder Nationen bleiben, den niedrigsten Stand der Sprachbildung
zu bestimmen, um wenigstens die unterste Stufe auf der Organisations-
leiter der Sprachen aus Erfahrung zu kennen. Meine bisherige aber hat
mir bewiesen, dass auch die sogenannten rohen und barbarischen
Mundarten schon Alles besitzen, was zu einem vollständigen Gebrauche gehört, und Formen sind, in welche sich, wie es die besten und vorzüglichsten erfahren haben, in dem Laufe der Zeit das ganze Gemüth
hineinbilden könnte, um, vollkommner oder unvollkommner, jede Art
von Ideen in ihnen auszuprägen.

4. Es kann auch die Sprache nicht anders, als auf einmal entstehen,
oder um es genauer auszudrücken, sie muss in jedem Augenblick ihres
Daseyns dasjenige besitzen, was sie zu einem Ganzen macht. Unmittelbarer Aushauch eines organischen Wesens in dessen sinnlicher und geistiger Geltung, theilt sie darin die Natur alles Organischen, dass jedes in
ihr nur durch das Andre, und Alles nur durch die eine, das Ganze
durchdringende Kraft besteht. Ihr Wesen wiederholt sich auch immerfort, nur in engeren und weiteren Kreisen, in ihr selbst; schon in dem
einfachen Satze liegt es, soweit es auf grammatischer Form beruht, in
vollständiger Einheit, und da die Verknüpfung der einfachsten Begriffe
das ganze Gewebe der Kategorien des Denkens anregt, da das Positive
das Negative, der Theil das Ganze, die Einheit die Vielheit, die Wirkung
die Ursach, die Wirklichkeit die Möglichkeit und Nothwendigkeit, das
Bedingte das Unbedingte, eine Dimension des Raumes und der Zeit die
andre, jeder Grad der Empfindung die ihn zunächst umgebenden fordert und herbeiführt, so ist, sobald der Ausdruck der einfachsten Ideenverknüpfung mit Klarheit und Bestimmtheit gelungen ist, auch der
Wortfülle nach, ein Ganzes der Sprache vorhanden. Jedes Ausgespro-
chene bildet das Unausgesprochene, oder bereitet es vor.

5. Es vereinigen sich also im Menschen zwei Gebiete, welche der
Theilung bis auf eine übersehbare Zahl fester Elemente, der Verbindung dieser aber bis ins Unendliche fähig sind, und in welchen jeder
Theil seine eigenthümliche Natur immer zugleich als Verhältniss zu den
zu ihm gehörenden darstellt. Der Mensch besitzt die Kraft, diese Gebie-

te zu theilen, geistig durch Reflexion, körperlich durch Articulation, und ihre Theile wieder zu verbinden, geistig durch die Synthesis des Verstandes, körperlich durch den Accent, welcher die Silben zum Worte, und die Worte zur Rede vereint. Wie daher sein Bewusstseyn mächtig genug geworden ist, um sich diese beiden Gebiete mit der Kraft durchdringen zu lassen, welche dieselbe Durchdringung im Hörenden bewirkt, so ist er auch im Besitz des Ganzen beider Gebiete. Ihre wechselseitige Durchdringung kann nur durch eine und dieselbe Kraft geschehen, und diese nur vom Verstande ausgehen. Auch lässt sich die Articulation der Töne, der ungeheure Unterschied zwischen der Stummheit des Thiers, und der menschlichen Rede nicht physisch erklären. Nur die Stärke des Selbstbewusstseyns nöthigt der körperlichen Natur die scharfe Theilung, und feste Begränzung der Laute ab, die wir Articulation nennen.

6. Die feinere Ausbildung hat sich schwerlich gleich an das erste Werden der Sprache angeschlossen. Sie setzt Zustände voraus, welche die Nationen erst in einer langen Reihe von Jahren durchgehen, und inzwischen wird gewöhnlich das Wirken der einen von dem Wirken andrer durchkreuzt. Dieses Zusammenfliessen mehrerer Mundarten ist eins der hauptsächlichsten Momente in der Entstehung der Sprachen; es sey nun, dass die neu hervorgehende mehr oder weniger bedeutende Elemente von den andren, sich mit ihr vermischenden empfange, oder dass, wie es bei der Verwilderung und Ausartung gebildeter Sprachen geschieht, des Fremden wenig hinzukomme, und nur der ruhige Gang der Entwicklung unterbrochen, die gebildete Form verkannt, und entstellt, und nach andren Gesetzen gemodelt und gebraucht werde.

7. Die Möglichkeit mehrerer, ohne alle Gemeinschaft unter einander, hervorgegangener Mundarten lässt sich im Allgemeinen nicht bestreiten. Dagegen giebt es auch keinen nöthigenden Grund, die hypothetische Annahme eines allgemeinen Zusammenhanges aller zu verwerfen. Kein Winkel der Erde ist so unzugänglich, dass er nicht Bevölkerung und Sprache habe anderswoher bekommen können; und wir vermögen nicht einmal über die, von der jetzigen vielleicht ganz verschiedene ehemalige Vertheilung der Meere und des festen Landes abzusprechen. Die Natur der Sprache selbst, und der Zustand des Menschengeschlechts, solange es noch ungebildet ist, befördern einen solchen Zusammenhang. Das Bedürfniss, verstanden zu werden, nöthigt, schon Vorhandenes und Verständliches aufzusuchen, und ehe die Civilisation die Nationen mehr vereinigt, bleiben die Sprachen lange im Besitz kleiner Völkerschaften, die, ebensowenig geneigt, ihre Wohnsitze dauernd zu behaupten, als fähig, sie mit Erfolg zu vertheidigen, sich oft gegenseitig verdrängen, unterjochen und vermischen, was natürlich auf ihre Sprachen zurückwirkt. Nimmt man auch keine gemeinschaftliche Abstam-

mung der Sprachen ursprünglich an, so mag doch leicht später kein
Stamm unvermischt geblieben seyn. Es muss daher als Maxime in der
Sprachforschung gelten, solange nach Zusammenhang zu suchen, als
irgend eine Spur davon erkennbar ist, und bei jeder einzelnen Sprache
wohl zu prüfen, ob sie aus Einem Gusse selbstständig geformt, oder in
grammatischer, oder lexicalischer Bildung mit Fremdem, und auf welche Weise vermischt ist?

8. Drei Momente also können zum Behuf einer prüfenden Zergliederung der Sprachen unterschieden werden:

die erste, aber vollständige Bildung ihres organischen Baues;

die Umänderungen durch fremde Beimischung, bis sie wieder zu einem Zustande der Stätigkeit gelangen;

ihre innere und feinere Ausbildung, wenn ihre äussere Umgränzung
(gegen andre) und ihr Bau im Ganzen einmal unveränderlich feststeht.

Die beiden ersten lassen sich nicht mit Sicherheit von einander absondern. Aber einen entschiedenen und wesentlichen Unterschied begründet der dritte. Der Punkt, welcher ihn von den andren trennt, ist der der
vollendeten Organisation, in welchem die Sprache im Besitz und freien
Gebrauch aller ihrer Functionen ist, und über den hinaus sie in ihrem
eigentlichen Bau keine Veränderungen mehr erleidet. Bei den Töchtersprachen der Lateinischen, bei der NeuGriechischen und bei der Englischen, welche für die Möglichkeit der Zusammensetzung einer Sprache
aus sehr heterogenen Theilen eine der lehrreichsten Erscheinungen,
und der dankbarsten Gegenstände für die Sprachuntersuchung ist, lässt
sich die Organisationsperiode sogar geschichtlich verfolgen, und der
Vollendungspunkt bis auf einen gewissen Grad ausmitteln; die Griechische finden wir, bei ihrem ersten Erscheinen, in einem, uns sonst bei
keiner bekannten Grade der Vollendung, aber sie betritt, von diesem
Moment an, von Homer bis auf die Alexandriner, eine Laufbahn fortschreitender Ausbildung; die Römische sehen wir einige Jahrhunderte
hindurch gleichsam ruhen, ehe feinere und wissenschaftliche Cultur in
ihr sichtbar zu werden beginnt.

9. Die hier versuchte Absonderung bildet zwei verschiedene Theile
des vergleichenden Sprachstudiums, von deren gleichmässiger Behandlung die Vollendung desselben abhängt. Die Verschiedenheit der Sprachen ist das Thema, welches aus der Erfahrung, und an der Hand der
Geschichte bearbeitet werden soll, und zwar in ihren Ursachen und ihren Wirkungen, ihrem Verhältniss zu der Natur, zu den Schicksalen,
und den Zwecken der Menschheit. Die Sprachverschiedenheit tritt aber
in doppelter Gestalt auf, einmal als naturhistorische Erscheinung, als
unvermeidliche Folge der Verschiedenheit, und Absonderung der Völ-
kerstimme, als Hinderniss der unmittelbaren Verbindung des Men-

schengeschlechts; dann als intellectuell-teleologische Erscheinung, als
Bildungsmittel der Nationen, als Vehikel einer reicheren Mannigfaltigkeit, und grösseren Eigenthümlichkeit intellectueller Erzeugnisse, als
Schöpferin einer, auf gegenseitiges Gefühl der Individualität gegründeten, und dadurch innigeren Verbindung des gebildeten Theils des Menschengeschlechts. Diese letzte Erscheinung ist nur der neueren Zeit eigen, dem Alterthum war sie bloss in der Verbindung der Griechischen
und Römischen Literatur, und da beide nicht zu gleicher Zeit blühten,
auch so nur unvollkommen bekannt.

10. Der Kürze wegen, will ich, mit Uebersehung der kleinen Unrichtigkeit, welche daraus entsteht, dass die Ausbildung auch auf den schon
feststehenden Organismus Einfluss hat, und dass dieser, auch ehe er
diesen Zustand erreichte, schon die Einwirkung jener erfahren haben
kann, die beiden beschriebenen Theile des vergleichenden Sprachstudiums durch

die Untersuchung des Organismus der Sprachen, und

die Untersuchung der Sprachen im Zustande ihrer Ausbildung
bezeichnen.

Der Organismus der Sprachen entspringt aus dem allgemeinen Vermögen und Bedürfniss des Menschen zu reden, und stammt von der
ganzen Nation her; die Cultur einer einzelnen hängt von besondren Anlagen und Schicksalen ab, und beruht grossentheils auf nach und nach
in der Nation aufstehenden Individuen. Der Organismus gehört zur
Physiologie des intellectuellen Menschen, die Ausbildung zur Reihe der
geschichtlichen Entwickelungen. Die Zergliederung der Verschiedenheiten des Organismus führt zur Ausmessung und Prüfung des Gebiets
der Sprache und der Sprachfähigkeit des Menschen; die Untersuchung
im Zustande höherer Bildung zum Erkennen der Erreichung aller
menschlichen Zwecke durch Sprache. Das Studium des Organismus
fordert, soweit, als möglich, fortgesetzte Vergleichung, die Ergründung
des Ganges der Ausbildung Isoliren auf dieselbe Sprache, und Eindringen in ihre feinsten Eigenthümlichkeiten, daher jenes Ausdehnung, diese Tiefe der Forschung. Wer folglich diese beiden Theile der Sprachwissenschaft wahrhaft verknüpfen will, muss sich zwar mit sehr vielen
verschiedenartigen, ja, wo möglich, mit allen Sprachen beschäftigen,
aber immer von genauer Kenntniss einer einzigen, oder weniger ausgehen. Mangel an dieser Genauigkeit bestraft sich empfindlicher, als Lük-
ken in der, doch nie ganz zu erreichenden Vollständigkeit. So bearbeitet
kann das Erfahrungsstudium der Sprachvergleichung zeigen, auf welche verschiedene Weise der Mensch die Sprache zu Stande brachte, und
welchen Theil der Gedankenwelt es ihm gelang in sie hinüberzuführen?
wie die Individualität der Nationen darauf ein, und die Sprache auf sie
zurückwirkte? Denn die Sprache, die durch sie erreichbaren Zwecke

des Menschen überhaupt, das Menschengeschlecht in seiner fortschreitenden Entwicklung, und die einzelnen Nationen sind die vier Gegenstände, welche die vergleichende Sprachforschung in ihrem wechselseitigen Zusammenhang zu betrachten hat.

11. Ich behalte Alles, was den Organismus der Sprachen betrifft, einer ausführlichen Arbeit vor, die ich über die Amerikanischen unternommen habe. Die Sprachen eines grossen, von einer Menge von Völkerschaften bewohnten und durchstreiften Welttheils, von dem es sogar zweifelhaft ist, ob er jemals mit andren in Verbindung gestanden hat, bieten für diesen Theil der Sprachkunde einen vorzüglich günstigen Gegenstand dar. Man findet dort, wenn man bloss diejenigen zählt, über welche man ausführlichere Nachrichten besitzt, etwa 30. noch so gut, als ganz unbekannte Sprachen, die man als eben so viel neue Naturspecies ansehen kann, und an welche sich eine viel grössere Anzahl anreihen lässt, von denen die Data unvollständiger sind. Es ist daher wichtig, diese sämmtlich genau zu zergliedern. Denn was der allgemeinen Sprachkunde noch vorzüglich abgeht, ist, dass man nicht hinlänglich in die Kenntniss der einzelnen Sprachen eingedrungen ist, da doch sonst die Vergleichung noch so vieler nur wenig helfen kann. Man hat genug zu thun geglaubt, wenn man einzelne abweichende Eigenthümlichkeiten der Grammatik anmerkte, und mehr, oder weniger zahlreiche Reihen von Wörtern mit einander verglich. Aber auch die Mundart der rohesten Nation ist ein zu edles Werk der Natur, um, in so zufällige Stücke zerschlagen, der Betrachtung fragmentarisch dargestellt zu werden. Sie ist ein organisches Wesen, und man muss sie, als solches, behandeln. Die erste Regel ist daher, zuvörderst jede bekannte Sprache in ihrem inneren Zusammenhange zu studiren, alle darin aufzufindende Analogien zu verfolgen, und systematisch zu ordnen, um dadurch die anschauliche Kenntniss der grammatischen Ideenverknüpfung in ihr, des Umfangs der bezeichneten Begriffe, der Natur dieser Bezeichnung, und des ihr beiwohnenden, mehr, oder minder lebendigen geistigen Triebes nach Erweiterung und Verfeinerung, zu gewinnen. Ausser diesen Monographien der ganzen Sprachen, fordert aber die vergleichende Sprachkunde andre einzelner Theile des Sprachbaues, z. B. des Verbum durch alle Sprachen hindurch. Denn alle Fäden des Zusammenhanges sollen durch sie aufgesucht, und verknüpft werden, und es gehen von diesen einige, gleichsam in der Breite, durch die gleichartigen Theile aller Sprachen, und andre, gleichsam in der Länge, durch die verschiedenen Theile jeder Sprache. Die ersten erhalten ihre Richtung durch die Gleichheit des Sprachbedürfnisses und Sprachvermögens aller Nationen, die letzten durch die Individualität jeder einzelnen. Durch diesen doppelten Zusammenhang erst wird erkannt, in welchem Umfang der Verschiedenheiten das Menschengeschlecht, und in welcher Conse-

quenz ein einzelnes Volk seine Sprache bildet, und beide, die Sprache, und der Sprachcharakter der Nationen, treten in ein helleres Licht, wenn man die Idee jener in so mannigfaltigen individuellen Formen ausgeführt, diesen zugleich der Allgemeinheit, und seinen Nebengattungen gegenübergestellt erblickt. Die wichtige Frage, ob und wie sich die Sprachen, ihrem inneren Bau nach, in Classen, wie etwa die Familien der Pflanzen, abtheilen lassen, kann nur auf diese Weise gründlich beantwortet werden. Das bisher darüber Gesagte bleibt, wie scharfsinnig es geahndet seyn möchte, ohne strengere factische Prüfung, dennoch nur Muthmassung. Die Sprachkunde, von der hier die Rede ist, darf sich aber nur auf Thatsachen, und ja nicht auf einseitig und unvollständig gesammelte stützen. Auch zu der Beurtheilung der Abstammung der Nationen von einander nach ihren Sprachen müssen die Grundsätze durch eine noch immer mangelnde genaue Analyse solcher Sprachen und Mundarten gefunden werden, deren Verwandtschaft anderweitig historisch erwiesen ist. Solange man nicht auch in diesem Felde vom Bekannten zum Unbekannten fortschreitet, befindet man sich auf einer schlüpfrigen und gefährlichen Bahn.

12. Wie genau und vollständig man aber auch die Sprachen in ihrem Organismus untersuche, so entscheidet, wozu sie vermittelst desselben werden können, erst ihr Gebrauch. Denn was der zweckmässige Gebrauch dem Gebiet der Begriffe abgewinnt, wirkt auf sie bereichernd und gestaltend zurück. Daher zeigen erst solche Untersuchungen, als sich vollständig nur bei den gebildeten anstellen lassen, ihre Angemessenheit zur Erreichung der Zwecke der Menschheit. Hierin also liegt der Schlussstein der Sprachkunde, ihr Vereinigungspunkt mit Wissenschaft und Kunst. Wenn man sie nicht bis dahin fortführt, nicht die Verschiedenheit des Organismus in der Absicht betrachtet, dadurch die Sprachfähigkeit in ihren höchsten und mannigfaltigsten Anwendungen zu ergründen, so bleibt die Kenntniss einer grossen Anzahl von Sprachen doch höchstens für die Ergründung des Sprachbaues überhaupt, und für einzelne historische Untersuchungen fruchtbar, und schreckt den Geist nicht mit Unrecht von dem Erlernen einer Menge von Formen, und Schällen zurück, die am Ende doch immer zu demselben Ziel führen, und dasselbe, nur mit andrem Klange, bedeuten. Abgesehen vom unmittelbaren Lebensgebrauch, behält dann nur das Studium derjenigen Sprachen Wichtigkeit, welche eine Literatur besitzen, und es wird der Rücksicht auf diese untergeordnet, wie es der ganz richtig gefasste Gesichtspunkt der Philologie ist, insofern man dieselbe dem allgemeinen Sprachstudium entgegensetzen kann, welches diesen Namen führt, weil es die Sprache im Allgemeinen zu ergründen strebt, nicht weil es alle Sprachen umfassen will, wozu es vielmehr nur wegen jenes Zweckes genöthigt wird.

13. Werden wir nun aber so zu den gebildeten Sprachen hinge-
drängt, so fragt es sich zuvörderst, ob jede Sprache der gleichen, oder
nur irgend einer bedeutenden Cultur fähig ist? oder ob es Sprachformen giebt, die nothwendig erst hätten zertrümmert werden müssen,
ehe die Nationen hätten die höheren Zwecke der Menschheit durch
Rede erreichen können? Das Letztere ist das Wahrscheinlichste. Die
Sprache muss zwar, meiner vollesten Ueberzeugung nach, als unmittelbar in den Menschen gelegt angesehen werden; denn als Werk seines
Verstandes in der Klarheit des Bewusstseyns ist sie durchaus unerklärbar. Es hilft nicht, zu ihrer Erfindung Jahrtausende und abermals Jahrtausende einzuräumen. Die Sprache liesse sich nicht erfinden, wenn
nicht ihr Typus schon in dem menschlichen Verstande vorhanden wäre.
Damit der Mensch nur ein einziges Wort wahrhaft, nicht als blossen
sinnlichen Anstoss, sondern als articulirten, einen Begriff bezeichnenden Laut verstehe, muss schon die Sprache ganz, und im Zusammenhange in ihm liegen. Es giebt nichts Einzelnes in der Sprache, jedes ihrer Elemente kündigt sich nur als Theil eines Ganzen an. So natürlich
die Annahme allmähliger Ausbildung der Sprachen ist, so konnte die
Erfindung nur mit Einem Schlage geschehen. Der Mensch ist nur
Mensch durch Sprache; um aber die Sprache zu erfinden, müsste er
schon Mensch seyn. So wie man wähnt, dass dies allmählig und stufenweise, gleichsam umzechig, geschehen, durch einen Theil mehr erfund-
ner Sprache der Mensch mehr Mensch werden, und durch diese Steigerung wieder mehr Sprache erfinden könne, verkennt man die
Untrennbarkeit des menschlichen Bewusstseyns, und der menschlichen
Sprache, und die Natur der Verstandeshandlung, welche zum Begreifen
eines einzigen Wortes erfordert wird, aber hernach hinreicht, die ganze
Sprache zu fassen. Darum aber darf man sich die Sprache nicht als etwas fertig Gegebenes denken, da sonst ebensowenig zu begreifen wäre,
wie der Mensch die gegebene verstehen, und sich ihrer bedienen könnte. Sie geht nothwendig aus ihm selbst hervor, und gewiss auch nur
nach und nach, aber so, dass ihr Organismus nicht zwar, als eine todte
Masse, im Dunkel der Seele liegt, aber als Gesetz die Functionen der
Denkkraft bedingt, und mithin das erste Wort schon die ganze Sprache
antönt und voraussetzt. Wenn sich daher dasjenige, wovon es eigentlich
nichts Gleiches im ganzen Gebiete des Denkbaren giebt, mit etwas andrem vergleichen lässt, so kann man an den Naturinstinct der Thiere
erinnern, und die Sprache einen intellectuellen der Vernunft nennen. So
wenig sich der Instinct der Thiere aus ihren geistigen Anlagen erklären
lässt, ebensowenig kann man für die Erfindung der Sprachen Rechenschaft geben aus den Begriffen, und dem Denkvermögen der rohen und
wilden Nationen, welche ihre Schöpfer sind. Ich habe mir daher nie
vorstellen können, dass ein sehr consequenter, und in seiner Mannigfal-

tigkeit künstlicher Sprachbau grosse Gedankenübung voraussetzen, und eine verloren gegangene Bildung beweisen sollte. Aus dem rohesten Naturstande kann eine solche Sprache, die selbst Product der Natur, aber der Natur der menschlichen Vernunft ist, hervorgehen. Consequenz, Gleichförmigkeit, auch bei verwickeltem Bau, ist überall Gepräge der Erzeugnisse der Natur, und die Schwierigkeit, sie hervorzubringen, ist nicht die hauptsächlichste. Die wahre der Spracherfindung liegt nicht sowohl in der Aneinanderreihung und Unterordnung einer Menge sich auf einander beziehender Verhältnisse, als vielmehr in der unergründlichen Tiefe der einfachen Verstandeshandlung, die überhaupt zum Verstehen und Hervorbringen der Sprache auch in einem einzigen ihrer Elemente gehört. Ist dies gegeben, so folgt alles Uebrige von selbst, und es kann nicht erlernt werden, muss ursprünglich im Menschen vorhanden seyn. Der Instinct des Menschen aber ist minder gebunden, und lässt dem Einflusse der Individualität Raum. Daher kann das Werk des Vernunftinstincts zu grösserer oder geringerer Vollkommenheit gedeihen, da das Erzeugniss des thierischen eine stätigere Gleichförmigkeit bewahrt, und es widerspricht nicht dem Begriffe der Sprache, dass einige in dem Zustande, in welchem sie uns erscheinen, der vollendeten Ausbildung wirklich unfähig wären. Die Erfahrung bei Uebersetzungen aus sehr verschiedenen Sprachen, und bei dem Gebrauche der rohesten und ungebildetsten zur Unterweisung in den geheimnissvollsten Lehren einer geoffenbarten Religion zeigt zwar, dass sich, wenn auch mit grossen Verschiedenheiten des Gelingens, in jeder jede Ideenreihe ausdrücken lässt. Dies aber ist bloss eine Folge der allgemeinen Verwandtschaft aller, und der Biegsamkeit der Begriffe, und ihrer Zeichen. Für die Sprachen selbst und ihren Einfluss auf die Nationen beweist nur was aus ihnen natürlich hervorgeht; nicht das, wozu sie gezwängt werden können, sondern das, wozu sie einladen und begeistern.

14. Den Gründen der Unvollkommenheit einiger Sprachen mag die historische Prüfung im Einzelnen nachforschen. Dagegen muss ich hier eine andre Frage anknüpfen: ob nemlich irgend eine Sprache zur vollendeten Bildung reif ist, ehe sie nicht mehrere Mittelzustände, und gerade solche durchgangen ist, durch welche die ursprüngliche Vorstellungsweise dergestalt gebrochen wird, dass die anfängliche Bedeutung der Elemente nicht mehr völlig klar ist? Die merkwürdige Beobachtung, dass eine charakteristische Eigenschaft der rohen Sprachen Consequenz, der gebildeten Anomalie in vielen Theilen ihres Baues ist, und auch aus der Natur der Sache geschöpfte Gründe machen dies wahrscheinlich. Das durch die ganze Sprache herrschende Princip ist Articulation; der wichtigste Vorzug jeder feste und leichte Gliederung; diese aber setzt einfache, und in sich untrennbare Elemente voraus. Das We-

sen der Sprache besteht darin, die Materie der Erscheinungswelt in die
Form der Gedanken zu giessen; ihr ganzes Streben ist formal, und da
die Wörter die Stelle der Gegenstände vertreten, so muss auch ihnen,
als Materie, eine Form entgegenstehen, welcher sie unterworfen werden. Nun aber häufen die ursprünglichen Sprachen gerade eine Menge
von Bestimmungen in dieselbe Silbengruppe, und sind sichtbar mangelhaft in der Herrschaft der Form. Ihr einfaches Geheimniss, welches den
Weg anzeigt, auf welchem man sie, mit gänzlicher Vergessenheit unsrer
Grammatik, immer zuerst zu enträthseln versuchen muss, ist, das in
sich Bedeutende unmittelbar an einander zu reihen. Die Form wird in
Gedanken hinzu verstanden, oder durch ein in sich bedeutendes Wort,
das man auch als solches nimmt, mithin als Stoff, gegeben. Auf der
zweiten grossen Stufe des Fortschreitens weicht die stoffartige Bedeutung dem formalen Gebrauch, und es entstehen daraus grammatische
Beugungen, und Wörter grammatischer, also formaler Bedeutung. Aber
die Form wird nur da angedeutet, wo sie durch einen einzelnen, im Sinn
der Rede liegenden Umstand, gleichsam materiell, nicht wo sie durch
die Ideenverknüpfung formal gefordert wird. Der Plural wird wohl als
Vielheit, aber der Singular nicht gerade als Einzelnes, sondern nur als
der Begriff überhaupt gedacht, Verbum und Nomen fallen zusammen,
wo nicht gerade Person, oder Zeit auszudrücken ist; die Grammatik
waltet noch nicht in der Sprache, sondern tritt nur im Fall des Bedürfnisses auf. Erst wenn kein Element mehr als formlos, gedacht, und der
Stoff, als Stoff, ganz in der Rede besiegt wird, ist die dritte Stufe erstie-
gen, welche aber insofern, dass auch in jedem Element die Form hörbar
angedeutet wäre, kaum die gebildetsten Sprachen erreichen, obgleich
darauf erst die Möglichkeit architektonischer Eurythmie im Periodenbau beruht. Auch ist mir keine bekannt, deren grammatische Formen
nicht noch, selbst in ihrer höchsten Vollendung, unverkennbare Spuren
der ursprünglichen SilbenAgglutination an sich trügen. Solange nun auf
den früheren Stufen das Wort, als mit seiner Modification zusammengesetzt, nicht als in seiner Einfachheit modificirt erscheint, fehlt es an der
leichten Trennbarkeit der Elemente, und wird der Geist durch die
Schwerfälligkeit des Bedeutenden, mit der jedes Grundtheilchen auftritt, niedergedrückt, nicht durch Gefühl des Formalen wieder zu for-
malem Denken angeregt. Der dem Naturstande noch nahe stehende
Mensch verfolgt auch eine einmal angenommene Vorstellungsweise
leicht zu weit, denkt jeden Gegenstand, und jede Handlung mit allen
ihren Nebenumständen, trägt dies in die Sprache über, und wird nachher wieder von ihr, da der lebendige Begriff doch in ihr zum Körper
erstarrt, überwältigt. Dies nun auf das wahre Maass zurückzuführen,
und die Kraft des materiell Bedeutenden zu mindern, ist Kreuzung der
Nationen und Sprachen durch einander ein höchst wirksames Mittel.

Eine neue Vorstellungsweise gesellt sich zu der bisherigen, die sich vermischenden Stämme kennen gegenseitig nicht die einzelne Zusammensetzung der Wörter ihrer Mundarten, sondern nehmen sie bloss als Formeln im Ganzen auf, das Unbequemere und Schwerfälligere weicht, bei
der Möglichkeit der Wahl, dem Leichteren und Fügsameren, und da
Geist und Sprache nicht mehr so einseitig verwachsen sind, so übt jener
eine freiere Gewalt über diese aus. Der ursprüngliche Organismus wird
allerdings gestört, aber die neu hinzutretende Kraft ist wieder eine organische, und so wird das Gewebe ununterbrochen, nur nach grösserem
und mannigfaltigerem Plane fortgesetzt. Das anscheinend verwirrte
und wilde Durcheinanderziehen der Völkerstämme der Urzeit bereitete
also die Blüthe der Rede, und des Gesanges in lange darauf folgenden
Jahrhunderten vor.

15. Auf die eben berührte Unvollkommenheit einiger Sprachen darf
aber hier nicht gesehen werden. Nur durch die Prüfung gleich vollkommener, oder doch solcher, deren Unterschied nicht bloss dem Grade
nach gemessen werden kann, lässt sich die allgemeine Frage beantworten, wie die Verschiedenheit der Sprachen überhaupt im Verhältniss zur
Bildung des Menschengeschlechts anzusehen ist? ob nur als ein zufälliger, das Leben der Nationen begleitender Umstand, der aber mit Geschicklichkeit und Glück benutzt werden kann, oder als ein nothwendiges, sonst durch nichts zu ersetzendes Mittel zur Bearbeitung des
Ideengebiets? Denn zu diesem neigen sich alle Sprachen, wie convergi-
rende Strahlen, und ihr Verhältniss zu ihm, als ihrem gemeinschaftlichen Inhalt, ist daher der Endpunkt unsrer Untersuchung. Kann dieser
Inhalt von der Sprache unabhängig, oder ihr Ausdruck für ihn gleichgültig gemacht werden, oder sind beide dies schon von selbst, so hat die
Ausbildung und das Studium der Verschiedenheit der Sprachen nur
eine bedingte und untergeordnete, im entgegengesetzten Fall aber eine
unbedingte, und entscheidende Wichtigkeit.

16. Am sichersten wird dies beurtheilt an der Vergleichung des einfachen Worts mit dem einfachen Begriff. Das Wort macht zwar nicht
die Sprache aus, aber es ist doch der bedeutendste Theil derselben,
nemlich das, was in der lebendigen Welt das Individuum. Es ist auch
schlechterdings nicht gleichgültig, ob eine Sprache umschreibt, was
eine andre durch Ein Wort ausdrückt; nicht bei grammatischen Formen,
da diese bei der Umschreibung, gegen den Begriff einer blossen Form,
nicht mehr als modificirte Ideen, sondern als die Modification angeben-
de erscheinen; aber auch nicht in der Bezeichnung der Begriffe. Das
Gesetz der Gliederung leidet nothwendig, wenn dasjenige, was sich im
Begriff als Einheit darstellt, nicht ebenso im Ausdruck erscheint, und
die ganze lebendige Wirksamkeit des Worts, als Individuum, fällt für
den Begriff weg, dem es an einem solchen Ausdrucke fehlt. Dem Ver-

standesact, welcher die Einheit des Begriffes hervorbringt, entspricht, als sinnliches Zeichen, die des Worts, und beide müssen einander im Denken durch Rede möglichst nahe begleiten. Denn wie die Stärke der Reflexion Trennung und Individualisirung der Töne durch Articulation hervorbringt, so muss diese wieder trennend und individualisirend auf den Gedankenstoff zurückwirken, und es ihm möglich machen, vom Ungeschiedenen ausgehend, und zum Ungeschiedenen, der absoluten Einheit, hinstrebend, diesen Weg durch Trennung zurückzulegen.

17. Das Denken ist aber nicht bloss abhängig von der Sprache überhaupt, sondern, bis auf einen gewissen Grad, auch von jeder einzelnen bestimmten. Man hat zwar die Wörter der verschiedenen Sprachen mit allgemein gültigen Zeichen vertauschen wollen, wie dieselben die Mathematik in den Linien, Zahlen, und der Buchstabenrechnung besitzt. Allein es lässt sich damit nur ein kleiner Theil der Masse des Denkbaren erschöpfen, da diese Zeichen, ihrer Natur nach, nur auf solche Begriffe passen, welche durch blosse Construction erzeugt werden können, oder sonst rein durch den Verstand gebildet sind. Wo aber der Stoff innerer Wahrnehmung, und Empfindung zu Begriffen gestempelt werden soll, da kommt es auf das individuelle Vorstellungsvermögen des Menschen an, von dem seine Sprache unzertrennlich ist. Alle Versuche, in die Mitte der verschiedenen einzelnen allgemeine Zeichen für das Auge, oder das Ohr zu stellen, sind nur abgekürzte Uebersetzungsmethoden, und es wäre ein thörichter Wahn, sich einzubilden, dass man dadurch, ich sage nicht, aus aller Sprache, sondern auch nur aus dem bestimmten und beschränkten Kreise seiner eigenen hinausträte. Es lässt sich zwar allerdings ein solcher Mittelpunkt aller Sprachen suchen, und wirklich finden, und es ist nothwendig, ihn, auch bei dem vergleichenden Sprachstudium, sowohl dem grammatischen, als lexicalischen Theile, nicht aus den Augen zu verlieren. Denn in beiden giebt es eine Anzahl von Dingen, welche ganz *a priori* bestimmt, und von allen Bedingungen einer besondren Sprache getrennt werden können. Dagegen giebt es eine weit grössere Menge von Begriffen, und auch grammatischen Eigenheiten, die so unlösbar in die Individualität ihrer Sprache verwebt sind, dass sie weder am blossen Faden der inneren Wahrnehmung zwischen allen schwebend erhalten, noch, ohne Umänderung, in eine andre übertragen werden können. Ein sehr bedeutender Theil des Inhalts jeder Sprache steht daher in so unbezweifelter Abhängigkeit von ihr, dass ihr Ausdruck für ihn nicht mehr gleichgültig bleiben kann.

18. Das Wort, welches den Begriff erst zu einem Individuum der Gedankenwelt macht, fügt zu ihm bedeutend von dem Seinigen hinzu, und indem die Idee durch dasselbe Bestimmtheit empfängt, wird sie zugleich in gewissen Schranken gefangen gehalten. Aus seinem Laute, seiner Verwandtschaft mit andren Wörtern ähnlicher Bedeutung, dem

meistentheils in ihm zugleich enthaltenen Uebergangsbegriff zu den neu bezeichneten Gegenstande, welchem man es aneignet, und seinen Nebenbeziehungen auf die Wahrnehmung, oder Empfindung entsteht ein bestimmter Eindruck, und indem dieser zur Gewohnheit wird, trägt er ein neues Moment zur Individualisirung des in sich unbestimmteren, aber auch freieren Begriffs hinzu. Denn an jedes irgend bedeutendere Wort knüpfen sich die nach und nach durch dasselbe angeregten Empfindungen, die gelegentlich hervorgebrachten Anschauungen und Vorstellungen, und verschiedene Wörter zusammen bleiben sich auch in den Verhältnissen der Grade gleich, in welchen sie einwirken. So wie ein Wort ein Object zur Vorstellung bringt, schlägt es auch, obschon oft unmerklich, eine, zugleich seiner Natur, und der des Objects entsprechende Empfindung an, und die ununterbrochene Gedankenreihe im Menschen ist von einer ebenso ununterbrochenen Empfindungsfolge begleitet, die allerdings durch die vorgestellten Objecte, allein zunächst, und dem Grade, und der Farbe nach, durch die Natur der Wörter, und der Sprache bestimmt wird. Das Object, dessen Erscheinung im Gemüth immer ein durch die Sprache individualisirter, stets gleichmässig wiederkehrender Eindruck begleitet, wird auch in sich auf eine dadurch modificirte Art vorgestellt. Im Einzelnen ist dies wenig bemerkbar, aber die Macht der Wirkung im Ganzen liegt in der Gleichmässigkeit, und beständigen Wiederkehr des Eindrucks. Denn indem sich der Charakter der Sprache an jeden Ausdruck, und jede Verbindung von Ausdrücken heftet, erhält die ganze Masse der Vorstellungen eine von ihm herrührende Farbe.

19. Die Sprache ist aber kein freies Erzeugniss des einzelnen Menschen, sondern gehört immer der ganzen Nation an; auch in dieser empfangen die späteren Generationen dieselbe von früher da gewesenen Geschlechtern. Dadurch dass sich in ihr die Vorstellungsweise aller Alter, Geschlechte, Stände, Charakter- und Geistesverschiedenheiten desselben Völkerstamms, dann, durch den Uebergang von Wörtern und Sprachen, verschiedener Nationen, endlich, bei zunehmender Gemeinschaft, des ganzen Menschengeschlechts mischt, läutert, und umgestaltet, wird die Sprache der grosse Uebergangspunkt von der Subjectivität zur Objectivität, von der immer beschränkten Individualität zu Alles zugleich in sich befassendem Daseyn. Erfindung nie vorher vernommener Lautzeichen lässt sich nur bei dem, über alle menschliche Erfahrung hinausgehenden Ursprung der Sprachen denken. Wo der Mensch irgend bedeutsame Laute überliefert erhalten hat, bildet er seine Sprache an sie an, und baut nach der durch sie gegebenen Analogie seine Mundart aus. Dies liegt in dem Bedürfniss, sich verständlich zu machen, in dem durchgängigen Zusammenhange aller Theile und Elemente jeder Sprache, und aller Sprachen unter einander, und in der Einerlei-

rmögens. Es ist auch, selbst für die grammatische
ig, wichtig, fest im Auge zu behalten, dass die Stämme,
uf uns gekommenen Sprachen bildeten, nicht leicht zu er-
r da, wo sie selbstthätig wirkten, das von ihnen Vorgefunde-
rtheilen und anzuwenden hatten. Von vielen feinen Nuancen
natischer Formen lässt sich nur dadurch Rechenschaft geben.
Man würde schwerlich verschiedene Bezeichnungen für sie erfunden
haben; dagegen war es natürlich, die schon vorhandenen verschiedenen
nicht gleichgültig zu gebrauchen. Die Hauptelemente der Sprache, die
Wörter, sind es vorzüglich, die von Nation zu Nation überwandern. Den
grammatischen Formen wird dies schwerer, da sie, von feinerer intellectueller Natur, mehr in dem Verstande ihren Sitz haben, als materiell,
und sich selbst erklärend, an den Lauten haften. Zwischen den ewig
wechslenden Geschlechten der Menschen, und der Welt der darzustel-
lenden Objecte stehen daher eine unendliche Anzahl von Wörtern, die
man, wenn sie auch ursprünglich nach Gesetzen der Freiheit erzeugt
sind, und immerfort auf diese Weise gebraucht werden, ebensowohl, als
die Menschen und Objecte, als selbstständige, nur geschichtlich erklärbare, nach und nach durch die vereinte Kraft der Natur, der Menschen,
und Ereignisse entstandene Wesen ansehen kann. Ihre Reihe erstreckt
sich so weit in das Dunkel der Vorwelt hinaus, dass sich der Anfang
nicht mehr bestimmen lässt; ihre Verzweigung umfasst das ganze Menschengeschlecht, so weit je Verbindung unter demselben gewesen ist;
ihr Fortwirken, und ihre Forterzeugung könnte nur dann einen Endpunkt finden, wenn alle jetzt lebende Geschlechter vertilgt, und alle
Fäden der Ueberlieferung auf einmal abgeschnitten würden. Indem nun
die Nationen sich dieser, schon vor ihnen vorhandenen Sprachelemente
bedienen, indem diese ihre Natur der Darstellung der Objecte beimischen, ist der Ausdruck nicht gleichgültig, und der Begriff nicht von der
Sprache unabhängig. Der durch die Sprache bedingte Mensch wirkt
aber wieder auf sie zurück, und jede besondre ist daher das Resultat
drei verschiedner, zusammentreffender Wirkungen, der realen Natur
der Objecte, insofern sie den Eindruck auf das Gemüth hervorbringt,
der subjectiven der Nation, und der eigenthümlichen der Sprache durch
den fremden ihr beigemischten Grundstoff, und durch die Kraft, mit
der alles einmal in sie Uebergegangene, wenn auch ursprünglich ganz
frei geschaffen, nur in gewissen Gränzen der Analogie Fortbildung erlaubt.

20. Durch die gegenseitige Abhängigkeit des Gedankens, und des
Wortes von einander leuchtet es klar ein, dass die Sprachen nicht eigentlich Mittel sind, die schon erkannte Wahrheit darzustellen, sondern
weit mehr, die vorher unerkannte zu entdecken. Ihre Verschiedenheit
ist nicht eine von Schällen und Zeichen, sondern eine Verschiedenheit

der Weltansichten selbst. Hierin ist der Grund, und der letzte Zweck aller Sprachuntersuchung enthalten. Die Summe des Erkennbaren liegt, als das von dem menschlichen Geiste zu bearbeitende Feld, zwischen allen Sprachen, und unabhängig von ihnen, in der Mitte; der Mensch kann sich diesem rein objectiven Gebiet nicht anders, als nach seiner Erkennungs- und Empfindungsweise, also auf einem subjectiven Wege, nähern. Gerade da, wo die Forschung die höchsten und tiefsten Punkte berührt, findet sich der von jeder besonderen Eigenthümlichkeit am leichtesten zu trennende mechanische und logische Verstandesgebrauch am Ende seiner Wirksamkeit, und es tritt ein Verfahren der inneren Wahrnehmung und Schöpfung ein, von dem bloss soviel deutlich wird, dass die objective Wahrheit aus der ganzen Kraft der subjectiven Individualität hervorgeht. Dies ist nur mit und durch Sprache möglich. Die Sprache aber ist, als ein Werk der Nation, und der Vorzeit, für den Menschen etwas Fremdes; er ist dadurch auf der einen Seite gebunden, aber auf der andren durch das von allen früheren Geschlechtern in sie Gelegte bereichert, erkräftigt, und angeregt. Indem sie dem Erkennbaren, als subjectiv, entgegensteht, tritt sie dem Menschen, als objectiv, gegenüber. Denn jede ist ein Anklang der allgemeinen Natur des Menschen, und wenn zwar auch der Inbegriff aller zu keiner Zeit ein vollständiger Abdruck der Subjectivität der Menschheit werden kann, nähern sich die Sprachen doch immerfort diesem Ziele. Die Subjectivität der ganzen Menschheit wird aber wieder in sich zu etwas Objectivem. Die ursprüngliche Uebereinstimmung zwischen der Welt und dem Menschen, auf welcher die Möglichkeit aller Erkenntniss der Wahrheit beruht, wird also auch auf dem Weg der Erscheinung stückweise und fortschreitend wiedergewonnen. Denn immer bleibt das Objective das eigentlich zu Erringende, und wenn der Mensch sich demselben auf der subjectiven Bahn einer eigenthümlichen Sprache naht, so ist sein zweites Bemühen, wieder, und wäre es auch nur durch Vertauschung einer SprachSubjectivität mit der andren, das Subjective abzusondern, und das Object möglich rein davon auszuscheiden.

21. Vergleicht man in mehreren Sprachen die Ausdrücke für unsinnliche Gegenstände, so wird man nur diejenigen gleichbedeutend finden, die, weil sie rein construirbar sind, nicht mehr, und nichts anders enthalten können, als in sie gelegt worden ist. Alle übrigen schneiden das in ihrer Mitte liegende Gebiet, wenn man das durch sie bezeichnete Object so benennen kann, auf verschiedene Weise ein und ab, enthalten weniger und mehr, andre und andre Bestimmungen. Die Ausdrücke sinnlicher Gegenstände sind wohl insofern gleichbedeutend, als bei allen derselbe Gegenstand gedacht wird, aber da sie die bestimmte Art ihn vorzustellen ausdrücken, so geht ihre Bedeutung darin gleichfalls auseinander. Denn die Einwirkung der individuellen Ansicht des Ge-

genstandes auf die Bildung des Wortes bestimmt, solange sie lebendig
bleibt, auch diejenige, wie das Wort den Gegenstand zurückruft. Eine
grosse Menge von Wörtern entspringt aber aus der Verbindung sinnlicher und unsinnlicher Ausdrücke, oder aus der intellectuellen Bearbeitung jener, und alle diese theilen daher das sich nicht so wieder findende individuelle Gepräge der letzteren, wenn auch das der ersteren sollte
im Laufe der Zeit erloschen seyn. Denn da die Sprache zugleich Abbild
und Zeichen, nicht ganz Product des Eindrucks der Gegenstände, und
nicht ganz Erzeugniss der Willkühr der Redenden ist, so tragen alle besondren in jedem ihrer Elemente Spuren der ersteren dieser Eigenschaften, aber die jedesmalige Erkennbarkeit dieser Spuren beruht, ausser
ihrer eigenen Deutlichkeit, auf der Stimmung des Gemüths, das Wort
mehr als Abbild, oder mehr als Zeichen nehmen zu wollen. Denn das
Gemüth kann, vermöge der Kraft der Abstraction, zu dem letzteren gelangen, es kann aber auch, indem es alle Pforten seiner Empfänglichkeit
öfnet, die volle Einwirkung des eigenthümlichen Stoffes der Sprache
aufnehmen. Der Redende kann durch seine Behandlung zu dem einen,
und dem andren die Richtung geben, und der Gebrauch eines dichterischen, der Prosa fremden Ausdrucks hat oft keine andre Wirkung, als
das Gemüth zu stimmen, ja nicht die Sprache, als Zeichen anzusehen,
sondern sich ihr in ihrer ganzen Eigenthümlichkeit hinzugeben. Will
man diesen zwiefachen Gebrauch der Sprache in Gattungen einander
gegenüberstellen, welche ihn schärfer trennen, als er es in der Wirklichkeit seyn kann, so lässt sich der eine der wissenschaftliche, der andre
der rednerische nennen. Der erstere ist zugleich der der Geschäfte, der
letztere der des Lebens in seinen natürlichen Verhältnissen. Denn der
freie Umgang löst die Bande, welche die Empfänglichkeit des Gemüths
gefesselt halten könnten. Der wissenschaftliche Gebrauch, im hier angenommenen Sinne, ist nur auf die Wissenschaften der reinen Gedan-
kenConstruction, und auf gewisse Theile und Behandlungsarten der Er-
fahrungswissenschaften anwendbar; bei jeder Erkenntniss, welche die
ungetheilten Kräfte des Menschen fordert, tritt der rednerische ein. Von
dieser Art der Erkenntniss aber fliesst gerade auf alle übrigen erst Licht
und Wärme über; nur auf ihr beruht das Fortschreiten in allgemeiner
geistiger Bildung, und eine Nation, welche nicht den Mittelpunkt der
ihrigen in Poesie, Philosophie und Geschichte, die dieser Erkenntniss
angehören, sucht und findet, entbehrt bald der wohlthätigen Rückwirkung der Sprache, weil sie, durch ihre eigne Schuld, sie nicht mehr mit
dem Stoffe nährt, der allein ihr Jugend und Kraft, Glanz und Schönheit
erhalten kann. In diesem Gebiet ist der eigentliche Sitz der Beredsamkeit, wenn man nemlich darunter, in der weitumfassendsten, und nicht
gerade gewöhnlichen Bedeutung, die Behandlung der Sprache insofern
versteht, als sie entweder von selbst wesentlich auf die Darstellung der

Objecte einwirkt, oder absichtlich dazu gebraucht wird. In dieser letzteren Art kann die Beredsamkeit auch, mit Recht, oder Unrecht, in den wissenschaftlichen, und den Geschäftsgebrauch übergehen. Der wissenschaftliche Gebrauch der Sprache muss wiederum von dem conventionellen geschieden werden. Beide gehören insofern in Eine Classe, als sie, die eigenthümliche Wirkung der Sprache, als eines selbstständigen Stoffes, vertilgend, dieselbe nur als Zeichen ansehen wollen. Aber der wissenschaftliche Gebrauch thut dies auf dem Felde, wo es statthaft ist, und bewirkt es, indem er jede Subjectivität von dem Ausdruck abzuschneiden, oder vielmehr das Gemüth ganz objectiv zu stimmen versucht, und der ruhige und vernünftige Geschäftsgebrauch folgt ihm hierin nach; der conventionelle Gebrauch versetzt diese Behandlung der Sprache auf ein Feld, das der Freiheit der Empfänglichkeit bedürfte, drängt dem Ausdruck eine, nach Grad und Farbe bestimmte Subjectivität auf, und versucht es, das Gemüth in die gleiche zu versetzen. So geht er hernach auf das Gebiet des rednerischen über, und bringt entartete Beredsamkeit und Dichtung hervor. Es giebt Nationen, welche nach der Individualität ihres Charakters, den einen, oder andren dieser falschen Wege einschlagen, oder dieser richtigen einseitig verfolgen; es giebt solche, die ihre Sprache mehr, oder minder glücklich behandeln; und wenn das Schicksal es fügt, dass ein, dem Gemüthe, Ohr und Ton nach, vorzugsweise für Rede und Gesang gestimmtes Volk gerade in den entscheidenden Congelationspunkt des Organismus einer Mundart eintritt, so entstehen herrliche, und durch alle Zeit hin bewunderte Sprachen. Nur durch einen solchen glücklichen Wurf kann man das Hervorgehen der Griechischen erklären.

22. Diesen letzten und wesentlichsten Anwendungen der Sprache kann der ursprüngliche Organismus derselben nicht fremd seyn. In ihm liegt der erste Keim zur folgenden Ausbildung, und die beiden, im Vorigen geschiedenen Theile des vergleichenden Sprachstudiums finden hier ihre Verbindung. Aus der Erforschung der Grammatik, und des Wortvorrathes aller Nationen, soweit Hülfsmittel dazu vorhanden sind, und aus der Prüfung der schriftlichen Denkmale der gebildeten muss die Art, und der Grad der Ideenerzeugung, zu welcher die menschlichen Sprachen gelangt sind, und in ihrem Baue der Einfluss ihrer verschiedenen Eigenschaften auf ihre letzte Vollendung zusammenhängend und lichtvoll dargestellt werden.

23. Es ist hier nur meine Absicht gewesen, das Feld der vergleichenden Sprachuntersuchungen im Ganzen zu überschlagen, ihr Ziel festzustellen, und zu zeigen, dass, um es zu erreichen, der Ursprung und die Vollendung der Sprachen zusammengenommen werden muss. Nur auf diesem Wege können diese Forschungen dahin führen, die Sprachen immer weniger als willkührliche Zeichen anzusehen, und, auf eine, tie-

fer in das geistige Leben eingreifende Weise, in der Eigenthümlichkeit
ihres Baues Hülfsmittel zur Erforschung und Erkennung der Wahrheit,
und Bildung der Gesinnung, und des Charakters aufzusuchen. Denn
wenn in den, zu höherer Ausbildung gediehenen Sprachen eigne Weltansichten liegen, so muss es ein Verhältniss dieser nicht nur zu einander, sondern auch zur Totalität aller denkbaren geben. Es ist alsdann
mit den Sprachen, wie mit den Charakteren der Menschen selbst, oder
um einen einfacheren Gegenstand zur Vergleichung zu wählen, wie mit
den Götteridealen der bildenden Kunst, in welchen sich Totalität aufsuchen, und ein geschlossener Kreis bilden lässt, da jedes das allgemeine,
als gleichzeitiger Inbegriff aller Erhabenheiten nicht individualisirbare
Ideal von Einer bestimmten Seite darstellt. Dass dies je in irgend einer
Gattung der Vorzüge rein vorhanden wäre, darf man allerdings nicht
wähnen, und man würde der Wirklichkeit nur Gewalt anthun, wenn
man Charakter- oder Sprachverschiedenheiten historisch so darstellen
wollte. Allein die Anlagen und nur nicht rein durchgeführten Richtungen sind vorhanden, und es lässt sich weder bei Menschen und Nationen, noch bei Sprachen eine Charakterbildung (die nicht Unterwerfung
der Aeusserungen unter ein Gesetz, sondern Annäherung des Wesens
an ein Ideal ist) denken, als wenn man sich auf einer Bahn begriffen
ansieht, deren, durch die Vorstellung des Ideals gegebene Richtung bestimmte andre, erst alle Seiten desselben erschöpfende voraussetzt. Der
Zustand der Nationen, auf welchen dies in ihren Sprachen Anwendung
finden kann, ist der höchste und letzte, zu welchem Verschiedenheit der
Völkerstämme führen kann; er setzt verhältnissmässig grosse Men-
schenmassen voraus, weil die Sprachen diese erfordern, um sich zu ihrer Vollendung zu erheben. Ihm zum Grunde liegt der niedrigste, von
dem wir ausgiengen, der aus der unvermeidlichen Zerstückelung und
Verzweigung des Menschengeschlechts entsteht, und dem die Sprachen
ihren Ursprung schuldig sind; dieser setzt viele und kleine Menschen-
massen voraus, weil das Entstehen der Sprachen in diesen leichter ist,
und viele sich mischen und zusammenfliessen müssen, wenn reiche und
bildsame hervorgehen sollen. In beiden vereinigt sich, was in der ganzen Oeconomie des Menschengeschlechts auf Erden gefunden wird,
dass der Ursprung in Naturnothwendigkeit, und physischem Bedürfniss
liegt, aber in der fortschreitenden Entwicklung beide den höchsten geistigen Zwecken dienen.

4

UEBER DAS ENTSTEHEN DER GRAMMATISCHEN FORMEN, UND IHREN EINFLUSS AUF DIE IDEENENTWICKLUNG

[Gelesen in der Academie der Wissenschaften am 17. Januar 1822.]

Indem ich versuchen werde, den Ursprung der grammatischen Formen, und ihren Einfluss auf die Ideenentwicklung zu schildern, ist es nicht meine Absicht, die einzelnen Gattungen derselben durchzugehen. Ich werde mich vielmehr nur auf ihren Begriff überhaupt beschränken, um die doppelte Frage zu beantworten:

wie in einer Sprache diejenige Bezeichnungsart grammatischer Verhältnisse entsteht, welche eine Form zu heissen verdient? und

inwiefern es für das Denken und die Ideenentwicklung wichtig ist, ob diese Verhältnisse durch wirkliche Formen, oder durch andre Mittel bezeichnet werden?

Da hier von dem allmählichen Werden der Grammatik die Rede ist, so bieten sich die Verschiedenheiten der Sprachen, von dieser Seite aus betrachtet, als Stufen in ihrem Fortschreiten dar.

Nur muss man sich wohl hüten, einen allgemeinen Typus allmählich fortschreitender Sprachformung entwerfen, und alle einzelnen Erscheinungen nach diesem beurtheilen zu wollen. Ueberall ist in den Sprachen das Wirken der Zeit mit dem Wirken der Nationaleigenthümlichkeit gepaart, und was die Sprachen der rohen Horden Amerikas und Nordasiens charakterisirt, braucht darum nicht auch den Urstämmen Indiens und Griechenlands angehört zu haben. Weder der Sprache einer einzelnen Nation, noch solchen, welche durch mehrere gegangen sind, lässt sich ein vollkommen gleichmässiger, und gewissermassen von der Natur vorgeschriebener Weg der Entwicklung anweisen.

Die Sprache, in ihrer grössesten Ausdehnung genommen, kennt aber einen letzten Mittelpunct im Menschengeschlecht überhaupt, und wenn man von der Frage ausgeht: in welchem Grad der Vollendung der Mensch bisher die Sprache zur Wirklichkeit gebracht hat? so giebt es alsdann einen festen Punct, nach welchem sich wieder andre, gleich feste bestimmen lassen. Auf diese Weise nun ist eine fortschreitende Entwicklung des Sprachvermögens, und zwar an sichren Zeichen, erkennbar, und in diesem Sinn kann man mit Fug und Recht von stufenartiger Verschiedenheit unter den Sprachen reden.

Da hier nur von dem Begriffe grammatischer Verhältnisse überhaupt, und ihrem Ausdruck in der Sprache die Rede seyn soll, so haben wir uns nur mit der Auseinandersetzung des ersten Erfordernisses zur Ideenentwicklung, und der Bestimmung der untersten Stufen der Sprachvollkommenheit zu beschäftigen.

Es wird aber zunächst sonderbar scheinen, dass nur der Zweifel erregt wird, als besässe nicht jede Sprache, auch die unvollkommenste und ungebildetste, grammatische Formen im wahren und eigentlichen Verstande. Nur in der Zweckmässigkeit, Vollständigkeit, Klarheit und Kürze dieser Formen wird man Verschiedenheiten unter den Sprachen aufsuchen. Man wird sich noch ausserdem darauf berufen, dass gerade die Sprachen der Wilden, namentlich die Amerikanischen, vorzüglich zahlreiche, planmässig und künstlich gebildete aufweisen. Alles dies ist vollkommen wahr; es fragt sich nur, ob diese Formen auch wahrhaft, als Formen anzusehen sind, und es kommt daher auf den Begriff an, den man mit diesem Worte verbindet. Um dies vollkommen deutlich zu machen, muss man zuvörderst zwei Misverständnisse aus dem Wege räumen, die hier sehr leicht entstehen können.

Wenn man von den Vorzügen und Mängeln einer Sprache redet, so darf man nicht das zum Massstabe nehmen, was irgend ein, nicht ausschliessend durch sie gebildeter Kopf in ihr auszudrücken im Stande wäre. Jede Sprache ist, trotz ihres mächtigen und lebendigen Einflusses auf den Geist, doch auch zugleich ein todtes und leidendes Werkzeug, und alle tragen eine Anlage nicht bloss zum richtigen, sondern selbst zum vollendetsten Gebrauche in sich. Wenn nun derjenige, welcher seine Bildung in andren Sprachen erlangt hat, irgend eine minder vollkommene studirt, und sich ihrer bemeistert, so kann er, vermittelst derselben, eine ihr an und für sich fremde Wirkung hervorbringen, und es wird dadurch in sie eine ganz andre Ansicht hinübergetragen, als welche die allein unter ihrem Einflusse stehende Nation von ihr hegt. Auf der einen Seite wird die Sprache ein wenig aus ihrem Kreise herausgerissen; auf der andren wird, da alles Verstehen aus Objectivem und Subjectivem zusammengesetzt ist, etwas andres in sie hineingelegt; und so ist kaum zu sagen, was nicht in ihr, und durch sie erzeugt werden könnte.

Sieht man bloss auf dasjenige, was sich in einer Sprache ausdrücken lässt, so wäre es nicht zu verwundern, wenn man dahin geriethe, alle Sprachen im Wesentlichen ungefähr gleich an Vorzügen und Mängeln zu erklären. Die grammatischen Verhältnisse insbesondere hängen durchaus von der Absicht ab, die man damit verbindet. Sie kleben weniger den Worten an, als sie von dem Hörenden und Sprechenden hineingedacht werden. Da, ohne ihre Bezeichnung, keine Rede, und kein Verstehen denkbar sind, so muss jede noch so rohe Sprache gewisse

Bezeichnungsarten für sie besitzen, und diese mögen nun noch so dürftig, noch so seltsam, vorzüglich aber noch so stoffartig seyn, als sie wollen, so wird der einmal durch vollkommnere Sprachen gebildete Verstand sich ihrer immer mit Erfolg zu bedienen, und alle Beziehungen der Ideen mit denselben genügend anzudeuten verstehen. Die Grammatik lässt sich in eine Sprache viel leichter hineindenken, als eine grosse Erweiterung und Verfeinerung der Wortbedeutungen; und so muss man nicht überrascht werden, wenn man in den Darstellungen ganz roher und ungebildeter Sprachen die Namen aller Formen der höchstgebildeten antrift. Die Andeutungen zu allen sind wirklich vorhanden, da die Sprache dem Menschen immer ganz, nie stückweise beiwohnt, und der feinere Unterschied, ob und inwiefern diese Bezeichnungsarten grammatischer Verhältnisse nun wirkliche Formen sind, und als solche auf die Ideenentwicklung der Eingebohrnen einwirken, wird leicht übersehen.

Dennoch ist dies gerade der Punkt, auf den es ankommt. Nicht, was in einer Sprache ausgedrückt zu werden vermag, sondern das, wozu sie aus eigner, innerer Kraft anfeuert und begeistert, entscheidet über ihre Vorzüge, oder Mängel. Ihr Massstab ist die Klarheit, Bestimmtheit und Regsamkeit der Ideen, die sie in der Nation weckt, welcher sie angehört, durch deren Geist sie gebildet ist, und auf die sie wiederum bildend zurückgewirkt hat. Verlässt man aber diesen ihren Einfluss auf die Entwicklung der Ideen und die Erregung der Empfindungen, will man prüfen, was sie als Werkzeug überhaupt hervorzubringen und zu leisten vermöchte; so geräth man auf einen Boden, der keiner Begränzung mehr fähig ist, da der bestimmte Begriff des Geistes fehlt, der sich ihrer bedienen soll, alles durch Rede Gewirkte aber immer ein zusammengesetztes Erzeugniss des Geistes und der Sprache ist. Jede Sprache muss in dem Sinne aufgefasst werden, in dem sie durch die Nation gebildet ist, nicht in einem ihr fremden.

Auch wenn die Sprache keine ächten grammatischen Formen besitzt, kann, da es ihr doch niemals an andren Bezeichnungsarten der grammatischen Verhältnisse mangelt, nicht nur die Rede, als materielles Erzeugniss, recht gut bestehen, sondern es kann auch vielleicht jede Gattung der Rede in solche Sprachen übergetragen, und in ihnen gebildet werden. Dies letztere ist aber nur die Frucht einer fremden Kraft, die sich einer unvollkommneren Sprache in dem Sinn einer vollkommneren bedient.

Darum, dass sich mit den Bezeichnungen fast jeder Sprache alle grammatischen Verhältnisse andeuten lassen, besitzt noch nicht auch jede grammatische Formen in demjenigen Sinne, in dem sie die hochgebildeten Sprachen kennen. Der zwar feine, aber doch sehr fühlbare Unterschied liegt in dem materiellen Erzeugniss und der formalen Einwirkung. Dies wird die Folge dieser Untersuchung deutlicher darstellen. Hier war es genug, abzusondern, was eine beliebig angenommene Kraft mit einer Sprache hervorzubringen, und was sie selbst durch stetigen und habituellen Einfluss auf die Ideen und ihre Entwicklung zu wirken vermag, um dadurch das erste hier zu befürchtende Misverständniss zu heben.

Das zweite entsteht aus der Verwechslung einer Form mit der andren. Da man nemlich gewöhnlich zu dem Studium einer unbekannten Sprache von dem Gesichtspunkt einer bekannteren, der Muttersprache, oder der Lateinischen, hinzugeht, so sucht man auf, wie die grammatischen Verhältnisse dieser in der fremden bezeichnet zu werden pflegen, und benennt nun die dazu gebrauchten Wortbeugungen oder Stellungen geradezu mit dem Namen der grammatischen Form, die in jener Sprache, oder auch nach allgemeinen Sprachgesetzen dazu dient. Sehr häufig sind diese Formen aber gar nicht in der Sprache vorhanden, sondern werden durch andre ersetzt und umschrieben. Man muss daher, um diesen Fehler zu vermeiden, jede Sprache dergestalt in ihrer Eigenthümlichkeit studiren, dass man durch genaue Zergliederung ihrer Theile erkennt, durch welche bestimmte Form sie, ihrem Baue nach, jedes grammatische Verhältniss bezeichnet.

Die Americanischen Sprachen liefern häufige Beispiele solcher irrigen Vorstellungen, und das Wichtigste, was man bei Umarbeitungen der Spanischen und Portugiesischen Sprachlehren derselben zu thun hat, ist, die schiefen Ansichten dieser Art wegzuräumen, und den ursprünglichen Bau dieser Sprachen sich rein vor Augen zu stellen.

Einige Beispiele werden dies besser ins Licht setzen. In der KaraibenSprache wird *aveiridaco* als die 2. pers. sing. imperf. conjunct. wenn du wärest angegeben. Zergliedert man aber das Wort genauer, so ist *veiri* seyn, *a* das Pronomen 2. pers. sing., das sich auch mit Substantiven verbindet, und *daco* eine Partikel, welche Zeit anzeigt. Es mag sogar, obgleich ich es in den Wörterbüchern nicht so aufgeführt finde, einen bestimmten Zeittheil bedeuten. Denn *oruacono daco* heisst am dritten Tage. Die wörtliche Uebersetzung jener Beugung ist also: am Tage deines Seyns, und durch diese Umschreibung wird die in dem Conjunctiv liegende hypothetische Annahme ausgedrückt. Was hier Conjunctiv genannt wird, ist also ein Verbalnomen mit einer Praeposition verbunden, oder wenn man es einer Verbalform annähernd ausdrükken will, ein Ablativ des Infinitivs, oder das lateinische Gerundium in *do.* Auf dieselbe Weise wird der Conjunctiv in mehreren Americanischen Sprachen angedeutet.

In der Lule Sprache wird ein part. pass. angegeben, z. B. *a-le-ti-pan,* aus Erde gemacht. Wörtlich aber heisst diese Silbenverbindung: Erde aus sie machen (3. pers. plur. praes. von *tic,* ich mache).

Auch der Begriff des Infinitivs, wie ihn die Griechen und Römer kannten, wird den meisten, wenn nicht allen Americanischen Sprachen nur durch Verwechslung mit andren Formen zugeschrieben. Der Infinitivus der Brasilianischen Sprache ist ein vollkommenes Substantivum; *iuca* ist morden und Mord, *caru* essen und Speise. Ich will essen heisst entweder *che caru ai-pota,* wörtlich: mein Essen ich will, oder mit dem Verbum einverleibtem Accusativ *ai-caru-pota.* Nur darin behält diese Wortstellung die Verbalnatur bei, dass sie andre Substantiva im Accusativ regiert. Im Mexicanischen ist dieselbe Einverleibung des Infinitivs, als eines Accusativs, in das ihn regierende Verbum. Allein der Infinitivus wird durch diejenige Person des Futurum vertreten, von der die Rede ist, *ni-tlaçotlaz-nequia,* ich wollte lieben, wörtlich: ich, ich werde lieben, wollte. *Ninequia* heisst ich wollte, und indem dies die 1. pers. sing. fut. *tlaçotlaz,* ich werde lieben, in sich aufnimmt, wird aus der ganzen Phrase Ein Wort. Dasselbe Futurum kann aber auch dem regierenden Verbum, als ein eignes Wort, nachstehen, und wird dann nur, wie im Mexicanischen überhaupt geschieht, im Verbum durch ein eingeschobenes Pronomen, *c,* angedeutet; *ni-c-nequia tlaçotlaz,* ich *das* wollte, nemlich: ich werde lieben. Die gleiche doppelte Stellung zum Verbum ist auch den Substantiven eigen. Die Mexicanische Sprache verbindet also im Infinitivus den Begriff des Futurum mit dem des Substantivs, und giebt jenen durch die Beugung, diesen durch die Construction an. In der Lule Sprache lässt man die beiden Verba, von denen das eine den Infinitivus regiert, bloss als zwei *verba finita* unmittelbar auf einander folgen; *caic tucuec,* ich zu essen pflege, aber wörtlich: ich esse, ich pflege. Selbst im Alt-Indischen ist, wie Herr Professor Bopp scharfsinnig gezeigt hat, der Infinitivus ein im Accusativ stehendes Verbalnomen, in der Form vollkommen dem Lateinischen Supinum ähnlich.[1] Er kann daher nicht so frei gebraucht werden, als der Griechische und Lateinische, welche der Natur des Verbum näher bleiben. Er hat auch keine passive Form. Wo diese erforderlich ist, nimmt sie, statt seiner, das ihn regierende Verbum an. Man sagt demnach: es wird essen gekonnt, statt es kann gegessen werden.

Aus diesen Beispielen folgt, dass man in allen diesen Sprachen den Infinitiv nicht als eine eigne Form aufführen, sondern vielmehr die Arten, durch welche er ersetzt wird, in ihrer wahren Natur darstellen, und bemerken sollte, welche Bedingungen des Infinitivs durch jede derselben erfüllt werden, da keine allen ein Genüge leistet.

Sind nun die Fälle, wo die Bezeichnung eines grammatischen Verhältnisses dem Begriff der wahren grammatischen Form nicht genau entspricht, häufig, machen sie die Eigenthümlichkeit und den Charakter der Sprache aus, so ist eine solche, wenn man auch im Stande wäre, Alles in ihr auszudrücken, noch weit von der Angemessenheit zur Ideenentwicklung entfernt. Denn der Punkt, auf dem diese besser zu gelingen beginnt, ist der, wo dem Menschen, ausser dem materiellen Endzweck der Rede, ihre formale Beschaffenheit nicht länger gleichgültig bleibt, und dieser Punkt kann nicht ohne die Ein oder Rückwirkung der Sprache erreicht werden.

Die Wörter, und ihre grammatischen Verhältnisse sind zwei in der Vorstellung durchaus verschiedne Dinge. Jene sind die eigentlichen Gegenstände in der Sprache, diese bloss die Verknüpfungen, aber die Rede ist nur durch beide zusammengenommen möglich. Die grammatischen Verhältnisse können, ohne selbst in der Sprache überall Zeichen zu haben, hinzugedacht werden, und der Bau der Sprache kann von der Art seyn, dass Undeutlichkeit und Misverstand dabei dennoch, wenigstens bis auf einen gewissen Grad, vermieden werden. Insofern alsdann den grammatischen Verhältnissen doch ein bestimmter Ausdruck eigen ist, besitzt eine solche Sprache für den Gebrauch eine Grammatik ohne eigentlich grammatische Formen. Wenn eine Sprache z. B. die Casus durch Praepositionen bildet, die an das immer unverändert bleibende Wort gefügt werden, so ist keine grammatische Form vorhanden, sondern nur zwei Wörter, deren grammatisches Verhältnis hinzugedacht wird; *e-tiboa* in der Mbaya Sprache heisst nicht, wie man es übersetzt, durch mich, sondern ich durch. Die Verbindung ist nur im Kopf des Vorstellenden, nicht als Zeichen in der Sprache. *L-emani* in derselben Sprache ist nicht er wünscht, sondern er und Wunsch oder wünschen, ohne etwas dem Verbum Eigenthümliches, verbunden, um so ähnlicher dem Ausdruck: sein Wunsch, als das Praefixum *l* eigentlich ein Besitzpronomen ist. Auch hier wird also die Verbalbeschaffenheit hinzugedacht. Dennoch drücken jene und diese Form hinlänglich bequem den Casus des Nomen und die Person des Verbum aus.

Soll aber die Ideenentwicklung mit wahrer Bestimmtheit, und zugleich mit Schnelligkeit und Fruchtbarkeit vor sich gehen, so muss der Verstand dieses reinen Hinzudenkens überhoben werden, und das grammatische Verhältniss ebensowohl durch die Sprache bezeichnet werden, als es die Wörter sind. Denn in der Darstellung der Verstandeshandlung durch den Laut liegt das ganze grammatische Streben der Sprache. Die grammatischen Zeichen können aber nicht auch Sachen bezeichnende Wörter seyn; denn sonst stehen wieder diese isolirt da, und fordern neue Verknüpfungen.

Werden nun von der ächten Bezeichnung grammatischer Verhältnisse die beiden Mittel: Wortstellung mit hinzugedachtem Verhältniss, und Sachbezeichnung ausgeschlossen, so bleibt zu derselben nichts als Modification der Sachen bezeichnenden Wörter, und dies allein ist der wahre Begriff einer grammatischen Form. Dazu stossen dann noch grammatische Wörter, das ist solche, die allgemein gar keinen Gegenstand, sondern bloss ein Verhältniss, und zwar ein grammatisches, bezeichnen.

Die Ideenentwicklung kann erst dann einen eigentlichen Schwung nehmen, wenn der Geist am blossen Hervorbringen des Gedankens Vergnügen gewinnt, und dies ist allemal von dem Interesse an der blossen Form desselben abhängig. Dies Interesse kann nicht durch eine Sprache geweckt werden, welche die Form nicht, als solche darzustellen gewohnt ist, und es kann, von selbst entstehend, auch an einer solchen Sprache kein Gefallen finden. Es wird also, wo es erwacht, die Sprache umformen, und wo die Sprache auf einem andren Wege solche Formen in sich aufgenommen hat, plötzlich durch sie angeregt werden.

In Sprachen, welche diese Stufe nicht erreicht haben, schwankt der Gedanke nicht selten zwischen mehreren grammatischen Formen, und begnügt sich mit dem realen Resultat. In der Brasilianischen Sprache heisst *tuba* ebensowohl in substantivischem Ausdruck sein Vater, als im Verbalausdruck er hat einen Vater, ja das Wort wird auch für Vater überhaupt gebraucht, da Vater doch immer ein Beziehungsbegriff ist. Auf dieselbe Weise ist *xe-r-uba* mein Vater, und ich habe einen Vater, und so alle Personen hindurch. Das Schwanken des grammatischen Begriffs in diesem Fall geht sogar noch weiter, und *tuba* kann, nach andren in der Sprache liegenden Analogien, auch er ist Vater heissen, so wie das ganz ähnlich, nur im SüdDialecte der Sprache gebildete *iaba* er ist Mensch heisst. Die grammatische Form ist bloss Nebeneinanderstellung eines Pronomen und Substantivs, und der Verstand muss die dem Sinn entsprechende Verknüpfung hinzufügen.

Es ist klar, dass der Eingebohrne sich in dem Worte nur Er und Vater zusammen denkt, und dass es nicht geringe Mühe kosten würde, ihm den Unterschied der Ausdrücke klar zu machen, die wir darin mit einander verwirrt finden. Die Nation, die sich dieser Sprache bedient, kann darum in vieler Rücksicht verständig, gewandt und lebensklug seyn, aber freie und reine Ideenentwicklung, Gefallen am formalen Denken, kann aus einem solchen Sprachbau nicht hervorgehen, sondern dieser würde vielmehr nothwendig gewaltsame Aenderungen erfahren, wenn von andren Seiten her eine solche intellectuelle Umwandlung in der Nation herbeigeführt würde.

Man muss daher bei Uebersetzungen so gearteter Phrasen solcher Sprachen wohl im Auge behalten, dass diese Uebertragungen, soweit sie die grammatischen Formen angehen, fast immer falsch sind, und eine ganz andre grammatische Ansicht gewähren, als der Sprechende dabei gehabt hat. Wollte man dies vermeiden, so müsste man auch der Uebertragung immer nur soweit grammatische Form geben, als in der Originalsprache vorhanden ist; man stösst aber dann auf Fälle, wo man sich aller möglichst enthalten müsste. So sagt man in der Huasteca

Sprache *nana tanin-tahjal,* ich werde von ihm behandelt, aber genauer übersetzt: ich, mich behandelt er. Es ist also hier eine active Verbalform mit dem leidenden Object, als Subject verbunden. Das Volk scheint das Gefühl einer Passivform gehabt zu haben, aber von der Sprache, die nur Activa kennt, zu diesen hinübergezogen zu seyn. Man muss aber bedenken, dass es gar keine Casusformen in der Huasteca Sprache giebt. *Nana* als pron. 1. pers. sing. ist ebensowohl ich, als meiner, mir und mich, und zeigt bloss den Begriff der *Ichheit* an. In *nin* und dem vorgesetzten *ta* liegt grammatisch auch nur, dass das Pronomen 1. pers. sing. vom Verbum regiert wird.[2]

Man sieht daher deutlich, dass von dem Sinn der Eingebohrnen hier nicht sowohl der Unterschied der Passiv- oder Activform gefasst, als bloss der grammatisch umgeformte Begriff der Ichheit mit der Vorstellung der auf dieselbe gemachten fremden Einwirkung verbunden wird.

Welch eine unermessliche Kluft ist nun zwischen einer solchen Sprache, und der höchstgebildeten, die wir kennen, der Griechischen. In dem künstlichen Periodenbau dieser bildet die Stellung der grammatischen Formen gegen einander ein eignes Ganzes, das die Wirkung der Ideen verstärkt, und in sich durch Symmetrie und Eurythmie erfreut. Es entspringt daraus ein eigner, die Gedanken begleitender, und gleichsam leise umschwebender Reiz, ohngefähr eben so, als in einigen Bildwerken des Alterthums, ausser der Anordnung der Gestalten selbst, aus den blossen Umrissen ihrer Gruppen wohlgefällige Formen hervorgehn. In der Sprache aber ist dies nicht bloss eine flüchtige Befriedigung der Phantasie. Die Schärfe des Denkens gewinnt, wenn den logischen Verhältnissen auch die grammatischen genau entsprechen, und der Geist wird immer stärker zum formalen, und mithin reinen Denken hingezogen, wenn ihn die Sprache an scharfe Sonderung der grammatischen Formen gewöhnt.

Dieses ungeheuern Unterschiedes zwischen zwei Sprachen auf so verschiednen Stufen der Ausbildung ungeachtet, muss man jedoch gestehen, dass auch unter denen, welche man grosser Formlosigkeit anklagen kann, viele sonst eine Menge von Mitteln besitzen, eine Fülle von Ideen auszudrücken, durch die künstliche und regelmässige Verbindung weniger Elemente vielfache Verhältnisse der Ideen zu bezeichnen, und dabei Kürze mit Kraft zu verbinden. Der Unterschied zwischen ihnen, und den vollkommner gebildeten liegt nicht darin; sie würden in dem, was ausgedrückt werden soll, mit Sorgfalt bearbeitet, sehr nahe dasselbe erreichen; indem sie aber wirklich so Vieles besitzen, fehlt ihnen das Eine, der Ausdruck der grammatischen Form, als solcher, und die wichtige und wohlthätige Rückwirkung dieses auf das Denken.

Bleibt man aber hierbei einen Augenblick stehen, und blickt man auf gleiche Weise auf die hochgebildeten Sprachen zurück, so kann es scheinen, als fände auch in ihnen, wenn auch in etwas andrer Art, Aehnliches statt, und als geschehe jenen Sprachen Unrecht durch den ihnen gemachten Vorwurf.

Jede Stellung, oder Verbindung von Worten, kann man sagen, die einmal der Bezeichnung eines bestimmten grammatischen Verhältnisses gewidmet ist, kann auch für eine wirkliche grammatische Form gelten, und es kann nicht soviel darauf ankommen, wenn auch jene Bezeichnungen durch für sich bedeutsame, etwas Reales anzeigende Wörter geschehen, und das formale Verhältniss nur hinzugedacht werden muss. Auch die wahre grammatische Form kann ja kaum je anders vorhanden seyn, und jene höher gestellten Sprachen von künstlicherem Organismus haben ja auch von roherem Baue angefangen, und tragen die Spuren desselben noch sichtbar in sich.

Diese unläugbar sehr erhebliche Einwendung muss, wenn die gegenwärtige Untersuchung auf sichrem Grunde ruhen soll, genau beleuchtet werden, und um dies zu thun, ist es nothwendig, zuerst, was in ihr unbestreitbar wahr ist, anzuerkennen, und dann zu bestimmen, was demungeachtet auch in den angegriffnen Behauptungen, als richtig zurückbleibt.

Was in einer Sprache ein grammatisches Verhältnis charakteristisch (so, dass es im gleichen Fall immer wiederkehrt) bezeichnet, ist für sie grammatische Form. In den meisten der ausgebildetsten Sprachen lässt sich noch heute die Verknüpfung von Elementen erkennen, die nicht anders, als in den roheren verbunden worden sind; und diese Entstehungsart auch der ächten grammatischen Formen durch Anfügung bedeutsamer Silben (Agglutination) hat beinahe die allgemeine seyn müssen. Dies geht sehr klar aus der Aufzählung der Mittel hervor, welche die Sprache zur Bezeichnung dieser Formen besitzt. Denn diese Mittel bestehen in folgenden:

Anfügung, oder Einschaltung bedeutsamer Silben, die sonst eigne Wörter ausgemacht haben, oder noch ausmachen,

Anfügung, oder Einschaltung bedeutungsloser Buchstaben, oder Silben, bloss zum Zweck der Andeutung der grammatischen Verhältnisse,

Umwandlung der Vocale durch Uebergang eines in den andren, oder durch Veränderung der Quantität, oder Betonung,

Umänderung von Consonanten im Innern des Worts,

Stellung der von einander abhängigen Wörter nach unveränderlichen Gesetzen,

Silbenwiederholung.

Die blosse Stellung gewährt nur wenige Veränderungen, und kann, wenn jede Möglichkeit der Zweideutigkeit vermieden werden soll, auch nur wenige Verhältnisse bezeichnen. In der Mexicanischen, und einigen andren Americanischen Sprachen erweitert sich zwar der Gebrauch dadurch, dass das Verbum Substantiva in sich aufnimmt, oder an sich anschliesst. Allein auch da bleiben die Gränzen immer noch enge.

Die Anfügung und Einschaltung bedeutungsloser Wortelemente, und die Umänderung von Vocalen und Consonanten wäre, wenn eine Sprache durch wirkliche Verabredung entstände, das natürlichste und passendste Mittel. Es ist die wahre Beugung (Flexion) im Gegensatz der Anfügung, und es kann eben sowohl Wörter geben, welche Begriffen von Formen, als welche Begriffen von Gegenständen entsprechen. Wir haben sogar oben gesehen, dass die letzteren im Grunde zur Bezeichnung der Formen nicht taugen, da ein solches Wort wieder durch eine Form an die andren angeknüpft seyn will. Es ist aber schwer zu denken, dass jemals bei Entstehung einer Sprache eine solche Bezeichnungsart vorgewaltet habe, die eine klare Vorstellung, und Unterscheidung der grammatischen Verhältnisse voraussetzen würde. Sagt man, dass es wohl Nationen gegeben haben kann, die einen auf diese Weise klaren und durchdringenden Sprachsinn besessen haben, so heisst dies den Knoten zerhauen, statt ihn zu lösen. Stellt man sich die Dinge natürlich vor, so sieht man leicht die Schwierigkeit ein. Bei Wörtern, die Sachen bezeichnen, entsteht der Begriff durch die Wahrnehmung des Gegenstandes, das Zeichen durch die leicht aus ihm zu schöpfende Analogie, das Verständniss durch Vorzeigen desselben. Bei der grammatischen Form ist dies Alles verschieden. Sie kann nur nach ihrem logischen Begriff, oder nach einem dunkeln, sie begleitenden Gefühle erkannt, bezeichnet und verstanden werden. Der Begriff lässt sich erst aus der schon vorhandnen Sprache abziehen, und es fehlt auch an hinreichend bestimmten Analogien, ihn zu bezeichnen, und die Bezeichnung deutlich zu machen. Aus dem Gefühl mögen wohl einige Bezeichnungsarten entstanden seyn, wie z. B. die langen Vocale und Diphthongen, mithin ein anhaltenderes Schweben der Stimme im Griechischen und Deutschen für den Conjunctivus und Optativus. Allein da die ganz logische Natur der grammatischen Verhältnisse ihnen auch nur sehr wenig Beziehungen auf die Einbildungskraft und das Gefühl verstattet, so können dieser Fälle nur wenige gewesen seyn. Einige merkwürdige finden sich jedoch noch in den Americanischen Sprachen. In der Mexicanischen besteht die Bildung des Plurals bei Wörtern, die in Vocale ausgehen, oder ihre Endconsonanten absichtlich im Plural wegwerfen, darin, dass der Endvocal mit einem, dieser Sprache eignen, starken, und dadurch eine Pause in der Aussprache verursachenden Hauche ausgesprochen wird. Hierzu tritt zuweilen zugleich die Silbenverdopplung, *ahuatl*, Weib, *teotl*, Gott, plur. *ahuâ, teteô*. Bildlicher lässt sich durch den Ton der Begriff der Vielheit nicht bezeichnen, als indem die erste Silbe wiederholt, der letzten ihr scharf und bestimmt abschneidender

Endconsonant genommen, und dem dann bleibenden Endvocal eine so verweilende und verstärkte Betonung gegeben wird, dass der Laut sich gleichsam in der weiten Luft verliert. Im südlichen Dialect der Guaranischen Sprache wird das Suffixum des Perfectum *yma* in dem Grade mehr, oder weniger langsam ausgesprochen, als von einer längeren, oder kürzeren Vergangenheit die Rede ist. Eine solche Bezeichnungsart geht beinahe aus dem Gebiete der Sprache heraus, und gränzt an die Gebehrde. Auch die Erfahrung spricht gegen die Ursprünglichkeit der Beugung in den Sprachen, wenn man einige wenige, den eben berührten ähnliche Fälle ausnimmt. Denn so wie man eine Sprache nur genauer zu zergliedern anfängt, zeigt sich die Anfügung bedeutsamer Silben auf allen Seiten, und wo sie nicht mehr nachzuweisen ist, lässt sie sich aus der Analogie schliessen, oder es bleibt wenigstens immer ungewiss, ob sie nicht ehemals vorhanden gewesen ist. Wie leicht offenbare Anfügung zu scheinbarer Beugung werden kann, lässt sich an einigen Fällen in den Americanischen Sprachen klar darthun. In der Mbaya Sprache heisst *daladi* du wirst werfen, *nilabuitete* er hat gesponnen, und das Anfangs-*d* und *n* sind die Charakteristiken des Futurum und Perfectum. Diese durch einen einzigen Laut bewirkte Abwandlung scheint daher alle Ansprüche auf den Namen wahrer Beugung machen zu können. Dennoch ist es reine Anfügung. Denn die vollen Charakteristiken beider *tempora*, die auch wirklich noch oft gebraucht werden, sind *quide* und *quine*, aber das *qui* wird ausgelassen, und *de* und *ne* verlieren vor andren Vocalen ihren Endvocal. *Quide* heisst spät, künftig, *co-quidi* (*co* von *noco*, Tag) der Abend. *Quine* ist eine Partikel, die *und auch* bedeutet. Wie manchen solcher Abkürzungen von ehemals bedeutsamen Wörtern mögen die sogenannten Beugungssilben unsrer Sprachen ihren Ursprung verdanken, und wie unrichtig würde die Behauptung seyn, dass die Voraussetzung der Anfügung da, wo sie sich nicht mehr nachweisen lässt, eine leere und unstatthafte Hypothese sey. Wahre und ursprüngliche Beugung ist gewiss in allen Sprachen eine seltne Erscheinung. Demungeachtet müssen zweifelhafte Fälle immer mit grosser Behutsamkeit behandelt werden. Denn dass auch ursprünglich Beugung vorhanden ist, scheint mir, nach dem Obigen, ausgemacht, und sie kann daher eben so gut, als die Anfügung in Formen vorhanden seyn, wo sie jetzt nur nicht mehr zu unterscheiden ist. Ja man muss, glaube ich, noch weiter gehen und darf nicht verkennen, dass die geistige Individualität eines Volks zur Sprachbildung und zum formalen Denken (welche beide unzertrennlich zusammenhängen) vorzugsweise vor andren geeignet seyn kann. Ein solches Volk wird, wenn es ursprünglich, gleich allen übrigen, zugleich auf Agglutination und Flexion kommt, von der letzteren einen häufigeren und scharfsinnigeren Gebrauch machen, die erstere schneller und fester in die letztere verwandeln, und früher den Weg der ersteren gänzlich verlassen. In andren Fällen können äussere Umstände, Uebergänge einer Sprache in die andre, der Sprachbildung dieser schnelleren und höheren Schwung geben, so wie entgegengesetzte Einwirkungen Schuld seyn können, dass die Sprachen sich in schwerfälliger Unvollkommenheit fortschleppen.

Alles dies sind natürliche, aus dem Wesen des Menschen und den Ereignissen der Nationen erklärliche Wege, und meine Absicht ist nur, nicht die Meynung zu theilen, welche gewissen Völkern, vom ersten Ursprunge an, eine bloss durch Flexion und innere Entfaltung fortschreitende Sprachbildung zuschreibt, und andren alle Bildung dieser Art abspricht. Diese viel zu systematische Abtheilung scheint mir aus dem naturgemässen Wege menschlicher Entwicklung hinauszugehen, und wird, wenn ich den von mir angestellten Forschungen trauen darf, bei genauem Studium vieler und verschiedenartiger Sprachen durch die Erfahrung selbst widerlegt.

Es kommt aber zur Agglutination und Flexion auch noch eine dritte, sehr häufige Bildungsart hinzu, die man, da sie immer absichtlich ist, in dieselbe Classe mit der Beugung setzen muss, nemlich wo der Gebrauch eine Wortform ausschliesslich zu einer bestimmten grammatischen stempelt, ohne dass sie, weder durch Anfügung, noch durch Beugung, etwas gerade dieser Charakteristisches an sich trägt.

Die Silbenwiederholung beruht auf einem durch gewisse grammatische Verhältnisse erregten dunklen Gefühle. Wo dies Wiederholung, Verstärkung, Erweiterung des Begriffs mit sich führt, steht sie an ihrer Stelle. Wo dies nicht ist, wie so oft in einigen Americanischen Sprachen, und in allen Verben der 3. Conjugation im Alt-Indischen, entspringt sie aus bloss phonetischer Eigenthümlichkeit. Dasselbe lässt sich von der Vocalumänderung sagen. In keiner Sprache ist diese so häufig, so wichtig, und so regelmässig, als im Sanskrit. Aber nur in den wenigsten Fällen beruht auf ihr das Charakteristische grammatischer Formen. Sie ist nur mit gewissen derselben verbunden, und dann meistentheils mit mehreren zugleich, so dass das Charakteristische jeder einzelnen doch in etwas andrem aufgesucht werden muss.

Immer bleibt also die Anfügung bedeutsamer Silben das wichtigste und häufigste Hülfsmittel zur Bildung grammatischer Formen. Hierin sind sich die rohen und gebildeten Sprachen gleich; denn man würde sehr irren, wenn man glaubte, dass auch in jenen jede Form sogleich in lauter in sich erkennbare Elemente zerfiele. Auch in ihnen beruhen Unterschiede von Formen auf ganz einzelnen Lauten, die man eben so wohl, ohne an Anfügung zu denken, für Beugungslaute halten könnte. Im Mexicanischen wird das Futurum, nach Verschiedenheit der Stammwörter, durch mehrere solcher einzelnen Buchstaben, das Imperfectum durch ein End-*ya* oder End-*a* bezeichnet. *O* ist das Augment des Praeteritum, wie *a* im Sanskrit, ε im Griechischen. Nichts in der Sprache deutet an, dass diese Laute Ueberreste ehemaliger Wörter sind, und will man im Griechischen und Lateinischen ähnliche Fälle nicht als Anfügung, von jetzt unbekanntem Ursprung, gelten lassen, so muss man auch der Mexicanischen Sprache hier, so gut wie diesen classischen, Beugung zugestehen. In der Tamanaca Sprache ist *tareccha* (das Verbum bedeutet *tragen*) ein Praesens, *tarecche* ein Praeteritum, *tarecchi* ein Futurum. Ich führe diese Fälle nur an, um zu beweisen, dass die Behauptung, welche gewissen Sprachen Anfügung und andren Beugung zutheilt, bei genauerem Eindringen in die einzelnen Sprachen, und gründlicherer Kenntniss ihres Baues, von keiner Seite haltbar erscheint.

Wenn man daher genöthigt ist, auch in den hochgebilderen Sprachen Anfügung anzunehmen, und in mehreren Fällen dieselbe sogar sichtbar erkennt, so ist die Einwendung ganz richtig, dass man, auch bei ihnen, das wahre grammatische Verhältniss hinzudenken muss. In *amavit* und ἐποίησας kommen, wie sich wohl nicht läugnen lassen dürfte, Bezeichnungen des Stammworts, des Pronomen und des Tempus zusammen, und die wahre, in der Synthesis des Subjects mit dem Praedicat liegende Verbalnatur hat darin keine besondre Bezeichnung, sondern muss hinzugedacht werden. Wollte man sagen, dass, ohne gerade über diese Formen entscheiden zu wollen, einigen derselben Art das Hülfsverbum einverleibt seyn, und diese Synthese andeuten könne, so reicht dies nicht aus, da doch auch das Hülfsverbum erklärt werden muss, und nicht immerfort ein Hülfsverbum in dem andren eingeschachtelt liegen kann.

Alles hier Zugegebne aber hebt den Unterschied zwischen wahren grammatischen Formen, wie *amavit*, ἐποίησας, und zwischen solchen Wort- oder Silbenstellungen, als die meisten roheren Sprachen zur Bezeichnung der grammatischen Verhältnisse brauchen, nicht auf. Er liegt darin, dass jene Ausdrücke wirklich wie in Eine Form zusammengegossen, in diesen die Elemente nur an einander gereiht erscheinen. Das Zusammenwachsen des Ganzen bringt die Bedeutung der Theile in Vergessenheit, die feste Verknüpfung derselben unter Einem Accent verändert zugleich ihre abgesonderte Betonung, und oft sogar ihren Laut, und nun wird die Einheit der ganzen Form, die oft der grübelnde Grammatiker nicht mehr zu zergliedern vermag, die Bezeichnung des bestimmten grammatischen Verhältnisses. Man denkt als Eins, was man nie getrennt findet; man betrachtet als wahren, einmal fest organisirten Körper, was man nicht auseinandernehmen, und in andre beliebige Verbindungen bringen kann; man sieht nicht als selbständigen Theil an, was auf diese Weise sonst nicht in der Sprache erscheint. Wie dies entstanden, ist für die Wirkung gleichgültig. Die Bezeichnung des Verhältnisses, wie selbständig und bedeutsam sie gewesen seyn mag, wird nun, wie sie soll, zur blossen Modification, die sich an den immer gleichen

Begriff heftet. Das Verhältniss, das zu den bedeutsamen Elementen erst bloss hinzugedacht werden musste, ist nun in der Sprache, eben durch das Zusammenwachsen der Theile zum festen Ganzen, wirklich vorhanden, wird mit dem Ohre gehört, mit dem Auge gesehen.

Die Sprachen, welche der Vorwurf trift, dass ihre grammatischen Formen nicht so formaler Natur sind, gleichen in Vielem den oben beschriebnen allerdings auch.

Die, wenn auch nur lose an einander gereihten Elemente fliessen meistentheils auch in Ein Wort zusammen, und sammeln sich unter Einen Accent. Aber einestheils geschieht dies nicht immer, und andrentheils treten dabei andre, die formale Natur mehr, oder weniger störende Nebenumstände ein. Die Elemente der Formen sind trennbar und verschiebbar; jedes behält seinen vollkommnen Laut, ohne Abkürzung oder Veränderung; sie sind in der Sprache sonst selbständig vorhanden, oder dienen auch zu andren grammatischen Verbindungen, z. B. PronominalAffixa als Besitzpronomina bei dem Nomen, als Personen bei dem Verbum; die noch unflectirten Wörter tragen nicht, wie es in einer Sprache seyn muss, in welche die grammatische Bildung tief eingegangen ist, schon Kennzeichen verschiedner Redetheile an sich, sondern werden erst zu denselben durch die Anfügung der grammatischen Elemente gemacht; der Bau der ganzen Sprache ist so, dass die Untersuchung gleich auf die Absonderung dieser Elemente geführt wird, und diese Absonderung ohne bedeutende Mühe gelingt; neben der Bezeichnung durch Formen, oder diesen ähnliche Wortverbindungen, werden dieselben grammatischen Verhältnisse auch durch blosses Nebeneinanderstellen, mit offenbarem Hinzudenken der Verknüpfung, angedeutet.

Je mehr nun in einer Sprache die hier aufgezählten Umstände zusammenkommen, oder je mehr sie sich nur einzeln finden, desto weniger, oder mehr befördert sie das formale Denken, und desto mehr, oder weniger entfernt sich ihre Bezeichnungsart der grammatischen Verhältnisse von dem wahren Begriff grammatischer Formen. Denn nicht was einzeln und zerstreut in der Sprache vorkommt, sondern dasjenige was ihre Wirkung auf den Geist ausmacht, vermag hier zu entscheiden. Dies aber hängt von dem Totaleindruck, und dem Charakter des Ganzen ab. Einzelne Erscheinungen können nur angeführt werden, um, wie es im Vorigen geschehen ist, zu allgemein gewagte Behauptungen zu widerlegen. Sie können aber nicht machen, dass man die Verschiedenheit der Stufen verkenne, auf welchen zwei Sprachen, dem Ganzen ihres Baues nach, stehen.

Je mehr sich eine Sprache von ihrem Ursprung entfernt, desto mehr gewinnt sie, unter übrigens gleichen Umständen, an Form. Der blosse längere Gebrauch schmelzt die Elemente der Wortstellungen fester zusammen, schleift ihre einzelnen Laute ab, und macht ihre ehemalige selbständige Form unkenntlicher. Denn ich kann die Ueberzeugung nicht verlassen, dass doch alle Sprachen hauptsächlich von Anfügung ausgegangen sind.

So lange die Bezeichnungen der grammatischen Verhältnisse, als aus einzelnen, mehr oder weniger trennbaren Elementen bestehend angesehen werden, kann man sagen, dass der Redende mehr die Formen in jedem Augenblick selbst bildet, als sich der vorhandnen bedient. Daraus nun pflegt eine bei weitem grössere Vielfachheit dieser Formen zu entstehen. Denn der menschliche Geist strebt schon in seiner natürlichen Anlage nach Vollständigkeit, und jedes, auch noch so selten vorkommende Verhältniss wird in demselben Verstande, als alle übrigen zur grammatischen Form. Wo dagegen die Form in einem strengeren Sinne genommen, und durch den Gebrauch gebildet wird, nun aber fernerhin das gewöhnliche Reden nicht in neuem Bilden besteht, da giebt es Formen nur für das häufig zu Bezeichnende, und das seltner Vorkommende wird umschrieben, und durch selbständige Wörter bezeichnet. Zu diesem Verfahren gesellen sich noch die beiden andren Umstände, dass der noch uncultivirte Mensch gern jedes Besondre in allen seinen Besonderheiten, nicht bloss in den, zu dem jedesmaligen Zweck nothwendigen darstellt, und dass gewisse Nationen die Sitte haben, ganze Sätze in angebliche Formen zusammenzuziehen, z. B. den vom Verbum regierten Gegenstand, vorzüglich wenn er ein Pronomen ist, mitten in den Schooss des Verbum aufzunehmen. Hieraus entsteht, dass gerade die Sprachen, denen es an dem wahren Begriff der Form wesentlich gebricht, doch eine bewundernswürdige Menge, in strenger Analogie, zusammen Vollständigkeit bildender, angeblicher Formen besitzen.

Hienge der Vorzug der Sprachen von der Vielheit, und der strengen Regelmässigkeit der Formen ab, von der Menge der Ausdrücke für ganz besondre Verschiedenheiten (wie in der Sprache der Abiponen das Pronomen der 3. Person verschieden ist, je nachdem der Mensch ab- oder anwesend, stehend, sitzend, liegend, oder herumgehend gedacht wird), so müsste man viele Sprachen der Wilden über die Sprachen der hochcultivirten Völker stellen, wie denn dies auch nicht selten, selbst in unsern Tagen, geschieht. Da aber der Vorzug der Sprachen vor einander vernünftiger Weise nur in ihrer Angemessenheit zur Ideenentwicklung gesucht werden kann, so verhält es sich damit gerade entgegengesetzt. Denn diese wird durch diese Vielfachheit der Formen vielmehr erschwert, und es ist ihr lästig, in so viele Wörter Nebenbestimmungen mit aufnehmen zu müssen, deren sie durchaus nicht in jedem Falle bedarf.

Ich habe bisher nur von grammatischen Formen gesprochen; allein es giebt auch in jeder Sprache grammatische Wörter, auf die sich das Meiste von den Formen geltende gleichfalls anwenden lässt. Solche sind vorzugsweise die Praepositionen und Conjunctionen. Als Bezeichnungen grammatischer Verhältnisse stehen dem Ursprunge dieser Wörter, als wahrer Verhältnisszeichen dieselben Schwierigkeiten, wie dem Ursprunge der Formen entgegen. Es liegt nur darin ein Unterschied, dass sie nicht alle, wie die reinen Formen, aus blossen Ideen abgeleitet werden können, sondern Erfahrungsbegriffe, wie Raum und Zeit, zu Hülfe nehmen müssen. Man kann daher mit Recht bezweifeln, wenn es auch noch neuerlich von Lumsden in seiner Persischen Grammatik mit Heftigkeit behauptet worden ist, dass es ursprünglich Praepositionen und Conjunctionen im wahren Sinne des Wortes gegeben habe. Alle haben vermuthlich, nach Horne Took's richtigerer Theorie, ihren Ursprung in wirklichen, Gegenstände bezeichnenden Wörtern. Die grammatisch-formale Wirkung der Sprache beruht daher auch auf dem Grade, in welchem diese Partikeln noch ihrem Ursprunge näher, oder entfernter stehen. Ein merkwürdigeres Beispiel zu dem hier Gesagten, als vielleicht irgend eine andre Sprache, liefert die Mexicanische in den Praepositionen. Sie besitzt drei verschiedne Arten derselben: 1., solche, in welchen sich, so wahrscheinlich gleich auch bei ihnen dieser Ursprung ist, schlechterdings nicht mehr der Begriff eines Substantivum entdekken lässt, z. B. *c,* in. 2., Solche, in welchen man eine Praeposition mit einem unbekannten Element verbunden findet. 3., Solche, die deutlich ein mit einer Praeposition verbundnes Substantivum enthalten, wie z. B. *itic,* in, aber eigentlich, zusammengesetzt aus *ite,* Bauch, und *c,* in, im Bauch. *Ilhuicatl itic* heisst nun nicht, wie man es übersetzt, im Himmel, sondern im Bauche des Himmels, da Himmel im Genitiv steht. Pronomina werden nur mit den beiden letzten Arten der Praepositionen verbunden, und da alsdann nie die persönlichen, sondern die possessiven genommen werden, so zeigt dies deutlich das in der Praeposition steckende Substantivum an. *Notepotzco* wird zwar durch hinter mir übersetzt, es heisst aber eigentlich hinter meinem Rücken, von *teputz,* der Rücken. Man sieht hier also die Stufenfolge, in welcher die ursprüngliche Bedeutung sich verloren hat, und zugleich den sprachbildenden Geist der Nation, der, wenn ein Substantivum *Bauch, Rücken* im Sinne einer Praeposition gebraucht werden sollte, demselben, um die Wörter nicht grammatisch unverbunden zu lassen (nach Art des Lateinischen *ad instar* und des Deutschen *immitten*) eine schon vorhandne Praeposition hinzufügte. Die in diesem Punkt grammatisch unvollkommner gebildete Mixteca Sprache drückt vor, hinter dem Hause geradezu durch *chisi, sata huahi,* Bauch, Rücken, Haus aus.

Das Verhältniss, das sich in den Sprachen zwischen den Beugungen und grammatischen Wörtern bildet, begründet neue Verschiedenheiten unter denselben. Dies zeigt sich z. B. darin, dass die eine mehr Bestimmungen durch Casus, die andre mehr durch Praepositionen, die eine mehr Tempora durch Beugung, die andre durch Zusammensetzung mit

Hülfsverben macht. Denn diese Hülfsverba, wenn sie bloss Verhältnisse der Theile des Satzes bezeichnen, sind gleichfalls nur grammatische Wörter. Von dem griechischen τυγχάνειν ist eine wahrhaft materielle Bedeutung gar nicht mehr bekannt. Im Sanskrit wird auf dieselbe Weise, aber viel seltner *shtha*, stehen, gebraucht. Es lässt sich aber die Norm zur Beurtheilung der Vorzüge der Sprachen in diesem Punkt nach allgemeinen Grundsätzen aufstellen. Wo die zu bezeichnenden Verhältnisse sich, ohne Hinzukunft eines besondren Begriffs, bloss aus der Natur eines höheren und allgemeineren Verhältnisses ergeben, da geschieht die Bezeichnung besser durch Beugungen, sonst durch grammatische Wörter. Denn die an sich durchaus bedeutungslose Beugung enthält nichts, als den reinen Begriff des Verhältnisses. In dem grammatischen Wort liegt ausserdem der Nebenbegriff, der auf das Verhältniss, um es zu bestimmen, bezogen wird, und der, wo das reine Denken nicht ausreicht, immer hinzukommen muss. Daher sind der dritte und selbst der siebente Casus der Sanskrit Declination nicht eben beneidenswerthe Vorzüge dieser Sprache, da die durch sie bezeichneten Verhältnisse nicht bestimmt genug sind, um des schärferen Abgränzens durch eine Praeposition entbehren zu können. Eine dritte Stufe, welche aber wahrhaft grammatisch gebildete Sprachen immer ausschliessen, ist wenn ein Wort in seiner ganzen materiellen Bedeutung zum grammatischen Worte gestempelt wird, wie wir weiter oben an den Praepositionen gesehen haben.

Man mag nun die Beugungen, oder die grammatischen Wörter vor Augen haben, so kommt man immer auf dasselbe Resultat zurück. Sprachen können die meisten, vielleicht alle grammatischen Verhältnisse mit hinlänglicher Deutlichkeit und Bestimmtheit bezeichnen, ja sogar eine grosse Vielfachheit angeblicher Formen besitzen, und es kann ihnen dennoch der Mangel ächter grammatischer Formalität im Ganzen und im Einzelnen ankleben.

Ich habe bis hierher vorzüglich gestrebt, Analoga grammatischer Formen, wodurch die Sprachen sich erst diesen zu nähern versuchen, von diesen selbst zu unterscheiden. Dabei überzeugt, dass nichts dem Sprachstudium so empfindlichen Schaden zufügt, als allgemeines, auf nicht gehörige Kenntniss gegründetes Raisonnement, habe ich, soviel es ohne übermässige Weitläuftigkeit geschehen konnte, jedes Einzelne mit Beispielen belegt, obgleich ich wohl fühle, dass die wahre Ueberzeugung nur aus dem vollständigen Studium wenigstens einer der hier betrachteten Sprachen hervorgehen kann. Um zu einem entscheidenden Resultat zu gelangen, wird es aber nun noch nothwendig seyn, die ganze hier berührte Frage, jetzt ohne Factisches beizumischen, in ihren Endpunkten zusammen zu fassen.

Dasjenige, worauf Alles bei der Untersuchung des Entstehens, und des Einflusses grammatischer Formalität hinausläuft, ist richtiges Unterscheiden zwischen der Bezeichnung der Gegenstände und Verhältnisse, der Sachen und Formen.

Das Sprechen, als materiell, und Folge realen Bedürfnisses, geht unmittelbar nur auf Bezeichnen von Sachen; das Denken, als ideell, immer auf Form. Ueberwiegendes Denkvermögen verleiht daher einer Sprache Formalität, und überwiegende Formalität in ihr erhöht das Denkvermögen.

1., Entstehen grammatischer Formen

Die Sprache bezeichnet ursprünglich Gegenstände, und überlässt das Hinzudenken der redeverknüpfenden Formen dem Verstehenden.

Sie sucht aber dies Hinzudenken zu erleichtern durch Wortstellung, und durch, auf Verhältniss und Form hingedeutete Wörter für Gegenstände und Sachen.

So geschieht, auf der niedrigsten Stufe, die grammatische Bezeichnung durch Redensarten, Phrasen, Sätze.

Dies Hülfsmittel wird in gewisse Regelmässigkeit gebracht, die Wortstellung wird stetig, die erwähnten Wörter verlieren nach und nach ihren unabhängigen Gebrauch, ihre Sachbedeutung, ihren ursprünglichen Laut.

So geschieht, auf der zweiten Stufe, die grammatische Bezeichnung durch feste Wortstellungen, und zwischen Sach- und Formbedeutung schwankende Wörter.

Die Wortstellungen gewinnen Einheit, die formbedeutenden Wörter treten zu ihnen hinzu, und werden Affixa. Aber die Verbindung ist noch nicht fest, die Fugen sind noch sichtbar, das Ganze ist ein Aggregat, aber nicht Eins.

So geschieht auf der dritten Stufe die grammatische Bezeichnung durch Analoga von Formen.

Die Formalität dringt endlich durch. Das Wort ist Eins, nur durch umgeänderten Beugungslaut in seinen grammatischen Beziehungen modificirt; jedes gehört zu einem bestimmten Redetheil, und hat nicht bloss lexikalische, sondern auch grammatische Individualität; die formbezeichnenden Wörter haben keine störende Nebenbedeutung mehr, sondern sind reine Ausdrücke von Verhältnissen.

So geschieht auf der höchsten Stufe die grammatische Bezeichnung durch wahre Formen, durch Beugung, und rein grammatische Wörter.

Das Wesen der Form besteht in ihrer Einheit, und der vorwaltenden Herrschaft des Worts, dem sie angehört, über die ihm beigegebnen Nebenlaute. Dies wird wohl erleichtert durch verloren gehende Bedeutung der Elemente, und Abschleifung der Laute in langem Gebrauch. Allein das Entstehen der Sprache ist nie ganz durch so mechanische Wirkung todter Kräfte erklärbar, und man muss niemals darin die Einwirkung der Stärke und Individualität der Denkkraft aus den Augen setzen.

Die Einheit des Worts wird durch den Accent gebildet. Dieser ist an sich mehr geistiger Natur, als die betonten Laute selbst, und man nennt ihn die Seele der Rede, nicht bloss weil er erst das eigentliche Verständniss in dieselbe bringt, sondern auch, weil er wirklich unmittelbarer, als sonst etwas in der Sprache, Aushauch der die Rede begleitenden Empfindung wird. Dies ist er auch da, wo er Wörter durch Einheit zu grammatischen Formen stempelt; und wie Metalle, um schnell und innig zusammenzuschmelzen, rasch und stark glühender Flamme bedürfen, so gelingt auch das Zusammenschmelzen neuer Formen nur dem energischen Act einer starken, nach formaler Abgränzung strebenden Denkkraft. Sie offenbart sich auch an den übrigen Beschaffenheiten der Formen, und so bleibt es unumstösslich gewiss, dass, welche Schicksale auch eine Sprache haben möge, sie nie zu einem vorzüglichen grammatischen Bau gelangt, wenn sie nicht das Glück erfährt, wenigstens einmal von einer geistreichen, oder tiefdenkenden Nation gesprochen zu werden. Nichts kann sie sonst aus der Halbheit träge zusammengefügter, die Denkkraft nirgends mit Schärfe ansprechender Formen retten.

2., Einfluss der grammatischen Formen

Das Denken, welches vermittelst der Sprache geschieht, ist entweder auf äussre, körperliche Zwecke, oder auf sich selbst, also auf geistige gerichtet. In dieser doppelten Richtung bedarf es der Deutlichkeit und Bestimmtheit der Begriffe, die in der Sprache grossentheils von der Bezeichnungsart der grammatischen Formen abhängt.

Umschreibungen dieser durch Phrasen, durch noch nicht zur sichren Regel gewordne Wortstellungen, selbst durch Analoga von Formen bringen nicht selten Zweideutigkeit hervor.

Wenn aber auch das Verständniss, und damit der äussre Zweck geborgen ist, so bleibt doch sehr oft der Begriff in sich unbestimmt, und da, wo er, als Begriff, offenbar auf zwei verschiedne Weisen genommen werden kann, ungesondert.

Wendet sich das Denken zu wirklicher innrer Betrachtung, nicht bloss zu äussrem Treiben, so bringt auch die blosse Deutlichkeit und Bestimmtheit der Begriffe andre, und auf jenem Wege immer nur schwer zu erreichende Forderungen hervor.

Denn alles Denken geht auf Nothwendigkeit und Einheit. Das Gesammtstreben der Menschheit hat dieselbe Richtung. Denn es bezweckt im letzten Resultat nichts anders, als Gesetzmässigkeit forschend zu finden, oder bestimmend zu begründen.

Soll nun die Sprache dem Denken gerecht seyn, so muss sie in ihrem Baue, soviel als möglich, seinem Organismus entsprechen. Sie ist sonst, da sie in Allem Symbol seyn soll, gerade ein unvollkommnes dessen, womit sie in der unmittelbarsten Verbindung steht. Indem auf der einen Seite die Masse ihrer Wörter den Umfang ihrer Welt vorstellt, so repraesentirt ihr grammatischer Bau ihre Ansicht von dem Organismus des Denkens.

Die Sprache soll den Gedanken begleiten. Er muss also in stetiger Folge in ihr von einem Elemente zum andren übergehen können, und für Alles, dessen er für sich zum Zusammenhange bedarf, auch in ihr Zeichen antreffen. Sonst entstehen Lücken, wo sie ihn verlässt, statt ihn zu begleiten. Obgleich endlich der Geist immer und überall nach Einheit und Nothwendigkeit strebt, so kann er beide doch nur nach und nach aus sich, und nur mit Hülfe mehr sinnlicher Mittel entwickeln. Zu den hülfreichsten unter diesen Mitteln gehört für ihn die Sprache, die, schon ihrer bedingtesten und niedrigsten Zwecke wegen, der Regel, der Form, und der Gesetzmässigkeit bedarf. Je mehr er daher in ihr ausgebildet findet, wonach er auch für sich selbst strebt, desto inniger kann er sich mit ihr vereinigen.

Betrachtet man nun die Sprachen nach allen diesen, hier an sie gestellten Forderungen, so erfüllen sie dieselben nur, oder doch vorzugsweise gut, wenn sie ächt grammatische Formen, und nicht Analoga derselben besitzen, und so offenbart sich dieser Unterschied in seiner ganzen Wichtigkeit. Das Erste und Wesentlichste ist, dass der Geist von der Sprache verlangt, dass sie Sache und Form, Gegenstand und Verhältniss rein abscheide, und nicht beide mit einander vermenge. So wie sie auch ihn an diese Vermengung gewöhnt, oder ihm die Absonderung erschwert, lähmt und verfälscht sie sein ganzes innres Wirken. Gerade aber diese Absonderung wird erst rein vorgenommen bei der Bildung der ächt grammatischen Form durch Beugung, oder durch grammatische Wörter, wie wir oben bei dem stufenartigen Bezeichnen der grammatischen Formen gesehen haben. In jeder Sprache, die nur Analoga von Formen kennt, bleibt Stoffartiges in der grammatischen Bezeichnung, die bloss formartig seyn sollte, zurück.

Wo die Zusammenschmelzung der Form, wie sie oben beschrieben worden, nicht vollkommen gelungen ist, da glaubt der Geist noch immer die Elemente getrennt zu erblicken, und da hat für ihn die Sprache nicht die geforderte Uebereinstimmung mit den Gesetzen seines eignen Wirkens.

Er fühlt Lücken, er bemüht sich sie auszufüllen, er hat nicht mit einer mässigen Anzahl in sich gediegener Grössen, sondern mit einer verwirrenden halb verbundner zu thun, und arbeitet nun nicht mit gleicher Schnelligkeit und Gewandtheit, mit gleichem Gefallen am leicht gelingenden Verknüpfen besondrer Begriffe zu allgemeineren, vermittelst wohl angemessner, mit seinen Gesetzen übereinstimmender Sprachformen.

Darin nun offenbart es sich, wenn man die Frage auf die äusserste Spitze stellt, dass, wenn eine grammatische Form auch schlechterdings kein andres Element in sich schliesst, als welches auch in dem sie nie ganz ersetzenden Analogon liegt, sie dennoch in der Wirkung auf den Geist durchaus etwas anderes ist, und dass dies nur auf ihrer Einheit beruht, in der sie den Abglanz der Macht der Denkkraft an sich trägt, die sie schuf.

In einer nicht dergestalt grammatisch gebildeten Sprache findet der Geist lückenhaft und unvollkommen ausgeprägt das allgemeine Schema der Redeverknüpfung, dessen angemessner Ausdruck in der Sprache die unerlassliche Bedingung alles leicht gelingenden Denkens ist. Es ist nicht nothwendig, dass dies Schema selbst ins Bewusstseyn gelange; dies hat auch hochgebildeten Nationen gemangelt. Es genügt, wenn, da der Geist immer unbewusst danach verfährt, er für jeden einzelnen Theil einen solchen Ausdruck findet, der ihn wieder einen andren mit richtiger Bestimmtheit auffassen lässt.

In der Rückwirkung der Sprache auf den Geist macht die ächt grammatische Form, auch wo die Aufmerksamkeit nicht absichtlich auf sie gerichtet ist, den Eindruck einer Form, und bringt formale Bildung hervor. Denn da sie den Ausdruck des Verhältnisses rein, und sonst nichts Stoffartiges enthält, worauf der Verstand abschweifen könnte, dieser aber den ursprünglichen Wortbegriff darin verändert erblickt, so muss er die Form selbst ergreifen. Bei der unächten Form kann er dies nicht, da er den Verhältnissbegriff nicht bestimmt genug in ihr erblickt, und noch durch Nebenbegriffe zerstreut wird. Dies geschieht in beiden Fällen bei dem gewöhnlichsten Sprechen, durch alle Classen der Nation, und wo die Einwirkung der Sprache günstig ist, geht allgemeine Deutlichkeit und Bestimmtheit der Begriffe, und allgemeine Anlage, auch das rein Formale leichter zu begreifen, hervor. Es liegt auch in der Natur des Geistes, dass diese Anlage, einmal vorhanden, sich immer ausbildet, da, wenn eine Sprache dem Verstande die grammatischen Formen unrein und mangelhaft darbietet, je länger diese Einwirkung dauert, je schwerer aus dieser Verdunkelung der rein formalen Ansicht herauszukommen ist.

Was man daher von der Angemessenheit einer nicht solchergestalt grammatisch gebildeten Sprache zur Ideenentwicklung sagen möge, so bleibt es immer sehr schwer zu begreifen, dass eine Nation auf der unverändert bleibenden Basis einer solchen Sprache von selbst zu hoher wissenschaftlicher Ausbildung sollte gelangen können. Der Geist empfängt da nicht von der Sprache, und diese nicht von ihm dasjenige, dessen beide bedürfen, und die Frucht ihrer wechselseitigen Einwirkung, wenn sie heilbringend werden sollte, müsste erst eine Veränderung der Sprache selbst seyn.

Auf diese Weise sind also, soviel dies bei Gegenständen dieser Art geschehen kann, die Kriterien festgestellt, an welchen sich die grammatisch gebildeten Sprachen von den andren unterscheiden lassen. Keine zwar kann sich vielleicht einer vollkommnen Uebereinstimmung mit den allgemeinen Sprachgesetzen rühmen, keine vielleicht ist durch und durch, in allen Theilen geformt, und auch unter den Sprachen der niedrigeren Stufe giebt es wieder viele annähernde Grade. Dennoch ist jener Unterschied, der zwei Classen von Sprachen bestimmt von einander absondert, nicht gänzlich ein relativer, ein bloss im Mehr, oder Weniger bestehender, sondern wirklich ein absoluter, da die vorhandne, oder fehlende Herrschaft der Form sich immer sichtbar verkündet.

Dass nur die grammatisch gebildeten Sprachen vollkommne Angemessenheit zur Ideenentwicklung besitzen, ist unläugbar. Wieviel auch noch mit den übrigen zu leisten seyn dürfte, mag allerdings der Versuch, und die Erfahrung beweisen. Gewiss bleibt indess immer, dass sie niemals in dem Grade, und der Art, wie die andren, auf den Geist zu wirken im Stande sind.

Das merkwürdigste Beispiel einer seit Jahrtausenden blühenden Literatur in einer fast von aller Grammatik, im gewöhnlichen Sinne des Worts, entblössten Sprache bietet die Chinesische dar. Es ist bekannt, dass gerade in dem sogenannten alten Stil, in welchem die Schriften des Confucius und seiner Schule verfasst waren, und der noch heute der allgemein übliche für alle grossen philosophischen und historischen Werke ist, die grammatischen Verhältnisse einzig und allein durch die Stellung, oder durch abgesonderte Wörter bezeichnet werden, und dass es oft dem Leser überlassen bleibt, aus dem Zusammenhang zu errathen, ob er ein Wort für ein Substantivum, Adjectivum, Verbum, oder für eine Partikel nehmen soll.[3] Der Mandarinische und literarische Stil haben zwar dafür gesorgt, mehr grammatische Bestimmtheit in die Sprache zu bringen, aber auch in ihnen besitzt sie keine wahrhaft grammatischen Formen, und jene eben erwähnte Literatur, die berühmteste der Nation, ist von dieser neueren Behandlung der Sprache durchaus unabhängig.

Wenn, wie Etienne Quatremere[4] scharfsinnig zu beweisen gesucht hat, die Coptische Sprache die Sprache der alten Aegyptier gewesen ist, so kommt auch die hohe wissenschaftliche Bildung, auf welcher diese Nation gestanden haben soll, hier in Betrachtung. Denn auch das grammatische System der Coptischen Sprache ist, wie Silvestre de Sacy[5] sich ausdrückt, vollkommen ein synthetisches, das heisst ein solches, in welchem die grammatischen Bezeichnungen den, Sachen bedeutenden Wörtern abgesondert vor- oder nachgesetzt werden. Silvestre de Sacy vergleicht es namentlich hierin dem Chinesischen.

Wenn nun zwei der merkwürdigsten Völker die Stufe ihrer intellectuellen Bildung mit Sprachen zu erreichen vermochten, die ganz, oder grösstentheils der grammatischen Formen entbehren, so scheint hieraus eine wichtige Einwendung gegen die behauptete Nothwendigkeit dieser Formen hervorzugehen. Es ist indess noch auf keine Weise dargethan, dass die Literatur dieser beiden Völker gerade diejenigen Vorzüge besass, auf welche die Eigenschaft der Sprache, von der hier die Rede ist, vorzüglich einwirkt. Denn unläugbar zeigt sich die durch eine reiche Mannigfaltigkeit bestimmt und leicht gebildeter grammatischer Formen begünstigte Schnelligkeit und Schärfe des Denkens am glänzendsten im dialektischen und rednerischen Vortrag, daher sie sich in der Attischen Prosa in ihrer höchsten Kraft und Feinheit entfaltet. Von dem Chinesischen alten Stil geben selbst diejenigen, welche sonst ein günstiges Urtheil über die Literatur dieses Volkes fällen, zu, dass er unbestimmt und abgerissen ist, so dass der auf ihn folgende, dem Bedürfniss des Lebens besser angepasste dahin trachten musste, ihm mehr Klarheit, Bestimmtheit und Mannigfaltigkeit zu geben. Dies beweist daher im Gegentheil für unsre Behauptung. Von der Alt-Aegyptischen Literatur ist nichts bekannt; was wir aber sonst von den Gebräuchen, der Verfassung, den Bauwerken und der Kunst dieser merkwürdigen Länder wissen, deutet mehr auf streng wissenschaftliche Bildung, als auf ein leichtes und freies Beschäftigen des Geistes mit Ideen hin. Hätten indess auch diese beiden Völker gerade die Vorzüge erreicht, die man billigerweise Anstand nehmen muss, ihnen beizulegen, so würde dadurch das oben Entwickelte nicht widerlegt seyn. Wo der menschliche Geist durch ein Zusammentreffen begünstigender Umstände mit glücklicher Anstrengung seiner Kräfte arbeitet, gelangt er mit jedem Werkzeuge zum Ziel, wenn auch auf mühevollerem und langsamerem Wege. Allein darum dass er die Schwierigkeit überwindet, ist die Schwierigkeit nicht minder vorhanden. Dass Sprachen mit keinen, oder sehr unvollkommnen grammatischen Formen störend auf die intellectuelle Thätigkeit einwirken, statt sie zu begünstigen, fliesst, wie ich gezeigt zu haben glaube, aus der Natur des Denkens und der Rede. In der Wirklichkeit können andre Kräfte diese Hemmungen schwächen, oder aufheben. Allein bei der wissenschaftlichen Betrachtung muss man, um zu reinen Folgerungen zu gelangen, jede Einwirkung als ein abgesondertes Moment, für sich und so, als würde sie durch nichts Fremdartiges gestört, beurtheilen, und dies ist hier mit den grammatischen Formen geschehen.

Inwiefern auch in den Amerikanischen Sprachen eine höhere Bildungsstufe erreicht ward, darüber lässt sich keine reine Erfahrung zu

Rathe ziehen. Die Schriften von Eingebohrnen[6] in Mexikanischer Sprache, die man besitzt, rühren nur von der Zeit der Eroberung her, und
athmen daher schon fremden Einfluss. Doch ist sehr zu bedauern, dass
man keine davon in Europa kennt. Vor der Eroberung gab es kein Mittel
schriftlicher Aufzeichnung in jenem Welttheil. Man könnte schon dies
als einen Beweis ansehen, dass in demselben kein Volk mit der entschiednen Stärke der Denkkraft aufgestanden seyn muss, welche die
Hindernisse bis zur Erfindung des Alphabets durchbricht. Allein diese
Erfindung ist wohl überhaupt nur sehr wenige male geschehen, da die
meisten Alphabete, durch Ueberlieferung, eines aus dem andren entstanden sind.

Die Sanskrit Sprache ist unter den uns bekannten die älteste und erste, die einen wahrhaften Bau grammatischer Formen, und zwar in einer solchen Vortreflichkeit und Vollständigkeit des Organismus besitzt,
dass in dieser Rücksicht nur wenig später hinzugetreten ist. Ihr zur Seite stehen die Semitischen Sprachen; allein die höchste Vollendung des
Baues hat unstreitig die Griechische erreicht. Wie nun diese verschiednen Sprachen sich in den hier betrachteten Rücksichten gegen einander
verhalten, und welche neue Erscheinungen durch das Entstehen unsrer
neueren Sprachen aus den classischen hervorgegangen sind, bietet
reichlichen Stoff zu weiteren, aber feineren und schwierigeren Untersuchungen dar.

Anmerkungen

1 Ausgabe des Nalus. *p. 202. nt. 77. p. 204. nt. 83.*
2 Die Huasteca Sprache hat nemlich, wie die meisten Americanischen, verschiedne PronominalFormen, je nachdem die Pronomina selbstständig, das
   Verbum regierend, oder von ihm regiert gebraucht werden; *nin* dient nur für
   den letzten Fall. Die Silbe *ta* deutet an, dass das Object am Verbum ausgedrückt ist, wird aber nur da vorgesetzt, wo das Object in der ersten oder zweiten Person steht. Die ganze Art, das Object am Verbum zu bezeichnen, ist in
   der Huasteca Sprache sehr merkwürdig.
3 *Grammaire Chinoise par M. Abel-Remusat. p. 35. 37.*
4 *Recherches critiques et historiques sur la langue et la littérature de l'Egypte.*
5 In Millins *Magasin encyclopédique Tom. IV.* 1808. S. 255., wo zugleich eben
   so neue, als geistreiche Ideen über den Einfluss der hieroglyphischen und alphabetischen Schrift auf die grammatische Bildung der Sprachen entwickelt
   werden.
6 A. v. Humboldts *Essai politique sur le royaume de la Nouvelle Espagne. p.* 93.
   Desselben *Vues des Cordillères et monumens des peuples de l'Amérique.*
   p. 126.

5

UEBER DIE BUCHSTABENSCHRIFT UND IHREN ZUSAMMENHANG MIT DEM SPRACHBAU

[Gelesen in der Akademie der Wissenschaften am 20. Mai 1824.]

Es hat mir bei dem Nachdenken über den Zusammenhang der Buchstabenschrift mit der Sprache immer geschienen, als wenn die erstere in genauem Verhältniss mit den Vorzügen der letzteren stände, und als wenn die Annahme und Bearbeitung des Alphabets, ja selbst die Art und vielleicht auch die Erfindung desselben, von dem Grade der Vollkommenheit der Sprache, und noch ursprünglicher, der Sprachanlagen jeder Nation abhienge.

Anhaltende Beschäftigung mit den Amerikanischen Sprachen, Studium der Alt-Indischen und einiger mit ihr verwandten, und die Betrachtung des Baues der Chinesischen schienen mir diesen Satz auch geschichtlich zu bestätigen. Die Amerikanischen Sprachen, die man zwar sehr mit Unrecht mit dem Namen roher und wilder bezeichnen würde, die aber ihr Bau doch bestimmt von den vollkommen gebildeten unterscheidet, haben, soviel wir bis jetzt wissen, nie Buchstabenschrift besessen. Mit den Semitischen und der Indischen ist diese so innig verwachsen, dass auch nicht die entfernteste Spur vorhanden ist, dass sie sich jemals einer andren bedient hätten. Wenn die Chinesen beharrlich die ihnen seit so langer Zeit bekannten Alphabete der Europaeer zurückstossen, so liegt dies, meines Erachtens, bei weitem nicht bloss in ihrer Anhänglichkeit am Hergebrachten, und ihrer Abneigung gegen das Fremde, sondern viel mehr darin, dass, nach dem Mass ihrer Sprachanlagen, und nach dem Bau ihrer Sprache, noch gar nicht das innere Bedürfniss nach einer Buchstabenschrift in ihnen erwacht ist. Wäre dies nicht der Fall, so würden sie durch ihre eigene, ihnen in hohem Grade beiwohnende Erfindsamkeit, und durch ihre Schriftzeichen selbst dahin gekommen seyn, nicht bloss, wie sie jetzt thun, Lautzeichen als Nebenhülfe zu gebrauchen, sondern ein wahres, vollständiges und reines Alphabet zu bilden.

Auf Aegypten allein schien diese Vorstellungsart nicht recht zu passen. Denn die heutige Coptische Sprache beweist unläugbar, dass auch die Alt-Aegyptische einen Bau besass, der nicht von grossen Sprachanlagen der Nation zeugt, und dennoch hat Aegypten nicht nur Buchstabenschrift besessen, sondern war sogar, nach keinesweges verwerflichen Zeugnissen, die Wiege derselben. Allein auch wenn eine Nation Erfinderin einer Buchstabenschrift ist, bleibt ihre Art, dieselbe zu behandeln, ihrer Anlage entsprechend, den Gedanken aufzufassen, und durch Sprache zu fesseln und auszubilden; und die Wahrheit dieser Behauptung leuchtet gerade recht aus der wunderbaren Art hervor, wie die Aegyptier Bilder und Buchstabenschrift in einander übergehen liessen.

Buchstabenschrift und Sprachanlage stehen daher in dem engsten Zusammenhange, und in durchgängiger Beziehung auf einander. Dies werde ich mich bemühen, hier sowohl aus Begriffen, als, soviel es in der Kürze geschehen kann, welche diesen Abhandlungen geziemt, geschichtlich zu beweisen. Die Wahl dieses Gegenstandes hat mir aus dem zwiefachen Grunde angemessen geschienen, dass die Natur der Sprache in der That nicht vollständig eingesehen werden kann, wenn man nicht zugleich ihren Zusammenhang mit der Buchstabenschrift untersucht, und dass gerade jene neuesten Beschäftigungen mit der Aegyptischen Schrift den Antheil an Untersuchungen über Schrift-Erfindung und Aneignung im gegenwärtigen Augenblicke verdoppeln.

Alles, was sich auf die äussren Zwecke der Schrift, ihren Nutzen im Gebrauch für das Leben und die Verbreitung der Kenntnisse bezieht, übergehe ich gänzlich. Ihre Wichtigkeit von dieser Seite leuchtet zu sehr von selbst ein, und nur Wenige dürften in dieser Hinsicht die Vorzüge der Buchstabenschrift vor den übrigen Schriftarten verkennen. Ich beschränke mich bloss auf den Einfluss der alphabetischen auf die Sprache und ihre Behandlung. Ist dieser wirklich bedeutend, ist der Zusammenhang der Sprache mit dem Gebrauche eines Alphabets innig und fest, so können auch die Ursachen begieriger Aneignung der Buchstabenschrift, oder kalter Gleichgültigkeit gegen dieselbe nicht länger zweifelhaft bleiben.

Wie aber schon oft von den Sprachen selbst behauptet wird, dass ihre Verschiedenheit nicht von grosser Wichtigkeit sey, da, wie auch der Schall laute, und die Rede sich verknüpfe, doch endlich immer derselbe Gedanke hervortrete, so dürfte die Art der Schriftzeichen noch für bei weitem gleichgültiger gehalten werden, wenn sie nur nicht gar zu grosse Unbequemlichkeit mit sich führe, oder die Nation sich gewöhnt habe, die mit ihr verbundnen zu überwinden. Auch machen diejenigen, welche sich der Schrift häufig, und noch weit mehr diejenigen, welche sich derselben auf eine sinnige Weise bedienen, immer nur von jedem Volke einen kleinen Theil aus. Jede Sprache hat also nicht bloss lange Zeit ohne Schrift bestanden, sondern lebt auch grossentheils beständig auf gleiche Art fort.

Allein das tönende Wort ist gleichsam eine Verkörperung des Gedanken, die Schrift eine des Tons. Ihre allgemeinste Wirkung ist, dass sie die Sprache fest heftet, und dadurch ein ganz andres Nachdenken über dieselbe möglich macht, als wenn das verhallende Wort bloss im Gedächtniss eine bleibende Stätte findet. Es ist aber auch zugleich unvermeidlich, dass sich nicht irgend eine Wirkung dieser Bezeichnung durch Schrift, und der bestimmten Art derselben überhaupt dem Einflusse der Sprache auf den Geist beimischen sollte. Es ist daher keineswegs gleichgültig, welche Art der Anregung die geistige Thätigkeit durch die besondre Natur der Schriftbezeichnung erhält. Es liegt in den Gesetzen dieser Thätigkeit, das Denkbare und Anschauliche als Zeichen und Bezeichnetes zu betrachten, wechselsweise hervorzurufen, und in verschiedne Stellung gegen einander zu bringen; es ist ihr eigen, bei einer Idee oder Anschauung auch die verwandten wirken zu lassen, und so kann die Uebertragung des erst als Ton gehefteten Gedanken auf einen Gegenstand des Auges, nach Massgabe der Art, wie sie geschieht, dem Geiste sehr verschiedne Richtungen geben. Offenbar aber müssen, wenn die Gesammtwirkung nicht gestört werden soll, das Denken in Sprache, die Rede und die Schrift übereinstimmend gebildet, und wie aus Einer Form gegossen seyn.

Darum dass die Schrift nur immer Eigenthum eines kleineren Theils der Nation bleibt, und wohl überall erst entstanden ist, als der schon festbestimmte Sprachbau nicht mehr wesentliche Umänderungen zuliess, ist ihr Einfluss auf sie nicht minder wichtig. Denn die gemeinschaftliche Rede umschlingt doch (freilich in einer Lebensform weniger, als in der andren) das ganze Volk, und was auf sie bei Einzelnen gewirkt ist, geht doch mittelbar auf Alle über. Die feinere Bearbeitung der Sprache aber, für welche der Gebrauch der Schrift eigentlich erst den Anfangspunkt bezeichnet, ist gerade die wichtigste, und unterscheidet, an sich und in ihrer Wirkung auf die Nationalbildung, die Eigenthümlichkeit der Sprachen bei weitem mehr, als der gröbere, ursprüngliche Bau.

Die Eigenthümlichkeit der Sprache besteht darin, dass sie, vermittelnd, zwischen dem Menschen und den äussren Gegenständen eine Gedankenwelt an Töne heftet. Alle Eigenschaften jeder einzelnen können daher auf die beiden grossen Hauptpunkte in der Sprache überhaupt bezogen werden, ihre Idealität und ihr Tonsystem. Was der ersteren an Vollständigkeit, Klarheit, Bestimmtheit und Reinheit, dem letzteren an Vollkommenheit abgeht, sind ihre Mängel, das Entgegengesetzte ihre Vorzüge.

Diese Ansicht habe ich in zwei, dieser Versammlung früher vorgelegten Abhandlungen aufzustellen und zu rechtfertigen versucht, und mich bemüht zu zeigen:

dass das, auch unverknüpfte Wortsystem jeder Sprache eine Gedankenwelt bildet, die, gänzlich heraustretend aus dem Gebiet willkührlicher Zeichen, für sich Wesenheit und Selbständigkeit besitzt;

dass diese Wortsysteme niemals einem einzelnen Volk allein angehören, sondern auf einem Wege der Ueberlieferung, den weder die Geschichte, noch die Sprachforschung ganz zu verfolgen im Stande sind, zu dem Werke der gesammten Menschheit alle Jahrhunderte ihres Daseyns hindurch werden, und dass mithin jedes Wort ein doppeltes Bildungselement in sich trägt, ein physiologisches, aus der Natur des menschlichen Geistes hervorgehendes, und ein geschichtliches, in der Art seiner Entstehung liegendes; ferner:

dass der Charakter der vollkommner gebildeten Sprachen dadurch bestimmt wird, dass die Natur ihres Baues beweist, dass es dem Geist nicht bloss auf den Inhalt, sondern vorzüglich auf die Form des Gedanken ankommt.

Ich glaube diesen Weg auch hier verfolgen zu können, und es leuchtet nun von selbst ein, dass die Buchstabenschrift die Idealität der Sprache schon insofern negativ befördert, als sie den Geist auf keine, von der Form der Sprache abweichende Weise anregt, dass aber das Tonsystem, da Lautbezeichnung ihr Wesen ausmacht, erst durch sie Festigkeit und Vollständigkeit erlangen kann.

Dass jede Bilderschrift durch Anregung der Anschauung des wirklichen Gegenstandes die Wirkung der Sprache stören muss, statt sie zu unterstützen, fällt von selbst in die Augen. Die Sprache verlangt auch Anschauung, heftet sie aber an die, vermittelst des Tones, gebundene Wortform. Dieser muss sich die Vorstellung des Gegenstandes unterordnen, um als Glied zu der unendlichen Kette zu gehören, an welcher sich das Denken durch Sprache nach allen Richtungen hinschlingt. Wenn sich das Bild zum Schriftzeichen aufwirft, so drängt es unwillkührlich dasjenige zurück, was es bezeichnen will, das Wort. Die Herrschaft der Subjectivität, das Wesen der Sprache, wird geschwächt, die Idealität dieser leidet durch die reale Macht der Erscheinung, der Gegenstand wirkt nach allen seinen Beschaffenheiten auf den Geist, nicht nach denjenigen, welche das Wort, in Uebereinstimmung mit dem individuellen Geiste der Sprache, auswählend zusammenfasst, die Schrift, die nur Zeichen des Zeichens seyn soll, wird zugleich Zeichen des Gegenstandes, und schwächt, indem sie seine unmittelbare Erscheinung in das Denken einführt, die Wirkung, welche das Wort gerade dadurch ausübt, dass es nur Zeichen seyn will. An Lebendigkeit kann die Sprache durch das Bild nicht gewinnen, da diese Gattung der Lebendigkeit nicht ihrer Natur entspricht, und die beiden verschiednen Thätigkeiten der Seele, die man hier zugleich anregen möchte, können nicht Verstärkung, sondern nur Zerstreuung der Wirkung zur Folge haben.

Dagegen scheint eine Figurenschrift, welche Begriffe bezeichnet,

recht eigentlich die Idealität der Sprache zu befördern. Denn ihre willkührlich gewählten Zeichen haben ebensowenig, als die der Buchstaben, etwas, das den Geist zu zerstreuen vermöchte, und die innere Gesetzmässigkeit ihrer Bildung führt das Denken auf sich selbst zurück.

Dennoch wirkt auch eine solche Schrift gerade der idealen, d. h. der
die Aussenwelt in Ideen verwandelnden Natur der Sprache entgegen,
wenn sie auch nach der strengsten Gesetzmässigkeit in allen ihren Theilen zusammengefügt wäre. Denn für die Sprache ist nicht bloss die
sinnliche Erscheinung stoffartig, sondern auch das unbestimmte Denken, inwiefern es nicht fest und rein durch den Ton gebunden ist; denn
es ermangelt der ihr wesentlich eigenthümlichen Form. Die Individualität der Wörter, in deren jedem immer noch etwas andres, als bloss seine
logische Definition liegt, ist insofern an den Ton geheftet, als durch diesen unmittelbar in der Seele die ihnen eigenthümliche Wirkung geweckt
wird. Ein Zeichen, das den Begriff aufsucht, und den Ton vernachlässigt, kann sie mithin nur unvollkommen ausdrücken. Ein System solcher Zeichen giebt nur die abgezognen Begriffe der äussren und innren
Welt wieder; die Sprache aber soll diese Welt selbst, zwar in Gedankenzeichen verwandelt, aber in der ganzen Fülle ihrer reichen, bunten und
lebendigen Mannigfaltigkeit enthalten.

Es hat aber auch nie eine Begriffsschrift gegeben, und kann keine
geben, die rein nach Begriffen gebildet wäre, und auf die nicht die in
bestimmte Laute gefassten Wörter der Sprache, für welche sie erfunden
wurde, den hauptsächlichsten Einfluss ausgeübt hätten. Denn da die
Sprache doch vor der Schrift da ist, so sucht dieselbe natürlich für jedes
Wort ein Zeichen, und nimmt diese, wenn sie auch durch systematische
Unterordnung unter ein Begriffssystem vom Laut unabhängige Geltung
hätten, doch in dem Sinn der ihnen untergelegten Wörter. Daher ist
jede Begriffsschrift immer zugleich eine Lautschrift, und ob sie, nebenher und in welchem Grade, auch als wahre Begriffsschrift gilt? hängt
von dem Grade ab, in welchem der sie Gebrauchende die systematische
Unterordnung ihrer Zeichen, den logischen Schlüssel ihrer Bildung,
kennt und beachtet. Wer die den Wörtern entsprechenden Zeichen nur
mechanisch kennt, besitzt in ihr nichts, als eine Lautschrift. Wenn eine
solche Schrift auf eine andre Sprache übergeht, findet der gleiche Fall
statt. Denn auch in dieser muss der Gebrauch, wenn die Schrift wirklich Schrift seyn soll, doch jedem Zeichen seine Geltung in Einem, oder
mehreren bestimmten Wörtern anweisen. Die Schriftzeichen sind also
in beiden Sprachen nur insofern gleichbedeutend, als es die ihnen untergelegten Wörter sind, und das Lesen des in einer beider Sprachen
Geschriebnen wird für den dieser Sprache Unkundigen immer zu einem
Uebersetzen, in welchem die Individualität der Ursprache allemal aufgegeben wird. Es geht also bei dem Gebrauche Einer solchen Schrift

unter verschiednen Nationen immer hauptsächlich nur der Inhalt über, die Form wird wesentlich verändert, und der unläugbare Vorzug einer Begriffsschrift, Nationen verschiedner Sprachen verständlich zu seyn, wiegt die Nachtheile nicht auf, welche sie von andren Seiten her mit sich führt.

Als Lautschrift ist eine Begriffsschrift unvollkommen, weil sie Laute für Wörter angiebt, mithin der Sprache allen Gewinn entzieht, der, wie wir sehen werden, aus der Lautbezeichnung der Wortelemente entspringt. Sie wirkt aber auch niemals rein als Lautschrift. Da man der Geltung und dem Zusammenhang ihrer Zeichen nach Begriffen nachgehen kann, den Gedanken, gleichsam mit Uebergehung des Lautes, unmittelbar bilden, so wird sie dadurch zu einer eignen Sprache, und schwächt den natürlichen, vollen und reinen Eindruck der wahren und nationellen. Sie ringt auf der einen Seite, sich von der Sprache überhaupt, wenigstens von einer bestimmten frei zu machen, und schiebt auf der andren dem natürlichen Ausdruck der Sprache, dem Ton, die viel weniger angemessene Anschauung durch das Auge unter. Sie handelt daher dem instinctartigen Sprachsinn des Menschen gerade entgegen, und zerstört, je mehr sie sich mit Erfolg geltend macht, die Individualität der Sprachbezeichnung, die allerdings nicht bloss in dem Laut einer jeden liegt, aber an denselben durch den Eindruck gebunden ist, den jede bestimmte Verknüpfung articulirter Töne unläugbar specifisch hervorbringt.

Das Bemühen, sich von einer bestimmten Sprache unabhängig zu machen, muss, da das Denken ohne Sprache einmal unmöglich ist, nachtheilig und verödend auf den Geist einwirken. Eine Begriffsschrift übt diese Nachtheile nur insofern nicht in dem hier geschilderten Grade aus, als ihr System nicht consequent durchgeführt ist, und als sie im Gebrauch phonetisch aufgenommen wird.

Die Buchstabenschrift ist von diesen Fehlern frei, einfaches, durch keinen Nebenbegriff zerstreuendes Zeichen des Zeichens, die Sprache überall begleitend, ohne sich ihr vorzudrängen, oder zur Seite zu stellen, nichts hervorrufend, als den Ton, und daher die natürliche Unterordnung bewahrend, in welcher der Gedanke nach dem durch den Ton gemachten Eindruck angeregt werden, und die Schrift ihn nicht an sich, sondern in dieser bestimmten Gestalt festhalten soll.

Durch dies enge Anschliessen an die eigenthümliche Natur der Sprache verstärkt sie gerade die Wirkung dieser, indem sie auf die prangenden Vorzüge des Bildes und Begriffsausdrucks Verzicht leistet. Sie stört die reine Gedankennatur der Sprache nicht, sondern vermehrt vielmehr dieselbe durch den nüchternen Gebrauch an sich bedeutungsloser Züge, und läutert und erhöht ihren sinnlichen Ausdruck, indem sie den im Sprechen verbundenen Laut in seine Grundtheile zerlegt, den Zusammenhang derselben unter einander, und in der Verknüpfung zum Wort anschaulich macht, und durch die Fixirung vor dem Auge auch auf die hörbare Rede zurückwirkt.

An diese Spaltung des verbundnen Lauts, als an das Wesen der Buchstabenschrift haben wir uns daher zu halten, wenn wir den inneren Einfluss derselben auf die Sprache beurtheilen wollen.

Die Rede bildet im Geiste des Sprechenden, bis sie einen Gedanken erschöpft, ein verbundnes Ganzes, in welchem erst die Reflexion die einzelnen Abschnitte aufsuchen muss. Dies erfährt man vorzüglich bei der Beschäftigung mit den Sprachen ungebildeter Nationen. Man muss theilen und theilen, und immer mistrauisch bleiben, ob das einfach Scheinende nicht auch noch zusammengesetzt ist. Gewissermassen ist freilich dasselbe auch bei den hochgebildeten der Fall, allein auf verschiedne Weise; bei diesen nur etymologisch zum Behuf der Einsicht in die Wortentstehung, bei jenen grammatisch und syntaktisch zum Behuf der Einsicht in die Verknüpfung der Rede. Das Verbinden des zu Trennenden ist allemal Eigenschaft des ungeübten Denkens und Sprechens; von dem Kinde und dem Wilden erhält man schwer Wörter, statt Redensarten. Die Sprachen von unvollkommnerem Bau überschreiten auch leicht das Mass dessen, was in einer grammatischen Form verbunden seyn darf. Die logische Theilung, welche die Gedankenverknüpfung auflöst, geht aber nur bis auf das einfache Wort. Die Spaltung dieses ist das Geschäft der Buchstabenschrift. Eine Sprache, die sich einer andren Schrift bedient, vollendet daher das Theilungsgeschäft der Sprache nicht, sondern macht einen Stillstand, wo die Vervollkommnung der Sprache weiter zu gehen gebietet.

Zwar ist die Aufsuchung der Lautelemente auch ohne den Gebrauch der Buchstabenschrift denkbar, und die Chinesen besitzen namentlich eine Analyse der verbundnen Laute, indem sie die Zahl und Verschiedenheit ihrer Anfangs- und End-Articulationen und ihrer Wortbetonungen bestimmt und genau angeben. Da aber nichts weder in der gewöhnlichen Sprache, noch in der Schrift (insofern sie nemlich wirklich Zeichenschrift ist, da die Chinesen bekanntlich dieser auch Lautbezeichnung beimischen) zu dieser Analyse nöthigt, so kann sie schon darum nicht so allgemein seyn. Da ferner der einzelne Ton (Consonant und Vocal) nicht durch ein nur ihm angehörendes Zeichen isolirt dargestellt, sondern nur den Anfängen und Endigungen verbundner Laute abgehört wird, so ist die Darstellung des Tonelements nie so rein und anschaulich, als durch die Buchstabenschrift, und die Lautanalyse, wenn ihr auch nichts an Vollständigkeit und Genauigkeit abgienge, macht nicht auf den Geist den Eindruck einer rein vollendeten Sprachtheilung. Bei der inneren Wirkung der Sprachen aber, welche allein ihre wahren Vorzüge bestimmt, kommt Alles auf das volle und reine Wirken jedes Eindrucks an, und der geringste, im äusseren Erfolg gar nicht bemerkbare Mangel an einem von beiden ist von Erheblichkeit. Das alphabetische Lesen und Schreiben dagegen nöthigt in jedem Augenblick zum Anerkennen der zugleich dem Ohr und dem Auge fühlbaren Lautelemente, und gewöhnt an die leichte Trennung und Zusammensetzung derselben; es macht daher eine vollendet richtige Ansicht der Theilbarkeit der Sprache in ihre Elemente in eben dem Grade allgemein, in welchem es selbst über die Nation verbreitet ist

Zunächst äussert sich diese berichtigte Ansicht in der Aussprache, die, durch das Erkennen und Ueben der Lautelemente in abgesonderter Gestalt, befestigt und geläutert wird. So wie für jeden Laut ein Zeichen gegeben ist, gewöhnen sich das Ohr und die Sprachorgane, ihn immer genau auf dieselbe Weise zu fordern und wiederzugeben; zugleich wird er, mit Abschneidung des unbestimmten Tönens, mit dem, im ungebildeten Sprechen, ein Laut in den andren überfliesst, schärfer und richtiger begränzt. Diese reinere Aussprache, die feine Ausbildung des Ohrs und der Sprachwerkzeuge ist schon an sich, und in ihrer Wirkung auch auf das Innre der Sprache von der äussersten Wichtigkeit; die Absonderung der Lautelemente übt aber auch einen noch tiefer in das Wesen der Sprache eingehenden Einfluss aus.

Sie führt nemlich der Seele die Articulation der Töne vor, indem sie die articulirten Töne vereinzelt und bezeichnet. Die alphabetische Schrift thut dies klarer und anschaulicher, als es auf irgend einem andren Wege geschehen könnte, und man behauptet nicht zu viel, wenn man sagt, dass durch das Alphabet einem Volke eine ganz neue Einsicht in die Natur der Sprache aufgeht. Da die Articulation das Wesen der Sprache ausmacht, die ohne dieselbe nicht einmal möglich seyn würde, und der Begriff der Gliederung sich über ihr ganzes Gebiet, auch wo nicht bloss von Tönen die Rede ist, erstreckt; so muss die Versinnlichung und Vergegenwärtigung des gegliederten Tons vorzugsweise mit der ursprünglichen Richtigkeit und der allmählichen Entwicklung des Sprachsinnes in Zusammenhang stehen. Wo dieser stark und lebendig ist, wird ein Volk aus eignem Drange der Erfindung des Alphabets entgegengehen, und wo ein Alphabet einer Nation von der Fremde her zukommt, wird es die Sprachausbildung in ihr befördern und beschleunigen.

Obgleich der articulirte Laut körperlich und instinctartig hervorgebracht ist, so stammt sein Wesen doch eigentlich nur aus der inneren Seelenanlage zur Sprache, die Sprachwerkzeuge besitzen bloss die Fähigkeit, sich dem Drange dieser gemäss zu gestalten. Eine Definition des articulirten Lauts, bloss nach seiner physischen Beschaffenheit, ohne die Absicht oder den Erfolg seiner Hervorbringung darin aufzunehmen, scheint mir daher unmöglich. Er ist ein sich einzeln abschneidender Laut, nicht ein verbundnes und vermischtes Tönen oder Schmettern, wie die meisten Gefühllaute. Sein charakteristischer Unterschied liegt nicht, musikalisch, in der Höhe und Tiefe, da er durch die ganze Tonleiter hindurch angestimmt werden kann. Derselbe beruht ebensowenig auf der Dehnung und Verkürzung, Helligkeit oder Dumpfheit, Härte oder Weiche, da diese Verschiedenheiten theils Eigenschaften aller articulirten Töne seyn können, theils Gattungen derselben bilden. Versucht man nun aber die Unterschiede zwischen *a* und *e, p* und *k* u. s. w. auf einen allgemeinen sinnlichen Begriff zurückzuführen, so ist mir wenigstens bis jetzt dies immer mislungen. Es bleibt nichts übrig, als überhaupt zu sagen, dass diese Töne, unabhängig von jenen Kennzeichen, dennoch specifisch verschieden sind, oder dass ihr Unterschied aus einem bestimmten Zusammenwirken der Organe entsteht, oder eine andre ähnliche Beschreibung zu versuchen, die aber nie eine wahre Definition giebt. Erschöpfend und ausschliessend wird ihr Wesen immer nur dadurch geschildert, dass man ihnen die Eigenschaft zuschreibt, unmittelbar durch ihr Ertönen Begriffe hervorzubringen, indem theils jeder einzelne dazu gebildet ist, theils die Bildung des einzelnen eine in bestimmbaren Classen bestimmbare Anzahl gleichartiger, aber specifisch verschiedner möglich macht und fordert, welche nothwendige oder willkührliche Verbindungen mit einander einzugehen geeignet sind. Hierdurch ist jedoch nicht mehr gesagt, als dass articulirte Laute Sprachlaute und umgekehrt sind.

Die Sprache aber liegt in der Seele, und kann sogar bei widerstrebenden Organen und fehlendem äusseren Sinn hervorgebracht werden. Dies sieht man bei dem Unterrichte der Taubstummen, der nur dadurch möglich wird, dass der innere Drang der Seele, die Gedanken in Worte zu kleiden, demselben entgegenkommt, und vermittelst erleichternder Anleitung den Mangel ersetzt, und die Hindernisse besiegt. Aus der individuellen Beschaffenheit dieses Dranges, verständliche Laute hervorzubringen, aus der Individualität des Lautgefühls (überhaupt in Hinsicht des Lautes, als solchen, des musikalischen Tons und der Articulation), und endlich aus der Individualität des Gehörs und der Sprachwerkzeuge entsteht das besondre Lautsystem jeder Sprache, und wird, sowohl durch seine ursprüngliche Gleichartigkeit mit der ganzen Sprachanlage des Individuums, als in seinen tausendfachen, einzeln gar nicht zu verfolgenden Einflüssen auf alle Theile des Sprachbaues, die Grundlage der besondren Eigenthümlichkeit der ganzen Sprache selbst. Die aus der Seele heraustönende specifische Sprachanlage verstärkt sich in ihrer Eigenthümlichkeit, indem sie wieder ihr eignes Tönen, als etwas fremdes Erklingendes, vernimmt.

Wenn gleich jede wahrhaft menschliche Thätigkeit der Sprache bedarf, und diese sogar die Grundlage aller ausmacht, so kann doch eine Nation die Sprache mehr oder weniger eng in das System ihrer Gedanken und Empfindungen verweben. Es beruht dies auch nicht bloss, wie man wohl zuweilen zu glauben pflegt, auf ihrer Geistigkeit überhaupt, ihrer mehr oder weniger sinnigen Richtung, ihrer Neigung zu Wissenschaft und Kunst, noch weniger auf ihrer Cultur, einem höchst vieldeutigen, und mit der grössesten Behutsamkeit zu brauchenden Worte. Eine Nation kann in allen diesen Rücksichten vorzüglich seyn, und dennoch der Sprache kaum das ihr gebührende Recht einräumen.

Der Grund davon liegt in Folgendem. Wenn man sich das Gebiet der Wissenschaft und Kunst auch völlig abgesondert von Allem denkt, was sich auf die Anordnung des physischen Lebens bezieht, so giebt es für den Geist doch mehrere Wege dahin zu gelangen, von denen nicht jeder die Sprache gleich stark und lebendig in Anspruch nimmt. Diese lassen sich theils nach Gegenständen der Erkenntniss bestimmen, wobei ich nur an die bildende Kunst und die Mathematik zu erinnern brauche, theils nach der Art des geistigen Triebes, der mehr die sinnliche Anschauung suchen, trocknem Nachdenken nachhängen, oder sonst eine, nicht der ganzen Fülle und Feinheit der Sprache bedürfende Richtung nehmen kann.

Zugleich liegt, wie schon oben bemerkt ist, auch in der Sprache ein Doppeltes, durch welches das Gemüth nicht immer in der nothwendigen Vereinigung berührt wird; sie bildet Begriffe, führt die Herrschaft des Gedanken in das Leben ein, und thut es durch den Ton. Die geistige Anregung, die sie bewirkt, kann dahin führen, dass man, vorzugsweise von dem Gedanken getroffen, ihn zugleich auf einem andren, unmittelbareren Wege, entweder sinnlicher, oder reiner, unabhängiger von einem, als zufällig erscheinenden Schall, aufzufassen versucht; alsdann wird das Wort nur als Nebenhülfe behandelt. Es kann aber auch gerade der in Töne gekleidete Gedanke die Hauptwirkung auf das Gemüth ausüben, gerade der Ton, zum Worte geformt, begeistern, und alsdann ist die Sprache die Hauptsache, und der Gedanke erscheint nur als hervorspriessend aus ihr, und untrennbar in sie verschlungen.

Wenn man daher die Sprachen mit der Individualität der Nationen vergleicht, so muss man zwar zuerst die geistige Richtung derselben überhaupt, nachher aber immer vorzüglich den eben erwähnten Unterschied beachten, die Neigung zum Ton, das feine Unterscheidungsgefühl seiner unendlichen Anklänge an den Gedanken, die leise Regsamkeit, durch ihn gestimmt zu werden, dem Gedanken tausendfache Formen zu geben, auf welche, gerade weil sie in der Fülle seines sinnlichen Stoffes ihre Anregung finden, der Geist von oben herab, durch Gedankeneintheilung nie zu kommen vermöchte. Es liesse sich leicht zeigen, dass diese Richtung für alle geistige Thätigkeiten die am gelingendsten zum Ziel führende seyn muss, da der Mensch nur durch Sprache Mensch, und die Sprache nur dadurch Sprache ist, dass sie den Anklang zu dem Gedanken allein in dem Wort sucht. Wir können aber dies für jetzt übergehen, und nur dabei stehen bleiben, dass die Sprache wenigstens auf keinem Wege eine grössere Vollkommenheit erlangen kann, als auf diesem. Was nun die Articulation der Laute, oder, wie man sie auch nennen kann, ihre gedankenbildende Eigenschaft hervorhebt, und ins Licht stellt, wird in dieser geistigen Stimmung begierig gesucht oder ergriffen werden, und so muss die Buchstabenschrift, welche die Articulation der Laute, zuerst bei dem Aufzeichnen, hernach bei allgemein werdender Gewohnheit, bei dem innersten Hervorbringen der Gedanken, der Seele unablässig vorführt, in dem engsten Zusammenhange mit der individuellen Sprachanlage jeder Nation stehen. Auch erfunden oder gegeben, wird sie ihre volle und eigenthümliche Wirkung nur da ausüben, wo ihr die dunkle Empfindung des Bedürfnisses nach ihr schon vorangieng.

So unmittelbar an die innerste Natur der Sprache geknüpft, übt sie nothwendig ihren Einfluss auf alle Theile derselben aus, und wird von allen Seiten her in ihr gefordert. Ich will jedoch nur an zwei Punkte erinnern, mit welchen ihr Zusammenhang vorzüglich einleuchtend ist, an die rhythmischen Vorzüge der Sprachen, und die Bildung der grammatischen Formen.

Ueber den Rhythmus ist es in dieser Beziehung kaum nöthig, etwas hinzuzufügen. Das reine und volle Hervorbringen der Laute, die Sonderung der einzelnen, die sorgfältige Beachtung ihrer eigenthümlichen Verschiedenheit kann da nicht entbehrt werden, wo ihr gegenseitiges Verhältniss die Regel ihrer Zusammenreihung bildet. Es hat gewiss rhythmische Dichtung bei allen Nationen vor dem Gebrauch einer Schrift gegeben, auch regelmässig sylben-messende bei einigen, und bei wenigen, vorzüglich glücklich organisirten hohe Vortreflichkeit in dieser Behandlung. Es muss diese aber unläugbar durch das Hinzukommen des Alphabetes gewinnen, und vor dieser Epoche zeugt sie selbst schon von einem solchen Gefühl der Natur der einzelnen Sprachlaute, dass eigentlich nur das Zeichen dafür noch mangelt, wie auch in andren Bestrebungen der Mensch oft erst von der Hand des Zufalls den sinnlichen Ausdruck für dasjenige erwarten muss, was er geistig längst in sich trägt. Denn bei der Würdigung des Einflusses der Buchstabenschrift auf die Sprache ist vorzüglich das zu beachten, dass auch in ihr eigentlich zweierlei liegt, die Sonderung der articulirten Laute, und ihre äussren Zeichen. Wir haben schon oben, bei Gelegenheit der Chinesen, bemerkt, und die Behauptung lässt sich, unter Umständen, auch auf wahrhaft alphabetische Schrift ausdehnen, dass nicht jeder Gebrauch einer Lautbezeichnung den entscheidenden Einfluss auf die Sprache hervorbringt, den die Auffassung der Buchstabenschrift in ihrem wahren Geist einer Nation und ihrer Sprache allemal zusichert. Wo dagegen, auch noch ohne den Besitz alphabetischer Zeichen, durch die hervorstechende Sprachanlage eines Volks jene innere Wahrnehmung des articulirten Lauts (gleichsam der geistige Theil des Alphabets) vorbereitet und entstanden ist, da geniesst dasselbe, schon vor der Entstehung der Buchstabenschrift, eines Theils ihrer Vorzüge.

Daher sind Sylbenmasse, die sich, wie der Hexameter und der sechzehnsylbige Vers der Slocas aus dem dunkelsten Alterthum her auf uns erhalten haben, und deren blosser Sylbenfall noch jetzt das Ohr in einen unnachahmlichen Zauber wiegt, vielleicht noch stärkere und sichrere Beweise des tiefen und feinen Sprachsinns jener Nationen, als die Ueberbleibsel ihrer Gedichte selbst. Denn so eng auch die Dichtung mit der Sprache verschwistert ist, so wirken doch natürlich mehrere Geistesanlagen zusammen auf sie; die Auffindung einer harmonischen Verflechtung von Sylben-Längen und Kürzen aber zeugt von der Empfindung der Sprache in ihrer wahren Eigenthümlichkeit, von der Regsamkeit des Ohrs und des Gemüths, durch das Verhältniss der Articulationen dergestalt getroffen und bewegt zu werden, dass man die einzelnen in den verbundnen unterscheidet, und ihre Tongeltung bestimmt und richtig erkennt.

Dies liegt allerdings zum Theil auch in dem, der Sprache nicht unmittelbar angehörenden musikalischen Gefühl. Denn der Ton besitzt die glückliche Eigenthümlichkeit, das Idealische auf zwei Wegen, durch die Musik und die Sprache, berühren, und diese beiden mit einander verbinden zu können, woher der von Worten begleitete Gesang wohl unbestreitbar im ganzen Gebiete der Kunst, weil sich zwei ihrer bedeutendsten Formen in ihm vereinen, die vollste und erhebendste Empfindung hervorbringt. Je lebendiger aber jene Sylbenmasse auch für die musikalische Anlage ihrer Erfinder sprechen, desto mehr zeugen sie von der Stärke ihres Sprachsinnes, da gerade durch sie dem articulirten Laut, also der Sprache, neben der hinreissenden Gewalt der Musik, sein volles Recht erhalten wird. Denn die antiken Sylbenmasse unterscheiden sich eben dadurch am allgemeinsten von den modernen, dass sie, auch in dem musikalischen Ausdruck, den Laut immer wahrhaft als Sprachlaut behandeln, die wiederkehrende, vollständige oder unvollständige Gleichheit verbundner Laute (Reim und Assonanz), die auf den blossen Klang hinausläuft, verschmähen, und nur sehr selten die Sylben gegen ihre Natur, bloss der Gewalt des Rhythmus gehorchend, zu dehnen oder zu verkürzen erlauben, sondern genau dafür sorgen, dass sie in ihrer natürlichen Geltung, klar und unverändert austönend, harmonisch zusammenklingen.

Die Beugung, auf welcher das Wesen der grammatischen Formen beruht, führt nothwendig auf die Unterscheidung und Beachtung der einzelnen Articulationen. Wenn eine Sprache nur bedeutsame Laute an einander knüpft, oder es wenigstens nicht versteht, die grammatischen Bezeichnungen mit den Wörtern fest zusammenzuschmelzen, so hat sie es nur mit Lautganzen zu thun, und wird nicht zu der Unterscheidung einer einzelnen Articulation, wie durch das Erscheinen des nemlichen, nur in seinen Beugungen verschiednen Wortes angeregt. So wie daher Feinheit und Lebendigkeit des Sprachsinnes zu festen grammatischen Formen führen, so befördern diese die Anerkennung des Alphabetes, als Lauts, welcher hernach leichter die Erfindung, oder fruchtbarere Benutzung der sichtbaren Zeichen folgt. Denn wo sich ein Alphabet zu einer grammatisch noch unvollkommneren Sprache gesellt, kann Beugung durch Hinzufügung und Umänderung einzelner Buchstaben gebildet, die vorhandne sicher bewahrt, und die noch halb in Anfügung begriffne reiner abgeschieden werden.

Wodurch aber die Buchstabenschrift noch viel wesentlicher, obgleich nicht so sichtlich an einzelnen Beschaffenheiten erkennbar, auf die Sprache wirkt, ist dadurch, dass sie allein erst die Einsicht in die Gliederung derselben vollendet, und das Gefühl davon allgemeiner verbreitet. Denn ohne die Unterscheidung, Bestimmung und Bezeichnung der einzelnen Articulationen, werden nicht die Grundtheile des Sprechens erkannt, und der Begriff der Gliederung wird nicht durch die ganze Sprache durchgeführt. Jeden in einem Gegenstande liegenden Begriff aber vollständig durchzuführen, ist überhaupt und überall von der grössesten Wichtigkeit, und noch mehr da, wo der Gegenstand, wie die Sprache, ganz ideal ist, und wo, theils zugleich, theils nach einander, der Instinct handelt, das Gefühl ahndet, der Verstand einsieht, und die Verstandeseinsicht wieder auf das Gefühl, und dieses auf den Instinct berichtigend zurückwirkt. Die Folgen des Mangels davon erstrecken sich weit über den unvollendet bleibenden Theil hinaus, bei den Sprachen ohne Buchstabenschrift, und ohne sichtbare Spuren eines nach derselben empfundnen Bedürfnisses, nicht bloss auf die richtige und vollständige Einsicht in die Articulation der Laute, sondern über die ganze Art ihres Baues und ihres Gebrauchs. Die Gliederung ist aber gerade das Wesen der Sprache; es ist nichts in ihr, das nicht Theil und Ganzes seyn könnte, die Wirkung ihres beständigen Geschäfts beruht auf der Leichtigkeit, Genauigkeit und Uebereinstimmung ihrer Trennungen und Zusammensetzungen. Der Begriff der Gliederung ist ihre logische Function, so wie die des Denkens selbst. Wo also, vermöge der Schärfe des Sprachsinnes, in einem Volk die Sprache in ihrer ächten, geistigen und tönenden Eigenthümlichkeit empfunden wird, da wird dasselbe angeregt, bis zu ihren Elementen, den Grundlauten, vorzudringen, dieselben zu unterscheiden und zu bezeichnen, oder mit andren Worten, Buchstabenschrift zu erfinden, oder sich darbietende begierig zu ergreifen.

Richtigkeit der intellectuellen Ansicht der Sprache, von Lebendigkeit und Feinheit zeugende Bearbeitung ihrer Laute, und Buchstabenschrift erheischen und befördern sich daher gegenseitig, und vollenden, vereint, die Auffassung und Bildung der Sprache in ihrer ächten Eigenthümlichkeit. Jeder Mangel an einem dieser drei Punkte wird in ihrem Bau, oder ihrem Gebrauche fühlbar, und wo die natürliche Einwirkung der Dinge nicht durch besondre Umstände Abweichungen erfährt, da darf man sie vereint, und noch verbunden mit Festigkeit grammatischer Formen und rhythmischer Kunst anzutreffen hoffen.

Die hier gemachte Einschränkung beugt dem Bestreben vor, dasjenige, was sich theoretisch ergiebt, nun auch durch die Geschichte der Völker (sollte man es ihr auch aufdringen müssen) sogleich beweisen, oder voreilig widerlegen zu wollen. Darum darf aber die Entwicklung aus blossen Begriffen, wenn sie nur sonst richtig und vollständig ist, nicht unnütz genannt werden. Sie muss vielmehr, wo es nur irgend angeht, die Prüfung der Thatsachen begleiten, und ihr die Punkte der Untersuchung bestimmen helfen. Nach dem im Vorigen über den Zusammenhang des Sprachbaues mit der Buchstabenschrift Gesagten, werden erschöpfende Untersuchungen über die Verbreitung der letzteren nicht von der Geschichte der Sprachen selbst getrennt werden dürfen, und es wird überall auf die Frage ankommen: ob es die Beschaffenheit der Sprache, und die sich in ihr ausdrückende Sprachanlage der Nation, oder andre Umstände waren, welche wesentlich auf die Art der Erfindung oder Aneignung eines Alphabets einwirkten? inwiefern diese Entstehungsweise die Beschaffenheit desselben bestimmte oder veränderte, und welche Spuren es, bei allgemein gewordenem Gebrauch, in der Sprache zurückliess?

Es kann hier nicht meine Absicht seyn, nach der bis jetzt versuchten Entwicklung aus Ideen, noch in eine historische Untersuchung der Sprachen in Beziehung auf die Schriftmittel, deren sie sich bedienen, einzugehen. Nur um im Ganzen den behaupteten Zusammenhang zwischen der Buchstabenschrift und der Sprache auch an einer Thatsache zu erläutern, sey es mir erlaubt, diese Abhandlung mit einigen Betrachtungen über die Amerikanischen Sprachen in dieser Hinsicht zu beschliessen.

Man kann es als eine Thatsache annehmen, dass sich in keinem Theile Amerika's eine Spur einer Buchstabenschrift gezeigt hat, obgleich es bisweilen behauptet oder vermuthet worden ist. Unter den Mexicanischen Hieroglyphen findet sich zwar eine, zum Theil den Chinesischen Coua's ähnliche Gattung, die noch nicht genau erläutert ist, und dies, bei den wenigen vorhandnen Ueberbleibseln, auch wahrscheinlich nicht zulässt; wären aber darin auf irgend eine Weise Lautzeichen, so würden die Nachrichten, die wir über das Land und seine Geschichte besitzen, davon Spuren enthalten. Man könnte zwar hier die Einwendung machen, dass auch von Buchstabenzeichen in den Hieroglyphen das Alterthum schweigt. Allein hier ist der Fall durchaus anders. Dass

Aegypten Buchstabenschrift besass, fieng nur in den allerneuesten Zeiten an bezweifelt zu werden, als man auch die demotische Schrift für Begriffszeichen erklärte, sonst gab es eine Menge von Zeugnissen, die es bewiesen, oder vermuthen liessen. Nur darüber stritt man, welche unter den Aegyptischen Schriftarten die alphabetische gewesen sey, oder suchte vielmehr den Sitz dieser bloss in der obengenannten demotischen.

Dass in Amerika ein Zustand früherer Cultur über die ältesten Anfänge der uns bekannten Geschichte hinaus untergegangen ist, beweist eine Reihe von Denkmälern, theils in Gebäuden, theils in künstlicher Bearbeitung des Erdbodens, die sich von den grossen Seen des nördlichen Theiles bis zur südlichsten Gränze Peru's erstrecken, von welchen ich zu einem andren Zweck theils aus der Reise meines Bruders, der ihre Gränzen, die Mittelpunkte dieser Civilisation, und den Strich, dem sie folgt, genau angiebt, und die Ursachen des letzteren sehr glücklich nachweist, theils aus andren Quellen, vorzüglich den Werken der ersten Eroberer, ein Verzeichniss zusammengetragen habe.

Meine Aufmerksamkeit bei der Untersuchung der Amerikanischen Sprachen ist daher immer zugleich darauf gerichtet gewesen, ob ihr Bau Spuren des Gebrauchs verloren gegangner Alphabete an sich trage? Ich habe jedoch nie dergleichen angetroffen; vielmehr ist der Organismus dieser Sprachen gerade von der Art, dass man, von den obigen allgemeinen Betrachtungen über den Zusammenhang der Sprache mit der Buchstabenschrift ausgehend, recht füglich begreifen kann, dass weder sie zur Erfindung eines Alphabets führten, noch auch, wenn sich ein solches dargeboten hätte, eine mehr als gleichgültige Aneignung desselben erfolgt seyn würde. Die Aufnahme der nach Amerika gekommenen Europaeischen Schrift beweist indess freilich hierfür nichts. Denn die unglücklichen Nationen wurden gleich so niedergedrückt, und ihre edelsten Stämme grossentheils dergestalt ausgerottet, dass an keine freie, wenigstens keine geistige nationelle Thätigkeit zu denken war. Einige Mexicaner ergriffen aber wirklich das neue Aufzeichnungsmittel, und hinterliessen Werke in der einheimischen Sprache.

Alle Vortheile des Gebrauchs der Buchstabenschrift beziehen sich, wie im Vorigen gezeigt ist, hauptsächlich auf die Form des Ausdrucks, und vermittelst dieser, auf die Entwicklung der Begriffe, und die Beschäftigung mit Ideen. Darin liegt ihre Wirkung, daraus entspringt das Bedürfniss nach ihr. Gerade die Form des Gedankens aber wird durch den Bau der Amerikanischen Sprachen, die zwar bei weitem nicht die bisweilen behauptete, aber doch, und eben hierin, eine auffallende Gleichartigkeit haben, nicht vorzüglich begünstigt, oft durchaus vernachlässigt, und die Amerikanischen Volksstämme standen, auch bei der Eroberung, und in ihren blühendsten Reichen, nicht auf der

Stufe, wo im Menschen der Gedanke, als überall herrschend, hervortritt.

An die Seltenheit und zum Theil den gänzlichen Mangel solcher
grammatischen Bezeichnungen, die man ächte grammatische Formen
nennen könnte, will ich hier nur im Vorbeigehen noch einmal erinnern.
Aber ich glaube mich nicht zu irren, wenn ich auch die nur durch
höchst seltne Abweichungen unterbrochne strenge und einförmige
Analogie dieser Sprachen, die Häufung aller durch einen Begriff gegebnen Nebenbestimmungen, auch da, wo ihre Erwähnung nicht nothwendig ist, die vorherrschende Neigung zu dem besondren Ausdruck, statt
des allgemeineren, hierher zähle. Der dauernde Gebrauch einer alphabetischen Schrift würde, wie es mir scheint, nicht nur diese Dinge abge-
ändert oder umgestaltet haben, sondern lebendigere nationelle Geistigkeit hätte sich auch dieser unbehülflichen Fesseln zu entledigen
gewusst, die Begriffe in ihrer Allgemeinheit aufgefasst, die in dem Gedanken und der Sprache liegende Gliederung energischer und angemessner angewandt, und den Drang gefühlt, das ängstliche Aufbewahren der Sprache im Gedächtniss durch Zeichen für das Auge zu sichern,
damit die Reflexion ruhiger über ihr walten, und der Gedanke sich in
festeren, aber mannigfaltiger wechselnden und freieren Formen bewegen könnte. Denn wenn die Buchstabenschrift nicht die Bevölkerung
Amerika's begleitet hatte (insofern man nemlich überhaupt eine von der
Fremde her annimmt), so waren die Amerikanischen Nationen wohl
nur auf eigne Erfindung derselben zurückgewiesen, und da diese mit
ungemeinen Schwierigkeiten verbunden ist, so mag die lange Entbehrung einer Buchstabenschrift nicht unbedeutend auf den Bau ihrer
Sprachen eingewirkt haben. Diese Einwirkung konnte auch noch dadurch besonders modificirt werden, dass auch die Gattung der Schrift,
welche einige Amerikanische Völker wirklich besassen, nicht von der
Art war, bedeutenden Einfluss auf die Sprache und das Gedankensystem auszuüben.

Ich berühre jedoch dies nur im Vorbeigehn, da, um wirklich darauf
fussen zu können, es eine Vergleichung der Sprachen Amerika's mit denen der Völkerstämme andrer Welttheile, die sich gleichfalls keiner
Schriftzeichen bedienen, und mit der Chinesischen, der wenigstens alphabetische fremd sind, nothwendig machen würde, zu welcher hier
nicht der Ort ist.

Dagegen liegt es den hier anzustellenden Betrachtungen näher, und
leuchtet von selbst ein, dass lange Entbehrung der Schrift die regelmässige Einförmigkeit des Sprachbaues, die man fälschlich für einen Vorzug
hält, befördert. Abweichungen werden dem Gedächtniss mühevoller auf-
zubewahren, vorzüglich wenn noch nicht hinreichendes Nachdenken
über die Sprache erwacht ist, um ihre inneren Gründe zu entdecken und

zu würdigen, oder nicht genug Forschungsgeist, ihre bloss geschichtlichen aufzusuchen. Das Vorherrschen des Gedächtnisses gewöhnt auch die Seele an das Hervorbringen der Gedanken in möglichst gleichem Gepräge, und der auf genaue Sprachuntersuchung gerichteten Aufmerksamkeit endlich sind die Fälle nicht fremd, wo die Schrift selbst, das Aneinanderreihen der Buchstaben, Abkürzungen und Veränderungen hervorbringt.

Man darf hiermit nicht verwechslen, dass die Schrift den Formen auch mehr Festigkeit, und dadurch in andrer Rücksicht mehr Gleichförmigkeit giebt. Dadurch wirkt sie vorzüglich nur der Spaltung in zu vielfältige Mundarten entgegen, und schwerlich würden sich, bei anhaltendem Schriftgebrauch, die den meisten Amerikanischen Sprachen eignen Verschiedenheiten der Ausdrücke der Männer und Weiber, Kinder und Erwachsnen, Vornehmen und Geringen erhalten haben. In demselben Stamm und derselben Classe zeigen sonst gerade die Amerikanischen Nationen ein bewunderungswürdiges Festhalten der gleichen Formen durch die blosse Ueberlieferung. Man hat Gelegenheit, dies durch die Vergleichung der Schriften der in die ersten Zeiten der Europaeischen Ansiedelungen fallenden Missionarien mit der heutigen Art zu sprechen zu bemerken. Vorzüglich bietet sich dieselbe bei den Nordamerikanischen Stämmen dar, da man sich in den Vereinigten Staaten (und jetzt leider nur dort) auf eine höchst beifallswürdige Weise um die Sprache und das Schicksal der Eingebornen bemüht. Es wäre indess sehr zu wünschen, dass sich die Aufmerksamkeit noch bestimmter auf diese Vergleichung derselben Mundarten in verschiednen Zeiten richtete. Die durch die Schrift hervorgebrachte Festigkeit ist daher mehr ein Verallgemeinern der Sprache, welches nach und nach in die Bildung eines eignen Dialects übergeht, und sehr verschieden von der Durchführung Einer Regel durch eine Menge zwar ähnlicher, doch, Begriff und Ton genau beachtet, nicht immer ganz gleicher Fälle, von der wir oben redeten.

Alles hier Gesagte findet auch auf das Zusammenhäufen zu vieler Bestimmungen in Einer Form Anwendung, und wenn man den Gründen tiefer nachgeht, so hängen die hier erwähnten Erscheinungen sämmtlich von der mehr, oder weniger stark und eigenthümlich auf die Sprache gerichteten Regsamkeit des Geistes ab, von welcher die Schrift zugleich Beweis und befördernde Ursach ist. Wo diese Regsamkeit mangelt, zeigt es sich in dem unvollkommneren Sprachbau; wo sie herrscht, erfährt dieser eine heilsame Umformung, oder kommt von Anfang an nicht zum Vorschein. Mit dem einen und andren Zustande aber ist die Schrift, das Bedürfniss nach ihr, die Gleichgültigkeit gegen sie, in beständiger Verbindung.

Bei der Aufzählung der Ursachen der Eigenthümlichkeit der Amerikanischen Sprachen darf man aber auch die oben erwähnte Gleichartigkeit derselben, so wie die Absonderung Amerika's von den übrigen Welttheilen nicht vergessen. Selbst wo entschieden verschiedne Sprachen ganz nahe bei einander waren, wie im heutigen Neu-Spanien, habe ich in ihrem Bau nie eine belebende oder gestaltende Einwirkung der einen auf die andre an irgend einer sichren Spur bemerken können. Die Sprachen vorzüglich gewinnen aber an Kraft, Reichthum und Gestaltung durch das Zusammenstossen grosser und selbst contrastirender Verschiedenheit, da auf diesem Wege ein reicherer Gehalt menschlichen Daseyns, schon zu Sprache geformt, in sie übergeht. Denn dies nur ist ihr realer Gewinn, der in ihnen, wie in der Natur, aus der Fülle schaffender Kräfte entsteht, ohne dass der Verstand die Art dieses Schaffens ergründen kann, aus der Anschauung, der Einbildungskraft, dem Gefühl. Nur von diesen hat sie Stoff und Bereicherung zu erwarten; von der Bearbeitung durch den Verstand, wenn dieselbe darüber hinausgeht, dem Stoff seine volle Geltung in klarem und bestimmtem Denken zu verschaffen, eher Trockenheit und Dürftigkeit zu fürchten. Die Schrift nun kann sich leichter verbreiten, selbst leichter entstehen, wo verschiedne Völkereigenthümlichkeit sich lebendig gegeneinander bewegt; einmal entstanden und ausgebildet, kann sie aber auch, wie die logische Bearbeitung, zu der sie am mächtigsten mitwirkt, der Lebendigkeit der Sprache, und ihrer Einwirkung auf den Geist nachtheilig werden.

Bei den Amerikanischen Völkerstämmen lag aber dasjenige, was sie, da ihnen Buchstabenschrift einmal nicht von aussen zugekommen war, von derselben fern hielt, freilich vorzüglich noch im Mangel geistiger Bildung, ja nur intellectueller Richtung überhaupt. Davon geben die Mexicaner ein auffallendes Beispiel. Sie besassen, wie die Aegyptier, Hieroglyphen-Bilder und Schrift, machten aber nie die beiden wichtigen Schritte, wodurch jenes Volk der alten Welt gleich seine tiefe Geistigkeit bewies, die Schrift von dem Bilde zu sondern, und das Bild als sinniges Symbol zu behandeln, Schritte, welche, aus der geistigen Individualität des Volks entspringend, der ganzen Aegyptischen Schrift ihre bleibende Form gaben, und die man, wie es mir scheint, nicht als bloss stufenweis fortgehende Entwicklung des Gebrauchs der Bilderschrift ansehen darf, sondern die geistigen Funken gleichen, die, plötzlich umgestaltend, in einer Nation oder einem Individuum sprühen. Die Mexicanische Hieroglyphik gelangte ebensowenig zur Kunstform. Und doch scheinen mir die Mexicaner unter den uns bekannt gewordenen Amerikanischen Nationen an Charakter und Geist die vorzüglichsten zu seyn, und namentlich die Peruaner weit übertroffen zu haben, so wie ich auch glaube, die Vorzüge ihrer Sprache vor der Peruanischen beweisen zu können. Die Grässlichkeit ihrer Menschenopfer zeigt sie allerdings in einer unglaublich rohen und abschreckenden Gestalt. Allein die kalte Politik, mit welcher die Peruaner, nach blossen Einfällen ihrer Regenten, unter dem Schein weiser Bevormundung, ganze Nationen ihren Wohnsitzen entrissen, und blutige Kriege führten, um, soweit sie zu reichen vermochten, den Völkern das Gepräge ihrer mönchischen Einförmigkeit aufzudrücken, ist kaum weniger grausam zu nennen. In der Mexicanischen Geschichte ist regere und individuellere Bewegung, die, wenn auch die Leidenschaften Rohheit verrathen, sich doch, bei hinzukommender Bildung, zu höherer Geistigkeit erhebt. Die Ansiedlung der Mexicaner, die Reihe ihrer Kämpfe mit ihren Nachbarn, die siegreiche Erweiterung ihres Reichs erinnert an die Römische Geschichte. Von dem Gebrauch ihrer Sprache in Dichtkunst und Beredsamkeit lässt sich nicht genau urtheilen, da, was auch von Reden, im Rath und bei häuslichen Veranlassungen, in den Schriftstellern vorkommt, schwerlich hinlänglich treu aufgefasst ist. Allein es lässt sich sehr wohl denken, dass, vorzüglich in den politischen, dem Ausdruck weder Scharfsinn, noch Feuer, noch hinreissende Gewalt jeder Empfindung gefehlt haben mag. Findet sich doch dies alles noch in unsren Tagen in den Reden der Häuptlinge der Nord-Amerikanischen wilden Horden, deren Aechtheit nicht zu bezweifeln scheint, und wo diese Vorzüge gerade nicht können aus dem Umgange mit Europaeern abgeleitet werden. Da Alles, was den Menschen bewegt, in seine Sprache übergeht, so muss man wohl die Stärke und Eigenthümlichkeit der Empfindungsweise und des Charakters im Leben überhaupt von der intellectuellen Richtung und der Neigung zu Ideen unterscheiden. Beides strahlt in dem Ausdruck wieder, aber auf die Gestaltung und den Bau der Sprache kann doch, ohne das letztere, nicht mächtig und dauernd gewirkt werden.

Es ist sehr wahrscheinlich, dass, wenn auch das Mexicanische und Peruanische Reich noch Jahrhunderte hindurch unerobert von Fremden bestanden hätte, diese Nationen doch nicht würden aus sich selbst zur Buchstabenschrift gelangt seyn. Die Bilderschrift und die Knotenschnüre, welche beide besassen, von welchen aber, aus noch nicht gehörig klar gewordenen Ursachen, jene bei den Mexicanern, diese bei den Peruanern ausschliesslich im Staats- und eigentlichen Nationalgebrauch blieben, erfüllten die äussren Zwecke der Gedanken-Aufzeichnung, und ein innres Bedürfniss nach vollkommneren Mitteln wäre schwerlich erwacht.

Ueber die Knotenschnüre, die auch in andren Gegenden Amerika's, ausserhalb Peru und Mexico, üblich waren, und die auf Vermuthungen eines Zusammenhanges der Bevölkerung Amerika's mit China, so wie die Hieroglyphen mit Aegypten geführt haben, werde ich an einem andren Orte die Nachrichten, die sich von ihnen finden, zusammenstellen. Sie sind allerdings sehr mangelhaft, aber doch hinreichend, einen bestimmteren und genaueren Begriff von dieser Gattung von Zeichen zu geben, als man durch Robertson's, und andrer neuerer Schriftsteller Berichte erhält. Ihre Bedeutung lag in der Zahl ihrer Knoten, der Verschiedenheit ihrer Farben, und vermuthlich auch der Art ihrer Verschlingung. Diese Bedeutung war jedoch wohl nicht überall dieselbe, sondern verschieden nach den Gegenständen, und man musste vermuthlich, um sie zu erkennen, wissen, von wem die Mittheilung herrührte, und was sie betraf. Denn es waren auch der Aufbewahrung dieser Schnüre, nach der Verschiedenheit der Verwaltungszweige, verschiedne Beamte vorgesetzt. Ihre Entzifferung endlich war künstlich, und sie bedurften eigener Ausleger. Sie scheinen daher im Allgemeinen mit den Kerbstöcken in Eine Classe zu gehören, allein durch einen Grad sehr hoher Vervollkommnung künstliche Mittel, zuerst, mnemonisch, der Erinnerung, hernach, wenn der Schlüssel des Zusammenhanges der Zeichen mit dem Bezeichneten bekannt war, der Mittheilung gewesen zu seyn. Es bleibt nur zweifelhaft, in welchem Grade sie sich von subjectiven Verabredungen für bestimmte und genau bedingte Fälle zu wirklichen Gedankenzeichen erhoben. Dass sie beides zugleich waren, ist offenbar, da z. B. in denjenigen, durch welche die Richter von der Art und Menge der verhängten Bestrafungen Nachricht gaben, die Farben der Schnüre die Verbrechen, die Knoten die Arten der Strafen andeuteten. Ob aber in ihnen auch ein allgemeinerer Gedankenausdruck möglich war, ist nicht klar, und sehr zu bezweifeln, da die Verschlingung auch farbiger Schnüre keine hinlängliche Mannigfaltigkeit von Zeichen zu gewähren scheint.

Dagegen lagen in dieser Kunst der Knotenschnüre vielleicht besondre Methoden der Gedächtnisshülfe oder Mnemonik, wie sie auch dem classischen Alterthum nicht fremd waren. Diese scheinen bei den Peruanern wirklich üblich gewesen zu seyn. Denn es wird erzählt, dass Kinder, um ihnen von den Spaniern mitgetheilte Gebetsformeln zu behalten, farbige Steine an einander reiheten, also, nur mit andren Gegenständen, ein den Knotenschnüren ähnliches Verfahren beobachteten. In dieser Voraussetzung waren die Knotenschnüre allerdings Schrift im weitläuftigeren Sinne des Worts, entfernten sich doch aber sehr von diesem Begriff, da das Verständniss bei der Mittheilung in der Entfernung auf der Kenntniss der äusseren Umstände beruhte, und wo sie zu geschichtlicher Ueberlieferung dienten, dem Gedächtniss doch die hauptsächlichste Arbeit blieb, der die Zeichen nur zu Hülfe kamen, die Fortpflanzung mündlicher Erklärung hinzutreten musste, und die Zeichen nicht eigentlich und vollständig (wie es die Schrift, wenn nur der Schlüssel ihrer Bedeutung gegeben ist, doch thun soll) den Gedanken durch sich selbst aufbewahrten.

Mit Sicherheit lässt sich jedoch hierüber kein Urtheil fällen. Ich bin auch nur darum in die vermuthliche Beschaffenheit dieser Knotenschnüre, von welchen sich noch im vorigen Jahrhundert einer (aber ein Mexicanischer) in der Boturinischen Sammlung befand, eingegangen, um zu zeigen, auf welche Weise die Völker Amerika's die doppelte Art der Zeichen kannten, zu welcher alle Schrift, wie sie seyn mag, gehört, die durch sich selbst verständliche der Bilder, und die durch willkührlich für das Gedächtniss gebildete Ideenverknüpfung, wo das Zeichen durch etwas Drittes (den Schlüssel der Bezeichnung) an das Bezeichnete erinnert. Die Unterscheidung dieser beiden Gattungen, die da in einander übergehen, wo die allegorisirende Bilderschrift auch ihre unmittelbare Verständlichkeit aufgiebt, und die, der Masse nach, und im Fortschreiten willkührlich scheinenden Zeichen zum Theil ursprünglich Bilder waren, ist aber, und gerade in Rücksicht auf die Sprache, von erheblicher Wichtigkeit, wie man an der Mexicanischen und Peruanischen zeigen kann.

Die Mexicanischen Hieroglyphen hatten einen nicht geringen Grad der Vollkommenheit erreicht; sie bewahrten offenbar den Gedanken durch sich selbst, da sie noch heute verständlich sind, sie unterschieden sich auch bisweilen deutlich von blossen Bildern. Denn wenn auch z. B. der Begriff der Eroberung in ihnen meistentheils durch den Kampf zweier Krieger vorgestellt wird, so findet man doch auch den sitzenden König mit seinem Namenszeichen, dann Waffen, als Trophaeen gebildet, und das Sinnbild der eroberten Stadt, welches zusammengenommen die deutliche Phrase: *der König eroberte die Stadt,* und eine viel bestimmter ausgedruckte ist, als die berühmte Saitische Inschrift, die als die einzige angeführt zu werden pflegt, wo sich in dem Zeugniss des Alterthums zugleich Bedeutung und Zeichen erhalten haben. Man sieht auch aus dem eben Gesagten, dass es nicht an Mitteln fehlte, auch Namen zu schreiben, und man daher auf dem Wege war, Lautzeichen in der Art der Chinesischen zu besitzen. Dennoch ist sehr zu bezweifeln, ob die Mexicanische Hieroglyphik jemals wahre Schrift geworden ist.

Denn wahre Schrift kann man nur diejenige nennen, welche bestimmte Wörter in bestimmter Folge andeutet, was, auch ohne Buchstaben, durch Begriffszeichen, und selbst durch Bilder möglich ist. Nennt man dagegen Schrift im weitläufigsten Verstande jede Gedanken-Mittheilung, die durch Laute geschieht, d. h. bei welcher der Schreibende sich Worte denkt, und welche der Lesende in Worte, wenn gleich nicht in dieselben, übersetzt (eine Bestimmung, ohne die es gar keine Gränze zwischen Bild und Schrift geben würde), so liegt zwischen diesen beiden Endpunkten ein weiter Raum für mannigfaltige Grade der Schriftvollkommenheit. Diese hängt nemlich davon ab, inwieweit der Gebrauch die Beschaffenheit der Zeichen mehr, oder weniger an bestimmte Wörter, oder auch nur Gedanken gebunden hat, und mithin die Entzifferung sich mehr, oder weniger dem wirklichen Ablesen nähert, und in diesem Raum, ohne den Begriff wahrer Schrift zu erreichen, allein auf einer Stufe, die sich jetzt nicht mehr bestimmen lässt, scheint auch die Mexicanische Hieroglyphenschrift stehen geblieben zu seyn. Ob man

z. B. Gedichte, von welchen es berühmte und namentlich angeführte gab, hieroglyphisch aufbewahren konnte? da die Poesie einmal unwiderruflich an bestimmte Worte in bestimmter Folge durch ihre Form gebunden ist, lässt sich jetzt nicht mehr entscheiden. War es nicht möglich, so befanden sich die Peruaner hierin in einer vortheilhafteren Lage. Denn eine Schrift, oder ein Analogon derselben, das nicht die Gegenstände selbst darstellt, sondern mehr innerliches Gedächtnissmittel ist, kann sich, wenn auch weniger fähig, auf ein andres Volk, oder eine entfernte Zeit überzugehen, der Sprache ganz genau anschliessen. Indess darf man freilich nicht vergessen, dass ein Volk, welches sich einer solchen Schrift in solchem Sinne bedient, nicht sowohl wirklich eine Schrift besitzt, als vielmehr nur den Zustand, ohne Schrift auf das blosse Gedächtniss verwiesen zu seyn, durch künstliche Mittel in hohem Grade vervollkommnet hat. Das aber ist gerade der wichtigste Unterscheidungspunkt in dem Zustande mit und ohne Schrift, dass in dem ersteren das Gedächtniss nicht mehr die Hauptrolle in den geistigen Bestrebungen spielt.

Welches indess auch die Vorzüge und Nachtheile jedes dieser beiden Schriftsysteme seyn mochten, so genügten sie den Nationen, welche sie sich angeeignet hatten; sie hatten sich einmal an dieselben gewöhnt, und jedes, vorzüglich aber das Peruanische, war sogar in die Verfassung des Staats, und die Art seiner Verwaltung verwebt. Es ist daher nicht abzusehen, wie eins dieser Völker von selbst auf Buchstabenschrift gekommen seyn würde; die Möglichkeit lässt sich allerdings nicht bestreiten. Das Beispiel Aegyptens zeigt die nahe Verwandtschaft von Laut-Hieroglyphen und Buchstaben, und aus der graphischen Darstellung der Verschlingungen der Knotenschnüre konnten Zeichen entstehen, die in der Gestalt den Chinesischen glichen, sich aber phonetisch behandeln liessen. Es hätte aber dazu eine ähnliche geistige Anlage gehört, als die Aegyptier schon so frühe verriethen, dass auch die älteste Ueberlieferung sie uns nicht anders darstellt, und es ist allemal ein ungünstiges Zeichen für die künftige Entwicklung einer Nation, wenn sie, ohne dass jene Anlage zugleich ans Licht tritt, schon einen so bedeutenden Grad der Cultur, und so mannigfache und feste gesellschaftliche Formen erreicht, als dies in Mexico und Peru der Fall war. Vermuthlich hätte man sich in beiden Reichen, so wie heute in China, den Gebrauch der Buchstabenschrift anzunehmen geweigert, wenn er sich freiwillig, und nicht auf dem nöthigenden Wege der Eroberung dargeboten hätte.

So wie ich versucht habe, bei den grammatischen Formen zu zeigen, dass auch blosse Analoga ihre Stelle vertreten können, ebenso ist es mit der Schrift. Wo die wahre, der Sprache allein angemessne fehlt, können auch stellvertretende andre alle äusseren, und bis auf einen gewissen Grad auch die inneren Zwecke und Bedürfnisse befriedigen. Nur die eigenthümliche Wirkung jener wahren und angemessnen, so wie die eigenthümliche Wirkung der ächten grammatischen Form, kann nie und durch nichts ersetzt werden; sie liegt aber in der inneren Auffassung und der Behandlung der Sprache, in der Gestaltung des Gedanken, in der Individualität des Denk- und Empfindungsvermögens.

Wo jedoch solche stellvertretende Mittel (da dieser Ausdruck nunmehr verständlich seyn wird) einmal Wurzel gefasst haben, wo der instinctartig in der Nation auf das Bessere gerichtete Sinn nicht ihr Emporkommen verhindert hat, da stumpfen sie diesen Sinn noch mehr ab, erhalten das Sprach- und Gedankensystem in der falschen, ihnen entsprechenden Richtung, oder geben ihm dieselbe, und sind nicht mehr zu verdrängen, oder ihre wirkliche Verdrängung übt nun die erwartete heilsame Wirkung viel schwächer und langsamer aus. Wo also die Buchstabenschrift von einem Volke mit freudiger Begierde ergriffen und angeeignet werden soll, da muss sie demselben früh, in seiner Jugendfrische, wenigstens zu einer Zeit dargeboten werden, wo dasselbe noch nicht auf künstlichem und mühevollem Wege eine andre Schriftgattung gebildet, und sich an dieselbe gewöhnt hat. Noch weit mehr wird dies der Fall seyn müssen, wenn die Buchstabenschrift aus innrem Bedürfniss, und geradezu ohne durch das Medium einer andren hindurchzugehen, erfunden werden soll. Ob dies aber wirklich jemals geschehen seyn mag, oder so unwahrscheinlich ist, dass es nur als eine entfernte Möglichkeit angesehen werden darf? darauf behalte ich mir vor, bei einer andren Gelegenheit zurückzukommen.

6

UEBER DEN DUALIS

[Gelesen in der Akademie der Wissenschaften am 26. April 1827.]

> *Ex quo intelligimus, quantum dualis*
> *numerus, una et simplice compage so-*
> *lidatus, ad rerum valeat perfectionem.*
>
> Lactantius *de opificio dei*

Unter den mannigfaltigen Wegen, welche das vergleichende Sprachstudium einzuschlagen hat, um die Aufgabe zu lösen, wie sich die allgemeine menschliche Sprache in den besondren Sprachen der verschiedenen Nationen offenbart? ist einer der am richtigsten zum Ziele führenden unstreitig der, die Betrachtung eines einzelnen Sprachtheils durch alle bekannte Sprachen des Erdbodens hindurch zu verfolgen. Es kann dies entweder in Hinsicht auf die Begriffsbezeichnung mit einzelnen Wörtern oder Wörterclassen, oder in Hinsicht auf die Redefügung mit einer grammatischen Form geschehen. Beides ist auch vielfältig versucht worden, doch hat man gewöhnlich nur zufällig eine gewisse Anzahl von Sprachen an einander gereiht, und das hier durchaus nicht gleichgültige Streben nach Vollständigkeit unberücksichtigt gelassen.

Uebersieht man die Art, wie eine grammatische Form, da ich, meinem gegenwärtigen Zwecke gemäss, bei diesen stehen bleibe, in den verschiedenen Sprachen behandelt, hervorgehoben oder unbeachtet gelassen, eigenthümlich gemodelt, in Verbindung mit andren gebracht, geradezu oder durch Umwege ausgedruckt wird, so wirft diese Nebeneinanderstellung sehr oft ein ganz neues Licht zugleich auf die Natur dieser Form, und die Beschaffenheit der einzelnen, in Betrachtung gezogenen Sprachen. Es lässt sich alsdann der besondre Charakter, welchen eine solche Form in den verschiedenen Sprachen annimmt, mit demjenigen vergleichen, welchen die übrigen grammatischen Formen in den nämlichen Sprachen an sich tragen, und somit der ganze grammatische Charakter dieser letzteren, so wie ihre grammatische Consequenz, beurtheilen. In Absicht der Form selbst aber steht nunmehr der von ihr wirklich gemachte Gebrauch demjenigen gegenüber, der sich aus ihrem blossen Begriff ableiten lässt, was vor der einseitigen Systemssucht bewahrt, in die man nothwendig verfällt, wenn man die Gesetze der wirklich vorhandenen Sprachen nach blossen Begriffen bestimmen will. Gerade dadurch, dass die hier empfohlne Verfahrungsweise auf möglichst vollständige Aufsuchung der Thatsachen dringt, hiermit aber die Ableitung aus blossen Begriffen nothwendig verbinden muss, um Einheit in die Mannigfaltigkeit zu bringen, und den richtigen Standpunkt zur Betrachtung und Beurtheilung der einzelnen Verschiedenheiten zu gewinnen, baut sie der Gefahr vor, welche sonst dem vergleichenden Sprachstudium gleich verderblich von der einseitigen Einschlagung des historischen, wie des philosophischen Weges droht. Keiner, der sich mit diesem Studium beschäftigt, und den Neigung und Talent vorzugsweise zu einem beider Wege einladen, darf vergessen, dass die Sprache, aus der Tiefe des Geistes, den Gesetzen des Denkens, und dem Ganzen der menschlichen Organisation hervorgehend, aber in die Wirklichkeit in vereinzelter Individualität übertretend, und in einzelne Erscheinungen vertheilt auf sich zurückwirkend, die durch richtige Methodik geleitete, vereinte Anwendung des reinen Denkens und der streng geschichtlichen Untersuchung fordert.

Ein zweiter wichtiger Nutzen durch alle Sprachen durchgeführter Beschreibungen grammatischer Formen liegt in der Vergleichung der verschiedenen Behandlung derselben mit dem Cultur- und selbst dem Sprachzustande der Nation. Ob ein gewisser Ausbildungsgrad einer Sprache einen gewissen Culturzustand voraussetzt oder hervorbringt, ob gewisse Eigenthümlichkeiten Afrikanischer und Amerikanischer Sprachen nur aus dem den Völkern, die sie reden, im Ganzen gemeinsamen Zustande mangelnder Civilisation herrühren, oder andre, erst aufzusuchende Ursachen haben? sind Fragen von der grössesten Wichtigkeit. Ihre Beantwortung knüpft das vergleichende Sprachstudium an die philosophische Geschichte des Menschengeschlechts an, und zeigt demselben einen über dasselbe hinaus liegenden höheren Zweck. Denn das Sprachstudium muss zwar allein um sein selbst willen bearbeitet werden. Aber es trägt darum doch ebenso wenig als irgend ein andrer einzelner Theil wissenschaftlicher Untersuchung seinen letzten Zweck in sich selbst, sondern ordnet sich mit allen andren dem höchsten und allgemeinen Zweck des Gesammtstrebens des menschlichen Geistes unter, dem Zweck, dass die Menschheit sich klar werde über sich selbst und ihr Verhältniss zu allem Sichtbaren und Unsichtbaren um und über sich.

Ich glaube nicht, dass die oben erwähnten Fragen, auch durch sehr vollständiges und genaues Sprachstudium, jemals werden vollständig beantwortet werden können. Die Zeit hat sowohl von den Sprachen, als den Zuständen der Nationen, zuviel unsrer Kenntniss entzogen, und die übriggebliebenen Bruchstücke lassen kein entscheidendes Urtheil zu. Allein schon meine bisherige Erfahrung hat mich vielfältig belehrt, dass

die ununterbrochen auf jene Fragen gerichtete Aufmerksamkeit sehr
schätzbare einzelne Aufklärungen gewährt, und auf jeden Fall Irrthümern vorbaut, und Vorurtheile zerstört.[1] Es ist aber hierbei nicht bloss
auf den häuslichen und gesellschaftlichen Zustand der Nationen, sondern ganz vorzüglich auf die Schicksale zu sehen, welche ihre Sprache
erfahren hat, so weit sich dieselben aus ihrem Baue ergründen lassen,
oder geschichtlich bekannt sind. So hängt z. B. die feine und vollständige grammatische Ausbildung der jetzt fast zu blossen Volksmundarten
gewordenen Lettischen Sprachen gar nicht mit dem Culturzustande der
Völker, die sie reden, sondern nur mit der treueren Aufbewahrung der
Ueberreste einer ursprünglichen und ehemals hoch ausgebildeten Sprache zusammen.

Endlich dürfte es nicht leicht ein besseres Mittel als die Betrachtung
derselben grammatischen Form in einer grossen Anzahl von Sprachen
geben, um zu einer vollständigeren Beantwortung der Frage zu gelangen, welcher Grad von Aehnlichkeit des grammatischen Baues zu
Schlüssen auf die Verwandtschaft der Sprachen berechtigt? Es ist eine
eigne Erscheinung, dass das Sprachstudium zu keinem andren Zwecke
so vielfältig benutzt worden ist, ja dass sehr viele noch jetzt den Nutzen
desselben fast nur darauf zu beschränken pflegen, und dass es doch bisher noch durchaus an gehörig gesicherten Grundsätzen zur Beurtheilung der Verwandtschaft der Sprachen und des Grades derselben fehlt.
Meiner Ueberzeugung nach, reicht die bisher gewöhnlich befolgte Methode wohl hin, sehr nahe mit einander übereinstimmende Sprachen zu
erkennen, so wie, obgleich dies schon viel grössere Behutsamkeit erfordert, die gänzliche Geschiedenheit andrer auszusprechen. Allein in der
Mitte zwischen diesen beiden Aeussersten, also gerade da, wo die Lösung der Aufgabe am nöthigsten wäre, scheinen mir die Grundsätze
noch dergestalt zu schwanken, dass es unmöglich ist, sich ihrer Anwendung irgend mit Vertrauen hinzugeben. Nichts wäre zugleich für die
Sprachkunde und die Geschichte so wichtig, als die Feststellung dieser
Grundsätze. Sie ist aber mit grossen Schwierigkeiten verbunden, und
erfordert Vorarbeiten nach mehreren Richtungen hin. Zuerst müssen
noch viel mehr Sprachen, und einige genauer als bis jetzt geschehen,
zergliedert werden. Um auch nur zwei Wörter mit Erfolg mit einander
grammatisch vergleichen zu können, ist es nothwendig, erst jedes für
sich in der Sprache, welcher es angehört, zur Vergleichung genau vorzubereiten. Solange man bloss, wie jetzt so oft der Fall ist, der allgemeinen
Aehnlichkeit des Klanges folgt, ohne die Lautgesetze der Sprachen
selbst und ihre Analogie aufzusuchen, läuft man unvermeidlich die doppelte Gefahr, dieselben Wörter für verschiedne, und verschiedne für dieselben zu erklären, der gröberen, aber noch immer nicht seltenen Fälle
nicht zu gedenken, dass die verglichenen Wörter nicht in ihrer Grund-

form aufgenommen, sondern grammatische Zusätze und Beugungen daran übersehen werden.[2] Hierauf muss sich die Untersuchung zu den Veränderungen der Sprachen im Laufe der Jahrhunderte wenden, um zu erkennen, welche Eigenthümlichkeiten bloss in diesen ihre Erklärung finden. Nach der Bearbeitung der einzelnen Sprachen, welche erst einen reinen und brauchbaren Stoff darbietet, ist die Vergleichung derjenigen, deren Zusammenhang nun wirklich historisch erwiesen ist, in der genauen Abstufung ihres Verwandtschaftsgrades nothwendig, um nach diesen Analogieen die noch unbekannten beurtheilen zu können. Endlich aber dürfte die hier versuchte Verfolgung einzelner grammatischer Formen durch alle bekannte Sprachen hindurch grossen Nutzen gewähren. Denn nur auf diese Weise lässt sich prüfen, wie die in solchen einzelnen Punkten einander ähnlichen Sprachen sich gegen einander in andren verhalten, und wie sehr oder wenig tief der Einfluss einzelner Formen in das Ganze des Sprachbaues eingreift. Dass ferner, ausser diesen, die Sprachen angehenden Vorarbeiten, ganz vorzüglich auch das aus der Geschichte zu schöpfende Studium der Art erforderlich ist, wie die Nationen sich verzweigen, vermischen und verbinden, versteht sich von selbst.[3] Nur durch die Verbindung dieser vielfachen Untersuchungen wird es möglich seyn, Grundsätze aufzustellen, um das in den Sprachen wirklich geschichtlich aus der einen in die andre Uebergegangene zu erkennen. Jedes weniger gründliche und sorgfältige Verfahren lässt immer die Gefahr übrig, das wirklich der Verwandtschaft Angehörende mit den durch die Zeit bewirkten Umwandlungen oder mit demjenigen zu vermischen, was, unabhängig von einander, bloss aus ähnlichen Ursachen an verschiedenen Orten und in verschiedenen Zeiten in ganz von einander getrennten Sprachen ähnlich entsteht. Es folgt schon aus dem hier Gesagten von selbst, dass bei jeder solchen Untersuchung das grammatische Studium die Grundlage ausmachen muss. Es leistet dabei einen doppelten Nutzen, einen mittelbaren, indem es die Wörter zur Vergleichung vorbereitet, und einen unmittelbaren, indem es die Uebereinstimmung oder Verschiedenheit des grammatischen Baues prüft. Aus der letzteren Arbeit allein ergiebt sich mit Bestimmtheit, was durch blosse Wörtervergleichungen nie gleich klar wird, ob die verglichenen Sprachen wirklich Eines Stammes sind, oder ob sie bloss Wörter mit einander ausgetauscht haben. Man erlangt daher nur auf diesem Wege einen bestimmten Begriff von derjenigen besondern Völkertrennung und Verbindung, welcher bestimmte Verwandtschaftsgrade der Mundarten entsprechen. Doch muss man bei allen diesen Untersuchungen den Begriff der *Verwandtschaft* nur als *geschichtlichen Zusammenhang* nehmen, nicht aber etwa auf den buchstäblichen Sinn des Wortes zu viel Gewicht legen. Dies letztere führt, aus Gründen, die es hier zu weitläuftig seyn würde zu erörtern, in mehrfache Irrthümer.[4]

Es scheint mir hiermit, wie mit so vielen andren Punkten zu stehen, dass man sich nemlich noch lange Zeit hindurch wird auf einzelne Untersuchungen beschränken müssen, ehe es möglich seyn wird, etwas Allgemeines festzustellen. Indess ist allerdings auch schon jetzt, nur in wohl bestimmten Schranken, Allgemeines nothwendig, nemlich einmal in demjenigen Theile, den das Sprachstudium allerdings auch besitzt, der allein aus Ideen geschöpft werden kann, und dann, weil es nothwendig ist, von Zeit zu Zeit zu übersehen, wie weit man, nach dem gegenwärtigen Zustande der einzelnen Untersuchung, in dem Anbau des Ganzen der Wissenschaft vorgeschritten ist. Nur zwei Dinge dürfen nie und auf keine Weise zugelassen werden, die Herleitung aus Begriffen in ein ihr nicht angehörendes Gebiet hinüberzuführen, und allgemeine Folgerungen aus unvollständiger Beobachtung zu ziehen.

Wenn die vollständige Beschreibung einzelner grammatischer Formen den hier geschilderten verschiedenartigen Nutzen gewähren kann, so folgt auch von selbst daraus, dass dieselbe nach eben diesen verschiedenen Gesichtspunkten hin unternommen werden muss. Schon darum glaubte ich mir diese einleitenden Betrachtungen erlauben zu müssen, die sonst wohl hätten als eine Abschweifung von meinem Gegenstande erscheinen können.

Dass meine Wahl bei dem gegenwärtigen Versuch gerade auf den *Dualis* gefallen ist, würde, wenn es einer Rechtfertigung bedürfte, dieselbe schon darin finden, dass unter allen grammatischen Formen sich diese vielleicht am füglichsten von dem übrigen grammatischen Bau, als minder tief in ihn eingreifend, aussondern lässt. Dies und dass er sich nicht in einer zu grossen Anzahl von Sprachen findet, macht seine Behandlung in der hier befolgten Methode leichter. Denn obgleich, meiner Ueberzeugung nach, die Beschreibung einzelner grammatischer Formen an allen, ohne Ausnahme, versucht werden kann, so sind einige, wie z. B. das Pronomen und das Verbum, das letztere auch in seinem allgemeinsten Begriff, so in den ganzen grammatischen Bau verwachsen, dass ihre Schilderung gewissermassen die der ganzen Grammatik selbst ist. Hierdurch vermehrt sich natürlich die Schwierigkeit.

Zu der Wahl des Dualis ladet aber auch ausserdem noch ein, dass das Daseyn dieser merkwürdigen Sprachform sich ebensowohl aus dem natürlichen Gefühl des uncultivirten Menschen, als aus dem feinen Sprachsinn des höchst gebildeten erklären lässt. Wirklich findet sie sich auf der einen Seite bei uncultivirten Nationen, den Grönländern, Neu-Seeländern u. s. f., da auf der andren im Griechischen gerade der am sorgfältigsten bearbeitete Dialekt, der Attische, sie beibehalten hat.

Wenn man mehrere Sprachen in Rücksicht auf dieselbe grammatische Form mit einander vergleicht, so muss man, glaube ich, die Formen auf der niedrigsten Stufe der grammatischen Abtheilung dazu aus-

wählen, ohne ängstlich zu besorgen, dadurch das eng Zusammengehörende von einander zu reissen. Man umfasst auf diese Weise einen kleineren Umfang, und kann besser in das ganz Einzelne eingehen. Ich
habe daher den *Dualis,* nicht den *Numerus* überhaupt gewählt, ob ich
gleich auf den mit dem Dualis so eng zusammenhängenden Pluralis immer werde zugleich Rücksicht nehmen müssen. Dennoch wird der Pluralis immer eine eigne Ausführung erfordern.

Erster Abschnitt

Von der Natur des Dualis im Allgemeinen

Ich halte es für zweckmässig, zuerst den räumlichen Umfang anzugeben, in welchem der Dualis in den verschiedenen Sprachgebieten des
Erdbodens angetroffen wird.[5]

Die Geographie fordert bei der Anwendung auf verschiedne Gegenstände verschiedne Abtheilungen, und in der Sprachenkunde lassen
sich Asien, Europa und NordAfrika nicht füglich von einander trennen.

Nehmen wir nun diesen Theil der alten Welt zusammen, so finden
wir den Dualis hauptsächlich an drei Punkten, von deren zweien er sich
weit und nach verschiedenen Richtungen hin ausgebreitet hat:

in den ursprünglichen Sitzen der Semitischen Sprachen,

in Indien,

in dem Sprachstamm, der auf der Halbinsel Malacca, in den Philippinen und den SüdseeInseln bisher für den gleichen gehalten wird.

In den Semitischen Sprachen herrscht der Dualis vorzüglich in der
Arabischen und hat am wenigsten Spuren zurückgelassen in den Aramäi-
schen. Mit dem Arabischen ist er auf Nord-Afrika übergegangen, allein
in Europa bloss nach Malta gekommen, und nicht einmal mit den aus
ihm entnommenen Wörtern in die Türkische Sprache eingedrungen.[6]

Das Sanskrit hat den Dualis zunächst, doch sehr wenig, dem Pali,
und gar nicht dem Prâkrit mitgetheilt; aus dem Sanskrit aber, oder vielmehr aus der gleichen Quelle mit ihm, hat ihn Europa erhalten in der
Griechischen Sprache, den Germanischen, Slavischen und der Littauischen, in allen diesen in verschiedener Ausdehnung und Erhaltung nach
Mundarten und Zeiten, wie in der Folge näher bestimmt werden wird.

Unter den übrigen Europaeischen Sprachen finde ich ihn bloss in der
Lappländischen. Es ist aber merkwürdig, dass in der verwandten Finnischen und Esthnischen, so wie in der Ungarischen, keine Spur davon
angemerkt wird. Der Dualis stammt also in Europa hauptsächlich aus
dem AltIndischen.

Man spricht zwar auch von einem Dualis in der Sprache von Wales und der Nieder-Bretagne, der sogenannten Kymrischen.[7] Er besteht jedoch nur darin, dass man den Benennungen der doppelten Gliedmassen die Zahl zwei, deren Femininum im Bas Bretonschen in dieser Verbindung seine Endsylbe verliert, vorsetzt. Da dies beständig und regelmässig zu geschehen scheint, das Wort dabei im Singular bleibt, und der Plural eintritt, so wie es auf andre Begriffe (z. B. Tischfuss) übergetragen wird, so liegt hierin allerdings ein Gefühl des Dualis, und die Erscheinung verdient hier angemerkt zu werden. Aber in die Zahl der Sprachen, die wirklich einen Dualis besitzen, lässt sich darum die Kymrische nicht aufnehmen. Neuere, jedoch noch nicht vollendete Untersuchungen machen es mir übrigens wahrscheinlich, dass auch diese und die Gaelische Sprache in ihrem grammatischen Bau mit dem Sanskrit zusammenhangen.

Aehnlich, wie mit Europa, ist es mit Afrika. Es kennt den Dualis bloss im Arabischen. Das Koptische hat ihn nicht, und ebensowenig finde ich ihn in einer der zahlreichen übrigen Afrikanischen Sprachen, so reich auch einige, wie z. B. die Bundische, an grammatischen Formen sind.

In der alten Welt bleibt also Asien der eigentliche Sitz des Dualis.

In den, aus demselben Stamm, als das Sanskrit, hervorgegangenen Asiatischen Sprachen kommt der Dualis nicht vor. Nur die Malabarische soll hiervon eine Ausnahme machen.[8] Ueberhaupt ist es eine merkwürdige Erscheinung, dass der kunstreiche und vollendete Bau der Sanskrit Grammatik, ausser dem Sanskrit und Pali selbst, gänzlich nach Europa übergewandert ist, die übrigen, mit dem Sanskrit zusammenhangenden Asiatischen Sprachen aber viel weniger davon bewahrt haben. Es erklärt sich dies zwar durch die ebenso scharfsinnige, als richtige Annahme[9], dass die hier gemeinten Europaeischen Sprachen gleich ursprünglich, als das Sanskrit selbst sind, da jene Asiatischen Sprachen aus dem Sanskrit, und zwar grösstentheils durch Vermischung mit andren, ihren Ursprung haben, und mithin das bei solchen Uebergängen und Umwälzungen allgemeine Schicksal des Unterganges der grammatischen Formen getheilt haben. Auch in Europa findet sich der reichere grammatische Bau vorzüglich nur in abgestorbenen Sprachen, und jene Asiatischen können nicht mit diesen, sondern müssten eher mit unsren heutigen verglichen werden. Indess ist auch so der Vorzug in treuerer Aufbewahrung des ursprünglichen Sprachcharakters sichtbar auf Seiten Europas, und es giebt kein Beispiel in Asien, dass sich so viel von dem frühesten Indischen Sprachbau so lebendig und rein im Munde eines ganzen Volksstamms erhalten habe, wie in Europa bei den Littauern und Letten. Dagegen ist es sehr auffallend, dass derjenige Theil der Sanskrit-Grammatik, den man genöthigt ist, den künstlichsten und schwierigsten, aber für die allgemeinen Sprachzwecke entbehrlichsten zu nennen, die Buchstabenveränderung, jene empfindliche Reizbarkeit der Laute, mit welcher fast jeder sich sogleich verändert, wie er in andre Berührungen tritt, in den Europaeisch-Sanskritischen, auch den frühesten, Sprachen immer wenig geherrscht zu haben scheint, da er in mehrere der Asiatisch-Sanskritischen, man weiss nicht, ob man sagen soll, übergegangen, oder dem ursprünglichen Lautsystem aller dieser Völker so eigenthümlich gewesen ist, dass er sich, ungeachtet aller Sprachumwälzungen, niemals verloren hat.

Der Zend-Sprache ist der Dualis nicht fremd. Da aber auch sie unstreitig den Sanskritischen beizuzählen ist[10], so wird hierdurch in dem oben erwähnten dreifachen Sitz des Dualis in Asien nichts geändert.[11]

Bleiben wir nun hier noch einen Augenblick stehen, so sehen wir, dass in Europa, Afrika und dem Festlande von Asien, das Malayische Sprachgebiet ausgenommen, der Dualis hauptsächlich bloss in todten Sprachen gefunden wird, lebend nur noch:

in Europa im Maltesisch-Arabischen, im Littauischen, Lappländischen, und einigen Volksmundarten, bei dem Landvolk in einigen Districten des Königreichs Polen,[12] auf den Faeröer Inseln, in Norwegen, und einigen Gegenden Schwedens und Deutschlands, doch hier ohne mehr vom Volke verstanden zu werden, bloss im Gebrauch als Plural;[13]

in Afrika im Neu-Arabischen;

in dem beschriebenen Theil von Asien in demselben und im Malabarischen.

Da nur die Sprachen der alten Welt eine Literatur besitzen, so kann man ihn für die Büchersprache (das Arabische ausgenommen) als abgestorben ansehen.

Im Osten Asiens (dem dritten Punkt seiner Heimath) findet sich der Dualis, jedoch nur in schwacher Spur, im Malayischen, mehr entwickelt in der Tagalischen und der ihr nahe verwandten Pampangischen Sprache auf den Philippinen, endlich in sonst, soviel mir bekannt ist, nirgends vorkommenden Abstufungen, auf NeuSeeland, den Gesellschafts- und Freundschafts-Inseln. Die Mundarten der übrigen Südsee-Inseln sind leider noch nicht grammatisch gehörig bekannt. Es ist aber sehr wahrscheinlich, dass sie namentlich in diesem Punkte alle mit einander übereinkommen. Die Frage, ob und wie alle diese Sprachen von der Malayischen bis zur Tahitischen zusammenhangen? werde ich an einem andren Orte ausführlich untersuchen. Hier nehme ich dieselben nur wegen ihrer ähnlichen Behandlung des Dualis zusammen. Gänzlich vom Malayischen Sprachstamm verschieden scheinen die Sprachen der Eingebornen von Neu-Holland und Neu-Süd-Wales. Aber die der um den See Macquarie herumwohnenden besitzt den Dualis[14], und es ist daher wahrscheinlich, dass er sich auch in andren Australischen Mundarten findet.

In den Amerikanischen Sprachen erscheint diese Mehrheitsform selten, aber an verschiedenen Punkten, fast durch die ganze Länge des ungeheuern Welttheils; nemlich im höchsten Norden in der Grönländischen Sprache; in sehr beschränkter Form in der Totonakischen in dem Theile Neu-Spaniens, in dem Veracruz liegt; ferner in der Sprache der Chaymas, welche den meisten Völkerstämmen der Provinz Neu-Andalusien gemeinschaftlich ist; so wie am rechten Orenoko Ufer, im Süd Osten der Mission der Encamarada, in der Tamanakischen Sprache; in sehr schwachen Spuren in der Qquichuischen, der ehemaligen allgemeinen Sprache des Peruanischen Reichs; endlich sehr ausgebildet in der Araukanischen Sprache in Chili. Auch die Cherokees im Nord-Westen von Georgien und den angränzenden Gegenden sollen einen Dualis in ihrer Sprache besitzen.[15]

Man sieht aus dieser kurzen Darstellung, dass die Anzahl der Stamm-Sprachen, welche den Dualis in sich aufgenommen haben, sehr klein, dagegen das Gebiet, in welchem derselbe, vorzüglich in älterer Zeit, Geltung gefunden hat, sehr gross ist, weil er gerade den weitverbreitetsten Sprachstämmen, dem Sanskritischen und dem Semitischen angehört. Ich muss jedoch hier noch einmal wiederholen, dass die eben gemachte Aufzählung nicht als vollständig ausgegeben werden kann. Ohne nur das zu erwähnen, was sich jedem Anspruch auf Vollständigkeit im vergleichenden Sprachstudium entgegenstellt, dass uns bei weitem nicht alle Sprachen des Erdbodens bekannt sind, so giebt es auch von sehr vielen, im Allgemeinen bekannten, noch keine grammatischen Hülfsmittel. Von andren sind diese nicht so genau, dass man sich mit Sicherheit darauf verlassen könnte, dass vorzüglich eine seltner vorkommende Form, wie die des Dualis, nicht darin könnte unbeachtet geblieben seyn. Endlich ist es sehr schwierig, und setzt oft eine sehr tiefe Kenntniss einer Sprache voraus, die Spuren von Formen darin zu entdecken, die sich nicht mehr lebendig in derselben erhalten haben. Arbeiten der gegenwärtigen Art können und müssen daher immer Zuwächse erhalten, und ich habe mich im Vorigen bei verneinenden Behauptungen nur darum bestimmter ausgedruckt, um beständige einschränkende Einschiebsel zu vermeiden. Auf der andren Seite versteht es sich von selbst, dass ich nichts verabsäumt habe, um wenigstens die, unter den gegebenen Umständen, mögliche Vollständigkeit und Genauigkeit zu erreichen, und ich bin so glücklich gewesen, hier auch für Ausser-Europaeische Sprachen eine bedeutende Menge von Hülfsmitteln benutzen zu können. Nur sehr selten habe ich mich genöthigt gesehen, bei der Benutzung so allgemeiner Werke, als der Mithridates und neuerlich Balbis Atlas ist, stehen zu bleiben. Auch wird gewiss jeder genaue Sprachforscher vermeiden, sich auf diese Schriften, so unverkennbar ihr Werth in andrer Rücksicht ist, und so unentbehrlich namentlich der Mithridates für das vergleichende Sprachstudium bleibt,

bei Beurtheilung des grammatischen Baues einzelner Sprachen zu stützen, ohne auf die ursprünglichen Quellen zurückzugehen.

Prüft man nunmehr die verschiedene Art, auf welche die hier aufgezählten Sprachen den Dualis behandeln, so lassen sich dieselben im
Ganzen, und einzelne Abstufungen ungerechnet, füglich in folgende
drei Classen abtheilen.

Einige dieser Sprachen nehmen die Ansicht des Dualis von der redenden und angeredeten Person, dem *Ich* und dem *Du* her. In diesen
haftet derselbe am Pronomen, geht nur so weit in die übrige Sprache
mit über, als sich der Einfluss des Pronomen erstreckt, ja beschränkt
sich bisweilen allein auf das Pronomen der ersten Person in der Mehrheit, auf den Begriff des *Wir.*

Andre Sprachen schöpfen diese Sprachform aus der Erscheinung der
paarweis in der Natur vorkommenden Gegenstände, der Augen, der
Ohren und aller doppelten Gliedmassen des Körpers, der beiden grossen
Gestirne u. s. f. In diesen reicht dieselbe alsdann nicht über diese Begriffe, oder wenigstens nicht über das Nomen hinaus.

Bei andren Völkerstämmen endlich durchdringt der Dualis die ganze
Sprache, und erscheint in allen Redetheilen, in welchen er Geltung erhalten kann. Es ist daher bei diesen keine besondre Gattung, sondern
der allgemeine Begriff der Zweiheit, von dem er ausgeht.

Es versteht sich von selbst, dass Sprachen auch Spuren von mehr als
einer dieser Auffassungsweisen, ja von allen zugleich an sich tragen
können. Wichtiger ist es zu bemerken, dass in ursprünglich der dritten
Classe angehörenden Sprachstämmen es sich auch findet, dass einzelne
Sprachen, entweder überhaupt oder im Laufe der Zeit, den Dualis nur
in der Beschränkung der beiden ersten Classen beibehalten. Sie werden
aber in diesem Fall dennoch billig, wie ich auch hier thun werde, der
dritten beigesellt. So zeigt sich in den oben angeführten Deutschen
Volksmundarten der Dualis nur noch an den beiden ersten Personen
des Pronomen, und im Syrischen, ausser der Zahl *zwei* selbst, bloss an
dem Namen Aegyptens, das man sich, wie man hieraus sieht, immer als
Ober- und Nieder-Aegypten zu denken gewöhnt hatte.[16]

Die von mir untersuchten Sprachen vertheilen sich nun folgendergestalt in die so eben aufgezählten Classen.

Zur ersten, wo der Dualis seinen Sitz im Pronomen hat, gehören
die oben genannten Sprachen des östlichen Asiens, der Philippinen und Südseeinseln,
die Chaymische und die Tamanakische;
zu der zweiten, wo er vom Nomen ausgeht,
bloss die Totonakische,
und so weit ihr ein Dualis zugeschrieben werden kann,
die Qquichuische;

zu der dritten, wo sich der Dualis über die ganze Sprache verbreitet,
die Sanskritischen[17],
Semitischen,
Grönländische,
Araukanische
und obgleich in geringerer Vollständigkeit, die Lappländische.

Man erkennt in dieser, absichtlich kurz zusammengedrängten Uebersicht, dass der Dualis in der Wirklichkeit der bekannten Sprachen ungefähr in eben der Verschiedenheit des Begriffs und des Umfanges auftritt, die man ihm hätte nach reiner Ideen-Zergliederung anweisen
können. Ich habe es aber vorgezogen, diese seine verschiedenen Arten
auf dem Wege der Beobachtung aufzusuchen, um der Gefahr zu entge-
hen, sie den Sprachen aus Begriffen aufzudringen. Doch wird es jetzt
nothwendig seyn, die Natur dieser Sprachform auch unabhängig von
der Kenntniss wirklicher Sprachen, aus allgemeinen Ideen zu entwik-
keln.

Eine, doch vielleicht noch nicht ganz ungewöhnliche, allein durchaus irrige Ansicht ist es, wenn man den Dualis bloss als einen zufällig
für die Zahl *zwei* eingeführten, beschränkten Pluralis ansieht, und dadurch die Frage rechtfertigt, warum nicht auch irgend eine andre beliebige Zahl ihre eigne Mehrheitsform besitze? Es kommt in dem Gebiete
der Sprachen allerdings ein solcher beschränkter Plural vor, der, wenn
er sich auf zwei Gegenstände bezieht, die Zweiheit bloss als kleine Zahl
behandelt, allein dieser ist, auch in diesem Fall, auf keine Weise mit
dem wahren Dualis zu verwechseln.

In der Sprache der Abiponen, eines Volksstammes in Paraguay, giebt
es einen doppelten Plural, einen engeren für zwei und mehrere, aber
immer wenige und einen weiteren für viele Gegenstände.[18] Der erstere
scheint eigentlich dem zu entsprechen, was wir Plural nennen. Seine
Bildung geschieht durch Suffixa, die an die Stelle der Singularendung
treten, oder durch beugungsartige Abänderungen dieser, und ist, obgleich man sie nur an einer Reihe mitgetheilter Beispiele beurtheilen
kann, sehr mannigfaltig. Der weitere Plural kennt bloss die Endung *ripi*.
Dass in dieser der Begriff der Vielheit liegt, geht daraus hervor, dass
man, sobald dieser Begriff in der Rede durch ein eignes Wort bezeichnet
ist, die Endung *ripi* weglässt und das Substantivum in den engeren Plural setzt. Dass aber *ripi* allein gebraucht würde, finde ich nicht, und es
ist so sehr zur Endung geworden, dass es weder dem Singular noch dem
engeren Plural geradezu angeheftet wird, sondern durch eine eigne Veränderung der Wortendung eine besondere Bildung eingeht. Wenigstens
ist dies in folgenden Beispielen der Fall:

Sing.	Engerer Plur.	Weiterer Plur.
choale, Mensch,	*choalèc* oder *choaleèna*,	*choaliripi*,
ahöpegak, Pferd,	*ahöpega*,	*ahöpegeripi*.[19]

Die der Abiponischen sehr nahe verwandte Sprache der Mokobi[20] in der Provinz Chaco besitzt diesen doppelten Plural nicht, bildet aber den Plural aller nicht auf *i* ausgehenden Wörter durch Anheftung des Wortes *ipi*, ohne dass dieses, wie es wenigstens nach den Beispielen scheint, etwas an der Endung des Hauptwortes ändert; *choalè*, Mensch, *choalèipi*, die Menschen. In dieser Sprache ist *ipi* wirklich das Wort: *viel*, und es bleibt nun ungewiss, ob das Abiponische hinzugefügte *r* ein Bildungsbuchstabe, oder die Weglassung eine Eigenthümlichkeit der Mokobischen Mundart ist?

Die Tahitische Sprache, welche den Dualis am Nomen nicht unterscheidet, kennt auch diesen weiteren und engeren Plural, bezeichnet ihn aber bloss durch eigne, vor das Substantivum gestellte und nur, ihrer ursprünglichen Bedeutung nach, noch nicht erklärte Wörter, die man nur uneigentlich grammatische Formen nennen könnte.[21]

Am bestimmtesten besitzt Mehrheitsformen für verschiedene Zahlen die Arabische Sprache, nemlich den Dualis für zwei, den beschränkten Plural für 3 bis 9, den Vielheits-Plural und den Plural-Plural, in welchem von dem Plural einiger Wörter durch regelmässige Flection ein neuer gebildet wird, für 10 und mehr oder eine unbestimmte Anzahl. Selbst für die Bezeichnung der Einheit bedient sich das Arabische, nemlich bei Substantiven, in deren Natur es liegt, wie bei Thier und Fruchtgattungen, eine Vielheit unter sich zu begreifen, einer besondren Charakteristik, welche der Singularis in andren Sprachen nicht kennt, und macht von diesem einen Plural.[22] Diese Ansicht, den Gattungsbegriff gewissermassen als ausser der Kategorie des Numerus liegend zu betrachten, und von ihm durch Beugung Singularis und Pluralis zu unterscheiden, ist unläugbar eine sehr philosophische, deren Entbehrung andre Sprachen zu andren Hülfsmitteln zwingt. Da aber diese Arabischen Pluralformen nicht, wie die Abiponische, je können mit dem Dualis verwechselt werden, gehört ihre ausführliche Betrachtung nicht hierher.

Der so eben als irrig angeführten Vorstellung des Dualis, die sich auf den Begriff der blossen Zahl *zwei*, als einer der vielen in der Zahlreihe fortlaufenden beschränkt, steht diejenige entgegen, die sich auf den Begriff der *Zweiheit* gründet, und den Dualis wenigstens vorzugsweise der Gattung von Fällen zueignet, welche auf diesen Begriff zu kommen Veranlassung geben. Nach dieser Vorstellung ist der Dualis gleichsam ein Collectivsingularis der Zahl *zwei*, da der Pluralis nur gelegentlich, nicht aber seinem ursprünglichen Begriff nach, die Vielheit wieder zur Einheit zurückführt. Der Dualis theilt daher, als Mehrheitsform, und als Bezeichnung eines geschlossenen Ganzen zugleich die Plural und Singular-Natur. Dass er empirisch, in den wirklichen Sprachen dem Plural näher steht, beweist, dass die erstere dieser beiden Beziehungen den natürlichen Sinn der Nationen mehr anspricht, allein sein sinnvoll geistiger Gebrauch wird immer die letztere eines Collectiv-Singulars festhalten. Auch lässt sich in allen Sprachen diese, als die Grundlage des Dualis, nachweisen, wenn gleich alle im nachherigen Gebrauch allerdings die hier getrennte, richtige und irrige, Vorstellung von ihm mit einander vermischen, und ihn ebensogut zum Ausdruck von *zwei*, als der *Zweiheit* machen.

Alle grammatische Verschiedenheit der Sprachen ist, meiner Ansicht nach, eine dreifache, und man erhält keinen vollständigen Begriff des Baues einer einzelnen, ohne ihn nach dieser dreifachen Verschiedenheit in Betrachtung zu ziehen. Die Sprachen sind nemlich grammatisch verschieden:

a., zuerst in der Auffassung der grammatischen Formen nach ihrem Begriff,

b., dann in der Art der technischen Mittel ihrer Bezeichnung,

c., endlich in den wirklichen, zur Bezeichnung dienenden Lauten. Im gegenwärtigen Augenblick haben wir es nur mit dem ersten dieser drei Punkte zu thun, die beiden andren können erst bei Betrachtung der einzelnen Sprachen in Absicht des Dualis in Erwägung kommen.

Durch den zweiten und dritten dieser Punkte, vorzüglich durch den letzten erlangt eine Sprache erst ihre grammatische Individualitaet, und die Aehnlichkeit mehrerer in diesem ist das sicherste Kennzeichen ihrer Verwandtschaft. Aber der erste bestimmt ihren Organismus, und ist vorzüglich wichtig, nicht bloss als hauptsächlich einwirkend auf den Geist und die Denkart der Nation, sondern auch als der sicherste Prüfstein desjenigen Sprachsinnes in ihr, den man in jeder als das eigentlich schaffende und umbildende Princip der Sprache ansehen muss.

Dächte man sich das vergleichende Sprachstudium in einiger Vollendung, so müsste die verschiedene Art, wie die Grammatik und ihre Formen in den Sprachen genommen werden (denn dies ist es, was ich unter Auffassung dem Begriff nach verstehe), an den einzelnen grammatischen Formen, wie hier am Dualis, dann an den einzelnen Sprachen, in jeder im Zusammenhange erforscht, und endlich diese doppelte Arbeit dazu benutzt werden, einen Abriss der menschlichen Sprache, als ein Allgemeines gedacht, in ihrem Umfange, der Nothwendigkeit ihrer Gesetze und Annahmen, und der Möglichkeit ihrer Zulassungen zu entwerfen.

Die zunächst liegende, aber beschränkteste Ansicht der Sprache ist die, sie als ein blosses Verständigungsmittel zu betrachten. Auch in dieser Hinsicht indess ist der Dualis nicht gänzlich überflüssig, er trägt in der That bisweilen zum besseren und eindringenderen Verständniss bei, wie es der Ort seyn wird, bei seinem Gebrauche im Griechischen zu zeigen. Diese Fälle kommen aber wohl nur im Gebiete des Styls zum Vorschein, und wenn die sprachenbildenden Völker, wie es glücklicherweise nicht der Fall ist, bloss das gegenseitige Verständniss zum Zweck hätten, so wäre ein eigner Zweiheitsplural gewiss für überflüssig gehalten worden. Wenden doch mehrere Völker nicht einmal die in ihren Sprachen wirklich vorhandenen Pluralformen da an, wo die gemeinte Mehrheit aus andren Umständen hervorgeht, einer hinzugefügten Zahl[23], einem Anzahlsadverbium, aus dem Verbum, wenn die Mehrheitsbezeichnung beim Nomen, oder dem Nomen, wenn sie beim Verbum weggelassen wird, u. s. f.

Die Sprache ist aber durchaus kein blosses Verständigungsmittel, sondern der Abdruck des Geistes und der Weltansicht der Redenden, die Geselligkeit ist das unentbehrliche Hülfsmittel zu ihrer Entfaltung, aber bei weitem nicht der einzige Zweck, auf den sie hinarbeitet, der vielmehr seinen Endpunkt doch in dem Einzelnen findet, insofern der Einzelne von der Menschheit getrennt werden kann. Was also aus der Aussenwelt und dem Innern des Geistes in den grammatischen Bau der Sprachen überzugehen vermag, kann darin aufgenommen, angewendet und ausgebildet werden, und wird es wirklich nach Massgabe der Lebendigkeit und Reinheit des Sprachsinns, und der Eigenthümlichkeit seiner Ansicht.

Hier aber zeigt sich sogleich eine auffallende Verschiedenheit. Die Sprache trägt Spuren an sich, dass bei ihrer Bildung vorzugsweise aus der sinnlichen Weltanschauung geschöpft worden ist, oder aus dem Innern der Gedanken, wo jene Weltanschauung schon durch die Arbeit des Geistes gegangen war. So haben einige Sprachen zu Pronomina der dritten Person Ausdrücke, welche das Individuum in ganz bestimmter Lage, als stehend, liegend, sitzend u. s. f. bezeichnen, besitzen also viele besondre Pronomina und ermangeln eines allgemeinen; andre vermannigfachen die dritte Person nach der Nähe zu den redenden Personen, oder ihrer Entfernung von denselben; andre endlich kennen zugleich ein reines *Er*, den blossen Gegensatz des *Ich* und des *Du*, als unter Einer Kategorie zusammengefasst. Die erste dieser Ansichten ist ganz sinnlich; die zweite bezieht sich schon auf eine reine immanente Form der Sinnlichkeit, den Raum; die letzte beruht auf Abstraction und logischer Begriffstheilung, wenn auch sehr oft erst der Gebrauch gestempelt haben mag, was vielleicht einen ganz anderen Ursprung hatte. Es bedarf überhaupt kaum der Bemerkung, dass diese drei verschiedenen Ansichten nicht als in der Zeit fortschreitende Stufen anzusehen sind. Alle

können sich in mehr oder minder sichtbaren Spuren in Einer und ebenderselben Sprache neben einander befinden.[24]

Der Begriff der Zweiheit nun gehört dem doppelten Gebiet des
Sichtbaren und Unsichtbaren an, und indem er sich lebendig und anregend der sinnlichen Anschauung und der äusseren Beobachtung darstellt, ist er zugleich vorwaltend in den Gesetzen des Denkens, dem
Streben der Empfindung, und dem in seinen tiefsten Gründen uner-
forschbaren Organismus des Menschengeschlechts und der Natur.

Zunächst hebt sich, um von der leichtesten und oberflächlichsten
Beobachtung auszugehen, eine Gruppe von zwei Gegenständen zwischen einem einzelnen und einer Gruppe von mehreren von selbst, als
im Augenblick übersehbar und geschlossen, heraus. Dann geht die
Wahrnehmung und die Empfindung der Zweiheit in den Menschen in
der Theilung der beiden Geschlechter und in allen sich auf dieselbe beziehenden Begriffen und Gefühlen über. Sie begleitet ihn ferner in der
Bildung seines und der thierischen Körper in zwei gleiche Hälften und
mit paarweise vorhandenen Gliedmassen und Sinnenwerkzeugen. Endlich stellen sich gerade einige der mächtigsten und grössesten Erscheinungen in der Natur, die auch den Naturmenschen in jedem Augenblick
umgeben, als Zweiheiten dar, oder werden als solche aufgefasst, die beiden grossen, die Zeit bestimmenden Gestirne, Tag und Nacht, die Erde
und der sie überwölbende Himmel, das feste Land und das Gewässer
u. s. f. Was sich der Anschauung so überall gegenwärtig zeigt, das trägt
der lebendige Sinn natürlich und ausdrucksvoll durch eine ihm besonders gewidmete Form in die Sprache über.

In dem unsichtbaren Organismus des Geistes, den Gesetzen des
Denkens, der Classification seiner Kategorieen aber wurzelt der Begriff
der Zweiheit noch auf eine viel tiefere und ursprünglichere Weise: in
dem Satz und Gegensatz, dem Setzen und Aufheben, dem Seyn und
Nicht-Seyn, dem Ich und der Welt. Auch wo sich die Begriffe drei- und
mehrfach theilen, entspringt das dritte Glied aus einer ursprünglichen
Dichotomie, oder wird im Denken gern auf die Grundlage einer solchen
zurückgebracht.

Der Ursprung und das Ende alles getheilten Seyns ist Einheit. Daher
mag es stammen, dass die erste und einfachste Theilung, wo sich das
Ganze nur trennt, um sich gleich wieder, als gegliedert, zusammenzu-
schliessen, in der Natur die vorherrschende, und dem Menschen für den
Gedanken die lichtvollste, für die Empfindung die erfreulichste ist.

Besonders entscheidend für die Sprache ist es, dass die Zweiheit in
ihr eine wichtigere Stelle, als irgendwo sonst, einnimmt. Alles Sprechen
ruht auf der Wechselrede, in der, auch unter Mehreren, der Redende die
Angeredeten immer sich als Einheit gegenüberstellt. Der Mensch
spricht, sogar in Gedanken, nur mit einem Andren, oder mit sich, wie

mit einem Andren, und zieht danach die Kreise seiner geistigen Verwandtschaft, sondert die, wie er, Redenden von den anders Redenden
ab. Diese, das Menschengeschlecht in zwei Classen, Einheimische und
Fremde, theilende Absonderung ist die Grundlage aller ursprünglichen
geselligen Verbindung.

Es hätte schon können oben bemerkt werden, dass die in der Natur
äusserlich erscheinende Zweiheit oberflächlicher und in innigerer
Durchdringung des Gedanken und des Gefühls aufgefasst werden
kann. Es wird genug seyn, nur an einiges Einzelne in dieser Beziehung
zu erinnern. Wie tief die bilaterale Symmetrie der Menschen- und
Thierkörper in die Phantasie und das Gefühl eingeht, und zu einer der
Hauptquellen der Architektonik der Kunst wird, ist neuerlich von A. W.
v. Schlegel auf eine überraschend treffende und höchst geistvolle Weise
gezeigt worden.[25] Der in seiner allgemeinsten und geistigsten Gestaltung aufgefasste Geschlechtsunterschied führt das Bewusstsein einer,
nur durch gegenseitige Ergänzung zu heilenden Einseitigkeit durch alle
Beziehungen des menschlichen Denkens und Empfindens hindurch.

Ich erwähne aber mit Absicht dieser zwiefachen, oberflächlicheren
und tieferen, sinnlicheren oder geistigeren Auffassung erst hier, da sie
vorzüglich da eintritt, wo die Sprache auf der Zweiheit der Wechselrede
ruht. Es ist im Vorigen nur die ganz empirische Erscheinung hiervon
angedeutet worden. Es liegt aber in dem ursprünglichen Wesen der
Sprache ein unabänderlicher Dualismus, und die Möglichkeit des Sprechens selbst wird durch Anrede und Erwiederung bedingt. Schon das
Denken ist wesentlich von Neigung zu gesellschaftlichem Daseyn begleitet, und der Mensch sehnt sich, abgesehen von allen körperlichen
und Empfindungs-Beziehungen, auch zum Behuf seines blossen Denkens nach einem dem *Ich* entsprechenden *Du*, der Begriff scheint ihm
erst seine Bestimmtheit und Gewissheit durch das Zurückstrahlen aus
einer fremden Denkkraft zu erreichen. Er wird erzeugt, indem er sich
aus der bewegten Masse des Vorstellens losreisst, und, dem Subject gegenüber, zum Object bildet. Die Objectivität erscheint aber noch vollendeter, wenn diese Spaltung nicht in dem Subject allein vorgeht, sondern der Vorstellende den Gedanken wirklich ausser sich erblickt, was
nur in einem andren, gleich ihm vorstellenden und denkenden Wesen
möglich ist. Zwischen Denkkraft und Denkkraft aber giebt es keine andre Vermittlerin, als die Sprache.

Das Wort an sich selbst ist kein Gegenstand, vielmehr, den Gegenständen gegenüber, etwas Subjectives, dennoch soll es im Geiste des
Denkenden zum Object, von ihm erzeugt und auf ihn zurückwirkend
werden. Es bleibt zwischen dem Wort und seinem Gegenstande eine so
befremdende Kluft, das Wort gleicht, allein im Einzelnen geboren, so
sehr einem blossen Scheinobject, die Sprache kann auch nicht vom Ein-

zelnen, sie kann nur gesellschaftlich, nur indem an einen gewagten Versuch ein neuer sich anknüpft, zur Wirklichkeit gebracht werden. Das Wort muss also Wesenheit, die Sprache Erweiterung in einem Hörenden und Erwiedernden gewinnen. Diesen Urtypus aller Sprachen druckt das Pronomen durch die Unterscheidung der zweiten Person von der dritten aus. *Ich* und *Er* sind wirkliche verschiedene Gegenstände, und mit ihnen ist eigentlich Alles erschöpft, denn sie heissen mit andren Worten *Ich* und *Nicht-ich*. *Du* aber ist ein dem *Ich* gegenübergestelltes *Er*. Indem *Ich* und *Er* auf innerer und äusserer Wahrnehmung beruhen, liegt in dem *Du* Spontaneität der Wahl. Es ist auch ein *Nicht-ich*, aber nicht, wie das *Er*, in der Sphäre aller Wesen, sondern in einer andren, in der eines durch Einwirkung gemeinsamen Handelns. In dem *Er* selbst liegt nun dadurch, ausser dem *Nicht-ich*, auch ein *Nicht-du*, und es ist nicht bloss einem von ihnen, sondern beiden entgegengesetzt. Hierauf deutet auch der oben angeführte Umstand hin, dass in vielen Sprachen die Bezeichnung und die grammatische Bildung des Pronomen der dritten Person in ihrem ganzen Wesen von den beiden ersten Personen abweicht, der Begriff desselben bald nicht rein, bald nicht in allen Beugungsfällen der Declination vorhanden ist.

Erst durch die, vermittelst der Sprache bewirkte Verbindung eines Andren mit dem Ich entstehen nun alle, den ganzen Menschen anregenden tieferen und edleren Gefühle, welche in Freundschaft, Liebe und jeder geistigen Gemeinschaft die Verbindung zwischen Zweien zu der höchsten und innigsten machen.

Ob, was den Menschen innerlich und äusserlich bewegt, in die Sprache übergeht, hängt von der Lebendigkeit seines Sprachsinnes ab, mit welcher er die Sprache zum Spiegel seiner Welt macht. In welchem Grade der Tiefe der Auffassung dies geschieht, liegt in der mehr oder minder reinen und zarten Stimmung des Geistes und der Einbildungskraft, in welcher der Mensch, auch ehe er noch zum klaren Bewusstseyn seiner selbst gelangt, unwillkührlich auf seine Sprache einwirkt.

Der Begriff der Zweiheit, als der einer Zahl, also einer der reinen Anschauungen des Geistes, besitzt aber auch die glückliche Gleichartigkeit mit der Sprache, welche ihn vorzugsweise geschickt macht, in sie überzugehen. Denn nicht Alles, wie mächtig es auch sonst den Menschen anrege, ist hierzu gleich fähig. So giebt es nicht leicht einen mehr in die Augen fallenden Unterschied unter den Wesen, als den zwischen Lebendigen und Leblosen. Mehrere, vorzüglich Amerikanische Sprachen gründen daher auf ihn auch grammatische Unterschiede, und vernachlässigen dagegen den des Geschlechts. Da aber die blosse Beschaffenheit, mit Leben begabt zu seyn, nichts in sich fasst, das sich innig in die Form der Sprache verschmelzen liesse, so bleiben die auf sie gegründeten grammatischen Unterschiede, wie ein fremdartiger Stoff, in der Sprache liegen, und zeugen von einer nicht vollkommen durchgedrungenen Herrschaft des Sprachsinns. Der Dualis dagegen schliesst sich nicht nur an eine der Sprache schlechterdings nothwendige Form, den Numerus, an, sondern begründet sich, wie oben gezeigt worden, auch im Pronomen eine eigene Stellung. Er bedarf daher nur in der Sprache eingeführt zu werden, um sich in ihr einheimisch zu fühlen.

Indess kann es auch bei ihm, und giebt es in der That in verschiedenen Sprachen einen nicht zu vernachlässigenden Unterschied. Es waltet nämlich in der Bildung der Sprachen, ausser dem schaffenden Sprachsinn selbst, auch die überhaupt, was sie lebendig berührt, in die Sprache hinüberzutragen geschäftige Einbildungskraft. Hierin ist der Sprachsinn nicht immer das herrschende Princip, allein er sollte es seyn, und die Vollendung ihres Baues schreibt den Sprachen das unabänderliche Gesetz vor, dass Alles, was in denselben hinübergezogen wird, seine ursprüngliche Form ablegend, die der Sprache annehme. Nur so gelingt die Verwandlung der Welt in Sprache, und vollendet sich das Symbolisiren der Sprache auch vermittelst ihres grammatischen Baues.

Zu einem Beispiel kann das Genus der Wörter dienen. Jede Sprache, welche dasselbe in sich aufnimmt, steht, meines Erachtens, schon der reinen Sprachform um einen Schritt näher, als eine, die sich mit dem Begriff des Lebendigen und Leblosen, obgleich dieser die Grundlage des Genus ist, begnügt. Allein der Sprachsinn zeigt nur dann seine Herrschaft, wenn das Geschlecht der Wesen wirklich zu einem Geschlecht der Wörter gemacht ist, wenn es kein Wort giebt, das nicht, nach den mannigfaltigen Ansichten der sprachbildenden Phantasie, einem der drei Geschlechter zugetheilt wird. Wenn man dies unphilosophisch nannte, verkannte man den wahrhaft philosophischen Sinn der Sprache. Alle Sprachen, die nur die natürlichen Geschlechter bezeichnen, und kein metaphorisch bezeichnetes Genus anerkennen, beweisen, dass sie entweder ursprünglich, oder in der Epoche, wo sie diesen Unterschied der Wörter nicht mehr beachteten, oder über ihn in Verwirrung gerathend, Masculinum und Neutrum zusammenwarfen, nicht von der reinen Sprachform energisch durchdrungen waren, nicht die feine und zarte Deutung verstanden, welche die Sprache den Gegenständen der Wirklichkeit leiht.

Auch bei dem Dualis kommt es daher darauf an, ob er nur als empirische Wahrnehmung der paarweis in der Natur vorhandenen Gegenstände in das Nomen, und als Gefühl der Aneignung und Abstossung von Menschen und Stämmen in das Pronomen, und mit diesem gelegentlich in das Verbum übergegangen, oder ob er, wirklich in die allgemeine Form der Sprache verschmolzen, wahrhaft mit ihr Eins geworden ist. Als ein Kennzeichen hierfür kann allerdings seine durchgängige

Aufnahme in alle Theile der Sprache gelten, doch für sich kann dieser Umstand allein nicht entscheidend seyn.

Dass der Dualis sich schön in die Angemessenheit der Redefügung einpasst, indem er die gegenseitigen Beziehungen der Wörter auf einander vermehrt, auch für sich den lebendigen Eindruck der Sprache erhöht, und in der philosophischen Erörterung der Schärfe und Kürze der Verständigung zu Hülfe kommt, dürfte wohl schwerlich bezweifelt werden. Er hat darin dasjenige voraus, wodurch sich jede grammatische Form in der Schärfe und Lebendigkeit der Wirkung vor einer Umschreibung durch Worte unterscheidet. Man vergleiche nur die Stellen Griechischer und Römischer Dichter, wo von den, auch als Nachbarsterne in die Augen fallenden Tyndariden, oder sonst von Brüderpaaren die Rede ist. Wieviel lebendiger und ausdrucksvoller stellen die einfachen Dualendungen

κρατερόφρονε γείνατο παῖδε,

oder

μινυνδαδίω δὲ γενέσθην

bei Homer die Zwillingsnatur dar, als die Ovidische Umschreibung es thut,

> *at gemini, nondum coelestia sidera, fratres,*
> *ambo conspicui, nive candidioribus ambo*
> *vectabantur equis.*

Es vermindert diesen Eindruck nicht, dass in der ersten der angeführten und andren ähnlichen Homerischen Stellen gleich auf den Dualis der Pluralis folgt. Wenn das Bild einmal mit dem Dual eingeführt ist, wird auch der Plural nicht anders gefühlt. Es ist vielmehr eine schöne Freiheit der Griechischen Sprache, dass sie sich das Recht nicht entziehen lässt, den Plural auch als gemeinschaftliche Mehrheitsform zu gebrauchen, wenn sie nur, da wo es der Nachdruck erfordert, den Vorzug der eignen Bezeichnung der Zweiheit behält. Dies aber weitläuftiger auszuführen, und zu erforschen, ob auch bei den vorzüglichsten Griechischen Schriftstellern durchgängig ein so feines und richtiges Gefühl für den Dualis herrscht, wird es erst am Ende dieser Abhandlung bei der besondren Betrachtung des Griechischen Dualis möglich seyn.

Nach allem bis hierher Gesagten scheint es mir nicht nothwendig, noch diejenigen zu widerlegen, welche den Dualis einen Luxus und Auswuchs der Sprachen nennen. Die Ansicht der Sprache, welche dieselbe mit dem ganzen und vollen Menschen und dem Tiefsten in ihm in Verbindung setzt, kann dahin nicht führen, und mit dieser allein haben wir es hier zu thun. Ich beschliesse daher hier den allgemeinen Theil dieser Untersuchungen, und werde in den folgenden zu der Betrachtung der einzelnen Sprachen nach den, weiter oben[26] in Absicht der Behandlung des Dualis abgetheilten drei Classen übergehen.

Anmerkungen

1 Herr Schmitthenner (Ursprachlehre. S. 20.) sagt: Ohne nun eine ausführliche Darstellung, dass die Sprachen Amerikas und Afrikas um so unvollkommener und von einander abweichender seyn müssen, je weniger sich die sie sprechenden Völker aus der Dummheit des Naturlebens zu dem Lichte der Vernunft, und aus der Zerstreuung der Rohheit zu der Einheit der Bildung erhoben haben, der Mühe werth zu halten, gehen wir u. s. f. Ich weiss nicht, ob viele einen so verwerfenden und die Untersuchung von vorn herein abschneidenden Ausspruch zu unterschreiben geneigt seyn möchten. Ich kann nicht anders, als eine ganz entgegengesetzte Meinung hegen. Ich will mich hier nicht auf den merkwürdigen Bau mehrerer Afrikanischen und Amerikanischen Sprachen berufen. Es mag nicht jeder Sprachforscher Neigung zu einem solchen Studium in sich fühlen, doch wird gewiss jeder, der sich auch nur oberflächlich mit denselben beschäftigt hat, zugestehen, dass ihre Kenntniss von der höchsten Wichtigkeit für das Sprachstudium ist. Allein der Culturzustand jener Völkerschaften, namentlich der Amerikanischen, ist, und gerade in Beziehung auf den Gedankenausdruck, gar nicht durchgängig so, wie er in jener Stelle geschildert wird. Von den NordAmerikanischen Nationen geben die Berichte über ihre Volksversammlungen und die mitgetheilten Reden einiger ihrer Häuptlinge einen ganz andren Begriff. Viele Stellen derselben sind von wahrhaft rührender Beredsamkeit, und stehen auch diese Stämme mit den Einwohnern der Vereinigten Staaten in enger Verbindung, so ist doch das Gepräge der reinen und ursprünglichen Eigenthümlichkeit in ihren Ausdrükken unverkennbar. Sie sträuben sich allerdings, die Freiheit ihrer Wälder und Gebirge mit der Arbeit des Ackerbaus und der Beschränkung in Häuser und Dörfer zu vertauschen, allein sie bewahren in ihrem herumstreifenden Leben eine einfache, wahrheitliebende, oft grossartige und edelmüthige Gesinnung. Man sehe Morse's *report to the Secretary of war of the united states on Indian Affairs. p.* 71. *App. p.* 5. 21. 53. 121. 141. 242. Die Sprachen von Menschen, die ihrem Ausdruck diese Klarheit, Stärke und Lebendigkeit zu geben verstehen, können der Aufmerksamkeit der Sprachforscher nicht unwerth seyn. Von einigen Süd-Amerikanischen Stämmen giebt Vieles Zeugniss, was in Gilij's *saggio di storia Americana* über ihre Sagen und Erzählungen verstreut ist. Wären aber auch alle heutigen Amerikanischen Eingebornen zu einem Zustand absoluter Rohheit und dumpfen Naturlebens, wie es gewiss nicht der Fall ist, herabgewürdigt, so lässt sich doch auf keine Weise behaupten, dass es immer ebenso gewesen sey. Der blühende Zustand des Mexicanischen und

Peruanischen Reichs ist bekannt, und dass mehrere Völker in Amerika einen höheren Grad der Ausbildung erlangt hatten, zeigen die Spuren alter Cultur, die man zufällig von den Muiscas und Panos aufgefunden hat. (A. v. Humboldt. *Monumens des peuples de l'Amérique. p.* 20. 72–74. 128. 244. 246. 248. 265. 297.) Sollte man es nun nicht der Mühe werth halten, zu untersuchen, ob die uns gegenwärtig bekannten Amerikanischen Sprachen das Gepräge jener Cultur oder der heutigen angeblichen Rohheit an sich tragen?

2   Eine grosse Anzahl eben so sehr nachahmenswerther, als schwer nachzuahmender, auf genaue und vollständige Zergliederung gegründeter Wortvergleichungen finden sich in den neuesten Boppischen, Grimmischen und A. W. v. Schlegelschen Schriften.

3   Wie vortrefflich historische Untersuchungen dieser Art die Sprachenkunde aufzuhellen im Stande sind, beweisen vorzüglich Klaproth's *Tableaux historiques de l'Asie.*

4   Hierauf hat schon Klaproth (*Asia Polyglotta.* S. 43.) sehr richtig aufmerksam gemacht.

5   Es liegt in der Natur der Sache, dass die hier versuchte Aufzählung der Sprachen, welche den Dualis besitzen, nicht vollständig seyn kann. Es schien mir aber dennoch nothwendig sie, als eine durch weitere Forschungen zu ergänzende hier mitzutheilen.

6   Nur gewisse einmal hergebrachte Formeln, wie *die beiden alten und heiligen Städte* (Jerusalem und Mekka) machen hiervon eine Ausnahme. P. Amédée Jaubert's *Elémens de la grammaire Turke. p.* 19. §. 46.

7   W. Owen's *dictionary of the Welsh language. Vol.* 1. *p.* 36. *Gramm. Celto-Bretonne par Legonidec. p.* 42. Owen erwähnt nur des Vorsetzens der Zahl *zwei,* nicht der beiden andren, für die Dualform allein entscheidenden Umstände. Man muss dies aber wohl nur auf Rechnung seiner Ungenauigkeit, nicht auf die der Sprache setzen.

8   Adelung's Mithridates. I. 211.

9   Bopp's *analytical comparison of the Sanscrit cet. languages* in den *Annals of Oriental literature. p.* 1. u. f. und in der Recension von Grimms Grammatik in den Jahrbüchern für wissenschaftliche Kritik. 1827. S. 251. u. f.

10   Dies scheint auch Herrn Bopps Meinung. *Annals cet. p.* 2.

11   Ueber den vergeblichen Versuch, den Dualis in die Armenische Sprache einzuführen, sehe man Cirbied's *grammaire de la langue Arménienne. p.* 37.

12   Nach der mündlichen Versicherung des Herrn Professor Puharska, durch dessen wissenschaftliche Sendung die Polnische Regierung ein höchst seltnes Beispiel edlen Eifers für die vaterländische Sprache und das Sprachstudium überhaupt giebt.

13   Grimms Gramm. I. *p.* 814. *nr.* 35.

14   In diesem Dialect hat der Missionar L. E. Threlkeld (ohne Bemerkung des Jahres) in Sydney in Neu-Süd-Wales gedruckte, nach den grammatischen Formen geordnete Gespräche unter folgendem Titel herausgegeben. *Speci-*

mens of a dialect of the Aborigines of New South-Wales being the first at-
tempt to form their speech into a written language. 4. Man sehe den Dualis
p. 8.

15 Es beruht dies nur auf einer abgerissenen Nachricht, die Herr Du Ponceau
zu der neuen Ausgabe von Eliot's *grammar of the Massachusetts Indian lan-*
guage p. XX. giebt, und in der er sich selbst nur ungewiss ausdrückt.

16 Vater's Handbuch der Hebräischen u. s. f. Grammatik. S. 121. Auch im Hebraeischen ist der Name Aegyptens Mizraim (Gesenius Wörterbuch *v.*
mazor) ein Dualis. Diesen aber auf Ober- und Unter-Aegypten zu deuten,
wird man einen Augenblick dadurch irre gemacht, dass das obere, südliche
einen eignen Namen, Patros (Gesenius *h. v.*), führt. Auch leitet Herr Gesenius (Lehrgebäude. S. 539. §. 2.) den Dualis in Mizraim von der, freilich aber
nicht auf das Delta passenden, Zweitheilung durch den Nil ab. Allein späteren Mittheilungen nach, neigt sich Herr Gesenius jetzt zu meiner Meinung
hin, dass die Theilung in Ober- und Unter-Aegypten der Grund der Namen-
form ist, und ich werde, wenn ich auf den Hebraeischen Dualis komme, weitläuftiger ausführen, wie scharfsinnig er alle obige Benennungen, mit Unterscheidung der Zeit ihres Gebrauchs, in Uebereinstimmung bringt.

17 Dieser Ausdruck dürfte sich für die mit dem Sanskrit zusammenhangenden
Sprachen, die man neuerlich auch Indo-Germanische genannt hat, nicht
bloss durch seine Kürze, sondern auch durch seine innre Angemessenheit
empfehlen, da Sanskritische Sprachen, der Bedeutung des Worts nach,
Sprachen kunstreichen und zierlichen Baues sind.

18 Dobrizhoffer's *historia de Abiponibus.* T. 2. p. 166–168.

19 Dobrizhoffer schreibt *joale* und *ahëpegak*, will aber mit *j* den Spanischen
Laut dieses Buchstabens und mit *ë* den Umlaut *ö* ausdrücken.

20 Handschriftliche mir vom Abate Hervas mitgetheilte, nach Papieren des
Abate Don Raimondo de Termaier verfasste Grammatik der Mokobischen
Sprache. §. 3.

21 *A Grammar of the Tahitian dialect of the Polynesian language.* Tahiti. 1823.
p. 9. 10.

22 Silvestre de Sacy's *Grammaire Arabe.* T. 1. §. 702. 704. 710., womit auch
Oberleitner (*fundamenta linguae Arabicae. p.* 224.) verglichen zu werden
verdient.

23 Auf dieselbe Weise scheint Adelung (Wörterbuch. *v.* Mann. S. 349. u. a. a. O.)
es zu nehmen, wenn man im Deutschen einige Wörter mit Zahlen im Singular verbindet, und *sechs Loth, zehn Mann* u. s. w. sagt. Zum Theil ist dies
auch ganz richtig, einige dieser Redensarten sind sogar nur in der gemeinen,
nicht in der edleren Sprechart geduldet, und in allen herrscht der zufällige
Eigensinn des Sprachgebrauchs, da man z. B. *zehn Pfund,* aber nie *zehn Elle*
sagt. Gerade da aber, wo dieser Sprachgebrauch sich am meisten festgesetzt
hat, bei *Mann,* liegt, meinem Gefühl nach, eine schöne, von Adelung nicht
herausgehobene Feinheit in dem Ausdruck. Der Singular soll hier andeuten,

dass die angezeigte Zahl als ein geschlossenes Ganzes angesehen wird; darum wird das Wort aus der unbestimmten Mehrheit des Pluralis herausgerissen. Dies ist vorzüglich in der distributiven Redensart *vier Mann hoch* sichtbar, wo jede vier zusammenstehende Männer als Eine Reihe gelten sollen. Ich glaubte dies bemerken zu müssen, da dieser anomale Singular, wie der Dualis, eigentlich ein collectiver, ein Plural-Singular, ist, und diese Redensarten einen Beweis abgeben, wie die Sprachen, in Ermangelung richtiger Formen, unrichtige, aber im Augenblick des jedesmaligen Gebrauchs charakteristische, zu Erreichung ihres Zwecks anwenden. Dem Ausdruck *zehn Fuss* liegt wohl etwas Andres, nemlich die Unterscheidung des eigentlichen und des übergetragenen Begriffs von Fuss zum Grunde, obgleich man zu diesem Behuf auch einen doppelten Plural *Fusse* und *Füsse* unterscheidet. Eine ähnliche, mit diesen Fällen zu vergleichende Verwechslung des Numerus kommt im Hebraeischen vor. (Gesenius Lehrgebäude. S. 538.) Ueber das Kymrische s. oben S. 12.

24   In der Abiponischen Sprache z. B. giebt es sechs verschiedene durch beide Geschlechter durchgehende Wörter um das Pron. 3. pers. selbständig auszudrücken. Alle endigen mit der Sylbe *ha,* diese kommt aber allein nie vor, und ist auch schwerlich die Bezeichnung des *er,* da sie, wenn man mit diesem sechsfachen Pronomen, wie man kann, den Begriff *allein* verbindet, gänzlich verschwindet. Für das Besitzpronomen hingegen giebt es eine einfache Bezeichnung, die jedoch oft ausgelassen wird, so dass alsdann der Mangel der Besitzbezeichnung zur Anzeige des Possessivum 3. pers. wird. Dobrizhoffer. *l. c. T.* 2. *p.* 168–170.

25   Indische Bibliothek. B. 2. S. 458.

26   S. 97.

7

UEBER DIE VERSCHIEDENHEITEN
DES MENSCHLICHEN SPRACHBAUES

Erster Abschnitt

*Von der allgemeinen Sprachkunde und dem besondren Zwecke
der gegenwärtigen Schrift*

1. Die Verschiedenheit des menschlichen Sprachbaues aufzusuchen, sie in ihrer wesentlichen Beschaffenheit zu schildern, die scheinbar unendliche Mannigfaltigkeit, von richtig gewählten Standpunkten aus, auf eine einfachere Weise zu ordnen, den Quellen jener Verschiedenheit und vor Allem ihrem Einfluss auf die Denkkraft, Empfindung und Sinnesart der Sprechenden nachzugehen, und durch alle Umwandlungen der Geschichte hindurch dem Gange der geistigen Entwicklung der Menschheit an der Hand der tief in dieselbe verschlungenen und sie von Stufe zu Stufe begleitenden Sprache zu folgen, ist das wichtige und vielumfassende Geschäft *der allgemeinen Sprachkunde.* Ich sage hier *Sprachkunde,* nicht, wie gewöhnlich zu geschehen pflegt, *Sprachenkunde.* Bekanntlich geht im Deutschen bald der Singular, bald der Plural in die Zusammensetzung über. In einigen Fällen geschieht dies nach zufälligem und gewissermassen willkührlichem Sprachgebrauch, in andren nach sinniger Beachtung des Unterschiedes in der Bedeutung. *Sprach-* und *Sprachenkunde* gehören offenbar zu der letzteren Classe, und ich brauche, obgleich hier immer von mehreren Sprachen die Rede ist, dennoch mit Absicht die erstere dieser Formen, um gleich durch den Ausdruck daran zu erinnern, dass die Sprache eigentlich nur Eine, und es nur diese eine menschliche Sprache ist, die sich in den zahllosen des Erdbodens verschieden offenbart.

2. Es bedurfte der Zeit und mannigfaltiger Zurüstungen, ehe nur der Begriff dieser Wissenschaft vollständig aufgefasst werden konnte, von welcher die Alten noch keine Ahndung besassen. Zwar bereiteten die Griechen dasjenige vor, was die nothwendigste und festeste Grundlage derselben ausmacht. Denn die Neueren verdanken ihnen alle wesentlichen und bildenden Ideen der allgemeinen philosophischen Grammatik, von welcher alle Sprachkunde zuerst ausgehen muss. Die besondre, sich, wie ich weiter unten ausführlich zu entwickeln hoffe, vor dem ihr

sonst so nahe verwandten Sanskrit auszeichnende Natur ihrer Sprache
führte sie von selbst darauf hin. Es kam ihnen jedoch auch die eigenthümliche Geistesrichtung, in der Bestimmung und Spaltung der Begriffe immer bis an die Gränze der Spitzfindigkeit zu gehen, aber dort, gerade an dem entscheidenden Punkt, von dem Tiefsinn gehalten zu
werden, welcher, immer die gediegene Wesenheit der Dinge erfassend,
niemals den Begriff in nichts verfliegen lässt, vorzugsweise in einem
Gebiete zu Hülfe, auf dem das Gelingen gerade der richtigen und genie-
vollen Verbindung dieser beiden Geistesthätigkeiten bedarf. Noch mehr
aber vielleicht wirkten sie auf das Sprachstudium durch die gewissermassen unbewusst in ihnen vorgehende Behandlung ihrer Sprache ein.
Jede andre, von irgend einer Seite gleich vollkommene Sprache würde
demselben, als ein vorzüglich dankbarer Gegenstand der Forschung,
gleich wohlthätig werden. Die Griechen zeichnet aber auch die Eigenthümlichkeit aus, dass die Sprache viel lichtvoller und bestimmter aus
dem Wesen des ganzen Volkes zurückstrahlt. Sein lebendiges Gefühl
derselben ist sichtbar, und ihr selbst steht auch das Bewusstseyn gegenüber, das sie geweckt hatte. Aus den dichterischen und prosaischen
Werken leuchtet die Lebendigkeit und die Richtigkeit des Sprachsinnes
der Nation hervor, die wahrhaft künstlerische Liebe und das Geschick,
mit welchem sie ein Werkzeug behandelte, das gerade wegen seiner
Vollendung grössere Gewandtheit, Sicherheit des Taktes und Zartheit
des Gefühles erforderte. Das Volk trug nicht bloss, wie es überall mehr
oder weniger thut, die Stärke und Fülle der Sprache in Frische und Lebendigkeit fort, sondern prüfte und richtete auch mit ungewöhnlicher
Feinheit des Ohrs und selbst des höheren Geschmacks, ohne dass jene
Eigenschaften hierdurch vermindert wurden. Der Sprachforscher sieht
also die Erscheinung, die er immer zu verfolgen hat, die Wechselwirkung des Menschen mit der Sprache, bei den Griechen in bestimmteren
und leichter erkennbaren Zügen vor sich. Bei aller Stärke, Tiefe und
Regsamkeit des Sprachsinnes aber gelangten die Griechen nie zu dem
Punkt, auf welchem das Bedürfniss der Erlernung fremder Sprachen,
um der Sprache willen, fühlbar wird. Sie erhoben sich zu dem reinen
Begriffe derselben; dass es aber ein geschichtliches Studium der Sprache geben könnte, welches auf jenem einseitig verfolgten Wege uner-
reichbare, allgemeine Uebersichten gewährte, blieb ihnen fremd. Wo
sie sich diesem Theile des Wissens nähern, wie wenn sie Wortherleitun-
gen versuchen, zeigt es sich vielmehr, dass sie sich auf einem, ihnen unbekannten Gebiete befinden. Bis es möglich war, auf diesem heimisch
zu werden, mussten erst geschichtliche Umwälzungen den Menschen
mehr auf den Zustand seines ganzen Geschlechts richten, und hierdurch neue Ansichten auch über die Natur der Sprache eröffnen.

　　3. Der grösste Theil des Erdbodens musste erst bekannt und mannig-

faltig durchstrichen seyn, und die Beschäftigung mit seinen Bewohnern musste ins Einzelne, in ihren häuslichen Zustand, ihre geistige Entwicklung eingehen, um nur das zu dem Studium nothwendige Material zu gewinnen. Immer muss man sich indess gestehen, dass auch im Alterthum ein genügender Theil der Erde und hinlänglich bekannt war, um auch dem Sprachstudium genügende Nahrung darzubieten. Von den frühesten Zeiten an hatten Kriegszüge, Völkerverpflanzungen, und Wissbegierde und Forschungsgeist die Nationen in Berührung mit einander gebracht, und von jedem Punkte höherer Civilisation gieng stärker oder schwächer dämmernde Kenntniss der ihn umgebenden fremdartigen Erdstriche aus. Auch verbreitete sich die Aufmerksamkeit hinlänglich über die oben genannten Gegenstände. Herodot schildert sorgfältig Sitten und Lebensweise, sammelt Sagen und Lehrsätze, forscht ausdrücklich in Aegypten nach dem Ursprunge Hellenischen Wesens, zeigt Begriffe von Sprachverwandtschaft[1]; und täuscht doch alle Erwartung, wenn man nun gewiss glauben sollte, er müsste nothwendig auch in die Sprache, ihre Beschaffenheit, ihre Verschiedenheit von der Griechischen eingehen. Mit Alexander treten die Ideen von Weltherrschaft und Welthandel in die nicht mehr durch Fabeln entstellte Geschichte ein; Aristoteles gründet genauere Naturforschung und grössere Strenge in jeder wissenschaftlichen Behandlung. Durch Rom und Karthago ward, wenn auch das Wissenschaftliche nachstand, alles dies weiter fortgeführt und sicherer befestigt. Dennoch hat uns das ganze Alterthum nur die dürftigsten Nachrichten über Aegyptische Sprache und Schrift hinterlassen; mit dem Persischen und Punischen steht es noch schlimmer; und nur die Komiker der beiden welterleuchtenden und weltbeherrschenden Nationen halten es werth, die fremden Töne von ihrer Bühne herab erschallen zu lassen. Es fehlte also nicht bloss eine Menge von Antrieben zu der Verbindung der Nationen, sondern es waren offenbar auch hemmende Ursachen vorhanden.

4. Ich setze diese vorzüglich in die Abgeschiedenheit, in welche sich im Alterthum, und noch tief bis in das Mittelalter hinein, die Nationen ummauerten, und in eine unrichtige Ansicht von der Natur der Sprache. Die erstere hinderte, sich so angelegentlich mit fremden Nationen zu beschäftigen, als es nothwendig aller Sprachkunde vorausgehen muss, die letztere machte, dass auch die hinlänglich bekannten Sprachen so lange, und bis in ganz späte Zeiten hin, für die Wissenschaft unbenutzt blieben. Wenn es eine Idee giebt, die durch die ganze Geschichte hindurch in immer mehr erweiterter Geltung sichtbar ist, wenn irgend eine die vielfach bestrittene, aber noch vielfacher misverstandne Vervollkommnung des ganzen Geschlechtes beweist, so ist es die der Menschlichkeit, das Bestreben, die Gränzen, welche Vorurtheile und einseitige Ansichten aller Art feindselig zwischen die Menschen

stellen, aufzuheben, und die gesammte Menschheit, ohne Rücksicht auf
Religion, Nation und Farbe, als Einen grossen, nahe verbrüderten
Stamm zu behandeln. Es ist dies das letzte, äusserste Ziel der Geselligkeit, und die Richtung des Menschen auf unbestimmte Erweiterung seines Daseyns, beides durch seine Natur selbst in ihn gelegt. Er sieht den
Boden, so weit er sich ausdehnt, den Himmel, soweit, ihm entdeckbar,
ihn Gestirne umflammen, als innerlich sein, als ihm zur Betrachtung
und Wirksamkeit gegeben an. Schon das Kind sehnt sich über die Hü-
gel, die Gebirge, die Seen, die Meere hinaus, die seine enge Heimath
umschliessen, und sich dann gleich wieder pflanzenartig zurück, wie
das überhaupt das Rührende und Schöne im Menschen ist, dass Sehnsucht nach Erwünschtem und nach Verlorenem ihn immer bewahrt,
ausschliesslich am Augenblicke zu haften. So, festgewurzelt in der innersten Natur des Menschen, und zugleich geboten durch seine höchsten Bestrebungen, ist jene wohlwollend menschliche Verbindung des
ganzen Geschlechts eine der grossen leitenden Ideen in der Geschichte
der Menschheit. Alle solche Ideen, ununterbrochen ihrem Zwecke zuei-
lend, erscheinen, neben ihren reinen Offenbarungen, auch in oft fast
unkenntlichen Abarten. Abarten jener sind, ihrem Ursprunge und
Zwecke nach, alle aus selbstsüchtigen oder doch, nach dem Ausdruck
der Indischen Philosophie, der Irdischheit entnommenen Absichten be-
gonnenen Länder- und Völkerverbindungen, ihrem Principe nach,
wenn sie auch das Heiligste vorkehren, die die Freiheit und Eigenthümlichkeit der Nationen gewaltsam, unzart oder gleichgültig behandeln-
den. Die stürmenden Ländervereinigungen Alexanders, die staatsklug
bedächtigen der Römer, die wild grausamen der Mexicaner[2] gehören
hierher. Grosse und starke Gemüther, ganze Nationen handelten unter
der Macht einer Idee, die ihnen in ihrer Reinheit gänzlich fremd war. In
der Wahrheit ihrer tiefen Milde sprach sie zuerst, ob es ihr gleich nur
langsam Eingang verschaffen konnte, das Christentum aus. Früher
kommen nur einzelne Anklänge vor. Die neuere Zeit hat den Begriff der
Civilisation lebendiger aufgefasst und klarer entwickelt, die civilisirten
Nationen fühlen das Bedürfniss, die unter ihnen herrschende Verbindung weiter zu verbreiten, auch die Selbstsucht gewinnt die Ueberzeugung, dass sie auf diesem Wege weiter gelangt, als auf dem gewaltsamer
Absonderung, und menschenfreundliche Philosophie und weise Gesetzgebung haben den Grundsatz klar und rein aufgestellt. Allein auch die
Religion und Civilisation haben Abarten der reinen Idee in der Geschichte aufgestellt. Der Islamismus gebietet ausdrücklich gewaltsame
Bekehrung, das Christenthum hat sich in seiner Entartung oft dazu hingegeben, und die Scheinheiligkeit der Civilisation zeigt sich in einem
merkwürdigen Beispiel an den Ländervereinigungen der Incas, die, um
Völker menschlicher und gesitteter zu machen, sie mit Krieg überzo-

gen, unterjochten, und ihrer mönchischen Polizei unterwarfen. Die
grossen Nationen des Alterthums bildeten, streng genommen, nur die
schöne Abgeschlossenheit in der eignen Nationalitaet aus. Ihr unsterbli-
ches Verdienst um die Menschheit, das sich forterben wird, solange die
Kette der jetzigen Begebenheiten sich fortschlingt, die bewundernswürdige Höhe, auf der sie standen, gehören einer andren gleich wichtigen
Idee in der Geschichte der Menschheit an. Ihre, eng mit dem Staatswe-
sen verbundene Religion verschmähte eher die Verbreitung nach aussen, als sie danach strebte, wenn sie sich auch dem Eindringen fremden
Gottesdienstes wenig und selten widersetzte. Der Gegensatz zwischen
Civilisation und Uncultur war in der alten Welt vorhanden, bekannt
und beachtet, aber die Idee der ersteren war nicht so klar aufgefasst, als
unter uns, ward nicht so lebendig gefühlt, und griff nirgends recht wirksam in das Leben ein. Die Geringschätzung des Fremden vermischte
Rohes und Gebildetes mit einander. Nur die Griechische Kunst, Wissenschaft und Sprachbildung zwang den Römern Bewunderung ab,
auch wirkte unverkennbare Stammverwandtschaft mit. Aegyptisches
und Punisches liess man in langsame Vergessenheit sinken, oder zer-
störte es mit wahrhafter Rohheit, ohne es eines ernsteren Studiums zu
würdigen.

5. Die Sprache umschlingt mehr, als sonst etwas im Menschen, das
ganze Geschlecht. Gerade in ihrer völkertrennenden Eigenschaft vereinigt sie durch das Wechselverständniss fremdartiger Rede die Verschiedenheit der Individualitäten, ohne ihnen Eintrag zu thun. Ich musste
daher ausführlicher des Bestrebens gedenken, welches auf die Schicksale der Sprachen und die Kenntniss derselben den wichtigsten Einfluss
ausübt. Ich musste besonders der Religion und Civilisation erwähnen,
da unter den vielen, die Brust öde lassenden menschlichen Richtungen
sie gerade das aufsuchen müssen, wozu nur die heimathliche Sprache
den Schlüssel bewahrt. Zwar finden auf allen diesen Wegen auch viele
Sprachen den Untergang, die sich nach der Weise des Alterthums oder
in der Abgeschiedenheit der Uncultur länger erhalten hätten. Indess
entstehen auch neue durch Mischung, und vorher abgesonderte werden
allgemeiner. Dies liegt in dem Gange der Natur, Sprachen, wie Menschen und Völker, kommen und scheiden. Aber die Sprache im Allgemeinen, die ganze menschliche als Eine genommen, und jede einzelne,
welche in diese höhere Berührung kommt, gewinnen, je grösser die
Masse der Gegenstände, der in Sprache verwandelten Welt, wird, und
je vielfacher die in gemeinsames Verständniss tretenden Individualitaeten, diese eigentlich sprachbildenden Potenzen, sind. Die Sprachkunde
bereichert sich nicht bloss an Masse des Stoffs, sondern es entsteht
auch für sie die Möglichkeit neuer und den Geist mehr anziehender Erscheinungen.

6. So gewiss aber auch die vollständigere Kenntniss der verschiedenen Sprachen des Erdbodens erst der neueren Zeit aufbehalten bleiben musste, so hätte doch diejenige, welche die Alten, und namentlich die Griechen wirklich besassen, vollkommen hingereicht, sie auf die Idee einer allgemeinen Sprachkunde zu führen, wenn ihnen nicht die dahin einschlagende Ansicht der Sprache gefehlt hätte; oder vielmehr, hätten sie diese besessen, so würde es ihnen leicht geworden seyn, aus der ihnen bekannten Welt eine bedeutende Masse des Stoffs für ein solches Studium herbeizuführen. Das benachbarte Asien besass eine Menge verschiedener Sprachen oder wenigstens Mundarten, Mithridates ist noch heute die sprichwörtliche Bezeichnung linguistischer Polyhistorie, auf der andren Seite war Italien in ähnlichem Falle, auch Sicilien hatte anders redende Stämme, mitten unter den Griechen selbst wohnten solche, von denen es für uns heute von der grössesten Wichtigkeit seyn würde zu wissen, ob sie hellenische früherer Zeit oder wirklich fremde anderen Sprachgebiets waren. So weit gieng die Sorglosigkeit des Alterthums hierin, dass uns die Griechischen Schriftsteller in vollkommenem Dunkel über die Sprache der Pelasger lassen[3], die Römischen nur dürftige Nachrichten über die Italischen Mundarten enthalten, und wenn sie ausdrücklich Turdetanischer Literatur und Sprache erwähnen, dennoch darüber unbefriedigend und unbelehrend bleiben. Trotz dieser Sorglosigkeit aber liesse sich durch eine genaue Sammlung aller bei den Alten zerstreuten Nachrichten über fremde Sprachen, die eine höchst verdienstvolle Arbeit seyn würde, zeigen, dass die Masse ihrer Kenntnisse auch in diesem Fach nicht unbedeutend war. Es lag also nicht so sehr an dem Mangel des Stoffs, als hauptsächlich an dem Mangel der Idee, die ihn bearbeitet und befruchtet haben würde. Zu sehr in ihren heimischen Sprachen befangen, hatten die Griechen und Römer keinen Begriff davon, dass das Studium einer fremden, zumal wenn es nicht Mittel zur Erlernung ausländischer Weisheit oder Geschichte war, Werth haben könnte. Hat doch auch in neuerer Zeit dasselbe Vorurtheil lange geherrscht, giebt es doch auch jetzt noch viele, welche die Zergliederung von Sprachen uncultivirter Nationen kaum für mehr, als für eine Beschäftigung müssiger Wissbegierde halten, höchstens geeignet, auffallende, aber wenig weiter führende Aehnlichkeiten entfernter Sprachen aufzudecken, und Beispiele sonderbarer grammatischer Eigenheiten zu liefern. Daher werden so oft nur diese herausgehoben, der Zusammenhang des individuellen inneren Baues, gerade das Einzige, was den auf intellectuelle Naturbeobachtung Gerichteten anzieht und entzückt, unbeachtet gelassen. Auch bei uns dankt die allgemeine Sprachkunde die Aufmerksamkeit, die man ihr, etwa seit Leibnitz Zeiten geschenkt hat, weniger ihrem innern Begriff, als dem Streben, die Verwandtschaft der Völker etymologisch aufzufinden, und der Ge-

schäftigkeit der, unbekümmert um den augenblicklichen Zweck, alles Wissbare unermüdet zusammentragenden Gelehrsamkeit. Jenes Streben war in den Alten zwar schon früh sichtbar, aber doch weniger ernst und lebendig, und diese Geschäftigkeit, deren Sorglosigkeit um den nahe liegenden Zweck gewiss nicht Tadel, sondern die höchste Schätzung verdient, war bei ihnen nicht auf diesen Gegenstand gerichtet, so manche andre unbedeutende und spielende ihm auch hätten würdiger Platz machen können.

7. Die Vorstellung, dass die verschiednen Sprachen nur dieselbe Masse der unabhängig von ihnen vorhandenen Gegenstände und Begriffe mit andren Wörtern bezeichnen und diese nach andren Gesetzen, die aber, ausser ihrem Einfluss auf das Verständniss, keine weitere Wichtigkeit besitzen, an einander reihen, ist, ehe er tiefer über die Sprache nachdenkt, dem Menschen zu natürlich, als dass er sich leicht davon losmachen könnte. Er verschmäht das im Einzelnen so klein und geringfügig, als blosse grammatische Spitzfindigkeit Erscheinende, und vergisst, dass die sich anhäufende Masse dieser Einzelnheiten ihn doch, ihm selbst unbewusst, beschränkt und beherrscht. Immer in Objecten lebend, webend und handelnd, bringt er die Subjectivitaet zu wenig in Anschlag, und gelangt schwer zu dem Begriff einer durch die Natur selbstgegebnen, sich allem Objectiven in ihm beimischenden, und es, nicht zufällig, launisch oder willkührlich, sondern nach innern Gesetzen so umgestaltenden, dass das scheinbare Object selbst nur zu subjectiver, und doch mit vollem Recht auf Allgemeingültigkeit Anspruch machender Auffassung wird. Die Verschiedenheit der Sprachen ist ihm nur eine Verschiedenheit von Schällen, die er, gerichtet auf Sachen, bloss als Mittel behandelt, zu diesen zu gelangen. Diese Ansicht ist die dem Sprachstudium verderbliche, diejenige, welche die Ausdehnung der Sprachkenntniss verhindert, und die wirklich vorhandene todt und unfruchtbar macht. Sie war vermuthlich, wird sie auch nirgends ausdrücklich ausgesprochen, bei den Alten die vorherrschende. Sonst würden aus der Tiefe ihrer Philosophie andre Ideen über die Natur der Sprache, nicht bloss über die logische und grammatische Form der Rede, hervorgegangen seyn, ihre Wissbegierde würde mehr fremden Sprachstoff zusammengetragen, und ihr bewundernswürdiger Scharfsinn ihn bearbeitet haben.

8. Die wahre Wichtigkeit des Sprachstudiums liegt in dem Antheil der Sprache an der Bildung der Vorstellungen. Hierin ist alles enthalten, denn diese Vorstellungen sind es, deren Summe den Menschen ausmacht. Ist aber auch mit diesem Einen Alles ausgesprochen, so wird es klarer, wenn man es einzeln entwickelt. Der Antheil der Sprache an den Vorstellungen ist nicht bloss ein metaphysischer, das Daseyn des Begriffs bedingender; sie wirkt auch auf die Art seiner Gestaltung und

drückt ihm ihr Gepräge auf. Indem, bei aller objectiven Verschiedenheit in ihm, sie immer in dem ihr eignen Charakter auf ihn wirkt, giebt sie der ganzen Masse der Vorstellungen eine mit ihr zusammenhangende gleichmässige Gestaltung. Sie steht ebenso der Fügung des Gedanken in innerlicher oder äusserlicher Rede vor, und bestimmt dadurch auch die Verknüpfungsweise der Ideen, die wieder auf den Menschen nach allen Richtungen hin zurückwirkt. Das Verfahren der verschiednen Sprachen ist hierbei sichtbarlich nicht dasselbe, und es kann doch nicht durchaus gleichgültig seyn, da nichts dies ist, und am wenigsten im Gebiete des Intellectuellen, wo auch die leiseste Berührung in den Schwingungen aller Theile vernehmbar wird. Ein sehr grosser Theil der Sprache und ihres Baues kann erkannt werden, ehe man noch zu den einzelnen Lauten herabsteigt, so wenig besteht ihr Wesen in blossen Schällen. Aber diese Schälle sind doch in jeder individuellen die Hauptsache, und ihr Studium darf nicht verschmäht werden. Denn der Mensch kommt nicht nach Art eines reinen Geistes in die Welt, der den fertigen Gedanken nur mit Tönen umkleidet, sondern als ein tönendes Erdengeschöpf, aus dessen Tönen sich aber, nach ihrer wundervollen Natur, durch ein in ihrem scheinbar zufälligen Gewirr ruhendes System alles Grosse, Reine und Geistige entwickelt. Sie sind es also doch, welche auch jenen, ohne sie erkennbaren Theil der Sprache bestimmen und gewissermassen beherrschen, und wenigstens steht alles auf die Sprache Einwirkende in einer Verbindung, deren unzertrennliche Innigkeit jede Verschiedenheit in der Würdigung des Einzelnen von selbst zurückweist. Die Sprache gehört aber dem Menschen selbst an, sie hat und kennt keine andere Quelle, als sein Wesen, wenn man sagt, dass sie auf ihn wirkt, sagt man nur, dass er sich in ihr nach und nach in immer steigendem Umfang und immer wechselnder Mannigfaltigkeit bewusst wird. Wenn sich aber die Sprache so mit dem Menschen identificirt, so thut sie dies nicht bloss mit dem Menschen, allgemein und metaphysisch gedacht, sondern mit dem wirklich vorhandenen, lebendigen, durch alle die vielfachen örtlichen und geschichtlichen Verhältnisse der Irdischheit enge bedingten, nicht mit dem einzelnen, nicht mit der Nation allein, zu der er sich rechnet, nicht mit der jedesmaligen Generation, sondern mit allen Völkern und allen gewesenen Geschlechtern, die, wie fern und mittelbar die Verknüpfungen gewesen seyn mögen, mit ihm in Sprachberührung gestanden haben. Dadurch wird die Sprache dem einzelnen Menschen und der einzelnen Nation auch zu einer äusserlichen Macht, aber so, dass auch aus dem fremdesten Laut ihm innige Verwandtschaft entgegenklingt. Wie also der Begriff der Sprache richtig gefasst wird, ist auch die Nothwendigkeit *allgemeiner historischer* Sprachkunde gegeben, der Begriff der Wissenschaft unmittelbar mit dem ihres Gegenstandes.

9. Wie erkennbar indes das eben Gesagte auf dem Wege blosser Ide-

en ist, so waren, um darauf geleitet zu werden, doch vielleicht erst recht auffallende Wahrnehmungen von Sprachverschiedenheit nothwendig; die Kenntniss der Sprachen musste sich nicht nur auf ganz abweichend gebaute verbreiten, sondern es mussten sich auch unter den Sprachen selbst ganz neue geistige Erscheinungen entwickeln. Zwei grosse Fragen, beide geschichtlich und im Einzelnen zu beantworten, bilden den Umfang der allgemeinen Sprachkunde: wie gestaltet sich in dem Menschen die ihm eigenthümliche Sprache tauglich zum Verständniss und zum Ausdruck aller sich ihr möglicherweise in der Vielfachheit der Gegenstände, und der Mannigfaltigkeit der Redenden darbietenden Begriffe und Empfindungen? und wie werden der Mensch und seine Weltansicht durch die ihm eigenthümliche Sprache angeregt und bestimmt? Die erstere dieser Fragen umfasst den Organismus der Sprachen, die letztere bringt ihre Betrachtung mit dem geistigsten aller Einflüsse in Berührung, welchen durch die ganze Geschichte hindurch gleichzeitige Nationen und verschiedne Generationen auf einander ausüben. Die Verschiedenheit des Baues wird, auch wo sie schon wesentlich genug ist, dennoch leicht nicht hinreichend erkannt und gewürdigt, solange man sich mit wenigen, und nicht ganz von einander abweichenden Sprachen beschäftigt. Denn der Organismus aller Sprachen ist doch wieder ein gemeinsamer, und die Verschiedenheit und selbst der Gegensatz dürfen nur innerhalb dieser allgemeinen Identitaet genommen werden. Sprache kann auch nicht, gleichsam wie etwas Körperliches, fertig erfasst werden; der Empfangende muss sie in die Form giessen, die er, für sie bereitet, hält, und das ist es, was man *verstehen* nennt. Nun zwängt er entweder die fremde in die Form der seinigen hinüber, oder versetzt sich, mit recht voller und lebendiger Kenntniss jener ausgerüstet, ganz in die Ansicht dessen, dem sie einheimisch ist. Die lichtvolle Erkennung der Verschiedenheit fordert etwas Drittes, nämlich ungeschwächt gleichzeitiges Bewusstseyn der eignen und fremden Sprachform. Dies aber setzt in seiner Klarheit voraus, dass man zu dem höheren Standpunkt, dem beide untergeordnet sind, gelangt sey, und erwacht auch dunkel erst recht da, wo scheinbar gänzliche Verschiedenheit es auf den ersten Anblick gleich unmöglich macht, das Fremde sich, und sich dem Fremden zu assimiliren. Das Gemeinsame liegt auch noch weit mehr in dem Menschen, als in den Sprachen selbst. Daher versteht der Mensch den Menschen leicht auch da, wo, genau untersucht, die Sprache keine Brücke des Verständnisses darbietet. Man übersieht daher leicht, ob und welche Andeutungen die Sprache selbst, wirklich und körperlich enthält, worauf es doch hauptsächlich bei ihrem unaufhörlichen Einfluss auf den in seinem ganzen Innern immer sinnlich von aussen erregten, bestimmten und bedingten Menschen ankommt. So erscheint das Verschiedene gleich, das Getrennte gemeinsam. In der That ist dasjenige, was wirklich diesen letzteren Charakter an sich trägt, in der Schärfe vollständiger intellectueller Individualität betrachtet, durchaus eigenthümlich. Man wird aber erst durch die Erscheinung selbst, und nur wo sie recht auffallend ist, darauf geführt.

10. Geistige Wechselwirkung der Sprachen auf einander kann in höherem Grade erst dann eintreten, wann sie, ihrer ursprünglichen Natur augenblicklich verhallender Laute zuwider, sich in bleibenden Worten verewigen. Ueberhaupt ist dies eine nothwendige und die wichtigste Epoche in ihrem Entwicklungsgange. Die Sprachen streben, bewusst und unbewusst, wie der Mensch, theils als Naturkörper, allmälig erstarrend, theils als Wesen der Zeit, die das Höhere über aller Zeit ahnden, in der Begierde, dem flüchtigen Daseyn Dauer zu schaffen, nach Fixation. Der erzeugte Stoff muss zu ruhiger, gesammelter, oft wiederkehrender Betrachtung da liegen, um klar und voll ins Bewusstseyn zu treten, und zu neuen Erzeugnissen befruchtet zu werden. Die erste Epoche dieser Fixation ist das Alphabet, die zweite die Literatur, das Entstehen durch Gedanken- und Empfindungswerth bleibender Werke. Beide gehören ganz besonders den Sprachen an, weil diese oder jene das Eintreten dieser Epochen mehr oder minder begünstigt. Die Erscheinung des gleichzeitigen Bestehens der Literaturen mehrerer hochgebildeten Nationen neben einander war erst der neueren Zeit aufbehalten, und wurde Jahrhunderte lang durch welthistorische Begebenheiten vorbereitet. Die Nationen mussten erst enge religiöse, politische und sittliche Verbindungen eingehen, sie mussten, ihnen vom Alterthum überliefert, ein allgemeines Sprachverbindungsmittel besitzen, endlich, grösstentheils durch dieses und die Werke der Alten belehrt, geübt und ermuthigt, sich von diesem selbst, als von einer einengenden Fessel losmachen, und es nur beschränktem, willkührlichem Gebrauch vorbehalten. Das Verlassen einer todten Sprache im wissenschaftlichen und literärischen Gebrauch ist unstreitig der wichtigste Schritt im Entwicklungsgange der Sprachen zu nennen. Die Alten kannten die Erscheinung, welche das heutige Europa darbietet, nur auf höchst beschränkte Weise. Bloss Griechische und Römische Sprache traten in geistige Berührung mit einander, und an eine Rückwirkung der letzteren auf die erstere war, ohne dass man die Schuld gerade in der letzteren suchen dürfte, gar nicht zu denken. Es leuchtete daher nicht so klar, wie bei uns an lebendigen Beispielen in die Augen, dass die Vorzüge der Sprachen vor einander grossentheils nur relative sind, und dass selbst den scheinbar und auch wirklich mangelhaften gerade aus dieser Beschaffenheit wieder eigenthümliche Vorzüge erwachsen. Noch weniger liess sich wahrnehmen, wie Nationen, in innigem Bunde mit ihren Sprachen, in Dichtung und Prosa, und in jeder Gattung intellectueller Schöpfung neue Bahnen zu eröffnen vermochten, welche das Nachdenken über die Na-

tur dieser Erzeugungsarten nie entdeckt haben würde. Alles, was Jahrhunderte hindurch auf ein Volk einwirkt, findet in seiner vaterländischen Sprache, die ja selbst dadurch mitgebildet ist, freiwillig erwie-
dernde Begegnung. Es ist überhaupt die Natur der Sprache, sich an alles
Vorhandne, Körperliche, Einzelne, Zufällige zu heften, aber dasselbe in
ein idealisches, geistiges, allgemeines, nothwendiges Gebiet hinüberzu-
spielen, und ihm darin eine an seinen Ursprung erinnernde Gestaltung
zu leihen; allein nur der vaterländischen gelingt es, diesem schon in sich
mit ihr verwandten Stoffe sein volles Recht zu erhalten, und durch die
freiwillige Begeisterung der Brust ihn schärfer, tiefer und eigenthümlicher auszuprägen, als je in einer todten oder fremden möglich ist. Zwar
dringt der Mensch in seiner Individualität durch jeden Zwang auch des
ihn am mächtigsten beherrschenden Werkzeugs hindurch. Wie die
neuere Latinitaet auch strebt, die Farbe des Alterthums anzunehmen,
strahlt aus ihr doch, und dies darf ihr gewiss nicht zum Tadel angerech-
net werden, die ihrer Zeit wieder, und gerade in den guten Latinisten
der verschiednen Nationen erkennt der irgend Geübte immer ihren nationellen Charakter; es fehlt aber natürlich der freie und volle Erguss
und die rein gediegene Eigenthümlichkcit. Die Sprachen trennen allerdings die Nationen, aber nur um sie auf eine tiefere und schönere Weise
wieder inniger zu verbinden; sie gleichen darin den Meeren, die, anfangs furchtsam an den Küsten umschifft, die länderverbindendsten
Strassen geworden sind. Das Ineinanderwirken hochgebildeter Nationen hat erst den ganzen Process des geistigen Lebens, welchen die zu
vollendeter Entwicklung ihrer Intellectualitaet gelangenden durchgehen, an leuchtenden und deutlich zu erkennenden Beispielen entfaltet.
Die Sprache spielt natürlich in demselben die wichtigste Rolle, und das
Letzte und Höchste ihrer Wirksamkeit, ihre eigentliche Bestimmung
wird erst hieran sichtbar. Sie bezeichnet die Gegenstände, leiht den
Empfindungen Ausdruck, besitzt ihr eigenthümliches Lautsystem, ihre
Analogieen der Wortbildung, ihre grammatischen Gesetze. Dies ist die
breite, schon zu ihrem unmittelbarsten Zweck, dem Verständniss,
nothwendige Basis, auf welcher sie ruht, und die das sorgfältigste,
strengste, in jede Einzelnheit eindringende Studium erfordert. An dieser Form leitet sie die Nation, aber umschlingt sie auch beschränkend,
mit dieser eröffnet sie ihr die Welt, mischt aber der Farbe der Gegenstände auch die ihrige bei. Sie dient den niedrigsten Zwecken und Bedürfnissen des Menschen, führt aber unbemerkt, wie von selbst, alles
ins Allgemeinere und Höhere hinauf, und das Geistige kann sich nur
durch sie Geltung verschaffen. Sie vermittelt die Verschiedenheit der
Individualitäten, heftet durch Ueberlieferung und Schrift das sonst unwiederbringlich Verhallende, und hält der Nation, ohne dass diese sich
dessen selbst einzeln bewusst wird, in jedem Augenblick ihre ganze

Denk- und Empfindungsweise, die ganze Masse des geistig von ihr Errungenen, wie einen Boden gegenwärtig, von dem sich der auftretend beflügelte Fuss zu neuen Aufschwüngen erheben kann, als eine Bahn, die, ohne zwängend einzuengen, gerade durch die Begränzung die Stärke begeisternd vermehrt. In welchem Grade, welcher Art sie dies thut, steht aber in durchgängiger Verbindung mit dem, was wir eben ihre Basis nannten, und die Forschung der Sprachkunde muss immer auf diesen Zusammenhang, immer zugleich auf die beiden Endpunkte des Ganges der Sprachen gerichtet seyn.

11. Durch diesen heftenden, leitenden und bildenden Einfluss der Sprache wird auch erst der höhere, und oft wohl nicht deutlich genug erkannte Begriff des Wortes *Nation* sichtbar, so wie die Stelle, welche die Vertheilung der Nationen in dem grossen Gange einnimmt, auf dem sich der geistige Bildungstrieb des Menschengeschlechts seine Bahn bricht. Eine Nation in diesem Sinne ist eine durch eine bestimmte Sprache charakterisirte geistige Form der Menschheit, in Beziehung auf idealische Totalitaet individualisirt. In Allem, was die menschliche Brust bewegt, namentlich aber in der Sprache, liegt nicht nur ein Streben nach Einheit und Allheit, sondern auch eine Ahndung, ja eine innere Ueberzeugung, dass das Menschengeschlecht, trotz aller Trennung, aller Verschiedenheit, dennoch in seinem Urwesen und seiner letzten Bestimmung unzertrennlich und eins ist. Die Sehnsucht in allen concreten Gestalten, die sie in dem ewig untermischt sinnlich und geistig angeregten Menschen annimmt, ist, so wie sie auf Ergänzung des vereinzelten Daseyns geht, Aushauch dieses einen Gefühls. Die Individualitaet zerschlägt, aber auf eine so wunderbare Weise, dass sie gerade durch die Trennung das Gefühl der Einheit weckt, ja als ein Mittel erscheint, diese wenigstens in der Idee herzustellen. Das Menschengeschlecht kann nicht als zu einem Zwecke bestimmt angesehen werden, der, wie ein Werk, oder die Befolgung eines Gebots, die innere Uebereinstimmung mit einer Maxime, einmal seinen Endpunkt erreicht. Es ist zu einem Entwicklungsgange bestimmt, in dem wir keinen endlichen Stillstand an erreichtem Ziele wahrnehmen, der vielmehr jeden solchen Stillstand, seiner Idee selbst nach, zurückweist. Denn tief innerlich nach jener Einheit und Allheit ringend, möchte der Mensch über die trennenden Schranken seiner Individualität hinaus, muss aber gerade, da er, gleich dem Riesen, der nur von der Berührung der mütterlichen Erde seine Kraft empfängt, nur in ihr Stärke besitzt, seine Individualitaet in diesem höheren Ringen erhöhen. Er macht also immer zunehmende Fortschritte in einem in sich unmöglichen Streben. Hier kommt ihm nun auf eine wahrhaft wunderbare Weise die Sprache zu Hülfe, die auch verbindet, indem sie vereinzelt, und in die Hülle des individuellsten Ausdrucks die Möglichkeit allgemeinen Verständnisses

einschliesst. Die Sprachen aber werden nur von Nationen erzeugt, festgehalten und verändert, die Vertheilung des Menschengeschlechts nach Nationen ist nur seine Vertheilung nach Sprachen, und auf diese Weise ist sie es allein, welche die sich in Individualität der Allheit nähernde Entwicklung der Menschheit zu begünstigen vermag. Dasselbe Streben, welches das Innere des Menschen zur Einheit hinlenkt, sucht auch äusserlich sein ganzes Geschlecht (§. 4. 5.) zu verbinden, und so ist sie in allen Beziehungen ein vermittelndes, verknüpfendes, ihn vor der Entartung durch Vereinzelung bewahrendes Princip. Der Einzelne, wo, wann und wie er lebt, ist ein abgerissenes Bruchstück seines ganzen Geschlechts, und die Sprache beweist und unterhält diesen ewigen, die Schicksale des Einzelnen und die Geschichte der Welt leitenden Zusammenhang.

12. In wie undurchdringliches Geheimniss auch alles gehüllt ist, was den Ursprung der dem einzelnen und concreten Menschen inwohnenden Kraft in ihrem Grade und ihrer Art zu erklären vermöchte, so sind doch zwei Dinge nicht zu verkennen: die vorherrschende Gewalt dieser Kraft über alle auf sie eindringende Einflüsse und ihre, nur auf eine uns unerforschliche Weise bedingte Abhängigkeit von der physischen Abstammung. Wie mächtig Natur und Geschichte auf die Nationen einwirken, ist es doch immer jene inwohnende Kraft, welche die Wirkung aufnimmt und bestimmt, und nur dieselben Menschen, nicht Menschen überhaupt, würden unter denselben Umständen zu demjenigen geworden seyn, was wir jetzt an diesem oder jenem Volksstamm erblicken. Ohne die reelle Kraft, die bestimmte Individualität an die Spitze der Erklärung aller menschlichen Zustände zu setzen, verliert man sich in hohle und leere Ideen. Wenn daher oben (§. 11.) die Nationen geistige Formen der Menschheit genannt sind, so war darum der Rückblick auf ihr reales, irdisches Treiben nicht aufgegeben, sondern der Ausdruck nur gewählt, weil dort von der durch vollendete Sprachentwicklung geläuterten Ansicht ihrer Intellectualitaet die Rede war. In der Wirklichkeit sind sie geistige Kräfte der Menschheit in irdischer, zeitbedingter Erscheinung. Alle ihre Wirkungen in dieser Erscheinung finden ihren letzten bestimmenden Grund in der Natur dieser Kräfte, die daher selbst, in Art und Grade, verschieden seyn müssen. Es kann aber bis auf einen gewissen Punkt für uns gleichviel gelten, ob diese Verschiedenheit, wie ich glaube, eine ursprüngliche, oder eine durch die Totalitaet der Einflüsse vom Ursprung an bewirkte ist, da unsre Erfahrung die Nationen immer nur da aufnimmt, wo schon eine Unendlichkeit von Einflüssen auf dieselben gewirkt hat, mithin für uns die Verschiedenheit immer einer ursprünglichen gleichkommt. Dass die menschlich geistige Kraft, die doch wahrhaft individuell nur im Einzelnen erscheint, sich auch in Bildung einer Mittelstufe nationenweis individualisiren musste,

liegt zwar im Allgemeinen in dem den Begriff der Menschheit nothwendig bedingenden Charakter der Geselligkeit, allein ganz bestimmt in der Sprache, die nie das Erzeugniss des Einzelnen, schwerlich das einer Familie, sondern nur einer Nation seyn, nur aus einer hinreichenden Mannigfaltigkeit verschiedner, und doch nach Gemeinsamkeit strebender Denk- und Empfindungsweisen hervorgehen kann. Die Sprache aber dankt selbst dieser Kraft ihren Ursprung, oder was der richtigere Ausdruck seyn dürfte, die bestimmte nationelle Kraft kann nur in der bestimmten nationellen Sprache, diesen Lauten, diesen analogischen Verknüpfungen, diesen symbolischen Andeutungen, diesen bestimmenden Gesetzen innerlich zur Entwicklung, äusserlich zur Mittheilung kommen. Dies ist es, was wir wohl, aber immer uneigentlich, Schaffen der Sprache durch die Nation nennen. Denn der Mensch spricht nicht, weil er so sprechen will, sondern weil er so sprechen muss; die Redeform in ihm ist ein Zwang seiner intellectuellen Natur; sie ist zwar frei, weil diese Natur seine eigne, ursprüngliche ist, aber keine Brücke führt ihn in verknüpfendem Bewusstseyn von der Erscheinung im jedesmaligen Augenblick zu diesem unbekannten Grundwesen hin. Die Ueberzeugung, dass das individuelle Sprachvermögen (die Verschiedenheit der Sprachen des Erdbodens von der Seite ihrer Erzeugung aus genommen) nur die sich als Sprache äussernde, den individuellen Charakter der Nationen bestimmende Kraft selbst ist, bildet den letzten und stärksten Gegensatz gegen die oben (§. 7.) gerügte Ansicht der Sprachen, welche ihre Verschiedenheit nur als eine Verschiedenheit von Schällen und durch Uebereinkunft entstandenen Zeichen betrachtet. Man begreift nun erst recht, wie die Sprache, obgleich immer bemüht, zum Gedanken und zur Intellectualitaet hinzuführen, und den Empfindungen und den Regungen des Wollens eine allgemeinere Form zu leihen, dennoch innig in den Charakter und die Thatkraft der Nationen verwebt ist, wie jene Empfindungen und Regungen nicht bloss insofern durch sie bedingt werden, dass sie nur in ihr auch ihren inneren Ausdruck finden, sondern dass sie das sie ursprünglich mitgestaltende Wesen selbst ist. Wir sahen oben (§. 10.) die Sprachen durch Werke in die Folge der Zeiten eingreifen, hier sehen wir, dass sie dasselbe durch Energieen thun. Ihrer innersten Natur nach, selbstzeugende Kräfte pflanzen sie sich, auch als solche, als Vermögen neuer Spracherzeugung fort, verknüpfen auch so die Generationen mit einander, und erscheinen überall als real, lebendig, den Entwicklungsgang des Menschengeschlechts bestimmend, und in alle Schicksale desselben tief und innig verschlungen.

13. Wie in der gesammten Sprachkunde (§. 9.), so muss aber auch hier die im denkenden, empfindenden, handelnden Menschen lebendig mitwirkende Sprache sorgfältig von ihrer gewissermassen todten und verkörperten Form geschieden werden, in welcher sie, als Vorrath von

Wörtern und System von Analogieen und Gesetzen, ihm als etwas Fremdes entgegentritt. Die Sprachen müssen daher auch in der Geschichte eine doppelte Berücksichtigung erfahren, die Fäden ihres Zusammenhanges mit der Geistesbildung, dem Charakter, den Einrichtungen, den inneren und äusseren Schicksalen der Nationen müssen aufgesucht, dann aber, ohne Beziehung auf eine solche Mitwirkung, die Erscheinungen des gleichzeitigen und auf einander folgenden, gegenseitig bedingten oder unabhängigen Entstehens der verschiedenen Sprachformen dargestellt werden. Aus dem letzteren ergeben sich neue Folgerungen auf die Geschichte der Nationen selbst. Ob diese mehr auf ihre Sprachen, oder ihre Sprachen auf sie selbst einwirken? ist gewissermassen eine müssige Frage, da die Sprachen, im immanenten Sinne genommen, ja nur die in Beziehung auf ihr Vermögen der Gedankenbezeichnung durch Töne betrachteten Nationen selbst sind; allein in anderer Beziehung ist die Sache keineswegs gleichgültig. Das Sprachvermögen hat Grade der verhältnissmässigen Stärke und Lebendigkeit. Es wird vorherrschender seyn, wenn es eine Nation lebendiger durchstrahlt, nachgiebiger im entgegengesetzten Fall, so wie die Nationen selbst in ihrem gesammten Wirken ihren äusseren Schicksalen einen grösseren Einfluss verstatten, oder sie, wie es wohl nirgend so sichtbar, als bei den Römern ist, aus sich heraus selbstherrschend bestimmen. Schon die blosse und einfache Thatsache, ob eine Nation in ihrem Wesen und Thun oft und unwillkührlich an ihre Sprache und diese an jenes erinnert, ist von grosser Erheblichkeit. Ein solcher Zusammenhang liegt bisweilen in Dingen, die gar nicht gerade die geistige Cultur der Nation betreffen, und in Theilen des Sprachbaus, die auch nicht die intellectuelle Auffassung angehen. In keiner Sprache übt der Accent eine so überwiegende Herrschaft aus, als in der Englischen; er wird nicht nur in der Aussprache besonders stark herausgehoben, sondern verändert auch die unter ihm stehenden Sylben und die Geltung ihrer Vocale. Da die Betonung so stark und mit einer Art der Vorliebe angedeutet wird, so erfährt auch dieser Theil der Sprache, als von der Nation immer bearbeitet, in einzelnen Wörtern häufigere Aenderungen, als andre, dem nationellen Sprachsinn gleichgültigere, und wiederum ist die Aufmerksamkeit der Grammatiker angelegentlicher auf diese Aenderungen gerichtet. Man weiss die Zeit zu bestimmen, wo sich der Accent eines Wortes verändert hat, und nennt diejenigen, welche noch in der Aenderung, dem Uebergehen desselben von einer ihrer Sylben zu der andren begriffen sind. Ursprünglich schreibt sich zwar diese Eigenthümlichkeit aus dem Deutschen Sprachstamme her, welcher auch den Accent über das Zeitmass erhebt, allein durch ihre Herrschaft auch über die Vocalgeltung und ihre grosse, die ganze Aussprache mit sich fortreissende, gewissermassen unruhige Schärfe stellt sich die Englische Betonung der gleichmässigen

Ruhe der Deutschen vielmehr als ein Gegensatz gegenüber. Sie steht daher wohl in Zusammenhang mit dem von früher Zeit an auf politische Freiheit gerichteten Streben, dem es vor Allem an der Eindringlichkeit des lebendigen Worts lag, erinnert aber zugleich, da andre hierin im gleichen Fall befindliche Völker ihren Sprachen dies Gepräge nicht aufdrückten, an die rasche Regsamkeit, die rastlose Thätigkeit, die vorzugsweis auf unmittelbar praktische Ausführung gehende Richtung der Nation. Denn die Heftigkeit des Entschlusses, die sich eng daran knüpfende Schärfe des Verstandes in der Aussonderung der vor die Aufmerksamkeit zu führenden Gegenstände, die habituelle Weile der Gedanken und Empfindungen und alle Verschiedenheiten der Nationen in diesen Punkten offenbaren sich in der Sprache vorzüglich in dem Verhältniss der Betonung zu der übrigen Aussprache.

14. Die Nationen, welche in dem uns bekannten, und namentlich in dem nicht erst durch ganz neue Forschungen aufgehellten Theile der Geschichte eine wichtige Rolle spielen, gehören hauptsächlich nur zwei Sprachstämmen an, dem Sanskritischen und Semitischen, also zwei in ihrem Bau nicht so weit, als dies bei andren der Fall ist, abweichenden. Die alten Völker anderer Sprachen erscheinen uns nur gleichsam im Gegenlichte der Griechen und Römer, und sind uns nur durch ihre Nachrichten bekannt. Ueber die innere Asiatische Geschichte, in welcher Völker ganz verschiedener Sprachen in Berührung kommen, haben erst die Untersuchungen ganz neuer Zeit Licht verbreitet. In Europa sind Volksstämme dieser Art nur vorübergehende Erscheinungen, bleibend und auf das Europaeische Staatenverhältniss, jedoch wichtig auch nur periodenweis einwirkend, nur zwei, die Ungarn und Türken gewesen. Sehr lange hat sich daher auch die Sprachkunde nur mit den oben genannten zwei Sprachstämmen beschäftigt, und zwar mit Sprachen des Sanskritischen bis auf die neuesten Zeiten hin, ohne deutlich inne zu werden, dass sie Eines, und welchen Stammes sie wären. Sie hat sich vorzugsweise auf das ausschliesslich classisch genannte und auf das morgenländische Studium gelegt, dem ersteren hauptsächlich den Namen der Philologie gegeben, und unter dem der Orientalisten eigentlich nur die Kenner der Semitischen Sprachen zusammengefasst.

15. Man muss es, meiner innigsten Ueberzeugung nach, als einen höchst günstigen Umstand für das Sprachstudium ansehen, dass es sich sehr lange Zeit hindurch in dieser Beschränkung gehalten, und wenn es auch längst Wörterbücher und Grammatiken vieler andren Sprachen gab, diese nicht mit in sein Gebiet gezogen hat. In diesem so lange fortgesetzten, gründlichen, scheinbar bis ins Kleinliche gehenden philologischen Studium liegt allein die wahre Bürgschaft, dass die allgemeine Sprachkunde, auch in ihrer weitesten Ausbreitung, nicht seicht und oberflächlich werden wird, wenigstens nicht es zu werden braucht. Wenn ein

allgemeines Sprachstudium gelingen soll, so muss erst das Organ dazu geschärft und gebildet werden, und dies zu bewirken ist, philosophisch und historisch, am meisten das philologische Studium fähig, da es, sich nur mit zwei Sprachen beschäftigend, die Forschung bei einem individuellen Sprachbau festhält, dazu gerade die beiden Sprachen wählt, die, meinem Urtheile nach, unter allen bekannten, an sich und durch ihr Verhältniss zu einander dazu am tauglichsten sind, da es sich auf die Arbeiten einer langen Reihe, ihren verschiedenen Richtungen nach, durch Gelehrsamkeit, Tiefe und Scharfsinn ausgezeichneter Männer stützt, und die längst erstorbenen Sprachen doch, soviel als möglich, dadurch in ihrem lebendigen Zusammenwirken auffasst, dass es dieselben eigentlich nur als Mittel zur Wiederherstellung und Erklärung der Werke des Alterthums behandelt. Das philologische Studium erstreckt seinen wohlthätigen Einfluss natürlich über das Gebiet der Sprachkunde hinaus, aber diese bedarf desselben zu einer nothwendigen Vorschule, und nie möchte ich dem philologischen Studium rathen, sich als einen blossen Theil der Sprachkunde zu betrachten, und der allgemeinen Sprachkunde einen erweiternden, immer nur einen in einzelnen Punkten berichtigenden und vorbildenden Einfluss auf sich zu gestatten.

16. Namen sind, vorzüglich in Bearbeitung der Wissenschaft, niemals ganz gleichgültig, und ich möchte den der Philologie, so wie er unter uns gewöhnlich genommen wird, nicht, nach dem Beispiel des Auslands, auf das Sprachstudium überhaupt ausdehnen. Seine Bedeutung ist zwar grösstentheils nur historisch und zufällig, allein auch hierin möchte ich sie nicht verrücken, und es lässt sich auch eine wesentlich die Sache angehende damit verknüpfen, ja es liegt dies sogar im wirklichen Sprachgebrauch. Die Philologie ist, wie ich schon im Vorigen (§. 15.) andeutete, ohne sie, in anderer Erweiterung, zur Alterthumskunde zu machen, die auch besser wie eine Hülfswissenschaft von ihr angesehen, als selbst mit ihr vermischt wird, ihrem reinen Begriff nach, auf die alte Literatur, die Sprachkunde auf die Sprachen gerichtet. Zwar ist beides unzertrennlich verbunden, ja sogar Eins, gerade die Philologie hat die tiefste Sprachforschung zum Zweck, und die Sprachkunde muss, auch bei ganz ungebildeten und unliterärischen Nationen, Stücke verbundener Rede aufsuchen; allein bei den geistigen Einflüssen wissenschaftlicher Behandlung ist die Unmittelbarkeit oder Mittelbarkeit der Richtung nicht gleichgültig. Die anhaltende Beschäftigung mit den classischen Schriftstellern führt auf Feinheiten und Eigenthümlichkeiten des Sprachgebrauchs und selbst des Baues, auf welche der nicht so auf Kritik und Hermeneutik gerichtete Sprachforscher nicht gekommen seyn würde; dagegen lenkt die unmittelbare Rücksicht auf die Sprache den Geist unvermerkt von der Strenge der Individualität der Forschung auf philosophisch und historisch Allgemeineres hin. Es liegt auch in dem wohlthätigen Bildungs-

zwecke der Philologie, die man als die grosse Erzieherin des Menschen zu der schönsten und edelsten Humanität betrachten kann, die das in ihn pflanzt, was allem Streben nach Wissenschaft und Kunst Mass, Haltung und innere Uebereinstimmung giebt, dass sie die Sprache nicht sowohl an sich, als gleichsam in dem Spiegel ihrer gelungensten Werke zeige; nur dadurch kann sie bis in das Knabenalter ihres Zöglings hinabsteigen, schaffend und vorbereitend, was ihr im Jüngling und Mann entgegenreifen soll. Ein Anderes ist es, wie die Philologie die allgemeine Sprachkunde wieder als Hülfswissenschaft behandelt, da aus der Sichtung und Erweiterung dieser ihr unläugbar grosser Nutzen erwachsen kann. Auch versteht es sich von selbst, dass die Philologie nicht sich an die Stelle der Sprachkunde stellen, nicht aus der Beschränktheit ihres Umfanges heraus in dieser entscheiden, noch auf das ihr fremde, weitere Gebiet mit stolzer Verachtung herabblicken darf.

17. Die Bearbeitung der gelehrten Sprachen Asiens, des Persischen, Armenischen, Chinesischen, Mandchuischen, gewährte der Sprachkunde einen reichlichen Zuwachs. Aber die genauere Kenntniss des Sanskrits blieb auf eine auffallende Weise zurück, und war erst den letzten Decennien vorbehalten. Dennoch muss das Sanskritstudium gerade als die wichtigste Epoche für die Sprachkunde angesehen werden. Die Griechische Sprache, die Römische mit allen aus ihr entstandenen, die Deutsche in ihren weit verbreiteten, zum Theil untergegangenen Mundarten, so wie die Skandinavischen und Slavischen, folglich so gut, als alle Sprachen des heutigen Europa, finden die gemeinschaftliche Erklärung ihres grammatischen Baues und grösstentheils auch ihres Wörtervorraths allein vollständig im Sanskrit. Man hatte Jahrhunderte hindurch diese Sprachen einzeln durchforscht und zergliedert und vielfältig Verwandtschaften unter ihnen entdeckt, aber das letzte Glied, zu dem man in der Kette erklärender Ursachen hinuntersteigen konnte, war unbekannt, man hielt sogar bisweilen eine sichtbar auch abgeleitete, die Persische, für den Urstamm. Nun fiel die, unmittelbar aus den reinsten Quellen, den einheimischen Grammatikern und den ältesten Indischen Dichtungen geschöpfte Kenntniss des Sanskrits gerade in die Zeit, wo der Sinn für linguistische Untersuchungen vorzüglich rege und richtig geleitet war, und wo, was man als ein überaus wichtiges Moment hierbei ansehen muss, die Grammatik Jacob Grimm's einen ganz neuen Begriff tiefer und gründlicher Sprachforschung eröffnet, und den Deutschen Sprachstamm, den ergiebigsten in dieser Hinsicht, in allen seinen grossen Verzweigungen zu der Vergleichung mit der neu hervortretenden Stammsprache vorbereitet hatte. Das Studium des Sanskrits warf nun auf einmal auf ein lang ununterbrochen mühevoll und erfolgreich bearbeitetes Feld einen erhellenden und befruchtenden Sonnenblick. Die bessere und tiefere Einsicht in das Sanskrit selbst wurde aber erst durch die vor-

ausgegangne Bearbeitung jener mit ihm verwandten Sprachen möglich gemacht. Der enge Zusammenhang aller hier aufgeführten Sprachen, der sich mit der grössten Bestimmtheit bis in die kleinsten Einzelnheiten hin verfolgen lässt, der Reichthum des, auch von den untergegangenen unter ihnen noch übrigen Stoffes, und die gründlichen über die einzelnen vorhandenen Untersuchungen machen diesen Theil des Sprachgebiets zu dem einzigen, in welchem die Sprachkunde die ganze Gliederung des grammatischen und Wortbaues in allen seinen geheimsten Verbindungen, die Abweichungen desselben in gleichzeitigen, und seine Umgestaltung in auf einander folgenden Mundarten wahrhaft gründlich erforschen und deutlich übersehen kann. Die Sanskritischen Sprachen sind auch diejenigen, in welchen der Begriff der grammatischen Formen am lichtvollsten hervortritt, und das System derselben am feinsten, am consequentesten und am meisten den sich durch blosses Nachdenken ergebenden Gesetzen der Redeverbindung gemäss ausgesponnen ist. Sie bilden dadurch für die Sprachkunde die wichtigste Classe der Sprachen, und die Eigenthümlichkeit derjenigen, die hierin einen abweichenden Bau besitzen, lässt sich erst von ihnen aus, und nur dann vollkommen erkennen, wenn man mit ihren Formen und der wahren Geltung und Rückwirkung derselben vollkommen vertraut ist.

18. Durch die Kenntniss des Sanskrits wurde es aber zugleich recht sichtbar, auf welchem gleichförmigen Theile des Sprachgebiets sich die ganze Sprachkunde bis dahin eigentlich bewegt hatte. Ich habe schon oben (§. 14.) darauf hingedeutet, dass die ganze heutige gebildete Welt, so wie der Theil der alten, welcher allein wesentlich auf uns eingewirkt hat, unter dem Einfluss von Sprachen desselben Stammes steht. Dieser Umstand ist in der Verknüpfung der Schicksale und Begebenheiten, welche uns als Weltgeschichte gelten, gewiss von dem erheblichsten Einfluss gewesen, und gehört unläugbar zu dem grossen Gewebe der sie leitenden Ursachen. Für die Sprachkunde hat er die Folge gehabt, dass man lange Zeit hindurch die Sanskritische Sprachform, in deren Besitz man sich lange vor der Entdeckung des Sanskrit selbst befand, für die einzig mögliche Form aller Sprache hielt, von ihr abweichenden Sprachbau übersah oder gewaltsam in sie hineinzwängte.

19. Es giebt eine ganze Gattung, gerade in ihrem durchaus abgesonderten Bau merkwürdiger Sprachen, welche bisher so gut als gar nicht in den Kreis gelehrter Sprachforschung gezogen wurden, die Sprachen der sogenannten rohen, uncivilisirten, wilden Völker, der Afrikanischen und Amerikanischen, und einiger uralter, ihre Sprache, wie im Verborgenen forterhaltender Europaeischen Stämme. Man dankte die Kenntniss der aussereuropaeischen dem Eifer der Missionarien, der Europaeischen einem achtungswürdigen, aber auf die unpartheiische Beurtheilung der Sprachen oft nachtheilig einwirkenden Nationalsinn. Dieser mühevoll

gesammelte, in seinem ganzen Umfang erstaunenswürdige und in seinen Trümmern noch reichliche Stoff war aber verstreut und unbeachtet, und ein grosser Theil desselben gieng verloren durch Zufall und Sorglosigkeit, aber vor allem durch Eine grosse, diesem Theile der Sprachkunde höchst verderbliche Begebenheit, die Vertreibung der Jesuiten aus Amerika. Die rohe Gewalt, mit der man diese Massregel ausführte, erstreckte sich von den unglücklichen Schlachtopfern derselben auf das Unschuldigste, was sie in der freundlichen Absicht ihres Berufs, in den ungünstigsten Lagen mühevoll aufgezeichnet und einer dem andren allmälich überliefert hatten. Ein grosser Schatz der Sprachkenntniss gieng so auf einmal verloren. Glücklicherweise versuchten, jedoch leider nicht früh genug nach dem Ereigniss, zwei würdige Männer, in Deutschland und Italien, ohne Verabredung, jeder von nützlichem Sammelgeiste und auf Sprachverschiedenheit gerichtetem Sinn geleitet, die Ueberreste jener Kenntniss zusammenzubringen und zu benutzen. Sie veranlassten die zurückgekommenen Exjesuiten dasjenige aufzuschreiben, was ihnen noch von jenen Sprachen, von welchen einige eine bewundernswürdig ausgedehnte Kenntniss besassen, beiwohnte, und erhielten auf diese Weise Grammatiken, Wörtersammlungen und Proben von Sprachen, von welchen, ohne sie, jede Spur verloschen wäre. Allein auch die Früchte dieses Fleisses der Exjesuiten sind zum Theil wieder verloren gegangen.[3] Vieles ist auch bei dem wenigen allgemeinen Interesse, welches diese Sprachen erwecken, und den Schwierigkeiten der öffentlichen Bekanntmachung bei den Familien der Exmissionarien verborgen geblieben.[4] So wird schon die Einsammlung des Stoffs zu diesem Theil der Sprachkunde schwierig.

20. Der überaus merkwürdige Bau mehrerer dieser Sprachen müsste ihnen die Aufmerksamkeit der Sprachforscher viel früher und anhaltender zugewendet haben, wenn nicht die Behandlung derselben alles gethan hätte, gerade die auffallenden Eigenthümlichkeiten dieses Baues unkenntlich zu machen. Es gehört ein sehr genaues Studium dieser zum Theil sehr ausführlichen Grammatiken dazu, um in dem scheinbar unsren Sprachen ganz ähnlichen System von Declinations- und Conjugationsparadigmen einen in Wahrheit höchst verschiedenen Organismus zu entdecken, und es muss beinahe aus jeder solchen Grammatik erst eine neue, der Natur der Sprache gemässere zusammengetragen werden. Glücklicherweise ist dies bei den meisten möglich, da der beharrliche Fleiss ihrer Verfasser einen bedeutenden Theil des Sprachschatzes darin niedergelegt hat, und fast bei allen diesen Sprachen eine gewisse Masse des Stoffes, dem Zwange der fremden Form siegreich widerstehend, ihn unter allerlei Titeln von Partikeln, Redensarten, Soloecismen u. s. f. einzeln vorzutragen nöthigte, und die wahre Natur der Sprache deutlicher an den Tag legt. Das Verdienst, die Wichtigkeit der Amerikanischen

Sprachen für die Sprachkunde gefühlt zu haben, gebührt dem verewigten Schlözer. Er hat wohl überhaupt seit Leibnitz zuerst wieder unter uns den wahren Begriff dieser Wissenschaft aufgefasst. Er las ein Collegium über eine grosse, damals Erstaunen erregende Anzahl von Sprachen, er zog im 31. Theil der allgemeinen Weltgeschichte die ersten Linien zu einer sichreren Sprachkritik, und während seines Aufenthalts in Rom im Jahr 1782 lernte er durch den Abate Gilij zuerst die Amerikanischen Sprachen kennen. Sein warmer und einsichtsvoller Antheil an den Arbeiten dieses Gelehrten über dieselben spricht sich in einem treflichen von Gilij seinem Werke[5] beigefügten lateinischen Briefe aus.[6] Leider aber leistete Gilij, mehr bemüht, eine lesbare und anziehende, als eine tief eingehende und gründliche Darstellung der Amerikanischen Sprachen zu liefern, bei weitem nicht das, wozu ihn sein langjähriger Aufenthalt in Amerika, seine genaue Kenntniss des Tamanakischen und Maipurischen und seine Verbindung mit den übrigen zurückgekommenen Exjesuiten in Stand gesetzt haben würden.

21. Gilij stieg nemlich nicht genug in die Individualität einer einzelnen Sprache hinab, sondern wollte aus viel zu flüchtig aufgefassten Eigenthümlichkeiten vieler ein allgemeines Bild entwerfen. Nun aber zeigt es sich auch bei dieser Gattung von Sprachen, dass möglichst erschöpfende Behandlung des Einzelnen einen viel grösseren Werth für die allgemeine Sprachkunde hat, als das Streben, den ganzen Umfang zu umfassen. So wichtig und unentbehrlich Werke über alle bekannten Sprachen, als allgemeine Repertorien der Ethnographik und Linguistik sind, vorzüglich wenn sie von so unermüdlichem und gründlichem Fleisse, wie der Vatersche Theil des Mithridates, zeugen, so leisten sie den höheren Forderungen der Sprachkunde, so wie ich versucht habe, sie hier zu entwickeln, nur einen sehr untergeordneten Nutzen. Ueber den Bau einzelner Sprachen wird, wer selbst Gründlichkeit liebt, sie niemals zu Rathe ziehen, ohne da, wo es ihm möglich ist, auf die einzelnen sichreren Hülfsmittel zurückzugehen. Diejenigen, die wir den Missionarien verdanken, sind gerade darum so vorzüglich, weil diese Männer, die sich die Fertigkeit verschaffen mussten, selbst Vorträge in diesen Sprachen zu halten, genöthigt waren, indem sie sich den ganzen Sprachvorrath zugänglich zu machen versuchten, in das allerindividuellste derselben einzudringen. Welche Vorzüge ein solches Verfahren vor dem entgegengesetzten hat, sieht man recht deutlich bei den Sprachen der Inseln des stillen Meers. So reichliche und schätzenswerthe Nachrichten die Werke der früheren Reisenden über sie enthalten, so ist es doch erst seit dem Erscheinen eigner den einzelnen gewidmeter Schriften[7] möglich geworden, einen bestimmten Begriff von ihnen zu fassen.

22. Ich halte es daher immer für ein glückliches Ereigniss in der Rei-

hefolge meiner eignen Sprachuntersuchungen, dass mich, als ich zuerst das Gebiet der Sprachen, von denen hier die Rede ist, bctrat, der Zufall auf ein ganz genaues Studium einer einzelnen, der Vaskischen, führte, dass ich gleich damit begann, das grosse Larramendische Spanisch-Vaskische Wörterbuch in ein Vaskisch-Spanisches umzusetzen und durch ein handschriftliches der Königlichen Bibliothek in Paris zu vervollständigen, und an diese Beschäftigungen einen Aufenthalt in dem Lande selbst knüpfte. Jedes richtig unternommene Studium wirkt, ausser der materiellen Bereicherung, die es an Kenntnissen gewährt, lebendig, ermunternd, erschliessend und leitend, auf den Sinn und den Geist, und dies ist sein wesentlichster Nutzen. Es ist auch der, welcher mir jene, bloss der Sprache wegen unternommene Reise, wenn gleich meine Kenntniss des Vaskischen natürlich unvollständig blieb, vorzüglich wichtig machte. Einige Zeit unter dem merkwürdigen Volke zu verweilen, dem diese Sprache eigenthümlich ist, und das mit leidenschaftlicher Heimathsliebe an ihr hängt, aus dem der nationelle Sinn überall hervorleuchtet, das sich innerhalb einer mächtigen Monarchie durch seine ältere, reinere und ursprünglichere Sprache, und damals auch noch durch Freiheiten und eigne Verfassung in seinen Gränzen selbständig fühlte, dessen kühner Muth und rüstige Thätigkeit sich in dem doppelten, durch seinen Wohnsitz selbst gegebenen Charakter des Bergbewohners und des Seefahrers ausspricht, das, in die fernsten Weltgegenden zerstreut, immer nach dem kleinen Punkte seines Vaterlandes zurückblickt, und wo die am Ende einer langen Laufbahn Zurückkehrenden wetteiferten ihrem Geburtsorte verschönernde Denkmale zu hinterlassen, erschloss mir den Sinn ganz anders, als es sonst hätte geschehen können, für den innigen Zusammenhang zwischen dem Charakter eines Volks, seiner Sprache und seinem Lande. Denn der Reiz des grossentheils von einem weiten und unruhigen Meere bespülten Landes, die Mannigfaltigkeit der nirgends öden, sondern theils bearbeiteten, theils mit Bäumen gekrönten Gebirge, von den anmuthigen Hügeln Vizcayas bis zu den Pyrenaeen hinauf, die Fruchtbarkeit der Thäler, die Frische der Vegetation, das erquickende und milde Klima des Nordens eines südlichen Landes, dem Palmen und Südfrüchte nicht fremd sind, die gesicherte Lage, welche Biscaya gegen Römer und Araber zum Zufluchtsort der zurückgedrängten Bevölkerung der Halbinsel machte, mussten nothwendig zur Bildung des Nationalcharakters mitwirken, und erklären wenigstens auch dem Fremden die Sehnsucht nach einer so eigenthümlich anziehenden Heimath. Vorzüglich aber belehrte mich dieser Aufenthalt auf eine anschauliche Weise über die Geschiedenheit sehr getrennter Dialecte in dem Gemeinsamen einer jetzt auf enge Gränzen zurückgedrängten Sprache. Nirgends habe ich in der festen und treuen Anhänglichkeit an die allgemeine Nationalität einen so rege mit und gegen einander wetteifernden Geist, wie man ihn sich zwischen den altgriechischen Städten denken muss, an welche das Land überhaupt als gebirgiges Küstenland und in seiner selbstthätigen innern Verwaltung erinnerte, gefunden, als in Biscaya. Dieser sich der allgemeinen Gleichheit entgegensetzende Ortsgeist war auch in der Sprache sichtbar. Von den dialectweise verschiedenen Wörtern für denselben Gegenstand fand man die gleichen eher in von einander entfernten, als in nahen Gegenden im Gebrauch. Nur an Ort und Stelle endlich liess sich wahrnehmen, dass das ganze Land selbst das reichste und sicherste, viele im Gebrauch verloren gegangene Wörter aufbewahrende Wörterbuch ist. Jedes der immer einzeln und nur nach dem Massstabe ihrer Nähe oder Ferne von der Kirche dichter oder weitläuftiger liegenden Häuser trägt von alten Zeiten her seinen Namen[8], und es bedarf nur einer genauen Aufmerksamkeit auf seine Lage, oder die dasselbe umgebenden Gewächse, um den Grund und die Bedeutung desselben zu finden, die immer aus dieser Einen Sprache genommen ist. Was man daher allerdings auch in jedem andren Lande antrifft, ist hier ungleich vollständiger und deutlicher vorhanden. Zugleich wurde ich in den so sehr abweichenden Bau dieser Sprache, der sich aus Harriet's und Larramendi's Grammatiken mehr ahnden, als rein erkennen lässt, durch einen einheimischen Sprachforscher eingeführt, der, ohne irgend bedeutende gelehrte Kenntnisse, seine eigne Sprache mit grossem, wenn auch vielleicht zu weit getriebenem Scharfsinn zergliedert hatte.

23. Dieser ersten Erfahrung in diesem Theile der Sprachkunde folgte ich in dem übrigen. Es schien mir auch um so nothwendiger, gerade das Grammatische dieser Sprachen zum Gegenstand der Forschung zu machen, als man sie gewöhnlich nur zu etymologischen Untersuchungen benutzt hat. Die grammatischen jeder einzelnen Sprache sollten aber überhaupt den etymologischen immer vorangehn, da man in den wahren Wortbau erst mit Hülfe der Grammatik eindringt, und erst durch die Einsicht in den ganzen Sprachorganismus die Laut- und Gedankengeltung der Wörter auf eine zu gründlicher Vergleichung genügende Weise kennen lernt. Oft ist es unmöglich, diesen Weg einzuschlagen, in vielen Fällen, vorzüglich bei nahe verwandten Sprachen, ist ein kürzerer, und unvollständigere Einsicht hinreichend; wenn man aber im Allgemeinen die Bedingungen gründlicher und sicherer Etymologie, das Ziel, zu dem die Wissenschaft einmal gelangen muss, aufstellen will, so ist jene Forderung unerlasslich. Der Wunsch zu prüfen, wie weit die Verschiedenheit des menschlichen Sprachbaues gehe, und gewissermassen in ein ganz neues Gebiet versetzt zu werden, führte mich zu den Amerikanischen. Die Sprachen eines Welttheils, der bis auf die letzten Jahrhunderte für uns in geschichtlicher Einsamkeit vereinzelt dasteht, von dessen früherer Verbindung mit andren alle Geschichte schweigt, von dessen Bevölkerung aus der Fremde nur Vermuthungen und immer dunkle Ue-

berlieferungen herrschen, und von dem wohl schwerlich anzunehmen ist, dass ihm eine eigne und ursprüngliche gänzlich gemangelt hätte, schienen für Forschungen solcher Art vorzugsweise geeignet. Die Reise meines Bruders bot mir in den Hülfsmitteln, die er mitgebracht, den Verbindungen, die er unterhalten hatte, reichliche Materialien dar, und seine in eignen den Sprachen gewidmeten Kapiteln entwickelten Ansichten über sie, ihre Verzweigungen und ihren Zusammenhang mit den Völkern, die sie reden, leiteten dahin, jenen Stoff richtiger zu benutzen. Ich gieng daher so tief, als es mir möglich war, in dies Studium ein, und arbeitete, nach dem vorhin (§. 20.) angedeuteten Plane, eigne Grammatiken der meisten Amerikanischen Sprachen aus.

24. Bei der auf diese Gesichtspunkte gerichteten Beschäftigung mit Sprachen so durchaus eigenthümlichen Baues musste es mir auffallend werden, wie dasjenige, was wir in den Sanskritischen Sprachen *grammatische Form* nennen, in diesen so ganz anders gebildet erscheint, wie es in verschiedenen Graden der Festigkeit von fast bloss habitueller Redensart zu der Annäherung an wirkliche Form stoffartig zusammengerinnt, wie man glaubt, es in seiner werdenden Gestaltung zu erblicken. Ich legte meine ersten Erfahrungen und Ansichten hierüber in einer akademischen[9] Abhandlung nieder. Ich habe in dieser die Verschiedenheit der grammatischen Formen als ein Entstehen derselben vorgestellt, allein dieser genetische Begriff, der, wenn er in die Wirklichkeit übergetragen, nicht bloss für das Erscheinen vor uns genommen wird, immer, wo es nicht die Geschichte derselben Sprache gilt, schwer durchzuführen ist, hat weder damals, noch jetzt, wesentlich auf meine Ansicht eingewirkt. Was ich gemeint habe und noch meine, ist nur die Verschiedenheit der Gestaltung der grammatischen Form, und das Verhältniss der verschiedenen Gestaltungen zu dem vollendeten Begriff derselben. Dies Verhältniss druckt sich natürlich in Graden aus, in welchen sich ein stufenartiges Fortschreiten denken lässt, aber nicht nothwendig angenommen zu werden braucht.

25. Durch Umstände, die öffentlich bekannt geworden sind[10], wurde ich veranlasst, die Chinesische Sprache von diesem Standpunkte aus zu betrachten, und ich hatte längst die Nothwendigkeit gefühlt, wenigstens einigermassen in dies, mit Unrecht für abschreckend und abgelegen gehaltene Studium einzugehen. Die Bearbeitung der allgemeinen Sprachkunde macht es nothwendig, wenn man auch die Unmöglichkeit fühlt, *jede* Sprache tief zu ergründen, sich doch auf gewissen Punkten recht festzusetzen, und nun giebt es in ihr keine so leuchtenden, so die Ansicht des ganzen Sprachgebietes beherrschenden, als das Sanskrit und das Chinesische. Beide Sprachen stellen sich in ihrem grammatischen Bau dergestalt einander gegenüber, dass sie das ganze Feld unter sich theilen, und keine dritte in dieselbe Reihe treten kann. Wenn

gründliches Studium des Sanskrits unerlasslich ist, weil man nur aus diesem die letzten Erklärungen des Baues nicht bloss der mächtigsten und am weitesten verbreiteten, sondern auch edelsten und vollkommensten Sprachen schöpfen kann, und weil die Sanskritischen den Begriff der grammatischen Form bis zu seiner grössesten Vollendung ausbilden; so muss man an dem Chinesischen lernen, in welchem unglaublichen Grade eine mit unverkennbaren Vorzügen begabte, von einer reichen philosophischen, geschichtlichen und dichterischen Literatur begleitete Sprache dieses Begriffs zu entbehren vermag. Wenn man sonst nach der Art und Beschaffenheit der Grammatik einer Sprache forscht, so scheint hier die Frage über das Daseyn einer Grammatik überhaupt zu entstehen, und man glaubt in der verknüpften Betrachtung des Chinesischen und einiger der im Vorigen (§. 19.) zusammengefassten Sprachen auf ein Gebiet zu gerathen, das man sich kaum enthalten kann, auch der Zeit nach, als jenseits des Sanskritischen Baues liegend anzusehen, auf ein Gebiet erst werdender Grammatik. Aber auch unter diesen Sprachen steht das Chinesische wieder in gleichsam riesenhafter Vereinzelung da. Indem sie dem Besitz einer Grammatik, zum Theil mühevoll, entgegenringen, hat sich das Chinesische aus dem Mangel einer Grammatik selbst eine eigne, in der gerade dieser Mangel das Charakteristische ist, gebildet. Nur insofern das Chinesische und jene Sprachen die Sanskritische Form entbehren, kann und muss man sie von dem hier gewählten Standpunkte aus zusammenfassen. Sehr wichtige Thatsachen zur Einsicht in diesen eigenthümlichen grammatischen und ungrammatischen Zustand liefern die Inselsprachen des stillen Oceans, mit welchen ich mich später angelegentlich beschäftigt habe, und andre werden sich aus der Untersuchung der Afrikanischen und einiger innerasiatischen ergeben. Denn wenn man in diesen Untersuchungen einmal dafür gesorgt hat, seine Ansicht auf eine so genügende Anzahl von Thatsachen zu gründen, dass man derselben im Ganzen sicher seyn kann; so bleibt nichts übrig, als die Sphäre möglicher Berichtigung, durch immer an Umfang und Tiefe wachsende Kenntniss, allmälich in engere Gränzen einzuschliessen. Nur ob jene im Ganzen gefasste, hernach bloss weiter im Einzelnen anzuwendende Ansicht durch die anzuführenden Thatsachen wirklich begründet, oder ob diese falsch aufgefasst, oder nicht aus ihrem wahren Lichte beurtheilt sind? ist der eigentliche Punkt des Streits und der Untersuchung.

26. Es handelt sich hier um das Wesen des Sprachbaus, ja unläugbar um den ganzen Organismus der Sprache. Denn es kommt auf die Verschiedenheit des Verfahrens an, vermittelst dessen die einzelnen Sprachen die Einheit des Gedanken aus den Elementen des Lautes zusammensetzen, und auf die Unterscheidung dessen, was in der Auffassung dieser Einheit dem Verständniss des Hörenden überlassen, und was der

Sprache selbst, bezeichnend oder andeutend, beigegeben ist. Die verbundene Rede, also das Grammatische, ist der unmittelbare Gegenstand der Betrachtung, dies zieht aber nothwendig auch die Bildung der Wörter, das System der Laute und die ganze Bezeichnung der Begriffe mit in den Kreis der Untersuchung. Denn wenn wir gleich gewöhnt sind, von den Lauten zu den Wörtern und von diesen zur Rede überzugehen, so ist im Gange der Natur die Rede das Erste und das Bestimmende. Das Streben des Geistes, welches die Rede erzeugt, individualisirt in demselben Augenblick und mit Einem Schlage Laut, Wort und Fügung, und wird durch die Anlagen individualisirt, die es nach diesen drei Hauptrichtungen der Sprache hin in sich trägt. Sie selbst stehen daher in untrennbarer Wechselbestimmung. An die Darstellung der Beschaffenheit des Sprachverfahrens muss aber die Prüfung des Einflusses desselben auf den Geist und den Menschen überhaupt geknüpft werden, und da der lebendige Mensch eigentlich der allein wahre Träger der sich immer nur in Möglichkeit geistiger Umgestaltung vorübergehend verkörpernden Sprache ist, so wirkt auch ihr Einfluss auf ihn wieder auf sie in ihrer Totalität zurück. Das Sprachverfahren kann auch nicht bloss historisch geschildert werden. Der Mensch erscheint in einer doppelten idealischen d. h. nicht durch die Wirklichkeit zu gebenden Gestalt, einmal ohne Individualität, in seiner allgemeinen, nur durch den Gedanken zu erreichenden Beschaffenheit, in den nothwendigen Bedingungen seines Wesens, dann in der Gesammtheit aller Individualität, als Menschengeschlecht, in der Totalität aller gleichzeitig vergangener, gegenwärtiger und künftiger Zustände. In der Mitte dieser beiden Erscheinungen steht der wirkliche Mensch an gegebenem Ort und in gegebener Zeit, und jedes auf ihn gerichtete, aber in sich auf wissenschaftliche Allgemeinheit Anspruch machende Studium muss von der ersteren ausgehen und nach der andren hinblicken. Doppelt nothwendig ist das eine und das andre bei der mit seinem Daseyn gegebenen, und ganz ausdrücklich alle Theile des Erdbodens und alle Zeiten seines Bestehens zu allseitiger Totalität zu verknüpfen bestimmten Sprache. Nur die philosophische Erörterung der allgemeinen menschlichen Natur sichert den Pfad der Untersuchung, und nur die immer gespannte Frage, wie die historisch erkannte Mannigfaltigkeit in dem Bilde des Ganzen Lücken ergänzt, Schroffheiten abschleift, einseitig Starkes in Harmonie bringt, einzeln Allgemeinem Zustrebendes vervollständigt, lässt die Individualität als das ansehen, was sie in ihrer innersten Natur ist, und in der Erscheinung werden sollte, eine in immer mehr rein umschreibender, aber immer minder ausschliessend beschränkender Begränzung einem Alles umfassenden Ideal asymptotenartig zulaufende Bahn. Nur unter der Beherrschung bestimmter Gesetze, und mit dem Blick auf leitende allgemeine Endideen lässt sich die reiche und lebendige Mannigfaltigkeit des historischen Stoffes in jeder Art, ohne Gefahr, dass er sich selbst einseitig beschränke, mit der Strenge wissenschaftlicher Behandlung so vereinigen, dass der realen Vielfachheit kein Eintrag geschieht.

27. Die Frage über die Beschaffenheit der grammatischen Formen, ihren wirklich mehr formalen oder materialen Gehalt und die Abstufungen ihrer in sich geründeten Vollendung (§. 24.) berührt also die ganze Sprache, und muss zugleich von allen Beziehungen aus, in welchen diese genommen werden kann, betrachtet werden. Sie ist, da sie das Daseyn und die Art der Grammatik in den Sprachen betrifft, die Grundfrage des Baues jeder einzelnen. Wenn sie aber als die höchste angesehen werden muss, zu welcher die historische Untersuchung einer Sprache aufsteigen kann, so ist dasjenige, was sich aus ihrer Beantwortung ergiebt, auch das Elementarische, aus welchem sich die Beschaffenheit der Sprache erklären lässt.

28. Es ist meine Absicht in der gegenwärtigen Schrift, diese Frage vollständiger zu untersuchen, als es mir bisher möglich war, und die hauptsächlichsten zu ihrer Beantwortung dienenden Thatsachen anzuführen, auf die ich in meinen bisherigen Sprachforschungen gekommen bin. Ich werde mich daher über Alles verbreiten, was mit dieser Frage zusammenhängt, da die Meinung, welche man über sie fasst, genau mit den Ansichten über die Natur der Sprache selbst, des Wortes, der Redefügung, über das wunderbare zugleich dem Menschen beiwohnende und doch nicht dem Einzelnen angehörende Daseyn dieser Dinge, über die Wechselwirkung, in der sie mit dem Menschen stehen, ja über ihn selbst, seine Individualität und das Verhältniss derselben zum Menschen überhaupt und zum ganzen Geschlechte in Verbindung steht. Ich werde natürlich nicht jede dieser Beziehungen vollständig verfolgen können, sondern sogar absichtlich in alle diese Punkte nur soweit und auf die Art eingehen, wie es mir zu meinem besondren Zwecke nöthig scheint. Es schien mir aber nichts desto weniger nothwendig, an den ganzen Umfang der Forderungen zu erinnern, welche diese Frage (§. 26.) an die Untersuchung macht, weil bei jeder der Geist, wie viel oder wenig ihm nun auch zu erreichen gelinge, richtig und fern von beschränkender Einseitigkeit gestimmt seyn muss. Noch weniger werde ich in Absicht der nothwendigen Sprachkenntniss genügende Vollständigkeit zu erreichen vermögen, sondern werde wesentlich bei meiner gegenwärtigen, natürlich beschränkten stehen bleiben müssen. Denn die Ansicht des Sprachbaues, auf die es hier ankommt, kann nur aus längerem Studium der Sprachen, nicht aus mehr oder minder flüchtiger Benutzung der fertigen Hülfsmittel geschöpft werden. Das Ziehen von Resultaten kann aber darum doch in keiner Wissenschaft, und am wenigsten in der allgemeinen Sprachkunde bis zum niemals erscheinenden

Augenblick des vollendeten Studiums verschoben werden. Man muss stufenweise das Gesammelte in einzelne Bilder zusammenfassen, und die Vervollständigung der Einseitigkeit, die Verbesserung einzelner Irrthümer der Zeit und glücklicheren Bearbeitern überlassen. Auf dem Gebiete, in dem wir uns hier befinden, führt indess auch schon jede einzelne Untersuchung für sich zu einem einzeln vollendeten Ganzen. Was aus der Prüfung einer einzelnen Sprache über die Beschaffenheit ihrer grammatischen Formen hervorgeht, steht vollendet für sich zu jeder künftigen Benutzung da. Zwar können neue Entdeckungen auch in diesem, historisch richtig Aufgefassten andere Ansichten bewirken, vorher unbekannte oder mangelhaft untersuchte Sprachen auf früher bearbeitete ein ganz neues Licht werfen, wie das Sanskrit namentlich auf das Lateinische und das Verhältniss desselben zum Griechischen gethan hat. Aber gerade um vermittelst des sich immer in der Wissenschaft erweiternden Stoffs die Ansicht zu verallgemeinern und zu berichtigen, muss früher aus dem noch mangelhaften eine gefasst seyn.

29. Dagegen würde ich es wirklich zu früh halten, schon jetzt eine wahre Theorie des menschlichen Sprachbaus, ein Lehrbuch der allgemeinen Sprachkunde, ja nur eine allgemeine Grammatik, die es auch im historischen Sinne seyn sollte, schreiben zu wollen. Auch der wirklich vorhandene Stoff ist dazu bei weitem noch nicht genug im Einzelnen bearbeitet, und die einzelne Bearbeitung muss hier nothwendig vorangehn. Es ist daher vorsichtiger und zweckmässiger, für jetzt diesen Weg einzuschlagen, und einzelne Bearbeitungen, nach den verschiedensten Richtungen hin, zu versuchen. Als eine solche, aber der Grundidee alles Sprachbaues, wünsche ich, dass der gegenwärtige Versuch betrachtet werden möge. Was darin auf bloss philosophischer Entwicklung beruht, so wie die auf historische Forschung sich gründende Darstellung einzelner Sprachen kann für sich vollständig beurtheilt und gewürdigt werden. Die Untersuchung wird aber in keinem Punkt als geschlossen angesehen, es wird den Folgerungen aus neuen Forschungen und Entdeckungen nicht vorgegriffen. Das grosse Gebäude allgemeiner Sprachwissenschaft, das gewiss einst, wenn gleich spät, zu Stande kommt, wird vorbereitet, aber nicht aus ungenügendem, nicht hinlänglich haltbarem Stoff voreilig aufgeführt. Ich habe daher diese Schrift auch in ihrem Titel nur unbestimmt eine Arbeit *über* die Verschiedenheiten des menschlichen Sprachbaus, nicht Darstellung, Theorie, Zergliederung, Grundzüge oder sonst mit einem Worte, welches auf Erschöpfung des Gegenstandes Anspruch macht, genannt; dagegen über den *Sprachbau,* nicht bloss über die Grammatik und die grammatischen Formen, weil diese wirklich (§. 27.) den ganzen Sprachbau durchdringen, und man sich bei gründlichem Eingehen in ihre Natur den Zugang zu keinem Theile desselben verschliessen darf.

30. Ueberhaupt muss man sich bei Sprachuntersuchungen wohl hüten, zu sehr und zu abschneidend zu trennen. Die Sprache muss immer von der Seite ihres lebendigen Wirkens betrachtet werden, wenn man ihre Natur wahrhaft erforschen, und mehrere mit einander vergleichen will. Eine Sprache ist auch nicht einmal in der durch sie gegebenen Masse von Wörtern und Regeln ein daliegender Stoff, sondern eine Verrichtung, ein geistiger Process, wie das Leben ein körperlicher. Nichts, was sich auf sie bezieht, kann mit anatomischer, sondern nur mit physiologischer Behandlung verglichen werden, nichts in ihr ist statisch, alles dynamisch. Auch todte Sprachen machen hierin keine Ausnahme. Was man in ihnen erforscht, ist der in ihnen festgehaltene Gedanke der Vorzeit, und der Gedanke ist immer Aushauch des Lebendigen, immer nur so in feste Form zu beschränken, dass ihm dadurch selbst seine natürliche Schrankenlosigkeit, seine Freiheit, in andre und andre überzugehen, gesichert wird. Man kann zwar auf der andren Seite nicht umhin, die Sprache auch wieder als einen festen und vollendeten Körper anzusehen, und sie in ihre Bestandtheile zu zerlegen. Allein dies Geschäft muss immer der höheren Rücksicht untergeordnet bleiben: durch welche ursprüngliche Geistes und Tonart, vermöge welcher technischen Mittel, jede Sprache zu welcher individuell modificirten Erreichung des allgemeinen Sprachzwecks gelangt? Die *Bestandtheile* und das *Verfahren* der Sprache (um auf diese kurze Weise den doppelten Weg der vorzunehmenden Untersuchung zu bezeichnen) müssen nach einander durchgegangen und geprüft werden. Indess bleibt, trotz dieses, bloss der Wissenschaft angehörenden Gegensatzes, die Sprache in ihrer Einheit immer der eigentliche Gegenstand der Forschung. Sie wird nur auf dem einen Wege mehr im Einzelnen, auf dem andren mehr in ihrer Gesammtheit betrachtet.

31. Das Letztere aber ist die Hauptsache. Denn jede Sprache besitzt, ungeachtet der Aehnlichkeit der hervorbringenden Ursachen, der technischen Mittel und des Zweckes aller, eine entschiedne Individualität, und diese wird nur in ihrem Zusammenwirken gefühlt. Die Zergliederung ist nothwendig, um dies Gefühl in Erkenntniss zu verwandeln, sie verdunkelt aber allemal in etwas die Anschauung der lebendigen Eigenthümlichkeit, schon dadurch, dass eben jene Verwandlung des Gefühls in Erkenntniss nie ganz vollständig vor sich gehen kann. Es ist daher der bessere Weg, die Prüfung einer Sprache bei ihrem Totaleindruck anzufangen, es verbreitet sich alsdann wenigstens jenes Gefühl auf die ganze Folge der Untersuchung. Kehrt man es um, oder bleibt man gar bei der Zergliederung stehen, so erhält man eine lange Reihe von Analysen von Sprachen, ohne die wesentliche Eigenthümlichkeit einer einzigen derselben zu erkennen oder zu fühlen. Man kann den Plan dieser Zergliederungen nicht einmal jeder besondren Sprachindividualität anpassen,

da hierzu diese erst aus andren Quellen bekannt seyn müsste. Man lernt daher sehr vieles über die verglichenen Sprachen, aber nicht das Eine, worauf es ankommt. Jeder, welcher oft mehrere Grammatiken verschiedner Sprachen hinter einander gelesen hat, wird bemerkt haben, wie schwer, ja wie fast unmöglich es ihm fällt, sich aus dem Gewirre so vieler Einzelnheiten heraus ein irgend deutliches Bild der Sprachen selbst zu entwerfen.

32. Was allein geeignet ist, als Leitstern, durch das ganze Labyrinth der Sprachkunde hindurchzuführen, findet auch hier Anwendung. *Die Sprache liegt nur in der verbundenen Rede, Grammatik und Wörterbuch sind kaum ihrem todten Gerippe vergleichbar.* Die blosse Vergleichung selbst dürftiger und nicht durchaus zweckmässig gewählter Sprachproben lehrt daher viel besser den Totaleindruck des Charakters einer Sprache auffassen, als das gewöhnliche Studium der grammatischen Hülfsmittel. Man findet auf diesem Wege, vorzüglich bei Sprachen sehr abweichenden Baues, auch sehr Vieles, wovon Grammatik und Wörterbuch schweigen, vorzüglich die erstere, und da gern übergangen wird, was sich nicht in den gewöhnlichen Gang hineinzwängen lassen will, so ist gerade dies das Innerste und Eigenthümlichste der Sprachen. Nach möglichst ausführlichen Sprachproben muss man sich daher zuerst umsehen, und glücklich wenn man bei Völkern, die keine Literatur besitzen, einheimische erlangen kann.[11] Sehr schlimm ist es, dass man sich meistentheils mit von Fremden herrührenden, ja mit Uebersetzungen nach Bacmeisterschen[12] Formeln behelfen muss. Ein grosser Nachtheil auch für die Sprachkunde ist die Abneigung der Katholischen Kirche gegen die Verbreitung des Bibellesens gewesen. Fast überall, wo evangelische Missionarien hingedrungen sind, findet man Uebersetzungen biblischer Bücher oder wenigstens Biblischer Erzählungen.[13] Sind auch einige, gerade vorzugsweise oft übersetzte Bücher der Bibel zur Uebertragung in die Sprachen, von welchen hier hauptsächlich die Rede ist, sehr wenig geeignet, so passt doch kein Buch so gut, als die Bibel dazu, die auf eine wahrhaft wundervolle Weise geschichtliche, dichterische und philosophische Bücher vereinigt, und dadurch für ein Volk an die Stelle einer ganzen Literatur tritt, ohne noch der Treflichkeit und Erhabenheit des Einzelnen, und des Geistes des einfachsten Alterthums zu erwähnen, welcher den Menschen unmittelbar an seinen Ursprung, die Natur und die Gottheit, rückt. Man muss nicht denken, dass jene Sprachen dies auch nur entfernt wiederzugeben unfähig wären. In der Sprache, wie in der menschlichen Brust, liegt ein dichterisches, und wie in noch unerschlossener Knospe mit diesem verbunden, ein philosophisches Streben. Dieser jugendliche Geist verweht erst im Laufe der überentfaltenden Zeit. Man sollte daher nur auf möglichst vollkommene und treue Uebersetzungen und zwar der ganzen Bi-

bel denken, da gerade die Mannigfaltigkeit des Inhalts und Styls der biblischen Schriften so fruchtbar auf das Gemüth wirkt, und sie zugleich zu einem so wichtigen Bildungsmittel macht. In dieser Hinsicht ist der neuerlich von der Englischen Bibelgesellschaft gefasste Entschluss, die apokryphischen Bücher auszuschliessen und diese Ausschliessung auch bei den Bibelgesellschaften andrer Länder zu bewirken, keineswegs zu billigen.[14] Es könnte nur als ein bedenklicher Schritt erscheinen, einen Theil der Bibel willkührlich dem Volke entziehen zu wollen, wenn nicht glücklicherweise vorauszusehen wäre, dass dieser Versuch doch niemals diesen Erfolg haben wird. Ein bis jetzt nicht bloss unübertroffenes, sondern ganz einzig da stehendes Beispiel zweckmässig ausgewählter Sprachproben sind die der Tongischen Sprache in Mariner's bekanntem Werk über die Tonga Inseln – eine alte Sage über die erste Bevölkerung des Landes, eine sehr merkwürdige Rede eines Häuptlings, und ein lieblich wehmüthiger Gesang der eingeborenen Weiber.[15] Es traf hier der seltne glückliche Fall ein, dass ein einsichtsvoller Herausgeber einen gar nicht gelehrt gebildeten, aber mit natürlichen Anlagen versehenen Europaeer benutzen konnte, der durch mehrjährigen Aufenthalt und vertrauten Umgang mit den Grossen des Landes wie zum gebildeten Eingebornen geworden war. So entstand ein an geistvoller individueller Schilderung reiches Werk.

33. Die Betrachtung der Verschiedenheiten des menschlichen Sprachbaus sollte, dem ersten Anblicke nach, zu einer genauen und erschöpfenden Classification der Sprachen führen. Versteht man unter dieser ein Ordnen derselben nach ihrer Stammverwandtschaft, so hat man dies im Einzelnen oft vorgenommen, es aber durch die ganze Sprachkunde durchzuführen, möchte schwierig, und vielleicht immer unmöglich seyn. Allein einer andren und solchen Classification, wo auch die gar nicht stammverwandten Sprachen nach allgemeinen Aehnlichkeiten ihres Baues zusammengestellt würden, widerstrebt, wenn man den Begriff genau nimmt, und fordert, dass die zusammengestellten wirklich als Gattungen in allen wahrhaft charakteristischen Merkmalen einander ähnlich, und von andren verschieden seyn sollen, die tiefer erörterte Natur der Sprache selbst. Die einzelnen Sprachen sind nicht als Gattungen, sondern als Individuen verschieden, ihr Charakter ist kein Gattungscharakter, sondern ein individueller. Das Individuum, als solches genommen, füllt aber allemal eine Classe für sich. Liessen sich die Sprachen auf diese Weise classificiren, so müsste dasselbe auch mit der geistigen Natur des Menschen möglich seyn; nicht einmal aber die Eintheilung nach den körperlichen Merkmalen der Racen ist bisher vollkommen gelungen. Der Mensch allein ist der Gattungsbegriff, und zwischen ihm und dem Individuum giebt es keine so festbestimmten und so durchgreifenden Merkmale, dass sich daraus neue Gattungsbegriffe bilden liessen. Noch viel

mehr aber ist dies der Fall mit der Sprache. Es ist nur ein mehr und ein weniger, ein theilweis ähnlich und verschieden seyn, was die einzelnen unterscheidet, und es sind nicht diese Eigenschaften, einzeln herausgehoben, sondern ihre Masse, ihre Verbindung, die Art dieser, worin ihr Charakter besteht, und zwar alle diese Dinge nur auf die individuelle Weise, die sich vollständig gar nicht in Begriffe fassen lässt. Denn bei allem Individuellen ist dies nur mit einem Verluste möglich, welcher gerade das Entscheidende hinwegnimmt. Aus zwei, die ganze Frage abschneidenden Gründen ist daher die so oft angeregte Eintheilung der Sprachen nach Art der Eintheilung der Naturgegenstände ein für allemal und für immer zurückzuweisen. Die Naturkunde hat es nie mit Geistigem und nie mit Individuellem zu thun, und eine Sprache ist eine geistige Individualität. Im Unorganischen giebt es keine Individualität, die als für sich bestehendes Wesen betrachtet werden könnte, und im Organischen steigt die Naturkunde nicht bis zum Individuum herunter. Nur also zum Behuf der Betrachtung oder der Darstellung, nicht um über ihre wahre Natur zu entscheiden, lassen sich Classificationen der Sprachen versuchen, nur in Hinsicht auf einzelne ihrer Beschaffenheiten. Auf diese Weise aber sind sie nothwendig und unschädlich, wenn man nur dabei die jeder wahren und constitutiven Classification widerstrebende Natur der Sprache im Auge behält.

Zweiter Abschnitt

Von der Natur der Sprache und ihrer Beziehung auf den Menschen im Allgemeinen

34. Ich nehme hier den geistigen Process der Sprache in seiner weitesten Ausdehnung, nicht bloss in der Beziehung derselben auf die Rede und den Vorrath ihrer Wortelemente, als ihr unmittelbares Erzeugniss, sondern auch in der Beziehung auf ihren Einfluss auf das Denk- und Empfindungsvermögen. Der ganze Gang kommt in Betrachtung, auf dem sie, von dem Geiste ausgehend, auf den Geist zurückwirkt. Ich bleibe jedoch in dem gegenwärtigen Abschnitt nur bei den allgemeinen Begriffen des Menschen und der Sprache stehen, und behalte die Betrachtung der Verbreitung der Sprache über die verschiedenen Individuen einer Nation, und ihre Vertheilung unter mehrere Nationen, mithin in mehrere Sprachen dem nächstfolgenden vor.

35. Die Sprache ist das bildende Organ des Gedankens. Die intellectuelle Thätigkeit, durchaus geistig, durchaus innerlich, und gewissermassen spurlos vorübergehend, wird durch den Ton in der Rede äusserlich und wahrnehmbar für die Sinne, und erhält durch die Schrift einen

bleibenden Körper. Das auf diese Weise Erzeugte ist das Gesprochene und Aufgezeichnete aller Art, die Sprache aber der Inbegriff der durch die intellectuelle Thätigkeit auf diesem Wege hervorgebrachten und hervorzubringenden Laute, und der nach Gesetzen, Analogieen und Gewohnheiten, die wiederum aus der Natur der intellectuellen Thätigkeit und des ihr entsprechenden Tonsystems hervorgehn, möglichen Verbindungen und Umgestaltungen derselben, so wie diese Laute, Verbindungen und Umgestaltungen in dem Ganzen alles Gesprochenen oder Aufgezeichneten enthalten sind. Die intellectuelle Thätigkeit und die Sprache sind daher Eins und unzertrennlich von einander; man kann nicht einmal schlechthin die erstere als das Erzeugende, die andre als das Erzeugte ansehen. Denn obgleich das jedesmal Gesprochene allerdings ein Erzeugniss des Geistes ist, so wird es doch, indem es zu der schon vorher vorhandenen Sprache gehört, ausser der Thätigkeit des Geistes, durch die Laute und Gesetze der Sprache bestimmt, und wirkt, indem es gleich wieder in die Sprache überhaupt übergeht, wieder bestimmend auf den Geist zurück. Die intellectuelle Thätigkeit ist an die Nothwendigkeit geknüpft, eine Verbindung mit dem Ton einzugehen, das Denken kann sonst nicht zur Deutlichkeit gelangen, die Vorstellung nicht zum Begriff werden. Den Ton erzeugt sie aus freiem Entschluss und formt ihn durch ihre Kraft, denn vermöge ihrer Durchdringung wird er zum articulirten Laut (wenn es möglich wäre, einen Anfang aller Sprache zu denken), begründet ein Gebiet solcher Laute, das selbständig, bestimmend und beschränkend, auf sie zurückwirkt.

36. Der articulirte Laut oder, allgemeiner zu sprechen, die Articulation ist das eigentliche Wesen der Sprache, der Hebel, durch welchen sie und der Gedanke zu Stande kommt, der Schlussstein ihrer beiderseitigen innigen Verbindung. Dasjenige aber, wessen das Denken, um den Begriff zu bilden, in der Sprache, strenge genommen bedarf, ist nicht eigentlich das dem Ohr wirklich Vernehmbare; oder um es anders auszudrucken, wenn man den articulirten Laut in die Articulation und das Geräusch zerlegt, nicht dieses, sondern jene. Die Articulation beruht auf der Gewalt des Geistes über die Sprachwerkzeuge, sie zu einer Behandlung des Tons zu nöthigen, welche der Form seines Wirkens entspricht. Dasjenige, worin sich diese Form und die Articulation wie in einem verknüpfenden Mittel begegnen, ist, dass beide ihr Gebiet in Grundtheile zerlegen, deren Zusammenfügung lauter solche Ganze bildet, welche das Streben in sich tragen, Theile neuer Ganze zu werden. Ausser jener Gewalt ist aber auch in dem Geiste ein, sich den Sprachwerkzeugen selbst mittheilender Drang, von ihnen einen solchen Gebrauch zu machen, und auf jener Gewalt und diesem Drange beruht die Erzeugung der Sprache sogar unabhängig von dem Ohre vernehmbarem Geräusch.

37. Dass die Sprache ohne vernommenen Laut möglich bleibt, und insofern ganz innerlich ist, lehrt das Beispiel der Taubstummen. Durch das Ohr ist jeder Zugang zu ihnen verschlossen, sie lernen aber das Gesprochene an der Bewegung der Sprachwerkzeuge des Redenden und dann an der Schrift verstehen, sie sprechen selbst, indem man die Lage und Bewegung ihrer Sprachwerkzeuge lenkt. Dies kann nur durch das, auch ihnen beiwohnende Articulationsvermögen geschehen, indem sie durch den Zusammenhang ihres Denkens mit ihren Sprachwerkzeugen im Andern aus dem einen Gliede, der Bewegung seiner Sprachwerkzeuge, das andre, sein Denken, errathen lernen. Der Ton, den wir hören, offenbart sich ihnen durch die Lage und Bewegung der Organe, sie vernehmen seine Articulation ohne sein Geräusch. Allerdings wirkt gewiss in ihnen, wenn auch das äussere Ohr verschlossen ist, der innere Gehörsinn mit; vielleicht sogar wird in ihrer, uns unzugänglichen Vorstellungsweise vor ihrer Phantasie an die Stelle des mangelnden Geräusches etwas andres Sinnliches gesetzt; immer aber geht bei ihnen eine merkwürdige Zerlegung des articulirten Lautes vor. Sie verstehen wirklich die Sprache, da sie alphabetisch lesen und schreiben, und selbst reden lernen, nicht bloss den Gedanken durch Zeichen oder Bilder. Sie lernen reden, nicht bloss dadurch, dass sie Vernunft, wie andre Menschen, sondern ganz eigentlich dadurch, dass sie auch Sprachfähigkeit besitzen, Uebereinstimmung ihres Denkens mit ihren Sprachwerkzeugen, und Drang beide zusammenwirken zu lassen, das eine und das andre wesentlich gegründet in der menschlichen, wenn auch von einer Seite verstümmelten Natur.

38. In diesen Fällen krankhafter Ausnahme ist aber der Ton nur als Geräusch abwesend. Er wird aus Noth auf seine Ursach, die Stimmwerkzeuge, zurückgeführt, bleibt aber demungeachtet immer das allein wirksame Princip. Die Articulation (deren Begriff ich hier nur nach ihrer Wirkung, als diejenige Gestaltung des Lautes nehme, welche ihn zum Träger von Gedanken macht), im Ganzen und Allgemeinen genommen, kann den Ton auch als Geräusch, als auf ein Ohr wirkende Lufterschütterung, nicht entbehren; der Taubstumme kann nur unter Hörenden zur Sprache gelangen. Um aber den articulirten Laut ganz bestimmt von seiner intellectuellen, gleichsam innerlichen Seite zu zeigen, war es nothwendig, ihn, wie wir (§. 36.) gethan haben, für einen Augenblick ganz und gar von demjenigen zu trennen, was er mit dem unarticulirten gemein hat. In der Wirklichkeit ist das Ohr der ausschliesslich für die Articulation bestimmte Sinn. Nie lässt sie sich unmittelbar auf einen andren anwenden. Wo man dies, wie im Alphabete, versucht, erhält man immer nur Zeichen von Tönen. Die unzertrennliche Verbindung des Gedanken, der Stimmwerkzeuge und des Gehörs zur Sprache liegt unabänderlich in der ursprünglichen, nicht weiter zu

erklärenden Einrichtung der menschlichen Natur. Die Uebereinstimmung des Tons mit dem Gedanken fällt indess auch klar in die Augen.
Wie der Gedanke, einem Blitz oder Stosse vergleichbar, die ganze Vorstellungskraft in Einen Punkt sammelt, und alles Gleichzeitige ausschliesst, so erschallt der Ton in abgerissener Schärfe und Einheit. Wie
der Gedanke das ganze Gemüth ergreift, so besitzt der Ton vorzugsweise eine eindringende, alle Nerven erschütternde Kraft. Wie der Verstand
eine Reihe von Gedanken in beliebige Einheiten zusammenfassen kann,
so ist dies der auf das Gehör bezogenen Einbildungskraft mit einer Reihe von Tönen möglich. Es beruht dies sichtbar darauf, dass das Ohr
(was bei den übrigen Sinnen nicht immer oder anders der Fall ist) den
Eindruck einer Bewegung, ja bei dem der Stimme entschallenden Ton
einer wirklichen Handlung empfängt, und diese Handlung keine von
unmittelbarer Berührung, und in dem hier in Betrachtung gezogenen
Fall eine aus dem Innern eines lebenden Geschöpfs, im articulirten Laut
eines denkenden, im unarticulirten eines empfindenden, herkommende
ist.

39. Es liegt aber in dem Antheile des Tons an der Sprache dreierlei:
das intellectuelle Streben nach Aeusserung, das Empfindungsbedürfniss
der Hervorbringung des Schalls, und die Nothwendigkeit gesellschaftlicher Wechselwirkung zur Ausbildung des Gedankens. Jedes dieser Stük-
ke führt einzeln zur Hervorbringung des Tons, und die Sprache vereinigt alle im articulirten Laut.

40. Das Denken ist eine geistige Handlung, wird aber durch sein Bedürfniss nach Sprache ein Antrieb zu einer körperlichen. Es ist ein fort-
schreitendes Entwicklen, eine blosse innere Bewegung, in der nichts
Bleibendes, Stätiges, Ruhendes angenommen werden kann, aber zugleich eine Sehnsucht aus dem Dunkel nach dem Licht, aus der Beschränkung nach der Unendlichkeit. In dem, aus zwiefacher Natur in
Eins zusammengeschmolzenen menschlichen Wesen geht dies Streben
natürlich nach aussen, und findet, durch die Vermittlung der Sprachwerkzeuge, in der Luft, dem natürlichsten und am leichtesten bewegbaren aller Elemente, dessen scheinbare Unkörperlichkeit dem Geiste
auch sinnlich entspricht, einen ihm wundervoll angemessenen Stoff, in
welchem, bei der menschlichen aufrechten Stellung, die Rede frei und
ruhig von den Lippen zum Ohre strömt, der das Licht der Gestirne herbeiführt, und sich, ohne sichtbare Schranken, in die Unendlichkeit ausdehnt.

41. Subjective Thätigkeit bildet im Denken ein Object. Denn keine
Gattung der Vorstellungen kann als ein reines Beschauen eines schon
vorhandenen Gegenstandes betrachtet werden. Die Thätigkeit der Sinne muss sich mit der inneren Handlung des Geistes synthetisch verbinden, und aus dieser Verbindung reisst sich die Vorstellung los, wird, der

subjectiven Kraft gegenüber, zum Object, und kehrt, als solches aufs neue wahrgenommen, in jene zurück. Hierzu aber ist die Sprache unentbehrlich. Denn indem in ihr das geistige Streben sich Bahn durch die Lippen bricht, kehrt das Erzeugniss desselben zum eignen Ohre zurück. Die Vorstellung wird also in wirkliche Objectivität hinüberversetzt, ohne darum der Subjectivität entzogen zu werden. Dies vermag nur die Sprache, und ohne diese, wo Sprache mitwirkt, auch stillschweigend immer vorgehende Versetzung ist die Bildung des Begriffs, mithin alles wahre Denken unmöglich. Ohne daher irgend auf die Mittheilung zwischen Menschen und Menschen zu sehn, ist das Sprechen eine nothwendige Bedingung des Denkens des Einzelnen in abgeschlossener Einsamkeit. In der Erscheinung entwickelt sich jedoch die Sprache nur gesellschaftlich, und der Mensch versteht sich selbst nur, indem er die Verstehbarkeit seiner Worte an Andren versuchend geprüft hat. Dies liegt schon in dem allgemeinen Grunde, dass kein menschliches Vermögen sich in ungeselliger Vereinzelung entwickelt, worauf wir in der Folge zurückkommen werden. Es lässt sich aber auch aus dem eben Gesagten erklären. Denn die Objectivität wird gesteigert, wenn das selbstgebildete Wort aus dem Munde eines Andren wieder tönt. Der Subjectivität wird nichts geraubt, da der Mensch sich immer Eins mit dem Menschen fühlt; ja auch sie wird verstärkt, da die in Sprache verwandelte Vorstellung nicht mehr ausschliessend Einem Subject angehört.

42. Wenn der unarticulirte Laut, wie immer bei den Thieren, und bisweilen beim Menschen, die Stelle der Sprache vertritt, so entpresst ihn entweder, wie bei widrigen Empfindungen, die Noth, oder es liegt ihm Absicht zum Grunde, indem er lockt, warnt, zur Hülfe herbeiruft, oder er entströmt, ohne Noth und Absicht, dem frohen Gefühle des Daseyns, dem Gefallen am Schmettern der Töne. Das Letzte ist das Poëtische, ein aufglimmender Funke in der thierischen Dumpfheit. Diese verschiedenen Arten der Laute sind unter die mehr oder minder stummen und klangreichen Geschlechter der Thiere sehr ungleich vertheilt, und verhältnissmässig wenigen ist die höhere und freudigere Gattung geworden. Es wäre auch für die Sprache belehrend, bleibt aber vielleicht immer unmöglich, zu ergründen, woher diese Verschiedenheit stammt. Dass die Vögel allein den Gesang besitzen, liesse sich vielleicht daraus erklären, dass sie freier, als alle andre Thiere, in dem Elemente des Tons, und in seinen reineren Regionen leben, wenn nicht so viele Gattungen derselben, gleich den auf der Erde wandelnden Thieren, an wenige einförmige Laute gebunden wären.

43. In die Sprache gehen dieselben antreibenden Ursachen über: Noth, Absicht und Gefallen am Hervorbringen von Lauten. Da aber Alles in der Sprache an dem ihr eigenthümlichen Charakter der Intellec-

tualität Theil nimmt, so ist sie nicht aus einem Drange zum Hervorbringen blossen Schalles zu erklären. Das Gefallen am Sprechen ist Gefallen an Rede, und mithin auf Gedanken bezogen. Es kommt also in der Sprache noch eine vierte Ursach hinzu, das Bedürfniss geselliger Mittheilung, das ich hier aber nur von der Seite reiner Gesprächigkeit nehme. Es gehört gewiss zu den irrigsten Behauptungen, die Entstehung der Sprachen vorzugsweise dem Bedürfniss gegenseitiger Hülfsleistung beizumessen, und was unmittelbar daraus fliesst, ihnen in einem eingebildeten Naturstande einen bestimmten Kreis von Ausdrücken vorzuschreiben. Der Mensch ist nicht so bedürftig, und zur Hülfsleistung hätten, wie man an den Thieren sieht, unarticulirte Laute ausgereicht. Die Sprache ist, auch in ihren Anfängen, durchaus menschlich, und dehnt sich absichtslos auf alle Gegenstände der sinnlichen Wahrnehmung und inneren Bearbeitung aus. Auch die Sprachen der sogenannten Wilden, und gerade sie, zeigen eine überall über das Bedürfniss überschiessende Fülle und Mannigfaltigkeit von Ausdrücken. Die Worte entquillen freiwillig, ohne Noth und Absicht, der Brust, und es giebt wohl in keiner Einöde eine wandernde Familie, die nicht schon ihre Lieder besässe, denn der Mensch, als Thiergattung, ist wesentlich ein singendes Geschöpf, nur Ideen mit den Tönen verbindend. Ein viel wesentlicherer sinnlicher Entstehungsgrund der Sprache, da einmal hier nach einem solchen gesucht wird, ist das Gefallen am Sprechen, und daher ist es auf die Bildung der Sprachen von so wichtigem Einfluss, wie schweigsam oder geschwätzig ein Volk ist.

44. Man muss den Menschen, auch in seinen edelsten Bestrebungen, immer in seiner ganzen Natur, deren eine Seite er mit der Thierheit theilt, betrachten. Man darf daher auch in der Sprache, will man ihre Natur vollkommen in ihren Elementen durchschauen, nicht den Antheil des blossen Tönens übersehen, durch welches der articulirte Laut sich dem thierischen nähert. Hierhin gehört zuerst, wenn Völker ihrer Aussprache ein gar keiner Articulation fähiges Tönen beimischen, wie das Schnalzen eines Afrikanischen, das von einer Art Schluchzen begleitete Innehalten einiger Amerikanischen Völker ist. Auch jede unreine, den Buchstaben mehr Tönen, als ihre Articulation erfordert, gebende Aussprache, wie sie oft im Munde des Volks gehört wird, muss dahin gerechnet werden. Aber auch wo jeder Consonant bestimmt, jeder Vocal in seinen reinen Gränzen ausgesprochen wird, ist das Verhältniss des Tönens zur Ideenbezeichnung im Ganzen der Sprache zu beachten. Indem die letztere mit grösserem oder geringerem Aufwande von Tönen und Tonveränderungen zu Stande kommt, zeigt (auch ohne noch irgend von Wohllaut zu reden) eine Nation mehr oder weniger Gefallen an blossen Tönen und Reizbarkeit für dieselben. Die Sprachen sind daher in diesem Stück bald reicher, bald dürftiger, bald freier von schmettern-

dem Geräusch, bald mehr damit überladen, machen überhaupt einen
üppigeren oder keuscheren Gebrauch von dem Laut. Sie neigen sich
daher auch mehr oder weniger zu solchen grammatischen Formen, die,
wie die Sylbenverdoppelung, eine Art klingelnden Getönes hervorbringen. Wo die Lautbehandlung in einer Sprache fehlerfrei erscheint, ist
sie mit dem Colorit in der Malerei zu vergleichen, das auch stärker oder
schwächer aufgetragen wird. Beide sind der sinnlichere Theil, welcher
in Allem, was, wie die Sprache und die Kunst, aus dem Ganzen des
Menschen hervorgeht, dem reiner intellectuellen oder formalen zur Seite steht. Es geschieht auch, dass Sprachen, überhaupt oder auf gewissen
Bildungsstufen, mehr oder weniger ideenloses Tönen der wirklichen
Rede beimischen, Sylben und Wörter ohne bestimmte Einwirkung auf
den Sinn, fast nur zur Ausfüllung des Tones gebrauchen. Ich könnte
von einer NordAmerikanischen Sprache ein sehr merkwürdiges Beispiel
hiervon anführen, wenn es nicht gegen meine Absicht wäre, in diesem
Abschnitt die Folge der allgemeinen Entwicklung durch Eingehen in
Einzelnes zu unterbrechen. Ein gewisses Gefühl mag sich freilich mit
allen solchen Partikeln, da diese Wörter nur zu diesem grammatischen
Gebiet gerechnet werden können, verbinden. Es ist aber nicht allein ein
sehr geringes, oft gar nicht auf Begriffe zurückzuführendes, sondern die
blosse Lautgewohnheit bringt diese Wörter auch da wieder, wo das sie
allenfalls begleitende Gefühl gar nicht nothwendig eintritt. In diesem
Sinne nehme ich, wie sehr sich auch unsre oft zu einseitig rationelle
Grammatik dagegen verwahrt, bloss ausfüllende Partikeln in den Sprachen an. Sie werden angebracht, nicht weil der Sinn nicht ohne sie vollständig wäre, sondern weil, der Sprachgewohnheit gemäss, der Klang
der Redensart nicht dem Ohr so erscheint. Am deutlichsten zeigt dies
die Quichuische Sprache. Durch die Cultur der Sprache fallen solche
blossen Klangwörter entweder hinweg, oder werden im günstigeren
Fall durch künstlichere Bearbeitung Zeichen feinerer Nuancen der Ideen
oder ihrer Verknüpfungen.

45. Wenn man aber auch ganz von der Möglichkeit eines richtigen
oder unrichtigen Verhältnisses der Lautbehandlung zur Ideenbezeichnung absieht, muss man in den Sprachen dennoch, auch noch getrennt
von den Wohllautsgesetzen, und den Buchstabenverknüpfungen und
Veränderungen, die bestimmte Beschaffenheit ihres materiellen Tones
beachten, da allein darin zuletzt die wahre Individualität jeder Sprache
und Mundart liegt. Ich meine nemlich hiermit den ganzen Lautein-
druck, welchen die Rede in einer Sprache auf das Ohr macht. Was man
thun und versuchen mag, die Eigenthümlichkeiten einer Sprache zu
schildern, so fliessen die Umrisse des entworfenen Bildes bei mehreren
noch immer in einander über. Vieles lässt sich gar nicht, andres nur
gradweise unterscheiden, das Ganze ist nicht in geschiedner Einheit

darzustellen. In ihrer bestimmten Beschaffenheit, als diese und keine andre spricht sich jede Mundart und Sprache nur selbst durch ihren Klang aus. Obgleich das Alphabet der ganzen Menschheit von gewissen, nicht einmal sehr weiten Gränzen umschlossen ist, so hat doch jedes Volk mit eigner Sprache auch sein eignes Lautsystem in der Ausschliessung gewisser Töne, der Vorliebe für andre, der Bestimmung der verschiedenen zur Bezeichnung verschiedener Begriffe, der Behandlung der Töne in ihren Verbindungen u. s. f. Man kann dies mit dem verschiedenartigen Geschrei und den Tonarten der Thiergattungen vergleichen. Es ist darin, wenn auch die fortschreitende Entwicklung Vieles abschliesst, doch etwas Festes, Stammartiges, tief in den Modificationen der Sprachwerkzeuge und dem Tongefühle Gegründetes. Das Lautsystem hat daher auf die wesentlichsten Theile jeder Sprache den bedeutendsten Einfluss; es ist das erste, worin man sich durchaus fest setzen muss. Freilich führt dies in eine mühvolle, oft ins Kleinliche gehende Elementaruntersuchung, es sind aber auch lauter in sich kleinliche Einzelnheiten, auf welchen der Totaleindruck der Sprachen beruht, und nichts ist mit dem Studium derselben so unverträglich, als bloss in ihnen das Grosse, Geistige, Vorherrschende aufsuchen zu wollen. Genaues Eingehen in jede grammatische Subtilitaet, und Spalten der Wörter in ihre Elemente ist durchaus nothwendig, wenn man sich nicht in allen Urtheilen über den Bau und selbst über die Abstammung Irrthümern blossstellen will.

46. Die wichtigste Ursach, aus welcher die Sprache, vermittelst des Tones, der Wirkung nach aussen bedarf, ist die Geselligkeit, zu welcher der Mensch durch seine Natur unbedingt hingewiesen wird. Es liegt aber in derselben ein zwiefaches, allein in dem Begriffe der Menschheit Verbundenes: einmal dass alle menschlichen Kräfte sich nur gesellschaftlich vollkommen entwickeln, dann dass es etwas Gemeinsames in dem ganzen menschlichen Geschlechte giebt, von dem jeder Einzelne eine, das Verlangen nach Vervollständigung durch die andern in sich tragende Modification besitzt. Beides ist gerade in der Sprache besonders wichtig. Denn je grösser und bewegter das gesellige Zusammenwirken auf sie ist, je mehr gewinnt sie unter übrigens gleichen Umständen, und auf jenem eben erwähnten Gemeinsamen beruht die Möglichkeit der Verständigung, so wie es die Mittel der gegenseitigen Ausbildung der Sprachen enthält.

47. Auch die Geselligkeit lässt sich ohne Einseitigkeit nicht aus dem blossen Bedürfniss ableiten. Sie beruht nicht einmal in den Thieren darauf. Keines ist leicht sich so allein genügend in seiner Stärke, als der gerade vorzugsweise in Heerden lebende Elephant. Auch in den Thieren entspringt daher die bei einigen Gattungen grössere, bei andren geringere Neigung zur Geselligkeit aus viel tiefer in ihrem Wesen liegen-

den Ursachen. Es ist nur uns Unmöglich, dieselben zu ergründen, weil wir uns gar keinen Begriff von der doch nicht abzuläugnenden Fähigkeit der Thiere machen können, wahrzunehmen, zu empfinden und Wahrnehmungen zu verknüpfen. Im Menschen aber ist das Denken wesentlich an gesellschaftliches Daseyn gebunden, und der Mensch bedarf, abgesehen von allen körperlichen und Empfindungsbeziehungen, zum blossen Denken eines dem *Ich* entsprechenden *Du.* Dies ist schon oben (§. 41.) erinnert worden, bedarf aber hier einer weiteren Ausführung. Der Begriff erreicht seine Bestimmtheit und Klarheit erst durch das Zurückstrahlen aus einer fremden Denkkraft. Er wird, wie wir im Vorigen sahen, erzeugt, indem er sich aus der bewegten Masse des Vorstellens losreisst, und dem Subject gegenüber zum Object bildet. Es genügt jedoch nicht, dass diese Spaltung in dem Subjecte allein vorgeht, die Objectivität ist erst vollendet, wenn der Vorstellende den Gedanken wirklich ausser sich erblickt, was nur in einem andren, gleich ihm vorstellenden und denkenden Wesen möglich ist. Zwischen Denkkraft und Denkkraft aber ist die einzige Vermittlerin die Sprache, und so entsteht auch hier ihre Nothwendigkeit zur Vollendung des Gedanken.[16] Es liegt aber auch in der Sprache selbst ein unabänderlicher Dualismus, und alles Sprechen ist auf Anrede und Erwiederung gestellt. Das Wort ist kein Gegenstand, vielmehr den Gegenständen gegenüber etwas Subjectives, dennoch soll es im Geiste des Denkenden ein Object, von ihm erzeugt und auf ihn zurückwirkend werden. Es bleibt zwischen dem Wort und seinem Gegenstande eine so befremdende Kluft, das Wort gleicht, allein im Einzelnen geboren, sosehr einem blossen Scheinobject, die Sprache kann auch nur so zur Wirklichkeit gebracht werden, dass an einen gewagten Versuch ein neuer sich anknüpft. Das Wort muss also Wesenheit in einem Hörenden und Erwiedernden gewinnen. Diesen Urtypus aller Sprachen drückt das Pronomen durch die Unterscheidung der zweiten Person von der dritten aus. *Ich* und *Er* sind an und für sich selbst verschiedne, so wie man eines von beiden denkt, nothwendig einander entgegengesetzte Gegenstände, und mit ihnen ist auch Alles erschöpft, denn sie heissen mit andren Worten *Ich* und *Nicht-ich. Du* aber ist ein dem *Ich* gegenübergestelltes *Er.* Indem *Ich* und *Er* auf innrer und äusserer Wahrnehmung beruhen, liegt in dem *Du* Spontaneitaet der Wahl.[17] Es ist auch ein Nicht-Ich, aber nicht, wie das *Er,* in der Sphäre aller Wesen, sondern in einer andren, der eines durch Einwirkung gemeinsamen Handelns. In dem *Er* selbst liegt nun dadurch, ausser dem Nicht-*Ich,* auch ein Nicht-*Du,* und es ist nicht bloss einem von ihnen, sondern beiden entgegengesetzt. Dass dieselbe Pronominalform durch alle Sprachen durchgeht, zeigt, dass, nach dem Gefühl aller Völker, das Sprechen in seinem Wesen voraussetzt, dass der Sprechende, sich gegenüber, einen Angeredeten von allen Andren unterscheidet. In einigen

Sprachen zeigt sich sogar darin eine besondre Sorgfalt die zweite Person herauszuheben, dass sie auch in der ersten des Plurals durch verschiedene Formen andeuten, ob der Angeredete darunter begriffen, oder ausgeschlossen ist.

48. Das Pronomen in seiner wahren und vollständigen Form wird in das Denken bloss durch die Sprache eingeführt, und ist das Wichtigste, wodurch ihre Gegenwart sich verkündet. Solange man nur das Denken logisch, nicht die Rede grammatisch zergliedert, bedarf es der zweiten Person gar nicht, und dadurch stellt sich auch die erste verschieden. Man braucht dann das Darstellende nur vom Dargestellten, nicht von einem Empfangenden und Zurückwirkenden zu unterscheiden. Da nun unsre allgemeine Grammatik ganz und gar von dem Logischen ausgeht, so stellt sich das Pronomen in ihr, die eine Zergliederung der Rede ist, anders, als in der gegenwärtigen Entwicklung, wo wir eine Zergliederung der Sprache selbst versuchen. Hier geht es allem Uebrigen voran, und wird als selbstbezeichnend angesehen, dort folgt es erst der vollendeten Erklärung der Haupttheile des Satzes, und trägt wesentlich, wie auch sein Name besagt, einen repraesentativen Charakter in sich. Beide Ansichten sind nach der Verschiedenheit der Standpunkte vollkommen richtig, zu tadeln ist bloss, dass man auf dem einen oft zu einseitig stehen geblieben ist, da man die wahre und vollständige Geltung des Pronomen, auch in der Rede, doch nur dann wahrhaft einsieht, wenn man seine tiefe Gründung in der innersten Natur der Sprache erkennt. Einen noch grösseren und ganz entschiedenen Einfluss hat aber diese auf die Form und Beschaffenheit des Pronomen in den verschiedenen Sprachen.

49. Was in der philosophischen Entwicklung der Sprache allgemeiner Ausdruck eines *Nicht-Ich* und *Nicht-Du* ist, erscheint in der Rede, die es nur mit concreten Gegenständen zu thun hat, nur als Stellvertreter von diesen. Neben seinem allgemeinen Ausdruck der dritten Person spaltet es sich in die mehr oder minder verschiednen Arten des Pronomen demonstrativum. Man möchte dies aber eher ein Erheben von diesen zum Allgemeinen nennen, da einige Sprachen gar nicht zu dem letzteren gelangen. In diesen ist dies Pronomen auch wirklich nicht sowohl repraesentativ, d. h. im Geist, als etwas andres Gedachtes vertretend, gedacht, sondern vielmehr nur eine von einer augenblicklichen Verhältniss-Eigenschaft (Er liegender, stehender u. s. f.) hergenommene, durch die Geberde vervollständigte Bezeichnung angesehen. Die reinen Begriffe unsrer allgemeinen Grammatik finden sich immer nur in den Sprachen vollendeter Bildung, und auch da nur in der philosophischen Ansicht derselben. Auf ähnliche Weise als das Pronomen der dritten Person sind in der Rede auch die der beiden ersten repraesentativ, weil das bestimmte *Ich* und *Du,* als wahre Substantiva an ihre Stelle treten

können. Allein der wesentliche Begriff aller drei Pronomina ist immer der durch die Natur der Sprache selbst gegebene, dass sie die ursprünglichen und nothwendigen Beziehungspunkte des Wirkens durch Sprache, als solche, bezeichnen, und dieselben in Individuen verwandeln. *Ich* ist nicht das mit diesen Eigenschaften versehene, in diesen räumlichen Verhältnissen befindliche Individuum, sondern der sich in diesem Augenblick einem Andren im Bewusstseyn, als ein Subject Gegenüberstellende, jene concreten Verhältnisse werden nur der Leichtigkeit und Sinnlichkeit wegen dem schwierigeren abgezogenen Begriff untergeschoben. Eben so geht es mit *Du* und *Er*. Alle sind hypostasirte Verhältnissbegriffe, zwar auf individuelle, vorhandene Dinge, aber in völliger Gleichgültigkeit auf die Beschaffenheit dieser, nur in Rücksicht auf das Eine Verhältniss bezogen, in welchem alle diese drei Begriffe sich nur gegenseitig durch einander halten und bestimmen.

50. Obgleich aber das Pronomen unmittelbar durch die Sprache gefordert wird, und obgleich alle Sprachen das dreifache Pronomen besitzen, so ist der Eintritt des Pronomen in die wirkliche Sprache doch von grossen Schwierigkeiten begleitet. Das Wesen des *Ich's* besteht darin, Subject zu seyn. Nun aber muss im Denken jeder Begriff vor dem wirklich denkenden Subject zum Object werden. Auch das *Ich* wird, als solches, im Selbstbewusstseyn zusammengefasst. Es muss mithin ein Object seyn, dessen Wesen ausschliesslich darin besteht, dass es Subiect ist. Die grössere Leichtigkeit des Begriffs des *Du* ist nur scheinbar. Denn er besteht ja nur dadurch, dass er auf das *Ich,* das eben beschriebene Subject-Object bezogen wird. Wir bemerken daher an den Kindern, dass sie sehr lange noch an die Stelle der Pronomina Namen oder andre objective Bezeichnungen setzen. Dies hat verleitet zu behaupten, dass das Pronomen sich in den Sprachen überhaupt immer erst spät entwickelt habe. Dass diese Behauptung wenigstens auf diese Weise falsch ausgedruckt ist, beweist die ganze gegenwärtige Entwicklung. Das Pronomen musste in den Sprachen ursprünglich seyn. Ueberhaupt ist, meiner innersten Ueberzeugung nach, alles Bestimmen einer Zeitfolge in der Bildung der wesentlichen Bestandtheile der Rede ein Unding. Was zu ihnen gehört, wird bewusstlos auf einmal von dem Sprachvermögen gegeben, und das ursprünglichste Gefühl, das Ich, ist kein nachher erst erfundener, allgemeiner, discursiver Begriff. Nur das reinere und richtigere Bewusstseyn der Redetheile entsteht allmälich und ist des Wachsthums fähig. Dagegen liesse sich das allerdings denken, dass die Wörter für die Pronomina ursprünglich Substantiva, wie alle andre, gewesen wären, und in der Nation ihnen auch diese Ansicht immer geblieben wäre. Dasselbe Substantivum, sey es Mensch, Seele, Gestalt, immer von jedem zur Bezeichnung seines Ichs gebraucht, würde alsdann in das wahre Pronomen übergegangen seyn, das Verbum

hätte nur scheinbar drei, in der That bloss Eine Person gehabt. Hierüber historisch zu entscheiden, halte ich für unmöglich, da keine historische Untersuchung so weit zu führen vermag. Indess sprechen doch mehrere Umstände gegen eine solche Annahme. Mir ist keine einzige Sprache bekannt, in der es nicht ein oder mehrere Pronomina der ersten beiden Personen gäbe, welche gar keine Spur an sich tragen, eigentlich der dritten anzugehören. Die Malaiische, die leicht am meisten zu Pronomina der 1. und 2. Person gewordene Substantiva besitzt, hat doch für die erste *aku*, was durchaus keinen solchen Ursprung verräth, und einige hierin ähnliche für die zweite. Gerade diese finden sich in den verwandten Südseesprachen wieder, und beweisen dadurch ihre tief alterthümliche Gründung in der Sprache. Denn *aku*[18], ich, entspricht dem ganz gleichlautenden Neu Seeländischen *aku*[19], *kita*, wir, dem Tongischen *gita*, welches zwar dem Singularis angehört, aber abgekürzt in *gi* auch dem Pluralis dient, *kamu*, abgekürzt in *mu*, 2. sing. und plur. dem Tongischen *mo*, 2. plur., und *angkau*, abgekürzt in *kau*, scheint das Neu Seeländische *koe*.[20] Eben so giebt es auch im Chinesischen, wo erste und zweite Person jetzt ganz gewöhnlich durch Substantiva bezeichnet werden, zugleich reine Pronomina, die, allem Anscheine nach, die älteren sind.

51. Wenn man die sinnliche Natur des Menschen bedenkt, den Werth, den er von früh an auf die Unterscheidung des Mein und Dein legt, und der sich auch in der Sprache so mächtig ausdruckt, dass es, namentlich in Amerika, viele giebt, in welchen das Substantiv gar nicht ohne sein Besitzpronomen ausgesprochen werden kann, so halte ich es für ausgemacht, dass, welche Ideenbezeichnung der Mensch auch immer zum Pronomen erhob, er es nie that, ohne derselben gleich auf immer das wahre und wirkliche Gefühl der Ichheit aufzuprägen, und dass er nie von sich, wie von einem Fremden, sprach. Die Annahme des Gegentheils scheint mir durchaus unnatürlich. Auch die Kinder sprechen ihren Namen mit diesem Gefühl aus. Damit ist das Wesen des Pronomen gegeben, und der Unterschied zwischen diesem und allen andren Substantiven festgestellt. Wie weit derselbe hernach an der Sprache selbst sichtbar seyn soll, hängt von der Stärke und Feinheit des Sprachsinns ab. Viel reiner und getreuer, als im Pronomen selbst, ist der demselben zum Grunde liegende Verhältnissbegriff in den Personen des Verbum ausgedruckt. Hier ist keine Verwechslung mehr der Ichheit mit einem andren Substantiv, der ersten und dritten Person möglich. Wenn sich erweisen liesse, dass die Personen des Verbum in einer Sprache wirklich durch Flexion entstanden, und ursprünglich so gewesen wären, so gienge daraus untrüglich hervor, dass diese Nation den reinen Begriff des Pronomen vom Beginnen ihrer Sprache an gehabt hätte. Wo aber der Personenunterschied nur durch offenbare oder versteckere

Hinzufügung der Pronomina selbst entsteht, lässt sich hieraus nicht mehr, als aus diesen, schliessen. Die durch das zur Ichheit gestempelte Substantivum gebildete nähert sich da auch nur insofern der wahren ersten Person, als jenes Substantivum dem Pronomen.

52. Aus dem mit dem Pronomen der ersten Person unmittelbar verbundenen, und bei dem der zweiten darauf bezognen Gefühl muss man es auch, glaube ich, herleiten, dass diese Pronomina nicht, wie das der dritten immer, in mehrere Formen nach den Eigenschaften oder Verhältnissen des jedesmaligen *Ich* und *Du* (Ich liegender, stehender u. s. f. §. 49.) auseinandergehen, und dass es in keiner Sprache ein Pronomen demonstrativum einer der beiden ersten Personen zu geben scheint.[21] Denn die sogar, meiner Erfahrung nach, allen Sprachen eigenthümliche, gleichsam innigere Bestimmung der persönlichen Pronomina durch den Zusatz des *Selbst* ist nicht eine Spaltung, sondern eine Verstärkung ihres Begriffs. Das *Ich* und das *Du,* wie schwer auch ihr Wesen in das deutliche Bewusstseyn gelangt, werden doch von dem Menschen immer nur in der Einen Beziehung empfunden, die sie charakterisirt, und daher kann auch ihr Ausdruck nicht mehrfach seyn. Sie werden wirklich innerlich empfunden, das *Ich* im Selbstgefühl, das *Du* in der eigenen Wahl, da hingegen Alles, was sich unter die dritte Person stellt, nur wahrgenommen, gesehen, gehört, äusserlich gefühlt wird. Die hier aufgestellte Thatsache könnte zwar noch zweifelhaft scheinen. Da mehrere Sprachen, namentlich die Sanskritischen, gerade im Pronomen der beiden ersten Personen mehr als Einen Stammlaut haben, so könnte es möglich scheinen, dass diese wenigstens ehemals eine solche verschiedenartige Bedeutung des *Ich* und *Du* gehabt hätten. Es ist dies aber durchaus unwahrscheinlich. Diese Mehrheit der Stammformen entsteht entweder bloss zufällig aus zusammengeflossenen Mundarten, oder, wo sie die Casus obliqui vom Nominativus unterscheidet, aus so verschiedener Ansicht dieses Casusverhältnisses, dass daraus zwei Wörter entstanden. Die Malaiische und Japanische Sprache sind vorzugsweise reich an synonymen Pronominalformen. In beiden giebt der höflichere und grobere Styl Anlass dazu. Im Malaiischen hat nur die Schriftsprache gleichförmige. Die Volksmundarten besitzen, und oft in kleinen Districten, verschiedne. Im japanischen sind eigne für Kinder, Greise und Weiber. Dagegen kommt kein wahrhaft gespaltenes doppeltes, näheres und entfernteres *Ich* oder *Du* vor.[22]

53a. Die Auffindung des Ursprungs der PronominalWörter der beiden ersten Personen würde, wie schon das Obige zeigt, auch in philosophischer Rücksicht von der grössesten Wichtigkeit seyn. Man würde alsdann sehen, ob und in welchem Grade der ächte Charakter dieser Pronomina schon in der Bezeichnung selbst liegt, oder ihr nur erst durch den Gebrauch gegeben ist. Soll das Erstere der Fall seyn, so müssen sie einen sinnlichen Ausdruck enthalten, welcher auf alle mögliche Individuen, da jedes zum *Ich* und *Du* werden kann, passt, und doch den Unterschied zwischen diesen beiden Begriffen bestimmt und als wahren Verhältniss-Gegensatz angiebt. Es muss alsdann zur Bezeichnung ein sinnlicher, und doch von aller qualitativen Verschiedenheit abstrahirender Begriff gebraucht werden, welcher das *Ich* und das *Du* in Eine Sphäre umschliesst, innerhalb dieser Sphäre aber eine sich gegenseitig bestimmende Theilung möglich lässt. Ein solcher Begriff ist der Raum, und ich kann zwei Thatsachen anführen, welche deutlich beweisen, dass man den Raum auf den Pronominalbegriff bezogen hat. In dem einen dieser Fälle hat man den Ortsbegriff zu einem so gewöhnlichen Begleiter der drei Pronomina gemacht, dass man sehr oft im Sprechen ihrer nicht mehr zu bedürfen glaubt, sondern bloss ihn ihre Stelle vertreten lässt; doch bleibt er grammatisch sichtbar vom Pronomen geschieden. In dem andren Fall ist er wirklich zum Pronomen geworden, aber auf eine Weise, die eine Vermischung beider Begriffe verräth.

53b. Die Sprache der Tonga-Inseln in der Südsee (die man auch wohl nur als eine Mundart der sogenannten Polynesischen anzusehen pflegt) hat drei Adverbia der Ortsbewegung, die gewöhnlich den Phrasen beigegeben werden, wo ein Verbum eine solche Bewegung gegen eine Person oder Sache enthält, jedoch so, dass sehr häufig bald das Verbum, bald das Pronomen ausgelassen wird. Im letzteren Fall entsprechen die drei Adverbien genau den drei Personen des Pronomen. Im Ganzen findet sich das Nemliche auch in andren Sprachen, namentlich im Deutschen. Denn es ist gerade ebenso, wenn bei uns: *komm du her!* zum blossen: *her!* abgekürzt wird. Das Merkwürdige und Eigenthümliche liegt aber in der Stätigkeit des Gebrauchs und ganz besonders in der dreifachen, und genau den drei Personen angepassten Eintheilung der Ortsbewegung. Denn *mei* ist die Bewegung zum Redenden, *atū*[23] vom Redenden zum Angeredeten, *angi* vom Redenden zu einer dritten, nicht angeredeten Person oder einer solchen Sache, und wo das Pronomen gesetzt oder ausgelassen ist, und diese Adverbia dasselbe begleiten oder vertreten, gehören sie den drei Personen in der obigen Folge an, und werden nie oder auf irgend eine Weise verwechselt. Da sie aber bloss die Personen bezeichnen, so bilden sie natürlich keinen Unterschied des Numerus. *Mei* ist sowohl *mir* als *uns*. Diese auf die Personen bezogene Ortsabtheilung ist nicht bloss in mehreren Sprachen, sondern mag überall zum Grunde gelegen haben, wo das Pronomen demonstrativum dreifach ist. Im Lateinischen ist dies auch daran sichtbar, dass, wo der Ort desjenigen, mit dem man redet, oder dem man schreibt, gemeint ist, ausschliesslich *iste* gebraucht wird. Es ist offenbar, dass die Sprache hier abermals ihren Urtypus (§. 47.) angewendet hat. Nur unterscheidet sie, da hier nicht dieselbe Vollständigkeit nothwendig war, hier auch willkührlicher bald nur *hier* und *dort, dieser* und *jener, Ich* und *Nicht-ich,* bald aber die drei verschiedenen Oerter und Stellungen, und hält im letzteren Fall den Unterschied fester an das Pronominalverhältniss geknüpft, oder lässt ihn lockrer bloss in Grade der Entfernung ausgehen. Nie, soviel mir bekannt ist, kommen vier Ortsabtheilungen im demonstrativen Pronomen vor. Ich möchte dies indess darum doch nicht als einen strengen Beweis des Vorherrschens der Pronominalansicht ansehen. In sich zwar liesse die Rücksicht auf die Entfernung vier und noch mehr Grade zu. Allein der Mensch giebt überhaupt gern, und in der Sprache sehen wir dies an den Steigerungsgraden der Adjective, zwei bestimmt aufgefassten Unterschieden bloss einen dritten, als ein angenommenes Aeusserstes bei, wenn dies Aeusserste auch noch eine gewisse Breite hat. Wenn vom *Geben* die Rede ist, braucht die Tongische Sprache jene Ortsadverbien so ausschliesslich allein, dass jenes Verbum durch diese unaufhörliche Auslassung in der Sprache ganz untergegangen zu seyn scheint. Denn in Martins Wörterbuch findet sich ein solches Verbum gar nicht, das die andren beiden nahe verwandten Sprachen, die Neu Seeländische und Tahitische doch besitzen. Beispiele der hier erwähnten Wortfügungen sind folgende: *mei ia giate au, her dies zu mir,* gieb mir dies;[24] *tëū*[25] *atū ia giate koi, werde-ich hin dies zu dir,* ich werde dir dies geben; *tëū ofa angi giate ia, werde-ich lieben dorthin zu ihr,* ich werde sie lieben; *bea behe mei he tūnga fafine, als sprachen her die mehreren Weiber,* als sie zu uns sprachen;[26] *nëū ikéi*[25] *abé lea atu fukkalotoboto, habe-ich nicht vielleicht gesprochen hin weise-sinnvernünftig,* ich habe vielleicht nicht auf vernünftige Art zu euch gesprochen.[27] Man hängt auch diese drei Ortsadverbia an Verba an, und die Auslassung der Endvocale dieser, wo Hiatus entstehen würde, und der veränderte Accent beweisen, dass aus dieser Verbindung Ein Wort wird, so dass das Verbum seine Richtung in sich einverleibt trägt, die aber, zum Unterschiede von unsren mit Adverbien verbundenen Verben (hingehen, herfahren), im Sinne des Volks genau eine auf die drei Personen gerichtete ist. Aus *tála,* erzählen, wird *talaméi,* mir oder uns, *talátū,* dir oder euch, *talángi,* ihm, ihr oder ihnen erzählen.[28] In allen diesen Fällen rückt der gewöhnliche Accent von *tála* auf die betonte Sylbe des Adverbium, auch da, wo diese Betonung der allgemeinen Regel, wie in *talaméi* widerspricht. Denn in Wörtern von drei Sylben ist eigentlich die mittlere die betonte. Martin schwankt, ob er diese Wörter defective Verba, die zugleich Hülfsverba sind, oder Praepositionen nennen soll, und führt sie beim Pronomen und Adverbium gar nicht an. Sie sind aber offenbar auf die drei Personen des Pronomen bezogene Ortsadverbien. Indess stehen sie in keiner Polynesischen Sprache in etymologischer Verbindung mit dem Pronomen[29], und ihre Verwechslung mit demselben ist bloss Folge elliptischer Redeabkürzung. Noch weniger sind sie, wie Martin zu glauben scheint, das Verbum *geben*.[30]

53c. Die japanische Sprache hat für die dreifache Ortsbezeichnung bei dem Redenden, bei dem Angeredeten und ausserhalb der Stelle beider die drei Wörter *ko, so, a,* die aber nicht in dieser Einfachheit, sondern als *ko-no, so-no, a-no, ko-re, so-re, a-re* vorkommen, indem *no* und *re* affigirte Sylben sind.[31] Nun findet man als Pronomen 2. pers. *sonata,* und dies (dem ein *konata* und *anata* entspricht) ist zusammengesetzt aus dem abgekürzten *sono* und dem Stamm der Praeposition *ata-ri,* nahe. *Sonata,* du, heisst also, wörtlich übersetzt: *der bei der Stelle dort,* dies Wort, wie das Lateinische *istic,* genommen.[32] Dieser Ausdruck ist aber so in das Pronomen übergegangen, dass, mit völligem Vergessen des Ursprungs, die Praeposition noch einmal hinzugesetzt und *sonata atari,* bei dir, euch, gesagt wird.[33] Auch wird *sonata* mit allen Casuszeichen verbunden und declinirt. Man hat also hier ein wahres Pronomen 2. pers., ein *Du,* welchem, ohne dass es der Sprachgebrauch jetzt mehr zu ahnden scheint, ein Ortsbegriff zum Grunde liegt. In vollkommener Analogie hiermit ist *konata,* der bei der Stelle hier, Pronomen 1. pers. Allein hier geht nun die Verwirrung an. Denn *konata* wird auch, ganz gegen den wahren Begriff, unter den Pronominalformen der 2. Person aufgeführt, und da als eine Benennung eines Vornehmeren bezeichnet. Man hat also hier scheinbar ein *Du hier,* und *Du dort,* was dem oben Gesagten (§. 52.) widerspricht. Vermuthlich aber verhält sich die Sache anders und folgendergestalt. *Konata* und *sonata* scheinen, da man sie ausdrücklich mit unsrem Titel Excellenz vergleicht, als Pronomina 3. pers., die man der zweiten anpasst, gebraucht zu werden, obgleich sich dies nicht genau sehen lässt, da das Japanische Verbum die Personen nur vermittelst des Pronomen unterscheidet. Auf diese Weise können sie nie der ersten Person angehören, und sind eine der ursprünglichen Bedeutung der Ortentfernung nach unterschiedene doppelte Form der dritten, obgleich im Gebrauch auf die zweite angewandt. Zugleich bedient man sich aber derselben beiden Formen, nach Oyangurens ausdrücklichem Zeugniss[34], auch als gemeiner Pronomina unter Leuten gleichen Standes, und dann ist, dem Ortsbegriff genau entsprechend, *konata,* das *hier,* erste, *sonata,* das *dort,* zweite Person. So begreift es sich, wie *konata,* nie aber *sonata,* zur ersten und zweiten zugleich gerechnet werden kann. Doch muss man gestehen, dass Rodriguez und Oyangurens Sprachlehren soviel Spuren der Unvollkommenheit an sich tragen, und so wenig mit einander übereinstimmen[35], dass man sich des Wunsches nicht erwehren kann, erst das Factische über diesen Punkt sicherer und bestimmter festgestellt zu sehen.

53d. In durchgängiger Verbindung aber mit den Ortsbegriffen stehen die Armenischen Pronomina. Ihre ursprünglichen Laute sind nach

der Reihe der Personen *ss, t, n,* wie aus den Affixen zu sehen ist. Danach lauten die selbständigen persönlichen Pronomina *jes,* ich, *tu,* du,
inku, er.[36] Diesen drei Personen entsprechen genau drei verschiedene
Demonstrativ-Pronomina, die auch von den Grammatikern Demonstrativa der 1. 2. 3. Person genannt werden, und sich durch dieselben ursprünglichen Pronomina unterscheiden. Sie heissen *ssa,* der bei mir
(Villotte *hic*) (Cirbied *ce, celuici, la personne la plus proche*), *ta,* der bei
dir, bei dem Angeredeten (Villotte *iste*) (Cirbied *celui là, la personne un
peu éloignée*), *na,* der bei ihm, bei dem Dritten (Villotte *ille*) (Cirbied
celui là, la personne la plus éloignée). Die beiden Begriffe[37], der nach
der Stellung der beiden Redenden bestimmte Ort, und der des Grades
der Entfernung verbinden sich nicht nur in den drei Demonstrativ-Pro-
nominen, sondern auch in den Affixen, die, nach Massgabe des Zusammenhanges und Bedürfnisses der Rede, bald nur allgemein und im Ganzen den letzteren, bald zugleich bestimmt den ersteren bezeichnen. Das
Ortsadverbium der ersten Person hat gleichfalls den Pronominallaut
derselben, *asd,* hier. Dagegen scheint die 2. und 3. Person nur
ein und eben dasselbe Adverbium *ant* zu haben.[38] Aus dem hier Gesagten erhellet, dass genau dieselben Consonanten das Personen- und
Raumverhältniss andeuten. Die Adverbia scheinen abgeleitet zu seyn.
Aber die Demonstrativa und die beiden ersten der persönlichen Pronomina sind einfache Verbindungen Eines Consonanten mit Einem Vocal.
Es giebt daher kaum einen etymologischen Grund, die einen mehr, als
die andren für Primitiva zu halten.

54. Diese beiden Beispiele zeigen, wenn auch das Ortsverhältniss in
dem ersten gar nicht zum Pronomen gemacht, und in dem zweiten nicht
rein zu demselben geworden ist, deutlich, wie leicht ein Volk seine Pronomina aus diesen Ortsadverbien hernehmen könnte. Es hat mir dies
um so wichtiger geschienen, als es ein Beweis mehr ist, wie die reinen
Formen der Anschauung, Raum und Zeit, vorzugsweise geeignet sind,
die in der Sprache so häufig vorkommende Uebertragung abgezogner
oder schwer zu versinnlichender Begriffe in concrete zu vermitteln. Ein
Ausdruck der NeuSeeländischen Sprache kommt der Bezeichnung des
du auf eine schöner anschauliche Weise sehr nahe, und enthält eine
sinnliche Analogie, die in andren Sprachen zur Bildung dieses Pronomi-
nallauts hätte dienen können. Diese Sprache bildet bei mehreren Wörtern den Vocativus nicht so, dass sie den ihm eigenthümlichen Anruf *e*
vor den Nominativus setzt, sondern braucht ein ganz eignes Wort für
denselben. So ist *matūa* der Vater, *tāma īne* die Tochter, aber o Vater *e
pā,* o Tochter *e kō. Es* ist dies ein in die Sprache übergegangener höchst

natürlicher Redegebrauch. Der Vocativus tritt gänzlich aus der Reihe der übrigen Casus heraus. Indem diese zur objectiven, aus dem Subject hinausgestellten Rede dienen, verbindet er durch eine Handlung des Willens, oder durch eine Empfindung unmittelbar das Subject mit dem Gegenstand, er kann zugleich in den meisten Fällen als der Casus der zweiten Pronominalperson betrachtet werden. Es begreift sich daher leicht, dass man für ihn innigere Ausdrücke, wie *pā*, oder kürzere, wie *kō* (eigentlich *Mädchen*) ist, braucht. Will man nun einen Menschen überhaupt, für den man keine besondre Benennung hat, anreden, so giebt es dafür ein eignes, in der Beziehung auf Menschen, allein im Vocativ gebräuchliches Wort *māra*. Nach Lee's Erklärung[39] heisst dies eine demjenigen, der sie anredet, gegenüberstehende Person. *E māra*, gebraucht wie unser rufendes, *du, ihr*, heisst also wörtlich *o gegenüber*. Zugleich aber, und dies ist sichtlich der ursprünglichere Begriff, heisst *māra* ein offener, der Sonne ausgesetzter Platz, und ist dasselbe Wort mit *mārama*, hell, erleuchtet, Licht. Diese Metapher ist also hier auf das im Gegenüberstehen frei entfaltet da liegende, entgegenleuchtende menschliche Gesicht angewendet. Wir könnten es ganz treu durch *o Antlitz!* übersetzen. Der Ortsbegriff hat damit nur mittelbar zu schaffen. Diese Abschweifung über die Natur des Pronomen schien mir nothwendig, weil die ursprüngliche Stellung, welche dasselbe wirklich in der Sprache einnimmt, durch die ihm in unsren Grammatiken angewiesene gewissermassen verdunkelt wird. Ich nehme nun wieder den Hauptfaden unsrer Untersuchung auf.

55. Wir haben gesehen, dass der Begriff der Geselligkeit nicht entbehrt werden kann, wenn man den einfachen Act des Denkens zu zergliedern versucht, dasselbe wiederholt sich aber auch im geistigen Leben des Menschen unaufhörlich; die gesellige Mittheilung gewährt ihm Ueberzeugung und Anregung. Die Denkkraft bedarf etwas ihr Gleiches und doch von ihr Geschiedenes. Durch das Gleiche wird sie entzündet, durch das von ihr Geschiedne erhält sie einen Prüfstein der Wesenheit ihrer innern Erzeugungen. Obgleich der Quell der Wahrheit, des unbedingt Festen für den Menschen nur in seinem Inneren liegen kann, so ist das Anringen seines geistigen Strebens an sie immer mit Gefahren der Täuschung umringt. Klar und unmittelbar nur seine veränderliche Beschränktheit fühlend, muss er sie sogar als etwas ausser ihm Liegendes ansehn, und das mächtigste Mittel ihr nahe zu kommen, seinen Abstand von ihr zu messen, ist die gesellige Vereinigung mit Andren. So ist die Sprache ein nothwendiges Erforderniss zur ersten Erzeugung des Gedankens, und zur fortschreitenden Ausbildung des Geistes.

56. Die geistige Mittheilung setzt, von dem Einen zum Andren übergehend, in diesem etwas ihm mit jenem Gemeinsames voraus. Man versteht das gehörte Wort nur, weil man es selbst hätte sagen können. Es

kann in der Seele nichts, als durch eigne Thätigkeit vorhanden seyn, und das Verstehen ist ebensowohl, als das Sprechen, selbst eine Anregung der Sprachkraft, nur in ihrer innern Empfänglichkeit, wie dieses in seiner äusseren Thätigkeit. Es ist daher dem Menschen auch so natürlich, das eben Verstandene gleich wieder auszusagen. Die Sprache liegt mithin in jedem Menschen in ihrem ganzen Umfange, was aber nichts anders sagen will, als dass jeder ein durch eine bestimmt modificirte Kraft, anstossend und beschränkend, geregeltes Streben besitzt, die ganze Sprache, wie es äussere oder innere Veranlassung herbeiführt, nach und nach hervorzubringen, und hervorgebracht zu verstehen. Diese modificirende Kraft ist, wie jede, natürlich eine individuelle, aber nach allen den Gattungsbegriffen individualisirt, vermöge welcher jede Gattung gegen eine allgemeinere höhere als Individuum genommen werden kann. Sie ist mithin die allgemeine Sprachkraft, bestimmt durch den Völkerstamm, die Nation, die Mundart, dann in ihren Lautzeichen feststehend, ferner in der Art des Gebrauches bestimmt durch alle inneren Beschaffenheiten und äusseren Zufälligkeiten, die das Gemüth mächtig genug ergreifen, um die Wirkung in der Sprache fühlbar zu machen, zuletzt bestimmt durch die in keine allgemeinere Kategorie mehr zu bringende Individualität. Jede dieser bis zum Allgemeinsten aufsteigenden Stufen bildet eine Sprachsphäre, die durch das allem unter ihr Begriffenen Gemeinsame, und durch das von dem ausser ihr Befindlichen Verschiedne abgegränzt wird. Die factische Sprachuntersuchung kann in diesen verschiedenen Sphären nur von den untersten zu den höheren aufsteigen. Aber die allgemeine betrachtende muss an dem so gesammelten Stoff auch den umgekehrten Gang versuchen, bei den verschiedenen in Betrachtung kommenden Punkten, z. B. beim Alphabet, die sich factisch ergebenden Gränzen der menschlichen Sprache überhaupt abstecken, in diesem weiten Gebiete die kleineren, wieder einander untergeordneten Sprachgattungen absondern, und überall darauf sehen, ob und wie die Eigenthümlichkeiten jeder von diesen sich unter einen Begriff fassen lassen. Denn aufzusuchen, wie das Besondre in seinem geschichtlichen Daseyn ein durch die Idee gegebenes Ganzes bildet, ist der Zweck jeder historisch philosophischen, vorzüglich aber der Sprachuntersuchung.

57. Jede Vielfachheit des in sich Gleichartigen führt diese Aufgabe mit sich, und sie wird zu einem doppelt dringenden Bedürfniss da, wo die Untersuchung, wie bei der Sprache, nicht bloss dahin leiten soll, zu erkennen und darzustellen, sondern zugleich und hauptsächlich bildend zurückzuwirken. Den allgemeinen Zusammenhang der Sprachen erklärt nun zwar allerdings die Gleichartigkeit der menschlichen Natur, in der ähnliche Kräfte nach gleichen Gesetzen wirken. Eine tiefere Untersuchung und vollere Würdigung der Sprache scheint mir aber noch viel weiter und auf einen Punkt zu führen, zu dem ich bis jetzt nur durch

leichtere Betrachtungen den Weg habe bahnen wollen, und auf dem keine weitere Erklärung möglich ist, wie denn keine metaphysische d. h. auf die Ergründung des Seyns an sich gehende Untersuchung weiter als an das Ende des zu Erklärenden zu leiten vermag. Mir nun – denn ich spreche dies lieber in dem Tone innerer Ueberzeugung, als mit der Zuversicht allgemeiner Behauptung aus – scheint das Wesen der Sprache verkannt, der geistige Process ihrer Entstehung (nicht der an sich, sondern auch der im jedesmaligen Sprechen und Verstehen) nur scheinbar erklärt, und ihre mächtige Einwirkung auf das Gemüth unrichtig gewürdigt zu werden, wenn man das Menschengeschlecht als zahllose zu Einer Gattung gehörende Naturen, und nicht vielmehr als Eine in zahllose Individuen zerspaltene betrachtet, eine Ansicht, zu der man auch in ganz andren Beziehungen, als in der der Sprache, und von ganz anderen Punkten aus gelangt. Die Verschiedenheit der beiden einander gegenüber gestellten Behauptungen ist einleuchtend, da die innere Verwandtschaft des Menschengeschlechts nach der letzteren auf der Einheit des Wesens desselben, nach der ersteren nur auf der Einheit der Idee beruht, welche dasselbe, betrachtend oder schaffend, zusammenfasst.

58. In der Art dieser Verwandtschaft liegt das Geheimniss der menschlichen Individualität verschlossen, das man zugleich als das des menschlichen Daseyns ansehen kann. Es ist der Punkt, in dem sich in einem auf den irdischen folgenden Zustande vorzüglich eine Verschiedenheit erwarten lässt, die dann, wenn Bewusstseyn beide Zustände verknüpfte, zugleich eine durchgängige Umänderung aller bisherigen Ansichten hervorbringen würde. Erklären und ergründen lässt sich dies Geheimniss nicht, aber zur richtigen Erklärung der Erscheinungen und zur Richtung des intellectuellen Strebens muss man sich hüten, das wahre Wesen jener Verwandtschaft der menschlichen Individualität zu verkennen, es bloss aus logischen und discursiven Begriffen schöpfen zu wollen, statt es in der Tiefe des inneren Gefühls, und in einem die Untersuchung bis zu ihren Endpunkten verfolgenden Nachdenken aufzufassen. Man gewinnt daher schon, wenn man die im Vorigen als die richtige angegebene Ansicht auch nur in der Form geahndeter Möglichkeit als eine warnende stehen lässt, sich nicht in die entgegengesetzte zu verschliessen.

59. Was für mich am überzeugendsten für die Einheit der menschlichen Natur in der Verschiedenheit der Individuen spricht, ist das oben Gesagte: dass auch das Verstehen ganz auf der inneren Selbstthätigkeit beruht, und das Sprechen mit einander nur ein gegenseitiges Wecken des Vermögens des Hörenden ist. Das Begreifen von Worten ist durchaus etwas Andres, als das Verstehen unarticulirter Laute, und fasst weit mehr in sich, als das blosse gegenseitige Hervorrufen des Lauts und des angedeuteten Gegenstandes. Das Wort kann allerdings auch als untheil-

bares Ganzes genommen werden, wie man selbst in der Schrift wohl den Sinn einer Wortgruppe erkennt, ohne noch ihrer alphabetischen Zusammensetzung gewiss zu seyn, und es wäre möglich, dass die Seele des Kindes in den ersten Anfängen des Verstehens so verführe. So wie aber nicht bloss das thierische Empfindungsvermögen, sondern die menschliche Sprachkraft angeregt wird (und es ist viel wahrscheinlicher, dass es im Kinde keinen Moment giebt, wo dies, wenn auch noch so schwach, nicht der Fall wäre), so wird auch das Wort, als articulirt, vernommen. Nun aber ist dasjenige, was die Articulation dem blossen Hervorrufen seiner Bedeutung (welches natürlich auch durch sie in höherer Vollkommenheit geschieht) hinzufügt, dass sie das Wort unmittelbar durch seine Form als einen Theil eines unendlichen Ganzen, einer Sprache, darstellt. Denn es ist durch sie, auch in einzelnen Wörtern, die Möglichkeit gegeben, aus den Elementen dieser eine wirklich bis ins Unbestimmte gehende Anzahl anderer Wörter nach bestimmenden Gefühlen und Regeln zu bilden, und dadurch unter allen Wörtern eine Verwandtschaft, entsprechend der Verwandtschaft der Begriffe, zu stiften. Die Seele würde aber von diesem künstlichen Mechanismus gar keine Ahndung erhalten, die Articulation ebensowenig, als der Blinde die Farbe, begreifen, wenn ihr nicht eine Kraft beiwohnte, jene Möglichkeit zur Wirklichkeit zu bringen. Denn die Sprache kann ja nicht als ein da liegender, in seinem Ganzen übersehbarer, oder nach und nach mittheilbarer Stoff, sondern muss als ein sich ewig erzeugender angesehen werden, wo die Gesetze der Erzeugung bestimmt sind, aber der Umfang und gewissermassen auch die Art des Erzeugnisses gänzlich unbestimmt bleiben. Das Sprechenlernen der Kinder ist nicht ein Zumessen von Wörtern, Niederlegen im Gedächtniss, und Wiedernachlallen mit den Lippen, sondern ein Wachsen des Sprachvermögens durch Alter und Uebung. Das Gehörte thut mehr, als bloss sich mitzutheilen, es schickt die Seele an, auch das noch nicht Gehörte leichter zu verstehen, macht längst Gehörtes, aber damals halb oder gar nicht Verstandenes, indem die Gleichartigkeit mit dem eben Vernommenen der seitdem schärfer gewordenen Kraft plötzlich einleuchtet, klar, und schärft den Drang und das Vermögen, aus dem Gehörten immer mehr und schneller in das Verständniss hinüberzuziehen, immer weniger davon als blossen Klang vorüberrauschen zu lassen. Die Fortschritte geschehen daher auch nicht, wie etwa beim Vocabellernen, in gleichmässigem, nur durch die verstärkte Uebung des Gedächtnisses wachsendem Verhältniss, sondern in beständig sich selbst steigerndem, da die Erhöhung der Kraft und die Gewinnung des Stoffs sich gegenseitig verstärken und erweitern. Dass bei den Kindern nicht ein mechanisches Lernen der Sprache, sondern eine Entwicklung der Sprachkraft vorgeht, beweist auch, dass allen menschlichen Kräften ein gewisser Zeitpunkt im Lebensalter zu ihrer Entwicklung angewiesen ist, und dass unter den verschiedenartigsten Umständen alle Kinder ungefähr in demselben, nur innerhalb eines kurzen Zeitraums schwankenden Alter sprechen und verstehen. Wie aber könnte sich der Hörende bloss durch das Wachsen seiner eignen sich abgeschieden in ihm entwickelnden Kraft des Gesprochenen bemeistern, wenn nicht in dem Sprechenden und Hörenden dasselbe, nur individuel und zu gegenseitiger Angemessenheit getrennte Wesen wäre, so dass ein so feines, aber gerade aus der tiefsten und vollsten Natur desselben geschöpftes Zeichen, wie der articulirte Laut ist, hinreicht, beide auf übereinstimmende Weise, vermittelnd, anzuregen?

60. Indem die Absonderung und Vermischung der Nationen die Menschen aus einander oder zusammen rückt, tritt die Trennung der Individualität mehr oder weniger der Einheit des Wesens entgegen. Aber die Einheit der menschlichen Natur überhaupt beweist sich auch darin, dass Kinder jedes Volkes, vom Mutterschoosse in jedes fremde versetzt, ihr Sprachvermögen in dessen Sprache entwickeln. Da die Unmöglichkeit eines mechanischen Erlernens der Sprache im Vorigen bewiesen ist, so kann diese Erscheinung nicht gerade umgekehrt als ein Beweis angeführt werden, dass die Sprache bloss ein Wiedergeben des Gehörten sey, und ohne Rücksicht auf Einheit oder Verschiedenheit des Wesens vom Umgang abhange. Ihr Grund liegt allein darin, dass der Mensch überall Eins mit dem Menschen ist, und die Entwicklung des Sprachvermögens daher an jedem andren gegebenen, in seinem Erzeugniss noch so verschiedenen geschehen kann. Gerade aber die Vertheilung in Nationen beweist die gar nicht äusserliche, sondern ganz innerliche Natur der Sprache, indem sie die Gewalt der Abstammung auf sie zeigt. Der Einfluss dieser auf die Stimmwerkzeuge ist von selbst klar, da sie doch individuell und der Sprache der Völker gemäss modificirt seyn müssen, und nun im Aneignen und Widerstreben diese Modification jeder Wirkung auf sie beimischen. Nichts aber steht so vereinzelt im Menschen, und auch das intellectuelle Sprachvermögen kennt gewiss eine solche stammartige Anlage. Auch in jenen ausserordentlichen Fällen früher Versetzung in ganz fremde Nationen würde feinere Beobachtung die Wirkungen dieses Einflusses nicht verkennen. Achtete man nur hinlänglich auf Erscheinungen dieser Art, so liessen sich selbst in dem feinsten und geistigsten Gebrauche der Sprache, in der Literatur der Nationen, Individuen aufweisen, die, von Kindheit an ihrer Sprache, die sie nicht einmal erlernten, entfremdet, doch immer im Gebrauche der angeeigneten verriethen, dass ihre ursprüngliche Bestimmung zu einer andren, gegen die Natur ihres Wesens, verrückt worden war. Der innige Zusammenhang der Sprache mit der physischen Abstammung, und dadurch ihr Ursprung aus der Tiefe des Wesens und die durch die Abstammung bedingte Einheit der menschlichen Natur gehen auch aus den ge-

wöhnlichen Thatsachen hervor, dass die vaterländische Sprache für die
Gebildeten und Ungebildeten eine viel grössere Stärke und Innigkeit
besitzt, als eine fremde, dass sie das Ohr, nach langer Entbehrung, mit
einer Art plötzlichen Zaubers begrüsst und in der Ferne mit Sehnsucht
berührt, dass dies gar nicht auf dem Geistigen in derselben, dem ausgedruckten Gedanken oder Gefühle, sondern gerade auf dem Unerklärlichen, dem Individuellsten, auf ihrem Laute beruht, dass es ist, als wenn
man mit dem heimischen einen Theil seines Selbst vernähme.

61. Ich habe im Vorigen (§. 31–60.) die Sprache als Organ des Denkens dargestellt, und mich bemüht ihr in der Thätigkeit ihres Erzeugens
zu folgen. Ich wende mich jetzt zu dem durch das Sprechen, oder vielmehr durch das Denken in Sprache Erzeugten. Auch hier findet sich, dass
die Vorstellungsart, als thue die Sprache nicht mehr, als die an sich wahrgenommenen Gegenstände zu bezeichnen, weit entfernt ist, ihren tiefen
und vollen Gehalt zu erschöpfen. Ebensowenig als ein Begriff ohne sie
möglich ist, ebensowenig kann es für die Seele ein Gegenstand seyn, da
ja jeder äussere Gegenstand nur vermittelst des Begriffes für sie Wesenheit erhält. In die Bildung und den Gebrauch der Sprache geht nothwendig die ganze Art der subjectiven Wahrnehmung der Gegenstände über.
Denn das Wort entsteht ja aus dieser Wahrnehmung, und ist nicht ein
Abdruck des Gegenstandes an sich, sondern des von diesem in der Seele
erzeugten Bildes. Da aller objectiven Wahrnehmung unvermeidlich Subjectivitaet beigemischt ist, so kann man schon unabhängig von der Sprache jede menschliche Individualität als einen eignen Standpunkt der
Weltansicht betrachten. Sie wird aber noch viel mehr dazu durch die
Sprache, da das Wort sich, der Seele gegenüber, auch wieder selbst zum
Object macht, und eine neue, vom Subject sich absondernde Eigenthümlichkeit hinzubringt, so dass nunmehr in dem Begriffe ein Dreifaches
liegt, der Eindruck des Gegenstandes, die Art der Aufnahme desselben
im Subject, die Wirkung des Worts, als Sprachlaut. In dieser letzten
herrscht in derselben Sprache nothwendig eine durchgehende Analogie,
und da nun auch auf die Sprache in derselben Nation eine gleichartige
Subjectivitaet einwirkt, so liegt in jeder Sprache eine eigenthümliche
Weltansicht. Dieser Ausdruck überschreitet auf keine Weise das Mass der
einfachen Wahrheit. Denn der Zusammenhang aller Theile der Sprache
unter einander, und der ganzen Sprache mit der Nation ist so enge, dass,
wenn einmal diese Wechselwirkung eine bestimmte Richtung angiebt,
daraus nothwendig durchgängige Eigenthümlichkeit hervorgehen muss.
Weltansicht aber ist die Sprache nicht bloss, weil sie, da jeder Begriff soll
durch sie erfasst werden können, dem Umfange der Welt gleichkommen
muss, sondern auch deswegen, weil erst die Verwandlung, die sie mit den
Gegenständen vornimmt, den Geist zur Einsicht des von dem Begriff der
Welt unzertrennlichen Zusammenhanges fähig macht. Denn erst indem

sie den Eindruck der Wirklichkeit auf die Sinne und die Empfindung in das, als Organ des Denkens eigen vorbereitete Gebiet der articulirten Töne hinüberführt, wird die Verknüpfung der Gegenstände mit den klaren und reinen Ideen möglich, in welchen der Weltzusammenhang ans Licht tritt. Der Mensch lebt auch hauptsächlich mit den Gegenständen, so wie sie ihm die Sprache zuführt, und da Empfinden und Handlen in ihm von seinen Vorstellungen abhängt, sogar ausschliesslich so. Durch denselben Act, vermöge welches der Mensch die Sprache aus sich heraus spinnt, spinnt er sich in dieselbe ein, und jede Sprache zieht um die Nation, welcher sie angehört, einen Kreis, aus dem es nur insofern hinauszugehen möglich ist, als man zugleich in den Kreis einer andren Sprache hinübertritt. Die Erlernung einer fremden Sprache sollte daher die Gewinnung eines neuen Standpunkts in der bisherigen Weltansicht seyn, da jede das ganze Gewebe der Begriffe und der Vorstellungsweise eines Theils der Menschheit enthält. Da man aber in eine fremde Sprache immer mehr oder weniger seine eigne Welt- ja seine eigne Sprachansicht hinüberträgt, so wird dieser Erfolg nie rein und vollständig empfunden.

62. Ich habe bisher mehr von dem Sprechen, als von der Sprache gehandelt. Aus dem Sprechen aber erzeugt sich die Sprache, ein Vorrath von Wörtern und System von Regeln, und wächst, sich durch die Folge der Jahrtausende hinschlingend, zu einer von dem jedesmal Redenden, dem jedesmaligen Geschlecht, der Nation, ja zuletzt selbst von der Menschheit in gewisser Art unabhängigen Macht an. Wir sind im Vorigen darauf aufmerksam geworden, dass der in Sprache aufgenommene Gedanke für die Seele zum Object wird, und insofern eine Wirkung auf sie ausübt, die ihr fremd ist. Aber wir haben das Object vorzüglich als aus dem Subject entstanden, die Wirkung als aus demjenigen, worauf sie zurückwirkt, hervorgegangen betrachtet. Jetzt tritt die entgegengesetzte Ansicht ein, nach welcher die Sprache wirklich ein fremdes Object, ihre Wirkung wirklich aus etwas andrem, als worauf sie wirkt, hervorgegangen ist. Denn die Sprache muss nothwendig (§. 47.) zweien angehören, und gehört in der That dem ganzen Menschengeschlecht an, da sie nun auch in der Schrift den schlummernden Gedanken dem Geiste erweckbar erhält, so bildet sie sich ein eigenthümliches Daseyn, das zwar immer nur in jedesmaligem Denken Geltung erhalten kann, aber in seiner Totalitaet von diesem unabhängig ist. Die beiden hier angeregten, einander entgegengesetzten Ansichten, dass die Sprache der Seele fremd und ihr angehörend, von ihr unabhängig und abhängig ist, verbinden sich wirklich in ihr, und machen die Eigenthümlichkeit ihres Wesens aus. Es muss dieser Widerstreit auch nicht so gelöst werden, dass sie zum Theil fremd und unabhängig und zum Theil beides nicht sey. Die Sprache ist gerade insofern Object und selbständig, als sie Subiect und abhängig ist. Denn sie hat nirgends,

auch in der Schrift nicht, eine bleibende Stätte, sondern muss immer im Denken aufs neue erzeugt werden, und folglich ganz in das Subject übergehen; es liegt aber in dem Act dieser Erzeugung, sie gerade ebenso zum Object zu machen; sie erfährt auf diesem Wege jedesmal die ganze Einwirkung des Individuums, aber diese Einwirkung ist schon in sich durch das, was sie wirkt und gewirkt hat, gebunden. Die wahre Lösung jenes Gegensatzes liegt in der oben (§. 57.) angeführten Einheit der menschlichen Natur. Was aus dem stammt, was eigentlich mit mir Eins ist, darin gehen die Begriffe des Subjects und Objects, der Abhängigkeit und Unabhängigkeit in einander über. Die Sprache gehört mir an, weil ich sie hervorbringe. Sie gehört mir nicht an, weil ich sie nicht anders hervorbringen kann, als ich thue, und da der Grund hiervon in dem Sprechen und Gesprochenhaben aller Menschengeschlechter liegt, soweit Sprachmittheilung ohne Unterbrechung unter ihnen gewesen seyn mag, so ist es die Sprache selbst, von der ich diese Einschränkung erfahre. Allein was mich in ihr beschränkt und bestimmt, ist in sie aus menschlicher, mit mir innerlich zusammenhangender Natur gekommen, und das Fremde in ihr ist daher nur meiner augenblicklichen individuellen, nicht meiner ursprünglichen wahren Natur fremd.

63. Der fremde Einfluss, welchem der Mensch im Gebrauche der Sprache unterliegt, ist aber, ausser demjenigen, welchen sie selbst ausübt, bei ihrem engen Zusammenhange mit seinem ganzen übrigen Wesen auch noch der, welchen dieses durch Abstammung, umgebende Lage, und Art des gemeinsamen Lebens erfährt. Muss man sich daher auf der einen Seite hüten, eine Sprache ganz aus den auf die Nation einwirkenden Umständen zu erklären, so darf man auf der andren nicht vergessen, dass auch eine geschichtlich unläugbar überkommene Sprache durch die Nation unglaublich scheinende Abänderungen erleiden kann. Mit dieser zwiefachen Reihe verketteter Wirkungen hat man es bei Sprachuntersuchungen überall zu thun. Denn wie alle das Menschengeschlecht geschichtlich betreffende, versetzen sie immer nur in eine Mitte der Dinge, und einen Anfang sich denken, oder gar erklären zu wollen, würde auf leere Voraussetzungen führen. Auch da, wo weder Geschichte noch Ueberlieferung von einem früheren Zustand Kenntniss geben, und einen allgemeineren Zusammenhang zeigen, muss man es daher doch immer als eine Aufgabe für die überall hin gerichtete Aufmerksamkeit ansehen, irgend einen zu finden.

64. Wenn man bedenkt, wie auf die jedesmalige Generation in einem Volk Alles das bindend einwirkt, was die Sprache desselben alle vorigen Jahrhunderte hindurch erfahren hat, und wie damit nur die Kraft der einzelnen Generation in Berührung tritt, und diese nicht einmal rein, da das aufwachsende und abtretende Geschlecht untermischt neben einander leben, so wird klar, wie gering eigentlich die Kraft des Einzelnen

gegen die Macht der Sprache ist. Nur durch die ungemeine Bildsamkeit der letzteren, durch die Möglichkeit, von der ich weiter unten reden werde, ihre Formen, dem allgemeinen Verständniss unbeschadet, auf sehr verschiedene Weise aufzunehmen, und durch die Gewalt, welche alles lebendig Geistige über das todt Ueberlieferte ausübt, wird das Gleichgewicht wieder einigermassen hergestellt. Doch ist es immer die Sprache, in welcher jeder Einzelne am lebendigsten fühlt, dass er nichts als ein Ausfluss des ganzen Menschengeschlechts ist. Nur weil doch jeder einzeln und unaufhörlich auf sie zurückwirkt, bringt demungeachtet jede Generation eine Veränderung in ihr hervor, die sich nur oft der Beobachtung entzieht. Denn die Veränderung liegt nicht immer in den Wörtern und Formen selbst, sondern bisweilen nur in dem anders modificirten Gebrauche derselben, und dies letztere ist, wo Schrift und Literatur mangeln, schwieriger wahrzunehmen.

65. Die Rückwirkung des Einzelnen auf die Sprache wird noch einleuchtender, wenn man, was zur scharfen Begränzung der Begriffe nicht fehlen darf, bedenkt, dass die Individualität einer Sprache (wie man das Wort gewöhnlich nimmt) auch nur vergleichungsweise eine solche ist, dass aber die wahre Individualität nur in dem jedesmal Sprechenden liegt. Erst im Individuum erhält die Sprache ihre letzte Bestimmtheit, und dies erst vollendet den Begriff. Eine Nation hat freilich im Ganzen dieselbe Sprache, allein schon nicht alle Einzelnen in ihr, wie wir gleich im Folgenden sehen werden, ganz dieselbe, und geht man noch weiter in das Feinste über, so besitzt wirklich jeder Mensch seine eigne. Keiner denkt bei dem Wort gerade das, was der andre, und die noch so kleine Verschiedenheit zittert, wenn man die Sprache mit dem beweglichsten aller Elemente vergleichen will, durch die ganze Sprache fort. Bei jedem Denken und Empfinden kehrt, vermöge der Einerleiheit der Individualitaet, dieselbe Verschiedenheit zurück, und bildet eine Masse aus einzeln Unbemerkbarem. Alles Verstehen ist daher immer zugleich ein Nicht-Verstehen, eine Wahrheit, die man auch im praktischen Leben trefflich benutzen kann, alle Uebereinstimmung in Gedanken und Gefühlen zugleich ein Auseinandergehen. Dies wird nur da nicht sichtbar, wo es sich unter der Allgemeinheit des Begriffs und der Empfindung verbirgt; wo aber die erhöhete Kraft die Allgemeinheit durchbricht, und auch für das Bewusstseyn schärfer individualisirt, da tritt es deutlich ans Licht. So wird niemand abläugnen, dass jeder bedeutende Schriftsteller seine eigene Sprache besitzt. Zwar lässt sich entgegnen, dass man unter Sprache nur eben jene Allgemeinheit der Formen, Wörter und Regeln versteht, welche gerade verschiedenartiger Individualitaet Raum erlaubt, und diese Bestimmung des Begriffs ist allerdings in vielfacher Hinsicht zweckmässig. Wo aber von ihrem Einfluss die Rede ist, kommt es doch auf ihre wahre, wirkende Kraft an, und da muss sie in

der ganzen Individualität ihrer Wirklichkeit genommen werden. Die angeregte Ansicht lässt sich daher nicht aus dem Gebiete auch der allgemeinsten Sprachuntersuchung verbannen. Es giebt mehrere Stufen, auf denen die Allgemeinheit der Sprachformen sich auf diese Weise individualisirt, und das individualisirende Princip ist dasselbe: das Denken und Sprechen in einer bestimmten Individualität. Dadurch entsteht die Verschiedenheit in der Sprache der Einzelnen, wie der Nationen. Es ist überall nur ein Mehr oder Weniger. Man muss daher bis zur letzten Stufe herabsteigen. Man könnte zwar die Gränze da finden wollen, wo die Sprache, wenn auch individuell nuancirt, sich doch derselben Wörter bedient. Aber auch dies ist schon bei den verschiedenen Classen einer Nation nicht ganz der Fall, und selbst der Einzelne braucht einige vorzugsweise, bedient sich andrer, gleichsam als ihm fremder, schliesst noch andre ganz aus, und bildet sich dadurch, auch ausser den Abweichungen in der Bedeutung, sein eignes Wörterbuch.

66. Die Modificirung der Sprache in jedem Individuum zeigt eine Gewalt des Menschen über die Sprache, so wie wir im Vorigen ihre Macht über ihn dargestellt haben. Diese letztere kann man (wenn man den Ausdruck auf geistige Kräfte anwenden will) als ein physiologisches Wirken ansehen, jene erstere, von ihm ausgehende, ist ein rein dynamisches, in dem auf ihn ausgeübten Einfluss liegt die Gesetzmässigkeit der Sprache, in der aus ihm kommenden Rückwirkung das Princip ihrer Freiheit. Denn es kann im Menschen etwas aufsteigen, dessen Grund kein Verstand in den vorhergehenden Zuständen aufzufinden vermag, und man würde die Natur der Sprache verkennen, und gerade die geschichtliche Wahrheit ihrer Entstehung und Umänderung verletzen, wenn man die Möglichkeit solcher unerklärbaren Erscheinungen von ihr ausschliessen wollte. Ist aber auch die Freiheit an sich unbestimmbar und unerklärbar, so lassen sich doch ihre Gränzen innerhalb eines gewissen Spielraums auffinden, und die Sprachuntersuchung muss die Erscheinung der Freiheit erkennen und ehren, aber ihren Gränzen sorgfältig nachspüren, um nicht in den Sprachen durch Freiheit für möglich zu halten, was es nicht ist.

Dritter Abschnitt

Von der Sprache in Beziehung auf die Vertheilung des
Menschengeschlechts in Nationen

67. Die Vertheilung des Menschengeschlechts in grössere und kleinere Haufen hat einen doppelten Ursprung: einen irdischen in dem körperlichen Bedürfniss, dem blossen Naturtrieb und äusseren Umständen, und

einen in dem Zusammenhang seines ganzen Daseyns ruhenden, den inneren, dem Menschen selbst nicht immer verständlichen Drang nach
dem höchsten durch seine Natur Erreichbaren. Wie die Verzweigung
des Menschengeschlechts in Nationen das mächtigste Mittel hierzu ist,
habe ich schon im Vorigen (§. 10–12. 46.) hinlänglich ausgeführt. Geschichtlich muss man dieser Verzweigung zuerst in dem nachgehen,
was die nächste und sichtbarste Veranlassung dazu ist, in der physischen Beschaffenheit der Erde. Hier muss die Geographie der Geschichte und der Sprachkunde den Boden vorbereiten, die Vertheilung
des Festlandes und der Gewässer, die verschiedenartige Abdachung der
Gebirgszüge von den höchsten Gipfeln bis zu den niedrigsten Ebnen,
die klimatischen und andren physischen Verhältnisse, kurz die ganze
feste und unveränderliche Beschaffenheit des Erdbodens schildern,
nach welchen sich die verschiedenen Wohnsitze des Menschengeschlechts umschreiben, und in welchen sich Einflüsse auf die Schicksale
der einzelnen Völkerhaufen aufsuchen lassen. Denn der Schauplatz, auf
dem er auftritt, die Luft, die er einathmet, der Boden, der ihn ernährt,
der freundlichere, ihm aus der Ferne zuwehende Hauch, die von der
öderen Höhe erblickte reichere Fülle der Ebne, die ihn anlocken, bestimmen zunächst seinen Entschluss bei der Beibehaltung eines Wohnplatzes und der Wahl eines neuen. Die festen Beschaffenheiten des sich
seit Jahrtausenden wenig mehr verändernden Erdkörpers werden auf
diese Weise sehr oft bleibende Veranlassungen zu gleichen Begebenheiten. Von denselben Gebirgen steigen durch ganze Zeiträume der Geschichte hindurch Völker herab, und verbreiten sich über die Ebne.
Dieselben Gegenden bleiben Strassen wandernder Horden. Dieselben
Ebnen, dieselben festen Stellungen führen in ganz verschiednen Jahrhunderten feindliche Heere zusammen. Ein Theil der Schicksale des
Menschengeschlechts ist dadurch ganz eigentlich an den Ort gebunden.
Die Sprachkunde muss daher immer zuerst diesen örtlichen Verhältnissen ihre Aufmerksamkeit zuwenden, das Gebiet jeder Sprache, ihren
Sitz und ihre Wanderungen, und die Verschiedenheit der Sprachen in
jedem geographisch abgesonderten Theile des Erdbodens zu bestimmen
versuchen, und nicht wähnen, auch wo es bloss grammatische Untersuchungen gilt, die Sprache von dem Menschen, und den Menschen von
dem Boden losreissen zu können. Boden, Mensch und Sprache sind untrennbar in Eins verwachsen.

68. Wir kennen geschichtlich oder auch nur durch irgend sichre Ueberlieferung keinen Zeitpunkt, in welchem das Menschengeschlecht
nicht in Völkerhaufen getrennt gewesen wäre. Ob dieser Zustand der
ursprüngliche war, oder erst später entstand, lässt sich daher geschichtlich nicht entscheiden. Einzelne, an sehr verschiednen Punkten der
Erde, ohne irgend sichtbaren Zusammenhang, wiederkehrende Sagen

verneinen die erstere Annahme, und lassen das ganze Menschengeschlecht von Einem Menschenpaare abstammen. Die weite Verbreitung
dieser Sage hat sie bisweilen für eine Urerinnerung der Menschheit halten lassen. Gerade dieser Umstand aber beweist vielmehr, dass ihr keine
Ueberlieferung und nichts Geschichtliches zum Grunde lag, sondern
nur die Gleichheit der menschlichen Vorstellungsweise zu derselben
Erklärung der gleichen Erscheinung führte, wie gewiss viele Mythen,
ohne geschichtlichen Zusammenhang, bloss aus der Gleichheit des
menschlichen Dichtens und Grübelns entstanden. Jene Sage trägt auch
darin ganz das Gepräge menschlicher Erfindung, dass sie die ausser aller Erfahrung liegende Erscheinung des ersten Entstehens des Menschengeschlechts (in die sich das Nachdenken vergeblich vertieft, da
der Mensch so an sein Geschlecht und an die Zeit gebunden ist, dass
sich ein Einzelner ohne vorhandnes Geschlecht und ohne Vergangenheit gar nicht in menschlichem Daseyn fassen lässt) auf eine innerhalb
heutiger Erfahrung liegende Weise und so erklären will, wie allerdings
in Zeiten, wo das ganze Menschengeschlecht schon Jahrtausende hindurch bestanden hatte, bisweilen eine wüste Insel oder ein abgesondertes Gebirgsthal mag bevölkert worden seyn. Ob daher in dieser weder
auf dem Wege der Gedanken, noch der Erfahrung zu entscheidenden
Frage wirklich jener angeblich traditionelle Zustand der geschichtliche
war, oder ob das Menschengeschlecht von seinem Beginnen an völker-
weise den Erdboden bewohnte? darf die Sprachkunde weder aus sich
bestimmen, noch, die Entscheidung anderswoher nehmend, zum Erklä-
rungsgrunde für sich brauchen wollen. Dass die Aehnlichkeit, welche
man in allen bisher bekannt gewordenen Sprachen antrifft, und von der
sich unbedenklich annehmen lässt, dass auch keine erst zu entdeckende
abweichen wird, keinen irgend zulänglichen Beweis auch nur für die
Abstammung von Einem Volke abgiebt, muss jedem klar seyn, der über
die Natur der Sprache und das Fragmentarische unsrer Geschichte
nachdenkt, in welcher auch die älteste Kunde von dem Urbeginn durch
einen Abstand getrennt ist, welcher einer unbestimmbaren Menge von
Begebenheiten Raum giebt. Die Abstammung von Einem Volke ist aber
noch etwas ganz Andres, als die von Einem Menschenpaare, da wir,
wenigstens aus der Erfahrung, gar keinen Begriff von der Möglichkeit
einer Sprache zwischen zwei Menschen allein besitzen.[40]

69. Dagegen ist die für die Sprachkunde fruchtbare Thatsache die
durch alle Geschichte gegebene, dass die Vertheilung des Menschengeschlechts in Nationen beständig Veränderungen erfahren hat, und noch
immer erfährt. Diesen forschend nachzugehen ist das Geschäft der Ethnographie, welche die Vereinigung der Geschichte mit der Sprachkunde
nothwendig macht. Denn es ist ein Irrthum, wenn man annimmt, dass
die Sprachkunde allein über die Einerleiheit oder Verschiedenheit der

Nationen entscheiden könne. Sie bedarf vielmehr sogar ganz auf ihrem
eignen Gebiet, bei der Prüfung der Verwandtschaft der Sprachen, der
Geschichte oft zur Begründung und immer zur Berichtigung ihres Urtheils. Man muss es selbst als leitenden Grundsatz annehmen, dass bei
nicht ganz nahe verwandten Sprachen die Einerleiheit auch mehrerer
Laute und die Aehnlichkeit des grammatischen Baues für sich keinen
Beweis gleicher Abstammung abgeben, wenn nicht auch geschichtlich
wenigstens die Wahrscheinlichkeit vorhanden gewesener Verbindung
feststeht. Erst auf diesen Grund kann die Sprachkunde mit Sicherheit
fortbauen. Die Ethnographie hat auch insofern ein andres Gebiet, als
die Sprachkunde, als sie die Einerleiheit der Stämme auch da noch verfolgt, wo sie ihre ursprünglichen Sprachen gegen andre vertauscht haben.

70. Der Begriff der Nation ist schon oben (§. 11. 12.) bestimmt worden, allein nach seiner tiefsten geistigsten Bedeutung, welche der gewöhnlichen Ansicht vielleicht fremd erscheint. Er ist auch dort, als ganz
mit dem der Sprache zusammenfallend geschildert worden. Beides erfordert hier noch einige Aufklärung. Wenn man die Wörter *Volk, Nation* und *Staat,* als durch feste Gränzen von einander geschieden ansieht,
so bezieht sich das erste auf den Wohnsitz und das Zusammenleben,
das zweite auf die Abstammung, das letzte auf die bürgerliche Verfassung. Allein die beiden ersten leiden, dem Sprachgebrauch nach, keine
so scharfe Begränzung, und der Begriff des letzten mischt sich sehr oft
beiden bei. *Nation* aber gilt vorzüglich als Bezeichnung derjenigen Völ-
kereinheit, auf die alle verschiedenartigen Umstände einwirken, ohne
dass man gerade darauf sieht, ob Abstammung oder Sprache innerhalb
dieser Einheit dieselben sind, oder sich nicht noch über dieselbe hinaus-
erstrecken. So redet man von der französischen Nation, ohne auf das in
Sprache abgesonderte Völkchen der NiederBretagne, von der Spanischen, ohne auf die Vasken, Valencianer und Catalanen zu sehen, von
der Schweizerischen, ungeachtet Abstammung und Sprache ihnen mit
den Deutschen gemeinschaftlich sind. Dann aber nimmt man das Wort
auch wieder in einem viel allgemeineren über ganz verschiedene Wohnplätze und Staaten gehenden Sinn von der Germanischen, Slavischen
u. s. w. Nation, obgleich da schon der Plural gebräuchlicher ist.

71. Insofern die Sprachkunde und die Untersuchung des Einflusses
der Sprache auf ein Volk, und der Beziehung, in welcher die Völker zu
dem Entwicklungsgange der Menschheit stehen, des Begriffes der Nation bedürfen, muss er auf eine zu der oben gegebenen Bedeutung passende Weise genommen werden. In diesem Sinne ist eine Nation ein solcher Theil der Menschheit, auf welchen so in sich gleichartige und
bestimmt von andren verschiedene Ursachen einwirken, dass sich ihm
dadurch eine eigenthümliche Denk-, Empfindungs- und Handlungswei-

se anbildet. Insofern ist der Begriff auch ein relativer, da es mehrere unter einander begriffene Sphären der Eigenthümlichkeit gebcn, und Völker, die in einer beschränkteren einander als verschiedene Nationen entgegenstehen, in einer weiteren zu der nämlichen gehören können. Die wirkliche Verschiedenheit prägt sich allemal auch in Verschiedenheit der Sprache, wäre sie auch nur eine der Mundart, aus, und in der Einerleiheit können verschiedene Sprachen nur insofern zusammenstossen, als der Mensch sich gewöhnen kann, sich mehrerer zugleich, als seiner eignen zu bedienen. Da die Mundarten und getrennt da stehende Volkssprachen allemal der Bildung weichen, so giebt es bisweilen in demselben Volksstamm nationenartige Verschiedenheiten. Der gemeine Nieder-Bretagner oder Gascogner ist in einem andren Sinne Franzose, als der gebildete. Was nun die Nationen im Grossen gestaltet, lässt sich auf allgemeine Punkte zurückführen. Obenan stehen in diesen Einwirkungen Abstammung und Sprache. Dann folgen das Zusammenleben und die Gleichheit der Sitten. Die dritte Stelle nimmt die bürgerliche Verfassung ein, und die vierte die gemeinschaftliche That und der gemeinschaftliche Gedanke, die nationelle Geschichte und Literatur. Der durch diese gebildete Geist tritt nicht sowohl zu den übrigen Einwirkungen hinzu, als er vielmehr alle zusammenschliessend vollendet. Eine Nation wird erst wahrhaft zu einer, wann der Gedanke es zu wollen in ihr reift, das Gefühl sie beseelt eine solche und solche zu seyn. In Masse, wie einzeln, ist es der Gedanke, in dem der Mensch sich zusammenfasst, seine Naturanlagen sichtet, läutert und ins Bewusstseyn bringt, und sich seine eigenthümliche Bahn bricht. Das Streben, dies Nationalgefühl zu wecken und zu leiten, ist der Punkt, wo die bürgerliche Verfassung in den Entwicklungsgang der Menschheit eingreift; wo es in ihr mangelt oder verfehlt wird, sinkt sie bald selbst zu roher Gewalt oder todter Form hinab.

72. Die Individualitaet und die Nationalitaet, die letztere in dem hier entwickelten Begriff, sind die beiden grossen intellectuellen Formen, in welchen die steigende und sinkende Bildung der Menschheit fortschreitet. Im Bunde mit der alles Menschliche leitenden Macht beherrschen sie die Schicksale des Menschengeschlechts, und bleiben, ist auch diese ihre ursprüngliche Verknüpfung unerforschlich, der wichtigste Erklärungsgrund derselben. Die Sprache lebt und webt in der Nationalität und das Geheimnissvolle ihres Wesens zeigt sich gerade darin vorzüglich, dass sie aus der scheinbar verwirrten Masse von Individualitaeten hervorgeht, unter welchen keine sich gerade einzeln auszuzeichnen braucht. Sie erhält ihre ganze Form aus diesem dunkeln Naturwirken bewusstlos zusammenstimmender Anlagen, da was aus einzelner, noch so richtig berechneter Absicht hervorgeht, sie in sichtbarer Ohnmacht nur gleichsam umspielt. Eine Sprache lässt sich daher nur in Verbin-

dung mit einem Volke denken, und so einfach und bekant dieser Satz erscheint, so wird die Folge bald zeigen, wie reich er an Folgerungen, und wie oft er übersehen worden ist.

73. Wie sich aber der Mensch an Allem versucht, so hat es auch nicht an Bemühungen gefehlt, wo Einzelne neue Sprachen zu schaffen unternommen haben. Der grosse Leibnitz selbst fasste die Idee einer zu erfindenden Universalsprache. Die Pasigraphie und Pasilalie, deren Kindischheit man glücklicher Weise bald einzusehen anfing, hatten eine ähnliche Tendenz, da, was nur ihre Erfinder nicht gehörig einsahen, sie sich gar nicht innerhalb der Schranken einer blossen allgemeinen Schrift und Rede für die besondren Sprachen erhalten liessen. Von welcher Art die von einem Araber erfundene Sprache gewesen seyn mag, verdiente eigene Untersuchung. Allein auch unter uncivilisirten Nationen finden sich solche Versuche. Der sowohl durch kühne Eroberungen, als durch innere wohlthätige Einrichtungen bekannte König der Sandwich-Inseln Tammeamea wollte bei Gelegenheit der Geburt eines Sohnes eine neue Sprache unter seinem Volke einführen. Sie war rein von ihm ersonnen, und soll, was aber wohl nicht buchstäblich zu nehmen seyn wird, mit gar keinen Wurzeln der bis dahin geltenden Sprache zusammengehangen haben, und auch in den grammatischen Partikeln ganz abweichend gewesen seyn. Der Unmuth, den ein so widersinniger Einfall erregte, bewog einige Häuptlinge, das Kind mit Gift aus dem Wege zu räumen, und so sank die neue Sprache wieder in Vergessenheit zurück.[41] Was aber hier Tammeamea unternahm, war nichts, als eine im stolzen Uebermuth der Herrschaft ersonnene Erweiterung einer beschränkter schon bestehenden Volkssitte. Auf Tahiti, und bei der Gleichheit vieler Sitten der Südsee-Inseln herrschte vermuthlich Aehnliches auf den Sandwich-Inseln, wurden beim Antritt eines neuen Regenten und bei ähnlichen Gelegenheiten Wörter aus der gemeinen Sprache gänzlich verbannt und neue angenommen. Da in diesen Sprachen, mehr als in andren, in den Namen die Appellativa kenntlich sind, aus denen sie bestehen, ja es kaum ein Appellativum giebt, das nicht zum Namen würde[42], so schien es vermuthlich eine Entweihung der Königswürde, den Namen des Königs beständig im Munde des Volkes zu lassen. Bei dem Regierungsantritt des Königs *Po-mare (Nacht-Husten)* wurden diese beiden Wörter aus der Sprache verbannt, und in der Benennung des Wassers ist aus ähnlichen Gründen *wai*[43] dem heutigen *pape* (spr. *pæpe*) gewichen. Jetzt ist dieser Gebrauch in Tahiti abgeschafft. Von den Abiponen erzählt man einen ganz ähnlichen. Bei dem Tode eines Abiponen wird das seinen Namen ausmachende Wort (wenn es noch in der Sprache bedeutsam ist) oder auch das Wort des Gegenstandes, welcher seinen Tod, wenn er ein zufälliger war, veranlasst hatte, verbannt und ein andres, dafür gewähltes, fcierlich ausgerufen. Die

Bestimmung und der Ausruf der neuen Wörter geschieht durch alte Frauen. So wurde bei dem Tode eines jungen Mannes, der an einer Verwundung durch einen Dorn starb, das damals gebräuchliche Wort *hana* mit *nichirenkate* vertauscht.[44] Wie jede Sprache theils provincielle, theils veraltete sinnverwandte Wörter besitzt, und dies, bei der Vertheilung in viele kleine Stämme, leicht noch mehr bei den Sprachen, von denen hier die Rede ist, der Fall seyn mag; so ist es klar, dass hier bei solchen Gelegenheiten solche Wörter in den Gebrauch hervorgeholt, an die Stelle der bisherigen gesetzt werden, und sich dann mit mehr oder weniger Glück im Munde des Volkes erhalten. Es schien mir aber nothwendig dieser Fälle hier zu erwähnen, wo der Ideengang mich überhaupt auf absichtliche Spracherzeugung führte.

74. Die wahre und ächte ist immer nur die freiwillig und scheinbar zufällig aus den Bedürfnissen und dem innern Drange eines Volkes hervorgehende. In ihr prägt sich die nationelle Eigenthümlichkeit aus, und die Sprache ist so mit dem Volke verwachsen, dass es ein vergebliches Bemühen seyn würde, genau abzusondern, wo sie bestimmend oder Bestimmung empfangend ist. Allein oder vorzüglich durch die Sprache also werden die grossen sich in der Menschengeschichte bewegenden Einheiten bezeichnet. Unter ihnen aber giebt es wieder noch grössere, durch das natürliche Streben des Menschen gegebene, und in dem Entwicklungsgange der Menschheit nothwendige Verbindungen, und auch in diesen ist die Sprache von mehr oder minder grosser Bedeutung. Ich habe gleich im Anfang dieser Schrift (§. 4. 5.) des auf Einheit gerichteten Strebens der Menschheit und seines Verhältnisses zur Sprache erwähnt. Die Völkervereine, welche daraus entstehen, haben verschiedene Ursachen und wirken auf die Sprache in doppelter Art. Unter den wirkenden Ursachen steht die Religion an der Spitze; der Buddhismus, das Christenthum und die Mahumedanische Religion geben grosse Beispiele welthistorischer religiöser Vereine. Der Gottesdienst wählt sich oft eine eigne, alterthümliche oder fremde Sprache, wie die AltSlavische Liturgie der Russen und die lateinische der Römischen Kirche. Auch bei nicht civilisirten Völkern kommt dies vor, namentlich auf den Inseln der Südsee.[45] Hier aber rede ich vorzüglich von der Verbreitung derselben Religion über mehrere Nationen und bei dieser besteht die Wirkung auf die Sprache hauptsächlich in dem Uebergange derselben Erzählungen, Ueberlieferungen und Ideen und der mehr oder weniger gleichen Geistesbildung. Sie äussert sich daher theils äusserlich in der religiösen und liturgischen Terminologie, theils innerlicher in dem Wortgehalte der Sprache überhaupt. Das ganze südwestliche Asien bietet einen fruchtbaren Stoff zu diesen Untersuchungen dar, da der grübelnde Tiefsinn der in ihm herrschenden Religion sich ganz eigenthümliche, von der natürlichen Denkweise abweichende Bahnen geöffnet

hat. Die andre Art der oben erwähnten zwiefachen Einwirkung auf die Sprache üben die durch sie selbst bewirkten Völkervereine aus. Eine Sprache verbreitet sich nämlich im gemeinsamen Verkehr als Hülfs- oder Nebensprache dergestalt über mehrere Nationen gänzlich ver- schiedner, dass in diesen nun jeder mehr oder weniger sich zwei ver- schiedener bedient. So entsteht für diese Sprache ausser ihrem natürli- chen, geographischen Gebiet ein zweites zufälliges und historisches. Die Ursachen dieser für die Sprachkunde sehr wichtigen Erscheinung können verschiedener Natur seyn, zu allen wirkt aber unläugbar ein den Menschen natürlich inwohnender Hang mit, die Sprachverschieden- heit, welche sie trennt, auf irgend eine Weise auszugleichen. Denn diese Fälle sind gleich häufig unter civilisirten und uncivilisirten Nationen. Unter jenen darf ich nur an die Allgemeinheit der Französischen Spra- che in Europa, der Englischen in Asien, der Spanischen in Amerika er- innern. In diesem letzteren Welttheil ist eine solche Verbreitung Einer Sprache über grosse Länderstriche verschiedener vorzüglich sichtbar. Längst vor der Eroberung zeigte sie sich an der Mexicanischen und Pe- ruanischen Sprache, und gewiss auch aus alter Zeit stammt die grosse Verbreitung der Guaranischen in Süd-, der Delawarischen in Nord- Amerika her. In kleinerem Masse kehrt dieselbe Erscheinung bei mehre- ren Amerikanischen Sprachen, z. B. bei der Maipurischen wieder. Es findet sich überhaupt oft in Amerika, dass die Eingebornen mehrere einheimische Sprachen zugleich und mit gleicher Fertigkeit sprechen, was bei der grossen Zerspaltung in kleine Völkerstämme Bedürfniss wird, wozu aber auch eine gewisse Gleichförmigkeit des Baues aller Amerikanischen Sprachen grössere Leichtigkeit darbietet. Die Missio- narien haben diesen Umstand und die Verbreitung einzelner Sprachen über mehrere Nationen häufig benutzt, um die grosse Anzahl verschie- dener Sprachen für ihren Gebrauch auf eine kleinere zurückzubringen. Sie haben dadurch die Alleinherrschaft einiger befestigt, es ist aber of- fenbar irrig, sie als die Urheber derselben anzusehen. Das tiefe Eindrin- gen der Arabischen Sprache in Afrika ist an der Hand der Religion, aber der erobernden, sich gewaltsam eindrängenden gegangen, und hat da- durch wohl mehr auf die äussere Civilisation, als die innere Geistesbil- dung gewirkt. Eine gemeinschaftliche Sprache neben besonderen unter- drückt sehr häufig diese, oder stellt sie in den Schatten, sie bringt auch wohl verwirrende und verunreinigende Vermischungen hervor. Dies ist die äussere, gröbere Wirkung, die ich oben von der inneren, feineren unterschied. In anderen Fällen ist sie, wenigstens scheinbar, gleichgül- tig, die sich berührenden Sprachen nehmen gegenseitig nichts von ein- ander an, und auch in dem Geiste der Sprechenden lässt ihr Zusam- menwirken keine Spur zurück. Wo aber die Gemeinschaft unter hoch ausgebildeten und schon in jeder Art sprachverständigen Nationen

Statt findet, ist sie von wichtigem innerem Einfluss. Es ist eine der treflichsten Uebungen für den Geist, wenn er das oft in einer Sprache Gedachte wieder in einer anderen vortragen muss. Der Gedanke wird dadurch unabhängiger von einer bestimmten Art des Ausdrucks, sein wahrer innerer Gehalt tritt deutlicher hervor, Tiefe und Klarheit, Stärke und Leichtigkeit begegnen einander harmonischer. Die Sprachen wirken da nicht geradezu auf einander ein, was immer bedenklich ist, sondern der Geist der Sprechenden wird durch den Gebrauch beider zu allgemeinerem und richtigerem Sprachgefühl, ja selbst Sprachbewusstseyn erhoben, und wirkt nun auf sie in ihrer Eigenthümlichkeit zurück. Es ist daher immer ein unverständiger Nationaleifer, der sich dem Gebrauch einer fremden Sprache widersetzt; der verständige tritt nicht feindlich entgegen, aber hegt, nährt und bewahrt um desto sorgsamer die eigne, um die Gemeinschaft und den Wetteifer beider vorzubereiten. Je mehr sich der gleichzeitige Gebrauch verschiedener Sprachen erweitert, je lebendiger die Gemeinschaft unter vielen wird, desto reicher ist der Gewinn für die Sprachen selbst, desto fruchtbarer ihr Einfluss auf das Denken und die Sprachfertigkeit. Selbst wo eine Zeitlang Vermischung und Verwirrung herrscht, schafft sich der ordnende Geist eine seiner würdige Form. Sind nicht die Lateinischen Töchtersprachen aus einer Periode roher und ungrammatischer Barbarei hervorgegangen? Ueberhaupt leidet die Menschheit gewöhnlich nur an der Dürftigkeit, selten an der Unbezähmtheit des Stoffs. Für diese ist immer die einengende Kraft möglich. Auf ähnliche Weise, wie durch religiöse und Sprachgemeinschaft, können aus andren Ursachen Völkervereine entstehen. Gehen sie aber, wie häufig die politischen, tief in die National-Eigenthümlichkeit ein, so bilden sie mehr eine neue Nation, als sie nur verknüpfende Bande um mehrere schlingen. Das weiteste Streben nach Einheit liegt in der Allgemeinheit des Verkehrs, in der Verbreitung der Civilisation, in dem höheren Begriff der Menschlichkeit. Wie dies auf die Sprachkunde gewirkt hat, ist oben ausgeführt worden, es übt aber auch auf die Sprachen selbst einen mächtigen, äusseren und inneren Einfluss aus und wird durch ihre richtige und consequente Behandlung in seinen wesentlichsten Zwecken gefördert.

75. Es kann wunderbar scheinen, dass ich hier, wo ich von der Beziehung der Sprache auf die Vertheilung des Menschengeschlechts rede, zwei Stufen übersprungen habe, die man sonst sehr zu beachten pflegt, die der Familie und der Racen. Man hat sich gewöhnt, bei der Erklärung des Ursprungs der bürgerlichen Gesellschaft, so wie da, wo man den Entwicklungsgang der Menschheit bezeichnen will, zuerst bei dem Familienleben zu verweilen, und in ihm einen Uebergang zum Volke zu suchen. Es ist aber sehr zu befürchten, dass diese Vorstellungsart, für die keine Erfahrung Zeugniss ablegen kann, auch nicht einmal in der

Idee richtig begründet sey. Wenn man das Familiendaseyn auf seinen wahren Begriff zurückführt, so ist es bloss ein vorübergehender, sich immerfort wiederholender Zustand, und kann kaum ohne Beimischung eines volksthümlichen gedacht werden. Wahrer Familienzustand ist nur da, wo die Glieder einer Familie noch unter der Gewalt eines gemeinschaftlichen Erzeugers stehn. Wo sie aus dieser heraustreten, oder dieselbe sich durch den Tod des Stammvaters löst, da hört das eigentliche Familienband auf. Verbrüderte Familien stehen entweder in keiner Verbindung oder in der eines Volks. Denn die verknüpfenden Verhältnisse entspringen nicht mehr aus dem Recht eines Erzeugers, und dies, nicht die auch in der Nation vorhandene Gemeinschaft der Abstammung und Verwandtschaft bildet den Begriff der Familie in dem bestimmten Sinn, wo man ihn scharf dem des Volkes entgegensetzt. Sprachen kennen wir nun aber durchaus nicht im Munde einer einzigen Familie, und wo sich eine solche Erscheinung irgendwo fände, würde die Familie vermuthlich nur ein Ueberrest eines untergehenden Volksstammes seyn, die Sprache also diesem angehören. Entstände indess eine Sprache in der That in einer abgesondert lebenden Familie, so würde sich diese Erscheinung in nichts von der unterscheiden, wo sie in einem sehr wenig zahlreichen Volksstamm ihren Anfang nähme. Dass die Sprache nothwendig erst habe Familiensprache seyn und durch Zusammenrücken der Familien Volkssprache werden müssen, ist eine ganz leere, durch nichts begründete und auf nichts anzuwendende Voraussetzung. Dagegen ist es eine ernsthafte und wichtige Frage, ob eine solche Voraussetzung nur überhaupt denkbar, und eine Sprache anders, als unter einer solchen Mannigfaltigkeit von Individualitäten, als sich nur in einem nicht mehr durch die Bande blosser Familienverwandtschaft verbundenen Volke findet, möglich ist? Diese Frage lässt sich zwar nicht apodiktisch beantworten, wir aber kennen keinen andren Zustand der Sprache, als in einem Volke, und dürfen uns also nicht erlauben, über den Kreis dieser Erfahrung hinauszugehen. Insofern ist jene Frage für uns verneinend entschieden.

76. Etwas andres ist es, ob der Familienzustand im Volke und Staate Berücksichtigung in der Sprachkunde verdient? Allgemein ist dies zu verneinen. Es giebt aber einzelne Ausnahmen. So hatten die Incas in Peru eine eigne Familiensprache. Ein andres ähnliches Beispiel ist mir jedoch nicht bekannt. Es ist ungemein zu bedauern, dass auch Garcilasso de la Vega, der selbst ein Glied dieser Familie war, und dem wir eine so sorgfältige und ausführliche Schilderung der Peruanischen Verfassung und Sitten verdanken, so dürftige Nachrichten über diese Sprache giebt, dass es durchaus nicht möglich ist, sich einen Begriff von ihrer Beschaffenheit oder ihrem Ursprung zu machen. Der Begriff der Familie war aber vermuthlich auch in ihr weniger wichtig, sondern sie fällt in

die allgemeinere Kategorie der Mundarten oder Sprachen der vornehmeren Classen, die wir auch in andren Ländern, namentlich auf der Insel Java, antreffen, und von denen weiter unten die Rede seyn wird. Indess scheint sie noch mehr den Charakter einer geheimen Sprache
gehabt zu haben, in welche nur diejenigen eingeweiht waren, die einmal
selbst zur Herrschaft gelangen konnten. Vielleicht hieng sie auch mit
dem Oberpriesterthum und der Religion zusammen. In allen diesen Beziehungen würde es gleich wichtig für die Geschichte und die Sprachkunde seyn, wenn sich ausmachen liesse, ob sie eine wirklich fremde,
von der Familie, der sie eigenthümlich blieb, in das Land gebrachte und
mit Fleiss nicht weiter verbreitete Sprache war, oder bloss eine aus besondrer Behandlung der allgemeinen Landessprache entstandene, entweder durch feinere Ausbildung und strengere Wahl der Ausdrücke,
wie unsre Schriftsprache, oder durch unkenntlich machende Veränderung vermittelst veralteter oder ungebräuchlicher Wörter und Formen,
oder endlich durch absichtliche Entstellung der Laute und Verdrehung
der Bedeutungen. Denn wie sich diese auf sehr unedle Art in der Spanischen Zigeunersprache, dem deutschen Rothwelsch u. s. f. findet, so
liesse sich auch eine edle bildliche Behandlung der gewöhnlichen Ausdrücke denken.

77. Dass die Sprachen nicht racen-, ja genau genommen nicht einmal nationenweise unter dem Menschengeschlechte vertheilt sind, und
dass sich insofern nicht unbedingt von Gleichheit der Sprache auf
Gleichheit der Abstammung schliessen lässt, leuchtet von selbst in die
Augen. Geschichtliche Ereignisse können Nationen verschiedenen
Stammes dieselben Sprachen, und umgekehrt mittheilen. Die Stammsprache weicht in diesen Fällen einer fremden durch nöthigende Umstände eingedrungenen.[46] Eine schwierige und wichtige Frage aber ist
es, ob die racenartige körperliche Verschiedenheit des Menschengeschlechts, die, welchen Ursprung sie auch gehabt haben möge, sich jetzt
ausschliesslich durch Abstammung fortpflanzt und verändert, einen
Einfluss auf die Beschaffenheit und Bildung der Sprache ausübt, oder
nicht? Vollkommen lässt sich zwar auch diese Frage nicht entscheiden,
da der ursprüngliche Zustand durch so viele dazwischen getretene Ereignisse verändert seyn kann, dass der heutige dadurch völlig unbewei-
send wird. Allein die innere Wahrscheinlichkeit und die jetzige Erfahrung sind durchaus gegen eine solche Annahme. Wie verschieden der
Mensch in Grösse, Farbe, Körperbildung und Gesichtszügen seyn
möge, so sind seine geistigen Anlagen dieselben. Die entgegengesetzte
Behauptung ist durch vielfältige Erfahrung widerlegt, und wohl nie
ernsthaft und aus unpartheiischer Ueberzeugung, sondern nur, bei Gelegenheit des Negerhandels, aus schnöder Gewinnsucht oder lächerli-
chem Farbenstolze gemacht worden. Die Sprache aber geht ganz aus

der geistigen Natur des Menschen hervor. Selbst die Verschiedenheit der Sprachorgane, die man übrigens, soviel mir bekannt ist, nie von den Racen behauptet hat, könnte nur unwesentliche Eigenthümlichkeiten hervorbringen, da dasjenige, worauf die Articulation beruht, gleichfalls (§. 35. 36.) ganz intellectueller Natur ist. Die bestimmte nationelle Eigenthümlichkeit eines Hottentotten prägt sich gewiss auch in seiner Sprache aus, und da Alles im Menschen zusammenhängt, so hat auch die allgemeine Negernatur ihren, nur im Einzelnen nicht abzuscheidenden Antheil daran. Sollte aber die Race einen nothwendigen Eintheilungsgrund der Sprachen abgeben, so müssten die Sprachen der Völker Einer Race sich durch Gleichheit des Baues von denen einer andren unterscheiden, und dies ist durchaus nicht der Fall.

78. Am ersten könnte es von den Amerikanern behauptet werden, aus welchen man eine besondre Race zu bilden pflegt. Allein in diesem ganz abgeschlossenen Welttheil hat offenbar die intellectuel einwirkende Gemeinschaft der Nationen einen grösseren Einfluss auf die Aehnlichkeit des Sprachbaues ausgeübt, als die von der Sprache so fern stehende Gleichheit der Farbe und des Körperbaues, gegen die sich ausserdem viele Einwendungen erheben lassen. Aber auch abgesehen davon, kenne ich keine, selbst unwesentliche Eigenthümlichkeit des Amerikanischen Sprachbaues, die allen Amerikanischen Sprachen, ohne Ausnahme, gemeinschaftlich wäre, oder sich nicht auch in Sprachen von Nationen anderer Racen wiederfände. Der doppelte Ausdruck für die 1. pers. plur. des Pronomen und Verbum, je nachdem der Angeredete ein- oder ausgeschlossen wird, den man für ausschliesslich Amerikanisch gehalten hat, ist in der Mongolischen und Malaiischen Race anzutreffen, und die Verschiedenheit der Conjugation nach der vom Verbum regierten Person des Pronomen im Vaskischen, also bei einem Volke der sogenannten Kaukasischen Race, und unter den Negersprachen namentlich in der Kongoischen. Die Verbindung des Besitzpronomen mit dem Substantivum ist dem Koptischen und vielen Sprachen aller Racen eigen, und wenn ich von keinem Volke ausser Amerika erwähnt gefunden habe, dass diese Verbindung unauflösbar ist, so mag es nur nicht bemerkt worden seyn. Es ist übrigens dies weniger eine Eigenthümlichkeit der Sprache selbst, als eine Vorstellungsweise des Volks, auch in Amerika nicht allgemein, und kann auf keine Weise aus einem Racenunterschied abgeleitet werden. Was sich wirklich von den Amerikanischen Sprachen behaupten, aber auch aus der Abgeschiedenheit des Welttheils erklären lässt, ist, dass sich keine ganz abweichenden Baues unter ihnen findet. Unter den Negersprachen ist der Unterschied schon bedeutend grösser. Indem sie gewöhnlich die grammatischen Verhältnisse nur durch Affigirung bezeichnen, verändert die Kongoische oft in der Conjugation den Wurzellaut Selbst, und die Akraische bildet

den Tempusunterschied grösstentheils durch den Accent.[47] Auch scheinen die Negersprachen gar nicht so, wie die Amerikanischen, gewisse fast allen gemeinsame Eigenthümlichkeiten zu haben. Merkwürdig wäre es übrigens, wenn es sich bestätigte, dass ihnen allen der Dualis mangelt. Die auffallendsten Verschiedenheiten finden sich bei den Völkern der Kaukasischen und Mongolischen Race; bei jenen die sich sehr dem Amerikanischen Bau nähernde Vaskische neben so vielen Sanskritischen, bei diesen die Chinesische, deren Grammatik im Gegensatz mit allen übrigen Sprachen steht.

79. Aber auch in der physischen Naturgeschichte des Menschen ist die Eintheilung in Racen, von welchen jede mehrere, ganz verschiedenartige Nationen unter sich begreift, sehr vielen Zweifeln und Einwendungen ausgesetzt. Ohne den so sehr in die Augen fallenden Unterschied der Neger und Weissen wäre man wohl nie auf dieselbe gekommen. Da man diesen beobachtete, wollte man die Idee weiter durchführen. Meiner Ueberzeugung nach aber, hätte man, gerade umgekehrt, die Negern als eine einzelne besonders auffallend abweichende Menschenclasse, nicht aber als einen Typus ansehen sollen, dem man nun gleichartige über das ganze Menschengeschlecht gehende aufsuchen müsste. Es leuchtet in die Augen, dass die Eintheilung in drei, vier und fünf Racen nicht daraus entstanden ist, dass sich wirklich nur soviel sichtbare Unterschiede der Anschauung unwiderleglich darboten, sondern dass man von der Idee ausgieng, solche Classen zu bestimmen, und nun die Menschen, so gut es gelingen wollte, unter dieselben vertheilte. Hätte man einfach sich zuerst den Begriff der Race recht klargemacht, und dann die Nationen der Erde mit einander verglichen, so würde man nie auf eine geringe Zahl so weit verbreiteter Typen gekommen seyn.

Der eigentliche und ursprüngliche Begriff der Race liegt in demjenigen, was sich durch Abstammung mittheilt und erhält.[48] So nennt man ein Pferd von Race, wenn sein Bau gleich daran erinnert, dass es eine unvermischte Reihe edler Voreltern gehabt hat. Wendet man den Begriff auf die Eintheilung von Geschöpfen an, so ist der Racenunterschied der Typus, den Geschöpfe ganz gleicher Art in verschiedener Heimath durch reine Abstammung fort erhalten, und bei gemischter in einer, dieser Mischung entsprechenden Veränderung wiedergeben. Allem Racenunterschied liegt also völlige Gleichheit der Gattung, ja der Art (species) zum Grunde. Daher passt er so vorzüglich auf den Menschen, von dem es durchaus nur Eine Art giebt, und keine Verschiedenheit auf mehr, als Eine, zu schliessen berechtigt. Auch trennt der gewöhnlichste Sprachgebrauch diese Begriffe sorgfältig. Unsre Rinder und der Auerochse sind verschiedene Arten, Schweizerische und Holsteinische Kühe verschiedene Racen. Indess schwanken hier die Gränzen in einander. Denn die Arten vermischen sich fruchtbar, und es liegt ihnen ein gemeinsamer Typus zum Grunde. Ein zweites charakteristisches Kennzeichen des Racenunterschiedes ist die Verschiedenheit des ursprünglichen Wohnsitzes. Dass abweichende Racen unter den Einflüssen des nämlichen Wohnsitzes entständen, lässt sich nicht annehmen, und es gehört zu den Bedingnissen der Erdengeschöpfe, dass man sich jedes, wie wandernd es werden möge, von einer Heimath abhängig denkt. Der Mensch überhaupt erinnert an seine Heimath, die Erde, und jeder einzelne an seine besondre.

Sucht man nun nach diesen Bestimmungen die vorhandenen Menschenracen auf, und sieht man dabei auf die ganze physische Beschaffenheit, den Typus im Allgemeinen, so entdecke ich keine irgend haltbare Gränze, durch die man Racenunterschied von Nationalunterschied deutlich absondern könnte. Nimmt man Nation bloss im physischen, von allen politischen Begriffen getrennten Sinne, so giebt es einen Nationalhabitus, der sich durch Abstammung fortpflanzt und durch Mischung verändert. Warum sollte man diesen nun nicht Racenunterschied nennen? Man könnte zwar diesen letzteren auf den durch körperliche Ursachen bewirkten beschränken, und den Nationaltypus allgemeiner mit Hinsicht auf Verfassung, Cultur und alle andren intellectuellen Einflüsse nehmen. Wie aber ist es möglich, dies im Einzelnen zu unterscheiden? Zwar hat man bei der Eintheilung in Racen eine mehr umfassende, weniger Classen bildende zur Absicht gehabt, und allerdings lassen sich kleinere Verschiedenheiten, als allgemeine Aehnlichkeiten, grösseren entgegensetzen. Dadurch aber wird diese Eintheilung zu einer bloss ideellen eines Systems, von dem sich niemals alle Willkührlichkeit trennen lässt. Es giebt in diesem Verstande keine Racen unter den Menschen, sondern die Menschen lassen sich, ihren Verschiedenheiten nach, unter gewisse Racen bringen. Man denkt es sich freilich anders, und begreift unter Race verschiedne, aber näher mit einander verwandte Nationen zusammen, die man als von Einem Stamm herkommend ansieht. Allein diese Verwandtschaftsgrade am körperlichen Habitus mit irgend einiger Sicherheit zu unterscheiden, dürfte wohl immer ein vergebliches Bemühen bleiben, und da das Menschengeschlecht doch ein Ganzes ausmacht, müssen auch die Racen wieder mit einander verwandt seyn. Man kommt also auf diesem Wege nicht zu einem festen Begriff, sondern zu stufenweis näherer und entfernterer Verwandtschaft.

Ein Unterschied zwar scheint zu einer allgemeinen Eintheilung zu berechtigen. Es ist der der Hautfarbe, da offenbar ganz verschiedene Nationen constant dieselbe haben und bei Mischungen die Abschattungen sich, wie eine Farbenleiter berechnen lassen. Er ist unverkennbar der einzige haltbare Eintheilungsgrund des äusseren Typus des Menschgeschlechts. Dagegen lässt sich eher bezweifeln, ob er in irgend einer

Rücksicht ein an Folgerungen fruchtbarer sey? Der Zusammenhang der Farbe mit der Organisation ist überhaupt noch nicht mit hinlänglicher Genauigkeit erörtert. Die Säugethiere sind auf eine geringere Zahl von Farben beschränkt, als die Fische und Vögel, und unter ihnen auf die kleinste der Mensch. Bei den Vögeln steht die Schönheit der Farben mit der Geschlechtsentwicklung und der Stimme in Verbindung. Die Menschen werden nicht, wie einige Thiergattungen, zufällig mit verschiednen Farben geboren, sondern immer mit derselben, ihrer Abstammung entsprechenden. Die abweichenden Fälle sind krankhafte Ausnahmen. Doch ist dies hier und da auch Thiergattungen eigen. In Italien erkennt man die einheimischen Rinder an der weissen, die Schweizerischer Abkunft an der braunrothen Farbe.

Aber auch in der menschlichen Hautfarbe sind doch nur Schwarz und Weiss die bestimmten Unterschiede. Vielleicht noch das Amerikanische Kupferroth. Was sonst gebräunte Farbe ist, dürfte schwerlich scharfe Abgränzung erlauben. Ob nun die weisse oder schwarze Farbe die ursprüngliche ist, ob die schwarzen Menschen unter Umständen schwarz geworden, oder von dem ganzen ursprünglich schwarzen Geschlecht ein Theil mehr oder weniger gebleicht ist, wer will dies entscheiden? Wer entscheidet überhaupt, ob die Menschen an einem einzigen Punkte der Erde, oder an mehreren zugleich entstanden sind? Man mag das Schaffen als wiederholte unmittelbare Willensacte, oder als das Setzen Einer sich selbst entwickelnden Naturkraft betrachten, so sprechen gleichviel Gründe für die eine und die andre Annahme. Das aber lässt sich mit unumstösslicher Gewissheit behaupten, dass, wenn man den Menschen in seinen höchsten Beziehungen auf Intellectualität und Empfindung, Dichtung und Kunst nimmt, die weisse Farbe allein die seinem Geschlechte bestimmte seyn kann; nicht weil sie die schönste ist, denn dies ist Geschmackssache, aber weil ihre Klarheit und Durchsichtigkeit jeden leisesten Ausdruck erlaubt, und weil sie Mischungen und Nuancen zulässt, da das Schwarz vielmehr ein Aufhören aller Farbe ist.

Unter den schwarzen Menschen giebt es aber nicht nur physiognomische, racenartige Unterschiede, sondern auch Nuancen der Schwärze. Eine besondere Classe bilden die eigentlichen Negern mit wollig krausem Haar, der abgeplatteten Gesichtsbildung, und der eigen anzufassenden Haut. Dies ist also ein besonderer Typus, der aber gerade deswegen gar nicht zu der Forderung berechtigt, andre solche ähnliche Typen im Menschengeschlecht finden zu wollen.

Wendet man nun das hier Gesagte auf die Sprachen an, so ergibt sich von selbst:

1. dass, wenn der Racenunterschied mit der Nationalität, insofern sie auf reiner Abstammung beruht, zusammenfällt, die Sprachen von

demselben entweder ganz, oder insoweit abhängig sind, als nicht Mischungen, Culturverhältnisse und geschichtliche Ereignisse darin Abänderungen hervorgebracht haben;

2. dass, wenn die Raceneintheilung bloss Classification eines wissenschaftlichen Systems ist, die Sprachen insoweit damit in Verbindung stehen, als man bei Bildung dieses Systems auch auf sie Rücksicht genommen hat;

3. dass, wenn bei der Classification in Racen die Hautfarbe zum Eintheilungsgrunde genommen wird, die Sprachen damit durchaus in keiner irgend erkennbaren Berührung stehen.[49]

80. Alles concentrirt sich daher für die Sprache in dem einzigen Begriff der Nation in dem oben festgestellten Sinne desselben. Die Sprachkunde hat aber nun das doppelte Verhältniss in Betrachtung zu ziehen, wie (§. 81–100.) jede besondre Sprache sich über die verschiedenartigen Individualitaeten, welche eine Nation in sich fasst, verbreitet? und wie (§. 101–155.) die allgemeine menschliche Sprache, die an sich nur in der Gleichartigkeit aller einzelnen erscheint, sich in der Verschiedenheit der Nationen in besondre vertheilt?

Erstes Kapitel

*Von der Sprache in Beziehung auf die Verschiedenheit
der in der Nation vorhandenen Individualitäten*

81. Um dies Verhältnis ganz rein im Auge zu haben, setze ich hier voraus, dass Nation und Sprache gänzlich zusammenfallen, und nur Eine Sprache in wenig gesonderten Mundarten durch die ganze Nation herrsche. Eine solche Sprache geht also immerfort aus der Verschiedenheit aller Einzelnen im Volke hervor, und es ist schon oben (§. 75.) der Schwierigkeit erwähnt worden, sich das Entstehen einer Sprache unter wenigen und wenig verschiedenen Individuen zu denken. Etwas Genaues oder gar Numerisches lässt sich freilich darüber nicht bestimmen, aber soviel ist gewiss, dass Sprachen, die jetzt von einer sehr geringen Anzahl von Menschen gesprochen werden, wie die Vaskische, Lettische u. a. m., wenn man in den Reichthum ihrer Ausdrücke und Formen eingeht, unwillkührlich die dringende Vermuthung erwecken, dass sie sich ehemals über viel zahlreichere Stämme verbreitet haben. Gewiss ist es auch, dass Sprachen verhältnissmässig kleiner Bevölkerungen, wie die Holländische, Dänische, Schwedische, gerade hierin ein mächtiges Hinderniss finden, ihrer Literatur den Schwung zu geben, zu dem ihr Bau sie berechtigen würde. Dies liegt aber mehr in der zu nahen Berührung, in welcher diese Sprachen mit Sprachen viel grösserer Volksstämme

stehen, und darin, dass die Forschbegier und die Aufmerksamkeit überhaupt sich, ohne Rücksicht auf die Sprache, dahin wenden, wo Literatur und wissenschaftliche Entwicklung die grösseste Ausbeute versprechen. Die Berührung der Welt mit dem Menschen ist der elektrische
Schlag, aus welchem die Sprache hervorspringt, nicht bloss in ihrem
Entstehen, sondern immerfort, so wie Menschen denken und reden. Die
Mannigfaltigkeit der Welt und die Tiefe der menschlichen Brust sind die
beiden Punkte, aus welchen die Sprache schöpft. An je mehr und ver-
schiedneren Menschennaturen sich daher die Gegenstände spiegeln,
desto reicher ist der Stoff, desto grösser die Kraft der Sprache bei übrigens gleichen Umständen und gleicher Regsamkeit der Einbildungskraft und des Sprachsinns. Hieraus fliesst nun zwar keineswegs die völlige Unmöglichkeit der Entstehung einer Sprache in einer einzigen
abgesonderten Familie, ja in einem einzigen Menschenpaare. Was die
Sprache, sowohl im Total des Innren ihrer Bedeutungen, als in ihrem
Bau an Vollständigkeit bedarf und was jede, auch die scheinbar dürftig-
ste und unvollkommenste besitzt, liegt in der Geschlossenheit jeder, in
sich auch immer vollständigen Menschennatur. Aus jedem Einzelnen
gehen, wie Strahlen, die Richtungen aus, welche zugleich ein Ganzes
der Weltansicht und des Sprachbaus umschliessen. Allein es sind auch
Fülle und Mannigfaltigkeit nothwendig, und diese können nur unter
Vielen gefunden werden. Es müssen dem Einzelnen vom Andren neue
Gegenstände und neue Gestaltungen bekannter zukommen. Diese aber
fordern Verschiedenheit der Individualitaet. Nichts überhaupt reizt den
Menschen so an, als Fremdartigkeit, in der er doch tiefer verschlossene
Uebereinstimmung ahndet. Alles oben (§. 41. 47.) von der Nothwendigkeit, dass der aufglimmende Gedanke aus einem Andren zurückstrahle,
Gesagte verstärkt sich, wenn diese Wechselberührung in grosser Verschiedenheit der Individualitäten Statt findet. Auch in der vollkommen
gebildeten Sprache entreisst sich das Wort, als das Eigenste des Daseyns, oft schwer der Tiefe der Brust, wo nun das erste hervorbrechen,
der erste articulirte Laut die Bande der thierischen Dumpfheit lösen
sollte, mag wohl grosse Kraft und wundervoll begeisternde Anregung
dazu nothwendig gewesen seyn, und es ist wohl mit Recht zu bezweif-
len, ob diese sich anders, als in dem regsamen Anstoss eines Volkes fanden, wo nicht mehr die gleichartige individuelle Verwandtschaft durch
Abstammung sichtbar ist. Wenn man überhaupt bedenkt, dass alles Erheben des menschlichen Daseyns der Geselligkeit bedarf, und dem isolirten Menschen vielleicht immer an der Dunkelheit thierischen Lebens
genügt hätte, ja einzelne merkwürdige Beispiele dies beweisen, so befestigt man sich in der Vorstellungsweise, sich die Menschheit in keiner
Epoche anders, als in Völker vertheilt zu denken, und zur Entstehung
der Sprache die Verschiedenheit der Individualitaet als nothwendig an-

zusehen, die nur in einem Volke möglich ist. Wie es sich selbst mit der Wahrheit dieser Annahme verhalten möchte, so ist doch keine andre für die Anwendung fruchtbar.

82. Die erste Verschiedenheit der Individualitäten innerhalb einer Nation ist die von der Natur gegebene des Geschlechts und des Alters. Die weibliche Eigenthümlichkeit, die sich so lebendig und sichtbar auch in dem Geistigen ausprägt, erstreckt sich natürlich auch auf die Sprache. Frauen drucken sich in der Regel natürlicher, zarter und dennoch kraftvoller, als Männer aus. Ihre Sprache ist ein treuerer Spiegel ihrer Gedanken und Gefühle, und wenn dies auch selten erkannt und gesagt worden ist, so bewahren sie vorzüglich die Fülle, Stärke und Naturgemässheit der Sprache mitten in der diesen Eigenschaften immer raubenden Bildung, in der sie in gleichem Schritt mit den Männern fortgehen. Sie vermindern dadurch den Nachtheil der Spaltung, den die Cultur immer zwischen dem Volke und dem Ueberrest der Nation hervorbringt. Wirklich durch ihr Wesen näher an die Natur geknüpft, durch die wichtigsten und doch gewöhnlichsten Ereignisse ihres Lebens in grössere Gleichheit mit ihrem ganzen Geschlechte gestellt, auf eine Weise beschäftigt, welche die natürlichsten Gefühle in Anspruch nimmt, oder dem inneren Leben der Gedanken und Empfindungen volle Musse gewährt, frei von Allem, was, wie das Geschäftsleben und selbst die Wissenschaft, dem Geist eine einseitige Form aufdrückt, nicht selten zwischen äusserer Beschränkung und innerer Sehnsucht in einem Streite, der, wenn auch schmerzhaft, doch fruchtbar auf das Gemüth zurückwirkt, oft der Ueberredung bedürftig und durch innere Lebendigkeit und Regsamkeit zur Rede geneigt, verfeinern und verschönern sie die Naturgemässheit der Sprache, ohne ihr zu rauben, oder sie zu verletzen. Ihr Einfluss geht im Familienleben und im täglichen Umgang so unmerklich in das gemeinsame Leben über, dass er sich einzeln nicht festhalten lässt. Die weibliche Eigenthümlichkeit bringt aber auf die eben gesagte Weise nicht eine eigne Sprache hervor, sondern nur einen eignen Geist in die Behandlung der gemeinsamen. Auch bei genauer Aufmerksamkeit würden sich kaum einzelne Ausdrücke und Wendungen auffinden lassen, welche dem andren Geschlecht mehr, als dem unsrigen eigenthümlich wären. Indess bezeugt Cicero aus seiner Erfahrung, dass veraltete Ausdrücke sich länger im Munde der Frauen erhalten, was, da dasselbe im Volk Statt findet, das im Vorigen Gesagte bestätigt.

83a. Wo beide Geschlechter in grosser Absonderung leben, und wo, was jedoch nicht durchaus bei den Völkern der sogenannten Wilden der Fall ist, das weibliche in grosser Abhängigkeit gehalten wird, könnte man sich wohl die Aussonderung einer Weibersprache aus der gemeinsamen denken. Die immer und unter gleichem Drucke zusammen Lebenden können sich von selbst zu einer Gleichartigkeit der Ausdrücke und Wendungen bilden, und haben auch ein Interesse dem andren Theil unverständlich zu bleiben. Es ist daher zu verwundern, dass von den Gynaeceen der Griechen und den Harems der Morgenländer, so viel ich weiss, so etwas nirgends angedeutet wird. Es mag aber nur am Mangel der Beobachtung liegen. Erwähnt werden, soviel mir bekannt ist, wesentliche Verschiedenheiten der Sprechart der Weiber nur bei Amerikanischen Völkern, und die Erscheinung einer ganzen verschiedenen Weibersprache kommt nur bei den Kariben vor. Glücklicherweise sind die Nachrichten von dieser, wenn auch nicht ganz ausreichend, doch eben so dürftig nicht[50], und obgleich die Sache noch nicht vollständig untersucht ist, so scheint diese Weibersprache in der That ein eigner, aber verwandter Dialect des Karibischen. Er hat sich daher, indem er früher einem ganzen Stamm angehörte, wohl nur im Munde der Weiber erhalten, und die Erscheinung gehört, wie man auch bisher meistentheils angenommen hat, mehr der Geschichte, als der Sprachkunde an. In den andren Amerikanischen Sprachen werden nur einzelne, den Weibern eigenthümliche Ausdrücke angeführt. Sie beziehen sich meistentheils hauptsächlich auf die Benennungen der verschiednen Verwandtschaftsgrade; diese aber sind fast durchgängig nach dem Geschlecht des Redenden verschieden, was vermuthlich in der Verschiedenheit der Empfindung seinen Grund hat, mit welcher beide Geschlechter den Familienkreis umfassen. Nur ist der Ursprung gerade dieser Ausdrücke, die in das höchste Alterthum zurückgehen, so dunkel, dass sich der Beweis schwer würde führen lassen. Ausser diesem Fall hat wohl die weibliche Eigenthümlichkeit auf die besondren Sprecharten der Weiber, von denen hier die Rede ist, keinen Einfluss. Sie beruhen auf Lebensweise und Völkersitte. Es wäre sehr wichtig auszumitteln, ob diese Weiberidiotismen wirklich ausschliesslich der neuen Welt angehören. Ich habe es oben mit Absicht zweifelhaft ausgedruckt, und mich auf die Thatsache beschränkt, dass es nur von ihren Sprachen angemerkt wird. Drei verschiedene Ursachen würden es in der That begreiflich machen, dass sich die Aufmerksamkeit wirklich vorzugsweise in Amerika auf diesen Punkt gewandt hätte. Erstlich hat man, wenn man die Sprachen ohne Literatur und Alphabet in Eine Classe wirft, unter diesen von den Amerikanischen bei weitem ausführlichere und in den innern Bau genügender eingehende Schilderungen, als von denen der übrigen Welttheile. Zweitens rühren die der Amerikanischen meistentheils von Katholischen Missionaren her, die einestheils durch die Ohrenbeichte gezwungen wurden auf die Eigenthümlichkeiten der Sprechart der verschiedenen Volksclassen einzugehen, andrentheils wegen der verbotnen Grade beim Heirathen auf die Verwandtschaftsnamen genaue Aufmerksamkeit richten mussten. Endlich war die eigne Sprache der Karibischen

Weiber früh bekannt, und der Forschungsgeist fand hierin einen natürlichen Anstoss derselben Erscheinung bei andren Völkerstämmen nachzuspüren. Im Japanischen findet sich ein eignes nur von den Weibern
gebrauchtes Pronomen und zwar bloss in der 1. Person. Dies ist um so
auffallender, als selbst den Semitischen Sprachen, die doch die 2. Person gegen die Analogie der meisten, wenn nicht aller andren Sprachen
nach dem Geschlecht unterscheiden, die 1. Person einfach lassen. Das
eine der weiblichen japanischen Pronomina (denn es giebt mehrere, alle
aber der 1. Person) ist dasselbe, dessen sich die untren Volksclassen bedienen, *wara,* nur mit hinzugesetztem *wa, warawa;* die andren sind alle
eigentlich Pronomina reciproca, dem Begriff von *sich* entsprechend. Ihr
eigenthümlicher Gebrauch bei dem andren Geschlecht liegt daher vielleicht nur in der von diesem angenommenen Gewohnheit die Ichheit in
einem praegnanten Sinn und auf das Selbst, wie auf etwas Drittes bezogen zu bezeichnen.[51] Diese Eigenthümlichkeit des Japanischen deutet
aber übrigens gar keine besondre Weibersprache an, sie ist kaum einmal
eine Anwendung der Geschlechts-Unterscheidung auf das Pronomen,
sondern scheint ganz wesentlich mit den Abstufungen zusammenzu-
hangen, welche die Rangverschiedenheit fast in alle Theile des grammatischen Ausdrucks dieser Sprache bringt.

83b. Wo es in Amerika eigne Sprachen der Weiber giebt, ist die der
Männer die allgemeine für beide Geschlechter. Die besondre der Weiber
wird ihnen geheim gehalten, oder von ihnen zu lernen verschmäht.
Umgekehrt dagegen haben unter den Mandingo in Afrika die Männer
eine besondre, den Weibern unverständliche Sprache, deren sie sich bei
gewissen Gelegenheiten bedienen.[52]

84. Mit dem im Vorigen im Vorbeigehn erwähnten besondren Pronomen 1. pers. der Kinder im Japanischen hat es dieselbe Bewandtniss
als mit dem der Weiber. In den Amerikanischen Sprachen werden aber
sich über einen ganzen Theil der Sprache erstreckende Eigenthümlichkeiten des Ausdrucks der Kinder verschiedner Alters erwähnt. Es kehrt
auch hierin nur die Erscheinung wieder, dass beständiger und ausschliesslicher Umgang, und Absicht sich durch Eigenheiten vor andren
auszuzeichnen und ihnen unverständlich zu machen im Schoosse der
gemeinsamen Sprache besondre Ausdrücke und Wendungen erzeugt.
Ausserdem mischt sich in diese Sprecharten natürlich der kindische
oder jugendliche Charakter der Sprechenden.

85. Auf conventionelle Art und erst durch Verhältnisse entstanden,
welche der Gesellschaft ihren Ursprung verdanken, sind die besondren
Sprachen, die in der gemeinsamen aus dem Betriebe desselben Gewer-
bes, der gleichen Beschäftigung entstehen. Sie erstrecken sich gewöhnlich nur auf den Kreis der sich auf das Gewerbe selbst beziehenden
Ausdrücke, und bei uncultivirten Völkern, wo noch die verschiednen

Arten menschlicher Thätigkeit nicht so bestimmt getrennt sind, darf
man sie gar nicht, als nur dergestalt suchen, dass, die solche Gewerbe
vorzugsweise treiben, eine Anzahl von Gegenständen einzeln bezeichnen, welche dem übrigen Volk gleichgültig und unbekannt sind. Wie die
Karibische Weibersprache, so ist die mit vielen Wörtern Norwegischen
Ursprungs vermischte Sprache der Shetländischen Fischer mehr der
Geschichte, als der Sprachkunde angehörend. Sie sollen sich derselben
nur, wenn sie in See sind, bedienen. Es fragt sich indess noch, ob dies
wirklich bloss eine See- und Fischersprache ist.[53] Das ganze Volk dieser
Inseln spricht, insofern es nicht durch höhere Bildung zum Englischen
übergegangen ist, noch Norwegisch, da diese Inseln lange den Norwe-
gern und Dänen unterworfen waren, ja vermuthlich von Norwegen aus
zuerst bevölkert wurden.

86. Den wichtigsten Einfluss auf die Sprache und ihre Behandlung
hat der Unterschied, welchen höhere Geistesbildung, sorgfältigere Er-
ziehung und mit Rücksicht auf beides sich absondernder Umgang hervorbringen. Dieser Unterschied ist gar nicht nothwendig an gewisse
Classen oder Stände gebunden, sondern läuft sehr oft durch alle hindurch, und dies ist für die Sprache, wie für die Bildung selbst der gün-
stigste Fall. Es ist indess natürlich, dass die verschiedene Art der in einem Volke herrschenden Absonderung der Stände und des Ranges mit
demselben gewissermassen zusammenfällt, da das, was den Unterschied bildet, doch vorzüglich in dem ausschliessenderen Hingeben des
Geistes an Gedanken und Empfindungen liegt, und daher die mehr
selbständige Unabhängigkeit, die grössere Freiheit von drückenden
Nahrungssorgen, die Entfernung von körperlicher Arbeit die Abstufung
ausmachen. Hieran knüpfen sich aber auch, bald in zarteren, bald in
roheren Nuancen, Stolz, Herrschbegier und Unterdrückungssucht und
arten in die Begriffe blosser Vornehmlichkeit aus. Man kann daher auch
in Absicht der Sprache die Sprachen der Bildung und des Ranges nicht
ganz als dieselbe Classe ansehen, sondern muss sie oft auf das bestimm-
teste von einander unterscheiden.

87. Die Bearbeitung von Ideen, die mit Sorgfalt gehegte Dichtung,
die wissenschaftliche Behandlung, die Leitung der Staatsgeschäfte in
ihren verschiedenen Formen schaffen sich in der gemeinsamen Sprache
eine höher und feiner gebildete, die man, da sie selten lange der Schrift
entbehrt, die Schriftsprache zu nennen pflegt. Zwischen dieser und der
Volkssprache entsteht alsdann ein wohl bei keiner Nation, die eine Literatur besitzt, fehlender Unterschied. Die Religion, ganz auf Ideen beruhend, vereinigt sich gewöhnlich mit der Schriftsprache, es giebt aber
auch, wie schon oben (§. 74.) berührt worden, Fälle, wo sie sich eine
von der Schrift- und Volkssprache des Landes verschiedene dritte
wählt. Das südliche und östliche Asien bietet Sprachen dar, die wir

bloss als Schrift- und wissenschaftliche Sprachen kennen, ohne zu wissen, wann und in welchem Umfang sie gesprochen worden sind. Das Sanskrit, Pali und Kavi sind von dieser Art, sie sind aber, da in diesem Theile des Menschengeschlechts Dichtung, Philosophie und Wissenschaft ganz aus der Religion hervorgehen, ganz vorzüglich religiöse Sprachen. Bloss eigne Mundart dieser Gattung, aber nicht so religiöser, sondern philosophischer und wissenschaftlicher Art ist der alte Stil des Chinesischen, das *Ku-wén*. Dies liegt ganz innerhalb des Kreises, den ich (§. 81.) hier meiner Untersuchung gezogen habe, wo nämlich dieselbe Sprache durch die ganze Nation herrscht. Das *Ku-wén* zeichnet sich aber noch durch eine in sehr wichtigen Punkten abweichende Grammatik aus, und wird dadurch, als viel mehr eigne Sprache, dem Volk unzugänglicher. Dagegen ist die Schriftsprache, wie wir sie z. B. in den Europaeischen Nationen kennen, nur eine eigne Behandlung derselben Sprache. Die Schriftsprache wird zugleich die Umgangssprache der gebildeten Classen, und auch in dieser vereinten doppelten Eigenschaft finden wir sie ganz, auch der Abstammung nach, von der Volkssprache verschieden. Das Hindi ist die Gesellschaftssprache aller Mahomedanischen Höfe in Indien, erstreckt sich über Länder ganz verschiedner Volkssprachen, und besitzt eine eigne ausgebreitete Literatur. Allein auch ohne die letztere und aus dem Schoosse derselben Sprache heraus bildet sich eine solche höhere Gesellschaftssprache, die in der Wahl der Ausdrücke und Wendungen und den Abstufungen der Geltung der Wörter besteht. Von dieser Art sind die verschiedenen im Malaiischen üblichen Idiome oder Style, wie man sie nennen will. Die Sprache des Hofes, nur zu fürstlichen Personen gebraucht, die der gebildeten Gesellschaft, der Kaufleute und des Volks haben jede ihre eignen, nur für diese Abstufungen passenden Ausdrücke und zwar für die gemeinsten und gewöhnlichsten Dinge, wie schlafen, essen, sterben, sprechen u. s. f.[54] Auch unter uns giebt es Aehnliches, aber nur einzeln, und in grösserer Freiheit, da in jenen Sprachen der Rangunterschied sich über einen grösseren Kreis von Ausdrücken und Wendungen erstreckt, fester bestimmt, und ausserdem an caerimonieuse Formeln, vorzüglich im Gebrauch der Pronomina, gebunden ist. Auch die Mixteka Sprache hat, und wie es scheint, in noch grösserem Umfange, als die Malaiische, ein solches eignes Wörterbuch für die vornehmeren Classen, in welchem namentlich alle Theile des Körpers eigne Ausdrücke annehmen. Ob man sich aber dieser nur im Reden zu diesen Classen bedient, oder ob sie gleichsam eine abgesonderte Sprache für diesen Theil der Nation unter sich ausmachen, ist aus den vorhandenen Nachrichten nicht immer deutlich zu sehen. Im Malaiischen ist jedoch das Letztere der Fall. Dagegen ist das *bhasa-krama*[55] auf Java seiner Hauptbestimmung nach eine nur von dem Geringeren zum Vornehmeren gebrauchte Sprache, die aber dergestalt durch die ganze Nation geht, dass auch im Volk die Kinder nie anders zu ihren Eltern reden. Diese, so wie alle Vornehmeren antworten in gewöhnlichem Javanischen. Dieser Gebrauch ist um so merkwürdiger, als die Sprache der Verehrung *(bhasakrama)* nur zum vierten Theil aus gewöhnlichem Javanischen, das auch noch durch die Aussprache und in den Endungen verändert ist, übrigens aber aus Sanskritischen und Malaiischen Wörtern besteht. Am ehesten sollte man Sprachverschiedenheit bei den streng in Kasten geschiedenen Nationen erwarten. Ich kenne indess weder bei den Aegyptiern, noch bei den Indern eine Spur, aus welcher sich dies schliessen liesse. War es wirklich in Indien der Fall, so konnte es wohl nur in der untersten Klasse, bei den Sutras statt finden. Die drei oberen, die Zweifachgebornen, umschlang dazu offenbar ein zu enges religiöses Band. Die Sutras aber konnten eine ganz verschiedne Sprache haben, da sie vielleicht nicht einmal dieselbe Abstammung mit den andren theilten, sondern von diesen unterjochte Urbewohner waren, wie neuerlich Lassen behauptet hat.[56]

88. In den hier erwähnten Fällen erstreckt sich der Einfluss des Rangunterschiedes vorzüglich auf die zu gebrauchenden Wörter und ist lexikalisch; in anderen geht er, mehr oder weniger tief, in den grammatischen Bau ein. Das Gewöhnlichste ist eine Verschiedenheit des Pronomen nach dem Rangunterschiede der Redenden. Spielt nun das Pronomen in der grammatischen Formation keine wichtigere Rolle als z. B. in den Sanskritischen Sprachen, so berührt dieser Gebrauch kaum die eigentliche Sprache. Wenn man im Sanskrit den, welchen man ehren will, mit einem eignen dazu gestempelten Pronomen in 3. pers. sing., im Deutschen mit dem gewöhnlichen Pronomen 3. pers. plur. anredet, so wird dadurch in der übrigen Sprache nichts verändert. Wenn aber, wie im Vaskischen[57] das Pronomen bald indem es vom Verbum regiert wird, bald indem es die angeredete Person anzeigt, einen untrennbaren Theil der Conjugation ausmacht, so bildet es, wenn es eine eigne höflichere Form besitzt, ganz eigne Conjugationen, die durch alle Tempora und *modi* durchgeführt werden müssen. Auffallend ist es, dass in den Amerikanischen Sprachen gerade das Pronomen von allem Rangunterschied frei ist. Denn wenn im Mexikanischen auch die den Substantiven ganz gleich kommenden selbständig gebrauchten Pronomina die Ehrfurchtssylbe der Substantiva annehmen, so verschwindet aller Unterschied da, wo sich das Pronomen, als possessivum, mit den Substantiven, und in sehr verschiedenen Beziehungen mit dem Verbum verbindet.[58] Dagegen bietet die Mexikanische Sprache ein mir sonst im gesammten Sprachgebiet unbekanntes Beispiel des Eindringens des Rangunterschiedes in alle Theile der Grammatik dar. Denn er kann an allen Redetheilen angedeutet werden, ändert alsdann häufig die gewöhnlichen Formen der

Wörter und bringt neue, oft sehr lange und verwickelte hervor. Beim Nomen (denn alle unter diesem begriffene Redetheile nehmen diese Bildung an) wird dem Worte die Endung *tzin* angehängt. Es verliert aber vorher seine ursprüngliche Endung und wird auf seine Grundform zurückgeführt. Diese Aenderung nimmt man mit allen Wörtern vor, die sich auf die Ehrerbietung fordernde Person beziehen, und sagt also z. B. nie im Gespräche mit ihr *mo-quauh,* dein Stock, sondern immer *mo-quauh-tzin,* dein verehrter Stock. Auch an Eigennamen von Königen findet sich diese Sylbe wie in *Tecpal-tzin, Quauh-temo-tzin.* Beim Verbum ist die Sache verwickelter. So oft von dem Gegenstande der Ehrerbietung die Rede ist, also wo er in 2. oder 3. Person Subject, oder wenn das Verbum in 1. Person steht, Object des Verbum ist, wird allemal, die Bedeutung möge es zulassen oder auch nicht, das reflexive Verbum (das eigentliche Medium der Griechen) gebraucht. Dies genügt aber noch nicht. Dies Medium wird nun weiter entweder in die Gattung der Verben verwandelt, bei welchen der Handlende, ohne selbst die Handlung zu begehen, sie durch einen andren verrichten lässt, oder in die, wo die Handlung, ausser ihrem directen und unmittelbaren Gegenstande, noch einen andren hat, auf den sie sich indirect und mittelbar zu seinem Nutzen oder Schaden bezieht. Will man nun diese Form noch verstärken, so hängt man ausserdem die Ehrfurchtssylbe *tzin* an dieselbe, und behandelt vermittelst der Endsylbe *oa* das Ganze, als ein aus einem Nomen abgeleitetes Verbum.[59] Ob die Bedeutung des Wortes den Gebrauch des Medium und jener Gattungen von Verben zulässt oder nicht, wird durchaus nicht beachtet, die sich auf sie beziehenden Charakteristiken gelten nicht mehr einzeln, als solche, sondern verbunden als Ehrfurchtsform. Die Unangemessenheit des Begriffs zu ihrer Bedeutung lässt sogar diese leichter in ihnen erkennen. Soll wirklich ein Medium in diese Form treten, so hängt man, ohne weitere Verwandlung, bloss die Endung *tzinoa* daran; ist dasselbe mit den oben angedeuteten Gattungen der Verben der Fall, so verdoppelt man ihre Kennsylben, so dass diese einmal der Bedeutung des Worts, das andremal der Ehrfurchtsform angehören. Die Vorstellungsweise, welche dem Gebrauch dieser Formen zum Grunde liegt, lässt sich im Ganzen wohl einigermassen errathen. Durch das Medium wird der vornehmeren Person ihr Ich zweimal vorgeführt, eine ähnliche Berücksichtigung der Persönlichkeit ist im Gebrauch des Verbum mit doppelter Beziehung enthalten, und die Idee der Verrichtungen durch andre erinnert an Macht und Freiheit von eigner Bemühung. Da aber der Niedrigere, da wo der Vornehmere nur Gegenstand des gebrauchten Verbum ist, auch in 1. Person dieselben Formen braucht, so fällt diese Beziehung derselben ganz hinweg, und man kann sich nicht erwehren zu denken, dass nicht ein Hauptgrund dieses Sprachgebrauchs allein in dem Umschweife des Ausdrucks und der Feierlichkeit der langen daraus entstehenden Formen liegen sollte. Denn das einfache *ni-c-tlasotla* ich liebe ihn, wird in der verstärkten Ehrfurchtsform zu *ni-c-no-tlasoti-li-tzin-oa.*[60]

89. Es ist eine für die Sitten und den Charakter der Nationen nicht uninteressante Bemerkung, dass die erniedrigenden Ausdrücke, deren sich in einigen Asiatischen Sprachen der Geringere gegen den Vornehmeren bedient, wie im Malaiischen: *ich Sklave,* wovon es drei immer demüthigere Abstufungen giebt, im Japanischen: *ich Unwürdiger,* im Chinesischen (gleichsam zur Demüthigung des Gelehrtenstolzes) *ich Einfältiger,* in den Amerikanischen Sprachen gar nicht gefunden werden. Wären die Völker der neuen Welt bloss immer wild herumstreifende Horden gewesen, so wäre dies sehr begreiflich. Da es aber grosse Reiche und mannigfaltige politische Einrichtungen dort gab, so beweist diese Erscheinung, was auch sonst aus der Geschichte dieser Reiche klar ist, dass, ungeachtet des grossen Despotismus der höheren Classen in Mexiko und Peru, demselben doch ein gewisser höherer Geist der Freiheit beigemischt war. Sehr merkwürdig ist es auch, dass diese und ähnliche Benennungen, soviel ich habe entdecken können, in den Sprachen der den Malaien so nahe verwandten Südsee-Insulaner nicht angetroffen werden. Es giebt gar keine eignen Ehrfurchtsformeln in ihnen, und doch sind die Stände bestimmt geschieden, und die gesellschaftliche Bildung ist so verfeinert, dass Mariner's[61] Pflegemutter auf den Tonga Inseln ihn mit Sorgfalt nicht nur in der Reinheit der Sprache von fremden Ausdrücken benachbarter Inseln, sondern auch in Allem unterrichtete, was in Anzug, Sitten und Gespräch dem guten Ton angemessen, und eines *egi,* Edlen, würdig, oder ihm unanständig war. Bei den Mexikanern scheint dem Gebrauch der Ehrfurchtssylbe *tzin* gar nicht Ehrerbietung, sondern Zärtlichkeit zum Grunde zu liegen. Denn diese Ehrfurchtssprache ist zugleich eine des Wohlwollens und der innigsten Liebe, und dies scheint ihr ursprünglicher Sinn. Die Eltern bedienen sich derselben gegen ihre kleinen Kinder, und indem Tapia in seiner Mexikanischen Grammatik[62], als Beispiele solcher Formen die Redensarten *ti-no-namic-tzin,* du bist mein geliebter Mann, *ti-no-cohe-tzin*[63], du bist mein geliebtes Kind, anführt, versichert er, dass kein Spanischer Ausdruck die Innigkeit desselben erreiche. Es ist nicht zu läugnen, dass die Empfindung und der Begriff inniger mit dem Gegenstande verwebt werden, wenn ihre Bezeichnung, nicht kalt in adjectiver Gestalt daneben gestellt, sondern zu einer eignen Sprachform gemacht, ihn gleichsam zu einem ganz andern, dieser Empfindung ganz eignen, stempelt. Durch eine sehr natürliche Ideenverbindung drückt das *tzin*

2.

auch Bedauern und Mitleid aus, *koko-s-ka-tzin-tli,* der arme Kranke.[64] Die als roher beschriebenen Bergbewohner sollen das *tzin* nur in der ersten Person von sich gebrauchen, und zu Andren, auch Vornehmeren, auf die gewöhnliche Weise reden. Tapia legt ihnen dies als eine Rohheit und Grobheit aus. Vermuthlich ist in der Bemerkung nur das Wahre, dass sie *tzin* nicht gegen Fremde gebrauchen. Zur Ehrfurchtssprache mag das *tzin* erst im gesellschaftlichen Zustande (wie Tapia sagt *entre los Indios politicos*) geworden seyn, da auch mag sich zuerst die wunderbare Behandlung der Ehrfurchtsverba ausgebildet haben. Im Gebirge mag *tzin* nur als Ausdruck der Zärtlichkeit und des Bedauerns gelten, im letzteren Sinn mag es der arme, dürftige Bewohner, wie das Volk oft thut (man erinnre sich an das *pobrecito* der Italiäner), von sich brauchen, und natürlich nicht auf den Vornehmeren passend finden. Hierin scheint mir vorzüglich ein Beweis zu liegen, dass diese, in andren Sprachen den Diminutiven gegebene Bedeutung die ursprüngliche ist. Die nahe Verwandtschaft des *tzin* mit der Diminutivsylbe *ton* zeigt die ganz gleiche grammatische Behandlung beider Wörter. Wenn ein mit *tzin* verbundnes Wort ohne Pronomen possessivum steht, nimmt es die erst weggeworfne Substantivendung wieder an; *quauh-tzin-tli,* der verehrte Stock. Dasselbe thut die Diminutivsylbe *ton* im gleichen Fall, und nur sie. Auch die Pluralbildung ist dieselbe bei den Ehrfurchts- und Verkleinerungswörtern. Im Mexikanischen der Spanischen Geistlichen kann man diese Ehrfurchtssprache gleichsam als neu aufgelebt ansehen. Sie halten nicht nur darauf, dass sie gegen sie gebraucht werde, sondern die Sprachlehrer (sämmtlich Geistliche) empfehlen auch sorgfältig, überall wo von Gott und göttlichen Dingen die Rede ist, diese umständlichen und schleppenden Formen zu gebrauchen.[65]

90. Ich bin absichtlich länger bei diesem Einfluss des Unterschiedes der Stände auf die Sprache verweilt, um an auffallenden Beispielen zu zeigen, wie mehr oder weniger verschiedene Sprachen in derselben Nation und bei gleicher Abstammung herrschend seyn, äussere Umstände, selbst solche, die gar nicht tief in den ganzen Charakter eingehen, die Sprache verändern, ja wie ganz eigenthümlich ihr angehörende Begriffe (wie der des Medium) nach zufälligen Zwecken, ganz gegen ihre ursprüngliche Natur verdreht werden können. Es geht daraus der innige Zusammenhang zwischen der Sprache und allem den Menschen Betreffenden, und zugleich ihre bewundernswürdige Biegsamkeit hervor, sich jeder an sie gemachten Anforderung hinzugeben, und alles in Begriffen oder Lauten in sie verpflanzte Fremde sich gleich organisch anzubilden, und mit sinniger Berücksichtigung ihrer Zwecke zu gestalten. Allein der zugleich für die Sprache und die Nationalbildung günstige Fall ist immer nur der, wo eine einzige Sprache unvermischt durch die ganze Nation läuft, nur die wesentlichen und natürlichen Bedingungen des menschlichen Daseyns auf sie einwirken, und ihr nichts aufgebürdet wird, was nicht in ihrer eignen Natur freiwillige und leichte Begegnung

findet. Nur da ergiesst sich die Sprache frei und wohlthätig durch alle Classen der Nation, und von diesem ihrem Hin- und Zurückströmen zwischen dem Volke und den gebildeteren Ständen, den einzelnen Beschäftigungen Gewidmeten und den ein vielseitigeres Leben Führenden, von diesem wahren Lebensprocesse der Sprache in der Nation muss ich hier noch Einiges hinzufügen.

91. Die Scheidung des Volks von den sich nicht zum Volke Rechnenden ist in dem Daseyn einer Nation so unvermeidlich, dass sie sich wohl in jeder ohne Ausnahme findet, sie ist aber zugleich für Alles, was die höchsten Zwecke des Menschen betrifft, so wichtig, dass sie in diesem Gebiet nie einen Augenblick aus den Augen gesetzt werden kann. Der letzte dabei zu erreichende Zweck, um gleich diesen zu bezeichnen, ist nun der, durch eine beständige ungehemmte und energische Gemeinschaft zwischen diesen beiden Theilen der Nation zu bewirken, dass auf das Volk alle wesentliche Früchte der Bildung, nur mit Ersparung des mühevollen Wegs, auf dem sie erlangt werden, herabströmen, die höheren Stände aber durch den gesunden, geraden, kräftigen, frischen Sinn des Volkes, durch das in ihm lebende Zusammenhalten alles Menschlichen bewahrt werden vor der Mattigkeit, Flachheit, ja Verschrobenheit unverhältnissmässiger Einwirkung einseitiger Bildung. In einem geistig und sittlich gediegenen, starken, unverdorbenen Volke liegt allein die sich erneuernde Kraft der Nation; die Bildung, insofern sie, als philosophische und poetische, Ideen und Empfindungen bearbeitet, führt diesen Stoff nur in eine höhere, mehr idealische Sphäre hinüber, und wendet, als technisch und scientifisch, nur das an wenigen Gegenständen roh und zufällig Erfahrne und Versuchte, auf künstliche Weise und nach Principien, auf viele systematisch an, und schreitet in neuen Erfahrungen und Versuchen fort. Die höheren Stände können und dürfen jener Kraft nicht fremd seyn, und insofern sie sie theilen, bilden sie Eine Masse mit dem Volk, mit dem sie, alle Classen hindurch, namentlich in der Religion, innerlich und äusserlich verknüpfende Bande haben, sie zeichnen sich nur durch andre Bestrebungen und daraus hervorgegangne Fähigkeiten und Ansichten aus. Jene Scheidung ist daher wahrhaft nur da vorhanden, wo die Bildung irre geleitet hat, oder die Natur zur Rohheit hinabgesunken ist. Wo gesunde Natur und ächte Bildung richtig auf einander einwirken, ist weder Spaltung, noch Gegensatz, nur aus andrer Entwicklung der Kräfte entspringende, sich gegenseitig ergänzende Verschiedenheit. Die Gemeinschaft zwischem dem Volk und dem übrigen Theil der Nation beruht nun grösstentheils auf der alle Ideen und Empfindungen vermittelnden Sprache, und wird durch sie so vortrefflich bewirkt, da die Sprache die Kunst besitzt, indem sie nur das Bekannte wiederzugeben scheint, in der unmerklich veränderten Geltung des Ausdrucks etwas Verschiedenes darzubieten, und das Neue

immer an das schon tief in die Natur Eingegangene zu knüpfen. Es gehört aber dazu nicht bloss Einerleiheit der Sprache überhaupt, sondern die Sprache des Volks und die der Gebildeten müssen einander möglichst nahe bleiben, wozu unter uns das Lesen derselben Bibelübersetzung eins der kräftigsten Mittel ist, es muss zwischen beiden nur die Art des Unterschiedes herrschen, welcher die Classen der Sprechenden selbst charakterisiren sollte, und es müssen sich in die Eine, dort kräftigere, vollere, ungewähltere, und hier verfeinerte Sprache nicht lästige, trennende Höflichkeitsformeln, wie die, von denen wir eben gesprochen, eingedrängt haben.

92. Betrachtet man nun, wie im Vorigen den Einfluss der Sprache auf die Verschiedenheit der Bildungsstufen, so den umgekehrten, welchen sie auf die Sprache ausüben, so liegt zuerst am Tage, dass es ausschliesslich das Volk ist, von dem nicht nur die Sprache ursprünglich ausgeht, sondern das auch immerfort ihre Fülle, ihre Stärke und ihre unmittelbare Beziehung auf die lebendige Anschauung, die Phantasie und das Gefühl bewahrt und erhält. Diese muss man als einen unumstösslichen, wahrhaft leitenden Grundsatz nie ausser Acht lassen. Die höher und feiner gebildeten Classen haben daran natürlich mit Theil, und in dem Grade bedeutender, in dem ihre Bildung in einem richtigen Verhältniss zu dem ganzen Wesen der Nation steht, aber was dies in ihnen bewirkt, ist nicht die Bildung, nicht dasjenige, was sie vom Volk unterscheidet, sondern das, worin ein tüchtiges, unverdorbenes, von Rohheit und Unsitte freies Volk glücklicherweise mit ihnen übereinstimmt. Das Schaffende in der Sprache ist immer die Natur, die bewusstlos die Fülle der Sprache aus sich ergiessende Kraft des menschlichen Geistes im geselligen Zusammenwirken, und das hierüber oben (§. 73. 74.) in andrer Beziehung Gesagte findet auch hier seine Anwendung. Die Bildung läutert und sichtet den empfangenen Stoff; sie führt zuerst, und dies ist auf die ganze Sprache von dem wichtigsten und rein wohlthätigem Einfluss, die Aussprache auf schärfer umgränzte und weniger zahlreiche Laute zurück, die meisten Volksmundarten haben eine grössere Anzahl, besonders unbestimmt in einander übergehender Vocallaute, als die gereinigte Sprache im Munde der Gebildeten; sie bestimmt ebenso genauer die Geltung der Wörter, und sondert die verschiednen Gebiete der Begriffe; sie wirft einen Theil derselben, bald als der anständigeren Sprechart nicht angemessen, bald als Provincialismen zurück; dies macht sie sich zu einem besondren Geschäft, und auch absichtlos geht ihr ein andrer im Gebrauche verloren, indem der Kreis der Gebildeten aus einer geringeren Zahl von Individuen besteht, und eine geringere Zahl wirklicher Gegenstände behandelt, es auch Princip der gebildeten Gesellschaftssprache ist, nur so, wie die Andren zu reden, und sich nicht die Kühnheit zu erlauben Wörter der Volks-

sprache in sie hinüberzuführen; ebenso wirkt sie auf die grammatischen
Formen und Constructionen, regelt dieselben, macht sie gleichmässiger
unter sich, behandelt da oft, wie es in vielen deutschen Verben der starken Conjugation, die sich in ihnen nur noch im Volk erhalten hat, er-
gangen ist, als Ausnahme, was tief als Regel im innersten Wesen der
Sprache begründet ist. Von allen diesen Seiten ist ihr Einfluss läuternd
und sichtend, aber verarmend.

93a. Von andren her aber bereichert die Ausbildung auch unläugbar
die Sprache. Sie entwickelt und spaltet die Begriffe und erweitert dadurch den Kreis derselben; als Sprache der feineren, von der Natur ferner lebenden Gesellschaft beschränkt sie sich zwar, wie eben bemerkt
worden, auf eine kleinere Zahl von Gegenständen, aber als Sprache der
Wissenschaft erstreckt sie sich weit über die Volksbeobachtung hinaus
über die ganze Natur, sie bedarf also neuer Wörter und bildet diese
durch Ableitung und Zusammensetzung aus dem vorhandenen Sprachvorrath, oder entlehnt sie, der minder günstige Fall, aus fremden Sprachen. Noch bedeutender und wohlthätiger wirkt sie durch innerliche
Bereicherung, indem sie die Bedeutungen der Wörter auf neue Begriffe
und Nuancen derselben hinüberführt, und ihnen eine bis dahin unbekannte Geltung verschafft. Ob die Ausbildung, welche die Sprache
durch die feinere Gesellschaft, die Schriftsteller und die Grammatiker
erhält, auf die grammatischen Formen schaffend, ihren Kreis erweiternd, wirkt? ist eine schwierige, kaum mit Unterscheidung aller verschiedenen Fälle genau zu beantwortende Frage. Dass die grammatischen Formen im Laufe der Zeit abnehmen, ist gewiss, und namentlich
an dem germanischen Sprachstamm durch die meisterhaften, und in
keiner andren Sprache bisher aufzuweisenden Arbeiten Jacob Grimm's,
denen sich die Boppischen angeschlossen haben, auf das überzeugendste factisch dargethan. Hieran aber möchte ich der Cultur nur den geringeren Antheil beimessen. Es geschieht dies auch im Munde des Volks
durch das Abschleifen der Endungen im langen Gebrauch, aber da dies
Abschleifen erst entsteht, wenn diese Endungen für das Gefühl bedeutungslos werden, eigentlich durch das Erkalten und Erstumpfen des nur
in den früheren Epochen der Sprachen frischen und lebendigen Sprachsinns. Denn wir mögen es nun begreifen oder nicht, so kann es nicht
abgeläugnet werden, dass die Sprachen ein Hauch der Menschheit aus
dunkler, unbekannter Zeit her scheinen, der sich zwar von Generation
zu Generation mittheilt, aber in derselben Sprache nicht wieder erneu-
ert, sondern verweht, eine Glut, die, je ferner ihrem Ursprunge, desto
fühlbarer erkaltet. Auf die Ausmärzung von Formen, welche im Gebrauch wohl entbehrt werden können, aber aus lebendigerer, gleichsam
mehr ursprünglicher Naturansicht, und tieferem Gefühl seiner selbst
hervorgegangen sind, hat die Cultur wohl Einfluss. So findet sich der

Dualis im Slawischen und Germanischen Sprachstamm nur noch in Volksmundarten. Auch jene allgemeine Verarmung der Grammatik befördert und beschleunigt sie gewiss. Denn worin, als darin, dass sie immer Volkssprache geblieben ist, und eigentlich keine Literatur besessen hat, läge es wohl sonst, dass die heutige Litthauische Sprache ihre ursprünglichen grammatischen Formen reiner und vollständiger bewahrt hat, als ihre heutigen Slawischen und Germanischen Schwestern? Wenn aber die Sprachen von einem Culminationspunkt der Grammatik herabsteigen[66], so fragt es sich, ob es in den Phasen, die sie durchgehen, auch ein Aufsteigen zu demselben giebt, und welchen Antheil, der dann nur ein bereichernder seyn könnte, die Cultur an diesem nimmt? An ein solches Aufsteigen, auf das ich in der Folge noch werde öfter zurückkommen müssen, glaube ich allerdings, nur in sehr verschiedenem Masse und in sehr verschiedner Art nach der eigenthümlichen Beschaffenheit der Sprachen.[67] An sich aber liegt es in der Natur der Sache in vielen, und die Zergliederung der vorhandenen Sprachen bietet auch einzelne, jedoch nur sparsam aufzufindende beweisende Thatsachen dazu dar.

93b. Ein sehr einleuchtendes Beispiel aus der Mbayischen Sprache habe ich in einer früheren Schrift gegeben.[68] Das Zusammenschmelzen des Hülfsverbum mit dem Stammworte im Futurum der Romanischen Sprachen in ihrem späteren Zustande, da sie in dem früheren noch Pronomina dazwischen schoben, gehört auch hierher; *amar ai, amar l'ai, aimerai.*[69] Ganz gewöhnlich ist in den Sprachen die Erscheinung, dass Affixa, die ursprünglich eigene Wörter waren, sich im Gebrauch abschleifen und den Stammlauten aneignen. Von dieser gewissermassen gedankenlosen Assimilation aber ist eine offenbar absichtlich aus richtigem Gefühl der Analogie der Sprache im Ungrischen im Laufe der Zeit entstandene auf eine merkwürdige Art verschieden. Die Ungrische Sprache theilt nämlich die Vocale in drei Classen, starke, *a, o, u,* schwa-

1.

che, *e, ö, ü,* und gleichgültige, *ä, i, e.* In wahrhaft Ungrischen Wörtern finden sich niemals zugleich Vocale der beiden ersten Arten, die Vocale eines jeden gehören bloss einer von beiden an, nur die der dritten vermischen sich mit beiden. Dies ursprüngliche Bildungsgesetz der Wörter geht auf die grammatische Anfügung über. Der Vocal des Stammworts bestimmt den des Affixes; *hal,* Fisch, *hal-ak,* die Fische, *kar,* Arm, *ka-rok,* die Arme, *üst,* der Kessel, *üstök,* die Kessel. Die Affixa können aber zum Theil mit einem suffigirten Pronomen allein stehen, und alsdann bestimmt ihr Vocal den des Pronomens. So wird *nek,* die den Dativ bildende, aber immer suffigirte Praeposition, zu *nak* in *halnak,* dem Fische, behält dagegen sein *e* in *nekem,* mir, *neked,* dir u. s. f. Es gilt daher als allgemeines Gesetz, dass der Vocal des selbständigen Worts unverändert bleibt, dagegen der des abhängigen sich nach jenem umwandelt. Dieser Vocalwechsel unterscheidet sich sehr sichtbar von dem in den Sanskritischen Sprachen üblichen. Dieser letztere gründet sich zum Theil gewiss, vielleicht aber auch ganz auf die Leichtigkeit der Aussprache, besteht in einer durch die Endsylben des Worts auf dessen Anfangssylben ausgeübten Wirkung, und knüpft sich, wo sie bedeutsam ist, an die grammatische Unterscheidung der Formen. Der Ungrische Vocalwechsel beruht auf dem Wohllautsgesetz, in demselben Wort nur gleichartige Vocale zu lieben, besteht immer in einer Wirkung der Anfangssylben auf die Endsylben, und wird zum Bindungsmittel der Einheit des Worts, verwandelt das getrennte oder locker angefügte grammatische Zeichen in wirkliche Beugung. Je mehr sich also das Gesetz dieses Vocalwechsels in der Sprache befestigt, desto mehr besitzt sie Grammatik. Denn sie unterscheidet alsdann immer sorgfältiger, und bezeichnet immer sichtbarer den Unterschied zwischen der Materie und der Form der Sprache, was das Ziel aller Grammatik ist. Nun ergiebt sich aus der Vergleichung der ältesten Denkmäler der Ungrischen Sprache, dass dies Gesetz ehemals in geringerem Umfange beobachtet wurde, als jetzt, und zwar mit folgendem merkwürdigen Unterschiede. Bei Affixen, die niemals Selbständigkeit erhalten, und nur in einem einfachen Consonanten bestehen, der mit einem Bindevocal an den Endconsonanten des Wortes geheftet wird, wie das *t* des Accusativs, folgt bei den Aelteren und Neueren dieser Bindevocal dem des Worts; *hal-at,* den Fisch, *tüz-et* (spr. *tüset*), das Feuer. Affixa dagegen, die unter Umständen selbst Suffixa annehmen, erscheinen in den ältesten Sprachurkunden noch mit unverändertem Vocal, und erst die spätere Sprache unterwirft sie der regelmässigen grammatischen Umbildung. In dem ältesten bekannten Denkmal der Ungrischen Sprache, einer Leichenrede, die zwischen das Jahr 1192 und 1210 gesetzt wird, findet man daher *halal-nek,* dem Tode, *Paradisum-ben,* in dem Paradiese, wo die spätere und heutige Sprache *halal-nak, Paradisum-ban* sagen. Dieselbe Unregelmässigkeit dauert, und zwar immer nach dem Grade ihrer mehreren Selbständigkeit, auch bei nachfolgenden Schriftstellern noch fort, und hat sich bei dem gemeinen Volke, vorzüglich in einigen Gegenden, bis auf den heutigen Tag erhalten. So ist dies auf der einen Seite also ein wirkliches Beispiel der sich durch die gebildete und Schriftsprache befestigenden Gesetzmässigkeit grammatischer Formen, indem es zugleich auf der andren die Beharrlichkeit zeigt, mit welcher das Volk sich der Umänderung stammhafter Vocale widersetzt.[70]

93c. Wir stehen nur überall den ältesten Sprachepochen zu fern, und das erste Gerinnen der Elemente zu einer Sprache geht so unmerklich vor, dass es uns vielleicht selbst unter unsern Augen entschlüpfen würde. Die Entstehung der Romanischen Sprachen gehört uns geschichtlich sehr wohl bekannten Jahrhunderten an. Allein trotz der treflichen

Arbeiten Raynouards bleibt uns gerade das Wichtigste, der unmittelbare Austritt aus der Römischen in die neue Form auch am meisten in Dunkel gehüllt. Zur Entscheidung der Frage über die Bereicherung der Sprachen an grammatischen Formen durch die erhöhete Bildung wird es daher besser seyn, ohne Rücksicht auf so fern liegende Sprachepochen, die verschiedenen Arten zu bestimmen, in welchen diese Frage genommen werden kann. Die Grammatik gewinnt nämlich und erweitert sich, indem, was ursprünglich blosse, noch willkührlich verschiebbare Redensart, Aneinanderreihung von Sachworten ist, zu fester Form, zu durch den grammatischen Begriff bestimmtem Sachworte wird; oder wenn die Beugungen da, wo sie vorher mehr nach ungewissem und zufälligem Sprachgebrauch angewendet wurden, anfangen schärferer Begränzung der grammatischen Begriffe zu folgen; oder endlich wenn wirklich neue Beugungslaute entstehen. Das Letzte lässt sich von der Bildung ebensowenig, als das Schaffen neuer Wortlaute erwarten. Allein der Gewinn an Formalität und an Uebereinstimmung derselben mit der allgemeinen Grammatik kann und ist sehr häufig ihre Frucht. Indess fährt auch hier die Cultur nur auf dem Wege fort, den die Sprache schon selbst gebahnt hat. So mannigfaltige Materialien auch selbst das Chinesische besitzt, um zu Flexionen oder einem Analogon davon zu gelangen, so hat doch die in dieser Nation so bedeutend vorgeschrittene literarische Cultur die Sprache diesem Baue nie um einen Schritt mehr genähert. In der jetzt auch literarisch gewordnen Volkssprache liegt allerdings eine solche, wenn gleich sehr geringe Annäherung. Ob aber die Volkssprache diesen Schritt erst in der Folge der Zeit gethan, oder ob sie sich schon immer vom älteren Stil unterschied? lässt sich nicht gehörig entscheiden. Wieviele Jahrhunderte das Sanskrit in allen Zweigen der Wissenschaft und Dichtung bearbeitet worden ist, so hat sich die bestimmte Bedeutung der Tempora nie so scharf darin abgegränzt, als wir es schon in dem ältesten Denkmale Griechischer Sprache, im Homer, antreffen. In den Constructionen dagegen verdankt die Sprache der gesellschaftlichen und literarischen Bildung die bedeutendsten Bereicherungen, da es hier nicht auf das Schaffen eines neuen Stoffs, sondern auf das Eingehen neuer Verbindungen, anderes und anderes Verschlingen des Gedanken ankommt. Dies kann, wie wir am Griechischen sehen, rein und ausschliesslich aus dem Schoosse der eignen Sprache geschehen, aber es entsteht vorzüglich auch da, wo verschiedene Sprachen in ihren Literaturen auf einander wirken. Je freier und vielseitiger eine Nation in ihrem geistigen Schaffen, je mehr sie von der Ueberzeugung durchdrungen ist, dass das in jeder Sprache einzeln Vortrefliche muss auch aus ihr auf irgend eine eigenthümliche Weise zurückstrahlen können, desto mehr erweitert sie den gesetzmässigen Kreis der Behandlung ihrer Sprache. In der Deutschen ist dieser Vorzug besonders sichtbar, und sie hat hierin ein grosses und edles Vorbild an der Römischen. Kein Volk ist wohl je eifersüchtiger auf seine Nationaleigenthümlichkeit gewesen, als das Römische, und doch leuchtet aus den Schriftstellern der schönen Zeit der Römischen Literatur, vorzüglich den Dichtern, das Bestreben sich Griechische Sprachformen und Wendungen anzueignen unverkennbar hervor. Es wäre durchaus ungerecht, die Nationen darum einer tadelhaften Nachgiebigkeit gegen das Fremde zu beschuldigen. Das Bewahren der Nationalitaet ist nur dann wahrhaft achtungswürdig, wann es zugleich den Grundsatz in sich fasst, die scheidende Gränze immer feiner, und daher immer weniger trennend zu machen, sie nie zu beengender Schranke werden zu lassen. Denn nur dann fliesst es aus einem wirklichen Gefühl für die Veredlung des Individuums und der Menschheit her, welche das letzte Ziel alles Strebens sind. Wie bei Völkerzügen und durch andre geschichtliche Ereignisse Umänderungen der Sprachen durch die Mischung der Nationen erzeugt werden, so entstehen auch, wenn sich ihre Gedanken in ihren Literaturen berühren, ähnliche, nur feinere und weniger in die Augen fallende, und dies ist allein das Werk der Bildung und geht erst durch sie, und nicht einmal immer, auf das Volk über. Jene geschichtliche Mischung der Nationen selbst wirkt, wie alles, was Natur und Schicksal herbeiführen, vorherrschend und sprachenerzeugend, beginnt aber bei dem am meisten Materiellen in der Sprache, dem Einführen neuer Wörter, und dringt, auch wo sie dies in überschwenglichem Masse thut, und selbst in der Betonung, einem jeder Sprache so eigenthümlichen Punkt, sichtbar ist, doch, wie das Beispiel des Englischen[71] zeigt, in den wortverknüpfenden Sprachbau nicht immer tief ein. Die Wörter aber weiss sie durch den täglichen Volksgebrauch bis zu organischer Einverleibung zusammenzuschmelzen. Die intellectuelle Berührung ist auch im intellectuellen Theile der Sprache wirksamer, und trift daher am meisten die Construction. Die durch sie eingeführten Wörter sind mehr technische und wissenschaftliche, als tief ins Leben eingreifende, und bleiben oft mehr ein äusserer Zuwachs, als sich mit der Sprache wahrhaft innig zu verschmelzen.

94. Nimmt man nun den sprachbereichernden Einfluss der gesellschaftlichen und schriftstellerischen Bildung zusammen, so ist er wesentlich kein Schaffen neuen Stoffs, sondern besteht vorzüglich darin, dass sich die Bildung in die fertig da stehende Sprache mehr und besser hineinbaut, nicht das Material bedeutend vermehrt, aber in dem vorhandenen dem erweiterten Gedanken, dem erhöheten und verfeinerten geistigen Leben mehr Raum und mehr Wohnlichkeit verschafft. Es wird als ein ganz allgemeiner und gar nicht erst eines Beweises bedürfender Grundsatz angenommen, dass sich die Sprachen nach den körperlichen und geistigen Bedürfnissen der Nationen erweitern, von einer kleinen

Zahl von Wörtern, die sich nur auf die niedrigsten, noch wenig das
bloss thierische Leben übersteigenden Bedürfnisse beziehen, ausgehen,
und die Gränzen dieses Kreises nach und nach weiter stecken. In dieser
Ausdehnung und auf diese Weise verstanden, halte ich jedoch diese Annahme für durchaus unrichtig. Das Sprechenlernen ist, wie im Vorigen
(§. 59.) gezeigt worden, nur eine gesellschaftliche Entwicklung des
Sprachvermögens. In jedem Einzelnen liegt nothwendig die ganze Sprache (§. 54.). So wie also ein menschliches Volk menschlich da steht,
und der Mensch ist immer Mensch, erhebt sich nicht allmählich von
thierischem zu menschlichem Daseyn, ist auch eine vollständige, in alle
mannigfaltigen Tiefen des Gemüths Wurzel schlagende, und sich möglicherweise in alle Regionen des Weltalls, über alle darin vorhandene
Gegenstände ausdehnende Sprache gegeben. Wie Eine schöne Früh-
lingsnacht auf einmal alle Blüthen eines vollen Baumes hervortreibt,
damit und damit allein möchte ich die Sprachen vergleichen. Nachher
entsteht wenig neuer Stoff mehr in ihnen, nur der vorhandene bildet
sich und wird fortgebildet. Je mehr ich Sprachen von Nationen studire,
die man gemeinhin dem Ursprung aller Sprache näher glaubt, desto
mehr bestärke ich mich in dieser Ansicht. Denn von allem, was ich hier
bekämpfe, lässt sich in der Wirklichkeit der Sprachen auch nicht die
mindeste factische Spur nachweisen. Wie herabsetzende Schilderungen
man auch von Stämmen einzelner Wilden, und vielleicht auch nicht
immer mit Recht, entwerfen mag, so ist, wie man irgend genügende
Nachrichten von ihrer Sprache hat, der Mensch ganz und rein darin. In
jeder liegt die Schilderung des auf den Menschen äusserlich einwirkenden Naturganzen, in jeder finden sich die Anklänge des innern Bewusstseyns und Gefühls nach allen Richtungen hin, in jeder schon deutliche
Beweise, wie der sinnliche Begriff zu geistiger Andeutung geworden ist.
Jeder ist der wesentliche grammatische Typus eingeprägt, und diese Regelmässigkeit der Form wirkt schon auf den Gehalt des Stoffes zurück.
Wenn nun auf diese Weise überall Anklänge von Ideen angetroffen werden, wenn man, bei gehöriger Kenntniss, für keine einzige Handhabe vermissen würde, wenn eine Anzahl unläugbar bestimmte Ausdrücke besitzt, wie lässt sich da beschränkend behaupten, dass die Sprache sich
noch nicht über diese oder jene Stufe des Menschendaseyns erhoben
habe? Ist nicht vielmehr der Stoff zu Allem vorhanden, und liegt es an
mehr, als dass er innerlich, durch mannigfaches Denken und Sprechen
reiner, klarer und vielfacher entwickelt werde? Denn an diesen Ent-
wicklungsstufen wird niemand zweifeln, sie setzen aber alle schon volles Menschendaseyn voraus. Etwas andres ist es, dass allerdings nach
der Lage der Völker und ihrer Beschäftigungen verschiedene Classen
von Gegenständen auch mit verschiedenem Wortreichthum ausgestat-
tet sind. Aendert ein Volk seinen Wohnort oder seine Lebensweise, wird

es von der Mitte des Landes ans Meer versetzt, so ändert sich natürlich jenes Verhältniss und die neue Natur und neue Beschäftigung erhalten vorher nicht im Gebrauche gewesene Benennungen. Diese aber werden alsdann entweder von einem fremden Volke entlehnt, oder durch die inneren Mittel, welche jede Sprache besitzt, ohne neue Erfindung von Grundwörtern, aus den vorhandenen neue Ausdrücke zu bilden, aus der eignen Heimath genommen. Aber auch von dieser Spracherweiterung rede ich mehr hypothetisch. Ein wirkliches Beispiel ist mir nicht bekannt, und in dem Zustande, in dem wir die Nationen kennen, sind sie schon dergestalt alle Zustände der Menschheit durchgangen, haben sich dergestalt gemischt und haben soviel allmähliche Ueberlieferungen auch von weiter Ferne her erhalten, dass sehr zu zweifeln ist, ob es z. B. auch in der Mitte der grössesten Continente ein einziges Volk geben mag, dessen Sprache ein Ausdruck für das *Meer* fehlte. Allein aus der Gleichförmigkeit dieses Ausdrucks in einem grossen Theile von Süd-Amerika lässt sich schliessen, dass er nicht aus dem Schoosse der einzelnen Sprachen hervorgegangen ist, sondern sich durch Sage und Ueberlieferung verbreitet hat.

95. Die Zahlen, von denen einige Nationen wirklich nur sehr wenige bestimmt bezeichnen, sind oft als ein Beweis des dürftigen Anfangs der Sprachen angeführt worden. Die geringe Anzahl der Zahlwörter liegt aber gar nicht in der Armut der Sprachen, sondern in der Natur des Zahlensystems selbst, das, wie der Mensch sehr frühe richtig fühlt, zu seiner Vollkommenheit nicht vieler Grundwörter, sondern bequemer Verbindungen und Vervielfältigungen weniger bedarf. Dazu aber liegen die Mittel in jeder Sprache, und deutliche Spuren zeigen auch, dass sich auf diese Weise das Zahlensystem, ohne alle Erfindung neuer Wurzellaute, bloss durch sinnige Benutzung des vorhandnen Wörtervorraths erweitert. In den Inselsprachen der Südsee sind die Wörter für einige grössere Zahlen sichtbar aus *Haar* entstanden, obgleich jetzt nicht in jedem Dialect die sich auf diese Weise entsprechenden Ausdrücke zugleich im Gebrauch sind.[72] Im NeuSeeländischen wird schon 10 so ausgedruckt, in den übrigen Dialecten 100. Nun ist es aus vielen Reisebeschreibern bekannt, dass uncultivirte Nationen, wenn ihre Hände, Füsse und Zehen nicht mehr ausreichen, um eine grössere Zahl anzudeuten, ihre Haare zeigen. Es ist also hier die unbestimmte Menge zu dem Zeichen einer grossen bestimmten Zahl geworden. Dass dieselbe Umwandlung mit andren Zahlwörtern vorgegangen ist, zeigt auch der Umstand, dass in verwandten Mundarten dasselbe Wort bisweilen für verschiedene Zahlen gilt. So ist *mano* auf NeuSeeland und Tahiti für 1000, auf den Tonga-Inseln für 10 000 gebräuchlich. Dass der Mensch grössere Zahlen kaum anders bezeichnen kann, liegt in der Natur der Sache, und zeigt sich auch in den Sprachen. Der Mensch nimmt die Zahlwörter von

Gegenständen her, die in dieser Zahl vorkommen, von den Fingern, Zehen des eigenen Körpers, aber auch von Gegenständen ausser ihm, wie die Abiponen *vier* nach den Zehen eines Vogels, *fünf* nach einer Tigerhaut, wo die Flecke zu fünfen zusammenstehen;[73] nun aber lässt sich eine Menge von Gegenständen nie als genaue Zahl übersehen. Auch darin mag ein Grund der geringen Anzahl von Zahlwörtern in allen Sprachen liegen. Mit den drei ersten Zahlen scheint es eine andre Bewandtniss zu haben, mir ist in keiner Sprache ein Beispiel bekannt, dass sie von Gegenständen der Natur hergenommen wären. Die Menschen können auch im gegenwärtigen Verkehr der Wörter für grössere Zahlen sehr leicht entbehren, indem sie, wie es viele uncultivirte Völker wirklich thun, Reihen von kleineren Quantitaeten wirklicher Dinge hinlegen und dann im Zählen nie über die ihnen geläufige höchste Zahl hinausgehn. Nirgends lässt sich die Sache so leicht an die Stelle des Wortes zur gegenseitigen Verständigung setzen. Mit dem Handel, der oft mit Auswärtigen geschieht, verbunden, führt endlich das Zählen leicht fremde Wörter ein, die aber oft abgesondert in der Sprache stehen bleiben, und keine Verwandtschaft weder beweisen noch begründen. Es lässt sich daher keine solche aus den fast ganz gleichen Vaskischen und Galischen und Kymrischen Wörtern für 2, 6, 7 schliessen. Diese Wörter sind, wie sie selbst zeigen, aus dem Lateinischen oder einer dieser verwandten Sprache in sie übergegangen. Neben diesen stehen rein einheimische Zahlwörter, aber mehr im Vaskischen als in den beiden andren Sprachen, und in diesen ist keine Aehnlichkeit auffallend. Es ist daher anzunehmen, dass jene fremden Zahlen die einheimischen Laute verdrängt haben. Im Tahitischen ist diese Verdrängung noch sichtbar. Denn für 2 geht durch alle Inseldialecte der Südsee, und durch den ganzen Malaiischen Sprachstamm das Wort der Sanskritischen Sprachen: Neu-Seeländisch *dūa*, Tahitisch *rua*[74], Sandwichisch *lua*[75], Tongisch: *ua* (wozu das Wort in Zusammensetzungen auch im Tahitischen und NeuSeeländischen wird, *maua*[76], wir beide). Es giebt aber überhaupt im Malaiischen und namentlich in den Südseedialecten mehrere Sanskritwörter. In den Zahlen aber ist 2 das einzige, und dies ist gerade in das Pronomen (dessen erste Person aber auch Sanskritisch ist) verwebt. Auf diese merkwürdige Erscheinung werde ich ein andresmal zurückkommen. Hier bemerke ich nur, dass im Tahitischen 2 auch ein gar nicht mit Sanskritischen verwandtes Wort *piti* hat. Welches von beiden mag nun das frühere seyn? Synonyma von Zahlen gehören zu den seltensten Erscheinungen in den Sprachen, lassen sich aber durch Sprachvermischung und selbst durch Beziehung des Zahlbegriffs auf verschiedne Gegenstände erklären. Im Tahitischen bin ich einem zweiten auf der Spur: *pae*[77] für 5, da diese Zahl sonst in allen Dialecten (nach der obigen Ordnung *dīma*, *rima, lima, nima*) *Hand* ist. Aus allen diesen Gründen ist die so vorzugsweise versuchte Zusammenstellung der Zahlen der Nationen, so merkwürdige Folgerungen sich auch vielfach daraus ziehen lassen, für das Innere der Sprachen nicht von der Wichtigkeit, die man ihr oft beigelegt hat. Das Zahlensystem macht ein gewissermassen abgesondertes Gebiet für sich aus, hat seine eigenen Gesetze und Analogieen, und druckt mehr diese den verschiedenen Sprachen auf, als sich in ihm die Verschiedenheiten dieser spiegeln. Man muss immer erst wissen, ob die Verschiedenheit von Zahlwörtern daraus herrührt, dass die Zahlen auf verschiedne Gegenstände bezogen sind, oder daraus, dass derselbe Gegenstand verschieden benannt wird, ehe sich das mindeste daraus schliessen lässt.

96. Die Elemente der Sprache sind an sich nur Töne, man kann das Wort als blossen, ja leeren Schall der Sache, der Empfindung entgegensetzen, die Geltung vor dem Verstande hebt diese seine Wesenlosigkeit nicht auf, sie nimmt vielmehr zu, je klarer und vollständiger sein Inhalt durchschaut wird. Auf der andren Seite schlägt das Wort Wurzel in der Phantasie und dem Gefühl, wenn diese lebendiger sind, als der zergliedernde und dialectisirende Verstand. Es hat zugleich geheimnissvolle, nicht immer klar zu machende, symbolische Anklänge an den Gegenstand, den es bezeichnet, die nicht immer an diesem selbst fühlbar werden, wohl aber an solchen andren Wörtern, deren Gegenstände die Anschauung und Phantasie ähnlich anregen, so wie im Deutschen Wolke, Welle, wehen, Wolle, weben, wickeln, wälzen, wollen u. a. m. in unverkennbarem Lautzusammenhange stehn. Wort und Sprache können also leerer, trockner und kälter, einseitig mit dem Verstande, oder voller, frischer, lebendiger, tiefer mit der Anschauung, der Einbildungskraft, dem Gefühl, dem unbewusst wirkenden Sprachsinn aufgenommen werden. Diese Aufnahme scheint ihnen selbst fremd, aber wenn sich auch nicht läugnen lässt, dass ihre Beschaffenheit einen wesentlichen Einfluss darauf ausübt, so scheint die Folge für sie gleichgültig. Dies ist aber, genau untersucht, nicht der Fall. Die Sprache trägt immer den Hauch ihres in ihren Schicksalen im wirklichen Sprechen erfahrenen Lebens an sich. Die mehr zum Anschauen, Empfinden und Handlen gebrauchte, an kräftigere Gedanken, Phantasieen, Gefühle, Leidenschaften öfter geknüpfte gewinnt eben dadurch und bewahrt mehr nährende und entzündende Kraft, als eine nur an schwach aufwallende oder gleich gezügelte und beschränkte gebundne, meistentheils im Gebrauche bloss aufhellenden und ordnenden Verstandes befangne. Die Quelle dieser Kraft, Frische und Lebendigkeit der Sprachen kann daher in den Nationen nicht in den gebildeten Classen, insofern sie dem Volke entgegenstehen, gesucht werden. Sie gehören dem Volke und jenen Classen, insofern sie Eins mit ihm ausmachen, oder jene Kraft, neben der Bildung, in sich erhalten, an. Ihrer Natur nach schwächt die Bildung dieselbe, und dann ist, um sie in der Sprache nicht sinken zu lassen, rege und lebendige

Gemeinschaft der höheren Sprache mit der Volkssprache nöthig. Conventioneller Zwang, einseitigere Verstandesbeschäftigung und weniger unmittelbare mit der Natur bringen dies hervor. Am nachtheiligsten wirkt es auf die höhere Gesellschaftssprache, und es ist daher immer schlimm, wenn diese vorherrschenden Einfluss auf die Schriftsprache hat oder im Moment der schönsten Literatur gehabt hat. Der günstige Fall ist allemal der umgekehrte. Allein auch den wahren Sprachsinn, die durch die Worte und Wendungen gehende Analogie, ob sie gleich nicht zum deutlichen Bewusstseyn kommt, den Sinn, in dem Worte mehr als blossen Schall oder kalten Begriff zu finden, bewahrt das Volk treuer und besser, als dies Sache der gebildeten Stände ist. Bei wenig geflissentlicher Beschäftigung mit Gegenständen des Nachdenkens geht dem Volke das wahre Licht über die Begriffe oft erst in der Wortform auf, und so viele Wortspiele und sprichwörtliche Redensarten im Munde des Volks beweisen klar, wie es in der Wortbekleidung selbst einem tieferen Sinne nachspürt. Dies liegt, wie es mir scheint, darin, dass die Sprache auf das Volk mehr in ihrer geschlossenen Gesammtheit wirkt, und der Sinn des Volks, gerade weil er mehr fühlt, als zergliedert, für diese Wirkung empfänglicher ist. Die sogenannte gebildete Sprache ist eine nach absichtlichem Gebrauch gespaltne, gereinigte, also verarmte, in ihrem Zusammenhange zerrissene. Dies zeigt die Vergleichung jedes für die Schriftsprache bestimmten Wörterbuchs mit dem wahren, aus andern Hülfsmitteln bekannten Sprachschatze. Der Sprachforscher muss immer über die Schrift- und Gesellschaftssprache hinausgehn. Die Verstandesbildung wird immer einigermassen auf Kosten des unentwickelten Gefühles erworben, und verkennt auf den untersten und mittleren Stufen sogar die Rechte desselben, erst wenn sie zum letzten Ziele durchdringt, verbessert sie diesen zwiefachen Fehler. Die Sprache erfährt aber vorzüglich das Unglück, dass die auf sie gerichtete Bildung meistentheils nur einseitig ordnend, sichtend, aufhellend, aber eben dadurch die Fülle, die Kraft, die Wirkung der in ihr liegenden, nie ganz zu entwickelnden Analogie verletzend ist. Der blosse Verstand, nicht der Volkssinn, sträubt sich die Sprache als wesentlich mit dem Menschen verwachsen, als ein nie ganz zu ergründendes Geheimniss zu betrachten, und neigt immer hin, sie nur als einen Inbegriff gesellschaftlich erfundener, in sich gleichgültiger Zeichen, deren lästiger Verschiedenheit man nun einmal nicht los werden kann, anzusehen. Es ist nicht zu verhindern, dass diese Art der Bildung nicht auch auf das Volk übergeht, der Schulunterricht verbreitet sie absichtlich, bemüht sich das Sprechen zu regeln, die Provincialismen zu vertreiben, theilt sogar theoretische grammatische Begriffe mit. Es würde ein Misgriff seyn, dies zu tadeln. Jede Aufhellung der Begriffe, jede Gewöhnung, alles, was der Mensch thut, der ihm vom Verstande vorgeschriebenen Regel zu unterwerfen, ist wohlthätig und im Entwicklungsgange der Menschheit geboten. Es wäre auch überflüssig, etwas dagegen zu unternehmen. Die grössere Kräftigkeit, der mehr umfassende Reichthum der Volkssprache, die Fülle der Dialecte währen doch solange das ihnen inwohnende Leben währt, und sie über diesen Punkt hinaus erhalten zu wollen, wäre thöricht und unmöglich zugleich. Worauf dagegen allerdings hingearbeitet werden müsste, wäre jene Bildung weniger dürftig und wahrhaft in das Volk eindringender zu machen, den Unterricht von der bloss scheinbar wissenschaftlichen Zurüstung zu befreien, ihn weniger pedantisch puristisch einzurichten, minder auf die Form, die, bei geistloser Behandlung, so leicht zur leeren Hülse wird, als auf den Kern der Sprache, die in den Wörtern liegenden Begriffe, Andeutungen, Bilder zu richten. Was ich hier zu Gunsten der Volkssprache gesagt habe, gilt indess, wie ich noch hier bemerken muss, hauptsächlich nur von Sprachen reinen, ungemischten Ursprungs, oder an denen die vorhandene Mischung nicht mehr fühlbar genug ist um die Sprache zu hindern, in wahrhaft organischer Einheit zu wirken. Jede Mischung stört natürlich die natürliche Sprachanalogie, wenn sie aber eine Zeitlang gewährt hat, bildet sich eine neue, da die Sprache immer strebt, sich, das Verschiedenartige homogen machend, zu einem Ganzen abzurunden. Der Unterschied liegt daher nicht sowohl darin, ob die Sprachen rein oder vermischt sind, denn höchst wahrscheinlich giebt es keine einzige unvermischte, sondern nur in welchem Grade die Störungen der Mischung sich wieder ins Gleichgewicht gesetzt haben.

97. Wenn die Bildung, die gesellschaftliche und schriftstellerische, wie nicht zu läugnen ist, auf den einen Seite die Kraft der Volkssprache schwächt, so schafft sie auf der andren in der Sprache eine neue, höhere, edlere und wohlthätigere, welche allein ihr angehört. Die Bildung ist, ihrem allgemeinen Begriffe nach, eine stärkere und mehr abgesonderte Richtung auf das Intellectuelle. Dies liegt selbst ihren niedrigeren Graden, der blossen Verfeinerung, und sogar ihren Ausartungen zum Grunde, ihre wahre und edle Bedeutung aber wird dadurch erschöpft. Wenn nun der Mensch, durch den inneren Drang seines Geistes getrieben, höhere Punkte auf dieser Bahn zu erreichen versucht, so bedarf und gewinnt er durch die sich vor ihm erschliessende Idee eine Kraft, die man allgemein die der Begeisterung nennen kann. Diese lebt in der Philosophie, der Dichtung, der Kunst, so wie in der grossartigen Behandlung jeder Wissenschaft, endlich, wenn sie auch da nicht selbstschaffend ist, in schwächerem oder stärkerem Anklang in jedem, der für diese Bestrebungen Sinn besitzt. Sie kann, wenn auch auf natürlicher genialer Anlage beruhend, doch da wo einmal Scheidung zwischen Volk und höher Gebildeten vorhanden ist, immer von Bildung abhängig, nicht dem Volke, als solchem, angehören, aber der aus ihr hervor-

gehende Sinn liegt der Sinnesart des Volks näher, als der Manier der auf halbem Bildungswege stehen Gebliebnen. Diese Gattung geistiger Erzeugung bindet sich nun in ihrer Behandlung der Sprache nicht an willkührliche Gesetze und Convenienzen bloss gesellschaftlicher Bildung, geht auf den ganzen Sprachreichthum, die Volkssprache, die alterthümliche zurück, und schafft sich dadurch eine eigne, in welcher Anschauung, Phantasie, Nachdenken und Gefühl sich in Freiheit und Kraft bewegen, wo aber überall Harmonie und Gleichgewicht walten, und Mass und strenge Scheu den wahren inneren Tact vor jedem Misklang bewahren, weil eine idealische Ansicht herrscht, und Alles, was unter die Betrachtung kommt, der Wirklichkeit enthoben, in das Gebiet des Gedanken hinübergeführt wird. Wie die Sprache, gleichsam als ein Naturwesen in Einheit auf das Volk einwirkt, so wird hier aber durch die zum höchsten inneren Gefühl der Sprache gelangende Kraft auf sie in Einheit zurückgewirkt, und die Sprache kommt dieser, ihrer Natur angemessnen Begegnung freiwillig entgegen. Dieser letzten Stufe bedarf die Sprache allemal zur Vollendung ihrer Ausbildung. Die Erringung dieses Ziels hängt mit der Schrift und der Literatur zusammen. Es fragt sich nur hier, ob sie eine selbstschaffende, oder bloss eine sammelnde, ordnende, nachbildende Literatur, und in welchem Grade beides besitzt? Wie der Geist etwas wahrhaft Neues schafft, muss er mit der Sprache, es auszudrucken, ringen, durch dies Ringen, zu welchem sie ihm selber die Kraft leiht, gewinnt die Sprache, sie kann sogar auf dem intellectuellen Wege nur so und auf keine andre Weise gewinnen. Denn nur so wirkt der Mensch mit einer Kraft auf sie, welche, wie sie selbst, aus seinem Innersten hervorstrahlend, ihm in der Art ihres Wirkens selbst unbekannt ist. In diesem intellectuellen Streben, das sich, so wie einmal das Höchste darin gezeigt ist, absteigend, nie allmählich aufsteigend, in schwächeren Graden weiter verbreitet, geht, wie überhaupt, so ganz besonders für die Sprache, das Wichtigste und Wohlthätigste von der Philosophie und der Dichtung aus. Die Dichtung gehört ihr ganz und ausschliesslich an, aber auch die Philosophie steht mit ihr in einem engeren Bunde. Da sie rein auf Gedanken beruht, und der Gedanke untrennbar mit der Sprache verwachsen ist, so muss die wirklich schaffende Philosophie (denn nur von dieser kann und darf hier die Rede seyn) sie so behandeln, dass sie den Gedanken, wo er über das logisch Erklärbare hinausgeht, ergänzt und seine Erzeugung befördert. Die Sprache empfindet daher ihre Wirksamkeit in ihrem innersten Leben und ihren verborgensten Tiefen, und eine wahrhaft und in Freiheit metaphysisch gebildete Sprache, in der Art wie es die Griechische war, ist zur Erreichung der höchsten Intellectualität in einer Nation eine unerlassliche Bedingung. Die Philosophie, in deren Bestreben es liegt, immer das Einzelne an Allgemeineres zu knüpfen, und endlich in die Tiefe hinabzu-

steigen, wo der Mensch und die Natur sich in Einheit zusammenschlies-
sen, ist zugleich der Mittelpunkt, von dem jedes wissenschaftliche, ja
überhaupt jedes nur irgend auf innere Zwecke gerichtete menschliche
Bemühen seine Richtung und sein geistiges Leben empfängt. Es giebt
daher kaum einen Punkt, wo die Sprache ihres wohlthätigen Einflusses
entbehrt. Je wahrhaft[er] philosophisch der Charakter der wissenschaftlichen Bildung in einer Nation ist, desto fördernder wird er der
Sprache. Es wäre ein Irrthum zu glauben, dass darum die Dichtung in
ihr verlöre. Vielmehr welkt diese früher und unwiederbringlich dahin,
wo sie in einem Zeitalter oder einem Volk allein, ohne gleichmässiges
philosophisches Fortschreiten desselben, aufblüht.

98. Erstirbt nach und nach die Kraft des genialischen intellectuellen
Schaffens, so kann aus der Bildung nicht mehr etwas innerlich Berei-
cherndes oder Belebendes hervorgehn, und die Spaltung, die sie zwischen ihrer und der Volkssprache gemacht hat, ist zu gross, als dass diese erfrischend auf sie einwirken könnte. Die Sprache hat dann ihren
Gipfelpunkt ohne Möglichkeit einer Rückkehr zu ihm erreicht, und ein
neuer Glanz kann nur in einer neuen Form aufflammen.[78] Es war daher
ein sehr glücklicher Wurf des Schicksals, dass in den Verheerungen und
Völkermischungen in Italien die Römische Sprache dergestalt unter-
gieng, dass die Italienische in ganz neuer Gestalt auftreten musste und
hernach, von vielen politischen Ereignissen begünstigt, in jugendlicher
Frische auf die grossen Männer wirkte, an denen keine andre Nation
gleich reich gewesen ist.[79] Die Griechische Sprache war hierin unglück-
licher. Der ungeheuren Verwüstungen und der wiederholten Völkerein-
fälle ungeachtet, denen das unglückliche Land unaufhörlich ausgesetzt
war, hielt sich, wozu vielleicht die Gebirge und die Zerstreuung der Bevölkerung auf minder zugänglichen Inseln beitrug, die Sprache fester in
den Bewohnern, ward aber mit vielen fremden, sich nicht organisch mit
ihr verschmelzenden Wörtern vermischt und sank in der, das Bewusstseyn ihres wundervollen Baues mehr und mehr verlierenden Nation
zum blossen Volksdialect herab. Das Neugriechische kann sich von den
Fesseln dieser Verderbniss nicht mehr befreien, und hat dabei keine ent-
schädigenden Vorzüge gewonnen, je mehr es unter den reinigenden und
sichtenden Händen seiner Bearbeiter dem Volk entzogen[80] und der alten Sprache näher gebracht wird, desto wehmüthiger erinnern die überall sichtbaren Ueberreste und Trümmer an die verlorene Schönheit und
Grösse. Liesse sich auch die alte Sprache ganz wiederherstellen, so würde der Geist erliegen im vergeblichen Ringen mit den Mustern, die einmal nicht mehr erreicht werden können. Daher glänzt das Neugriechische nur noch als Poesie des Volks, das, aller früheren Schicksale der
Sprache unkundig, in sorgloser Naivetät sich seiner Natur überlassend,
die Töne forthallen lässt, denen einmal ein nie ganz verklingender Zau-

ber beigemischt ist, und daher steht die kraftvolle, wahrhaft dichterisch mahlende, anmuthige und rührende Sprache der Volkslieder in so lebendigem Contrast mit der Mattigkeit und Schwäche der Versuche der neueren Griechischen Literatur. Bis jetzt konnte dies nicht anders seyn. Indem auf der einen Seite die Nation von der rohesten Barbarei in ungerechter und schmachvoller Knechtschaft gehalten wurde, suchten Gelehrte in der Schriftsprache die alte Sprache wiederherzustellen. Sie giengen darin so weit, dass, nach einem sehr vollwichtigen Zeugniss[81], in dieser Beziehung gar keine feste Gränzlinie zwischen beiden Sprachen mehr bestimmt werden kann. Aus so heterogenen Elementen liess sich kein wohlthätiges Zusammenwirken denken. Wenn sich aber die Griechen, wie dazu jetzt ihnen und der Menschheit die frohe Hoffnung aufblüht, wieder zu einem Zustande erheben, wo ihnen jeder Art des äusseren Wohlstandes und jeder Gattung geistiger Thätigkeit in innerer gesetzmässiger Freiheit nachzustreben vergönnt ist, so wird auch, und alsdann wirklich aus dem neu erwachenden Volksleben, die Sprache veredelt und erweitert hervorgehen, und die Aufgabe, ihr eine eigenthümliche Stelle neben der älteren zu sichern, ihre Lösung durch die That finden.

99. Die beiden entscheidenden Momente im Leben der Sprachen sind daher ihr nicht weiter begreifliches, sich nur durch die That ankündigendes Erscheinen, als Stoff, und die höhere Befruchtung dieses Stoffs durch den ihr mitgetheilten Hauch intellectueller Begeistrung. Nur in diesen beiden Punkten geht wahrhaft neue Schöpfung in ihnen vor, wie man an allen sieht, die man vor und in der Epoche der höchsten Blüthe ihrer Literatur kennt. Was sie sonst von dem Menschen erfahren, ist nur das lebendige Fortwälzen, oder anders und anders Mischen des Stoffes, oder baare und blosse, vorbereitende oder nachhallende Cultur, mehr äusserlich, als innerlich bereichernd, mehr die Form regelnd, als neu gestaltend. Jene beiden Momente sind aber nicht gerade, wie Zeitepochen unterschieden. Man könnte sich denken, dass sie beide in Einen Punkt zusammenfielen, und die Sprache und Literatur gewinnen, wenn die Blüthe der letzteren ganz kurz nach dem Zeitpunkt erscheint, in dem man die erstere gestaltet erblickt. Die Italienische und Englische Literatur sind darin glücklicher gewesen, als die Französische und die Deutsche. Es gehört, und darum habe ich diese ganze Erörterung in diesen Theil dieses Abschnittes aufgenommen, zu dem Einfluss, den die Sprache von der Verschiedenheit der intellectuellen Bildung, die in einer Nation herrscht, erfährt, dass es nothwendig wird, auf jene beiden Punkte zu achten. Das Entstehen des Stoffes der Sprache erscheint, wie wir gesehen, immer an der Masse des Volks. Die Bildung, die, wenn sie auch Allen gemein wäre, doch immer Sache der Einzelnen ist, hat wenig oder gar keine, diesen Stoff schaffend erweiternde Kraft.

Dagegen fällt die intellectuelle Bearbeitung gerade dem Individuum anheim, und ist nicht ohne abgesonderte Richtung auf das Intellectuelle,
also ohne Bildung denkbar, wenn man nur Bildung, in welcher natürliche Anlage herrscht, nicht bloss künstliche Cultur unter dem Worte
versteht. Was man, als einen Classenunterschied in der Nation begrün-
dend, Bildung, Cultur, Civilisation nennt, ist wiederum sehr verschieden, je nachdem es wirklich auf höherer und freierer Intellectualität,
richtigerer und erweiterter Ansicht, oder wesentlich nur auf kastenmässi-
ger, vornehmer Absonderung beruht. Beides aber vermischt sich natürlich in der Wirklichkeit, und hat auch in der Freiheit von körperlicher
Arbeit und dem Druck der blossen Sorge des Lebens, in der geringeren
Zahl unmittelbarer Berührungspunkte mit der Natur, endlich in dem
abgesonderten Umgang, bei allem sonst so mächtigen Unterschiede, einen gemeinsamen Charakter. Was nun die Sprache in dieser Spaltung
von der Masse der Nation, was von den Classen, die sich ihr absondernd gegenüberstellen, was endlich von den Einzelnen, die auf irgend
einem Punkte des intellectuellen Gebiets das Höchste erreichen, zu erwarten hat, ist im Vorigen zu schildern versucht worden. Wir haben ge-
sehn, wie das sichtbare Schaffen den Einzelnen angehört; denn es liegt
klar vor uns da, wozu Sophocles, Plato, Demosthenes die Griechische
Sprache, Dante und Ariost die ihrige, Haller, Klopstock, Göthe die uns-
rige gemacht haben. Der Antheil des Volks ist das gleichsam bewusstlos
treue Bewahren der gewiss auch nur in der Masse selbst entstandenen
Sprache. Ihr Heil beruht also auf dem Volk und den einzelnen grossen
Geistern, die unter ihm aufstehn. Die sogenannten gebildeten Classen,
sowohl die höheren der geselligen Ordnung, als die gelehrten, wirken,
insofern sie sichten, läutern, wählen, verarmend, insofern sie ordnen,
regeln, formen, gestaltend und fördernd, und mehr das eine oder das
andre nach Massgabe ihrer besondren Beschaffenheit. Auf die Art des
Verhältnisses, welches in jedem bestimmten Falle diese Spaltung der
Nation nach den verschiedenen Bildungsgraden annimmt, wirken nun
mehrere Dinge zugleich, vorzüglich aber die innere politische Verfassung der Nation, verbunden mit ihrer Sitte und Lebensweise, und ihre
äussere Berührung mit andren, anders gebildeten, ja mit solchen, die,
selbst untergegangen, nur noch im Edelsten, ihren Gedanken und Thaten fortleben. Hieraus und aus dem oben allgemein über Volks- und Bil-
dungs-Sprache Entwickelten muss sich jede Nuance bestimmen lassen,
die man aus dieser Ursach, ihrem Verkehr mit den verschiedenen Classen der Nation, entstehend in der Wirklichkeit antrifft. Die wundervolle
Kraft der Sprache so verschiedenartigen Forderungen zu genügen, ohne
dadurch als Mittel allgemeiner Verständigung zu verlieren, sich jeder
Individualität hinzugeben, und dadurch an innerem Reichthum zu gewinnen, ohne ihrer Einheit und Harmonie Eintrag zu thun, wird bei der

Erörterung der Bildung des Worts und des Einflusses der Construction in ein helleres Licht gesetzt werden.

100. Wenn man den Unterschied betrachtet, der in dem Punkte, von dem hier die Rede ist, unter den heutigen Nationen, denen des Alterthums, vorzüglich den Griechen, endlich in noch früherer Zeit herrschte, wenn man auch, indem man sich mit dem Gedanken in diese versetzt, von der geschichtlichen Erfahrung verlassen wird, so scheint hierbei nichts von so grosser Wichtigkeit zu seyn, als die Epoche, in welcher ein Volk früher oder später auf seiner Entwicklungsbahn steht, und dies ist gewiss auch der Fall. Je näher die verschiednen Elemente, welche in derselben Nation verschiedenartig auf die Sprache einwirken, einander bleiben, je geringer die Spaltung ist, desto harmonischer, sinnig gestaltender ist, bei gleichem Culturgrade, die Wirkung auf die Sprache. Indess ist selbst die Grösse der Trennung minder verderblich, als das Vorherrschen conventioneller Formen in derselben. Die Sprache ist Natur, und wird von jeder Unnatur verletzend berührt. Sie verlangt Freiheit und Allgemeinheit des Umgangs, und fühlt in der Beschränkung lästigen Zwang. Es liegt, meiner Ueberzeugung nach, hauptsächlich hierin, in der Verschiedenheit der inneren politischen Lage beider Völker, dass die Sanskrit-Sprache nie, auch nicht äusserlich in ihren Constructionen, die schöne, freie und geschmeidige Gliederung erreichte, deren sich die Griechische erfreut. Da wir aber fast nichts von ihren Schicksalen wissen, so kann es allerdings auch daher rühren, dass sie vielleicht auf einer früheren Stufe ihrer Ausbildung aufhörte, wirklich lebende Sprache zu seyn. Es ist daher auch ganz in Dunkel gehüllt, wie sie sich, als sie dies war, zur Volkssprache verhalten mochte. Dass sie indess dies im Allgemeinen war, nicht in der Gestalt, in der wir sie kennen, blosse Hof- oder Priester- oder Schriftsprache, so wie wir von allen diesen Gattungen von Sprachen Beispiele im heutigen Asien sehen, zeigt ihr ganzer Bau und ihr grosser Wörterreichthum. Bei aller Beschränktheit des Umgangs und Verkehrs in Athen auf eine sehr geringe Anzahl von Bürgern, und bei aller Empfindlichkeit des Atheniensischen Ohrs für die grössesten Feinheiten der Sprache, war doch neben der gebildeten Sprache auch ein gröberes Reden im Schwange, wie deutliche Spuren in den Schriftstellern zeigen. Schon das Land- und Stadtleben musste einen solchen [Unterschied] hervorbringen. Um sich diesen Unterschied gänzlich hinwegzudenken, muss man sich in vorgeschichtliche, mythische Zeit versetzen, zu deren Versinnlichung aber die Homerische dienen kann. Denn wenn gleich Unterschied der Stände in ihr sichtbar geschildert ist, so geht er doch fast gänzlich wieder in volksmässig freier Gemeinschaft auf, und auch die Sprache trägt keines der Kennzeichen an sich, an denen sich auf irgend eine Entfernung von der allgemeinen Volkssprache schliessen lässt.

Zweites Kapitel

Von der Vertheilung der Sprache unter mehrere Nationen

101. Die Sprache erscheint in der Wirklichkeit nur als ein Vielfaches. Wenn man allgemein von Sprache redet, so ist dies eine Abstraction des Verstandes; in der That tritt die Sprache immer nur als eine besondre, ja nur in der allerindividuellsten Gestalt, als Mundart, auf. Auf diese Weise ist auch die Ueberschrift dieses Kapitels zu nehmen, nicht etwa als verbreitete sich eine Ursprache über die Nationen des Erdbodens, eine bloss hypothetische Annahme, von der noch in der Folge gehandelt werden wird.

102. Es folgt unmittelbar aus dem im vorigen Kapitel Entwickelten, dass eine Sprache solange dieselbe bleibt, als die Nation, die sie redet. Erst mit dieser selbst wird sie zu einer andren. Bis dahin ist sie die nämliche, nur durch die allmälichen Umänderungen der Zeit umgestaltete. So sieht man mit Recht die Griechische Sprache von Homer bis zu den Alexandrinern hin, als Eine Sprache an, so grosse Verschiedenheiten auch die Vergleichung auf so entfernten Zeitpunkten zeigt. Indess sind die Gränzen hier niemals genau zu bestimmen. Denn auch die Nationen gehen allmälich in einander über, so dass niemand den Punkt angeben kann, wo der Römer (im antiken Sinne des Worts) zum Italiener geworden ist, und in Sprachen, die durch Uebergang einer in die andre entstehen, bleibt so viel Gleichartiges übrig, dass auch da kein reiner Abschnitt zulässig ist. Indess tritt in der Geschichte der Nationen und der Sprachen ein Zeitpunkt ein, in welchem die neue Erscheinung auf einmal da steht, und diesen muss man alsdann als den entscheidenden ansehen, nur nicht vergessen, dass er nicht der wirkliche, sondern nur scheinbare Anfangspunkt ist. Insofern leidet der Grundsatz der Identität der Nationen und Sprachen, so richtig er an sich ist, grosse Schwierigkeiten in der Anwendung, und erfordert fernere Erläuterung.

103. Da die Sprache ein Abdruck der nationalen Individualität ist, auf diese aber, auch dasjenige nicht zu rechnen, was in ihr ursprüngliche Eigenthümlichkeit seyn mag, alle Umstände einwirken, in welche die Nation nach und nach versetzt wird, so ist die Verschiedenheit der Sprachen eine natürliche und begreifliche Erscheinung. Auf der andren Seite kann auch die neben der Verschiedenheit herrschende Gleichartigkeit keine Verwunderung erregen, da auch die grösseste nationelle Verschiedenheit immer in der allgemeinen Menschennatur zusammenkommt. Auf diese Weise erscheint vielleicht das ganze Eingehen des Sprachstudiums in die Untersuchung des Ursprungs dieser Verschiedenheit überflüssig, oder wenigstens ein eben so abgesonderter Theil desselben, als es in der Naturkunde die Geschichte der Wanderungen

der Pflanzen und Thiere ist. Es liegt aber in den hier verglichenen Gegenständen ein so mächtiger Unterschied, dass er jede Vergleichung
derselben unstatthaft macht. Die Naturkörper liegen für die sinnliche
Wahrnehmung und Zergliederung, als wirkliche Individuen da. Die
Sprache ist, als wirklich und individuell, nur fragmentarisch im einzelnen Sprechen vorhanden, als Ganzes muss sie, wie ein wahres Gedankenwesen, aus dem Sprechen der Einzelnen auf irgend einem Raume
und in irgend einer Zeit zusammengetragen werden. Die Kenntniss ihrer Entstehung dient daher wesentlich dazu, ihre Natur besser zu begreifen, und dasjenige, was wirklich und in der That verbunden ist,
wird nothwendig unrichtig und einseitig angesehen, solange man es,
diese Verbindung miskennend, abgesondert betrachtet. Der Gegenstand der Untersuchung selbst bleibt unvollständig, wenn man nicht
zugleich das Element mit hineinzieht, das zu seiner Bildung mitgewirkt
hat. Das Studium der Sprachen muss sich aber ausserdem immer an das
des Menschen anschliessen, und es ist für die Kenntniss seiner Sprachfähigkeit, die also die Sprachfähigkeit im Allgemeinen ist, wichtig zu
wissen, wie ihre verschiedenen Offenbarungen (denn dafür muss man
die verschiedenen Sprachen ansehn) auch in ihrem Entstehen durch
oder unabhängig von einander sich gegenseitig verhalten. Die Untersuchung kann daher nicht zurückgewiesen werden, da ohne sie die Sprache im Allgemeinen nicht gehörig durchschaut wird, und auch in den
einzelnen Sprachen vieles dunkel bleibt.

104. Genau genommen ist keine Sprache auch nur ein einziges Jahr-
zehend hindurch, oder nur auf einem irgend ausgedehnten Raume dieselbe. Insofern würde die Vielfachheit der Sprachen ins Unendliche gehen. Solange aber und soweit, dem Raum nach, die vorhandenen
Verschiedenheiten die Individualität der Sprache nicht wesentlich verändern, wird sie als dieselbe betrachtet. Ob und inwiefern sich dies
durch Begriffe bestimmen lässt, wird in der Folge vorzüglich bei dem
Unterschiede zwischen Mundarten und Sprachen genauer untersucht
werden. Hier setzen wir voraus, dass über die Identität der Sprachen,
die auf ihrer ganzen ungeschiedenen Individualität beruht, durch das
Gefühl entschieden ist, und reden nur von dem Verhältniss mehrerer
Sprachen zu einander. Untersuchen wir hier, was die Uebereinstimmung, Gleichartigkeit, Einerleiheit der Sprachen bedingt, so ist dies
immer nur so zu verstehen, wie eine solche Einerleiheit, der Individualität der Sprachen, als eigner, und abgesonderter, unbeschadet, bestehen
kann. Die erste und hauptsächlichste Frage nun, die sich hier darbietet,
ist die, ob die Verschiedenheit und Gleichartigkeit der Sprachen einen
geschichtlichen Grund hat, oder bloss so anzusehen ist, wie überhaupt
in der Natur geschiedne, aber mehr oder minder verwandte Arten, die
zu Einer Gattung gerechnet werden, bestehen? Diese Frage allgemein

und aus allgemeinen Gründen entscheiden zu wollen, scheint mir dem
Wesen der Sprachkunde, als einer Erfahrungswissenschaft, unangemessen. Man muss vielmehr die Untersuchung von den Sprachen und der
Geschichte beginnen, und darf sich erst, wo man von diesem Wege verlassen wird, aus blossem Raisonnement geschöpften Folgerungen anvertrauen. Dies kann jedoch hier in einer blossen Einleitung zur allgemeinen Sprachkunde unmöglich so verstanden werden, als wollte man
die vorhandenen Sprachen von diesem Standpunkte aus zergliedern
und soviel als möglich bis zu ihrem Ursprunge hinaufsteigen. Es kommt
hier nur darauf an, im Allgemeinen, aber auf eine wirklich aus der Erfahrung geschöpfte und mit Beispielen belegte Weise, die Arten aufzuzählen, wie ein geschichtlicher Zusammenhang zwischen Sprachen in
Rücksicht auf ihre Entstehung vorhanden seyn kann? Man muss aber
hierbei den zwiefachen Weg einschlagen, einmal zu untersuchen, welche innere Verhältnisse auf diese Weise in den Sprachen entspringen,
und welche geschichtliche Umstände fähig sind, dieselben hervorzubringen?

105. Um die Sprachen in dieser Hinsicht zu betrachten, muss man
aber wieder auf die einzelnen Sprachen zurückgehen und die Frage aufwerfen, ob sich in ihnen eine sie charakterisirende, dergestalt feste
Form findet, dass sie, solange diese besteht, die nämlichen sind, wenn
sie zerschlagen wird, aber zu anderen werden? Liesse sich eine solche
Form erkennen, so würden alle mit einer Sprache mögliche Veränderungen sogleich in solche zerfallen, bei welchen diese Form bestehen
bleibt, und in solche, bei welchen sie aufhört dieselbe zu seyn. Dass sich
dies wirklich so verhält, ist sowohl aus der Natur der Sache, als der Erfahrung sichtbar. Der Ausdruck der Gedanken giesst sich in einer Nation, die man sich von den Störungen fremden Einflusses frei denkt, natürlich und von selbst in eine Form, die dadurch das allgemeine
Verständniss bedingt, dass jeder Einzelne in derselben die wiederfindet,
die er, käme der Anstoss von ihm her, selbst der Rede gegeben haben
würde, und die Individualität der Sprache beruht darauf, dass in derselben Bahn fortgefahren wird, nur vielleicht mit Abweichungen, in welchen das Wesen der ursprünglichen Form nicht bloss immer erkennbar,
sondern vorherrschend ist. In der Wirklichkeit ist diese Form vorzüglich da sichtbar, wo in aus einander entstandenen Sprachen eine alte
untergegangen und eine neue entstanden ist. In den Sprachen des Lateinischen Europa, um mich des Ausdrucks eines ebenso sachkundigen,
als scharfsinnigen Sprachforschers zu bedienen, und im Persischen z. B.
erkennt jeder auf den ersten Anblick gegen das Lateinische und das
Sanskrit eine neue, vorher nicht da gewesene Sprachform und mithin
das Entstehen wirklich neuer Sprachen.

106. Die Schwierigkeit gerade der wichtigsten und feinsten Sprach-

untersuchungen liegt sehr häufig darin, dass etwas aus dem Gesammteindruck der Sprache Fliessendes zwar durch das klarste und überzeugendste Gefühl wahrgenommen wird, dennoch aber die Versuche scheitern, es in genügender Vollständigkeit einzeln darzulegen, und in
bestimmte Begriffe zu begränzen. Mit dieser hat man auch hier zu
kämpfen. Die charakteristische Form der Sprache hängt an jedem einzelnen ihrer kleinsten Elemente, jedes wird durch sie, wie unmerklich
es im Einzelnen sey, auf irgend eine Weise bestimmt. Dagegen ist es sehr
schwer, ja ich möchte wohl sagen, unmöglich, einen einzigen Punkt aufzufinden, von dem sich behaupten liesse, dass sie an ihm entscheidend
haftete. Der Grund dieser Schwierigkeit liegt tief in der Natur der Sprache selbst. Da sie nichts anders, als das Denken, bezogen auf die Articu-
lationsfähigkeit der Sprachorgane ist, so erlaubt die Gleichartigkeit des
menschlichen Denkens, welche ebendadurch zugleich eine der allgemeinen sprachbildenden Gesetze ist, verbunden mit der Gleichartigkeit
der Sprachwerkzeuge, zwar Verschiedenheiten unter den Sprachen,
macht aber nicht nur jeden schneidenden Contrast, sondern sogar jede
vollständig rein bestimmte Gränze zwischen ihnen unmöglich. Die
Töne dienen, auf welche Weise man auch die Analogieen ihrer Bedeutungen zusammenzustellen versuchen mag, zur Bezeichnung der verschiedensten Gegenstände und Begriffe, und gehen so mannigfaltig in
einander über, dass sich dem Gange, dem sie geschichtlich gefolgt sind,
nur in ganz concreten Fällen auf die Spur kommen lässt. Der in den
Sprachen liegenden grammatisch technischen Mittel weiss sich der
sprachbildende Geist dergestalt zu bemeistern, und ihnen eine verschiedne Geltung zu geben, dass auch ihre Anwesenheit oder ihr Mangel durchaus nicht zu allgemein entscheidenden und untrüglichen Folgerungen über das Wesen der Sprachform führt. Wenn man daher
irgend eine gegebene Sprache durchgeht, so findet man schwerlich einen einzigen Punkt, den man sich nicht, dem Wesen ihrer Sprachform
unbeschadet, auch anders denken könnte, und wird genöthigt zu dem
Gesammteindruck zurückzukehren. Hier tritt sogleich das Gegentheil
ein; die entschiedenste Individualität fällt klar in die Augen, drängt sich
unabweisbar dem Gefühle auf. Geht man hiervon unmittelbar auf das
Material und die Technik der Sprache zurück, so bleibt kaum etwas andres übrig, als Alles und jedes, so concret, wie es dasteht, als die
Sprachform ausmachend, zusammenzufassen, mithin diese in einem
Sinne zu nehmen, welcher eigentlich die Möglichkeit irgend einer Veränderung in derselben Sprachform ausschliessen würde. Die Sprachen
können hierin noch am wenigsten unrichtig mit den menschlichen Gesichtsbildungen verglichen werden. Die Individualität drängt sich auf,
Aehnlichkeiten werden erkannt, aber kein Messen und kein Beschreiben der Theile, im Einzelnen und in ihrem Zusammenhange, vermag

die Eigenthümlichkeit in einen Begriff zusammenzufassen. Sie ruht auf dem Ganzen, und in der wieder individuellen Auffassung, daher auch gewiss jede Physiognomie jedem anders erscheint. Da die Sprache, in welcher Gestalt man sie aufnehmen möge, immer ein geistiger Aushauch eines nationell individuellen Lebens ist, so muss Beides auch bei ihr eintreffen. Wieviel man in ihr vereinzeln, heften und verkörpern möge, so bleibt immer etwas, und gerade das Hauptsächlichste in ihr übrig, worin die Einheit und Odem eines Lebendigen ist.

107. Ich glaube die Verlegenheit, in welche hier die Sprachforschung geräth, nicht übertrieben zu haben. Die Neugriechische, der Englischen ähnliche Bildung des Futurum scheint der Altgriechischen Sprachform schnurstracks entgegengesetzt. Dächte man sie sich aber in dieselbe hineinverwebt, so könnte damit ihr Wesen dennoch sehr füglich bestehen. Es ist schon wahrscheinlich, dass ihre Futura ähnliche, nur verwachsene Umschreibungen sind, und dass sie sich auch getrennt bleibenden Umschreibungen nicht entschieden widersetzt, beweist das Perfectum ihres Passivs. Die Zusammensetzungen der Nomina machen einen wichtigen Theil der Sanskritsprachform aus, und haben einen entschiedenen Einfluss auf die Redefügung, aber das Lateinische und in neuerer Zeit das Spanische und zum Theil selbst das Französische zeigen, dass Sprachen von dem Gebrauche so häufiger Zusammensetzungen zurückkommen können, ohne darum ihre Sprachform zu verändern. Auf ähnliche Weise könnte man mit den meisten andren grammatischen Eigenthümlichkeiten verfahren, und ich wüsste wenigstens keine namhaft zu machen, mit der es nicht der Fall wäre. Man muss daher, wenn man diesen Weg verfolgen will, das Wesen der Sprachform in die Menge gleichartiger Eigenthümlichkeiten (z. B. im Neugriechischen der durch Umschreibung ausgedruckten grammatischen Formen) oder in die Verbindung gewisser mit einander setzen, wodurch aber, da es nun auf ein Mehr oder Weniger ankommt, nothwendig Unbestimmtheit entsteht.

108. Ich habe es mir angelegen seyn lassen, deutlich und ausführlich zu zeigen, wie schwierig, ja wirklich unmöglich es ist, an den einzelnen Theilen des Sprachbaus das Feste von dem Flüssigen, oder um es noch bestimmter auszudrücken, das die Individualität der Sprachen wahrhaft Bedingende von dem Zufälligen und Gleichgültigen rein und mit wahrer Genauigkeit abzuscheiden. Denn etwas, allgemein ausgedruckt allerdings Wahres, aber in der Anwendung auf das Einzelne Unhaltbares hinzustellen, ohne es sogleich auf seine wahre Geltung zurückzuführen, ist das Verderblichste, was bei Sprachuntersuchungen geschehen kann. Ist es aber auch unmöglich, das nicht abzuläugnende Gefühl der Einerleiheit und Verschiedenheit der Sprachformen in bestimmte Begriffe und erschöpfende Definitionen zu begränzen, so muss es im-

mer eine andre Methode geben, dasselbe auf eine andre Weise bis zu
dem Grade, welcher dem Zwecke der Wissenschaft genügt, zu umschreiben und festzustellen. Ausser der Verzichtleistung auf die höchste
Genauigkeit, unterscheidet sich dies Verfahren vorzüglich dadurch,
dass es den Tact in Anspruch nimmt, der durch sorgfältige Vergleichung
verschiedner Sprachformen erworben wird und in dem Grade untrüglicher ist, in dem er sich mehr auf tiefes und erschöpfendes Studium des
Einzelnen gründet.

109. Die drei Punkte, worin die Sprachen sich von einander unterscheiden, sind das Material ihrer Wörter, die grammatische Behandlung
und Zusammenfügung derselben, und ihr, diesen beiden Theilen ge-
meinschaftliches Lautsystem. Die Mischung der Wörter übt zwar oft
unverkennbaren Einfluss auf die der Sprache eigenthümliche Wortbildung, und bisweilen auch auf die grammatische Form aus, und wenn sie
lange in einer Sprache bestanden hat, ist sie kaum ohne allen solchen
Einfluss denkbar. Im Ganzen aber und gewöhnlich ordnen sich die
fremden Wörter den einheimischen Sprachgesetzen unter, wie die dem
Englischen beigemischten Lateinischen oder aus Lateinischen entstandenen Wörter die Germanische Genitivendung annehmen, und die Arabischen Wörter im Türkischen den Dualis ungebraucht lassen. Bisweilen aber findet sich beides mit einander verbunden, wie eben jene
Wörter im Englischen einen von dem der Germanischen abweichenden
Accent in die Sprache bringen, und die Arabischen Wörter im Persischen ihre Participial und Pluralformen beibehalten. Wo nun die grammatische Einwirkung der Sprachmischung in Absicht der Wörter nicht
bedeutend ist, da wird auch in derselben Sprache die Sprachform nicht
verändert, die Sprache bleibt dieselbe und nimmt nur einen Theil des
Materials einer andren in sich auf. Solche Sprachen mit gemischtem
Wörtervorrath theilen sich wieder in verschiedene Classen, je nachdem
die eingedrungenen Wörter entweder ihre fremde Natur mehr geltend
machen, oder sich mehr der einheimischen angestalten, und vorzüglich
je nachdem sie in ihrer ursprünglichen Sprache noch fast unverändert
angetroffen werden, oder in einem früheren, mehr oder weniger schwer
zu erkennenden Zustand übergegangen sind. So finden sich unter den
Sanskrit-Wörtern im Malaiischen viel mehr solche, die kaum unbedeutende Lautveränderung erfahren haben, als unter den gleichen der Südsee-Inseln. In dem Materiale der Sprache, dem Inbegriff ihrer Wörter,
kann also die Sprachform, welche die Einerleiheit der Sprachen bedingt, nicht anders, als höchstens indirect gesucht werden, da der Einfluss der Sprachform auf dasselbe allerdings nicht abzuläugnen ist.

110. Dagegen liegt die Sprachform unverkennbar in dem grammatischen Bau, und ein Uebergang in einen wesentlich verschiednen ist, von
aller Beschaffenheit der Wörter abgesehen, ein Uebergang in eine neue

Sprache. Ueber die Unbestimmtheit, die hier in dem Grade und der Art der Verschiedenheit übrigbleibt, habe ich mich im Vorigen ausführlich verbreitet. Die Sprachform, ganz im Allgemeinen betrachtet, ist die Form, in welcher eine Sprache ihre Wortlaute zum Ausdruck des Gedanken gestaltet und ordnet. Da wohl jede Sprache hierin eine gewisse Freiheit gestattet, und die Beschaffenheit des Vorzutragenden Verschiedenheiten nothwendig macht, so muss die Sprachform diese Mannigfaltigkeit des Ausdrucks in sich fassen, und ist insofern ein nach ihnen gebildetes Abstractum. Es würde aber durchaus unrichtig seyn, sie auch an sich bloss als ein solches daseynloses Gedankenwesen anzusehen. In der That ist sie vielmehr der durchaus individuelle Drang, vermittelst dessen eine Nation dem Gedanken Geltung in der Sprache verschafft. Da uns aber nie gegeben ist, diesen Drang in der Gesammtheit seines Wirkens, sondern nur in seinen jedesmal einzelnen Wirkungen zu sehen, so bleibt uns nur übrig, die Gleichartigkeit seines Wirkens in einen todten allgemeinen Begriff zusammenzufassen. In sich ist jener Drang Eins und lebendig. Da er auf den Ausdruck des Gedanken, nicht auf die Bezeichnung eines Gegenstandes geht, so betrifft er allemal die verbundene Rede, die man sich überhaupt in allen Sprachuntersuchungen, die in die lebendige Wesenheit der Sprache eindringen sollen, immer als das Wahre und Erste denken muss, da das Zerschlagen der Sprache in Wörter und Regeln nur ein todtes Machwerk wissenschaftlicher Zergliederung ist. Die Wortlaute hangen mit der verbundenen Rede auf das innigste zusammen, allein auf dem Punkte, auf dem hier die Untersuchung steht, wird davon abgesehen, ob der Drang, von dem hier die Rede ist, als ein ursprünglicher, auch sie schafft, oder bloss als ein in seiner Richtung veränderter (wie bei dem Uebergange aus einer Sprachform in die andre) sich vorhandener Sprachlaute bedient.

111. Wir sahen im Vorigen, dass sich die Sprachform objectiv an der grammatischen Technik nicht genau in Begriffen abgränzen lässt. Versuchen wir nun die Arten ihrer möglichen Verschiedenheit, zur Beurtheilung des geschichtlichen Zusammenhanges mehrerer, zu überschlagen, so fällt zuerst die Verschiedenheit der schaffenden Kraft jenes eben bezeichneten Dranges in die Augen. Er kann sich nämlich des Stoffes herrischer bemeistern, ihm sichtbarer und consequenter sein Gepräge aufdrucken, oder mehr ihn und seine stoffartige Natur walten lassen. Ferner liegt in dem Gedankenausdruck selbst schon an sich ein Zwiefaches, nämlich die Form, an welche sich der Geist in der Aneinanderreihung der Theile des Gedanken gewöhnt, und die Anschaulichkeit, welche die Sprache der Bezeichnung dieser Gedankentheile auch im Ausdrucke giebt. Man kann auch das Erstere, was vorzüglich im Syntaktischen der Grammatik liegt, als mehr auf die eigne Thätigkeit des Sprechenden bezogen, das Letztere als vorzugsweise die Leichtigkeit

des Verständnisses bezweckend ansehen. Aber auch hierbei liegt der wahre Zweck tiefer und wirklich in der innerlich gefühlten Nothwendigkeit, der Form des Gedanken auch in der Sprache einen sinnlichen Ausdruck zu verschaffen. Unter den Begriff dieser beiden Richtungen lassen sich nun, wie unter zwei Classen, die einzelnen Verschiedenheiten der Sprachform bringen. Statt zu vereinzeln und zu zergliedern, muss man daher, um die Eigenthümlichkeit ihrer Form in dieser Hinsicht aufzufassen, die Sprache, soviel als möglich, in ihrer Einheit zu nehmen versuchen, und vermittelst eines durch ihr Studium geschärften Tactes das Wesentliche vom Zufälligen unterscheiden. Es bedarf kaum hierbei der Bemerkung, dass man vorzugsweise alsdann in jeder Sprache die Punkte aufzusuchen hat, von welchen die entschiedensten Eigenthümlichkeiten derselben ausgehen und wohin man vorzugsweise das Pronomen und Verbum rechnen kann. Dies im Einzelnen auszuführen, wird erst in der Folge dieser Untersuchung möglich seyn. Ueberhaupt kann volles Licht über die hier abgehandelte Materie erst die klare Einsicht in die Verschiedenheiten des Baues der hauptsächlichsten vorhandenen Sprachen verbreiten. Ehe man aber in die Theile des Sprachbaues eingehen konnte, musste die Sprache im Ganzen in allen ihren wesentlichen Beziehungen betrachtet werden, und unter diesen konnte das nicht unerörtert bleiben, was erst macht, dass eine Sprache diese und keine andere ist. Hierüber gleich vorläufig leitende Grundsätze aufzustellen, wird auch den folgenden Untersuchungen förderlich seyn.

112. Die Gleichheit der grammatischen Form in dem hier angedeuteten Sinne genommen, ist daher allein das die Einerleiheit der Sprache Bedingende. Allein und für sich würde sie indess nicht hinreichen, dieselbe in zwei Sprachen zu beurkunden, wenn dabei das Lautsystem unbeachtet bliebe. Der Laut erst (§. 45.) bildet die wahre Individualitaet der Sprache. Man muss aber hier einen Unterschied machen zwischen dem Lautsystem im Allgemeinen, und concreten Lauten in Wörtern und grammatischen Formen. Die blosse Vergleichung des ersteren führt nicht leicht zu entscheidenden Folgerungen. Die Laute gehen in einander über, unter verwandten setzen sich aus zufälligen Ursachen, selbst in ganz gleichen Sprachen, oder in derselben verschiedene in blossen Mundarten fest. Der Mangel selbst mehrerer Buchstaben im Alphabet ist, da dieselben durch die verwandten Laute ersetzt werden, gar nicht von so grosser Erheblichkeit, als er auf den ersten Anblick zu haben scheint. Oft ist es auch, wie sonderbar es scheinen mag, schwer zu entscheiden, ob ein Laut in einer Sprache vorhanden ist. Die auf den Sandwich-Inseln aufgenommenen Wörterverzeichnisse haben bald die einen ein *l*, bald die andren ein *r*, niemals dasselbe beide Buchstaben, weil der wahre Laut so zwischen beiden liegt, dass das Europaeische Ohr un-

schlüssig bleibt, wohin es ihn rechnen soll. Auf gleiche Weise ist es mir
mit *k* und *t* mit einem sich hier aufhaltenden Eingebornen dieser Inseln
gegangen. Die grössere Anzahl von Nasen- oder Gurgellauten unterscheidet sehr oft auch mehr Dialecte, als Sprachen. Das Toscanische
giebt hiervon ein merkwürdiges Beispiel, und wenn man auch die Toscanische Aspiration allenfalls aus dem alten Tuskischen ableiten kann,
was übrigens blosse Vermuthung bleibt, so zeigen wenigstens viele andre Beispiele, dass eine solche Annahme zur Erklärung der Erscheinung
keineswegs nothwendig ist. Eines der merkwürdigsten Beispiele gänzlicher Lautverschiedenheit in sehr nahe verwandten Sprachen, von der
mir bisher auch nicht einmal ein Versuch einer Erklärung bekannt ist,
giebt die Portugiesische gegen die Spanische Sprache mit ihren häufigen Nasentönen, dem Verwandeln des Lateinischen *cl, pl,* Spanischen
ll, in *sch*[82], und andren Eigenthümlichkeiten. Alle diese Umstände nun,
durch welche die Laute einer Sprache, über das Verhältniss ihrer übrigen Verschiedenheiten hinaus, von denen einer andren abweichen, gehörig abzusondern, wird immer überaus schwierig seyn, und das Feste
der Sprachform sich in der allgemeinen Beschaffenheit des Lautsystems
allein nur selten nachweisen lassen, so wesentlich auch diese Beschaffenheit zu der Erklärung aller Spracheigenthümlichkeiten bleibt.

113. Jede solche Ungewissheit und Unbestimmtheit verschwindet
aber bei der Gleichheit concreter grammatischer Formen. Ein besonders merkwürdiges Beispiel dieser Art ist im Sanskrit, Griechischen und
Gothischen, dem sich hierin die ganze Reihe der übrigen Germanischen
Sprachen anschliesst, die Gleichheit der Conjugation von *wêda*, οἶδα
und *vait*.[83] Hier kommt Gleichheit der Wortlaute, Eigenthümlichkeit
des Vocalwechsels vom Singular zum Plural[84], und der sonderbare an-
omalische Umstand zusammen, dass die vergangene Zeit in der Bedeutung der gegenwärtigen genommen wird. Hier ist also Gleichheit der
Analogie und Anomalie in derselben Form. Das Lateinische und Litthauische bieten in diesem Fall gerade keine grammatische Gleichheit
dar. Das Sanskritische *wid* erscheint bei ihnen bloss als *sehen* im Lateinischen *videre,* und Litthauischen *wéizdmi. Wissen, żinnaú*[85], stammt
von dem Sanskritischen *jnâ.* Beide Sprachen aber sind jenen in anderen
Formen auf das überraschendste gleich, wie *datum, datu, statum, statu*
ebensowohl Lateinische, als Sanskrit-Wörter sind, und wie schon öfter
auf die Gleichheit der Conjugation des Verbum *seyn* im Praesens im
Sanskrit, Griechischen und Litthauischen aufmerksam gemacht worden ist. Alle hier genannten Sprachen haben daher concrete grammatische Flectionen, solche, in welchen das geistige und phonetische Bildungsprincip dasselbe ist, und die im Laut übereinkommen, mit
einander gemein. Die immer auch übrigbleibende Lautverschiedenheit
darf hierbei keinen Anstoss erregen, da, ohne dieselbe, diese Sprachen

aufhören würden, eigne Sprachen zu seyn. Gerade weil die Individualitaet der Sprache auf dem Laute beruht, so weichen die individuellen
Sprachformen immer in den Lauten von einander ab, allein diese Abweichung lässt sich, da wo Einerleiheit der Sprachform unter mehreren
herrscht, nach durchgehenden Analogieen zu dem Urlaut zurückführen, und beweist dadurch noch mehr die wirkliche Uebereinstimmung.
Jenen Beispielen aber eine Menge hinzuzufügen, ja auszuführen, dass
der ganze grammatische Bau jener Sprachen durchgängige Analogie
zeigt, würde aus den jetzt darüber vorhandenen Arbeiten leicht seyn.
Ich unterlasse es nur, weil man diejenigen Leser, welche sich wahrhaft
für diese Untersuchungen interessiren, als vertraut mit diesen Arbeiten
voraussetzen darf.

114. Eine solche Gleichheit nun in concreten grammatischen Formen erlaubt keinen Zweifel mehr über ihren wirklichen *geschichtlichen*
Ursprung. Stände das Beispiel von οἶδα allein da, so müssten die Laute
einer Sprache von der andren überkommen, könnten nicht unabhängig
von einander gebildet seyn. Ob wir also gleich gar keinen Zusammenhang zwischen der Lateinischen und Indischen Sprache geschichtlich
kennen, so muss ein solcher Zusammenhang vorhanden gewesen seyn,
da Indische, im Griechischen (denn ich habe absichtlich gerade solche
ausgewählt) nicht vorhandne Flexionslaute sich im Lateinischen vorfin-
den. Es wäre aber eine wahrhaft unmögliche Annahme, dass eine
Gleichheit, wie die oben von οἶδα angeführte, in zwei, übrigens grammatisch verschiedenen Sprachen allein und abgesondert da stände. Die
Grammatik bildet immer mehr oder minder, loser oder fester, ein Ganzes von Analogieen, und darum gerade lässt sich die Verwandtschaft
der Sprachen soviel überzeugender an ihr, als an den Wörtern zeigen,
weil was irgend tief in sie eingreift, in die Bildungsgesetze der Sprache
übergeht, oder aus ihnen entspringt. Wörter bleiben dagegen oft immer
Fremdlinge in der Sprache, und nehmen von grammatischen Eigenthümlichkeiten, ausser dem Accent, höchstens Endungen oder Artikel
mit sich hinüber, die aber dann bedeutungslos werden, und ihr grammatisches Leben verlieren.

115. Entkleidet man die Sprachform von ihren Lauten und lässt man
bloss den Begriff (§. 111.), die Behandlungsart ihrer Wörter in der verbundenen Rede, in ihr zurück, so berechtigt sie durchaus zu keinem
Schluss auf geschichtlichen Zusammenhang. Ihre Gleichheit beruht alsdann auf allgemeineren Gründen, und wären besondre historische vorhanden, so müssten sie anderswoher bewiesen werden. Gehen wir aber
auf dasjenige zurück, was wir über die wahre Natur der Sprachform, als
eines Dranges den Gedanken in Worte zu kleiden, weiter oben (§. 110.)
gesagt haben, so fällt beim ersten Anblick in die Augen, dass bei einer
solchen Unterscheidung der Technik der Sprachform von ihren Lauten

die erstere schon an sich nur eine Abstraction seyn kann, und irgend grosse Gleichheit derselben zwischen zwei Sprachen, bei völliger Verschiedenheit der Laute, kaum denkbar ist. Die Entstehung und Entwicklung der Grammatik in jeder Sprache geschieht im und vermittelst des Sprechens. Der Laut und der Begriff vereinigen sich zur Bildung der grammatischen Form, und da der Laut das Verständniss vermittelt, aus den Lippen hervorgehend dem Ohre zurückkehrt, so ist in diesem Zusammenwirken der auch in sich fügsamere Begriff das mehr abhängige Element. Wo man daher Gleichheit der grammatischen Behandlungsart mit wesentlicher Verschiedenheit der grammatischen Laute anzutreffen glaubt, da wird tiefere Prüfung entweder dennoch Lautzusammenhang entdecken, oder die scheinbare Gleichheit in solche Gränzen zurückweisen, dass beide Sprachen nur als zu Einer Classe, oder nur ganz entfernt als zu Einer, in gewissen Punkten dieselbe grammatische Ansicht theilenden Völkermasse gehörend erscheinen. Dies wird uns namentlich bei den Amerikanischen Sprachen sehr ernstlich beschäftigen müssen, die durch den Süden und Norden des Welttheils hindurch grosse grammatische Aehnlichkeit zeigen, indess die Zurückführung der Laute einer auf die andre bisher nur sehr einzeln hat gelingen wollen. Die Semitischen Sprachen stehen den Sanskritischen (ein Verhältniss, das es von der äussersten Wichtigkeit wäre, recht genau und ausführlich auszumitteln) sehr viel näher, als beiden die Koptische und andre in die gleiche Kategorie gehörende, allein die Aehnlichkeit scheint doch nur eine Classenverwandtschaft, auf keine Weise eine zu Voraussetzung geschichtlichen Zusammenhanges berechtigende.

116a. Es muss aber, indem man die Sprachform zum Massstab der Einerleiheit oder Ungleichartigkeit der Sprachen annimmt, der Begriff derselben sehr sorgfältig von den ihn begleitenden Lauten unterschieden werden. Nur diese berechtigen auf geschichtlichen Zusammenhang zu schliessen, und thun dies immer, die Form der Sprache möge, dem Begriff nach, dieselbe oder eine verschiedene seyn. Denn es kann nicht nur gedacht werden, sondern es findet sich starke Verschiedenheit der grammatischen Behandlungsart mit vieler Uebereinstimmung auch der grammatischen Laute. Es können nemlich diese in grösserer oder geringerer Zahl, mit bedeutenderen oder unbedeutenderen Abweichungen gegenwärtig bleiben, aber der sie verknüpfende grammatische Sinn in seinem ursprünglichen Zustand bis zum Entstehen einer wahrhaft neuen Sprachform in Vergessenheit oder Verwirrung gerathen.

116b. Da dies gerade der sichtbarste Fall neuer Spracherzeugung ist, so bleibe ich bei demselben stehen, und beginne mit ihm die Betrachtung der verschiednen Möglichkeiten inneren Sprachzusammenhanges. (§. 104.) Das mir bekannte auffallendste Beispiel der hier erwähnten Art giebt das Neugriechische. Declination und Conjugation sind aus alt-

griechischen Flectionen, von denen viele ganz unverändert geblieben,
zusammengesetzt. Aber kaum eine einzige Declination oder ein einziges Tempus hat sich in seinem Ganzen unverändert erhalten, in den
meisten sind Beugungen verschiedner gemischt, oder ihrem ursprünglichen Sinne entgegen gebraucht. Die Reduplication, also ein ganzes
technisches Mittel der alten Grammatik, ist untergegangen. Der Gebrauch des Augments bei zusammengesetzten Verben, der schon bei
den Alten in einigen so schwankend war, dass das Augment sogar doppelt gesetzt ward, ist noch ungewisser geworden, und scheint kaum feste Regeln zu erlauben.[86] Der Infinitiv hat sich gänzlich verloren, ist
aber im Verbum *seyn,* in völliger Vergessenheit seiner Bedeutung, zur 3.
Person beider Numeri geworden. Die zusammengesetzten Tempora verbinden widersinnig durch alle Personen hindurch die 3. des Hülfsverbum mit dem regelmässig durchflectirten Aorist des Conjunctivus[87],
oder bedienen sich einer Abkürzung des Hülfsverbum und Zusammenziehung mit einer Conjunction, worin der Ursprung ganz unkenntlich
wird.[88] Das Besitzpronomen wird durch den Zusatz des Wortes *eigen*
gebildet.[89] Nimmt man nun zu diesen einzelnen Abweichungen, unter
denen ich hier nur die bekanntesten und auffallendsten ausgewählt
habe, die Verschiedenheit der Construction und die gänzliche Aufopfe-
rung der Quantität, die zum Theil ganz andre Betonung hervorbringt,
hinzu; so erhält man (ohne noch auf die Veränderung der Wörter in
Laut und Bedeutung zu sehen) den Eindruck einer durchaus neuen
Sprachform bei sehr grosser Gleichheit der grammatischen Laute.
Wenn ich hier von Verwirrung der Formen, Vergessenheit ihrer Bedeutung sprach, so geschah dies nur in Vergleichung mit der älteren Sprache und um auf die Art des Ueberganges aufmerksam zu machen. Es
versteht sich von selbst, dass die neue Sprache ihre eigne Analogie hat,
und in dieser wieder durch die ihr eigenthümliche Consequenz ein Ganzes bildet. Es ist ausserdem für den den Nationen beiwohnenden
Sprachsinn merkwürdig zu beobachten, wie neben und selbst in den
Abweichungen das Gefühl der Analogie der alten Sprache sich sichtbar
erhalten hat. Jene Verwirrung könnte nur dann einen Vorwurf gegen sie
bilden, wenn sie schlechterdings zur alten zurückkehren sollte. Wie
man in ihr eine neue, und sich als solche entwickelnde sieht, fällt der
Vorwurf hinweg. Die neugeprägte Form tritt in die Sprache ein, und
wirkt in ihr lebendig fort. Ihr in dieser Beziehung fast gleichgültiger
Ursprung ist nur insoweit wichtig, als es allerdings von der richtigen
und consequenten Bildung der Wortbeugungen abhängt, wie tief und
allgemein consequent verfolgte Analogie durch die ganze Sprache
durchgeht. Auch in den alten classischen Sprachen, deren Form für un-
tadelhaft gehalten wird, finden sich hie und da Spuren, dass ältere Formen durch Misdeutung sprachwidrig genommen, oder solche, welchen

man ohne genauere Prüfung keinen Mangel ansieht, auf sonderbare und
der Art unserer neueren Sprachen ganz ähnliche Weise zusammengesetzt sind.

117. Die lateinischen Töchtersprachen haben zwar viel mehr, als die
Neugriechische, von den Römischen grammatischen Lauten eingebüsst
und das ihnen Uebriggebliebne viel stärker verändert, sie befinden sich
aber im Ganzen mit ihr in demselben Fall. Diese schon ursprünglich
grössere Lautverschiedenheit und der mächtige Schwung, den die Literatur schon früh in der neuen Form gewann, haben diese Sprachen viel
sichtbarer zu wahrhaft neuen gemacht. Ihre frühesten Bearbeiter waren
Dichter aus der Blüthe der Nation, so dass die Sprache veredelt, aber
nicht dem Kreise des Volks entzogen wurde. Dadurch gestaltete sie sich
in Freiheit und Mannigfaltigkeit, und nie wurde bei der an ihr versuchten Bildung, wie bei der Neugriechischen Sprachverbesserung, an
Rückkehr zum Alten gedacht, immer nur der Entwicklung in neuer Eigenthümlichkeit nachgestrebt. Alle glücklichen Folgen, welche Wohl-
stand, Cultur und politische Bedeutsamkeit der Nationen über die Sprachen verbreitet, wurden diesen neuentstandenen zu Theil, indess die
Bewohner des alten Griechenlands mit Knechtschaft, Mangel, politischer Vernichtung und aus allem diesem entstehender Verwilderung zu
kämpfen hatten.

118. Die Persische Sprache liefert, überzeugender, als irgend eine
andre, den Beweis, dass die Einerleiheit der Sprachen nicht in der Vergleichung der Wörter, sondern im grammatischen Baue gesucht werden
muss. Der Wörtervorrath zeigt bloss eine Mischung Arabischer und
Indo-Germanischer Wörter, und das Uebergewicht der Menge ist auf
der Seite der ersteren. Selbst die flüchtigste Ansicht der Grammatik
aber kann nicht zweifelhaft lassen, dass es eine Indo-Germanische
Sprache ist, welche Arabische Wörter in sich aufgenommen hat. In den
grammatischen Bau ist wesentlich nicht Semitisches übergegangen, einzelne Unregelmässigkeiten, wie dass bisweilen Persische Schriftsteller
auch Persischen Wörtern den umlautenden Arabischen Plural geben,
thun kaum als Ausnahmen der Allgemeinheit dieser Behauptung Eintrag. Was in der Persischen Grammatik nicht Sanskritisch ist, und es
giebt dessen nur wenig, ist bis jetzt unbekannten Ursprungs. Die Arabischen Wörter gelten nur als Wörter, und wenn sie in ihren einheimischen Plural- und Participialformen bedeutsam erscheinen, so ist dies
nicht anders, als wenn wir dem Deutschen lateinische Wörter in ihren
Casusformen beimischen. Wenn man hierin die lateinischen Töchtersprachen und die Englische mit der Persischen vergleicht, so ist in demselben der Grad der Verschmelzung der fremden und einheimischen
Elemente in der hier beobachteten Folge dieser Sprachen geringer. In
den Lateinischen Töchtersprachen erkennt oft erst die etymologische

Untersuchung das nicht lateinische Wort, und es theilt dieselbe grammatische Behandlung mit denen des eigentlichen Stammes der Sprache. Im Englischen fallen die nicht Germanischen Elemente sogleich ins Auge, die Sprache besitzt zwar, wie in der Betonung, so in den Substantiv- und Adjectivendungen, ein zwiefaches System nach dem Ursprung ihrer Wörter, aber beide sind ihrer Eigenthümlichkeit angepasst, aber einzelne Wörter bilden Ausnahmen, wo Stämme und Endungen verschiedenen Ursprungs sich verbinden (wie *dukedom, dolesome, plentiful, drinkable*), und alle Elemente fügen sich den einheimischen Beugungen des Verbum. Im Persischen gehört das Arabische so wenig zur eigentlichen in sich geschlossenen Sprache, dass es in der Willkühr der Schriftsteller steht, mehr oder weniger davon einzumischen. Es entstand daher keine neue Sprache, als die Araber um die Mitte des siebenten Jahrhunderts Persien unterjochten, sondern die Nation gewöhnte sich nur, Bruchstücke der Sprache der Sieger in der ihrigen zu dulden. Dagegen mit dem Sanskrit verglichen, ist die Sprache sichtbar von derselben Sprachform, in einem Verhältniss, das sich nur geschichtlich erklären lässt, aber zu einer verschiednen, eignen Sprache geworden. Die Einerleiheit beruht auf der Gleichheit der wesentlichsten grammatischen Formen in ihrem Begriff und ihren Lauten, durch die Verschiedenheit muss die Art des Verhältnisses, in dem die Sprache zum Sanskrit steht, bestimmt werden. Sichtbar ist dies kein unmittelbarer Uebergang, wie der des Lateinischen zum Italienischen, des Griechischen zum NeuGriechischen. Die Sprache behält nicht eine grössere Anzahl Sanskritischer Formen bei, die sie, da das Gefühl ihrer Bedeutung sich theils verloren, theils verirrt hat, ihrem ursprünglichen Zweck unangemessen anwendet, sie ist hiervon reiner, ihr Charakteristisches liegt hauptsächlich in der Entblössung von grammatischen Formen, darin dass sie durch die Verbindung sehr weniger ihre Zwecke in grosser Einfachheit zu erreichen weiss. Sie entspringt aus Sprachen, die uns zwar, ihrem grammatischen Bau nach, noch nicht hinlänglich bekannt sind, von denen aber das Zend gewiss auch des Indo-Germanischen Stammes war.

119. Es ist bewundernswürdig, wie auch in der Geschichte der Sprachen bisweilen ganz gleiche Erscheinungen in sehr verschiedenen Gegenden des Erdbodens wiederkehren. Das Englische befindet sich mit dem Persischen so sehr in gleichem Fall, dass es schwerlich in zwei andren Sprachen ein Beispiel davon geben mag. Die Uebereinstimmung seiner grammatischen Formen mit Sanskritischen ist unverkennbar, es entspringt aus einem Zweige der Germanischen Mundarten, dem Angelsächsischen, es theilt mit dem Persischen den Charakter grammatischer Einfachheit, es hat eine Beimischung fremder Wörter erfahren, die aber die wesentliche Form seiner Grammatik nicht verändert haben.

120. In den bis hierher angeführten Beispielen sehen wir Sprachen von einem festeren organischen und beugungsreicheren Bau zu einem minder zusammenhängenden und formloseren übergehen. Die technisch grammatischen Mittel der Sprachen, von welchen aus die neuen entstehen, werden theils unrichtig, theils sparsam und einförmig gebraucht, einige gehen gänzlich verloren. So entbehrt das Persische und Englische der Reduplication[90], von der schon das Angelsächsische nur schwache Spuren aufbewahrt[91], und dem Persischen ist der Ablaut gänzlich fremd. So verschieden die Sprachen, von denen wir hier reden, in sich sind, so haben sie dennoch durch den ähnlichen Gang ihrer Entstehung einen gemeinsamen Charakter. Alle enthalten Beugungsformen, die, mit grösserer oder geringerer Lautveränderung, Elemente eines fester organisirten grammatischen Baues waren, allein als einzelne, aus ihrer vollständigen Verbindung herausgerissene Bruchstücke; sie wenden dieselben entweder ihrer ursprünglichen Bestimmung unangemessen an, verbinden sie auch wohl auf diese Weise, oder beschränken die grammatische Form, indem sie wenige Auxiliare mit ungebeugt bleibenden Wörtern verbinden. Gegen die Stammsprache erhalten daher diese Sprachen den Charakter des Unzusammenhanges und der grammatischen Dürftigkeit, der sie aber, wie schon oben bemerkt worden, gar nicht in ihrer Eigenthümlichkeit trifft. Daneben bedienen sie sich, um die Lücke der grammatischen Formen auszufüllen, natürlich desselben Mittels, welches alle formarmen Sprachen anwenden, das grammatische Verhältniss durch eigene Wörter anzuzeigen. Dies ist aber nur eine Folge ihrer eigenthümlichen Beschaffenheit und muss sorgfältig von derselben getrennt werden. Diese besteht in dem bruchstückartigen Gebrauch aus ihrem ursprünglichen Zusammenhang gerissener wirklicher Beugungsformen.

121. A. W. v. Schlegel hat diese Gattung der Sprachen mit dem Namen der *analytischen,* so wie die eines vollständig organischen und beugungsreichen Baues mit dem der *synthetischen* belegt[92], und diese letztere Benennung vorzüglich ist in andere Schriften übergegangen. Ich glaube mit einigen Worten angeben zu müssen, warum ich mich derselben absichtlich nicht bediene. Der Name der synthetischen soll zwar den Unterschied von agglutinirenden bezeichnen, dass die Synthese die einzelnen Theile in Eins verschmelzt, aber jede Synthese setzt immer ein zu verbindendes Mehreres voraus, und wo ist dies, wenn z. B. aus *binden* ich *band* wird? eine Lautbeugung, die gerade den feinsten Sprachorganismus vorzugsweise charakterisirt. Die Zusammenschmelzung in Eins lässt sich auch nur gradweise unterscheiden. Man kann nicht sagen, dass sie da sey, oder fehle, sie ist in gewissem Verstande immer vorhanden, nur mehr oder weniger innig. Der in jede feinste Abschattung der Ideen eingehende Urheber jener Benennungen be-

merkt bei den synthetischen und analytischen Sprachen selbst, dass die Gränzlinie nicht scharf zu ziehen ist[93], und es passt dies noch mehr auf die synthetischen und affigirenden. Darum aber halte ich abscheidende Namen für nachtheilig, und habe mich, sowohl bei einer, übrigens der Schlegelschen ganz ähnlichen Eintheilung aller Sprachen[94], als hier bei der Absonderung der formloseren von den fester organischen nur solcher Umschreibungen bedient, welche sowohl den Unterschied, als den Uebergang der trennenden Gränzen in einander angeben. Der Ausdruck *analytische* Sprachen scheint mir noch weniger passend. Es geht in den hier genannten Sprachen nicht sowohl eine Auflösung der synthetischen Formen vor, als dass man durch Verbindungen einiger, unaufgelöst bleibender, andre entbehrlich macht. Das Persische fügt dasjenige Praesens von *seyn,* was eigentlich nur diesen Gebrauch hat, und ganz mit den Personenendungen des Verbum übereinkommt, die PronominalSuffixa und den Artikel anderen Wörtern (Substantiven und Adjectiven) an. Die ganze scheinbar flectirte Conjugation kann als eine solche Anfügung angesehen werden. Es geht hierin nicht aus seinem Indo-Germanischen Charakter heraus. Von der enklitischen Behandlung der abgekürzten Pronominalformen und von ἐστι im Griechischen bis zu dieser Anfügung ist nur ein geringer Schritt weiter; in sich ist die Erscheinung dieselbe. Hier verbindet also eine analytische Sprache, was in der ihr zum Grunde liegenden synthetischen unverbunden ist. Oder soll man das Persische nicht zu den analytischen Sprachen rechnen? Dann sieht man, wie unbestimmt der Begriff derselben, und wie schwierig er anzuwenden ist. Soviel ich einsehen kann, bleibt für den Begriff des Analytischen nur das übrig, dass, was in den synthetisch genannten Sprachen durch ein geformtes Wort ausgedrückt wird, hier einen Ausdruck durch mehrere (allein auch das bei weitem nicht immer) hat.

122. Ich habe bisher den leichteren Fall inneren Sprachzusammenhanges abgehandelt, den des sichtbaren Ueberganges einer Sprache in eine andre, und eines solchen, von dem wir aus den Zeiten sichrer Geschichtskunde Beispiele besitzen. Es giebt aber Sprachen, in welchen, indem sie durchaus und vollkommen eigne und insofern verschiedne sind, dennoch Gleichheit der Sprachform in dem oben (§. 112.) bestimmten Sinne unverkennbar ist, ohne dass irgend an einen Uebergang der einen in die andre, wie der so eben betrachtete, gedacht werden kann. Beispiele hiervon geben die Sanskrita- und Griechische Sprache. Sie sind unläugbar verschiedene Sprachen, nicht bloss Dialekte, man müsste denn dies Wort in ganz ungewöhnlich weitem Sinne nehmen. Sie haben aber einen im Ganzen und sehr vielem Einzelnen übereinstimmenden Bau, und ihre concreten grammatischen Formen sind sich dergestalt gleich, dass sie sich grösstentheils, nach bestimmten Geset-

zen und Lautverhältnissen, auf einander zurückführen lassen. Ihr gegenseitiges Verhältniss verglichen mit dem der bisher betrachteten hat das Auffallende, dass, indem sie viel sichtbarer verschiedene Sprachen sind, dennoch jene in dem Begriffe der Sprachform weiter von einander abweichen. Alle aus Zerschlagung einer organischen Form entstandene Sprachen stehen mit denen, welchen sie ihren Ursprung verdanken, dem Begriffe nach, in einer Art grammatischen Gegensatzes und bilden zwei abgesonderte Classen, da die Sprachen, von denen ich hier rede, in dieselbe gehören. Niemand wird läugnen, dass das Alt-Griechische, in Rücksicht auf den grammatischen Begriff, weit mehr mit dem Sanskrit, als mit dem Neu-Griechischen übereinstimmt, obgleich das Material in dem letzteren sogar bis zur Möglichkeit gegenseitigen Verständnisses dasselbe ist. Das Charakteristische, wodurch sich das Neu-Griechische vom Alt-Griechischen unterscheidet, lässt sich in scharf bestimmten Begriffen angeben. Das Gleiche vom Griechischen und Sanskrit zu thun, würde zu den schwierigsten Aufgaben gehören, und niemals in gleichem Grade gelingen. Beide Sprachen unterscheiden sich mehr durch ihre Individualität, als durch ihren Begriff.

123. Die Erweiterungen, welche die Geschichte Asiens durch Klaproths vortrefliche Forschungen aus Chinesischen bisher unbenutzten Quellen erhalten, haben der Einsicht in den Zusammenhang der Indo-Germanischen Völkerschaften und Sprachen ein neues Feld eröffnet.[95] Die Annahme, dass die Urväter aller dieser Völkerschaften das mittlere Asien bewohnt, und sich von da vorzüglich nach Süden und Westen (Indien, Persien und Europa), aber auch nach Osten und Norden in mehreren in verschiedne Zeiten fallenden Wanderungen verbreitet haben, steht zwar noch nicht als geschichtlich gewiss da, hat aber überwiegende Wahrscheinlichkeit gewonnen. Die Chinesischen Schriftsteller erzählen von einem blonden Volke mit blauen Augen, das im 3. Jahrhundert vor unsrer Zeitrechnung an den Chinesischen Gränzen wohnte. Dies Volk, welches den Namen *Ou sun* trug, so wie die Bewohner von *Choŭ le,* die *Ting ling* und die *Kian kŭen* (nachher *Hakas* und *Khirgizen* genannt), alle in Farbe der Haare und Augen einander ähnlich[96], sieht Klaproth als gegen Osten ausgewanderte IndoGermanische Völker an, und ihre Bildung berechtigt allerdings zu dieser Voraussetzung, um so mehr als die Sprachen der Völker, mit welchen die erwähnten Stämme dort in Berührung geriethen, die Türkische, Mongolische und Mandschurische, viel Germanische Wurzeln enthalten. Die Alanen, die Klaproth für dieselben mit den Albanen erklärt, und deren Namen er scharfsinnig mit dem Wort *Alpe* in Verbindung bringt, sind offenbar Germanischen Stamms. Sie zogen sich westwärts vom Jaxartes in den Norden des Kaspischen Meers, und wir sehen also östlich und westlich von der Mitte Asiens Völkerstämme, den Germanischen an Körperbil-

dung ähnlich, und von den andren dort wohnenden Mongolischen, Türkischen, Tungusischen Völkern verschieden, welches auf einen dazwi-
schen liegenden Stammsitz, als Ausgangspunkt, schliessen lassen kann.
In diesem unmittelbar nördlich von Tübet findet sich ein Land mit
Sanskritischem, mit einheimischen Mythen in Verbindung stehenden
Namen, Khotan, von *kustana, Brust der Erde,* wo die Buddha Religion
schon vor unsrer Zeitrechnung waltete, und von wo aus sie sich vielleicht in die Nachbarländer verbreitet hat. Ob Khotan darum einer der
Stammsitze der Hindus, oder nur eine alte gegen Norden gewanderte
Hinduische Colonie war? bleibt freilich unentschieden. Das Letztere
hat sogar viel mehr Wahrscheinlichkeit für sich. Allein Colonien werden, wie wir es zwischen Griechenland und Kleinasien sehen, oft in
Stammsitze zurückgeschickt und immer sehen wir hier einen Zusammenhang Indischer und blonder Germanischer Völker.[97] Die Yuctchi,
die drei Jahrhunderte vor Christus westlich von der Chinesischen Provinz Kan sou wohnten, auch Yucti heissen, und als die Vorväter der Yut
in Guzerate angesehen werden, gehörten vielleicht auch zu jenem blonden Geschlecht. Denn sie lebten längere Zeit vermischt mit den Ou sun,
und die Yut haben Europaeische Gesichtsbildung und ein dem Griechischen ähnliches Profil. Zweifelhafter ist es, ob man in diesen Yucti die
Gothen erkennen darf, deren Namen auch darauf führen kann, ein andres Volk der blonden Race, die Hou oder Khoute für einen Gothischen
Stamm zu halten.[98]

124. Ich habe absichtlich hier nur Nachrichten berühren wollen,
welche den Zusammenhang aller zum Indo-Germanischen Stamm gehörenden Völkerschaften, wie in einem einzigen Punkte wahrscheinlich
machen, ohne darum überhaupt von dem Asiatischen Ursprung der
Germanischen und Hellenischen Stämme zu reden. Ich habe aber auch
diese Nachrichten so kurz, als möglich, zusammengefasst, weil sie doch
nur die Gleichartigkeit und Verschiedenheit der Sprachen, die zu dieser
Familie gehören, im Allgemeinen begreiflich machen, über die Art des
inneren Zusammenhanges derselben dagegen keine näheren Aufschlüs-
se geben. Um diesen aber ist es uns hier zu thun, da wir hier nicht gerade dem Ursprung dieser bestimmten Sprachen, sondern den Arten der
Sprachverzweigung überhaupt nachspüren. Da Sanskrit, Griechisch,
Germanisch, Slawisch sich nicht unmittelbar aus einander herleiten lassen, so werden sie gewöhnlich Schwestersprachen genannt und auf eine
gemeinsame untergegangene Mutter zurückgewiesen. Es ist aber leicht
zu zeigen, dass dies ein blosses Zurückschieben ins Unbekannte, mehr
ein Aufgeben aller Erklärung, als eine Erklärung selbst ist.

125. Wir haben es hier – und um die Erörterung zu erleichtern, bleibe ich bloss bei dem Griechischen und Sanskrit stehn – mit Sprachen zu
thun, welche einen festen, zusammenhangenden, rationellen, organi-

schen Bau besitzen, die grammatischen Verhältnisse durch untrennbare, längst verwachsne, ihrem Ursprunge nach grossentheils gar nicht erkennbare Beugungen, durch künstlich angewandte Reduplication und Ablaut bezeichnen, an denen also die Grammatik, wie es die Natur ihres Wesens erfordert, als eine Form, geschieden von der Materie erkannt wird. Davon nun, dass solche Sprachen aus Sprachen gleicher Beschaffenheit entsprungen wären, oder um es anders auszudrucken, dass zwei Sprachen, wie die Sanskrita, Griechische, Gothische, in dem Verhältnisse zu einander ständen wie das Lateinische und Italienische, giebt es in der Sprachenkunde, soweit ich darin nachzuforschen vermag, kein Beispiel. Wir sehen – um für Leser zu reden, die solche Ausdrücke zu wägen verstehen – aus dem Geformten nicht das Geformte hervorgehn. Die Erfahrung also verlässt uns.

126. Es könnte daher nicht getadelt werden, hier auch die Untersuchung zu schliessen, und sich mit der Bemerkung zu begnügen, dass es gleichartige, auf einen gemeinsamen, aber nicht mehr auszumittelnden Ursprung hinweisende Sprachen giebt. Indess ist es doch möglich, die Aufgabe, kann sie auch nicht eigentlich gelöst werden, wenigstens näher zu bestimmen. Die Erklärungsweise, dass eine Sprache durch Verpflanzung oder den Lauf der Zeit sich von ihrer ursprünglichen Form bis zur Entstehung neuer abbeugt, scheint mir, wenn von Einer in sich fertigen und geschlossnen die Rede seyn soll, im gegenwärtigen Fall nicht anwendbar. Ich wüsste mir nicht die Beschaffenheit der Sprache zu denken, welche auf diese Weise dem Griechischen und Sanskrit zum Grunde liegen könnte. Die durch den Ablauf der Jahrhunderte umgewandelten Sprachen, die wir in den Germanischen und Slawischen verfolgen können, haben einen andren Charakter der Verschiedenheit, nemlich den des allmählich ohnmächtiger werdenden Bildungsprincips. Wenn das Spanische, wie man es in Amerika redet, auch noch so lange fort gesprochen wird, so kann zwischen demselben und dem Spanischen des ursprünglichen Mutterlandes kein so grosser Unterschied, und kein solcher entstehen, als der die hier in Rede stehenden Sprachen auszeichnet. Es tritt kein neues Bildungsprincip hinzu; mögliche Mischungen abgerechnet, entstehen nur Eigenheiten der Aussprache, der Redensarten, am seltensten gewiss auch der Beugungen. Im Sanskrit und Griechischen findet sich ein merkwürdiges zwiefaches Verhältniss. Auf der einen Seite waltet in ihnen noch die Fülle des Lebensprincips in reger Kraft, wenn sie auch im ersteren gleichsam noch üppiger, und bisweilen über das grammatische Bedürfniss hinaus wuchert. Man kann daher ihren Ursprung nicht in eine Sprache setzen, in der das fortbildende Gefühl sich schon abzustumpfen und zu verschwinden beginnt. Einheit des Ursprungs aber muss vorhanden seyn, da sich sonst die Uebereinstimmung der concreten grammatischen Formen nicht erklä-

ren lässt. Auf der andren Seite enthalten aber Sanskrit und Griechisch auch nicht undeutliche Spuren älterer erloschener Formen. Jenes ist im Ganzen, dieses im Einzelnen der Fall. Sie tragen in diesen einzelnen Spuren denselben Charakter an sich, der dem Laufe der Zeit, wo die kunstvollere Grammatik untergeht, angemessen ist. Es haben sich Formen schon abgeschliffen, es hat sich Geformtes, wie verwachsenes Auxiliar angefügt. Der Ausgang der ersten Person des Praesens im Atmanepadam, der zweiten des Singulars des Imperativs des Parasmaipadam im Sanskrit, das die Verba endende ω, λέγοιμι und das ϑ des Aoristus passivi im Griechischen können in dieser Beziehung angeführt werden.[99] Ist dies Letztere wirklich aus der Wurzel von τίϑημι genommen, so ist ἐτέϑην gerade wie *j'aurai* zusammengesetzt, und in einer uns als ursprünglich geltenden, sogenannten synthetischen Sprache, wie in einer abgeleiteten, sogenannten analytischen, verfahren. In einigen dieser Fälle weichen beide Sprachen von einander ab, und die abgestumpftere Form gehört nur der einen an; in andren aber, wie in *wada* und λέγε hatten Griechisch und Sanskrit und in einigen Personenendungen[100] des Perfectum auch das Gothische gleichen Schritt, und die vollere Form scheint also allen gemeinsam zum Grunde gelegen zu haben. Dass nun diese Sprachen mitten in einem lebensreichen, kunstvollen Bau auch Beweise verschwindender Grammatik in sich tragen, widerspricht dem Begriff keineswegs. Auf Sprachen, deren Charakter im Ganzen ein durchaus verschiedener ist, können im Einzelnen gleiche Ursachen eingewirkt haben, es würde sogar unrichtig seyn, eine solche Einförmigkeit des Bildungsprincips in weitverbreiteten Sprachen, die nothwendig zusammengesetzter Natur sind, anzunehmen, es ist natürlich, dass viele Gattungen der Einflüsse in Einer zusammenkommen, das Entscheidende ist nur, welche das Uebergewicht hat, oder dass Ein bildendes Princip alle diese Einflüsse sich unterordnet. Der Charakter des Ganzen reisst in den Sprachen allemal das Einzelne mit sich fort. Vergisst man diesen Grundsatz in der Beurtheilung der Sprachen festzuhalten, so miskennt man mit ihrer Natur selbst auch allen wahren Unterschied unter denselben. Denn so abweichend sind sie nun einmal nicht von einander, dass auch in den verschiedensten nicht einzelnes Gleichartiges vorkommen sollte. Da die Richtung im Sanskrit und Griechischen ganz beugungsartig ist, so wirken jene abgeschliffenen Formen nicht als solche, die Endungen von *wada* und λέγε gelten nicht als das, was sie sind, als blosse Bildungsvocale verlorener, sondern, die Mannigfaltigkeit der Beugungen vermehrend, als neue Formen.

127. Nach dem hier Vorausgeschickten glaube ich in diesen Sprachen zweierlei zu entdecken. Auf einen früheren Zustand der Sprachen dieses Stammes ist ein andrer gefolgt, der die Regsamkeit eines neubildenden Princips mit sich geführt hat. Aber der Stoff, dessen es sich be-

dient, war von gleichartiger, jedoch innerhalb allgemeinen gleichen Charakters, wieder in früherer Verzweigung, längerer oder kürzerer Dauer verschiedner Beschaffenheit. Ich halte es in der Sprachumbildung für ein ewiges und unabänderliches Gesetz, dass, solange eine Sprache ruhig in sich fortbesteht, sie an demselben Ort nur die Wirkungen der Zeit, in der Schwächung des Lebensprincips, an verschiedne verpflanzt, ausserdem dialektische Abbeugungen erfährt; dass aber, soll aus ihr eine wirklich verschiedne hervorgehn, sie durch irgend ein Ereigniss in ihrem Wesen erschüttert werden muss. Die Nationalität muss verändert werden. Denn die Sprachen erfahren nichts, was nicht vorher die Nationen empfinden. Nationen aber können entstehen und untergehen. Das Griechische wäre nicht zu Neugriechischem, das Lateinische nicht zu Italienischem geworden, wenn nicht mächtige Umwälzungen den politischen Zustand des Hellenischen und Römischen Volkes zertrümmert hätten. Die Grammatik beider hätte allmählich an Kraft und Fülle verloren, wäre aber nicht in Verwirrung gerathen, und keine von beiden hätte sich, nach dem erlittenen Sturze, elastisch wieder in erneuerter Gestalt erhoben. Was dem Sanskrit und Griechischen das Leben gegeben, muss gerade entgegengesetzter Natur gewesen seyn. Neue Nationen haben sich zusammengeschlossen, und die Epoche ihres Werdens haben die neuen Sprachen bezeichnet. Da sie aber das Gepräge eines mit gleich tiefem und lebendigen Sprachsinn begabten Volkes tragen, so muss der Stoff, aus dem sie gebildet wurden, in seiner Gleichartigkeit und Verschiedenheit, deren nähere Bestimmung wir für jetzt dahingestellt seyn lassen, einem solchen Volksstamm angehört haben.

128. Wenn man das Sanskrit, die Persische, Griechische, Lateinische, die Germanischen und Slawischen Sprachen, sie mit einander vergleichend, betrachtet, so sieht man, dass sie zwar (§. 122.) nicht bloss Dialecte Einer Sprache sind, sich aber wie Dialecte von einander unterscheiden. Sie haben, dem Begriff nach, denselben grammatischen Bau, ganze Formen finden sich, fast unverändert, in allen gemeinschaftlich, die Laute der bloss ähnlichen, so wie vieler Wurzeln, lassen sich, nach aufzufindenden Gesetzen, auf einander zurückführen. Der Charakter der Dialecte ist, dass sie in derselben Sprache durch Entfremdung, vermittelst sich absondernder Vereinigung entstehen. Dasselbe Princip muss auch der Entstehung dieser Sprachen zum Grunde liegen. Der individuelle Unterschied beruht nur auf der Art und den verschiednen Graden der Entfremdung. Alle hier genannten Sprachen leiten auf die Vermuthung, dass in jede mehrere Mundarten zusammengeflossen sind. In allen hat das Pronomen mehrere Grundwörter. Manches im Sanskrit, namentlich die Vielfachheit der Personenendungen deutet auf Verschiedenheit von Mundarten hin. Ich denke mir daher diese Sprachen, jede aus einzelnen Mundarten, die sich, da in verschiedenen Zei-

ten kleinere Stämme energisch zu grösseren Nationen vereinigt wurden, zu Sprachen zusammenbildeten, hervorgegangen. Auf diese Weise lässt sich ihre Entstehung und ihre Beschaffenheit begreifen. Sie wurden zu eignen Sprachen, sie haben ihr eignes Bildungsprincip, dies lag in der Zusammenschmelzung kleinerer Stämme zu einer grösseren Einheit, die dem Nationalgeist einen neuen Schwung gab, auch selbst vielleicht einem ihn elektrisirenden Ereigniss ihr Daseyn verdankte. Es war auch neue Bildung nöthig, oder vielmehr sie entstand von selbst, da die in gemeinschaftliche Rede zusammentretenden Mundarten doch Verschiedenheiten hatten, in verschiednen Bildungsepochen stehen konnten. Hieraus erklärt sich dann natürlich das Zusammenseyn ursprünglicher und schon verbrauchter Formen. Es entstanden auf diesem Wege auch vermuthlich ganz neue grammatische Begriffe. War z. B. die Zahl der *tempora* oder *modi* in den noch grammatisch dürftigeren Mundarten geringer, allein ihre Formen in verschiednen verschieden, so konnten sie in der neuen zusammenfassenden Sprache zur Bezeichnung feinerer grammatischer Verhältnisse anfänglich durch richtig geleitetes Sprachgefühl vorbehalten, nachmals wirklich gestempelt werden. Ich will hier nur Ein, aber in die Augen fallendes Beispiel anführen. Die grammatische Tempusform, welche nach Bopps Grammatik die siebente Bildung des vielförmigen Praeteritum ist, hat das Griechische Plusquamperfectum hervorgebracht. *awûwrusam* ist, wenn man den Unterschied abrechnet, dass das Sanskrit den Wurzelvocal wiederholt, im Griechischen aber immer mit ε reduplicirt wird, in der Reduplication und dem Augment, von derselben Formation, als ἐτετύφειν. Im Sanskrit ist dies aber kein eigenes Tempus, sondern nur eine Art, wie eine Anzahl von Wurzeln (jedoch eine grosse, da alle Causalverba von dieser Art sind) dasjenige Vergangenheitstempus bildet, das man im Sanskrit mehr deshalb, weil die Griechischen Aoriste daraus abstammen, als weil es immer aoristische Bedeutung hätte, Aoristus nennt. Allein auch bei den Griechischen Epikern, also in der älteren Sprache findet sich, wie im Sanskrit, diese augmentirte Reduplication im Aorist, wie ἐπέφραδον, ἔπεφνον, ἐκέκλετο beweist.[101] In ein wie hohes Alterthum diese Sprachen für uns hinaufgehen, so sind sie sichtbar aus noch älteren entsprungen. Ja es ist überhaupt nicht glaublich, dass wir eine einzige Sprache kennten, mit welcher dies nicht der Fall seyn sollte. Worauf ich aber nur habe aufmerksam machen wollen, ist einmal, dass nicht allen Eine, ja keiner von ihnen eine, die sich bloss durch die gewöhnlichen Umwandlungen der Zeit in sie verändert hätte, zum Grunde liegt, sondern dass aus noch nicht in diesem Umfang entwickelten Sprachen durch glücklichen Anstoss wirklich neue entstanden sind.

129. Wenn ich die Beschaffenheit der Indo-Germanischen Sprachen richtig aufgefasst habe, so sind sie (§. 127.) durch ein neues Bildungs-

princip aus gleichartigem Stoff (gleichartig nämlich mit ihnen und unter sich) erzeugt worden; aber so, dass das Unvollkommnere und Dürftigere zu freierer und höherer Entwicklung und grösserem Umfange übergegangen ist. Diese letztere Annahme kann auf den ersten Anblick unerwiesen scheinen. Ich leite sie aber aus dem kraftvollen Lebensprincip dieser Sprachen ab, dessen Culminationspunkt ich für das Griechische in das Homerische Zeitalter setze. Ein solches lässt sich nur aus einer steigenden, nicht aus einer schon wieder sinkenden Kraftentwicklung erklären. Auch eine gewaltsam in ihrem Wesen erschütterte und sich nun in neuer Gestalt wieder ermannende Kraft, wie wir sie zum Theil in den lateinischen Töchtersprachen sehen, lässt sich hier nicht voraussetzen, weil in solchen Fällen immer die untergegangene Sprache und ihre zerschlagene Form sichtbar bleiben. Man wird daher nothwendig auf die obige Annahme geführt. Beugungssprachen scheint es natürlich aus Anfügungssprachen abzuleiten. Das Sanskrit führt sogar darauf, da es in der Wortbildung die Suffixa so deutlich und rein vom Wortstamm abscheidet. Man muss sich indess über einen solchen allmälichen Uebergang von Anfügungs- in Beugungssprachen nicht täuschen. Eine letztere im wahren Verstande entspringt niemals allmälich, sondern immer nur durch eine im Geist der Nation innerlich aufflammende und nun die Sprache umgestaltende Ansicht, wie die magnetische Kraft unter gewissen Umständen die chemische Mischung der Theile eines Körpers verändert. Wenn grosse Klarheit und lebendige Anschaulichkeit der Begriffe, Gefallen am Ton und Gefühl für Gesetzmässigkeit und Mannigfaltigkeit in ihm den Sprachsinn weckend ergreifen, so schmelzen die Hauptwörter mit den bedingenden zusammen, gruppiren sich, wie lebendige Individuen, und erhalten durch den umbildenden Ton ihre Gestaltung. Dass hier Begriff und Ton zugleich, wie ein schaffender Hauch, die in einer Sprache, wie z. B. die Tahitische, einzeln zerstreuten Elemente, zu Ganzen gestaltend versammeln, beweist in den Indo-Germanischen Sprachen namentlich die innere Umwandlung der Vocale, das Guna, der Ab- und der Umlaut. Die Bildung durch Ablaut ist, schon nach Grimms Bemerkung[102], nie eine fortsetzender Sprachentwicklung, sondern immer ursprünglich. Da die Laute und das Verhältniss der Sylben verändert, gewichtiger und leichter gemacht werden, so sieht man, dass das Wort als ein Ganzes behandelt ist. Hiermit ist aber die Beugung in ihrem wahren Sinne gegeben. Denn sie ist nichts andres, als ein solcher Ausdruck des Begriffs in unzertrennlicher Verbindung mit seinen grammatischen Verhältnissen, dass das Wort immer dasselbe, nur verschieden gestaltet, erscheint. Ein solcher grammatisch bildender Sinn hat sichtbar schon die Sprachen durchwaltet, welchen auch die ältesten uns bekannten unter den Indo-Germanischen ihren Ursprung verdanken. Es beweisen dies die Mannigfaltigkeit der Formen, die nicht alle Einer Bildung, ja nicht Einer Bildungsepoche angehören, und diejenigen, welche sichtbar früher in vollständigerer Gestalt vorhanden waren.

130. Die Geschichte aller Welttheile zeigt, dass das Menschengeschlecht in vielen seiner Epochen, und vorzüglich in den früheren, in sehr kleine Völkerhaufen vertheilt gewesen ist. Selbst die kürzere oder längere Vereinigung in grosse Reiche hat diese innere Absonderung nicht immer bedeutend geschwächt. Die Vielfachheit der Sprachen musste namentlich grösser seyn, ehe die Veranlassungen verbindenden Verkehrs häufiger wurden. In Afrika und Amerika ist dies noch heute sichtbar, und gerade, wo man die Anfänge der Indo-Germanischen Nationen sich am wahrscheinlichsten denken kann (§. 123.), sehen wir noch in der Zeit sicherer Geschichtskunde viele hin und herwandernde, bald verbundne, bald geschiedene Horden. Die Annahme der Entstehung dieser Sprachen aus einzelnen Mundarten, die wir (§. 128.) oben in ihnen selbst begründet gefunden haben, wird also auch durch die Geschichte herbeigeführt. Aus diesen konnte ein neues Bildungsprincip, dessen Nothwendigkeit wir oben (§. 129.) erkannten, Sprachen erzeugen, die sich als edlere und allgemeinere von den Volksmundarten abschieden. Denn nur in dem Uebergewicht der Herrschaft oder der geistigen Anlagen eines Stammes und einer Mundart, die alsdann die übrigen mit sich fortreisst, kann ein solches Princip hier gefunden werden. Solange es an einem solchen Uebergewicht fehlt, sind alle Mundarten gleichberechtigt. Die sich auf und über ihnen erhebende Sprache hat vorher in ihrer Mitte geweilt, aber nun, als äusserlich oder innerlich herrschend, als Schrift- oder Dichtersprache in ein geschichtliches Daseyn getreten, trennt sie sich weiter und weiter.[103] Es schliesst sich hier das an, was ich (§. 99.) oben von den beiden entscheidenden Momenten in den Schicksalen der Sprachen, ihrem Erscheinen als Stoff, und der höheren Befruchtung dieses Stoffs durch intellectuelle Begeisterung und dem möglichen Zusammenfallen dieser beiden Punkte gesagt habe. Das Phänomen der IndoGermanischen Sprachen erfordert die Erklärung des Entstehens der einzelnen aus früheren, und ihres Verhältnisses zu einander. Das Erstere wird durch das eben Gesagte aufgehellt. In Absicht des letzteren kann die Entstehung gleich Dialecten (§. 128.) verschiedener Sprachen, namentlich aber der hier betrachteten, nur durch wechselndes Nähern und Entfernen, Verbinden und Trennen von Stämmen, die zu Einem ursprünglich enge zusammenwohnenden gehörten, in verschiedenen Zeiträumen, begreiflich werden. Denn bei wirklicher Gleichartigkeit des Sprachsinns, also der geistigen Richtung und der sinnlichen Anlagen der Sprachwerkzeuge und des Ohrs, muss doch eine hinlängliche Anzahl von Ursachen vorhanden gewesen seyn, die Verschiedenheiten hervorzubringen. Ich bin weit entfernt mir das

Entstehen der letzteren so vorzustellen, als wären aus Einer Mundart, wie aus einem untheilbaren Punkt bloss durch die Folge der Zeit und die in ihr vorgegangenen Veränderungen jene verschiedenen Sprachen hergeflossen. Es ist aber (§. 75.) auseinandergesetzt worden, dass die Natur der Sprache darauf führt, sie uns nie anders, als in einem *Volke* zu denken. Mit diesem selbst aber ist die Verschiedenheit von Mundarten gegeben. Denn die Sprache eines Volks ist, da immer Haufen von Mitgliedern verbunden unter sich und getrennt von andren leben, nie genau eine und die nämliche, aber dennoch im gemeinsamen Verständniss, bei der Gleichartigkeit der einwirkenden Ursachen und der das Ganze umschlingenden Verbindung, im Ganzen dieselbe. So konnte auf einem grösseren oder kleineren Landstrich der oben (§. 129.) erwähnte grammatisch bildende Sinn Stämmen verschiedener Mundarten eigen seyn. Ein Volk kann aber aus einander gehen, alsdann trägt jeder Theil sein gleichartig sprachbildendes Princip in sich fort, allein die Spaltung wächst bei dem nun abgerissnen lebendigen Verkehr. Immer setzt indess dieser Process voraus, dass das sprachbildende Princip noch in zeugender Regsamkeit sey, was innerlich von der intellectuellen und sinnlichen Lebendigkeit der Nationen, äusserlich grossentheils davon abhängt, dass die Sprache sich noch nicht zu fest verkörpert habe, was vorzüglich bei Erhaltung der Schrift und auf dem Gipfel ihrer Literatur ihr Schicksal ist.

131. Ich habe hier nur die Indo-Germanischen Sprachen im Ganzen und beispielsweise erwähnt. Jede dieser Sprachen steht aber wieder in einem nur ihr eigenthümlichen Verhältniss zu den übrigen, und es wäre von der grössesten Wichtigkeit, dies gründlich im Einzelnen zu untersuchen. Das Lateinische vorzüglich würde dabei in einem sehr neuen Lichte erscheinen. Es ist unläugbar, dass eine grosse Menge von Lateinischen Wörtern sich leichter unmittelbar aus dem Griechischen, als dem Sanskrit herleiten lässt, so wie dass der Stamm, dem diese Sprache angehört, sich mit andren Italischen vermischt hat. Auf der andren Seite aber giebt es im Lateinischen eine bedeutende Anzahl, dem Griechischen[104] fremder und unmittelbar aus dem Sanskrit übergegangener Wörter[105], bewahrt die Grammatik (§. 113.) rein und unverändert Sanskritisch gebliebene, dem Griechischen mangelnde Formen, und ist das Oscische, dem man gerade die hauptsächlichste Beimischung nicht-Griechischer Elemente beimisst, höchst wahrscheinlich auch Sanskritischen Stammes. Denn es ist schon von Bopp bemerkt worden, dass der auch in Oscischen Inschriften vorkommende AltLateinische Ablativ in *od* der Sanskritische in *ât* ist, der sich gleichfalls nicht im Griechischen findet. So unhaltbar daher die bisher nicht ungewöhnliche Theorie ist, dass die Lateinische Sprache, ihre Vermischung mit Italischen Wörtern und Formen abgerechnet, aus dem Griechischen, namentlich aus dem

Aeolischen Dialect geflossen sey, und so bestimmt man dem Lateinischen, so gut als dem Griechischen selbst, eine unmittelbare Abkunft
von den ursprünglichen Mundarten des Indo-Germanischen Stammes
beimessen muss, so scheint dennoch ein Theil dieser Sprache nur unmittelbar aus dem Griechischen abgeleitet werden zu können. Der
Grund davon mag in verschiedenen, zu verschiedenen Zeiten unter-
nommenen Einwanderungen in Italien liegen. Es müsste nur durch tiefe
und sorgfältige Untersuchung bestimmt werden, welcher Theil der
Sprache sich in dem einen, oder dem andren Falle befindet. Ob aber
etwas dem IndoGermanischen Stamme ganz fremdes im Lateinischen
sey? wird durch das oben vom Oscischen Gesagte sehr zweifelhaft gemacht. Soviel ich zu urtheilen im Stande bin, liegt in der Grammatik
und ihren Formen durchaus nichts dieser Art, das Meiste darin spricht
sogar unverkennbar für unmittelbaren Ursprung aus dem Sanskrit, oder
früheren ähnlichen Mundarten. Mit einzelnen Wörtern aber ist es vermuthlich anders.

132. Ich habe im Vorigen, immer der Idee getreu bleibend, dass allein
der grammatische Bau über die Einerleiheit oder Verschiedenheit der
Sprachen entscheidet, einen zwiefachen Uebergang aus einer Sprache in
eine andere neue in Betrachtung gezogen; zuerst (§. 116.[a.]–121.) einen
solchen, wo aus kunstvoll organisirten, beugungsreichen Sprachen andre eines unvollkommneren grammatischen Baues und von minder kräf-
tigem, oft auch minder consequenten Bildungsprincip durchhaucht, entstehen; hernach aber (§. 122–131.) einen solchen, wo mehrere Sprachen
jenes höheren Organismus und nahe verwandter grammatischer Form
aus ähnlichen, aber minder entwickelten und umfassenden zusammenfliessen. Ich habe zu Beispielen Sprachen des Indo-Germanischen Stammes gewählt, an denen, in Abkunft und Forterzeugung, dieser zwiefache
Uebergang offenbar wird. Ich hätte auch die Semitischen anführen können, die, auf ähnliche Weise unter einander verwandt, auch neueren
Sprachen, dem Neu-Arabischen und Maltesischen das Daseyn gegeben
haben. Man kann aber auch, den Gesichtspunkt erweiternd, hierin zwei
allgemeine Uebergangsweisen der Sprachen sehen, eine des Zusammen-
tretens mehrerer verwandten Mundarten zu Einer sich durch neues Bildungsprincip neu gestaltenden Sprache, und eine des Herabsinkens eines kunstvolleren Organismus zu einem weniger vollkommnen. Ich ziehe
sogar dies vor, da alsdann die Untersuchung unabhängiger wird von dem
historischen Ursprung der Indo-Germanischen Sprachen, und ich wohl
fühle, dass die Art, wie ich diesen angenommen, Zweifel übriglassen
kann.

133. In beiden hier betrachteten Fällen war aber auch das als ursprünglich Angesehene schon mit grammatischer Form begabt, und es
bliebe daher noch der Ursprung einer solchen Sprache aus einer der

grammatischen Form ermangelnden übrig. Um hier nicht ins Unbestimmte zu verfallen, muss man den Begriff der Form im strengsten Verstande nehmen. Ich fasse daher unter den Sprachen ohne grammatische
Form alle zusammen, die, wie das Chinesische, das Verständniss gar
nicht von grammatischen Zeichen abhängig machen, oder wie die Südseesprachen, die grammatischen Wörter abgesondert und unverbunden
lassen, oder endlich, wie das Coptische, dieselben lockrer und fester,
allein immer so anfügen, dass diese Anfügung keine Beugung des Wortes genannt werden kann. Für einen Uebergang nun aus einer solchen
Sprache in eine mit Beugungen versehene kenne ich in der bisherigen
Sprachenkunde kein Beispiel. Ich habe oben (§. 129.) von der Möglichkeit eines solchen Ueberganges geredet, und glaube gezeigt zu haben,
dass ein allmälicher, bloss mechanisch durch die Aussprache entstehender wohl festere Anfügung, nie aber Beugung, die immer ein neues Bildungsprincip erfordert, hervorbringen kann. Ich möchte auch keinesweges behaupten, dass nothwendig ein solcher Uebergang habe
vorgehen müssen, und dass es nicht vielmehr bei weitem wahrscheinlicher sey, dass die Beugungssprachen von ihrem ersten Ursprunge an
solche gewesen wären. Man kann sich Unterschiede der Sprachen, wie
der hier bemerklich gemachte, als verschiedne Epochen der Sprachentwicklung denken, sich vorstellen, dass eine Sprache, die sich noch regelmässiger, als der neue Chinesische Styl, der grammatischen Wörter
bediente, zu einer der Tahitischen ähnlichen, diese durch allmähliche
Anfügung zu einer, wie die Koptische, die letztere endlich, bei innigerer
Verschmelzung der Affixa, den Semitischen ähnlich geworden wäre,
und dies kann nicht nur die Verschiedenheit dieser Sprachformen in ein
helleres Licht setzen, sondern es wird dadurch wirklich eine Stufenfolge des grammatischen Organismus in der menschlichen Sprache aufgestellt. Aber damit behauptet man keinesswegs, dass auch in der Wirklichkeit diese Gattungen in der That aus einander entstanden seyen. In
der ganzen Eintheilung der Sprachen in *anfügende* und *beugende* liegt
aber etwas Willkührliches, das nicht davon getrennt werden kann. In
keiner Sprache ist Alles Beugung, in keiner Alles Anfügung. Der wahre
hier in Betrachtung kommende Unterschied ruht (§. 111.) in der Herrschaft des schaffenden Sprachsinns über den todten Stoff. Erwacht dieser plötzlich, wo er bisher geschlummert hat, so können aus mechanisch anfügenden Sprachen beugend wortgestaltende hervorgehn. Es
kann auch der Anstoss dazu dadurch gegeben werden, dass, wie es in so
vielen anfügenden Sprachen angetroffen wird, gewisse Anfügungen gar
nicht mehr, als solche, erkennbar sind. Es ist aber nicht der Zweck dieser Schrift, Vermuthungen nachzuhängen und Hypothesen aufzustellen, sondern einzig die Natur der Sprachen aus Thatsachen und auf dem
Gebiete geschichtlicher Forschung zu entwickeln.

134. Ich schliesse hier die Betrachtung der möglichen Uebergänge von einer Sprachform in eine andre. Der Gegenstand kann zwar durch das Wenige hier Gesagte unmöglich für erschöpft gehalten werden. So wie man je zwei Sprachen genau zergliedert, die sich in einem solchen Falle befinden, so wird man immer anders und anders speciell indivi-dualisirte Entstehungsarten entdecken. Die Verfolgung dieses Weges hätte aber zu einer ins Einzelne gehenden Untersuchung aller Sprachen geführt, die kein Einzelner zu leisten im Stande ist. Es kam hier, meiner Absicht nach, nur darauf an, die allgemeinen Gattungen der Sprachent-stehung, unter die sich die einzelnen Verschiedenheiten als besondre Arten bringen lassen, und die Hauptgesichtspunkte anzugeben, auf die es hierbei ankommt. Die Anwendung der hier aufgestellten Grundsätze in der Folge dieser Schrift wird die sicherste Prüfung ihrer Richtigkeit und Hinlänglichkeit seyn.

135. Forschen wir nun, nach der oben (§. 104.) angegebenen Folge unsrer Betrachtungen, den Entstehungsgründen neuer Sprachen in den Schicksalen der Völker nach, so lassen sich dieselben auf folgende drei, die bald einzeln, bald mit einander verbunden wirken, zurückführen: Verlauf der Zeit, Veränderung des Wohnplatzes, Mischung verschieden redender Stämme. Zu diesen dreien tritt aber eine vierte hauptsächli-che, durch welche jene erst ihre grösseste Wirksamkeit erhalten, die sich aber nicht mit ihnen in gleiche Reihe stellen lässt, weil sie nicht leicht ohne sie oder eine von ihnen erscheint, jene aber auch allein für sich wirksam sind, nämlich eine solche Umgestaltung des politischen und sittlichen Zustandes, dass dadurch die Nationalitaet verändert wird, entweder erhebenden Aufschwung erhält, oder gewaltsame, dem Untergange mehr oder weniger nahe führende Erschütterung erfährt. Vorzüglich wirksam auf die Sprache, und neue Zustände, theils selbst schaffend, theils bezeichnend und heftend, ist die in Dichtung oder wis-senschaftlichem Streben plötzlich auflodernde intellectuelle Begeiste-rung. Es liesse sich wohl bezweifeln, ob das Entstehen sehr vollkomme-ner, auf die Intellectualitaet wieder mächtig zurückwirkender Sprachen je anders als durch das Eintreten solcher Epochen erklärt werden kann? Ich rechne jedoch dies zu der in Erweiterung und Erhebung bestehen-den Veränderung der Nationalität, da es, seiner Natur nach, wirklich damit zusammenhängt.

136. Durch den blossen Verlauf der Zeit entsteht eigentlich weder eine neue Nation, noch eine neue Sprache. Die ursprüngliche Auffas-sung der Sprache wird nur durch die Umstände modificirt, welche die Folge der Jahrhunderte herbeiführt, von denen oben (§. 93.) schon aus-führlicher geredet worden ist, und die sich, wenn es nicht an Denkma-len fehlt, in ungetrennter Folge aus einander herleiten lassen. Dennoch werden die in einer langen Periode in einer Sprache auch bloss auf diese

Weise, ohne Hinzukommen einer andren Ursach, entstehenden Veränderungen so bedeutend, dass das Verständniss nach und nach des Studiums bedarf. Alsdann kann und muss man die Unterscheidung einer neuen Sprache machen, weil sie wirklich grammatikalisch und lexicalisch von der vorhergehenden und nachfolgenden abweicht. Wie aber die Gränze zwischen Mundart und Sprache immer schwankend bleibt, so ist es auch hier. Ja, wenn man Mundart, wie man unstreitig muss, immer nur als die dem Raume nach verschiedene Sprache nimmt, so erlaubt die Abänderung der Sprache in der Zeit noch viel weniger eine scharfe Bestimmung, da die Folge der Generationen mehr, als das Wohnen der Stämme eine in sich stätige Grösse bildet. Indess lassen sich doch auch im blossen Laufe der Zeit, vorzüglich nach einzelnen merkwürdigeren in der Sprache erscheinenden Werken Einschnitte machen, die nicht willkührlich sind, sondern in denen die Sprache in der That wesentlich als eine andre erscheint. Grimm nennt diese Epochen mit einem besonders passenden Ausdruck Niedersetzungen der Sprache.[106] Das Alt-, Mittel- und Neu-Hochdeutsche bilden drei sehr grosse und merkwürdige Sprachepochen dieser Art. Dagegen lässt sich das Alt- und Neu-Griechische, Alt- und Neu-Arabische hierher nicht rechnen. In beiden Fällen waren einzelne Katastrophen dazwischen getreten, und hatten das allmäliche Wirken des Verlaufs der Zeit nicht beschleunigt, sondern aufgehoben und plötzlich verändert, in Griechenland Nation und Sprache gewaltsam zerrissen, bei den Arabern die weitverbreitete Herrschaft und das Vorwalten der wissenschaftlichen Bildung gebrochen. Auch jene Veränderungen der Deutschen Sprache kann man nicht ausschliesslich der Wirkung der Zeit beimessen, sie gehören zugleich Begebenheiten und neu entstandnen Bestrebungen an, wie namentlich das Neu-Hochdeutsche sich grösstentheils durch die Reformation und Luthers Bibelübersetzung festgesetzt hat. Aber sie danken ihr Daseyn dem stillen, inneren Entwicklungsgange, den Sprache und Geist der Nation zugleich nehmen, in dem der Einfluss so gegenseitig ist, dass er sich einzeln nicht rein abscheiden lässt, und der doch insofern der Thätigkeit der Zeit zuzuschreiben ist, da ohne äussere plötzliche und zufällige Unterbrechung der vorhergehende Zustand darin stätig auf den nachfolgenden einwirkt. Die Sprachen hangen aber auf eine so merkwürdige Weise von der Art der geistigen Auffassung ab, dass dadurch der Lauf der Zeit in seinem Einfluss gewissermassen gehemmt, oder wenigstens sichtbar verzögert wird. Wenn die Literatur einer Nation eine Höhe erreicht hat, die man sich berechtigt glaubt, als einen Gipfelpunkt anzusehen, so verändert sich die Sprache von dieser Epoche an bei weitem langsamer, als vorher. Das fortgesetzte Lesen derselben Werke erhält das Verständniss, das Bestreben der Nachbildung erlaubt der Sprache nicht so weit von dem Typus jener Vollendung abzuweichen, und wenn dies zuerst auch nur auf die Schriftsprache einwirkt, so verbreitet sich doch der Einfluss davon nach und nach auf die ganze Nation. Es wird dadurch, wenn auch kein wirklicher Stillstand, doch ein gleichmässigeres Fortrücken hervorgebracht. Ob Schrift und Literatur überhaupt den Veränderungsgang der Sprachen aufhalten oder beschleunigen? scheint mir nicht leicht zu entscheiden. Ich glaube, dass, besonders bis man eine befriedigende Höhe erreicht zu haben meint, das letztere der Fall ist. Die Schrift heftet zwar allerdings, aber das Hangen des Volks am einmal Sprachüblichen und das Forttragen derselben Wörter und Formen in der mündlichen Rede scheint noch viel fester und stätiger. Die Schrift heftet die Sprache auf eine Weise, welche die Betrachtung über sie weckt. Gerade die Betrachtung aber führt zur Ummodelung. Zugleich bringen Schrift und Literatur allemal mehr Leben und Regsamkeit in die geistige Thätigkeit, erzeugen mehr Bestrebungen, die Sprache und ihre Form geltend zu machen, und je vielfacher, je mehr auf sie selbst gerichtet ihr Gebrauch ist, je häufiger sie sich neuen Begriffen, neuen Wendungen anschmiegen muss, desto weniger kann sie dieselbe bleiben. An hinlänglichen Beobachtungen fehlt es hierbei noch. Sie könnten aber in Amerika angestellt werden, wo man in noch lebenden Sprachen von Stämmen, welche nie Schrift gekannt haben, Werke von Missionarien des 17. Jahrhunderts besitzt. Diese, mit der Sprache der heutigen Eingebornen verglichen, könnten zu interessanten Aufschlüssen führen. Zu solchen Vergleichungen, die man z. B. mit Eliots um 1661 erschienener Uebersetzung der Bibel in die Massachusetts Sprache vornehmen könnte, würde die MissionarienSchule in Connecticut eine leicht zu benutzende Gelegenheit an die Hand geben. Einigermassen beweisend ist schon, dass keiner solchen Veränderung dieser Sprache, auch nicht von dem schätzbaren neuesten Herausgeber der Eliotschen Grammatik, Herrn Pickering, erwähnt wird. Wo Nationen, wie die alten Gallier und Britten in den Druiden Instituten, und soviel sich aus einigen Angaben schliessen lässt, auch die Mexikaner, das Gedächtniss an die Stelle der Schrift setzend, Dichtung oder Philosophie in mündlicher Ueberlieferung besassen, konnte dies in dem geschichtlichen Gange der Sprache neue Verhältnisse hervorbringen.

137. Der Veränderung, die eine Sprache durch Verrückung des Wohnplatzes einer Nation erfährt, habe ich schon (§. 126. 127.) gelegentlich erwähnt. Dieser Einfluß ist natürlich immer mit dem der Zeit verbunden, und gewöhnlich treten auch an dem neuen Wohnort nähere Berührungen oder selbst Mischungen mit fremden Sprachen, immer neue Lebensverhältnisse hinzu. Geschieht die Verrückung des Wohnorts in eine weite Entfernung, wie bei unsren Colonisationen in andren Welttheilen, so umgiebt den Pflanzer eine fremde Natur, neue Gegenstände müssen benannt, alte Wörter nach neuen Begriffen gestempelt

werden. Dies abgerechnet wird die Abweichung der Sprache des neuen Wohnsitzes von der in dem alten natürlich zur dialectartigen Verschiedenheit. Sie wird auch grösser oder geringer seyn, je nachdem die Verpflanzung in einen Zeitpunkt fällt, wo die Muttersprache einen geringeren oder höheren Grad der Festigkeit erlangt hat. Die Beschaffenheit des neuen Dialects hängt endlich von dem bestimmten Theile des Mutterlandes, der natürlich schon da seine Mundart besitzt, ab, von dem die Colonie ausgieng, so wie ganz vorzüglich von dem Bildungsgrade derer, welche sie ausmachen. Die anziehendste Erscheinung dieser Art bieten unstreitig die Nord-Amerikanischen Freistaaten dar. Auf beiden Seiten des Oceans sieht man Englische Nation und Sprache, durch alle Einflüsse einer grossen und hervorstechenden Literatur gebildet, und durch alle Fortschritte der Civilisation bereichert, mit einer politischen Verfassung, welche der Rede in Aufstellung und Behauptung der Grundsätze einer edlen und menschenfreundlichen Freiheit ein weites und fruchtbares Feld einräumt. Ueber die Verschiedenheiten dieses Englisch-Amerikanischen Dialects giebt es eigne interessante Schriften.[107] Ueber den Spanisch-Amerikanischen Dialect ist mir keine ähnliche Arbeit bekannt. Diese Erscheinungen der neueren Zeit, bei denen sich der Einfluss des veränderten Wohnsitzes erst wenige Jahrhunderte lang beobachten lässt und wo die getrennten Sprachtheile in unausgesetztem Verkehr mit einander geblieben sind, erlauben indess keine sicheren Schlüsse auf die Wirkungen der Völkerverpflanzungen in der früheren und vorzüglich der entferntesten Geschichte. In der damaligen Abgeschiedenheit der Völker konnte und musste beinahe die Macht dieser Einwirkung grösser seyn. Da, wo eine solche Erörterung vorzüglich wichtig seyn würde, bei den Zügen der Völker, welchen die alten classischen Sprachen ihr Daseyn verdanken, gehen uns zu sehr die geschichtlichen Angaben dazu ab. In Amerika finden sich interessante Beispiele weitgewanderter Völker, die an mehreren Orten Spuren ihrer Sprache hinterlassen haben. Am sichtbarsten ist dies bei den Kariben der Fall. Leider aber ist gerade der grammatische Bau ihrer Sprache sehr wenig bekannt.

138. Das mächtigste Princip in der Veränderung der Sprachen und ihres Gebiets ist die Mischung der Nationen. Alles in der Art ihrer Verbreitung über den Erdboden hängt natürlich von der Verbindung und Trennung gleich und verschieden Redender ab. Wie weit sich die Mischung der Sprachen erstreckt haben möge, lässt sich im Einzelnen nicht entscheiden. Bei dem Völkergewühle, das beständig auf dem Erdboden geherrscht hat, bei der Reihe von Jahrhunderten, die für unsere Geschichtskunde in Nacht begraben liegen, ist wohl mit Sicherheit anzunehmen, dass es auch unter den uns für einfach geltenden Sprachen keine einzige reine und unvermischte giebt. Auf der andren Seite finden

sich, um gleich die beiden Extreme einander gegenüberzustellen, auch Sprachen, die in roher Verwirrung aus Wörtern und Wendungen ganz verschiedner bestehen, und nicht Sprachen einer Nation, sondern rohe Austauschmittel zwischen Menschen verschiedener sind, in die Classe der Sprachen zu setzen, die (§. 85.) besondren Gewerben und Beschäftigungen eigen sind. Hierhin ist neben andren die *lingua Franca* in den Häfen des Mittelmeeres zu rechnen. Aber auch Volksdialecte von vielfacher und verwirrender Mischung kommen in Gegenden vor, wo Nationen verschiedener Sprachen an einander stossen.[108] Diese Fälle übergehe ich hier ganz und rede nur von der Mischung, als einem Entstehungsgrunde der Sprachen überhaupt, und so, wie man sie auch in hochgebildeten Sprachen antrifft.

139. Zuerst muss man unterscheiden, ob die Mischung der Sprachen bloss aus dem häufigen Verkehre mit Fremden, oder aus wirklichem untermischten Zusammenwohnen, der Einverleibung verschiedener Volksstämme in denselben politischen Verein entspringt. Im ersteren Fall dringt das fremde Element natürlich weniger tief in die Sprache ein, und verbreitet sich nur auf die Gegenstände dieser Gemeinschaft. Wo aber verschiedene Volksstämme wahrhaft zusammenfliessen, oder doch Theile desselben Staatskörpers werden, da entstehen sehr verschiedenartige Verhältnisse nach dem Uebergewicht, welches die Sprache des einen über den andren erhält. Der schwächere Stamm wird genöthigt die Sprache des stärkeren anzunehmen, und dieser drückt sich nun in zwei Sprachen aus, wie es in Biscaya, NiederBretagne und Wales geschieht, und bei so vielen Amerikanischen Völkerschaften der Fall war, und noch heute selbst ohne politischen Zwang ist. Dann stirbt die Sprache des schwächeren Stammes entweder ganz aus, wie es der Cornischen, Alt-Preussischen und mehreren Asiatischen und Amerikanischen gegangen ist, oder sie erhält sich in immer kleiner werdendem Umfang, wird auch mit Ausdrücken der vorherrschenden Sprache vermischt. Zugleich aber nimmt auch diese Elemente von ihr in sich auf. Ob das Uebergewicht hier immer von dem äusseren der physischen Macht zu verstehen ist? kann zweifelhaft scheinen. Man pflegt sogar im Gegenteil zu behaupten, dass die in Bildung mehr fortgeschrittene Sprache die weniger ausgebildete verdrängt, und durch diese geistige Herrschaft den Besiegten oft an dem Sieger rächt. Man kann als Beispiele hiervon die Zurückdrängung der einheimischen Sprachen in Hispanien und Gallien, als diese Länder Römische Provinzen wurden, und das Vorherrschen des Lateinischen im Romanischen anführen. In der höheren Cultur und Civilisation liegt der Grund jener Erscheinungen gewiss, der Gedanke unterwirft sich die Masse, und man braucht sich die Colonien, die Gesittung unter rohe Völker bringen, nicht gerade zahlreich zu denken. Nur in der Sprache möchte ich den Grund nicht

gerade suchen, und ich halte es für nothwendig, das hier zu bemerken, wo es gerade auf die Erforschung des ihr Eigenthümlichen ankommt, und es daher wichtig ist, es mit der Wahrheit des über sie Behaupteten genau zu nehmen. Die eine angeblich rohere Sprache Redenden hangen darum mit nicht minder grosser Liebe an ihr, es muss erst eine gänzliche Umwandlung mit ihnen vorgehen, ehe sie für die feineren Schönheiten einer cultivirteren Sprache Empfänglichkeit gewinnen. Dagegen weichen die, welche diese sprechen, wie wir an einer Menge von Beispielen sehen, sehr leicht bei Vermischung mit roheren Mundarten von ihrer Reinheit ab. Daher setzt Niebuhr, wie er[109] von der zauberischen Gewalt der Griechischen Sprache über fremde Völker redet, und sie mit treffenden Beispielen belegt, sehr richtig *„und Nationalität"* hinzu. Welches Verhältniss unter sich mischenden Sprachen entsteht, welche die Oberhand gewinnt, hängt von der Art ab, wie sich das gemeinsame Sprechen gestaltet, und diese von der Lage, in welche die sich mischenden Nationen gegen einander treten, von der Eigenthümlichkeit ihres Charakters, der Art des sich unter ihnen bildenden Zusammenwohnens und des politischen Bestandes, den jeder beider Theile für sich bewahrt, von der Sprache nur, insofern sie natürlich dies Alles begleitet, oder höchstens bloss mittelbar. Im abendlichen Europa hatte die Römische Verfassung, die sich vor allen des Alterthums durch Consequenz und Festigkeit auszeichnete, Zeit gehabt tiefe Wurzeln zu schlagen. Die dort Fuss fassenden Völker waren keineswegs so barbarisch, als die Römer sie zu schildern bemüht waren; sie besassen übrigens auf gleichem Stamm mit der Römischen emporgewachsene Sprachen. Ueber die Türken vermochten Griechische Civilisation und Sprache in Jahrhunderten nichts. Die Sprachen hangen immer auf das innigste mit der Geschichte der Nationen zusammen. Es sind aber in dieser Hinsicht auch bei bekannten Erscheinungen, wie z. B. der Untergang des Griechischen und Römischen ist, noch eine Menge von Punkten aufzuhellen übrig. Viele aber dürften auch immer unerklärlich bleiben. Wie unbegreiflich ist, um nur dies Beispiel anzuführen, der schnelle Untergang des Iberischen und Keltischen im grössten Theile der Spanischen Halbinsel, da noch zu Strabo's Zeit (also am Anfange unsrer Zeitrechnung) Turdetanische Sprache und Literatur im südlichsten Spanien blühten.

140. Dass sich die Mischung der Sprachen vorzüglich in ihrem Wörtervorrathe zeigen muss, begreift sich von selbst, da in diesem sehr verschiedne Elemente neben einander bestehen können. Ob der grammatische Bau je wahrhaft gemischt sey, ist eine schwerer zu beantwortende Frage. In gewissem Verstande ist auch dies unläugbar. Die Wörter verschiedenartigen Ursprungs werden, wie wir von Persischen und Englischen gesehen (§. 118.), wohl verschieden flectirt und grammatisch behandelt. Die Römer, die Dichter vorzüglich, nehmen auch in bloss

Römische Worte Griechische Constructionen auf, behalten auch Griechische Flectionen bei. Alles dies geht aber dennoch nicht eigentlich tief in den grammatischen Bau ein. Wenn das, was ich oben (§. 110.) über denselben, als die wahre Sprachform, den wahrhaft individuellen Drang des Gedankenausdrucks gesagt habe, richtig ist, so lässt sich in diesem auch nur solche Vermischung denken, welche die ursprüngliche Einheit nicht wesentlich stört. Indess ist es doch sehr wichtig bei der Erörterung der Sprachen die Aufmerksamkeit noch genauer auf diesen Punkt zu richten, da man allgemeinem Raisonnement in den Sprachen niemals zu sehr vertrauen muss. Wo die zusammenfliessenden Sprachen schon an sich gleichartig sind, droht der Einheit von der Vermischung auch des grammatischen Baues geringere Gefahr. Wenn, wie ich die Vermuthung bei den Sanskritischen Sprachen geäussert habe, Mundarten in Eine Sprache zusammengehen, so ist eine solche Vermischung unläugbar vorhanden. Sehr viel anders ist schon der Fall der lateinischen Töchtersprachen, obwohl auch da Sprachen desselben Stammes zusammentraten.

141. Es ist eine sehr interessante Frage, ob sie eine Mischung Germanischen und Römischen grammatischen Baues verrathen? Um dieselbe gründlich zu beantworten, muss man, glaube ich, unterscheiden, ob man von wirklicher Einführung Germanischer grammatischer Laute in diese Sprachen, oder von blossem Einfluss der verschiedenen grammatischen Ansicht redet? Die erstere würde ich durchaus läugnen. Raynouard[110] glaubt die unregelmässige Bildung des Praesens des Romanischen Verbum *aver* aus dem Gothischen *aigan, haben,* herleiten zu können, aus dem er auch alle Einmischungen von *g* in die Flectionen dieses Verbum erklärt. Dies wäre höchst merkwürdig, da alsdann concrete Beugungsformen diesen Sprachen gemeinschaftlich wären. Denn Raynouard vergleicht das Romanische *ai* (1. pers. sing. praes.) und *aic* (1. pers. sing. praet.) mit dem Gothischen *aih,* und, wie es scheint, auch *aguem* (1. pers. plur. praet.) mit *aigum.* Ich möchte indess die Richtigkeit dieser Bemerkung bezweifeln.[111] *Ai* scheint ebenso aus *aver* entstanden, wie *sai* aus *saver, dei* aus *dever*[112], *as, a* und *an* bieten kaum eine entfernte Aehnlichkeit mit den entsprechenden Gothischen Formen *aiht, aih* und *aigun* dar. Im Praeteritum *agui, aguest, ac, aguem,* dem Conjunctiv desselben *agues cet.,* dem sogenannten zweiten Conditionalis *agra* und dem Participium *agut* verschwindet der Diphthongus ganz. Da überhaupt *aver,* mit Ausnahme sehr weniger Beugungen, den Stammvocal von *habere* durchaus festhält, *aigan* dagegen, das ein anomalisch als Praesens gebrauchtes ablautendes Praeteritum eines Verbum der 8. starken Conjugation ist, deren Vocale im Praesens *ei,* im Part. praet. *i* sind, nie ein blosses *a* haben kann, so halte ich diesen Umstand für entscheidend, jede Vergleichung beider Verba aufzugeben.

Die Aehnlichkeit des Gothischen *aih* mit dem Romanischen *aic* scheint mir daher zufällig, und dies nur eine Abkürzung von *agui*. Die Ansetzung eines *c* ist ausserdem, wenigstens im Praesens nicht ohne Beispiel im Romanischen; *vauc* für *vau*, *tenc* für *ten*.[113] Sollten nicht auch *cug* und *aug* (die Participia von *cuidar* und *auzir*), die Raynouard für Verwandlungen von *id* und *z* in *g* hält[114], so erklärt werden müssen? Denn das Spanische *caigo (cado)* und *oigo (audio)* beweisen keinen Uebergang von *d* in *g*. *d* ist da ausgefallen, wie man aus den übrigen Beugungen sieht, und *g* im Praesens zwischengeschoben, wie im Romanischen *c* angesetzt wird. Dies beweisen *traigo (traho), salgo (salire)* und andre. Indess bleibt immer das *g* in der Romanischen Conjugation, da wo es nicht Stammconsonant des Verbum ist, in den Endungen *gui*[115], *gra*, *gut*, sehr sonderbar, und es ist zu bedauern, dass sich Raynouard nicht ausführlicher darüber auslässt. Ich halte *agui* nur für eine veränderte Aussprache von *habui*. Der Hauch, der *ui* begleitete, konnte leicht von *b* zu *g* abirren, wie *w* und *h* auch verwandt sind. Dass man auch *avut* für *agut* findet[116], scheint dies zu beweisen. Wäre das letztere Gothischen Ursprungs, so wären hier Participia zwei ganz verschiedener Wörter. Gleicher Art ist *agues, habeas*, und daraus vermuthlich *agra* und *agut* entstanden. Unter den Verben, die ihren Conditionalis in *gra* und ihr Participium in *gut* bilden, giebt es zwar mehrere, die sich füglich einzeln erklären lassen, wie *beure, begra* aus Verwandlung von *b* in *g, cogler, colgra* aus Versetzung des *g, tener, tengra* aus einer, auch in andren Sprachen nicht ungewöhnlichen Annahme eines *g* nach einem Nasenlaut. Da aber bei andren keine solche Erklärungen möglich sind, wie bei *plazer, plagra, poter, pogra, voler, volgra*[117], und da alle diese Conditionale auch eine zweite Form in *ria* bei sich haben, so halte ich die in *gra*, so wie die Participien in *gut* für Verbindungen mit dem Hülfsverbum *aver*. Im Spanischen *anduve* und Italienischen *apparirebbe* ist diese Zusammensetzung unverkennbar.

142. Die Häufigkeit der von den Grammatikern als unregelmässig angesehenen Verba, und ihre systematische Bildung, welche sie in eigne Classen abzutheilen erlaubt, könnten auf die Vermuthung führen, dass die Eigenthümlichkeit des Gothischen, den Unterschied des Praeteritum vom Praesens durch ablautenden Stammvocal zu bezeichnen, vorzüglich auf das Spanische eingewirkt habe; *sabe* und *supe* könnten an *binde* und *band* erinnern. Genauere Erwägung macht aber auch dies sehr unwahrscheinlich. Die Vocalveränderung in den Spanischen unregelmässigen Verben ist hauptsächlich zwiefacher Art. Die eine beruht auf Lautgewohnheiten, die ursprünglich gar nicht die Conjugation angehen, allein auf sie angewandt, und zur Unterscheidung bestimmter Personen und Tempora gebraucht werden. Die zweite hingegen zeigt sich wirklich nur zwischen dem Praesens und Praeteritum und den aus

dem einen und andren abgeleiteten Tempora. Zu der ersteren dieser beiden Arten rechne ich die Verwandlung von *e* in *ie* und *o* und *ue.* Es giebt keinen Redetheil, in dem sie nicht vorkäme, und ursprünglich halte ich sie nicht bloss für einen durch die Natur der nachfolgenden Sylben bewirkten Umlaut. Denn sie findet sich nicht nur bei volltönenden und gewichtigen Endungen, wie *ciegamente,* sondern auch bei einsylbigen Wörtern, wie *pues.* Diese Diphthongisirungen scheinen mir eine Verbreiterung und Verderbniss der ursprünglichen hellen und reinen Vocale. Solche sind Volksmundarten gewöhnlich, und die erste und hauptsächlichste Stufe des Ueberganges von der Lateinischen zu den neueren Sprachen war gerade, dass, bei der Zerrüttung des gesellschaftlichen und Culturzustandes, die Sprache zu dem Volke herabsank. Raynouard bemerkt[118] nach Sanchez, dem Herausgeber einer Sammlung von Gedichten vor dem 15. Jahrhundert, dass man *ue* mit *o* reimen liess, ein klarer Beweis, wie schwankend noch damals diese Aussprache war. Noch merkwürdiger und doch für den Einfluss der Nachsylben sprechend ist, dass diese Reime nur von ein- oder zweisylbigen Wörtern, wo *ue* in der ersten Sylbe steht, und nur mit Wörtern, wo *o* sich in der Endsylbe findet, *muerte, fuerte, fuent* mit *carrion, campeador, sol,* angeführt werden. Vermuthlich sprach man da *mort, fort* und behielt nur die Schreibung in *ue* bei. In der Conjugation aber widerstanden auch in den Verben, auf welche diese Aussprache übergieng, die gewichtigen und helltönenden Endungen, wie *-amos, drè, è,* der Veränderung des Stammvocals, und nur die leichteren, wie *o, e, an,* liessen dieselbe zu, wie Bopp schon bei *duerme* bemerkt hat. Auf diese Weise beschränkte sich diese Umbeugung des Vocals auf das Praesens und den Imperativus und berührt auch in diesen nicht die beiden ersten Personen des Plurals. Sie wird dadurch mittelbar zur grammatischen Unterscheidung, dass sie aber nicht wahrhaft dies zur Absicht hatte, beweisen *tengo, tenga, ten, vengo, venga, ven,* verglichen mit *tienes* u. s. w. Obgleich die 1. pers. sing. indic. und das Praes. Conj. so wie der Imperativ, ausser den zwei ersten Pluralpersonen, in den unregelmässigen Verben dieser Gattung immer den Diphthongus haben, fällt er hier wegen des Gewichtes der zwei Consonanten *ng* und des Nachdrucks des einsylbigen Imperativs hinweg.[119] Diese Art der Vocalveränderung ist daher weder dem Lateinischen, noch Gothischen zuzuschreiben, sondern liegt, unter der Mitwirkung allgemeiner Lautgesetze, ganz eigentlich in dem Uebergange von der älteren zur neueren Sprache. In dieselbe Classe zähle ich auch *decir* und *reir,* wo der Stammvocal *i* der alten Sprache im Infinitiv, den beiden ersten Pluralpersonen des Praesens und der zweiten des Imperativs *decimos, decis, decid* in *e* übergeht, wovon der Grund nicht leicht anzugeben seyn möchte. *Pedir, deservir, conseguir* u. a. m. sind nur darin in einem andren Fall, dass umgekehrt der

Vocal jener vier Ausnahmen bildenden Beugungen der lateinische Stammvocal *(petere, servire, consequi)* ist.

Die zweite Art der Vocalveränderung, die aber eine viel kleinere Anzahl der Verba trifft, scheidet wirklich das Praesens vom Praeteritum und die von beiden herkommenden Tempora durch den Vocalwechsel von einander. Der Wechsel geht von

a auf *i; hace, hizo.*

a auf *u; cabe, cupo; sabe, supo; trae, truxe,* was aber schon dem neueren *traxe* gewichen ist.

e auf *i; queremos, quisimos; venimos, vinimos.*

o auf *u; podemos, pudimos; ponemos, pusimos.*

Caber und *saber* ändern auch in der 1. pers. sing. praes. ihren Stammvocal, ohne anscheinenden Grund, von *a* in *e* um *(quepo, sè),* was dann auf das immer von dieser Person gebildete Praesens conjunct. *(tengo, tenga, salgo, salga)* und die Personen des Imperativs, die eigentlich nur dies *tempus* sind, da ihm selbst bloss die beiden zweiten Personen angehören, übergeht. Des Uebergangs von *e* auf *u* habe ich nicht erwähnt, da ich ihn nur in *tener (tenemos, tuvimos)* kenne, und hier leicht, wie in *anduvimos* an eine Zusammensetzung mit *aver* gedacht werden kann. Noch giebt es aber die merkwürdige Erscheinung, dass dieser Wechsel die ersten zwei Personen des Praeteritum unberührt lässt, und nur bei den dritten eintritt, von diesen aus aber sich über die ganzen abgeleiteten Tempora erstreckt; und zwar findet es sich so zwischen *e* und *i, hiere, herimos* (Praesens) *her* u. s. w. (Praeteritum) *hiriò, hirieron, hiriese* u. s. w. und so mehrere andre Verba, zwischen *o* und *u, muere, morimos* (Praesens) *morì* u. s. w. (Praeteritum) *muriò, murieron, muriese* u. s. w. Ebenso geht *dormir* und beide haben die Eigenheit, dass auch die beiden ersten Pluralpersonen des Praes. Conjunct., die sonst immer dem Praesens folgen, das *u* annehmen, *muramos, durmamos.* Einen verschiednen Vocal in den dritten und übrigen Personen des Praeteritum hat auch *pedir* mit einer Reihe andrer Verba; pedì u. s. w., *pidiò, pidieron.* Es stimmen auch in ihnen die ersten Personen des Praeteritum mit den beiden ersten des Plurals des Praesens überein. Der Unterschied dieser Verba von den obigen besteht nur darin, dass sie im Singular des Praesens und der letzten Person des Plurals keinen gebrochnen Vocal, sondern ein reines *i* haben, und die beiden ersten Personen des Plurals dies *i* ausnahmsweise in *e* verwandeln, folglich die letzten Personen des Praeteritum mit dem Singular des Praesens übereinstimmen. Die diesen Verben zum Grunde liegenden lateinischen haben zum Theil *e (petere, pido, pedir),* zum Theil *i (tingere, tiño, teñir)* zum Stammvocal. Die Verwechslung dieser Lateinischen Laute mag zum Gebrauch beider in der Spanischen Conjugation dieser Verba Anlass gegeben haben. Wenigstens sehe ich keinen andern Grund. Dass aber das *i* hier nie anders in *e* übergeht, als da wo die nachfolgende Sylbe ein *i* hat, erklärt sich aus der Verwandtschaft dieser Vocale und ist also wieder eine Wirkung des nachfolgenden Lauts auf den vorhergehenden. Merkwürdig ist, dass hier dieselben Personen des Praesens des Indicativs und die dem Imperativ allein eigenthümlichen (im Conjunctiv ist es anders) in Absicht des Stammvocals gleichförmig bleiben, als bei der Umbeugung in *ie* und *ue*, obgleich der Grund hier nicht derselbe seyn kann; *pido, pides, pide, pedimos, pedis, piden, cuezo, cuezes, cueze, cocemos, coceis, cuezen, pide, pedid, cuece, coced.* So gern und fest heften sich Lautverschiedenheiten an grammatische Bedeutsamkeit, oder vielmehr so übereinstimmend ist in den Sprachen die Wirksamkeit des grammatischen Begriffs und des Lautgefühls. Was in dieser zweiten Art der Vocalveränderung dem Ablaut wirklich ähnlich sieht, betrift nur sehr wenige Verba, und kann sehr leicht aus dem auch im Lateinischen in *facio, feci, capio, cepi* u. s. f. vorhandenen entstanden seyn. Auf jeden Fall reicht dies zu seiner Erklärung, hin. Dass bisweilen der Ablaut nur die dritten Personen trifft, ist sowohl dem Lateinischen, als Gothischen fremd, und eine Eigenthümlichkeit der neueren Sprache.

Die unregelmässigen Spanischen Verba geben also gar keine Veranlassung an einen Einfluss des Gothischen auf ihre Bildung zu denken.

143. Ganz anders kann es sich aber mit den Fällen verhalten, wo nicht concrete grammatische Formen oder eigenthümliche Lautbehandlungen übergegangen seyn sollen, sondern der fremde Einfluss nur in der Anwendung grammatischer Ansichten beruht. Allein auch von dieser Gattung scheint mir nichts Germanisches sehr tief in die Grammatik der lateinischen Töchtersprachen eingedrungen zu seyn. Raynouard schreibt es Gothischem und Fränkischem Einflusse zu, dass man die Pronomina *ille* und *ipse* auf eine Weise brauchte, aus welcher die Artikel des Romanischen hervorgiengen.[120] Da nämlich die Germanischen Sprachen Demonstrativ-Pronomina als Artikel brauchten, so führten sie, indem sie Lateinisch sprachen, diese Gewohnheit in die fremde Sprache über. Hierbei muss man aber annehmen, dass die Römischen Provincialen, denen dem Lateinischen nach diese grammatische Ansicht ganz fremd seyn musste, sklavisch der fremden folgten, und auch unter sich diese Art zu reden beständig beobachteten. Denn sonst hätte der Artikel unmöglich allgemein werden können. Eine solche Passivität gerade der grössesten Volksmasse lässt sich, meines Erachtens, nicht mit dem Uebergewicht, ja man möchte wohl sagen, der Alleinherrschaft des Lateinischen in der Grammatik der Romanischen Sprachen in Einklang bringen, und es ist mir vielmehr sehr wahrscheinlich, dass, ohne alle Mischung mit Fremden, die Römischen Provincialen von selbst zum Artikel gelangt seyn würden. Ich suche nämlich die Entstehung desselben im Verfall der Bildung und der Abnahme des Sprachsinns.

Wenn das grammatische Bewusstseyn der Einheit der Periode nicht recht lebendig ist, so sucht man nach äusseren Hülfsmitteln der Verdeutlichung. Es ist dann natürlich, den Substantiven ein Pronomen vorausgehen zu lassen, das gleichsam die Stelle der zeigenden Gebehrde vertritt. Auch unter uns bedient sich das Volk dieser Pronomina häufiger, als die gebildete Sprache. Dieselbe Erscheinung konnte daher und musste gewissermassen eintreten, so wie man anfieng minder gut und minder richtig lateinisch zu schreiben. Mitwirken musste allerdings das Beispiel der fremden Eroberer, wären aber die Provincialen nicht auch für sich in denselben Hang verfallen, so dürfte jener Gebrauch des *ille* nie häufig genug geworden seyn um das Pronomen zum Artikel abzuschleifen. Schon A. W. v. Schlegel bemerkt, dass die Sprachen, sich selbst und dem natürlichen Wechsel aller Dinge überlassen, auch ohne fremde Beimischung, einen natürlichen Hang besitzen zu analytischen zu werden.[121] Dies ist aber nichts anders, als das allmäliche Abnehmen des formenzusammenhaltenden Sprachsinns. Dagegen leitet[122] er das mit *haben* zusammengesetzte Futurum des Romanischen von dem Gothischen ab, das auch eines einfachen Futurum ermangelt, und auch bisweilen *haben* zur Bildung dieses Tempus anwendet. Allein auch diese Mischung Germanischer und Römischer Grammatik scheint mir nicht so gewiss und fordert wenigstens nähere Bestimmung. Auch hier hätten sich die Römischen Provincialen ganz negativ verhalten und der fremden Ansicht unbedingt folgen müssen, was mir durchaus unwahrscheinlich vorkommt. Schlegel zeigt sehr richtig die Gründe, warum das lateinische Futurum bei dem Verfall der Sprache leicht untergehen konnte. Sie liegen in der Schwierigkeit, die feinen Unterschiede zwischen dem Lateinischen Futurum in *bo* und dem Imperfectum, und zwischen dem in *am* und dem Praesens Conj. festzuhalten. Wie aber die Grammatik einmal in Verfall gerieth, musste die Wirkung auf die Provincialen dieselbe seyn. Es muss hier ausserdem in Betrachtung kommen, dass ein Futurum, das man, seiner Bildung nach, als ein eignes und einfaches Tempus ansehen kann, überhaupt in der ganzen Sprachenkunde eine höchst seltne Erscheinung ist, wenn es nur überall ein solches, das nämlich auch ursprünglich Futurum gewesen wäre, giebt. Die beiden Futura des Sanskrits sind zusammengesetzt, die Griechischen und Römischen zum Theil dies, zum Theil nur Umbeugungen des Praesens oder des Conjunctivs zum Futurum. In den Semitischen Sprachen ist es sehr klar, dass eigentlich kein Futurum vorhanden ist.[123] Im Griechischen ist neben diesem Tempus eine Art es durch ein Hülfsverbum zu bilden in vollem und beständigem Gebrauch. Die Römischen Provincialen konnten also, wie auf den Artikel, so auch auf ein Futurum durch ein Hülfsverbum verfallen. Dass sie gerade *haben* wählten, kann von den Gothen, die dies bisweilen thaten, entlehnt seyn. Aber es ist

auch an sich eine natürliche Begriffsverbindung, und denkt man an Gothischen Ursprung, so ist es sogar auffallend, dass nicht auch die andren
Gothischen Hülfsverba des Futurum, *munan, wiljan, skulan* in die neue
Sprache übergiengen, und dieser der im Gothischen häufige Gebrauch
des Praesens für das Futurum fremd blieb. Nimmt man aber auch den
Gothischen Ursprung an, so zeigt es sich hier recht, dass die Römische
formenbildende Grammatik die Oberhand hatte. Denn im Gothischen
bleiben die Hülfsverba immer getrennt, im Romanischen treten zwar
auch Wörter zwischen den Infinitiv und das ihn zum Futurum stem-
pelnde Hülfsverbum. Aber die Richtung der Lateinischen Conjugation
ist doch unverkennbar. Denn jene Einschiebungen haben keinen Bestand, und die Personen des Hülfsverbum verschmelzen in Eine Form
mit dem Infinitiv. Die Gothen hätten daher nichts, als eine Redensart
dazu hergegeben, und Schlegel bemerkt sehr richtig, dass, da doch die
Germanischen Einwandrer lange Zeit beide Sprachen zu reden fortfuh-
ren, es sonderbar wäre, dass nicht Redensarten sollten von der einen in
die andre übergegangen seyn. Er führt bei dieser Veranlassung einige
scharfsinnig ausgewählte Beispiele solcher Redeweisen an.[124] Die Untersuchung der Lateinischen Töchtersprachen scheint mir daher die Behauptung zu bestätigen, dass die Mischung der Sprachen zuerst von der
Mischung des Wortvorraths ausgeht, meistentheils dabei stehen bleibt,
bisweilen aber sich von da auf Redensarten, Fügungen der Redeweise
und grammatische Ansichten erstreckt, nicht leicht aber wirkliche concrete grammatische Formen zusammenbringt, es müssten denn diese
sich ausschliesslich an die Wörter ihrer Sprache heften, wodurch nicht
sowohl Mischung, als vielmehr grössere Scheidung der Elemente entsteht. Man darf indess hierbei auch nicht die besondre Natur dieser Romanischen Sprachen vergessen. Ihre sie charakterisirende Eigenthümlichkeit gieng nicht aus der Mischung Germanischer und Römischer
Rede und Sprache hervor, sondern aus der durch die siegreiche Einwan-
drung fremder Stämme bewirkten Zerstörung des politischen Bestandes, der darauf folgenden Zerrüttung des ganzen Culturzustandes, und
der diese Katastrophen begleitenden Verderbniss der Sprache. Sie sind
nicht sowohl Erscheinungen der Sprachvermischung, als des Sprach-
verfalls, so glänzend sie sich auch wieder aus diesem neu entwickelt
haben. Ausserdem kennt man den Zustand nicht, in dem sich, schon
vor aller Einwanderung, die Römische Sprache im Munde des Volks in
OberItalien, Gallien und Iberien befinden mochte. So entstand das, was
Schlegel mit Recht sehr auffallend nennt[125], die Entwicklung eines Systems analytischer Sprachen aus dem Zusammentreffen von Völkern
synthetischer, um mich hier seiner Terminologie zu bedienen.

144. Verlauf der Zeit, Verrückung des Wohnplatzes, Mischung der
Völkerstämme sind gleichsam die natürlichen, in dem gewöhnlichen

Gange der Schicksale der Sprachen und Nationen liegenden Entstehungsgründe ihrer Umwandlungen, die allgemeinen Kategorien, auf
welche sich diese zurückführen lassen. Jedes dieser drei verschiednen
Momente steht in einem besondren Verhältniss zur Sprache, und übt
für sich einen eignen und bestimmten Einfluss auf dieselbe. Nicht immer aber lässt sich dieser in einem einzelnen gegebenen Falle rein abscheiden, da oft mehrere Veränderungsursachen zusammentreffen. Allein ausser diesen drei allgemeinen Entstehungsgründen neuer oder
umgewandelter Sprachen giebt es noch einen andren, in sich mächtigeren, aber gewöhnlich von einem oder mehreren jener begleiteten, nämlich die geschichtlichen Ereignisse, welche den Zustand der Nationen,
und mit ihm den der Sprachen verändern. Da sie aber immer durch individuelle Umstände specificirt sind, so lässt sich ihr Einfluss nicht im
Allgemeinen bestimmen. Jeder Fall muss einzeln betrachtet werden.
Die Classificirung der Sprachveränderungen erfordert gleiche Behutsamkeit, als die der Sprachen selbst. Indess unterscheiden sich doch auf
den ersten Anblick zwei, die Schicksale der Sprachen hauptsächlich bestimmenden geschichtliche Umwälzungen, das Entstehen neuer Nationen und das Untergehen bisheriger. Von beiden ist im Vorigen ausführlich gesprochen worden. Sie sind aber nicht immer körperlich, sondern
vorzüglich geistig und moralisch zu nehmen. Eine Nation entsteht oder
geht unter, wenn sie einen neuen Nationalbestand gewinnt, oder ein
vorhandener sich auflöst. Da die Sprache mit den geistigen Fortschritten der Völker im engsten Zusammenhange steht, so ist die Zerrüttung
des Culturzustandes der wahre Untergangspunkt ihres Wesens. Es verschwindet alsdann die gebildete Sprache, und nur die Volksdialekte
bleiben übrig. Mit diesen aus älterer Zeit her nicht immer hinlänglich
bekannt, hält man bisweilen für neu, was wirklich alt ist, setzt in die
Classe der Sprachumwandlungen, was in die der Sprachverschiedenheiten derselben Nation gehört.

145. Auf diese Weise hat man Einiges in den neueren, durch Verderbniss der älteren entstandenen Sprachen zu erklären versucht. Ein
treffendes Beispiel hiervon giebt[126] im Neugriechischen die Bildung der
2. pers. sing. praes. indicat. pass. in εσαι. Sie ist offenbar der Analogie
der übrigen Personen desselben Tempus und dem Sanskritischen Verbum gemässer, als die in der Griechischen Schriftsprache gewöhnliche
Ausstossung des Consonanten und Zusammenziehung der Vocale.
Auch Buttmann[127] vermuthet, dass diese Form in *ungebildeten* Dialekten fortdauernd in Gebrauch gewesen seyn möge. Sie ist also ein in das
Neugriechische übergegangener Archaismus der Volkssprache. Dagegen scheint mir die Neugriechische Endung der 3. pers. plur. praes. ουν,
statt ουσι, auf keinen unbekannten Dialect der alten Sprache hinzudeuten.[128] Den beiden Sanskritischen Endungen *anti,* und *an* des Praesens

und Augment-Praeteritum entsprechen die Griechischen des Praesens und Imperfectum ουσι (ursprünglich οντι, lateinisch *unt*) und ον. Das Neugriechische ουν ist entweder eine Veränderung des helleren Consonanten σ in das dunklere *n*, oder ein Verkennen des eigentlich Charakteristischen in der Personenendung des Praesens und Imperfectum, woraus Vermischen beider hervorgieng, indess sich doch der durch das ganze Praesens herrschende vollere Vocallaut erhielt. Das Letzte ist das Wahrscheinlichere, da das alte Imperfectum in der neueren Sprache untergegangen ist, und die erste der beiden Annahmen nur dann natürlich erscheint, wenn die Bildung der neueren Sprache von οντι statt ουσι ausgegangen wäre, so wie im Neuhochdeutschen das Gothische *and* zu *en* geworden ist, der Doppelconsonant aber sich vom Sanskrit an durch das Gothische, Alt- und Mittelhochdeutsche hindurch erhalten hat, ja in *sind* noch fortlebt.

146. Nach dieser Betrachtung der verschiedenartigen Möglichkeit geschichtlichen Zusammenhanges unter den Sprachen lassen sich nun über ihre Verwandtschaft folgende Sätze aufstellen.

1. Sprachen, in welchen Gleichheit oder Aehnlichkeit concreter grammatischer Bezeichnungen sichtbar ist, (und nur solche) gehören zu demselben *Stamm.*

2. Sprachen, welche, ohne eine solche Gleichheit concreter grammatischer Bezeichnungen, einen Theil ihres Wörtervorraths mit einander gemein haben, gehören zu demselben *Gebiet.*

3. Sprachen, welche weder gemeinsame grammatische Bezeichnungen, noch gemeinsamen Wörtervorrath besitzen, allein Gleichheit oder Aehnlichkeit in der grammatischen Ansicht (der Sprachform dem Begriff nach) verrathen, gehören zu derselben *Classe.*

4. Sprachen, welche sich weder in den Wörtern, noch den grammatischen Bezeichnungen, noch der grammatischen Ansicht gleichen, sind einander fremd, und theilen nur das mit einander, was allen menschlichen Sprachen, als solchen, gemeinsam ist.

147. Um etwas irgend sicheres über die Verwandtschaft der Sprachen festzustellen, scheint es mir durchaus nothwendig, die verschiedenartigen Aehnlichkeiten, welche sich unter ihnen finden, zu sondern, und den Einfluss, welchen jede auf den wirklichen oder idealen Zusammenhang der Sprachen ausüben kann, einzeln zu bestimmen. Dies habe ich hier zu thun versucht, und es kann nur darüber Zweifel entstehen, ob die Classification richtig gemacht ist? Ich habe den geschichtlichen Zusammenhang zum Haupt-Eintheilungsgrund gewählt. Er erstreckt sich über die Sprachen desselben Stammes und desselben Gebiets, ist aber wenigstens unerwiesen bei denen derselben Classe. Als einzigen Beweis des geschichtlichen Zusammenhanges habe ich den Laut angenommen. Bis dahin dürften leicht alle, welche sich mit Untersuchungen

dieser Art beschäftigen, mit mir einig seyn. Dagegen kann Verschiedenheit der Meinung sehr leicht bei der von mir zwischen Stamm und Gebiet gemachten Unterscheidung eintreten. Die Wichtigkeit der Untersuchung des grammatischen Baues der Sprachen für die Beurtheilung
ihrer Verwandtschaft wird von den Sprachforschern sehr ungleich beurtheilt. Einige und zum Theil solche[129], welche dem Sprachstudium die
wichtigsten Dienste geleistet haben, verwerfen dieselbe nur so eben
nicht als ganz unnütz, halten sie aber für keineswegs entscheidend. Andre sprechen zwar dies nicht geradezu aus, wenden sich aber bei Untersuchungen über Sprachverwandtschaften doch gleich zur Vergleichung
der Wörter. Denjenigen, welche von der Wichtigkeit grammatischer
Untersuchungen zu diesem Zweck günstiger urtheilen, kann es doch
eine zu enge Bestimmung scheinen, dass nur solche Sprachen zu demselben Stamme, derselben Familie gehören sollen, welche Aehnlichkeit
in wirklichen, concreten grammatischen Bezeichnungen haben.

148. Ich halte dagegen gerade den so bestimmt von mir zwischen
Sprachstämmen und Sprachgebieten gemachten Unterschied für wesentlich und nothwendig, indem er bezweckt, dass aus einer Erscheinung nicht mehr, als sie wirklich anzeigt, geschlossen wird. Die grossen[130] Verschiedenheiten der Urtheile über die Verwandtschaften der
einzelnen Sprachen scheinen mir, wo sie nicht aus mangelhafter Untersuchung entspringen, vorzüglich daher zu kommen, dass man sich weder das, was man sucht, den Begriff und die Art der Verwandtschaft,
noch die Art der Beweiskraft vollkommen klar gemacht hat. Beides
kommt wohl zum Theil daher, dass diese Erörterungen meistentheils zu
historischen, seltner zu linguistischen Zwecken angestellt werden. Dem
Geschichtsforscher genügt es oft zu wissen, dass Völker zusammengehören, sie mögen nun eigentlich zu demselben Stamme gehören, oder
sich nur mit einander vermischt, oder zu einem Ganzen vermischt haben. Den Sprachforscher aber kann dies nicht befriedigen. Er verlangt
zu wissen, ob zwei Sprachen in Eine zusammengeflossen sind, oder nur
Eine und eben dieselbe sich umgewandelt hat, und im ersteren Fall welche der beiden das Uebergewicht erhalten hat? Ihm ist also die Frage
wichtig, ob zwei Sprachen, wie z. B. die Persische und Gothische, oder
die Persische und Arabische sich bloss auf einem Flecke des Erdbodens
berührt haben, oder ob sie mittelbar oder unmittelbar durch Umwandlung Einer Sprache zu der Gleichartigkeit, welche in ihnen liegt, gelangt
sind? Er hat dabei nicht bloss diesen einzelnen Fall, sondern tiefere und
genauere Einsicht in die Natur der Sprache überhaupt zum Zweck. Zu
einem Stamm, zu einer Familie kann ich nun Sprachen nur insofern
rechnen, als die, nach der oben (§. 110.) gemachten Ausführung, die
Einerleiheit der Sprachen bedingende Form bloss soweit in ihnen verschieden ist, dass darin ein sich durch Gleichheit des Lautes als ge-

schichtlich beurkundender gemeinschaftlicher Urtypus sichtbar bleibt. Dies aber kann nur aus der Untersuchung des grammatischen Baues hervorgehn. Wörtergemeinschaft kann aus Familienverwandtschaft, aber auch aus blosser Berührung entstehen, und das eine und andre beweisen. Sie lässt also die Art des Sprachenzusammenhanges gerade in dem Punkte, welcher für den Sprachforscher der wichtigste ist, unentschieden. Worauf es nur freilich hauptsächlich ankommen würde, ist, ob sich Beispiele fänden, wo, bei mangelnder Aehnlichkeit des grammatischen Baus, aber vorhandener Wörtergemeinschaft, ein Zusammenhang zwischen zwei Sprachen bestände, der sich deutlich als Familienzusammenhang ankündigte. Selbst dann aber müsste dieser doch auf andrem Wege bewiesen werden, und die in der obigen Classification gemachte Sonderung bliebe gleich nothwendig.

149. Die Gränzen bei der Bestimmung desselben Stammes so enge zu ziehen, wie ich gethan habe, halte ich gleichfalls für richtig, und selbst wenn dies zweifelhaft seyn sollte, würde es mir zweckmässig scheinen. Nach den bisher mit der Zusammenstellung von Sprachfamilien gemachten Versuchen ist es weit mehr wichtig, bloss und allein bei dem wirklich Gewissen stehen zu bleiben, und dem Zusammenfassen zweifelhafter oder zufälliger Aehnlichkeiten zu wehren, als gefährlich der Aufdeckung wahren Zusammenhanges den Weg zu versperren. Gäbe es Sprachen desselben Stammes, die gar keine Spuren der Gleichheit concreter grammatischer Bezeichnungen enthielten, so müssten sie doch in sehr specieller Gleichheit grammatischer Ansichten übereinkommen, und nach der obigen Eintheilung zu derselben Classe gehören. Sie würden daher eine Instanz gegen die zwischen Stamm- und Classenzusammenhang gemachte Unterscheidung bilden. Dass sich eine solche irgendwo finde, halte ich weit eher für möglich, als dass, wovon im vorigen Paragraphen die Rede war, Sprachen von ganz verschiedner Grammatik desselben Stammes seyn könnten. Es ist dies daher ein Punkt, welcher der Aufmerksamkeit der Sprachforschung empfohlen bleiben muss. Immer aber legt nur der Laut Zeugniss von wirklich einmal gemeinschaftlich gewesener Rede ab, und beurkundet dadurch geschichtlichen Zusammenhang, und es ist schwer zu begreifen, wie, wenn ein solcher Zusammenhang vorhanden gewesen wäre, nicht auch und sogar ganz vorzüglich die grammatischen Laute davon die Spuren an sich tragen sollten. Gleichheit grammatischer Ansicht, selbst in ganz speciellen Fällen, kann aber bei Nationen, die nie mit einander in Berührung standen, aus allgemeiner Gleichheit der Anlagen und Einwirkungen entspringen. Dies nicht mit einander zu vermischen, wird daher immer sehr schwer seyn. Einen solchen Fall, der, wäre er der einzige seiner Art in der Sprache, gerechte Zweifel erregen würde, bietet die Vergleichung des Finnischen und Ungrischen dar. Beide Spra-

chen dulden in einem Worte nur Vocale gleicher Natur, und ändern die der Anfügungssylben nach diesem allgemeinen Gesetz um. (§. 93.[b.]) Diese Lautgewohnheit nun würde ich durchaus für keinen Beweis geschichtlichen Zusammenhanges zwischen den beiden Sprachen halten. Es ist nicht allein natürlich, sondern das Beispiel vieler Sprachen beweist es auch, dass das Ohr ein gewisses Aehnlichmachen der Vocale in den verschiednen Sylben desselben Wortes liebt. Allein die Uebereinstimmung geht hier weiter. Das Finnische und das Ungrische erkennen mit kleiner Verschiedenheit dieselben Vocale für zusammengehörend und verschieden, und für gleichgültig an, die Ungern *a, o, u* als starke

1.

Vocale, *e, ö, ü* als schwache, *i, e* als gleichgültig in der Mitte liegend; die Finnen dieselben als starke und gleichgültige, und *ä, ö, y* als schwache. Da aber in dieser Vertheilung und Verwandtschaft der Vocale etwas durch die Natur der Sprachwerkzeuge allgemein Gegebenes liegt, so würde ich diese Uebereinstimmung, wenn sie die einzige zwischen den beiden Sprachen wäre, nicht für einen hinreichenden Beweis ihrer Stammverwandtschaft halten. Es tritt hier das oben (§. 112.) über den Unterschied des Lautsystems von concreten Lauten Gesagte ein. Ich lasse daher vorläufig die oben (§. 146.) gemachte Eintheilung ungeachtet der dagegen erhobenen Zweifel bestehen, und bleibe nur aufmerksam, ob sich die zwischen der ersten und zweiten, und zwischen der ersten und dritten gezogenen Gränzen bei Vergleichung der einzelnen Sprachen bewähren.

150. Unter dem Ausdruck, dass Sprachen zu demselben Stamm gehören, verstehe ich, dass ihre Form, dies Wort im oben ausgeführten Sinne genommen, entweder wesentlich dieselbe, oder eine dergestalt veränderte sey, dass sich die Veränderung als ein Uebergang von der einen in die andre nachweisen lässt. Das Wort in seinem erweiterten Sinne genommen, sind Sprachen desselben Stammes nur Eine und eben dieselbe Sprache. Sprachen desselben Gebiets hingegen sind und bleiben verschiedene Sprachen, haben wesentlich verschiedene Form und verschmelzen dieselbe nicht mit einander. Der Begriff der menschlichen Fortpflanzung ist sehr oft auf die Sprachen sehr unrichtig angewendet worden. Selbst auf Nationen findet er nicht vollkommene Anwendung, da viele andre Dinge, als die Abstammung auf die Nationalität einwirken und bei der Vermischung mit Fremden diese sich bald mehr abgesondert unter sich, bald mit den ursprünglich Eingeborenen fortpflanzen. Auf Sprachen aber passen diese Begriffe noch weniger. Wenn Sprachen untergehen und in veränderter Gestalt wieder aufleben, wie es bei dem Griechischen und Lateinischen der Fall war, oder wenn sie, in andre Gegenden verpflanzt, mit andren Elementen gemischt, zu andren werden, wie man sich dies vom Sanskrit und Gothischen denken

kann, so ist dies nur im uneigentlichsten Verstande eine Erzeugung zu nennen. Alles Entstehen der Sprachen aus einander ist nur ein Anderswerden unter anderen Umständen.[131] Die Ausdrücke Mutter- Töchter- Schwester-Sprachen sind daher nur ganz uneigentlich zu nehmen, und werden besser vermieden.

151. Die Uebereinstimmung, welche Sprachen zu Einem Stamme rechnen lässt, kann sehr verschiedene Grade haben, nach welchen dieselben enger zusammengehören, oder einander ferner stehen. Man hat daher für diese verschiedenen Grade Bezeichnungen aufgesucht, den Stamm in Zweige, Familien, einzelne Sprachen und Mundarten getheilt. Dies kann allerdings mannigfaltigen Nutzen gewähren, allein zu wissenschaftlicher Genauigkeit wird man darin schwerlich jemals gelangen. Das Schlimme ist nämlich, dass es an einem irgend sichren Eintheilungsgrunde fehlt, und sich weder das Mass und die Art der Wörtergemeinschaft, noch der Grad der grammatischen Uebereinstimmung angeben lässt, warum zwei Sprachen nicht zu derselben Familie, sondern nur zu demselben Zweig, nicht zu demselben Zweig, sondern nur zu demselben Stamme gezählt werden können.[132] Nur bei Bestimmung der verhältnissmässigen Uebereinstimmung mehrerer gleichartigen Sprachen kann hierin das Gefühl allgemeiner Sprachähnlichkeit mit einiger Richtigkeit entscheiden. Sehr schwer aber würden bei mehreren Stämmen die z. B. als zu gleichen Familien gehörend angegebenen Sprachen einen gleichen Aehnlichkeitsgrad unter sich bewahren. Aus diesen Gründen, die ich gleich in der Folge noch in ein helleres Licht stellen werde, versuche ich diese Unterabtheilungen, von denen sich, meinem Urtheil nach, niemals alle Willkühr entfernen lässt, gar nicht, und halte es für nützlicher und belehrender, in stammverwandten Sprachen nur genau darauf zu achten, welche Verschiedenheiten Folge der Zeit, oder der Eigenthümlichkeit des besondren Volkstamms, oder endlich der Mischung mit Fremden sind. Die mit Sicherheit zu machenden Hauptabtheilungen bleiben immer die im Vorigen angegebenen: Sprachen, die eine in die andre übergehen, und Sprachen, die, gleichsam dem Raum nach verschieden, nach Art der Dialekte von einander abweichen. In dem ersteren Fall ist wieder das Herabsteigen von einem Culminationspunkt und das Aufsteigen zu demselben zu unterscheiden, die Zerstörung eines kunstreichen grammatischen Baues und das Entstehen eines solchen durch das Zusammentreffen bildender Ursachen. Doch ist in den Sprachen nie weder plötzlicher Uebergang, noch Stillstand. Ihre Umwandlungen schlingen sich in ununterbrochner Reihe fort, und bilden, wie das Sprechen selbst, ein Continuum. Die Gränzen, die man in ihrem Laufe zwischen ihnen zieht, sind nur Behelfe der Wissenschaft, daraus entstehend, dass die allmälichen Veränderungen unbemerkt bleiben, sowohl wenn sie Erscheinungen vorbereiten, als wenn

sie den Zustand, der noch bestehend scheint, schon umzugestalten beginnen.

152. Die Sprachen, welche sich nur Wörter durch wechselseitigen
Verkehr mittheilen, und nicht desselben Stammes, sondern nur desselben Gebiets sind, bilden ihrer Natur nach niemals eine Reihe, und geben daher keine Veranlassung, sie durch Unterabtheilungen von einander abzusondern. Die sich in ihnen findende Mischung macht vielmehr
eine Nebenabtheilung von der nach der Stammverwandtschaft aus. Die
Sprachen desselben Stammes, oder die Mundarten derselben Sprache
sind entweder reine oder gemischte. Da die Mischung die Folge geschichtlicher Ereignisse ist, so vermischen sich ohne Unterschied Sprachen desselben Stammes und Sprachen verschiedener.

153. Bei den Sprachen derselben Classen hört der Einfluss des geschichtlichen Zusammenhanges auf. Er ist entweder gar nicht vorhanden, oder nicht erweisbar, oder macht, auch als vorhanden erwiesen,
hier nicht den Eintheilungsgrund aus. Denn wir haben weiter oben
(§. 116.[a.]) gesehen, dass sogar stammverwandte Sprachen zu verschiedenen Classen gehören können. Die Sprachform, welche hier den Ein-
theilungsgrad abgiebt, wird mit Beibehaltung derselben grammatischen
Laute, indem sie dieselben nur nach einer andren Idee verknüpft, zu
einer andren. Diese rein idealische und wissenschaftliche Eintheilung
richtet sich nach den Verschiedenheiten, welche die Sprachforschung
unter allen bekannten Sprachen entdeckt. Es kann daher auch erst bei
der Uebersicht des allgemeinen grammatischen Baues aller Sprachen
und seiner verschiedenen Arten ausführlicher von ihr die Rede seyn.

154. Dass auch Sprachen ganz verschiedener Stämme, die sich niemals weder unmittelbar oder mittelbar berührt hätten, und ausserdem
zu verschiedenen Classen gehörten, dennoch in ihrem Bau gewisse allgemeine Aehnlichkeiten haben müssten, folgt von selbst aus der Einerleiheit der menschlichen Natur und der menschlichen Sprachwerkzeuge. Es zeigt sich auch factisch in der Möglichkeit, sich von jeder
Sprache aus mit jeder verständigen zu können. Die Gesetze des Denkens sind bei allen Nationen streng dieselben, und die grammatischen
Sprachformen können, da sie von diesen Gesetzen abhangen, nur innerhalb eines gewissen Umfangs verschieden seyn. Wirklich lassen sich
in jeder Sprache, auch im Chinesischen alle auffinden, in jeder die Arten sie zu bezeichnen oder stillschweigend anzudeuten oder vorauszusetzen angeben, die ideelle Verschiedenheit liegt nur, da jede dieser
Formen verschiedene Ansichten zulässt, in der unter diesen gewählten.
Auch der Umfang der Tonreihe der Sprache und die Hauptgattungen
der Töne sind dieselben, und also auch da ist die Verschiedenheit innerhalb bestimmter Gränzen eingeschlossen. Ebenso als man behaupten kann, dass jede Sprache, ja jede Mundart verschieden ist, kann

man, von einem andren Standpunkte aus, den Satz aufstellen, dass es im Menschengeschlecht nur Eine Sprache giebt und von jeher gegeben hat. Um zu der einen oder der andren dieser Folgerungen zu gelangen, kommt es nur darauf an, bei der Betrachtung der Eigenthümlichkeiten der einzelnen Sprachen ihre Verschiedenheiten oder ihre Aehnlichkeiten aufzufassen, da sie immer beide zugleich besitzen, vermittelst jener sich bis ins Besonderste hin spalten, vermittelst dieser sich bis zur Einheit verbinden. Da aber diese Einheit nur auf dem formalen Verhältniss der Sprache zu den Bedingungen des Denkens beruht, so führt sie durchaus nicht auf die Annahme einer Ursprache. Die grammatische, von der hier die Rede ist, würde dieselbe seyn, wenn auch alle Sprachen von ursprünglich zugleich, aber getrennt vorhanden gewesenen abstammten, und niemals in Berührung mit einander getreten wären.

155. Eine andre Frage aber ist es, ob die Einheit aller menschlichen Sprachen sich auf besondre grammatische Bezeichnungsmittel, und namentlich auf einzelne grammatische Laute erstreckt. In gewissem Verstande ist auch dies offenbar, auch in Absicht der technischen Bezeichnungen und der Laute der Grammatik können die Sprachen nur innerhalb gewisser Gränzen verschieden seyn. Die Frage erlaubt aber auch eine speciellere Fassung. Die Pronomina, um dies Beispiel anzuführen, sind, insofern man die persönlichen des Singulars, und vorzüglich die der beiden ersten Personen nimmt, ebenso als andre Grundwörter der Sprache anzusehen. Sie greifen aber immer tief in den Charakter der Grammatik ein, da in allen Sprachen gewisse Formen entweder sichtbar von ihnen gebildet sind, oder einen solchen Ursprung vermuthen lassen. Wäre eine grammatische Lautgleichheit unter den Sprachen vorhanden, so dürfte sie sich vorzugsweise in den Pronominallauten finden, da die Pronomina (mit dem Ueberreste der Sprachen in dem Zustande, in dem wir dieselben kennen, verglichen) gewiss zu den ältesten Wörtern gehören, und bei der tiefen und im ganzen Menschengeschlecht gleichen Beziehung, die sie auf das Bewusstseyn der Persönlichkeit haben, wenig Veranlassung zur Verschiedenheit in der zu ihrer Bezeichnung ergriffenen Lautanalogie geben. Auf dem ganzen Erdboden müsste, scheint es, das *Ich* und das *Du* ziemlich gleichförmig lauten. Stammten aber alle Sprachen von Einer ab, so würde in diesen Urbegriffen und Urlauten am wenigsten Abweichung zu erwarten seyn. Es ist daher gewiss nicht unwichtig, durch eine Vergleichung der Pronominallaute zu sehen, ob bei einer grossen Anzahl von Sprachen, oder bei solchen, die dem Stamm und Gebiet nach sehr von einander entfernt sind, die nämlichen vorkommen, oder ob wenigstens alle auf ein gewisses Lautgebiet beschränkt sind. In diesen beiden Fällen würde es zwar unentschieden bleiben, ob der Grund der Uebereinstimmung die allge-

meine Einerleiheit der menschlichen Natur, oder ein besondrer geschichtlicher wäre, aber dies letztere würde mehr Wahrscheinlichkeit
im Ersteren gewinnen.

Anmerkungen

1 Niebuhrs Röm. Gesch. S. 37. Anm.

2 Ich bemerke bei Gelegenheit dieses Namens, dass ich alle Eigennamen, ohne
   Rücksicht auf die Aussprache, so schreibe, wie es der Gebrauch bei uns mit
   sich führt, oder wie die Nation sie schreibt, von der wir sie entlehnt haben.
   Wo es interessant seyn kann, und die Aussprache sehr abweicht, füge ich sie
   in Klammern hinzu. *Mejico* zu schreiben oder *Mechico* nach deutscher Aussprache zu sagen, heisst die unrichtige Spanische Aussprache des Namens
   unter uns zu verpflanzen. *Mexico,* wie man es gewöhnlich ausspricht, ist eine
   Verdeutschung, die man ebenso beibehalten muss, wie Lissabon, Chili (wie
   unser *ch* gesprochen), Venedig und so viele andre, ebenso als man die Tiber,
   und nie ohne Auffallen der Tiber sagt. Alle Sprachen ziehen einen Theil der
   fremden Namen in ihr Gebiet hinüber. Wie weit das gehen soll, lässt sich theoretisch nicht bestimmen. Man nimmt am besten die Thatsache als Gesetz an,
   lässt, was einmal so gestempelt ist, unverändert, stempelt aber nicht selbst.
   Der einheimischen und mithin einzig wahren Aussprache von *Mexico* kommt
   das Italiänische *Messico* am nächsten, nur dass es mehr wie unser *sch* lauten
   müsste. Denn weil die Spanier diesen letzteren Laut in ihrer Sprache nicht
   besitzen, so schreiben sie den zwischen dem scharfen *s* und unsrem *sch*
   schwebenden Laut der Mexicanischen Sprache in ihrer Verlegenheit sonderbarer Weise mit einem *x,* das dann der allgemeinen Aussprache dieses Buchstabens in ihrer Sprache folgte. Dieselbe widersinnige Orthographie musste
   sich der *sch*-Laut auch in andren Amerikanischen Sprachen von den Spanischen Missionarien gefallen lassen. Vgl. §. 53. Anm. 1.

3 Dies ist um so auffallender, als Herodot (I. 57.) die Einerleiheit der westlich-
   sten und östlichsten Pelasgischen Mundart seiner Zeit ausdrücklich bezeugt,
   und also mit der damaligen Sprache nicht unbekannt war.

3 So, um nur ein Beispiel anzuführen, ein ausführliches Abiponisches Wörterbuch Dobrizhoffers, das ich mich vergeblich bemüht habe, bei seinen Verwandten und Ordensbrüdern aufzusuchen. Der nicht gedruckte Theil der Sammlungen Hervas, welcher ganz grammatischen Inhalts und wichtiger für die eigentliche Sprachkunde ist, als sein Werk, ruht im Jesuitercollegium in Rom, wo die
   Benutzung mit grosser Gefälligkeit verstattet wird. Ich hatte schon bei dem
   Leben des verdienten Mannes, während meines Aufenthalts in Rom, eine Abschrift dieser Aufsätze nehmen lassen. Da diese aber nicht gehörig collationirt
   war, so habe ich mir durch die Güte des Preussischen Ministers in Rom, Herrn
   Bunsen eine neue, durchaus zuverlässige verschafft. Meine frühere Abschrift

hat der verewigte, um die allgemeine Sprachkunde so vielfach verdiente Vater bei dem Mithridates, aber nach dem Zweck dieses Werks, das nur ganz kurze Nachrichten enthalten sollte, nur sehr unvollständig benutzt.

4 So habe ich eine handschriftliche Grammatik und ein solches Wörterbuch der Aravakischen Sprache, die erstere von Schumann, das letztere von Quandt, beides Missionarien der Brüdergemeine, an mich gebracht. Diese Hülfsmittel sind nicht nur, ausser zwei sich in Philadephia befindenden (*Catalogue of the library of the American Philosophical Society. p. 224. nr. 1578. 521.*) handschriftlichen Arbeiten gleicher Art von Theodor Schulz, die einzigen ausführlichen über diese Sprache, sondern auch dadurch vorzüglich wichtig, dass sie über den Karibischen Sprachstamm, zu welchem das Aravakische zu gehören scheint, und von dem die Nachrichten sehr unvollständig sind, ein helleres Licht verbreiten.

5 *Saggio di storia Americana. T. 3. p. 352.*

6 Schlözer erhielt auf dieser Reise von dem Ex-Jesuiten Camaño in Faenza eine von demselben verfasste Grammatik der Chiquitischen Sprache, die, vorzüglich durch ihre Buchstabenveränderungen, eine der merkwürdigsten unter den Amerikanischen ist, und von der es an allen andren Nachrichten fehlt. Da ich dies aus dem angeführten Briefe ersah, wandte ich mich an den gelehrten Sohn des grossen Mannes, den damals noch in Moskau lebenden Etatsrath Schlözer. Durch seine zuvorkommende Güte besitze ich nunmehr Camaño's eigenhändige Handschrift. Er erstreckte seine grosse Gefälligkeit noch weiter, und schickte mir in einer zweiten Sendung noch andre Papiere über Amerikanische Sprachen aus dem Nachlasse seines Vaters, die aber unglücklicherweise in dem Hause in Petersburg, von dem sie an mich besorgt werden sollten, bei der grossen Ueberschwemmung untergiengen.

7 Mariner's (herausgegeben durch Dr. Martin), Kendall's (herausgegeben durch Professor Lee) und der Englischen Missionarien über die Tongische, NeuSeeländische und Tahitische Sprache.

8 Der würdige Astarloa, von dem ich in den Nachträgen zum Mithridates (Th. 4. S. 319.) gesprochen habe, und der viel wichtigere und nützlichere Sprachuntersuchungen angestellt hatte, als sich aus seinen gedruckten Werken entnehmen lässt, hatte eine sehr grosse Menge dieser Namen gesammelt und erklärt. Seine Papiere befinden sich in den Händen seines Freundes, des nachmaligen Ministers in Madrid, Erro y Aspiroz, und es ist sehr zu bedauern, dass dieser gleichfalls sehr kenntnissreiche Mann noch nicht dazu gekommen ist, dieselben, wie er seit langer Zeit beabsichtet, geordnet herauszugeben.

9 Ueber das Entstehen der grammatischen Formen und ihren Einfluss auf die Ideenentwicklung. Gelesen 1822, erschienen in den Abhandlungen der Akademie der Wissenschaften in Berlin 1823.

10 In meiner Schrift: *lettre à Monsieur Abel Remusat sur la nature des formes grammaticales en général, et sur le génie de la langue Chinoise en particulier.* Paris. 1827.

11 Dies ist leider sehr schwer, allein nur darum, weil die Wichtigkeit, Erzählun-
    gen und Reden unmittelbar, aus dem Munde der Eingebornen aufzubewah-
    ren, auch von denen nicht gefühlt worden ist, ja noch jetzt nicht gefühlt
    wird, welche die reichlichste Gelegenheit dazu hätten. Gilij spricht von an-
    ziehenden Erzählungen der Maipuren, die ihre alten Ueberlieferungen be-
    trafen, und die er aufschrieb, giebt aber seinen Lesern, als Sprachprobe, ei-
    nen von ihm verfertigten Aufsatz geistlichen Inhalts. Von den Reden Nord-
    Amerikanischer Häuptlinge findet man (z. B. in Morse's *report on Indian
    affairs. p* 71. *App. p.* 5. 21. 53. 121. 141. 242.) höchst interessante Ueber-
    setzungen, nur sehr Weniges aber besitzt man von solchen Reden in der Ori-
    ginalsprache. Ich habe noch vor Kurzem Schritte gethan, um mir mehr
    davon zu verschaffen. In Mexikanischer Sprache giebt es noch ganze Ge-
    schichtsbücher, welche mit unsrem Alphabet bekannte Eingeborne unmit-
    telbar nach der Eroberung der Spanier aufgesetzt hatten. Noch nie aber ist
    es mir gelungen, nur Eine Seite davon zu erhalten.

12 Ich sage indess dies nicht um diesen Formeln ihr wirklich verdientes Lob zu
    entziehen. Kurz, einfach und von Vorfällen des gewöhnlichen Lebens herge-
    nommen, passen sie für den Zweck, den man mit ihnen beabsichtete, wenig-
    stens besser, als halb poetische, halb philosophische Vorträge über religiöse
    Geheimnisse von Männern gehalten, die doch der Sprachen nicht vollkom-
    men mächtig waren. Von Geistlichen, die für sehr gelehrt in der Chiquiti-
    schen Sprache gehalten wurden, sagte ein Eingeborner: ja, ja, die Sprache
    des Hauses Gottes verstehen sie schon ganz gut. Er unterschied also diese
    von Fremden gebildete, in ihrem Umfang beschränktere Sprache von der ei-
    gentlichen und wahren des Volks. Immer aber sind die Bacmeisterschen For-
    meln zu dürftig, um mehr als die einfachste Constructionsart daraus kennen
    zu lernen. Man findet sie in Murr's Journal. Th. 6. S. 202–211. Bacmeister
    gab sie 1773 in Petersburg mit einer Bitte wegen einer Sammlung von
    Sprachproben heraus. Katharina die Grosse ertheilte damals dem Sprach-
    studium einen Anstoss, dessen Absicht man nicht genug preisen kann. Wenn
    er wenig erfolgreich geblieben ist, so lag es nur daran, dass die Kaiserin
    nicht von Männern umgeben war, die richtigere und tiefere Ansichten über
    die Natur solcher Untersuchungen und Sammlungen besassen.

13 Das erstaunenswürdigste Unternehmen dieser Art ist John Eliot's schon
    1666 erschienene, und 1680 neu aufgelegte Uebersetzung der ganzen Bibel
    in die Sprache der Massachusetts Amerikaner.

14 Man lese die ebenso gemässigten, als gründlichen Vorstellungen, welche die
    Preussische Hauptbibelgesellschaft hierüber der Englischen gemacht hat in
    dem im Jahr 1827 erschienenen Jahresbericht. *p.* 13–17. Es ist zu hoffen,
    dass auch andre Bibelgesellschaften dem Beispiele der unsrigen, jenen Be-
    schluss nicht anzunehmen, folgen werden.

15 *Account of the Tonga Islands.* II. *p.* 377–383. 2. Auflage, die ich immer al-
    lein gebrauche. Obgleich in dieser Auflage der grammatische Anhang leider

nicht paginirt ist, so scheint es mir doch nothwendig die Seitenzahl zum Nachschlagen anzuführen.

16 Ich habe von hier an bis zu den Worten: *sondern beiden entgegengesetzt.* eine Stelle aus meiner Abhandlung *über den Dualis* aufgenommen, da sie wesentlich hierher gehört, und jene Abhandlung nicht jedem Leser gleich zur Hand seyn möchte.

17 Bernhardi, den ich bei diesen Materien immer gern zu Rathe ziehe, druckt das Nemliche folgendergestalt aus: *Ich* und *Du* sind entstanden durch Sprache, Gespräch, Gegenwart. Anfangsgründe der Sprachwissenschaft. S. 191. 4.

18 Marsden *grammar of the Malayan language. p.* 42. u. f.

19 In diesem gehört zwar nur *ku* dem Pronominalunterschied an, aber auch das Malaiische wird zu *ku* abgekürzt.

20 Da die Tahitische Sprache kein *k* hat, so werden die Malaiischen *ku* und *kau* in ihr zu *u* und *oe*.

21 Bernhardi a. a. O. S. 199. 2.) 3.) Einen Fall, der dem hier Gesagten zu widersprechen scheint, siehe §. 53.[c.]

22 Marsden a. a. O. *Elémens de la gramm. Japonaise par le P. Rodriguez, traduits par M. C. Landresse. p.* 9–11. 80–82. *Arte de la lengua Japona compuesto por el Herm. Fr. Melchor Oyanguren de Sta Ines. p.* 21–24.

23 Martin, der Herausgeber von Mariners Beschreibung der Tonga-Inseln, schreibt *my* und *atoo.* Ich bediene mich in dieser ganzen Schrift bei allen aussereuropäischen Sprachen immer nur unsrer deutschen Rechtschreibung. Jedes solcher Wörter kann also nach dieser gelesen werden. Von den Buchstaben und Zeichen, die ich werde für uns fehlende Laute gebrauchen müssen, werde ich ein Verzeichniss geben. Wo ich etwa von dieser allgemeinen Regel glaubte, abweichen zu müssen, werde ich es besonders bemerken. Es versteht sich jedoch von selbst, dass ich vor einer solchen Uebertragung in eine eigne Rechtschreibung allemal das ganze Lautsystem der Sprache in seinem Zusammenhange studire, alle in ihr vorkommenden Laute, soviel es die jedesmaligen Hülfsmittel erlauben, feststelle, an der Seite derselben die bisher gebrauchten Orthographieen bemerke, und erst nach diesen Vorarbeiten den Buchstaben wähle, mit dem ich jeden dieser Laute nach sorgfältiger Prüfung bezeichne. Vgl. §. 4. Anm. 1. Das *ei* in *mei* ist ein kurzes, rasch ausgesprochenes. In der Tahitischen und NeuSeeländischen Ortspartikel *mai* habe ich das *ai* der Grammatiker dieser Sprachen beibehalten, da es möglich ist, dass diese Mundarten den Ton breiter und gewichtiger halten.

24 Bei allen in dieser Schrift erklärten Stellen fremder Sprachen, bei welchen es auf die grammatische Fügung ankommt, befolge ich die von Abel-Remusat im TschoungYoung beobachtete Methode. Zuerst steht der Text der fremden Sprache. Dann kommt eine Uebersetzung oder Erklärung jedes Wortes desselben ohne Ausnahme, und in der nämlichen Folge, in welcher

es steht. Ist die Uebersetzung nicht mit Einem Worte zu geben, so sind die mehreren mit Strichen verbunden, ist ein weiterer Zusatz oder eine Erklärung nöthig, so steht alles das Wort Betreffende in einer Parenthese. Die wörtliche Erklärung enthält also immer genau so viel Wörter, Wortverbindungen oder Parenthesen, als Wörter im Text vorhanden sind. Auf sie folgt, wo es nothwendig ist, eine treue, doch auch Deutsch verständliche Uebersetzung in gewöhnlicher Schrift.

25 Ich setze bei auf einander folgenden, aber getrennt ausgesprochenen Vocalen die *puncta diaereseos* bald über den ersten, bald über den zweiten Vocal, je nachdem es die Deutlichkeit des Drucks rathsam macht. Dasselbe beobachte ich bei Setzung des Accents über Diphthongen.

26 Mariner. II. 379.

27 Mariner. II. 382.

28 *l. c.* Wörterbuch.

29 Wenn man bedenkt, dass das NeuSeeländische Pronomen 1. sing. *ahan* (Tong. *an,* Tahitisch *van*) wohl sichtbar mit dem Sanskritischen *ahan* zusammenhängt, und dass *atū* oft in *tu* abgekürzt wird, so könnte es denen, die gern etymologisiren, einfallen *mei* und *atū* mit den Sanskritischen PronominalStammsylben *ma* und *tu* zu verbinden. Ich möchte aber so gewagte Herleitungen keineswegs begünstigen. *Ma* hat wahrscheinlich einen andren, eigentlichen Pronominalursprung. Auch im Japanischen (Landresse. §. 76. *p.* 81.) giebt es ein Pronomen 1. pers. *mi.*

30 Man sehe über diese Wörter Mariner. II. 359. 365. 366. und im Wörterbuch unter ihnen selbst und unter *give* und *towards.*

31 Oyanguren. 23. Landresse. §. 21.

32 *sonata, la, de essa parte.* Oyanguren. 23.

33 *cerca de vos.* Oyanguren. 23. Ganz ähnlich sagt man bisweilen im Italiänischen *con meco.*

34 p. 21. *pronombre comune, p.* 22. *con iguales.*

35 Rodriguez erwähnt *konata* als Pronomen 1. pers. gar nicht. Nach seiner wunderbaren Eintheilung, wo die einzelnen Pronomina theils im etymologischen, theils im syntaktischen Theil aufgeführt werden, hat er *sonata* (übersetzt bei Landresse *Vous*) im ersteren als einziges Pronomen 2. pers. Im letzteren kommen unter mehreren Formen *konata* und *sonata* (verglichen mit *Votre excellence*) als *termes honorifiques* vor. §. 18. und 76. *p.* 81. Nach Oyanguren ist *konata* gemeines Pronomen der ersten Person, dagegen vornehmes der zweiten und in dieser ist ihm *sonata,* als unter Gleichen geltend, entgegengesetzt. *p.* 21. 22. Sie widersprechen sich also über *sonata* geradezu. An einen möglichen Zusammenhang dieser Pronomina mit den Ortsbezeichnungen scheint keiner von beiden gedacht zu haben.

36 Cirbied (*Grammaire de la langue Arménienne.* 207.) übersetzt diese 3. Person *il,* aber Villotte (*Dictionarium LatinoArmenicum. hh. vv.*) *ipse, se.* Sie hat also immer eine Beziehung auf das Selbst. Ich habe bei allem aus dem

Armenischen Angeführten immer genau Villotte mit Cirbied verglichen, und die Abweichungen sorgfältig bemerkt. Der in das *Journal Asiatique* (II. 297–312.) eingerückte Brief des Doctors Zohrab muss jedem, der sich mit dem Armenischen beschäftigen will, gerechtes Mistrauen gegen Cirbied's Grammatik einflössen.

37 Cirbieds Grammatik. 554. 555.

38 Villotte führt zwar dies Adverbum nur bei *illic,* bei *istic* aber *antr* [an]. Ich halte aber das End-*r* für keinen Wurzellaut des Pronomen.

39 Wörterbuch. *p.* 176. *A person fronting another who addresses him.* Lee übersetzt *e māra* gewöhnlich durch *sir,* und giebt es im Paradigma der Declination *p.* 10. als Vocativ von *rānga tīra, einer aus dem vornehmsten Stande der NeuSeeländer,* an. Man könnte es daher auf diesen Stand beschränkt und unsrem *Durchlaucht* ähnlich halten. Es wird aber in den bei ihm vorkommenden Gesprächen (*p.* 100. 101.) ganz allgemein und bei ganz niedrigen Handarbeitern gebraucht.

40 Man vergleiche hiermit, was Niebuhr (Römische Geschichte. I. 55.) über die Unzulässigkeit der Sprachableitung von Einem Menschenpaare sagt.

41 *v.* Chamisso in Kotzebues Entdeckungsreise. Th. 2. S. 46.

42 In Lee's NeuSeeländischem Wörterbuch, und es lässt sich in diesen Dingen immer von einer dieser Sprachen auf die andere schliessen, führt der bei weitem grössere Theil der Wörter die Angabe bei sich, dass sie auch als Personen- oder Ortsnamen dienen.

43 Adrian Balbi's *introduction à l'Atlas ethnographique. p.* 262., wo aber fälschlich *vae* gedruckt ist. *A grammar of the Tahitian dialect.* In der 1821 erschienenen Uebersetzung des Evangeliums Johannes kommt wirklich nur *pape* vor.

44 Dobritzhoffer's *historia de Abiponibus. T.* 2. *p.* 199.

45 Vielleicht stehen mit dieser Sprache die Trauergesänge in Verbindung, welche bei Begräbnissen auf den Tonga Inseln üblich sind. Sie werden in der Volksclasse welche sich diesem Geschäfte widmet, von Vater zu Sohn überliefert, ohne dass sie irgend einer versteht oder ihren Ursprung kennt. Da man deutlich Tongische Wörter darin erkennt, so sind sie vermuthlich in einem veralteten Dialect dieser Sprache gedichtet. Mariner's *account.* Th. 2. *p.* 217.

46 Man sehe mehrere Beispiele dieser Art in Balbi's *Introduction à l'Atlas ethnographique du globe. p.* LXXXII–LXXXVI.

47 Die höchst einfache Conjugation besteht nemlich bloss aus dem vor das Verbum gestellten Pronomen. Bloss das Futurum verändert das Pronomen 1. pers. sing. aus *mi* in *ma,* und setzt in den übrigen Personen zwischen das Pronomen und das Verbum die Sylbe *va.* Die drei andren Tempora: Praesens, Imperfectum und Perfectum werden nur durch den Accent unterschieden. Im Praesens und Perfectum (das seiner Natur nach ein Praesens ist) liegt der Accent auf dem Pronomen, *miba,* ich liebe, habe geliebt, im Imper-

fectum auf dem Verbum, *mibá*, ich liebte. *Grammatikalsk indledelse til tvende – Sprog Fanteisk og Acraisk forfattet af Chr. Protten.* S. 35.

48 Man leitet Race von *radix, radius* (als *linea propagionis*) und *ratio* (Ménage *h. v.*) ab. Es ist aber auffallend, dass die in den Lateinischen Töchtersprachen diesen Wörtern in ihrer eigentlichen Bedeutung entsprechenden Ausdrücke sämmtlich verschieden sind, das Lateinische hingegen die auf Geschlechtslinie angewandten Wörter, *ramus, stirps,* unverändert, nur in metaphorischem Sinne braucht.

49 Klaproth hat den Racenunterschied und das Verhältniss desselben zur Sprache in einem eigenen ausführlichen Aufsatz (*Mémoires relatifs à l'Asie.* II. 1– 54.) abgehandelt. Die Unhaltbarkeit der bisher über die Racen aufgestellten Systeme ist darin auf das überzeugendste dargethan, und die richtige Folgerung gezogen, dass es unbezweifelt weit mehr als fünf verschiedene Menschenracen giebt, dass aber die bisherigen Beobachtungen noch nicht hinreichen, sie und die aus ihrer Mischung entstandenen Völker bestimmt von einander abzusondern. Dagegen muss ich gestehen, dass ich auf die Beweiskraft der Liste gleichlautender Wörter der Mongolischen und Kaukasischen Race kein besondres Gewicht legen würde. – Gegen die auf die Gesichtsbildung gegründete Benennung der Mongolischen Race erklärt sich Klaproth mit Recht in den *tableaux historiques de l'Asie. p.* 153.

50 Sie finden sich in Raymond Breton's 1665 in 8. in Auxerre herausgekommenen *Dictionnaire Caraibe François et François Caraibe.* Er fügt bei einer nicht unbedeutenden Zahl von französischen Wörtern den Weiberausdruck hinzu. Diese habe ich in einem doppelten Wörterbuch gesammelt, so dass man nicht bloss die einheimischen Weiberwörter, sondern auch, was vorzüglich wichtig ist, den Kreis der Gegenstände übersehen kann, auf den sie sich erstrecken.

51 Ich habe schon oben (§. 53.[c.]) der Verwirrung erwähnen müssen, welche in der Schilderung des Japanischen Pronomen nach den bis jetzt vorhandenen Hülfsmitteln herrscht. An der Thatsache, dass die Weiber sich eines eignen Pronomen 1. pers. bedienen, lässt sich nicht zweifeln. Rodriguez (Landresse. §. 76. *p.* 81.) und Oyanguren (*p.* 21.) bezeugen es einstimmig. Allein über die Beschaffenheit und selbst den Gebrauch der verschiedenen bei ihnen vorkommenden Formen sind sie höchst unbefriedigend. Rodriguez hat *warawa* (ob hier *wa* eine Wiederholung der ersten Sylbe des wahren Pronomens, oder, was wahrscheinlicher ist, die bestimmende, auch an Substantiva gehängte Partikel §. 7. ist, wird nicht gesagt; *ra* ist Bescheidenheits- oder Demuthspartikel. §. 104. *p.* 102.), *wagami* (*waga* ist zugleich pronomen 2. pers., dessen sich Bediente, Schüler und Kinder, vermuthlich unter sich, bedienen; *ga* ist der Ausdruck der grössesten Verachtung, dagegen *mi* ehrende Partikel §. 104. *p.* 101., so dass in der Zusammensetzung *wagami* das *ga* wohl auf irgend eine Weise die ebenso lautende Genitivpartikel ist; *wagamino,* aber auch *mino* allein ist

sui §. 22.), *midzukara (midzukarano, sui),* Oyanguren hat die letztere
Form unter den weiblichen nicht; dagegen folgende, bei Rodriguez fehlende: *iibun, iiko, iisin,* sing: *iiga* (dies scheint zu heissen, dass *iisin* der plur.
wir ist, allein sonst ist das Pluralsuffix *śu*), *iimon.* Unmittelbar darauf setzt
er hinzu: und viele von diesen sind dasselbe mit *egomet,* ich selbst, *iisin,*
ich in Person, *iimon* ist sich selbst fragen.

52 Mithridates. Th. 3. a. S. 167.

53 Balbi's *introduction. p.* 40. Mithridates. Th. 2. S. 302. 303.

54 W. Marsden's *grammar of the Malayan language. p.* XV–XVII.

55 Beide Wörter sind auch Malaiisch, und stammen aus dem Sanskrit. *bhāsa,*
Sprache, ist *bhâshâ,* dem *krama* entspricht das Malaiische *krāmat,* ehrwür-
dig, das aus dem Sanskritischen *krama* stammt, welches, von *kram,* gehen,
herkommend, Ordnung, Methode, dann aber heilige Vorschrift und Macht,
Stärke bedeutet.

56 *de pentepotamia Indica. p.* 28. 29.

57 Mithridates. Th. 4. S. 324. 325.

58 Eine höchst wunderbare Höflichkeitsformel ist das schleppende Neugriechische Pronomen, τοῦ λόγου, ich u. s. f.

59 Dass man hier gerade die Endung *oa* wählt, liegt wohl daran, dass man die
mit *tzin* vermehrte Grundform als ein Adjectivum in *o* ansieht. Dem Verbalbegriff gehört bloss *a* an.

60 *ni* ist das Pronomen der 1. subjectiven, *c* das der 3. objectiven, *no* das der 1.
reflexiven Form, *tlasoti* die wegen der gleich folgenden Kennsylbe veränderte Grundform *tlasotla,* lieben, *li* die Kennsylbe der Handlungen zum Nutzen
oder Schaden eines Dritten.

61 *Account. T.* 2. *p.* 94.

62 *Arte novissima de lengua Mexicana que dictò D. Carlos de Tapia Zenteno p.*
15. 16.

63 *ti* ist das pron. pers. 2. pers. sing., *no* das pron. poss. 1. pers. sing. *Bist* ist
ausgelassen, die Form des persönlichen Pronomen macht von selbst den
Ausdruck zum Verbum.

64 *kokoa,* krank seyn, eigentlich ein reflexives Verbum: wenn jemand etwas am
Leibe schmerzt, das *s* gehört dem Perfectum an, welches der Bildung der
Verbal-Adjectiva in *qui* zum Grunde liegt, *ka* entsteht allemal aus der Endung *qui,* wenn das Wort einen andren Zusatz erhält, *tli* ist eine der Sub-
stantivEndungen.

65 Es wäre interessant den Ursprung der Sylbe *tzin* zu kennen. Genau lässt sich
die Etymologie nicht angeben. Darauf führen kann, dass *tzin-ti* anfangen
heisst. Hierin könnte der Begriff der Kleinheit liegen. Wahrscheinlicher aber
bedeutet *tzin* in diesem Verbum selbst das erste, alte (auch in andren Sprachen als Zärtlichkeits- und noch öfter als Verehrungs-Benennung gebraucht), hinter uns liegende. Die Göttin *Centeotl,* die als die ursprüngliche

angesehen wird, führt eigentlich (A. v. Humboldts *Monumens des peuples de l'Amérique. p.* 97.) den Namen *Tzinteotl. Tzin-tlan,* wörtlich Hinter-ort, ist eine der Mexikanischen Praepositionen. Daher begegnet sich höchst sonderbarer Weise die Ehrfurchtssylbe *tzin* mit Wörtern ganz andrer Natur.

66 Man vergleiche die Einleitung zu Bopps trefflicher Beurtheilung von Grimms deutscher Grammatik. Jahrbücher für wissenschaftliche Kritik. 1827. S. 251.

67 Von diesem Aufsteigen zur Grammatik handelt meine Abhandlung: über das Entstehen der grammatischen Formen [o. S. 31 ff.], in welcher ich die Hauptideen noch jetzt für richtig halte, obgleich ich schon, als ich sie niederschrieb, fühlte, wieviel mir nicht bloss zur lichtvollen Auseinandersetzung, sondern auch zur nothwendigen Begränzung der Behauptungen noch durch Nachdenken und Studium zu thun übrigblieb, und obgleich ich sie, ohne den akademischen Beruf, damals nicht herausgegeben haben würde. Wenn es (S. 18.) in dieser Abhandlung heisst: Je mehr sich eine Sprache von ihrem *Ursprung* entfernt, desto mehr gewinnt sie, unter übrigens gleichen Umständen, an Form, so kann nun, um die Ansicht zu vervollständigen, hinzugesetzt werden: Je mehr sich eine Sprache von dem *Culminationspunkt* ihrer Grammatik entfernt, desto mehr verliert sie, unter übrigens gleichen Umständen, an Form. So wird durch diesen zweiten Satz der erste, welcher den Endpunkt des Gewinnens im Dunkel liess, gehörig begränzt.

68 Ueber das Entstehen der grammatischen Formen. Abhandlungen der Akademie der Wissenschaften zu Berlin. Historisch-philologische Classe. 1822. 1823. S. 414.

69 Raynouards *gramm. de la langue des Troubadours. p.* 184. 222.

70 Man vergleiche über das hier von der Ungrischen Sprache Gesagte Rávai's *antiquitates literaturae Hungaricae. p.* 9–17. 91–100. und dessen *Grammatica Hungarica* I. 96–101. Ich freue mich bei dieser Veranlassung diesen Mann nennen zu können, dessen Werke lange nicht so bekannt zu seyn scheinen, als sie durch den sich in ihnen ankündigenden, von richtigen Begriffen über Sprachentstehung und Bildung geleiteten gründlichen Forschungsgeist verdienen.

71 Wenn man die Gesetze der Englischen Betonung studirt, was eine der lehrreichsten linguistischen Beschäftigungen ist, so findet man in den Wörtern Germanischen und Romanischen Ursprungs deutlich geschiedne Gesetze derselben. In den ersteren herrscht aber doch nicht die eigentlich Germanische, immer dem Gewicht des Sinnes folgende Betonung, wie an dem Beispiel der mit *un* zusammengesetzten Wörter zu sehn ist, und die Behandlung der Romanischen in diesem Punkt erscheint, auch mit übrigens grosser Gesetzmässigkeit, doch gewissermassen zufällig. Beide Systeme aber hat der eigenthümliche Geist der Sprache wieder verbunden, und seiner Weise angepasst.

72 Geradezu dasselbe Wort für den Zahl- und den ursprünglichen Sach-Begriff

haben heute nur NeuSeeland und die Sandwich Inseln. NeuSeeländisch sind
udu udu (die Verdopplung ist überhaupt und bei allen Dingen, die Vielheit
mit sich führen, eine ganz gewöhnliche grammatische Form dieser Sprachen) die Haare und *udu* zehn. Das *d* des Worts ist der mit *r* verwandte
Laut. Nicholas (*voyage.* II. 331.) schreibt *huru huru* und Lee verweist bei
udu udu auf *uru uru,* was aber in seinem Wörterbuch fehlt. Im Sandwichi-
schen ist die Sache, der Unvollkommenheit unsrer Materialien wegen, ungewisser. Der junge Insulaner nannte mir die Haare *lau ocho,* in einem handschriftlichen sehr kurzen Wörterverzeichniss, das ich der Güte des Herrn
von Martius verdanke, heissen sie *ocho* (in Spanischer Orthographie, da es
von einem Spanier herrührt: *ojo*), dies halte ich für eine Verstümmelung des
wahren Worts. Das Sandwichische *lau ocho* ist vermuthlich das Tengische
lau ulu, Haar des Hauptes, obgleich sonst der Kopf Sandwichisch nach dem
Insulaner *poo,* nach dem Spanier *po* heisst. *Hundert* ist Sandwichisch nach
dem Insulaner *lau,* nach dem Spanier aber achtzig: *rau,* wieder also derselbe
Laut. Ist dies richtig, so beweist es, dass *lau* für mehrere grosse Zahlen gebraucht wird, was meine obige Ableitung noch mehr bestätigen würde. Tahitisch und NeuSeeländisch ist *rau* hundert, und dasselbe Wort bedeutet in
der letzteren Sprache auch die Krone, den Hauptbusch der Aeste eines
Baums, ferner ein Blatt, so wie auch das Tongische *lau.* Nichts ist natürlicher als den Haaren des Kopfs und dem Blätterschmuck des Baums denselben Namen zu geben. Tahitisch hat man für Haar *rouro.*

73 *chejenk-ñare,* vier, eigentlich Zehen eines gewissen Vogels, *neœnhalek,*
schönes Fell. Dobritzhoffer.

74 Nach der in diesen Dialecten ganz gewöhnlichen Veränderung des *d* in *r.*

75 Der oben erwähnte Spanier schreibt *arua* (das *a* ist blosse Vorschlagsylbe),
so wie er überhaupt immer *r,* nie *l* hat. Das mag nach einem eignen Dialect
der Insel seyn. Der Insulaner in Berlin spricht für *r* immer *l.*

76 Zweifelte man, dass dies *ua* von 2 herkäme, so hebt die Vergleichung der 2.
pers. dual. des Pronomen, die nichts, als die Zahl zwei selbst mit einem sich
sonst aus der Sprache erklärenden Vorschlag ist, NeuSeel. *ko-duā,* Tah.
orua, alle Ungewissheit auf.

77 Dies Wort bedeutet nämlich in der Uebersetzung des Evangelium Johannis
4, 18. 6, 9. 10. offenbar diese Zahl. Aber in demselben Kapitel *v.* 1. und 25.
hat es eine andre Bedeutung, die und deren Zusammenhang mit der Zahl ich
noch nicht habe aufspüren können.

78 Die edelste Naturkraft kann sich nur eine Zeitlang durch sich selbst halten,
sie versiegte, wo sie nicht durch äussre Beimischungen neue Belebung emp-
fienge. Grimm. Deutsche Gramm. II. 76.

79 A. W. v. Schlegel scheint dieselbe Meinung zu haben, ob er sie gleich nicht
ausdrücklich ausspricht. Denn er leitet den Vorzug, den das Italienische in
Absicht des Wohlklangs vor dem Lateinischen und den germanischen Sprachen hat, aus der Vergessenheit der eignen Muttersprachen her, in welche

die beiden sich mischenden Nationen verfielen. *Observations sur la langue et littérature Provençales. p.* 37.

80 Man lese über diese Bemühungen, das Neugriechische der alten Sprache zu nähern, David's *méthode pour étudier la langue Grecque moderne p.* VI. Er entschuldigt sich, diese Neuerungen nicht in seine Sprachlehre aufgenommen zu haben, da gar nicht zu bestimmen sey, wie weit sie gehen könnten, und sie doch noch keinen wirklichen Theil *(partie intégrante)* der Sprache ausmachten. In der Vergleichung des Alt- und Neugriechischen *p.* 29. führt der Verfasser an, dass die Sprachverbesserer zwar die Endung -ουν der 3. pers. plur. praes. des NeuGriechischen im Indicativus unverändert lassen, aber im Conjunctiv, wo dieselbe im Volksdialect gleichlautend ist, in -ωσι flectiren. Dies ist ein merkwürdiges Beispiel versuchter gewaltsamer Eindrängung von grammatischen Flectionen.

81 David a. a. O.

82 Raynouard (*Gramm. comparée des langues de l'Europe Latine p.* XXIV.) erwähnt bloss der Veränderung von *pl* in *ch,* ohne weiter etwas hinzuzufügen. Allein auch *cl* verwandelt sich so, *clavis, llave, chave, clavus, clavo, chavelho.* Auch *fl* erleidet diese Veränderung, *flamma, llama, chama.* Noch sonderbarer ist *chegare* für das Spanische *llegare,* da dies doch wohl eben so von *legare* stammt, als *llevare* von *levare.* Wenn aber nicht *cheiro* mit *olere* zusammenhängt, was ich nicht zu entscheiden wage, so kenne ich in keinem Portugiesischen Worte *ch* für ein einfaches Lateinisches *l.* Vielmehr scheint dieser Laut nur durch die Ausstossung des *l* zu entstehen. Denn auch Wörter mit blossem *c* werden zu *ch,* wie *capellus* der späteren Latinität zu *chapéo,* und gleichergestalt, was ich aber nicht weiter zu erklären wüsste, Wörter mit *p,* wie *populus,* Pappel, zu *choupo.* Daneben ist weder *cl,* noch *pl* dem Portugiesischen fremd. Es scheint aber fast, dass die Beibehaltung und Umwandlung dieser ursprünglichen Lateinischen Laute verschiedenen Zeiten oder Mundarten angehört. Denn sie findet sich bei denselben Wörtern zugleich. So giebt es *plano, llano* und *cháo; plantar* und *chantar; pluma* und *chumazo.* Die Verwandlung gehört der ursprünglichen Volksaussprache an; die Schriftsprache scheint ihr nicht immer treu geblieben zu seyn, und wo sie jetzt Wörter aufnimmt, erhält sie ihnen ihre reinen Laute.

83 Bopps Beurtheilung der deutschen Grammatik von Grimm in den Jahrbüchern für wissenschaftliche Kritik. 1827. S. 259. Man vergleiche Grimms Gramm. I. 851. 852. und bei der ganzen Folge der Germanischen Sprachen.

84 Dieser besteht, man mag ἴδμεν wirklich für die 1. praet. oder praes. nehmen, gerade wie in *widmas* und *widma,* da beiden *tempora* dieser Vocalwechsel gemein ist. Zu den gleichen in der Boppischen Beurtheilung angeführten Fällen im Griechischen gehört auch ἐπέπιθμεν, verglichen mit πέποιθα.

85 Das Litthauische hat, auf eine dem Griechischen ähnliche Weise, eine doppelte Conjugation mit der 1. pers. sing. in *u* und *mi. żinnaú* heisst also *ich weiss,* wie *wéizdmi ich sehe.*

86 Davids Parallelismus. *p.* 39. 40.

87 David sagt, dass die regelmässigere Verbindung δέλω γράψει oder ψράφει im Volk durchaus nicht gebräuchlich ist. Vermuthlich gilt dasselbe von ἤθελα γράψει, wo er es aber nicht bemerkt. Parallelismus. *p.* 45.

88 δὰ aus δέ (λω) νὰ.

89 Gewöhnlich ἔδικος oder apocopirt δικὸς, aber, nach Coray's Beispiel, jetzt in der Schriftsprache ἰδικὸς von ἴδιος.

90 Wenn ich die Reduplication zu dem Bau kunstvollerer Grammatik zähle, so thue ich es nur insofern, als sie in Sprachen, welche einen solchen Bau besitzen, in denselben, nicht ihrem rohen Begriff der Wiederholung des Begriffs, sondern feinerer grammatischer Andeutung nach (z. B. als Zeichen der Vergangenheit), verwebt worden ist. Denn sonst ist die Sylben- und sogar Wortwiederholung gerade den Sprachen sehr einfachen, gewöhnlich roh genannten Baus vorzugsweise eigenthümlich. In der grössesten Mannigfaltigkeit findet sie sich in den Sprachen der Südsee-Inseln, die man, meiner bisherigen Spracherfahrung nach, als ihren Hauptsitz ansehen kann. Die kunstvolleren Sprachen aber verschmähen auch durchaus nicht die Mittel, deren sich jene bedienen, und es zeigt sich auch darin die Nichtigkeit aller scharfen Eintheilung der Sprachen in Gattungen und Classen. Das Sanskrit und Griechische bleiben auch in der Reduplication ihrem charakteristischen Unterschiede getreu. Die erstere dieser Sprachen dehnt den Gebrauch derselben weit über den feineren in der Conjugation aus, und scheint phonetisches Gefallen daran zu finden.

91 Grimms Gramm. I. 898.

92 *Observations sur la langue et la littérature Provençales. p.* 14–18.

93 *La ligne de division entre les deux genres n'est pas tranchée.*

94 *Lettre à Monsieur Abel-Rémusat. p.* 48. 49.

95 Man muss hierüber die reichhaltigen *tableaux historiques de l'Asie* nachlesen. Vorzüglich gehört der *Peuples de race blonde* überschriebene Abschnitt *p.* 161. und die 12. Tafel des Atlas hierher.

96 Den Hakas werden grüne Augen zugeschrieben. Aber schwarze galten für ein Zeichen Chinesischer Abstammung, und schwarze Haare waren von übler Vorbedeutung. *l. c.* 168.

97 Klaproth's *tableaux.* Text. 182. Atlas. Taf. 6. *Mémoires relatifs à l'Asie.* II. 281.

98 Klaproth's *tableaux. p.* 167. 287.

99 Man sehe hierüber Bopp in den Jahrbüchern für wissenschaftliche Kritik 1827. S. 260. 279. besonders Anm. **) 285. und in seiner Grammatik S. 165. 166. In allen seinen Arbeiten über den Indo-Germanischen Sprachbau hat der gelehrte Verfasser diesen Rückblick auf ältere untergegangene Sprachformen zu benutzen versucht. In Einzelnem ist es möglich verschiedener Meynung zu seyn, aber das Daseyn unverkennbarer Spuren solcher Formen, die man im Griechischen auch schon früher vermuthet hat, wird niemand leicht abläugnen können.

100   Bopp in den *Annals of Oriental literature. p.* 35.

101   Man sehe meine besondre Abhandlung über diese Formen.

102   Deutsche Grammatik. II. 5.

103   Eine vortreffliche Darstellung dieses Ganges der Schrift- und Volksspra-
      chen sehe man in Grimms Vorrede S. XII. zur zweiten Ausgabe seiner
      Grammatik. Sie hat um so mehr Werth, als sie von einem Manne herrührt,
      der seine Behauptungen immer nur auf vollständige und genaue Kenntniss
      des Geschichtlichen gründet.

104   Niebuhr (Römische Geschichte. I. 82.) bemerkt, was einen sehr interes-
      santen Unterschied ausmachen würde, dass Haus, Feld, Pflug, Wein, Oel,
      Milch, Rind, Schwein, Schaaf, Apfel und andre Lateinische Wörter, wel-
      che Ackerbau und sanfteres Leben betreffen, mit dem Griechischen über-
      einstimmen, während alle Gegenstände, die zum Krieg oder der Jagd gehö
      ren, mit durchaus ungriechischen Wörtern bezeichnet werden.

105   Zur Verbesserung eines früheren Irrthums und zum Beweise, dass man bei
      Unkenntniss des Sanskrits nur mit der grössesten Vorsicht im Griechi-
      schen und Lateinischen etymologisiren darf, führe ich hier *vertere* an, das
      sichtbar von einer durch Guna veränderten Form der Wurzel *writ*, in 1.
      pers. praes. *wartê*, stammt und dem ich in meiner Prüfung der Untersu-
      chungen über die Urbewohner Hispaniens S. 79 einen ganz falschen Ur-
      sprung anwies.

106   Deutsche Gramm. 2. Aufl. Vorr. S. XI.

107   *Memoir on the present state of the English language in the United States
      of America by John Pickering* in den *Memoirs of the American Academy of
      Arts and Sciences.* Cambridge. 1809. *Vol.* 3. *Part* 2. *p.* 439. – *A vocabulary
      or collection of words and phrases, which have been supposed to be pecu-
      liar to the United States of America, by John Pickering.* Boston 1816. Von
      dieser letzteren Schrift kenne ich bloss den Titel aus dem *Catalogue of the
      library of the American philosophical society.* Philadephia, 1824. (*p.* 227.)
      und weiss daher nicht, inwiefern sie ein neues Werk, oder nur eine Umar-
      beitung der obigen Abhandlung ist.

108   Mehrere Beispiele der einen und der andren Art dieser Mischsprachen
      werden in Balbi's *introduction à l'atlas ethnographique p.* 37–39. ange-
      führt, wo aber das Einzelne sorgfältige Prüfung fordert.

109   Römische Gesch. I. 62. 63.

110   *Elémens de la gramm. de la langue Romane avant l'an 1000. p.* 76. 77.

111   A. W. v. Schlegel (*Observations sur la langue et la littérature Provençales.
      p.* 35.) hat diese Behauptung bereits widerlegt. Ich habe indess doch noch
      bei ihr länger verweilt, weil es mir der Mühe werth schien, in Einiges dabei
      einzugehen, was er nicht berührt hat.

112   Raynouards *gramm. de la langue des Troubadours. p.* 208. 209.

113   Raynouards *gramm. de la langue des Troubadours. p.* 210.

114   *l. c. p.* 210.

115 Raynouard a. a. O. *p.* 183. *nt.* I. redet von Verben in *er* und *ir*, die ihr Praeteritum in *gui* machen. Ich finde aber keine Beispiele solcher Verba angeführt.

116 *l. c. p.* 176.

117 Raynouards *gramm. de la langue des Troubadours. p.* 223.

118 Raynouard's *gramm. comparée des langues de l'Europe Latine. p.* XXXI.

119 Die Französische Sprache bewahrt diese Lauteigenthümlichkeit, ob ihr
dieselbe gleich nicht fremd ist, nicht mit derselben Regelmässigkeit. Sie
bildet auch *viens, viens, vient, venons, venez, viennent,* lässt aber die Diphthongisirung auch bei den schwachen Endungen *viendrois* u. s. w. zu.
Was ich aber hier eine Ausnahme dieser zuerst von Bopp (Jahrbücher für
wissenschaftliche Kritik. 1827. S. 251. u. f.) entdeckten Lautgewohnheit
nenne, kann auch als eine Einwendung gegen diese Behauptung angesehen
werden. Hierüber mich näher auszusprechen, wird in der Folge ein schick-
licherer Ort seyn. Hier berühre ich diesen Punkt nur als eine wahrscheinli-
che Erklärungsart.

120 *Elémens de la grammaire de la langue Romane avant l'an 1000. p.* 44–49.

121 *Observat. s. la langue et la littérat. Provençales. p.* 18.

122 *l. c. p.* 33. 34.

123 Man sehe Ewalds kritische Grammatik der Hebräischen Sprache §. 111.
u. f. und §. 278., wo die Behandlung der Modus und Tempusbildung mir
ein sehr nachahmungswürdiges Beispiel abzugeben scheint, wie die Grammatik nicht nach den herkömmlichen Begriffen, sondern nach dem eigenthümlichen Geist jeder Sprache betrachtet und bearbeitet werden muss.

124 *Observat. sur la langue et la littérat. Provençales. p.* 34. 35.

125 *Observations sur la langue et littérat. Provençales, p.* 21. 22.

126 Davids συνοπτικὸς παραλληλισμὸς τῆς Ἑλληνικῆς καὶ Γραικικῆς γλώσ-
σης. p. 30. 31.

127 Ausführliche Griechische Sprachenlehre. I. 354. Anm. 8.

128 Vergleiche David (*l. c. p.* 29), der dies anzunehmen scheint.

129 Klaproth. *Asia polyglotta. p.* IX. X. Ich gestehe aber, dass mich die wenigen dort angeführten Gründe durchaus nicht überzeugt haben. Man würde, heisst es an der angeführten Stelle, schwerlich darauf gekommen seyn,
zu erkennen, dass das Deutsche und Persische zu demselben Stamme gehören, wenn man bloss die Grammatik beider Sprachen verglichen hätte.
Mir scheint dagegen, dass es nur an Ungeübtheit in solchen Untersuchungen hätte liegen können, wenn dieser Zusammenhang, den die Grammatik
so deutlich ausspricht, und schon das einzige Verbum *seyn* beweist, verborgen geblieben wäre. Indess möchte ich auch nicht gern von einem unmittelbaren Zusammenhange des Persischen mit dem Deutschen reden, da
man unter dem letzteren gewöhnlich unsre heutige Sprache versteht. Die
Stammverwandtschaft mit dem Persischen liegt im Sanskrit, und zunächst
muss man daher das Persische auch mit den ältesten Germanischen Spra-

chen vergleichen. Es bleibt indess allerdings wahr, dass die Vergleichung der Wörter *leichter,* als die des grammatischen Baues ist. Dagegen lässt sie es auch oft sehr zweifelhaft, ob die Verwandtschaft zweier Sprachen eine des Stamms, oder nach meiner Terminologie des Gebiets ist, d. h. ob sie in ihrem innersten Wesen so übereinstimmen, dass sie, das Wort im weitern Sinne genommen, eigentlich Eine Sprache ausmachen, oder ob bloss die eine Wörter der andren in sich aufgenommen hat. So wäre es doch gewiss ein Fehlschluss gewesen, wenn man das Persische wegen vieler darin aufgenommener Arabischer Wörter hätte für eine Semitische Sprache erklären wollen. Ich bin indess weit entfernt, darum das Verfahren zu tadeln, die Verwandtschaft der Sprachen vorzugsweise nach Wörtervergleichungen zu bestimmen, und werde gleich zeigen, wie diese indirect auch wahre Stammverwandtschaft beurkunden können. Auch kommt hier in Betracht, dass Klaproth den Ausdruck *Stammverwandtschaft* bloss der *allgemeinen Sprachverwandtschaft,* von der ich weiter unten reden werde, entgegensetzt, zwischen dem Familien- und Gebietszusammenhange aber wenigstens an dieser Stelle gar nicht unterscheidet. In diesem Sinne ist es allerdings richtig, dass auch ein abweichender grammatischer Bau nicht zum Beweise gegen die Schlüsse dient, die man aus der Uebereinstimmung der Wurzeln zweier Sprachen ziehen kann.

130   Ein Beispiel solcher Verschiedenheit kann man in Rasks Brief an Nyerup (Rask über das Alter und die Aechtheit der Zend-Sprache. S. 61–80.) und Klaproths *Asia polyglotta* und *tableaux historiques de l'Asie* sehen. Rask schrieb aber jenen Brief längst vor dem Erscheinen dieser Werke, und vor seiner eignen Asiatischen Reise.

131   Schon Klaproth (*Asia polyglotta. p.* [43.].) hat das Unpassende der Anwendung dieser Begriffe auf die Sprachen gerügt.

132   Rask, der in seinem Briefe an Nyerup (in der durch v. Hagen veranstalteten Uebersetzung seiner Schrift Ueber das Alter und die Aechtheit der Zend-Sprache. S. [63].) es Adelung zum Vorwurf macht, die Anlegung eines solchen Fachwerks vernachlässigt zu haben, geht, wenigstens an dieser Stelle, über die Ausmittelung eines sichren Eintheilungsgrundes stillschweigend hinweg. Ich kann daher nicht gleichen Werth mit ihm auf diese Abtheilungen legen.

8

UEBER DIE VERSCHIEDENHEIT DES MENSCHLICHEN
SPRACHBAUES UND IHREN EINFLUSS AUF DIE GEISTIGE
ENTWICKLUNG DES MENSCHENGESCHLECHTS

*Wohnplätze und Culturverhältnisse der
Malayischen Völkerstämme*

1. Die Völkerschaften des Malayischen Stammes[1] befinden sich, wenn
man ihre Wohnsitze, ihre Verfassung, ihre Geschichte, vor allem aber
ihre Sprache betrachtet, in einem sonderbareren Zusammenhange mit
Stämmen verschiedenartiger Cultur, als leicht irgend ein anderes Volk
des Erdbodens. Sie bewohnen bloss Inseln und Inselgruppen, aber in
einer Ausdehnung und Entfernung von einander, welche ein unverwerf-
liches Zeugniss ihrer frühen Schiffahrtskunde abgiebt. Ihre continenta-
le Niederlassung auf der Halbinsel Malacca verdient hier kaum besonders erwähnt zu werden, da sie eine spätere ist und sich aus Sumatra
herschreibt, und noch weniger kommt hier die noch jüngere an den
Küsten des Chinesischen Meeres und des Meerbusens von Siam, in
Champa,[2] in Betrachtung. Ausserdem aber können wir nirgends, auch
nicht in dem frühesten Alterthume, mit irgend einiger Sicherheit Malay-
en auf dem Festlande nachweisen. Wenn man nun von diesen Stämmen
diejenigen zusammennimmt, welche in engerem Verstande Malayische
zu heissen verdienen, da sie, nach untrüglicher grammatischer Untersuchung, eng mit einander verwandte und durch einander erklärbare
Sprachen reden, so finden wir dieselben, um nur diejenigen Punkte zu
nennen, wo die Sprachforschung hinreichend vorbereiteten Stoff antrifft, auf den Philippinen und zwar dort in dem zur formenreichsten
Entfaltung gediehenen und eigenthümlichsten Zustande der Sprache,
auf Java, Sumatra, Malacca und Madagascar. Eine grosse Anzahl von
unbestreitbaren Wortverwandtschaften und schon die Namen einer bedeutenden Anzahl von Inseln beweisen aber, dass auch die jenen Punkten nahe gelegenen Eilande gleiche Bevölkerung haben, und dass der
engere Malayische Sprachkreis sich wohl über den ganzen Theil des
Süd-Asiatischen Oceans ausdehnt, welcher von den Philippinen süd-
wärts an den Westküsten von Neu-Guinea herunter und dann westwärts um die Inselkette herum, die sich an die Ostspitze von Java anschliesst, in den Gewässern von Java und Sumatra bis zur Strasse von

Malacca geht. Es ist nur zu bedauern, dass sich die Sprachen der grossen Inseln Borneo und Celebes, von welchen jedoch wahrscheinlich das
eben Gesagte gleichfalls gilt, noch nicht gehörig grammatisch beurtheilen lassen.

Oestlich von dem hier gezogenen engeren Malayischen Kreise, von
Neu-Seeland bis zur Oster-Insel, von da nordwärts bis zu den Sandwich-Inseln und wieder westlich bis zu den Philippinen heran, wohnt
eine Inselbevölkerung, welche die unverkennbarsten Spuren alter
Stammverwandtschaft mit den Malayischen Stämmen an sich trägt. Die
Sprachen, von welchen wir die Neu-Seeländische, Tahitische, Sandwichische und Tongische auch grammatisch genau kennen, beweisen
dieselbe durch eine grosse Zahl von gleichen Wörtern und wesentliche
Uebereinstimmungen im organischen Baue. Gleiche Aehnlichkeit findet
sich in Sitten und Gebräuchen, besonders insofern sich die Malayischen
rein und unverändert durch Indische Gewohnheiten erkennen lassen.
Inwiefern die in diesem Theil des Oceans nordwestlich wohnenden
Stämme sich mehr oder ganz zu den übrigen dieser Abtheilung oder zu
den Malayischen im engeren Verstande hinneigen oder ein verbindendes Mittelglied zwischen beiden bilden, lässt sich, nach den jetzt vorhandenen Hülfsmitteln, noch nicht beurtheilen, da auch die über die
Sprache der Marianen-Inseln angestellten Untersuchungen noch nicht
öffentlich bekannt gemacht sind. Alle diese Völkerstämme nun besitzen
solche gesellschaftlichen Einrichtungen, dass man sie mit Unrecht von
dem Kreise civilisirter Nationen gänzlich ausschliessen würde. Sie haben eine fest gegründete, und gar nicht durchaus einfache, politische
Verfassung, religiöse Satzungen und Gebräuche, zum Theil sogar eine
Art geistlichen Regiments, zeigen Geschicklichkeit in mannigfaltigen
Arbeiten, und sind kühne und gewandte Seefahrer. Man findet bei ihnen, an mehreren Orten, jetzt ihnen selbst unverständliche Bruchstücke
einer heiligen Sprache, und der Gebrauch, veraltete Ausdrücke bei gewissen Gelegenheiten feierlich ins Leben zurückzurufen, zeugt nicht
bloss von Reichthum, Alter und Tiefe der Sprache, sondern auch von
der Aufmerksamkeit auf die im Laufe der Zeit wechselnde Bezeichnung
der Gegenstände. Dabei aber duldeten sie, und dulden zum Theil noch
unter sich barbarische und mit menschlicher Gesittung nicht zu vereini-
gende Gebräuche, scheinen nie zum Besitze der Schrift gelangt zu seyn,
und entbehren daher alle von dieser abhängige Bildung, ob es ihnen
gleich nicht an sinnreichen Sagen, eindringender Beredsamkeit und
Dichtung in bestimmt geschiedenen Tonweisen fehlt. Ihre Sprachen
sind auf keine Weise aus Verderbung und Umwandlung der Malayischen des engeren Kreises entstanden, man kann viel eher glauben, in
ihnen einen formloseren und ursprünglicheren Zustand dieser wahrzunehmen.

Zugleich mit den hier genannten Völkerstämmen in den beiden eben bezeichneten Abtheilungen des grossen südlichen Archipels trifft man auf einigen Inseln desselben Menschen an, welche, dem Anscheine nach, zu einer ganz anderen Race gerechnet werden müssen. Sowohl die Malayen im engeren Verstande, als die mehr östlichen Bewohner der Südsee gehören, ohne allen Zweifel, zu derselben Menschenrace, und bilden, wenn man genauer in die Unterscheidung der Farben eingeht, die mehr oder weniger lichtbraune in der allgemeinen weissen. Die Stämme, von denen jetzt die Rede ist, nähern sich dagegen durch Schwärze der Haut, zum Theil wollige Krausheit der Haare und ganz eigenthümliche Gesichtszüge und Körpergestalt den Afrikanischen Negern, obgleich sie, den glaubwürdigsten Zeugnissen nach, doch wieder wesentlich und gänzlich von diesen verschieden sind, und durchaus nicht zu Einer Race mit ihnen gerechnet werden können.[3] Sie werden bei den Schriftstellern über diese Gegenden, zum Unterschiede von den Afrikanischen Negern, bald Negritos, bald Austral-Neger genannt, und sind wenig zahlreich. Auf zugleich von Malayischen Stämmen bewohnten Inseln, wie auf den Philippinen, halten sie sich gewöhnlich in der Mitte der Eilande, auf schwer zugänglichen Gebirgen auf, wohin sie von der zahlreicheren und hauptsächlichen weissen Bevölkerung nach und nach zurückgedrängt scheinen. In dieser Lage muss man sie aber sorgfältig von den Haraforas[4] oder Alfuris, Turajas[5] in Celebes, unterscheiden, die sich in Borneo, Celebes, den Molukken, Mindanao und einigen andren Inseln finden. Diese scheinen gleichfalls von ihren Mitbewohnern zurückgedrängt, gehören aber zu den lichtbraunen Stämmen, und Marsden schreibt ihre Vertreibung von den Küsten sogar erst Mahomedanischer Verfolgung zu. In Verwilderung kommen sie der schwarzen Race nahe, und sind immer eine auf verschiedener Culturstufe stehende Bevölkerung. Andere, zum Theil grosse Inseln, wie Neu-Guinea, Neu-Britannien und Irland, und einige der Hebriden, haben diese negerartigen Stämme allein inne, und die Bewohner des grossen Continents von Neu-Holland und Van Diemens Land, welche man bisher Gelegenheit gehabt hat kennen zu lernen, gehören zu der gleichen Menschenrace. Obgleich aber diese in ihren hier beschriebenen dreifachen Wohnplätzen allgemeine Kennzeichen der Aehnlichkeit und Verwandtschaft an sich trägt, so ist noch bei weitem nicht hinlänglich ergründet, inwiefern doch auch in ihr wesentliche Stammunterschiede statt finden mögen? Namentlich sind ihre Sprachen noch durchaus nicht auf eine Weise untersucht, welche eine gründliche Sprachforschung befriedigen könnte. Zur Beurtheilung des organischen und grammatischen Baues giebt es bloss von einem Stamm von Neu-Süd-Wales durch den Missionar Threlkeld gesammelte Materialien. Ueberall zeichnet sich diese Race durch grössere Wildheit und Uncultur gegen die von hellerer Farbe aus, und

die Verschiedenheiten hierin beruhen wohl allein auf näherem oder ent-
fernterem Umgange mit Stämmen der letzteren. Die Bewohner von
Neu-Holland und Van Diemens Land scheinen auf der niedrigsten Stufe der Cultur zu stehen, auf welcher man noch überhaupt die Menschheit auf dem Erdboden angetroffen hat. Eine sonderbare Erscheinung
ist es, auch auf der Halbinsel Malacca die helle und dunkle Race wieder
neben einander anzutreffen. Denn die Semang, welche einen Theil der
Gebirge derselben bewohnen, sind, nach ganz unverwerflichen Zeugnissen, ein wollhaariger Negrito-Stamm. Da sich derselbe auf diesem
einzigen Punkte des Asiatischen Festlandes findet,[6] so ist er unstreitig
auch, nur in früherer Zeit, dahin übergewandert. Auch von der helleren
Race hat es, wie die offenbar Malayischen *orang benūa, Menschen des
Landes*, zu beweisen scheinen,[7] wohl mehr als Eine Einwanderung gegeben. Beide Ereignisse beweisen daher nur, dass dieselben Länderver-
hältnisse in verschiedenen Zeiten gleiche geschichtliche Begebenheiten
hervorbringen, und haben insofern nichts Auffallendes in sich. In Rücksicht auf den Culturzustand der verschiedenen Menschenstämme dieses Inselmeeres aber wird die Erklärung durch Ueberwanderung in diesem mislich. Für unternehmende Nationen besitzt zwar das Meer eher
eine leicht verbindende, als abschneidend trennende Macht, und die
Allgegenwart der thätigen, segelkundigen Malayen lässt sich auf diese
Weise durch Fahrten von Insel zu Insel, bald willkührlich mit Hülfe,
bald fortgerissen durch die Gewalt der regelmässigen Winde, erklären.
Denn diese Regsamkeit, Gewandtheit und Schiffahrtskunde sind nicht
bloss Charakterzüge der eigentlichen Malayen, sondern mehr oder weniger der ganzen lichtbraunen Bevölkerung. Ich brauche hier nur an die
Bugis auf Celebes und an die Südsee-Insulaner zu erinnern. Wenn aber
dieselbe Erklärung von den Negritos und ihrer Verbreitung von Neu-
Holland bis zu den Philippinen und von Neu-Guinea bis zu den Anda-
mans-Inseln gelten soll, so müssen diese Stämme mehr, als sich annehmen lässt, von einem civilisirteren Zustande heruntergekommen und
verwildert seyn. Ihr heutiger begünstigt weit mehr die, auch an sich
nicht unwahrscheinliche Hypothese, dass durch Naturrevolutionen,
von welchen noch uralte Sagen auf Java herum gehen, ein bevölkerter
Continent in die jetzige Inselmenge zerschlagen wurde. Wie Trümmer,
konnten dann die Menschen, insoweit die menschliche Natur solche
Umwälzungen zu überdauern vermag, auf den zerstückelten Inselschol-
len zurückgeblieben seyn. Diese beiden Erklärungsarten können vielleicht nur verbunden, wenn auch die Zersplitterung durch Naturkräfte
durch Jahrtausende von der Verbindung durch menschliche Ueberwan-
drungen sollte getrennt gewesen seyn, von der Verbreitung dieser beiden, uns jetzt so verschieden erscheinenden Racen einigermassen Rechenschaft geben.

Tanna, eine der Hebriden, deren Name aber Malayischen Ursprungs ist,[8] Neu-Caledonien, Timor, Ende und einige andre Inseln haben eine Bevölkerung, welche die Forschung zweifelhaft lässt, ob man in ihr mit Crawfurd[9] eine dritte Race, oder mit Marsden[10] eine Vermischung der beiden andren erkennen soll. Denn ihre Bewohner stehen in körperlicher Bildung, Krausheit der Haare und Farbe der Haut in der Mitte zwischen der lichtbraunen und schwarzen Race. Wenn sich jedoch die analoge Behauptung auch von ihren Sprachen bestätigt, so spricht schon dieser Umstand entschieden für die Vermischung. Es bleibt überhaupt noch eine wichtige, aber nach den bis jetzt vorhandenen Nachrichten kaum befriedigend zu entscheidende Frage, inwieweit ältere und tiefere Vermischungen der weissen und schwarzen Race in diesen Gegenden statt gefunden haben mögen, und inwiefern daraus allmähliche Uebergänge in Sprache und selbst in Farbe und Haarwuchs, dessen Krausheit übrigens an einigen Orten auch Putzliebe künstlich zu Hülfe kommt, entstanden seyn können.[11] Um die negerartige Race richtig und in ihrer reinen Gestalt zu beurtheilen, wird man immer von den Bewohnern des grossen südlichen Festlandes ausgehen müssen, da zwischen diesen und den braunen Stämmen keine unmittelbare Berührung denkbar, und nach ihrem heutigen Zustande selbst die Art einer mittelbaren schwer zu ersinnen ist. Desto auffallender bleibt es aber, dass auch die Sprache dieser Stämme in einigen Wörtern, da wir überhaupt nur eine geringe Anzahl derselben besitzen, sichtbare Aehnlichkeit mit Wörtern der SüdseeInseln zeigt.

In diesen geographischen und mehr oder weniger nachbarlichen Verhältnissen haben nun einige Malayische Völkerschaften Indische Cultur in so reicher Fülle in sich aufgenommen, dass man vielleicht nirgends ein zweites Beispiel einer Nation findet, die, ohne ihre Selbstständigkeit aufzugeben, in diesem Grade von der Geistesbildung einer andren durchdrungen worden wäre. Die Erscheinung im Ganzen ist an sich sehr begreiflich. Ein grosser Theil des Archipels, und gerade ein durch Klima und Fruchtbarkeit vorzugsweise anlockender, lag in geringer Entfernung von dem grossen Festlande Indiens; es konnte daher an Gelegenheiten und Punkten der Berührung nicht fehlen. Wo aber eine solche eintrat, musste die Uebermacht einer so uralten und in allen Zweigen menschlicher Thätigkeit ausgebildeten Civilisation, als es die Indische war, Nationen von reger und lebendiger Empfänglichkeit nach sich reissen. Es war dies indess mehr eine moralische, als eine politische Umwandlung. Wir erkennen sie an ihren Folgen, an den Indischen Elementen, die sich in einem gewissen Kreise der Malayischen Stämme der Wahrnehmung unabweisbar aufdrängen; wie aber diese Vermischung entstanden ist? darüber gehen unter den Malayen selbst, wie wir sehen werden, nur ungewisse und dunkle Sagen. Hätten mächtige Völkerzüge und grosse Eroberungen diesen Zustand bewirkt, so würden sich deutlichere Spuren dieser politischen Ereignisse erhalten haben. Geistige und sittliche Kräfte wirken, wie die Natur selbst, unbemerkt, und wachsen plötzlich aus einem Samen empor, der sich der Beobachtung entzieht. Auch die ganze Art, wie der Hinduismus in den Malayischen Stämmen Wurzel schlug, beweist, dass er, als geistige Kraft, wieder geistig anregte, die Phantasie in Bewegung setzte und durch den Eindruck mächtig wurde, den er auf die Bewunderung bildungsfähiger Völker hervorbrachte. In Indien selbst, in dem, was wir von Indischer Geschichte und Literatur wissen, finden wir, soviel mir bekannt ist, keine Erwähnung des südöstlichen Archipels. Wenn auch vielleicht Lankâ südlicher angenommen wurde, als sich Ceylon erstreckt, so war dies wohl nur dunkle und ungewisse Kunde oder bloss dichterische Annahme. Vom Archipel selbst gieng daher, was auch sehr begreiflich ist, nichts aus, was auf das Festland hätte irgend bedeutend einwirken können. Die mächtige Wirkung übte Indien, und wahrscheinlich sogar durch Ansiedelungen, deren Absicht es nicht war, das Stammland fernerhin als ihre Heimath zu betrachten oder Verbindungen damit zu unterhalten. Die Ursachen hierzu konnten mannigfaltig seyn. Inwiefern die Buddhistischen Verfolgungen darunter wirksam seyn mochten, werde ich in der Folge erörtern.

Um aber die Vermischung Indischer und Malayischer Elemente und den Einfluss Indiens auf den ganzen südöstlichen Archipel gehörig zu würdigen, muss man die verschiedenen Arten seiner Wirksamkeit unterscheiden und dabei schon darum von derjenigen ausgehen, welche, wie früh sie auch begonnen haben mag, bis in die späteste Zeit hin fortgesetzt worden ist, weil sie auch natürlich die deutlichsten und unverkennbarsten Spuren hinterlassen hat. Hier übt nicht nur, wie bei aller Völkervermischung, die geredete fremde Sprache, sondern zugleich die ganze, in und mit ihr aufgeblühte geistige Bildung Einfluss aus. Ein solcher nun ist unläugbar in dem Uebergange Indischer Sprache, Literatur, Mythe und religiöser Philosophie nach Java sichtbar. Hiervon handelt, nur in näherer Beziehung auf die Sprache, die ganze Folge dieser Schrift, und ich kann mich daher hier mit der blossen Erwähnung begnügen. Diese Art des Einflusses traf nur den eigentlich Indischen Archipel, den Malayischen Kreis im engeren Verstande, vielleicht aber auch diesen nicht ganz, und gewiss nicht in gleichem Masse. Der Brennpunkt desselben war so sehr Java, dass man nicht mit Unrecht zweifelhaft bleiben kann, ob nicht der auf den Ueberrest des Archipels grossentheils nur ein mittelbarer, von dieser Insel ausgehender war. Ausser ihr finden wir nur noch deutliche und vollständige Beweise literarischer Indischer Cultur bei den eigentlichen Malayen und bei den Bugis auf Celebes. Eine wahre Literatur kann, und zwar aus inneren Gründen der

Sprachbildung selbst, nur mit einer zugleich gegebenen und in Gebrauch kommenden Schrift entstehen. Es macht daher ein wichtiges Moment in den Culturverhältnissen des südöstlichen Archipels aus, dass gerade der als Malayisch im engeren Verstande bezeichnete Inselkreis, zwar nicht durchgängig, aber ausschliesslich gegen die anderen Theile, alphabetische Schrift besitzt. Es ist aber hierbei doch ein nicht zu übersehender Unterschied. Die alphabetische Schrift in diesem Theile der Erde ist Indische. Dies liegt in den natürlichen Culturverhältnissen dieser Gegenden, und ist bei den meisten dieser Alphabete, wenn man etwa das der Bugis ausnimmt, auch in der Aehnlichkeit der Züge sichtbar, der inneren Einrichtung der Lautbezeichnung nicht zu erwähnen, die allerdings, da sie auch später nur dem fremden Alphabet angepasst seyn könnte, keinen entscheidenden Beweisgrund abgiebt. Dennoch waltet die völlige Aehnlichkeit, bloss mit Anpassung an das einfachere Lautsystem der einheimischen Sprache, nur in Java und etwa in Sumatra ob. Die Tagalische und Bugis-Schrift weichen so bedeutend ab, dass man sie für eine Stufe in der alphabetischen Schrifterfindung ansehen kann. Auf Madagascar hat die Arabische Schrift sich, so wie die Indische auf dem Mittelpunkt des Archipels, Geltung verschafft. In welcher Zeit aber dies geschehen seyn mag? ist unbekannt. Auch findet sich keine Spur einer durch sie verdrängten einheimischen. Der Gebrauch der Arabischen Schrift bei den eigentlichen Malayen entscheidet, als offenbar spätere Einführung, nichts in den Culturverhältnissen, von welchen hier die Rede ist. Von dem Mangel aller Schrift auf den Inseln der Südsee und bei den negerartigen Stämmen habe ich schon weiter oben gesprochen. Die Spuren des Hinduismus, den wir hier im Gesicht haben, sind von der Art, dass man sie überall deutlich erkennen und sogleich als fremde Elemente unterscheiden kann. Es ist hier keine wahre Verwebung, noch weniger eine Verschmelzung, sondern nur eine mosaikartige Verbindung von Fremdem und Einheimischem. Man kann, was Sitten und Gebräuche betrifft, in dem Indischen Alterthume, die ausländischen Wörter, die nicht einmal ganz von ihrer grammatischen Formung entkleidet sind, in dem auf uns gekommen Sanskrit deutlich wiedererkennen; man kann sogar die Gesetze auffinden, welche diese Verpflanzung fremder Sprachelemente auf den einheimischen Boden geregelt haben. Es ist dies die Grundlage der vornehmen und der Dichtersprache auf Java, und hängt ganz genau mit dem Uebergange der Literatur und Religion zusammen. Bei weitem nicht Alles dieser Art hat sich auch in der Volkssprache Geltung verschafft, und ebenso wenig lässt sich behaupten, dass, wo diese Indische Wörter besitzt, sie dieselben allein auf diesem Wege erhalten habe. Es entstehen daher, wenn man die Gattungen des verschiednen Indischen Einflusses weiter verfolgt, zwei tiefer liegende, durch factische Umstände hervorgerufene, aber mit Bestimmtheit schwer zu beantwortende Fragen: ob nemlich die ganze Civilisation des Archipels überhaupt Indischen Ursprunges ist? und ob auch aus einer Zeit her, die aller Literatur und der letzten und feinsten Sprachentwicklung vorausgeht, Verbindungen zwischen dem Sanskrit und den Malayischen Sprachen im weitesten Sinne bestanden haben, die sich noch in gemeinschaftlichen Sprachelementen nachweisen lassen?

Die erste dieser beiden Fragen wäre ich zu verneinen geneigt. Es scheint mir ausgemacht, dass es eigentliche und ursprüngliche Civilisation der braunen Race des Archipels gegeben habe. Sie findet sich noch in dem östlichsten Theile, und ist nicht einmal in Java unverkennbar untergegangen. Es liesse sich zwar allerdings sagen, dass die Bevölkerung des Archipels allmählich von der Mitte, auf welche Indien zunächst wirkte, ausgegangen sey, und sich von da gegen Osten verbreitet habe, so dass der bestimmt Indische Charakter sich an den Endpunkten mehr vermischt habe. Eine solche Annahme wird doch aber um so weniger durch bestimmte Aehnlichkeiten unterstützt, als gerade in demjenigen, was sich gar nicht vorzugsweise als Indisch ankündigt, auffallende Uebereinstimmungen der Sitten von Völkerschaften des mittleren und östlicheren Archipels namhaft gemacht worden sind. Man sieht auch durchaus nicht ein, warum man einem Völkerstamme, wie der Malayische ist, eine aus ihm selbst hervorgebildete gesellschaftliche Civilisation absprechen sollte, der Gang der Bevölkerung und allmählichen Gesittung möge übrigens diese oder jene Richtung genommen haben? Selbst die Fähigkeit der zu ihm gehörenden Völkerschaften, den ihnen zugebrachten Hinduismus in sich aufzunehmen, ist ein Beweis dafür, und noch mehr die Art, wie sie dennoch das Einheimische damit verwebten und dem Indischen fast nie seine ganze fremde Gestalt liessen. Beides hätte nothwendig anders seyn müssen, wenn die Indischen Ansiedlungen diese Stämme als rohe, uncultivirte Wilde angetroffen hätten. Wenn ich hier von Indiern rede, so meine ich natürlich nur den Sanskrit redenden Stamm, nicht Bewohner des Indischen Festlandes überhaupt. Inwiefern solche von jenem Stamme angetroffen und vielleicht von ihm verjagt wurden, ist eine andere Frage, in die ich hier nicht eingehe, wo es mir nur darauf ankommt, zu zeigen, von welchen verschiedenen Culturverhältnissen die Malayischen Stämme umgeben waren.

Die zweite, allein die Sprache angehende Frage muss, wie ich glaube, allerdings bejaht werden. In dieser Hinsicht dehnen sich die Gränzen des Indischen Einflusses weiter aus. Ohne noch des Tagalischen zu erwähnen, welches eine ziemliche Anzahl von Sanskritwörtern für ganz verschiedene Gattungen von Gegenständen in sich fasst, finden sich auch in der Sprache von Madagascar und in der der SüdseeInseln, bis in das Pronomen hinein, zugleich dem Sanskrit angehörende Laute und

Wörter; und auch die Stufen der Lautveränderung, die als comparatives Kennzeichen des Alters der Verwehung angesehen werden können, sind selbst in solchen Sprachen des engeren Malayischen Kreises verschieden, in welchen, wie im Javanischen, auch ein noch viel später ausgeübter Einfluss Indischer Sprache und Literatur sichtbar ist. Wie nun dies zu erklären, und welches gegenseitige Verhältniss den in dieser Hinsicht sich nähernden beiden grossen Sprachstämmen anzuweisen ist? bleibt natürlich höchst zweifelhaft. Ich werde aber am Ende dieser Schrift ausführlicher darauf zurückkommen, da mir hier genügt, auf einen Einfluss des Sanskrits auf die Sprachen des Malayischen Stammes aufmerksam gemacht zu haben, der sich von dem der in sie verpflanzten Geistesbildung und Literatur wesentlich unterscheidet, und einer viel früheren Epoche und andren Völkerverhältnissen anzugehören scheint. Ich werde alsdann auch die Sprachen der negerartigen Racen berühren, muss aber hier im voraus bemerken, dass, wenn sich in einigen derselben, z. B. in der Papua-Sprache in Neu-Guinea, Aehnlichkeiten mit Sanskrit-Wörtern finden sollten, dies noch keinesweges nur einmal unmittelbare Verbindungen zwischen Indien und jenen Eilanden beweist, da solche gemeinschaftliche Wörter auch mittelbar durch Malayische Schiffahrt dahin gebracht seyn können, so wie dies mit Arabischen sichtlich der Fall gewesen ist.

Zwischen so contrastirende Verwandtschaften und Einflüsse gleichsam eingedrängt, finden wir nun die Malayischen Völkerschaften, wenn wir die hier versuchte Schilderung des Culturzustandes des grossen Archipels übersehen. Auf denselben Inseln und Inselgruppen, welche zum Theil noch jetzt in ihrem Schoosse eine Bevölkerung tragen, die auf der niedrigsten Stufe der Menschheit steht, oder wo eine solche doch im früheren Alterthume bestanden hat, ist zugleich eine uralte und zu der glücklichsten Blüthe gediehene Bildung von Indien herüber einheimisch geworden. Die Malayischen Stämme haben sich dieselbe zum Theil in ihrer ganzen Fülle angeeignet. Dabei sind sie sichtbar Stammverwandte der, gegen diese Bildung, als Wilde zu betrachtenden Bewohner der Südsee-Inseln, und es ist noch zweifelhaft, ob wenigstens ihre Sprache der negerartigen Race ganz fremd ist. Sie haben sich in einer ihnen eigenthümlichen Gestalt und in einer, in ihrer Vollendung, nur ihnen angehörenden Sprachform, die sich in bestimmten Umrissen darstellen lässt, von jenen rohen Stämmen abgesondert erhalten. Diejenige Bevölkerung des grossen Archipels, die sich, nach den bis jetzt bekannten Angaben, auf dem Asiatischen Continente nicht nachweisen lässt, befindet sich, wenn wir den fremden Einfluss abrechnen, mehr oder weniger, entweder in einem ganz rohen und wilden Zustande, oder auf der Civilisationsstufe beginnender Gesellschaft. Dies ist vorzüglich dann genau wahr, wenn wir bloss die negerartige Race und die Südsee-Be-

wohner im Auge behalten, und die im engeren Verstande Malayisch zu
nennenden Stämme davon absondern, obgleich kein ganz hinreichender Grund vorhanden ist, diesen, vor allem Indischen Einfluss, einen
sehr viel höheren Culturgrad zuzuschreiben. Wir treffen ja noch heute
bei den Batta's auf Sumatra, in deren Mythen und Religion sogar Indischer Einfluss unverkennbar ist, die barbarische Sitte an, bei gewissen
Gelegenheiten Menschenfleisch zu essen. Der grosse Archipel dehnt
sich aber unter der ganzen Länge Asiens hin, und überflügelt sie, westlich und östlich von Afrika und Amerika eingeschlossen, zu beiden Seiten. Seine Mitte befindet sich in einer, für die Schiffahrt immer nur mässigen Entfernung selbst von den äussersten Endpunkten Asiatischen
Festlands. Es haben daher auch die drei grossen Brennpunkte der frühesten Geistesbildung des Menschengeschlechts: China, Indien und die
Sitze des Semitischen Sprachstamms in verschiedenen Zeiten auf ihn
eingewirkt. In verhältnissmässig späterer hat er von allen Einfluss erfahren. Auf seine frühere Gestaltung aber hat nur Indien wahrhaft tief
eingewirkt, Arabien, wenn man, was doch, der Zeitbestimmung nach,
auch zweifelhaft bleibt, Madagascar ausnimmt, gar nicht, und ebenso
wenig bedeutend, seiner frühen Ansiedlungen ungeachtet, China.
Selbst eine Verwandtschaft Chinesischer Sprache mit den Mundarten
der Südsee, auf welche ein gewisser Gebrauch partikelartiger Wörter
führen könnte, ist bis jetzt nicht gezeigt worden.

Eine solche Lage und ein solches Verhältniss der Völker und Sprachen gegen einander bietet ethnographischen und linguistischen Untersuchungen die wichtigsten, aber auch schwierigsten Probleme dar. In
die Erörterung dieser einzugehen, ist hier meine Absicht nicht. Es kann
dies nur, insofern sich etwas irgend Genügendes darüber ausmachen
lässt, der Gegenstand von Schlussbemerkungen nach gehöriger Darlegung der Thatsachen seyn. Um aber diese von dem Punkte zu beginnen,
wo die geschichtlichen Data am klarsten und gewissesten vorliegen,
werde ich die Untersuchung in den beiden ersten Büchern dieser Schrift
bei der Epoche aufnehmen, wo der Indische Einfluss am tiefsten und
eingreifendsten in die Malayische Bildung eingewirkt hat. Dieser Culminationspunkt ist offenbar die Blüthe der Kawi-Sprache, als der innigsten Verzweigung Indischer und einheimischer Bildung auf der Insel,
welche die frühesten und zahlreichsten Indischen Ansiedelungen besass. Ich werde dabei immer vorzugsweise auf das einheimische Element in dieser Sprachverbindung hinsehn, dies aber aus erweitertem
Gesichtspunkte in seiner ganzen Stammverknüpfung betrachten, und
seine Entwicklung bis zu dem Punkte verfolgen, wo ich seinen Charakter in der Tagalischen Sprache in seiner grössten und reinsten Entfaltung zu finden glaube. Im dritten Buche werde ich mich, soweit es die
vorhandenen Hülfsmittel erlauben, über den ganzen Archipel verbrei-

ten, auf die so eben angedeuteten Probleme zurückkommen, und so versuchen, ob dieser Weg, verbunden mit dem bis dahin Erörterten, zu einer richtigeren Beurtheilung des Völker- und Sprachverhältnisses der ganzen Inselmenge zu führen vermag?

Gegenstand dieser Einleitung

2. Die gegenwärtige Einleitung glaube ich allgemeineren Betrachtungen widmen zu müssen, deren Entwicklung den Uebergang zu den Thatsachen und historischen Untersuchungen angemessener vorbereiten wird. Die Vertheilung des Menschengeschlechts in Völker und Völkerstämme und die Verschiedenheit seiner Sprachen und Mundarten hängen zwar unmittelbar mit einander zusammen, stehen aber auch in Verbindung und unter Abhängigkeit einer dritten, höheren Erscheinung, der Erzeugung menschlicher Geisteskraft in immer neuer und oft gesteigerter Gestaltung. Sie finden darin ihre Würdigung, aber auch, soweit die Forschung in sie einzudringen und ihren Zusammenhang zu fassen vermag, ihre Erklärung. Diese in dem Laufe der Jahrtausende und in dem Umfange des Erdkreises, dem Grade und der Art nach, verschiedenartige Offenbarwerdung der menschlichen Geisteskraft ist das höchste Ziel aller geistigen Bewegung, die letzte Idee, welche die Weltgeschichte klar aus sich hervorgehen zu lassen streben muss. Denn diese Erhöhung oder Erweiterung des inneren Daseyns ist das Einzige, was der Einzelne, insofern er daran Theil nimmt, als ein unzerstörbares Eigenthum ansehen kann, und in einer Nation dasjenige, woraus sich unfehlbar wieder grosse Individualitäten entwickeln. Das vergleichende Sprachstudium, die genaue Ergründung der Mannigfaltigkeit, in welcher zahllose Völker dieselbe in sie, als Menschen, gelegte Aufgabe der Sprachbildung lösen, verliert alles höhere Interesse, wenn sie sich nicht an den Punkt anschliesst, in welchem die Sprache mit der Gestaltung der nationellen Geisteskraft zusammenhängt. Aber auch die Einsicht in das eigentliche Wesen einer Nation und in den inneren Zusammenhang einer einzelnen Sprache, so wie in das Verhältniss derselben zu den Sprachforderungen überhaupt, hängt ganz und gar von der Betrachtung der gesammten Geisteseigenthümlichkeit ab. Denn nur durch diese, wie die Natur sie gegeben und die Lage darauf eingewirkt hat, schliesst sich der Charakter der Nation zusammen, auf dem allein, was sie an Thaten, Einrichtungen und Gedanken hervorbringt, beruht und in dem ihre sich wieder auf die Individuen fortvererbende Kraft und Würde liegt. Die Sprache auf der andren Seite ist das Organ des inneren Seyns, dies Seyn selbst, wie es nach und nach zur inneren Erkenntniss und zur Aeusserung gelangt. Sie schlägt daher alle feinste Fibern ihrer Wurzeln in die

nationelle Geisteskraft; und je angemessener diese auf sie zurückwirkt, desto gesetzmässiger und reicher ist ihre Entwicklung. Da sie in ihrer zusammenhängenden Verwebung nur eine Wirkung des nationellen Sprachsinns ist, so lassen sich gerade die Fragen, welche die Bildung der Sprachen in ihrem innersten Leben betreffen, und woraus zugleich ihre wichtigsten Verschiedenheiten entspringen, gar nicht gründlich beantworten, wenn man nicht bis zu diesem Standpunkte hinaufsteigt. Man kann allerdings dort nicht Stoff für das, seiner Natur nach, nur historisch zu behandelnde vergleichende Sprachstudium suchen, man kann aber nur da die Einsicht in den ursprünglichen Zusammenhang der Thatsachen und die Durchschauung der Sprache, als eines innerlich zusammenhängenden Organismus, gewinnen, was alsdann wieder die richtige Würdigung des Einzelnen befördert.

Die Betrachtung des Zusammenhanges der Sprachverschiedenheit und Völkervertheilung mit der Erzeugung der menschlichen Geisteskraft, als einer sich nach und nach in wechselnden Graden und neuen Gestaltungen entwickelnden, insofern sich diese beiden Erscheinungen gegenseitig aufzuhellen vermögen, ist dasjenige, was mich in dieser Schrift beschäftigen wird.

Allgemeine Betrachtung des menschlichen Entwicklungsganges

3. Die genauere Betrachtung des heutigen Zustandes der politischen, künstlerischen und wissenschaftlichen Bildung führt auf eine lange, durch viele Jahrhunderte hinlaufende Kette einander gegenseitig bedingender Ursachen und Wirkungen. Man wird aber bei Verfolgung derselben bald gewahr, dass darin zwei verschiedenartige Elemente obwalten, mit welchen die Untersuchung nicht auf gleiche Weise glücklich ist. Denn indem man einen Theil der fortschreitenden Ursachen und Wirkungen genügend aus einander zu erklären vermag, so stösst man, wie dies jeder Versuch einer Culturgeschichte des Menschengeschlechts beweist, von Zeit zu Zeit gleichsam auf Knoten, welche der weiteren Lösung widerstehen. Es liegt dies eben in jener geistigen Kraft, die sich in ihrem Wesen nicht ganz durchdringen und in ihrem Wirken nicht vorher berechnen lässt. Sie tritt mit dem vor ihr und um sie Gebildeten zusammen, behandelt und formt es aber nach der in sie gelegten Eigenthümlichkeit. Von jedem grossen Individuum einer Zeit aus könnte man die weltgeschichtliche Entwicklung beginnen, auf welcher Grundlage es aufgetreten ist und wie die Arbeit der vorausgegangenen Jahrhunderte diese nach und nach aufgebaut hat. Allein die Art, wie dasselbe seine so bedingte und unterstützte Thätigkeit zu demjenigen gemacht hat, was sein eigenthümliches Gepräge bildet, lässt sich wohl nachweisen, und

auch weniger darstellen als empfinden, jedoch nicht wieder aus einem Anderen ableiten. Es ist dies die natürliche und überall wiederkehrende Erscheinung des menschlichen Wirkens. Ursprünglich ist alles in ihm innerlich, die Empfindung, die Begierde, der Gedanke, der Entschluss, die Sprache und die That. Aber wie das Innerliche die Welt berührt, wirkt es für sich fort, und bestimmt durch die ihm eigne Gestalt anderes, inneres oder äusseres Wirken. Es bilden sich in der vorrückenden Zeit Sicherungsmittel des zuerst flüchtig Gewirkten, und es geht immer weniger von der Arbeit der verflossenen Jahrhunderte für die folgenden verloren. Dies ist nun das Gebiet, worin die Forschung Stufe nach Stufe verfolgen kann. Es ist aber immer zugleich von der Wirkung neuer und nicht zu berechnender innerlicher Kräfte durchkreuzt, und ohne eine richtige Absonderung und Erwägung dieses doppelten Elementes, von welchem der Stoff des einen so mächtig werden kann, dass er die Kraft des andren zu erdrücken Gefahr droht, ist keine wahre Würdigung des Edelsten möglich, was die Geschichte aller Zeiten aufzuweisen hat.

Je tiefer man in die Vorzeit hinabsteigt, desto mehr schmilzt natürlich die Masse des von den auf einander folgenden Geschlechtern fortgetragenen Stoffes. Man begegnet aber auch dann einer andren, die Untersuchung gewissermassen auf ein neues Feld versetzenden Erscheinung. Die sicheren, durch ihre äusseren Lebenslagen bekannten Individuen stehen seltner und ungewisser vor uns da; ihre Schicksale, ihre Namen selbst, schwanken, ja es wird ungewiss, ob, was man ihnen zuschreibt, allein ihr Werk, oder ihr Name nur der Vereinigungspunkt der Werke Mehrerer ist? sie verlieren sich gleichsam in eine Classe von Schattengestalten. Dies ist der Fall in Griechenland mit Orpheus und Homer, in Indien mit Manu, Wyâsa, Wâlmiki, und mit andren gefeierten Namen des Alterthums. Die bestimmte Individualität schwindet aber noch mehr, wenn man noch weiter zurückschreitet. Eine so abgerundete Sprache, wie die Homerische, muss schon lange in den Wogen des Gesanges hin und her gegangen seyn, schon Zeitalter hindurch, von denen uns keine Kunde geblieben ist. Noch deutlicher zeigt sich dies an der ursprünglichen Form der Sprachen selbst. Die Sprache ist tief in die geistige Entwicklung der Menschheit verschlungen, sie begleitet dieselbe auf jeder Stufe ihres localen Vor- oder Rückschreitens, und der jedesmalige Culturzustand wird auch in ihr erkennbar. Es giebt aber eine Epoche, in der wir nur sie erblicken, wo sie nicht die geistige Entwicklung bloss begleitet, sondern ganz ihre Stelle einnimmt. Die Sprache entspringt zwar aus einer Tiefe der Menschheit, welche überall verbietet, sie als ein eigentliches Werk und als eine Schöpfung der Völker zu betrachten. Sie besitzt eine sich uns sichtbar offenbarende, wenn auch in ihrem Wesen unerklärliche, Selbstthätigkeit, und ist, von dieser Seite betrachtet, kein Erzeugniss der Thätigkeit, sondern eine unwillkührliche Emanation des Geistes, nicht ein Werk der Nationen, sondern eine ihnen durch ihr inneres Geschick zugefallene Gabe. Sie bedienen sich ihrer, ohne zu wissen, wie sie dieselbe gebildet haben. Demungeachtet müssen sich die Sprachen doch immer mit und an den aufblühenden Völkerstämmen entwickelt, aus ihrer Geisteseigenthümlichkeit, die ihnen manche Beschränkungen aufgedrückt hat, herausgesponnen haben. Es ist kein leeres Wortspiel, wenn man die Sprache als in Selbstthätigkeit nur aus sich entspringend und göttlich frei, die Sprachen aber als gebunden und von den Nationen, welchen sie angehören, abhängig darstellt. Denn sie sind dann in bestimmte Schranken eingetreten.[12] Indem Rede und Gesang zuerst frei strömten, bildete sich die Sprache nach dem Mass der Begeisterung und der Freiheit und Stärke der zusammenwirkenden Geisteskräfte. Dies konnte aber nur von allen Individuen zugleich ausgehn, jeder Einzelne musste darin von dem Andren getragen werden, da die Begeisterung nur durch die Sicherheit, verstanden und empfunden zu seyn, neuen Aufflug gewinnt. Es eröffnet sich daher hier, wenn auch nur dunkel und schwach, ein Blick in eine Zeit, wo für uns die Individuen sich in der Masse der Völker verlieren und wo die Sprache selbst das Werk der intellectuellen schaffenden Kraft ist.

4. In jeder Ueberschauung der Weltgeschichte liegt ein, auch hier angedeutetes Fortschreiten. Es ist jedoch keineswegs meine Absicht, ein System der Zwecke oder bis ins Unendliche gehenden Vervollkommnung aufzustellen; ich befinde mich vielmehr im Gegentheil hier auf einem ganz verschiednen Wege. Völker und Individuen wuchern gleichsam, sich vegetativ, wie Pflanzen, über den Erdboden verbreitend, und geniessen ihr Daseyn in Glück und Thätigkeit. Dies, mit jedem Einzelnen hinsterbende Leben geht ohne Rücksicht auf Wirkungen für die folgenden Jahrhunderte ungestört fort; die Bestimmung der Natur, dass alles, was athmet, seine Bahn bis zum letzten Hauche vollende, der Zweck wohlthätig ordnender Güte, dass jedes Geschöpf zum Genusse seines Lebens gelange, werden erreicht, und jede neue Generation durchläuft denselben Kreis freudigen oder leidvollen Daseyns, gelingender oder gehemmter Thätigkeit. Wo aber der Mensch auftritt, wirkt er menschlich, verbindet sich gesellig, macht Einrichtungen, giebt sich Gesetze; und wo dies auf unvollkommnere Weise geschehen ist, verpflanzen das an andren Orten besser Gelungene hinzukommende Individuen oder Völkerhaufen dahin. So ist mit dem Entstehen des Menschen auch der Keim der Gesittung gelegt und wächst mit seinem sich fortentwickelnden Daseyn. Diese Vermenschlichung können wir in steigenden Fortschritten wahrnehmen, ja es liegt theils in ihrer Natur selbst, theils in dem Umfange, zu welchem sie schon gediehen ist, dass ihre weitereVervollkommnung kaum wesentlich gestört werden kann.

In den beiden hier ausgeführten Punkten liegt eine nicht zu verkennende Planmässigkeit; sie wird auch in andern, wo sie uns nicht auf diese Weise entgegentritt, vorhanden seyn. Sie darf aber nicht vorausgesetzt werden, wenn nicht ihr Aufsuchen die Ergründung der Thatsachen irre führen soll. Dasjenige, wovon wir hier eigentlich reden, lässt sich am wenigsten ihr unterwerfen. Die Erscheinung der geistigen Kraft des Menschen in ihrer verschiedenartigen Gestaltung bindet sich nicht an Fortschritte der Zeit und an Sammlung des Gegebenen. Ihr Ursprung ist ebenso wenig zu erklären, als ihre Wirkung zu berechnen, und das Höchste in dieser Gattung ist nicht gerade das Späteste in der Erscheinung. Will man daher hier den Bildungen der schaffenden Natur nachspähen, so muss man ihr nicht Ideen unterschieben, sondern sie nehmen, wie sie sich zeigt. In allen ihren Schöpfungen bringt sie eine gewisse Zahl von Formen hervor, in welchen sich das ausspricht, was von jeder Gattung zur Wirklichkeit gediehen ist und zur Vollendung ihrer Idee genügt. Man kann nicht fragen, warum es nicht mehr oder andre Formen giebt? es sind nun einmal nicht andre vorhanden, – würde die einzige naturgemässe Antwort seyn. Man kann aber nach dieser Ansicht, was in der geistigen und körperlichen Natur lebt, als die Wirkung einer zum Grunde liegenden, sich nach uns unbekannten Bedingungen entwickelnden Kraft ansehen. Wenn man nicht auf alle Entdeckung eines Zusammenhanges der Erscheinungen im Menschengeschlecht Verzicht leisten will, muss man doch auf irgend eine selbstständige und ursprüngliche, nicht selbst wieder bedingt und vorübergehend erscheinende Ursach zurückkommen. Dadurch aber wird man am natürlichsten auf ein inneres, sich in seiner Fülle frei entwickelndes Lebensprincip geführt, dessen einzelne Entfaltungen darum nicht in sich unverknüpft sind, weil ihre äusseren Erscheinungen isolirt dastehen. Diese Ansicht ist gänzlich von der der Zwecke verschieden, da sie nicht nach einem gesteckten Ziele hin, sondern von einer, als unergründlich anerkannten Ursach ausgeht. Sie nun ist es, welche mir allein auf die verschiedenartige Gestaltung der menschlichen Geisteskraft anwendbar scheint, da, wenn es erlaubt ist so abzutheilen, durch die Kräfte der Natur und das gleichsam mechanische Fortbilden der menschlichen Thätigkeit die gewöhnlichen Forderungen der Menschheit befriedigend erfüllt werden, aber das durch keine eigentlich genügende Herleitung erklärbare Auftauchen grösserer Individualität in Einzelnen und in Völkermassen dann wieder plötzlich und unvorhergesehen in jenen sichtbarer durch Ursach und Wirkung bedingten Weg eingreift.

Dieselbe Ansicht ist nun natürlich gleich anwendbar auf die Hauptwirksamkeiten der menschlichen Geisteskraft, namentlich, wobei wir hier stehen bleiben wollen, auf die Sprache. Ihre Verschiedenheit lässt sich als das Streben betrachten, mit welchem die in den Menschen allgemein gelegte Kraft der Rede, begünstigt oder gehemmt durch die den Völkern beiwohnende Geisteskraft, mehr oder weniger glücklich hervorbricht.

Denn wenn man die Sprachen genetisch, als eine auf einen bestimmten Zweck gerichtete Geistesarbeit betrachtet, so fällt es von selbst in die Augen, dass dieser Zweck in minderem oder höherem Grade erreicht werden kann, ja es zeigen sich sogar die verschiedenen Hauptpunkte, in welchen diese Ungleichheit der Erreichung des Zweckes bestehen wird. Das bessere Gelingen kann nemlich in der Stärke und Fülle der auf die Sprache wirkenden Geisteskraft überhaupt, dann aber auch in der besonderen Angemessenheit derselben zur Sprachbildung liegen, also z. B. in der besonderen Klarheit und Anschaulichkeit der Vorstellungen, in der Tiefe der Eindringung in das Wesen eines Begriffs, um aus demselben gleich das am meisten bezeichnende Merkmal loszureissen, in der Geschäftigkeit und der schaffenden Stärke der Phantasie, in dem richtig empfundenen Gefallen an Harmonie und Rhythmus der Töne, wohin also auch Leichtigkeit und Gewandtheit der Lautorgane und Schärfe und Feinheit des Ohres gehören. Ferner aber ist auch die Beschaffenheit des überkommenen Stoffs und der geschichtlichen Mitte zu beachten, in welcher sich, zwischen einer auf sie einwirkenden Vorzeit und den in ihr selbst ruhenden Keimen fernerer Entwicklung, eine Nation in der Epoche einer bedeutenden Sprachumgestaltung befindet. Es giebt auch Dinge in den Sprachen, die sich in der That nur nach dem auf sie gerichteten Streben, nicht gleich gut nach den Erfolgen dieses Strebens beurtheilen lassen. Denn nicht immer gelingt es den Sprachen, ein, auch noch so klar in ihnen angedeutetes Streben vollständig durchzuführen. Hierhin gehört z. B. die ganze Frage über Flexion und Agglutination, über welche sehr viel Misverständniss geherrscht hat und noch fortwährend herrscht. Dass nun Nationen von glücklicheren Gaben und unter günstigeren Umständen vorzüglichere Sprachen, als andere, besitzen, liegt in der Natur der Sache selbst. Wir werden aber auch auf die eben angeregte tiefer liegende Ursach geführt. Die Hervorbringung der Sprache ist ein inneres Bedürfniss der Menschheit, nicht bloss ein äusserliches zur Unterhaltung gemeinschaftlichen Verkehrs, sondern ein in ihrer Natur selbst liegendes, zur Entwicklung ihrer geistigen Kräfte und zur Gewinnung einer Weltanschauung, zu welcher der Mensch nur gelangen kann, indem er sein Denken an dem gemeinschaftlichen Denken mit Anderen zur Klarheit und Bestimmtheit bringt, unentbehrliches. Sieht man nun, wie man kaum umhin kann zu thun, jede Sprache als einen Versuch, und wenn man die Reihe aller Sprachen zusammennimmt, als einen Beitrag zur Ausfüllung dieses Bedürfnisses an; so lässt sich wohl annehmen, dass die sprachbildende Kraft in der Menschheit nicht ruht, bis sie, sey es einzeln, sey es im Ganzen, das hervorgebracht

hat, was den zu machenden Forderungen am meisten und am vollständigsten entspricht. Es kann sich also, im Sinne dieser Voraussetzung,
auch unter Sprachen und Sprachstämmen, welche keinen geschichtlichen Zusammenhang verrathen, ein stufenweis verschiednes Vorrük-
ken des Princips ihrer Bildung auffinden lassen. Wenn dies aber der Fall
ist, so muss dieser Zusammenhang äusserlich nicht verbundener Erscheinungen in einer allgemeinen inneren Ursach liegen, welche nur die
Entwicklung der wirkenden Kraft seyn kann. Die Sprache ist eine der
Seiten, von welchen aus die allgemeine menschliche Geisteskraft in beständig thätige Wirksamkeit tritt. Anders ausgedrückt, erblickt man
darin das Streben, der Idee der Sprachvollendung Daseyn in der Wirklichkeit zu gewinnen. Diesem Streben nachzugehen und dasselbe darzustellen, ist das Geschäft des Sprachforschers in seiner letzten, aber
einfachsten Auflösung.[13] Das Sprachstudium bedarf übrigens dieser,
vielleicht zu hypothetisch scheinenden Ansicht durchaus nicht als einer
Grundlage. Allein es kann und muss dieselbe als eine Anregung benutzen, zu versuchen, ob sich in den Sprachen ein solches stufenweis fort-
schreitendes Annähern an die Vollendung ihrer Bildung entdecken
lässt. Es könnte nemlich eine Reihe von Sprachen einfacheren und zu-
sammengesetzteren Baues geben, welche, bei der Vergleichung mit einander, in den Principien ihrer Bildung eine fortschreitende Annäherung
an die Erreichung des gelungensten Sprachbaues verriethen. Der Organismus dieser Sprachen müsste dann, selbst bei verwickelten Formen,
in Consequenz und Einfachheit die Art ihres Strebens nach Sprachvollendung leichter erkennbar, als es in andren der Fall ist, an sich tragen.
Das Fortschreiten auf diesem Wege würde sich in solchen Sprachen
vorzüglich zuerst in der Geschiedenheit und vollendeten Articulation
ihrer Laute, daher in der davon abhängigen Bildung der Sylben, der
reinen Sonderung derselben in ihre Elemente, und im Baue der einfachsten Wörter finden; ferner in der Behandlung der Wörter, als Lautgan-
ze, um dadurch wirkliche Worteinheit, entsprechend der Begriffseinheit, zu erhalten; endlich in der angemessnen Scheidung desjenigen,
was in der Sprache selbstständig und was nur, als Form, am Selbstständigen erscheinen soll, wozu natürlich ein Verfahren erfordert wird, das
in der Sprache bloss an einander Geheftete von dem symbolisch Ver-
schmolznen zu unterscheiden. Auch hierin gehe ich, aus den eben angegebenen Gründen, nicht näher ein, sondern wünsche nur, dass man an
den eben aufgestellten Gesichtspunkten diejenigen erkennen möge,
welche mich auch bei der gleich jetzt vorzunehmenden Bestimmung des
Standpunktes des Kawi im Malayischen Sprachstamme geleitet haben.
In dieser Betrachtung der Sprachen sondre ich aber die Veränderungen,
die sich in jeder, ihren Schicksalen nach, aus einander entwickeln lassen, gänzlich von ihrer für uns ersten, ursprünglichen Form ab. Der

Kreis dieser Urformen scheint geschlossen zu seyn, und in der Lage, in der wir die Entwicklung der menschlichen Kräfte jetzt finden, nicht wiederkehren zu können. Denn so innerlich auch die Sprache durchaus ist, so hat sie dennoch zugleich ein unabhängiges, äusseres, gegen den Menschen selbst Gewalt ausübendes Daseyn. Die Entstehung solcher Urformen würde daher eine Geschiedenheit der Völker voraussetzen, die sich jetzt, und vorzüglich verbunden mit regerer Geisteskraft, nicht mehr denken lässt, wenn auch nicht, was noch wahrscheinlicher ist, dem Hervorbrechen neuer Sprachen überhaupt eine bestimmte Epoche im Menschengeschlechte, wie im einzelnen Menschen, angewiesen war.

Einwirkung ausserordentlicher Geisteskraft, Civilisation, Cultur und Bildung

6. Die aus ihrer inneren Tiefe und Fülle in den Lauf der Weltbegebenheiten eingreifende Geisteskraft ist das wahrhaft schaffende Princip in dem verborgenen und gleichsam geheimnissvollen Entwicklungsgange der Menschheit, von dem ich oben, im Gegensatz mit dem offenbaren, sichtbar durch Ursach und Wirkung verketteten gesprochen habe. Es ist die ausgezeichnete, den Begriff menschlicher Intellectualität erweitern de Geisteseigenthümlichkeit, welche unerwartet und in dem Tiefsten ihrer Erscheinung unerklärbar hervortritt. Sie unterscheidet sich besonders dadurch, dass ihre Werke nicht bloss Grundlagen werden, auf die man fortbauen kann, sondern zugleich den wieder entzündenden Hauch in sich tragen, der sie erzeugt. Sie pflanzen Leben fort, weil sie aus vollem Leben hervorgehn. Denn die sie hervorbringende Kraft wirkt mit der Spannung ihres ganzen Strebens und in ihrer vollen Einheit, zugleich aber wahrhaft schöpferisch, ihr eignes Erzeugen als ihr selbst unerklärliche Natur betrachtend; sie hat nicht bloss zufällig Neues ergriffen oder bloss an bereits Bekanntes angeknüpft. So entstand die Aegyptische plastische Kunst, der es gelang, die menschliche Gestalt aus dem organischen Mittelpunkt ihrer Verhältnisse heraus aufzubauen, und die dadurch zuerst ihren Werken das Gepräge ächter Kunst aufdrückte. In dieser Art tragen, bei sonst naher Verwandtschaft, Indische Poesie und Philosophie und das classische Alterthum einen verschiednen Charakter an sich, und in dem letzteren wiederum Griechische und Römische Denkweise und Darstellung. Ebenso entsprang in späterer Zeit aus der Romanischen Poesie und dem geistigen Leben, das sich mit dem Untergange der Römischen Sprache plötzlich in dem nun selbstständig gewordenen Europäischen Abendland entwickelte, der hauptsächlichste Theil der modernen Bildung. Wo solche Erscheinungen nicht auftraten, oder durch widrige Umstände erstickt wurden, da ver-

mochte auch das Edelste, einmal in seinem natürlichen Gange gehemmt, nicht wieder grosses Neues zu gestalten, wie wir es an der Griechischen Sprache und so vielen Ueberresten Griechischer Kunst in dem
Jahrhunderte lang, ohne seine Schuld, in Barbarei gehaltenen Griechenland sehen. Die alte Form der Sprache wird dann zerstückt und mit
Fremdem vermischt, ihr wahrer Organismus zerfällt, und die gegen ihn
andringenden Kräfte vermögen nicht, ihn zum Beginnen einer neuen
Bahn umzuformen und ihm ein neu begeisterndes Lebensprincip einzu-
hauchen. Zur Erklärung aller solcher Erscheinungen lassen sich begünstigende und hemmende, vorbereitende und verzögernde Umstände
nachweisen. Der Mensch knüpft immer an Vorhandenes an. Bei jeder
Idee, deren Entdeckung oder Ausführung dem menschlichen Bestreben
einen neuen Schwung verleiht, lässt sich durch scharfsinnige und sorgfältige Forschung zeigen, wie sie schon früher und nach und nach wach-
send in den Köpfen vorhanden gewesen. Wenn aber der anfachende
Odem des Genies in Einzelnen oder Völkern fehlt, so schlägt das Hell-
dunkel dieser glimmenden Kohlen nie in leuchtende Flammen auf. Wie
wenig auch die Natur dieser schöpferischen Kräfte sie eigentlich zu
durchschauen gestattet, so bleibt doch soviel offenbar, dass in ihnen
immer ein Vermögen obwaltet, den gegebenen Stoff von innen heraus
zu beherrschen, in Ideen zu verwandeln oder Ideen unterzuordnen.
Schon in seinen frühesten Zuständen geht der Mensch über den Augenblick der Gegenwart hinaus und bleibt nicht bei bloss sinnlichem Genusse. Bei den rohesten Völkerhorden finden sich Liebe zum Putz,
Tanz, Musik und Gesang, dann aber auch Ahndungen überirdischer
Zukunft, darauf gegründete Hoffnungen und Besorgnisse, Ueberlieferungen und Mährchen, die gewöhnlich bis zur Entstehung des Menschen und seines Wohnsitzes hinabsteigen. Je kräftiger und heller die
nach ihren Gesetzen und Anschauungsformen selbstthätig wirkende
Geisteskraft ihr Licht in diese Welt der Vorzeit und Zukunft ausgiesst,
mit welcher der Mensch sein augenblickliches Daseyn umgiebt, desto
reiner und mannigfaltiger zugleich gestaltet sich die Masse. So entsteht
die Wissenschaft und die Kunst, und immer ist daher das Ziel des sich
entwickelnden Fortschreitens des Menschengeschlechts die Verschmelzung des aus dem Innern selbstthätig Erzeugten mit dem von aussen
Gegebenen, jedes in seiner Reinheit und Vollständigkeit aufgefasst und
in der Unterordnung verbunden, welche das jedesmalige Bestreben, seiner Natur nach, erheischt.

Wie wir aber hier die geistige Individualität als etwas Vorzügliches
und Ausgezeichnetes dargestellt haben, so kann und so muss man sogar dieselbe, auch wo sie die höchste Stufe ereicht hat, doch zugleich
wieder als eine Beschränkung der allgemeinen Natur, eine Bahn, in welche der Einzelne eingezwängt ist, ansehen, da jede Eigenthümlichkeit

dies nur durch ein vorherrschendes und daher ausschliessendes Princip
zu seyn vermag. Aber gerade auch durch die Einengung wird die Kraft
erhöht und gespannt, und die Ausschliessung kann dennoch dergestalt
von einem Princip der Totalität geleitet werden, dass mehrere solche
Eigenthümlichkeiten sich wieder in ein Ganzes zusammenfügen. Hierauf beruht in ihren innersten Gründen jede höhere Menschenverbin-
dung in Freundschaft, Liebe oder grossartigem, dem Wohl des Vaterlandes und der Menschheit gewidmeten Zusammenstreben. Ohne die
Betrachtung weiter zu verfolgen, wie gerade die Beschränkung der Individualität dem Menschen den einzigen Weg eröffnet, der unerreich-
baren Totalität immer näher zu kommen, genügt es mir hier, nur darauf
aufmerksam zu machen, dass die Kraft, die den Menschen eigentlich
zum Menschen macht, und also die schlichte Definition seines Wesens
ist, in ihrer Berührung mit der Welt, in dem, wenn der Ausdruck erlaubt ist, vegetativen und sich auf gegebener Bahn gewissermassen mechanisch fortentwickelnden Leben des Menschengeschlechts, in einzelnen Erscheinungen sich selbst und ihre vielfältigen Bestrebungen in
neuen, ihren Begriff erweiternden Gestalten offenbart. So war z. B. die
Erfindung der Algebra eine solche neue Gestaltung in der mathemati-
schen Richtung des menschlichen Geistes, und so lassen sich ähnliche
Beispiele in jeder Wissenschaft und Kunst nachweisen. In der Sprache
werden wir sie weiter unten ausführlicher aufsuchen.

Sie beschränken sich aber nicht bloss auf die Denk- und Darstel-
lungsweise, sondern finden sich auch ganz vorzüglich in der Charakterbildung. Denn was aus dem Ganzen der menschlichen Kraft hervorgeht, darf nicht ruhen, ehe es nicht wieder in die ganze zurückkehrt,
und die Gesammtheit der inneren Erscheinung, Empfindung und Gesinnung, verbunden mit der von ihr durchstrahlten äusseren, muss
wahrnehmen lassen, dass sie, vom Einflusse jener erweiterten einzelnen
Bestrebungen durchdrungen, auch die ganze menschliche Natur in erweiterter Gestalt offenbart. Gerade daraus entspringt die allgemeinste
und das Menschengeschlecht am würdigsten emporhebende Wirkung.
Gerade die Sprache aber, der Mittelpunkt, in welchem sich die verschiedensten Individualitäten durch Mittheilung äusserer Bestrebungen und
innerer Wahrnehmungen vereinigen, steht mit dem Charakter in der
engsten und regsten Wechselwirkung. Die kraftvollsten und die am leisesten berührbaren, die eindringendsten und die am fruchtbarsten in
sich lebenden Gemüther giessen in sie ihre Stärke und Zartheit, ihre
Tiefe und Innerlichkeit, und sie schickt zur Fortbildung der gleichen
Stimmungen die verwandten Klänge aus ihrem Schoosse herauf. Der
Charakter, je mehr er sich veredelt und verfeinert, ebnet und vereinigt
die einzelnen Seiten des Gemüths und giebt ihnen, gleich der bildenden
Kunst, eine in ihrer Einheit zu fassende, aber den jedesmaligen Umriss

immer reiner aus dem Innern hervorbildende Gestalt. Diese Gestaltung ist aber die Sprache durch die feine, oft im Einzelnen unsichtbare, aber in ihr ganzes wundervolles symbolisches Gewebe verflochtene Harmonie darzustellen und zu befördern geeignet. Die Wirkungen der Charakterbildung sind nur ungleich schwerer zu berechnen, als die der bloss intellectuellen Fortschritte, da sie grossentheils auf den geheimnissvollen Einflüssen beruhen, durch welche eine Generation mit der andren zusammenhängt.

7. Es giebt also in dem Entwicklungsgange des Menschengeschlechts Fortschritte, die nur erreicht werden, weil eine ungewöhnliche Kraft unerwartet ihren Aufflug bis dahin nimmt, Fälle, wo man an die Stelle gewöhnlicher Erklärung der hervorgebrachten Wirkung die Annahme einer ihr entsprechenden Kraftäusserung setzen muss. Alles geistige Vorrücken kann nur aus innerer Kraftäusserung hervorgehen, und hat insofern immer einen verborgenen und, weil er selbstthätig ist, unerklärlichen Grund. Wenn aber diese innere Kraft plötzlich aus sich selbst hervor so mächtig schafft, dass sie durch den bisherigen Gang gar nicht dahin geführt werden konnte, so hört eben dadurch alle Möglichkeit der Erklärung von selbst auf. Ich wünsche diese Sätze bis zur Ueberzeugung deutlich gemacht zu haben, weil sie in der Anwendung wichtig sind. Denn es folgt nun von selbst, dass, wo sich gesteigerte Erscheinungen derselben Bestrebung wahrnehmen lassen, wenn es nicht die Thatsachen unabweislich verlangen, kein allmähliches Fortschreiten vorausgesetzt werden darf, da jede bedeutende Steigerung vielmehr einer eigenthümlich schaffenden Kraft angehört. Ein Beispiel kann der Bau der Chinesischen und der Sanskrit-Sprache liefern. Es liesse sich wohl hier ein allmählicher Fortgang von dem einen zum andren denken. Wenn man aber das Wesen der Sprache überhaupt und dieser beiden insbesondere wahrhaft fühlt, wenn man bis zu dem Punkte der Verschmelzung des Gedanken mit dem Laute in beiden vordringt, so entdeckt man in ihm das von innen heraus schaffende Princip ihres verschiednen Organismus. Man wird alsdann, die Möglichkeit allmählicher Entwicklung einer aus der andren aufgebend, jeder ihren eignen Grund in dem Geiste der Volksstämme anweisen, und nur in dem allgemeinen Triebe der Sprachentwicklung, also nur ideal sie als Stufen gelungener Sprachbildung betrachten. Durch die Verabsäumung der hier aufgestellten sorgfältigen Trennung des zu berechnenden stufenartigen und des nicht vorauszusehenden unmittelbar schöpferischen Fortschreitens der menschlichen Geisteskraft verbannt man ganz eigentlich aus der Weltgeschichte die Wirkungen des Genies, das sich ebensowohl in einzelnen Momenten in Völkern, als in Individuen offenbart.

Man läuft aber auch Gefahr, die verschiednen Zustände der mensch-

lichen Gesellschaft unrichtig zu würdigen. So wird der Civilisation und
der Cultur oft zugeschrieben, was aus ihnen durchaus nicht hervorgehen kann, sondern durch eine Kraft gewirkt wird, welcher sie selbst ihr
Daseyn verdanken.

In Absicht der Sprachen ist es eine ganz gewöhnliche Vorstellung,
alle ihre Vorzüge und jede Erweiterung ihres Gebiets ihnen beizumessen, gleichsam als käme es nur auf den Unterschied gebildeter und ungebildeter Sprachen an. Zieht man die Geschichte zu Rathe, so bestätigt sich eine solche Macht der Civilisation und Cultur über die Sprache
keinesweges. Java erhielt höhere Civilisation und Cultur offenbar von
Indien aus, und beide in bedeutendem Grade, aber darum änderte die
einheimische Sprache nicht ihre unvollkommnere und den Bedürfnissen des Denkens weniger angemessne Form, sondern beraubte vielmehr
das so ungleich edlere Sanskrit der seinigen, um es in die ihrige zu
zwängen. Auch Indien selbst, mochte es noch so früh und nicht durch
fremde Mittheilung civilisirt seyn, erhielt seine Sprache nicht dadurch,
sondern das tief aus dem ächtesten Sprachsinn geschöpfte Princip derselben floss, wie jene Civilisation selbst, aus der genialischen Geistesrichtung des Volks. Darum stehen auch Sprache und Civilisation durchaus nicht immer im gleichen Verhältniss zu einander. Peru war, welchen
Zweig seiner Einrichtungen unter den Incas man betrachten mag, leicht
das am meisten civilisirte Land in Amerika; gewiss wird aber kein
Sprachkenner der allgemeinen Peruanischen Sprache, die man durch
Kriege und Eroberungen auszubreiten versuchte, ebenso den Vorzug
vor den übrigen des neuen Welttheils einräumen. Sie steht namentlich
der Mexicanischen, meiner Ueberzeugung zufolge, bedeutend nach.
Auch angeblich rohe und ungebildete Sprachen können hervorstechende Trefflichkeiten in ihrem Baue besitzen und besitzen dieselben wirklich, und es wäre nicht unmöglich, dass sie darin höher gebildete über-
träfen. Schon die Vergleichung der Barmanischen, in welche das Pali
unläugbar einen Theil Indischer Cultur verwebt hat, mit der Delaware-
Sprache, geschweige denn mit der Mexicanischen, dürfte das Urtheil
über den Vorzug der letzteren kaum zweifelhaft lassen.

Die Sache ist aber zu wichtig, um sie nicht näher und aus ihren innren Gründen zu erörtern. Insofern Civilisation und Cultur den Nationen
ihnen vorher unbekannte Begriffe aus der Fremde zuführen oder aus
ihrem Innren entwickeln, ist jene Ansicht auch von einer Seite unläugbar richtig. Das Bedürfniss eines Begriffs und seine daraus entstehende
Verdeutlichung muss immer dem Worte, das bloss der Ausdruck seiner
vollendeten Klarheit ist, vorausgehn. Wenn man aber bei dieser Ansicht
einseitig stehen bleibt und die Unterschiede in den Vorzügen der Sprachen allein auf diesem Wege zu entdecken glaubt, so verfällt man in einen, der wahren Beurtheilung der Sprache verderblichen Irrthum. Es ist

schon an sich sehr mislich, den Kreis der Begriffe eines Volks in einer bestimmten Epoche aus seinem Wörterbuche beurtheilen zu wollen. Ohne hier die offenbare Unzweckmässigkeit zu rügen, dies nach den unvollständigen und zufälligen Wörtersammlungen zu versuchen, die wir von so vielen Ausser-Europäischen Nationen besitzen, muss es schon von selbst in die Augen fallen, dass eine grosse Zahl, besonders unsinnlicher Begriffe, auf die sich jene Behauptungen vorzugsweise beziehen, durch uns ungewöhnliche und daher unbekannte Metaphern oder auch durch Umschreibungen ausgedrückt seyn können. Es liegt aber, und dies ist hier bei weitem entscheidender, auch sowohl in den Begriffen, als in der Sprache jedes, noch so ungebildeten Volkes eine, dem Umfange der unbeschränkten menschlichen Bildungsfähigkeit entsprechende Totalität, aus welcher sich alles Einzelne, was die Menschheit umfasst, ohne fremde Beihülfe, schöpfen lässt; und man kann der Sprache nicht fremd nennen, was die auf diesen Punkt gerichtete Aufmerksamkeit unfehlbar in ihrem Schoosse antrifft. Einen factischen Beweis hiervon liefern solche Sprachen uncultivirter Nationen, welche, wie z. B. die Philippinischen und Amerikanischen, lange von Missionarien bearbeitet worden sind. Auch sehr abstracte Begriffe findet man in ihnen, ohne die Hinzukunft fremder Ausdrücke, bezeichnet. Es wäre allerdings interessant, zu wissen, wie die Eingebornen diese Wörter verstehen. Da sie aber aus Elementen ihrer Sprache gebildet sind, so müssen sie nothwendig mit ihnen irgend einen analogen Sinn verbinden. Worin jedoch jene eben erwähnte Ansicht hauptsächlich irre führt, ist, dass sie die Sprache viel zu sehr als ein räumliches, gleichsam durch Eroberungen von aussen her zu erweiterndes Gebiet betrachtet und dadurch ihre wahre Natur in ihrer wesentlichsten Eigenthümlichkeit verkennt. Es kommt nicht gerade darauf an, wie viele Begriffe eine Sprache mit eignen Wörtern bezeichnet. Dies findet sich von selbst, wenn sie sonst den wahren, ihr von der Natur vorgezeichneten Weg verfolgt, und es ist nicht dies die Seite, von welcher sie zuerst beurtheilt werden muss. Ihre eigentliche und wesentliche Wirksamkeit im Menschen geht auf seine denkende und im Denken schöpferische Kraft selbst und ist in viel tieferem Sinne immanent und constitutiv. Ob und inwiefern sie die Deutlichkeit und richtige Anordnung der Begriffe befördert oder ihr Schwierigkeiten in den Weg legt? den aus der Weltansicht in die Sprache übergetragenen Vorstellungen die ihnen beiwohnende sinnliche Anschaulichkeit erhält? durch den Wohllaut ihrer Töne harmonisch und besänftigend, und wieder energisch und erhebend auf die Empfindung und die Gesinnung einwirkt? darin und in vielen andern solchen Stimmungen der ganzen Denkweise und Sinnesart liegt dasjenige, was ihre wahren Vorzüge ausmacht und ihren Einfluss auf die Geistesentwicklung bestimmt. Dies aber beruht auf der Gesammtheit ihrer ursprünglichen Anlagen, auf ihrem organischen Bau, ihrer individuellen Form. Auch hieran gehen die selbst erst spät eintretende Civilisation und Cultur nicht fruchtlos vorüber. Durch den Gebrauch zum Ausdruck erweiterter und veredelter Ideen gewinnt die Deutlichkeit und die Präcision der Sprache, die Anschaulichkeit läutert sich in einer auf höhere Stufe gestiegenen Phantasie, und der Wohllaut gewinnt vor dem Urtheile und den erhöhten Forderungen eines geübteren Ohrs. Allein dies ganze Fortschreiten gesteigerter Sprachbildung kann sich nur in den Gränzen fortbewegen, welche ihr die ursprüngliche Sprachanlage vorschreibt. Eine Nation kann eine unvollkommnere Sprache zum Werkzeuge einer Ideenerzeugung machen, zu welcher sie die ursprüngliche Anregung nicht gegeben haben würde, sie kann aber die inneren Beschränkungen nicht aufheben, die einmal tief in ihr gegründet sind. Insofern bleibt auch die höchste Ausbildung unwirksam. Selbst was die Folgezeit von aussen hinzufügt, eignet sich die ursprüngliche Sprache an und modificirt es nach ihren Gesetzen.

Von dem Standpunkt der innren Geisteswürdigung aus kann man auch Civilisation und Cultur nicht als den Gipfel ansehen, zu welchem der menschliche Geist sich zu erheben vermag. Beide sind in der neuesten Zeit bis auf den höchsten Punkt und zu der grössten Allgemeinheit gediehen. Ob aber darum zugleich die innere Erscheinung der menschlichen Natur, wie wir sie z. B. in einigen Epochen des Alterthums erblikken, auch gleich häufig und mächtig oder gar in gesteigerten Graden zurückgekehrt ist? dürfte man schon schwerlich mit gleicher Sicherheit behaupten wollen, und noch weniger, ob dies gerade in den Nationen der Fall gewesen ist, welchen die Verbreitung der Civilisation und einer gewissen Cultur am meisten verdankt?

Die Civilisation ist die Vermenschlichung der Völker in ihren äusseren Einrichtungen und Gebräuchen und der darauf Bezug habenden innren Gesinnung. Die Cultur fügt dieser Veredlung des gesellschaftlichen Zustandes Wissenschaft und Kunst hinzu. Wenn wir aber in unsrer Sprache *Bildung* sagen, so meinen wir damit etwas zugleich Höheres und mehr Innerliches, nemlich die Sinnesart, die sich aus der Erkenntniss und dem Gefühle des gesammten geistigen und sittlichen Strebens harmonisch auf die Empfindung und den Charakter ergiesst.

Die Civilisation kann aus dem Inneren eines Volkes hervorgehen und zeugt alsdann von jener, nicht immer erklärbaren Geisteserhebung. Wenn sie dagegen aus der Fremde in eine Nation verpflanzt wird, verbreitet sie sich schneller, durchdringt auch vielleicht mehr alle Verzweigungen des geselligen Zustandes, wirkt aber auf Geist und Charakter nicht gleich energisch zurück. Es ist ein schönes Vorrecht der neuesten Zeit, die Civilisation in die entferntesten Theile der Erde zu tragen, dies Bemühen an jede Unternehmung zu knüpfen und hierauf, auch fern von andren Zwecken, Kraft und Mittel zu verwenden. Das hierin waltende Princip allgemeiner Humanität ist ein Fortschritt, zu dem sich erst unsre Zeit wahrhaft emporgeschwungen hat, und alle grossen Erfindungen der letzten Jahrhunderte streben dahin zusammen, es zur Wirklichkeit zu bringen. Die Colonien der Griechen und Römer waren hierin weit weniger wirksam. Es lag dies allerdings in der Entbehrung so vieler äusserer Mittel der Länderverknüpfung und der Civilisirung selbst. Es fehlte ihnen aber auch das innre Princip, aus dem allein diesem Streben das wahre Leben erwachsen kann. Sie besassen einen klaren und tief in ihre Empfindung und Gesinnung verwebten Begriff hoher und edler menschlicher Individualität; aber der Gedanke, den Menschen bloss darum zu achten, weil er Mensch ist, hatte nie Geltung in ihnen erhalten, und noch viel weniger das Gefühl daraus entspringender Rechte und Verpflichtungen. Dieser wichtige Theil allgemeiner Gesittung war dem Gange ihrer zu nationellen Entwicklung fremd geblieben. Selbst in ihren Colonien vermischten sie sich wohl weniger mit den Eingebornen, als sie dieselben nur aus ihren Gränzen zurückdrängten; aber ihre Pflanzvölker selbst bildeten sich in den veränderten Umgebungen verschieden aus, und so entstanden, wie wir an GrossGriechenland, Sicilien und Iberien sehen, in entfernten Ländern neue Völkergestaltungen in Charakter, politischer Gesinnung und wissenschaftlicher Entwicklung. Ganz vorzugsweise verstanden es die Indier, die eigne Kraft der Völker, denen sie sich beigesellten, anzufachen und fruchtbar zu machen. Der Indische Archipel und gerade Java geben uns hiervon einen merkwürdigen Beweis. Denn wir sehen da, indem wir auf Indisches stossen, auch gewöhnlich, wie das Einheimische sich dessen bemächtigte und darauf fortbaute. Zugleich mit ihren vollkommneren äusseren Einrichtungen, ihrem grösseren Reichthum an Mitteln zu erhöhetem Lebensgenuss, ihrer Kunst und Wissenschaft, trugen die Indischen Ansiedler auch den lebendigen Hauch in die Fremde hinüber, durch dessen beseelende Kraft sich bei ihnen selbst alles dies erst gestaltet hatte. Alle einzelnen geselligen Bestrebungen waren bei den Alten noch nicht so geschieden, als bei uns; sie konnten, was sie besassen, viel weniger ohne den Geist mittheilen, der es geschaffen hatte. Weil sich dies jetzt bei uns durchaus anders verhält, und eine in unsrer eignen Civilisation liegende Gewalt uns immer bestimmter in dieser Richtung forttreibt, so bekommen unter unserem Einfluss die Völker eine viel gleichförmigere Gestalt, und die Ausbildung der originellen Volkseigenthümlichkeit wird oft, auch da, wo sie vielleicht statt gefunden hätte, im Aufkeimen erstickt.

Zusammenwirken der Individuen und Nationen

8. Wir haben in dem Ueberblick der geistigen Entwicklung des Menschengeschlechts bis hierher dieselbe in ihrer Folge durch die verschiednen Generationen hindurch betrachtet und darin vier sie hauptsächlich bestimmende Momente bezeichnet: das ruhige Leben der Völker nach den natürlichen Verhältnissen ihres Daseyns auf dem Erdboden, ihre bald durch Absicht geleitete oder aus Leidenschaft und innerem Drange entspringende, bald ihnen gewaltsam abgenöthigte Thätigkeit in Wanderungen, Kriegen u. s. f., die Reihe geistiger Fortschritte, welche sich gegenseitig als Ursachen und Wirkungen an einander ketten, endlich die geistigen Erscheinungen, die nur in der Kraft ihre Erklärung finden, die sich in ihnen offenbart. Es bleibt uns jetzt die zweite Betrachtung, wie jene Entwicklung in jeder einzelnen Generation bewirkt wird, welche den Grund ihres jedesmaligen Fortschrittes enthält.

Die Wirksamkeit des Einzelnen ist immer eine abgebrochene, aber, dem Anschein nach und bis auf einen gewissen Punkt auch in Wahrheit, eine sich mit der des ganzen Geschlechts in derselben Richtung bewegende, da sie, als bedingt und wieder bedingend, in ungetrenntem Zusammenhange mit der vergangenen und nachfolgenden Zeit steht. In andrer Rücksicht aber und ihrem tiefer durchschauten Wesen nach, ist die Richtung des Einzelnen gegen die des ganzen Geschlechts doch eine divergirende, so dass das Gewebe der Weltgeschichte, insofern sie den innren Menschen betrifft, aus diesen beiden, einander durchkreuzenden, aber zugleich sich eng verkettenden Richtungen besteht. Die Divergenz ist unmittelbar daran sichtbar, dass die Schicksale des Geschlechts, unabhängig von dem Hinschwinden der Generationen, ungetrennt fortgehen, wechselnd, aber, soviel wir es übersehen können, doch im Ganzen in steigender Vollkommenheit, der Einzelne dagegen nicht bloss und oft unerwartet mitten in seinem bedeutendsten Wirken von allem Antheil an jenen Schicksalen ausscheidet, sondern auch darum, seinem inneren Bewusstseyn, seinen Ahndungen und Ueberzeugungen nach, doch nicht am Ende seiner Laufbahn zu stehen glaubt. Er sieht also diese als von dem Gange jener Schicksale abgesondert an, und es entsteht in ihm, auch schon im Leben, ein Gegensatz der Selbstbildung und derjenigen Weltgestaltung, mit der jeder in seinem Kreise in die Wirklichkeit eingreift. Dass dieser Gegensatz weder der Entwicklung des Geschlechts noch der individuellen Bildung verderblich werde, verbürgt die Einrichtung der menschlichen Natur. Die Selbstbildung kann nur an der Weltgestaltung fortgehen, und über sein Leben hinaus knüpfen den Menschen Bedürfnisse des Herzens und Bilder der Phantasie, Familienbande, Streben nach Ruhm, freudige Aussicht auf die Entwicklung gelegter Keime in folgenden Zeiten an die Schicksale, die er verlässt. Es bildet sich aber durch jenen Gegensatz, und liegt demselben sogar ursprünglich zum Grunde eine Innerlichkeit des Gemüths, auf welcher die mächtigsten und heiligsten Gefühle beruhen. Sie wirkt um so eingreifender, als der Mensch nicht bloss sich, sondern alle seines Geschlechts als ebenso bestimmt zur einsamen, sich über das Leben hinaus erstreckenden Selbstentwicklung betrachtet, und als dadurch alle Bande, die Gemüth an Gemüth knüpfen, eine andre und höhere Bedeutung gewinnen. Aus den verschiednen Graden, zu welchen sich jene, das Ich, auch selbst in der Verknüpfung damit, doch von der Wirklichkeit absondernde Innerlichkeit erhebt, und aus ihrer mehr oder minder ausschliesslichen Herrschaft entspringen für alle menschliche Entwicklung wichtige Nüancen. Indien gerade giebt von der Reinheit, zu welcher sie sich zu läutern vermag, aber auch von den schroffen Contrasten, in welche sie ausarten kann, ein merkwürdiges Beispiel, und das Indische Alterthum lässt sich hauptsächlich von diesem Standpunkte aus erklären. Auf die Sprache übt diese Seelenstimmung einen besondren Einfluss. Sie gestaltet sich anders in einem Volke, das gern die einsamen Wege abgezogenen Nachdenkens verfolgt, und in Nationen, die des vermittelnden Verständnisses hauptsächlich zu äusserem Treiben bedürfen. Das Symbolische wird ganz anders von den ersteren erfasst, und ganze Theile des Sprachgebiets bleiben bei den letzteren unangebaut. Denn die Sprache muss erst durch ein noch dunkles und unentwickeltes Gefühl in die Kreise eingeführt werden, über die sie ihr Licht ausgiessen soll. Wie sich dies hier abbrechende Daseyn der Einzelnen mit der fortgehenden Entwicklung des Geschlechts vielleicht in einer uns unbekannten Region vereinigt? bleibt ein undurchdringliches Geheimniss. Aber die Wirkung des Gefühls dieser Undurchdringlichkeit ist vorzüglich ein wichtiges Moment in der inneren individuellen Ausbildung, indem sie die ehrfurchtsvolle Scheu vor etwas Unerkanntem weckt, das doch nach dem Verschwinden alles Erkennbaren übrigbleibt. Sie ist dem Eindruck der Nacht vergleichbar, in der auch nur das einzeln zerstreute Funkeln uns unbekannter Körper an die Stelle alles gewohnten Sichtbaren tritt.

Sehr bedeutend auch wirkt das Fortgehen der Schicksale des Geschlechts und das Abbrechen der einzelnen Generationen durch die verschiedne Geltung, welche dadurch für jede der letzteren die Vorzeit bekommt. Die später eintretenden befinden sich gleichsam und vorzüglich durch die Vervollkommnung der die Kunde der Vergangenheit aufbewahrenden Mittel vor eine Bühne gestellt, auf welcher sich ein reicheres und heller erleuchtetes Drama entfaltet. Der fortreissende Strom der Begebenheiten versetzt auch, scheinbar zufällig, Generationen in dunklere und in verhängnissschwerere, oder in hellere und leichter zu durchlebende Perioden. Für die wirkliche, lebendige, individuelle Ansicht ist dieser Unterschied minder gross, als er in der geschichtlichen Betrachtung erscheint. Es fehlen viele Punkte der Vergleichung, man erlebt in jedem Augenblick nur einen Theil der Entwicklung, greift mit Genuss und Thätigkeit ein, und die Rechte der Gegenwart führen über ihre Unebenheiten hinweg. Gleich den sich aus Nebel hervorziehenden Wolken, nimmt ein Zeitalter erst aus der Ferne gesehen eine rings begränzte Gestalt an. Allein in der Einwirkung, die jedes auf das nachfolgende ausübt, wird diejenige deutlich, welche es selbst von seiner Vorzeit erfahren hat. Unsre moderne Bildung z. B. beruht grossentheils auf dem Gegensatz, in welchem uns das classische Alterthum gegenübersteht. Es würde schwer und betrübend zu sagen seyn, was von ihr zurückbleiben möchte, wenn wir uns von Allem trennen sollten, was diesem Alterthum angehört. Wenn wir den Zustand der Völker, die dasselbe ausmachten, in allen ihren geschichtlichen Einzelheiten erforschen, so entsprechen auch sie nicht eigentlich dem Bilde, das wir von ihnen in der Seele tragen. Was auf uns die mächtige Wirkung ausübt, ist unsre Auffassung, die von dem Mittelpunkt ihrer grössten und reinsten Bestrebungen ausgeht, mehr den Geist, als die Wirklichkeit ihrer Einrichtungen heraushebt, die contrastirenden Punkte unbeachtet lässt und keine, nicht mit der von ihnen aufgenommenen Idee übereinstimmende Forderung an sie macht. Zu einer solchen Auffassung ihrer Eigenthümlichkeit führt aber keine Willkühr. Die Alten berechtigen zu derselben; sie wäre von keinem andren Zeitalter möglich. Das tiefe Gefühl ihres Wesens verleiht uns selbst erst die Fähigkeit, uns zu ihr zu erheben. Weil bei ihnen die Wirklichkeit immer mit glücklicher Leichtigkeit in die Idee und die Phantasie übergieng und sie mit beiden auf dieselbe zurückwirkten, so versetzen wir sie mit Recht ausschliesslich in dies Gebiet. Denn dem, auf ihren Schriften, ihren Kunstwerken und thatenreichen Bestrebungen ruhenden Geiste nach, beschreiben sie, wenn auch die Wirklichkeit bei ihnen nicht überall dem entsprach, den der Menschheit in ihren freiesten Entwicklungen angewiesenen Kreis in vollendeter Reinheit, Totalität und Harmonie und hinterliessen auf diese Weise ein auf uns, wie erhöhte Menschennatur, idealisch wirkendes Bild. Wie zwischen sonnigem und bewölktem Himmel, liegt ihr Vorzug gegen uns nicht sowohl in den Gestalten des Lebens selbst, als in dem wundervollen Licht, das sich bei ihnen über sie ergoss. Den Griechen selbst, wenn man auch einen noch so grossen Einfluss früherer Völker auf sie annimmt, fehlte eine solche Erscheinung, die ihnen aus der Fremde herübergeleuchtet hätte, offenbar gänzlich. In sich selbst hatten sie etwas Aehnliches in den Homerischen und den sich an diese anreihenden Gesängen. Wie sie uns als Natur und in den Gründen ihrer Gestaltung unerklärbar erscheinen, uns Muster der Nacheiferung, Quelle für eine grosse Menge von Geistesbereicherungen werden, so war für

sie jene dunkle und doch in so einzigen Vorbildern ihnen entgegenstrah-
lende Zeit. Für die Römer wurden sie nicht ebenso zu etwas Aehnli-
chem, als sie uns sind. Auf die Römer wirkten sie nur als eine gleichzeitige, höher gebildete Nation, die eine von früher Zeit her beginnende
Literatur besitzt. Indien geht für uns in zu dunkle Ferne hinauf, als dass
wir über seine Vorzeit zu urtheilen im Stande wären. Auf das Abendland wirkte es, da sich eine solche Einwirkung nicht hätte so spurlos
verwischen lassen, in der ältesten Zeit wenigstens nicht durch die eigenthümliche Form seiner Geisteswerke, sondern höchstens durch einzelne herübergekommene Meinungen, Erfindungen und Sagen. Wie
wichtig aber dieser Unterschied des geistigen Einflusses der Völker auf
einander ist, habe ich in meiner Schrift über die Kawi-Sprache Gelegenheit gehabt näher zu berühren. Ihr eignes Alterthum wird den Indiern
in ähnlicher Gestalt, als den Griechen das ihrige erschienen seyn. Sehr
viel deutlicher aber ist dies in China durch den Einfluss und den Gegensatz der Werke des alten Styls und der darin enthaltenen philosophischen Lehre.

Da die Sprachen oder wenigstens ihre Elemente (ein nicht unbeachtet zu lassender Unterschied) von einem Zeitalter dem anderen überliefert werden und wir nur mit gänzlicher Ueberschreitung unsres Erfah-
rungsgebiets von neu beginnenden Sprachen reden können, so greift
das Verhältniss der Vergangenheit zu der Gegenwart in das Tiefste ihrer
Bildung ein. Der Unterschied, in welche Lage ein Zeitalter durch den
Platz gesetzt wird, den es in der Reihe der uns bekannten einnimmt,
wird aber auch bei schon ganz geformten Sprachen unendlich mächtig,
weil die Sprache zugleich eine Auffassungsweise der gesammten Denk-
und Empfindungsart ist, und diese, sich einem Volke aus entfernter Zeit
her darstellend, nicht auf dasselbe einwirken kann, ohne auch für dessen Sprache einflussreich zu werden. So würden unsre heutigen Sprachen doch eine in mehreren Stücken andre Gestalt angenommen haben,
wenn, statt des classischen Alterthums, das Indische so anhaltend und
eindringlich auf uns eingewirkt hätte.

9. Der einzelne Mensch hängt immer mit einem Ganzen zusammen,
mit dem seiner Nation, des Stammes, zu welchem diese gehört, und des
gesammten Geschlechts. Sein Leben, von welcher Seite man es betrachten mag, ist nothwendig an Geselligkeit geknüpft, und die äussere untergeordnete und innre höhere Ansicht führen auch hier, wie wir es in
einem ähnlichen Falle weiter oben gesehen haben, auf denselben Punkt
hin. In dem gleichsam nur vegetativen Daseyn des Menschen auf dem
Erdboden treibt die Hülfsbedürftigkeit des Einzelnen zur Verbindung
mit Anderen und fordert zur Möglichkeit gemeinschaftlicher Unterneh-
mungen das Verständniss durch Sprache. Ebenso aber ist die geistige
Ausbildung, auch in der einsamsten Abgeschlossenheit des Gemüths,

nur durch diese letztere möglich, und die Sprache verlangt, an ein äusseres, sie verstehendes Wesen gerichtet zu werden. Der articulirte Laut
reisst sich aus der Brust los, um in einem andren Individuum einen zum
Ohre zurückkehrenden Anklang zu wecken. Zugleich macht dadurch
der Mensch die Entdeckung, dass es Wesen gleicher innerer Bedürfnisse
und daher fähig, der in seinen Empfindungen liegenden mannigfachen
Sehnsucht zu begegnen, um ihn her giebt. Denn das Ahnden einer Totalität und das Streben danach ist unmittelbar mit dem Gefühle der Individualität gegeben und verstärkt sich in demselben Grade, als das letztere geschärft wird, da doch jeder Einzelne das Gesammtwesen des
Menschen, nur auf einer einzelnen Entwicklungsbahn, in sich trägt. Wir
haben auch nicht einmal die entfernteste Ahndung eines andren als eines individuellen Bewusstseyns. Aber jenes Streben und der durch den
Begriff der Menschheit selbst in uns gelegte Keim unauslöschlicher
Sehnsucht lassen die Ueberzeugung nicht untergehen, dass die geschiedne Individualität überhaupt nur eine Erscheinung bedingten Daseyns geistiger Wesen ist.

Der Zusammenhang des Einzelnen mit einem, die Kraft und die Anregung verstärkenden Ganzen ist ein zu wichtiger Punkt in der geistigen
Oekonomie des Menschengeschlechts, wenn ich mir diesen Ausdruck
erlauben darf, als dass er nicht hier hätte bestimmt angedeutet werden
müssen. Die allemal zugleich Absonderung hervorrufende Verbindung
der Nationen und Volksstämme hängt allerdings zunächst von geschichtlichen Ereignissen, grossentheils selbst von der Beschaffenheit
ihrer Wohn- und Wanderungsplätze ab. Wenn man aber auch, ohne
dass ich diese Ansicht geradezu rechtfertigen möchte, allen Einfluss
innerer, auch nur instinctartiger Uebereinstimmung oder Abstossung
davon trennen will, so kann und muss doch jede Nation, noch abgesondert von ihren äussren Verhältnissen, als eine menschliche Individualität, die eine innere eigenthümliche Geistesbahn verfolgt, betrachtet
werden. Je mehr man einsieht, dass die Wirksamkeit der Einzelnen, auf
welche Stufe sie auch ihr Genius gestellt haben möchte, doch nur in
dem Grade eingreifend und dauerhaft ist, in welchem sie zugleich
durch den in ihrer Nation liegenden Geist emporgetragen werden, und
diesem wiederum von ihrem Standpunkte aus neuen Schwung zu ertheilen vermögen, desto mehr leuchtet die Nothwendigkeit ein, den Erklärungsgrund unserer heutigen Bildungsstufe in diesen nationellen geistigen Individualitäten zu suchen. Die Geschichte bietet sie uns auch
überall, wo sie uns die Data zur Beurtheilung der innren Bildung der
Völker überliefert, in bestimmten Umrissen dar. Civilisation und Cultur
heben die grellen Contraste der Völker allmählich auf, und noch mehr
gelingt das Streben nach allgemeinerer sittlicher Form der tiefer ein-
dringenden, edleren Bildung. Damit stimmen auch die Fortschritte der

Wissenschaft und Kunst überein, die immer nach allgemeineren, von nationellen Ansichten entfesselten Idealen hinstreben. Wenn aber das Gleiche gesucht wird, kann es doch nur in verschiednem Geiste errungen werden, und die Mannigfaltigkeit, in welcher sich die menschliche Eigenthümlichkeit, ohne fehlerhafte Einseitigkeit, auszusprechen vermag, geht ins Unendliche. Gerade von dieser Verschiedenheit hängt aber das Gelingen des allgemein Erstrebten unbedingt ab. Denn dieses erfordert die ganze, ungetrennte Einheit der, in ihrer Vollständigkeit nie zu erklärenden, aber notwendig in ihrer schärfsten Individualität wirkenden Kraft. Es kommt daher, um in den allgemeinen Bildungsgang fruchtbar und mächtig einzugreifen, in einer Nation nicht allein auf das Gelingen in einzelnen wissenschaftlichen Bestrebungen, sondern vorzüglich auf die gesammte Anspannung in demjenigen an, was den Mittelpunkt des menschlichen Wesens ausmacht, sich am klarsten und vollständigsten in der Philosophie, Dichtung und Kunst ausspricht und sich von da aus über die ganze Vorstellungsweise und Sinnesart des Volkes ergiesst.

Vermöge des hier betrachteten Zusammenhangs des Einzelnen mit der ihn umgebenden Masse gehört, jedoch nur mittelbar und gewissermassen, jede bedeutende Geistesthätigkeit des ersteren zugleich auch der letzteren an. Das Daseyn der Sprachen beweist aber, dass es auch geistige Schöpfungen giebt, welche ganz und gar nicht von Einem Individuum aus auf die übrigen übergehen, sondern nur aus der gleichzeitigen Selbstthätigkeit Aller hervorbrechen können. In den Sprachen also sind, da dieselben immer eine nationelle Form haben, die Nationen, als solche, eigentlich und unmittelbar schöpferisch.

Doch muss man sich wohl hüten, diese Ansicht ohne die ihr gebührende Beschränkung aufzufassen. Da die Sprachen unzertrennlich mit der innersten Natur des Menschen verwachsen sind und weit mehr selbstthätig aus ihr hervorbrechen, als willkührlich von ihr erzeugt werden, so könnte man die intellectuelle Eigenthümlichkeit der Völker ebensowohl ihre Wirkung nennen. Die Wahrheit ist, dass beide zugleich und in gegenseitiger Uebereinstimmung aus unerreichbarer Tiefe des Gemüths hervorgehen. Aus der Erfahrung kennen wir eine solche Sprachschöpfung nicht, es bietet sich uns auch nirgends eine Analogie zu ihrer Beurtheilung dar. Wenn wir von ursprünglichen Sprachen reden, so sind sie dies nur für unsre Unkenntniss ihrer früheren Bestandtheile. Eine zusammenhängende Kette von Sprachen hat sich Jahrtausende lang fortgewälzt, ehe sie an den Punkt gekommen ist, den unsre dürftige Kunde als den ältesten bezeichnet. Nicht bloss aber die primitive Bildung der wahrhaft ursprünglichen Sprache, sondern auch die secundären Bildungen späterer, die wir recht gut in ihre Bestandtheile zu zerlegen verstehen, sind uns, gerade in dem Punkte ihrer eigentlichen

Erzeugung, unerklärbar. Alles Werden in der Natur, vorzüglich aber das organische und lebendige entzieht sich unsrer Beobachtung. Wie genau wir die vorbereitenden Zustände erforschen mögen, so befindet sich zwischen dem letzten und der Erscheinung immer die Kluft, welche das Etwas vom Nichts trennt; und ebenso ist es bei dem Momente des Aufhörens. Alles Begreifen des Menschen liegt nur in der Mitte von beiden. In den Sprachen liefert uns eine Entstehungs-Epoche, aus ganz zugänglichen Zeiten der Geschichte, ein auffallendes Beispiel. Man kann einer vielfachen Reihe von Veränderungen nachgehen, welche die Römische Sprache in ihrem Sinken und Untergang erfuhr, man kann ihnen die Mischungen durch einwandernde Völkerhaufen hinzufügen: man erklärt sich darum nicht besser das Entstehen des lebendigen Keims, der in verschiedenartiger Gestalt sich wieder zum Organismus neu aufblühender Sprachen entfaltete. Ein inneres, neu entstandenes Princip fügte, in jeder auf eigne Art, den zerfallenden Bau wieder zusammen, und wir, die wir uns immer nur auf dem Gebiete seiner Wirkungen befinden, werden seiner Umänderungen nur an der Masse derselben gewahr. Es mag daher scheinen, dass man diesen Punkt lieber ganz unberührt liesse. Dies ist aber unmöglich, wenn man den Entwicklungsgang des menschlichen Geistes auch nur in den gröbsten Umrissen zeichnen will, da die Bildung der Sprachen, auch der einzelnen in allen Arten der Ableitung oder Zusammensetzung, eine denselben am wesentlichsten bestimmende Thatsache ist, und sich in dieser das Zusammenwirken der Individuen in einer sonst nicht vorkommenden Gestalt zeigt. Indem man also bekennt, dass man an einer Gränze steht, über welche weder die geschichtliche Forschung, noch der freie Gedanke hinüberzuführen vermögen, muss man doch die Thatsache und die unmittelbaren Folgerungen aus derselben getreu aufzeichnen.

Die erste und natürlichste von diesen ist, dass jener Zusammenhang des Einzelnen mit seiner Nation gerade in dem Mittelpunkte ruht, von welchem aus die gesammte geistige Kraft alles Denken, Empfinden und Wollen bestimmt. Denn die Sprache ist mit Allem in ihr, dem Ganzen wie dem Einzelnen verwandt, nichts davon ist oder bleibt ihr je fremd. Sie ist zugleich nicht bloss passiv, Eindrücke empfangend, sondern folgt aus der unendlichen Mannigfaltigkeit möglicher intellectueller Richtungen Einer bestimmten und modificirt durch innre Selbstthätigkeit jede auf sie geübte äussre Einwirkung. Sie kann aber gegen die Geisteseigenthümlichkeit gar nicht als etwas von ihr äusserlich Geschiedenes angesehen werden und lässt sich daher, wenn es auch auf den ersten Anblick anders erscheint, nicht eigentlich lehren, sondern nur im Gemüthe wekken, man kann ihr nur den Faden hingeben, an dem sie sich von selbst entwickelt. Indem die Sprachen nun also in dem von allem Misverständniss befreiten Sinne des Worts[14] Schöpfungen der Nationen sind, bleiben sie doch Selbstschöpfungen der Individuen, indem sie sich nur in jedem Einzelnen, in ihm aber nur so erzeugen können, dass jeder das Verständniss aller voraussetzt und alle dieser Erwartung genügen. Mag man nun die Sprache als eine Weltanschauung oder als eine Gedankenverknüpfung, da sie diese beiden Richtungen in sich vereinigt, betrachten, so beruht sie immer nothwendig auf der Gesammtkraft des Menschen; es lässt sich nichts von ihr ausschliessen, da sie alles umfasst.

Diese Kraft nun ist in den Nationen, sowohl überhaupt, als in verschiednen Epochen, dem Grade und der in der gleichen allgemeinen Richtung möglichen eigenen Bahn nach, individuell verschieden. Die Verschiedenheit muss aber an dem Resultate, der Sprache, sichtbar werden, und wird es natürlich vorzüglich durch das Uebergewicht der äussren Einwirkung oder der innren Selbstthätigkeit. Es tritt daher auch hier der Fall ein, dass, wenn man die Reihe der Sprachen vergleichend verfolgt, die Erklärung des Baues der einen aus der andren mehr oder minder leichten Fortgang gewinnt, allein auch Sprachen dastehen, die durch eine wirkliche Kluft von den übrigen getrennt erscheinen. Wie Individuen durch die Kraft ihrer Eigenthümlichkeit dem menschlichen Geiste einen neuen Schwung in bis dahin unentdeckt gebliebener Richtung ertheilen, so können dies Nationen der Sprachbildung. Zwischen dem Sprachbaue aber und dem Gelingen aller andren Arten intellectueller Thätigkeit besteht ein unläugbarer Zusammenhang. Er liegt vorzüglich, und wir betrachten ihn hier allein von dieser Seite, in dem begeisternden Hauche, den die sprachbildende Kraft der Sprache in dem Acte der Verwandlung der Welt in Gedanken dergestalt einflösst, dass er sich durch alle Theile ihres Gebietes harmonisch verbreitet. Wenn man es als möglich denken kann, dass eine Sprache in einer Nation gerade auf die Weise entsteht, wie sich das Wort am sinnvollsten und anschaulichsten aus der Weltansicht entwickelt, sie am reinsten wieder darstellt und sich selbst so gestaltet, um in jede Fügung des Gedanken am leichtesten und am körperlosesten einzugehen; so muss diese Sprache, so lange sich nur irgend ihr Lebensprincip erhält, dieselbe Kraft in derselben Richtung gleich gelingend in jedem Einzelnen hervorrufen. Der Eintritt einer solchen oder auch nur einer ihr nahe kommenden Sprache in die Weltgeschichte muss daher eine wichtige Epoche in dem menschlichen Entwicklungsgange und gerade in seinen höchsten und wundervollsten Erzeugungen begründen. Gewisse Bahnen des Geistes und ein gewisser, ihn auf denselben forttragender Schwung lassen sich nicht denken, ehe solche Sprachen entstanden sind. Sie machen daher einen wahren Wendepunkt in der inneren Geschichte des Menschengeschlechts aus; wenn man sie als den Gipfel der Sprachbildung ansehen muss, so sind sie die Anfangsstufe seelenvoller und phantasiereicher Bildung, und es ist insofern ganz richtig zu behaupten, dass das Werk der Nationen den Werken der Individuen vorausgehen müsse, obgleich gerade das hier Gesagte unumstösslich beweist, wie gleichzeitig in diesen Schöpfungen die Thätigkeit beider in einander verschlungen ist.

Uebergang zur näheren Betrachtung der Sprache

10. Wir sind jetzt bis zu dem Punkte gelangt, auf dem wir in der primitiven Bildung des Menschengeschlechts die Sprachen als die erste nothwendige Stufe erkennen, von der aus die Nationen erst jede höhere menschliche Richtung zu verfolgen im Stande sind. Sie wachsen auf gleich bedingte Weise mit der Geisteskraft empor und bilden zugleich das belebend anregende Princip derselben. Beides aber geht nicht nach einander und abgesondert vor sich, sondern ist durchaus und unzertrennlich dieselbe Handlung des intellectuellen Vermögens. Indem ein Volk der Entwicklung seiner Sprache, als des Werkzeuges jeder menschlichen Thätigkeit in ihm, aus seinem Inneren Freiheit erschafft, sucht und erreicht es zugleich die Sache selbst, also etwas Anderes und Höheres; und indem es auf dem Wege dichterischer Schöpfung und grübelnder Ahndung dahin gelangt, wirkt es zugleich wieder auf die Sprache zurück. Wenn man die ersten, selbst rohen und ungebildeten Versuche des intellectuellen Strebens mit dem Namen der Literatur belegt, so geht die Sprache immer den gleichen Gang mit ihr, und so sind beide unzertrennlich mit einander verbunden.

Die Geisteseigenthümlichkeit und die Sprachgestaltung eines Volkes stehen in solcher Innigkeit der Verschmelzung in einander, dass, wenn die eine gegeben wäre, die andre müsste vollständig aus ihr abgeleitet werden können. Denn die Intellectualität und die Sprache gestatten und befördern nur einander gegenseitig zusagende Formen. Die Sprache ist gleichsam die äusserliche Erscheinung des Geistes der Völker; ihre Sprache ist ihr Geist und ihr Geist ihre Sprache, man kann sich beide nie identisch genug denken. Wie sie in Wahrheit mit einander in einer und ebenderselben, unserem Begreifen unzugänglichen Quelle zusammenkommen, bleibt uns unerklärlich verborgen. Ohne aber über die Priorität der einen oder andren entscheiden zu wollen, müssen wir als das reale Erklärungsprincip und als den wahren Bestimmungsgrund der Sprachverschiedenheit die geistige Kraft der Nationen ansehen, weil sie allein lebendig selbstständig vor uns steht, die Sprache dagegen nur an ihr haftet. Denn insofern sich auch diese uns in schöpferischer Selbstständigkeit offenbart, verliert sie sich über das Gebiet der Erscheinungen hinaus in ein ideales Wesen. Wir haben es historisch nur immer mit dem wirklich sprechenden Menschen zu thun, dürfen aber darum das wahre Verhältniss nicht aus den Augen lassen. Wenn wir Intellectualität und Sprache trennen, so existirt eine solche Scheidung in der Wahrheit nicht. Wenn uns die Sprache mit Recht als etwas Höheres erscheint, als dass sie für ein menschliches Werk, gleich andren Geisteserzeugnissen, gelten könnte; so würde sich dies anders verhalten, wenn uns die menschliche Geisteskraft nicht bloss in einzelnen Erscheinungen begegnete, sondern ihr Wesen selbst uns in seiner unergründlichen Tiefe entgegenstrahlte und wir den Zusammenhang der menschlichen Individualität einzusehen vermöchten, da auch die Sprache über die Geschiedenheit der Individuen hinausgeht. Für die praktische Anwendung besonders wichtig ist es nur, bei keinem niedrigeren Erklärungsprincipe der Sprachen stehen zu bleiben, sondern wirklich bis zu diesem höchsten und letzten hinaufzusteigen und als den festen Punkt der ganzen geistigen Gestaltung den Satz anzusehen, dass der Bau der Sprachen im Menschengeschlechte darum und insofern verschieden ist, weil und als es die Geisteseigenthümlichkeit der Nationen selbst ist.

Gehen wir aber, wie wir uns nicht entbrechen können zu thun, in die Art dieser Verschiedenheit der einzelnen Gestaltung des Sprachbaues ein, so können wir nicht mehr die Erforschung der geistigen Eigenthümlichkeit, erst abgesondert für sich angestellt, auf die Beschaffenheiten der Sprache anwenden wollen. In den frühen Epochen, in welche uns die gegenwärtigen Betrachtungen zurückversetzen, kennen wir die Nationen überhaupt nur durch ihre Sprachen, wissen nicht einmal immer genau, welches Volk wir uns, der Abstammung und Verknüpfung nach, bei jeder Sprache zu denken haben. So ist das Zend wirklich für uns die Sprache einer Nation, die wir nur auf dem Wege der Vermuthung genauer bestimmen können. Unter allen Aeusserungen, an welchen Geist und Charakter erkennbar sind, ist aber die Sprache auch die allein geeignete, beide bis in ihre geheimsten Gänge und Falten darzulegen. Wenn man also die Sprachen als einen Erklärungsgrund der successiven geistigen Entwicklung betrachtet, so muss man zwar dieselben als durch die intellectuelle Eigenthümlichkeit entstanden ansehen, allein die Art dieser Eigenthümlichkeit bei jeder einzelnen in ihrem Baue aufsuchen, so dass, wenn die hier eingeleiteten Betrachtungen zu einiger Vollständigkeit durchgeführt werden sollen, es uns jetzt obliegt, in die Natur der Sprachen und die Möglichkeit ihrer rückwirkenden Verschiedenheiten näher einzugehen, um auf diese Weise das vergleichende Sprachstudium an seinen letzten und höchsten Beziehungspunkt anzuknüpfen.

Form der Sprachen

11. Es gehört aber allerdings eine eigne Richtung der Sprachforschung dazu, den im Obigen vorgezeichneten Weg mit Glück zu verfolgen. Man muss die Sprache nicht sowohl wie ein todtes Erzeugtes, sondern weit mehr wie eine Erzeugung ansehen, mehr von demjenigen abstrahieren, was sie als Bezeichnung der Gegenstände und Vermittlung des Verständnisses wirkt, und dagegen sorgfältiger auf ihren mit der innren Geistesthätigkeit eng verwebten Ursprung und ihren gegenseitigen Einfluss zurückgehen. Die Fortschritte, welche das Sprachstudium den gelungenen Bemühungen der letzten Jahrzehnde verdankt, erleichtern die Uebersicht desselben in der Totalität seines Umfangs. Man kann nun dem Ziele näher rücken, die einzelnen Wege anzugeben, auf welchen in den mannigfach abgetheilten, isolirten und verbundenen Völkerhaufen des Menschengeschlechts das Geschäft der Spracherzeugung zur Vollendung gedeiht. Hierin aber liegt gerade sowohl die Ursach der Verschiedenheit des menschlichen Sprachbaues, als ihr Einfluss auf den Entwicklungsgang des Geistes, also der ganze uns hier beschäftigende Gegenstand.

Gleich bei dem ersten Betreten dieses Forschungsweges stellt sich uns jedoch eine wichtige Schwierigkeit in den Weg. Die Sprache bietet uns eine Unendlichkeit von Einzelnheiten dar, in Wörtern, Regeln, Analogieen und Ausnahmen aller Art, und wir gerathen in nicht geringe Verlegenheit, wie wir diese Menge, die uns, der schon in sie gebrachten Anordnung ungeachtet, doch noch als verwirrendes Chaos erscheint, mit der Einheit des Bildes der menschlichen Geisteskraft zu beurtheilende Vergleichung bringen sollen. Wenn man sich auch im Besitze alles nöthigen lexicalischen und grammatischen Details zweier wichtigen Sprachstämme, z. B. des Sanskritischen und Semitischen, befindet; so wird man dadurch doch noch wenig in dem Bemühen gefördert, den Charakter eines jeden von beiden in so einfache Umrisse zusammenzuziehen, dass dadurch eine fruchtbare Vergleichung derselben und die Bestimmung der ihnen, nach ihrem Verhältniss zur Geisteskraft der Nationen, gebührenden Stelle in dem allgemeinen Geschäfte der Spracherzeugung möglich wird. Dies erfordert noch ein eignes Aufsuchen der gemeinschaftlichen Quellen der einzelnen Eigenthümlichkeiten, das Zusammenziehen der zerstreuten Züge in das Bild eines organischen Ganzen. Erst dadurch gewinnt man eine Handhabe, an der man die Einzelnheiten festzuhalten vermag. Um daher verschiedne Sprachen in Bezug auf ihren charakteristischen Bau fruchtbar mit einander zu vergleichen, muss man der Form einer jeden derselben sorgfältig nachforschen und sich auf diese Weise vergewissern, auf welche Art jede die hauptsächlichen Fragen löst, welche aller Spracherzeugung als Aufga-

ben vorliegen. Da aber dieser Ausdruck der Form in Sprachuntersuchungen in mehrfacher Beziehung gebraucht wird, so glaube ich ausführlicher entwickeln zu müssen, in welchem Sinne ich ihn hier genommen wünsche. Dies erscheint um so nothwendiger, als wir hier nicht
von der Sprache überhaupt, sondern von den einzelnen verschiedner
Völkerschaften reden, und es daher auch darauf ankommt, abgränzend
zu bestimmen, was unter einer einzelnen Sprache, im Gegensatz auf der
einen Seite des Sprachstammes, auf der andren des Dialektes, und was
unter Einer da zu verstehen ist, wo die nemliche in ihrem Verlaufe wesentliche Veränderungen erfährt.

12. Die Sprache, in ihrem wirklichen Wesen aufgefasst, ist etwas beständig und in jedem Augenblicke Vorübergehendes. Selbst ihre Erhaltung durch die Schrift ist immer nur eine unvollständige, mumienartige
Aufbewahrung, die es doch erst wieder bedarf, dass man dabei den lebendigen Vortrag zu versinnlichen sucht. Sie selbst ist kein Werk (Er-
gon), sondern eine Thätigkeit (Energeia). Ihre wahre Definition kann
daher nur eine genetische seyn. Sie ist nemlich die sich ewig wiederho-
lende Arbeit des Geistes, den articulirten Laut zum Ausdruck des Gedankens fähig zu machen. Unmittelbar und streng genommen, ist dies die
Definition des jedesmaligen Sprechens; aber im wahren und wesentlichen Sinne kann man auch nur gleichsam die Totalität dieses Sprechens
als die Sprache ansehen. Denn in dem zerstreuten Chaos von Wörtern
und Regeln, welches wir wohl eine Sprache zu nennen pflegen, ist nur
das durch jenes Sprechen hervorgebrachte Einzelne vorhanden und dies
niemals vollständig, auch erst einer neuen Arbeit bedürftig, um daraus
die Art des lebendigen Sprechens zu erkennen und ein wahres Bild der
lebendigen Sprache zu geben. Gerade das Höchste und Feinste lässt sich
an jenen getrennten Elementen nicht erkennen und kann nur (was um so
mehr beweist, dass die eigentliche Sprache in dem Acte ihres wirklichen
Hervorbringens liegt) in der verbundenen Rede wahrgenommen oder geahndet werden. Nur sie muss man sich überhaupt in allen Untersuchungen, welche in die lebendige Wesenheit der Sprache eindringen sollen,
immer als das Wahre und Erste denken. Das Zerschlagen in Wörter und
Regeln ist nur ein todtes Machwerk wissenschaftlicher Zergliederung.

Die Sprachen als eine Arbeit des Geistes zu bezeichnen, ist schon
darum ein vollkommen richtiger und adäquater Ausdruck, weil sich das
Daseyn des Geistes überhaupt nur in Thätigkeit und als solche denken
lässt. Die zu ihrem Studium unentbehrliche Zergliederung ihres Baues
nöthigt uns sogar sie als ein Verfahren zu betrachten, das durch bestimmte Mittel zu bestimmten Zwecken vorschreitet, und sie insofern
wirklich als Bildungen der Nationen anzusehen. Der hierbei möglichen
Misdeutung ist schon oben[15] hinlänglich vorgebeugt worden, und so
können jene Ausdrücke der Wahrheit keinen Eintrag thun.

Ich habe schon im Obigen (VII 39) darauf aufmerksam gemacht, dass wir uns, wenn ich mich so ausdrücken darf, mit unsrem Sprachstudium durchaus in eine geschichtliche Mitte versetzt befinden, und dass weder eine Nation noch eine Sprache unter den uns bekannten ursprünglich genannt werden kann. Da jede schon einen Stoff von früheren Geschlechtern aus uns unbekannter Vorzeit empfangen hat, so ist die, nach der obigen Erklärung, den Gedankenausdruck hervorbringende geistige Thätigkeit immer zugleich auf etwas schon Gegebenes gerichtet, nicht rein erzeugend, sondern umgestaltend.

Diese Arbeit nun wirkt auf eine constante und gleichförmige Weise. Denn es ist die gleiche, nur innerhalb gewisser, nicht weiter Gränzen verschiedne geistige Kraft, welche dieselbe ausübt. Sie hat zum Zweck das Verständniss. Es darf also Niemand auf andre Weise zum Andren reden, als dieser, unter gleichen Umständen, zu ihm gesprochen haben würde. Endlich ist der überkommene Stoff nicht bloss der nemliche, sondern auch, da er selbst wieder einen gleichen Ursprung hat, ein mit der Geistesrichtung durchaus nahe verwandter. Das in dieser Arbeit des Geistes, den articulirten Laut zum Gedankenausdruck zu erheben, liegende Beständige und Gleichförmige, so vollständig, als möglich, in seinem Zusammenhange aufgefasst und systematisch dargestellt, macht die Form der Sprache aus.

In dieser Definition erscheint dieselbe als ein durch die Wissenschaft gebildetes Abstractum. Es würde aber durchaus unrichtig seyn, sie auch an sich bloss als ein solches daseynloses Gedankenwesen anzusehen. In der That ist sie vielmehr der durchaus individuelle Drang, vermittelst dessen eine Nation dem Gedanken und der Empfindung Geltung in der Sprache verschafft. Nur weil uns nie gegeben ist, diesen Drang in der ungetrennten Gesammtheit seines Strebens, sondern nur in seinen jedesmal einzelnen Wirkungen zu sehen, so bleibt uns auch bloss übrig, die Gleichartigkeit seines Wirkens in einen todten allgemeinen Begriff zusammenzufassen. In sich ist jener Drang Eins und lebendig.

Die Schwierigkeit gerade der wichtigsten und feinsten Sprachuntersuchungen liegt sehr häufig darin, dass etwas aus dem Gesammteindruck der Sprache Fliessendes zwar durch das klarste und überzeugendste Gefühl wahrgenommen wird, dennoch aber die Versuche scheitern, es in genügender Vollständigkeit einzeln darzulegen und in bestimmte Begriffe zu begränzen. Mit dieser nun hat man auch hier zu kämpfen. Die charakteristische Form der Sprachen hängt an jedem einzelnen ihrer kleinsten Elemente; jedes wird durch sie, wie unmerklich es im Einzelnen sey, auf irgend eine Weise bestimmt. Dagegen ist es kaum möglich, Punkte aufzufinden, von denen sich behaupten liesse, dass sie an ihnen, einzeln genommen, entscheidend haftete. Wenn man daher irgend eine gegebene Sprache durchgeht, so findet man Vieles, das man sich, dem

Wesen ihrer Form unbeschadet, auch wohl anders denken könnte, und wird, um diese rein geschieden zu erblicken, zu dem Gesammteindruck zurückgewiesen. Hier nun tritt sogleich das Gegentheil ein. Die entschiedenste Individualität fällt klar in die Augen, drängt sich unabweisbar dem Gefühl auf. Die Sprachen können hierin noch am wenigsten unrichtig mit den menschlichen Gesichtsbildungen verglichen werden. Die Individualität steht unabläugbar da, Aehnlichkeiten werden erkannt, aber kein Messen und kein Beschreiben der Theile, im Einzelnen und in ihrem Zusammenhange, vermag die Eigenthümlichkeit in einen Begriff zusammenzufassen. Sie ruht auf dem Ganzen und in der wieder individuellen Auffassung, daher auch gewiss jede Physiognomie jedem anders erscheint. Da die Sprache, in welcher Gestalt man sie aufnehmen möge, immer ein geistiger Aushauch eines nationell individuellen Lebens ist, so muss beides auch bei ihr eintreffen. Wie viel man in ihr heften und verkörpern, vereinzeln und zergliedern möge, so bleibt immer etwas unerkannt in ihr übrig, und gerade dies der Bearbeitung Entschlüpfende ist dasjenige, worin sie Einheit und der Odem eines Lebendigen ist. Bei dieser Beschaffenheit der Sprachen kann daher die Darstellung der Form irgend einer in dem hier angegebenen Sinne niemals ganz vollständig, sondern immer nur bis auf einen gewissen, jedoch zur Uebersicht des Ganzen genügenden Grad gelingen. Darum ist aber dem Sprachforscher durch diesen Begriff nicht minder die Bahn vorgezeichnet, in welcher er den Geheimnissen der Sprache nachspüren und ihr Wesen zu enthüllen suchen muss. Bei der Vernachlässigung dieses Weges übersieht er unfehlbar eine Menge von Punkten der Forschung, muss sehr vieles wirklich Erklärbares unerklärt lassen und hält für isolirt dastehend, was durch lebendigen Zusammenhang verknüpft ist.

Es ergiebt sich schon aus dem bisher Gesagten von selbst, dass unter Form der Sprache hier durchaus nicht bloss die sogenannte grammatische Form verstanden wird. Der Unterschied, welchen wir zwischen Grammatik und Lexicon zu machen pflegen, kann nur zum praktischen Gebrauche der Erlernung der Sprachen dienen, allein der wahren Sprachforschung weder Gränze noch Regel vorschreiben. Der Begriff der Form der Sprachen dehnt sich weit über die Regeln der Redefügung und selbst über die der Wortbildung hin aus, insofern man unter der letzteren die Anwendung gewisser allgemeiner logischer Kategorieen des Wirkens, des Gewirkten, der Substanz, der Eigenschaft u. s. w. auf die Wurzeln und Grundwörter versteht. Er ist ganz eigentlich auf die Bildung der Grundwörter selbst anwendbar und muss in der That möglichst auf sie angewandt werden, wenn das Wesen der Sprache wahrhaft erkennbar seyn soll.

Der Form steht freilich ein Stoff gegenüber; um aber den Stoff der Sprachform zu finden, muss man über die Gränzen der Sprache hinausgehen. Innerhalb derselben lässt sich etwas nur beziehungsweise gegen etwas andres als Stoff betrachten, z. B. die Grundwörter in Beziehung auf die Declination. In andren Beziehungen aber wird, was hier Stoff ist, wieder als Form erkannt. Eine Sprache kann auch aus einer fremden Wörter entlehnen und wirklich als Stoff behandeln. Aber alsdann sind dieselben dies wiederum in Beziehung auf sie, nicht an sich. Absolut betrachtet, kann es innerhalb der Sprache keinen ungeformten Stoff geben, da alles in ihr auf einen bestimmten Zweck, den Gedankenausdruck, gerichtet ist, und diese Arbeit schon bei ihrem ersten Element, dem articulirten Laute, beginnt, der ja eben durch Formung zum articulirten wird. Der wirkliche Stoff der Sprache ist auf der einen Seite der Laut überhaupt, auf der andren die Gesammtheit der sinnlichen Eindrücke und selbstthätigen Geistesbewegungen, welche der Bildung des Begriffs mit Hülfe der Sprache vorausgehen.

Es versteht sich daher von selbst, dass die reelle Beschaffenheit der Laute, um eine Vorstellung von der Form einer Sprache zu erhalten, ganz vorzugsweise beachtet werden muss. Gleich mit dem Alphabete beginnt die Erforschung der Form einer Sprache, und durch alle Theile derselben hindurch wird dies als ihre hauptsächlichste Grundlage behandelt. Ueberhaupt wird durch den Begriff der Form nichts Factisches und Individuelles ausgeschlossen, sondern alles nur wirklich historisch zu Begründende, so wie das Allerindividuellste, gerade in diesen Begriff befasst und eingeschlossen. Sogar werden alle Einzelheiten nur, wenn man die hier bezeichnete Bahn verfolgt, mit Sicherheit in die Forschung aufgenommen, da sie sonst leicht übersehen zu werden Gefahr laufen. Dies führt freilich in eine mühvolle, oft ins Kleinliche gehende Elementaruntersuchung; es sind aber auch lauter in sich kleinliche Einzelheiten, auf welchen der Totaleindruck der Sprachen beruht, und nichts ist mit ihrem Studium so unverträglich, als in ihnen bloss das Grosse, Geistige, Vorherrschende aufsuchen zu wollen. Genaues Eingehen in jede grammatische Subtilität und Spalten der Wörter in ihre Elemente ist durchaus nothwendig, um sich nicht in allen Urtheilen über sie Irrthümern auszusetzen. Es versteht sich indess von selbst, dass in den Begriff der Form der Sprachen keine Einzelheiten als isolirte Thatsache, sondern immer nur insofern aufgenommen werden darf, als sich eine Methode der Sprachbildung an ihr entdecken lässt. Man muss durch die Darstellung der Form den specifischen Weg erkennen, welchen die Sprache und mit ihr die Nation, der sie angehört, zum Gedankenausdruck einschlägt. Man muss zu übersehen im Stande seyn, wie sie sich zu andren Sprachen, sowohl in den bestimmten ihr vorgezeichneten Zwecken, als in der Rückwirkung auf die geistige Thätigkeit der Nation, verhält. Sie ist in ihrer Natur selbst eine Auffassung der einzelnen, im Gegensatze zu ihr als Stoff zu betrachtenden Sprachelemente in geistiger Einheit. Denn in jeder Sprache liegt eine solche, und durch diese zusammenfassende Einheit macht eine Nation die ihr von ihren Vorfahren überlieferte Sprache zu der ihrigen. Dieselbe Einheit muss sich also in der Darstellung wiederfinden; und nur wenn man von den zerstreuten Elementen bis zu dieser Einheit hinaufsteigt, erhält man wahrhaft einen Begriff von der Sprache selbst, da man, ohne ein solches Verfahren, offenbar Gefahr läuft, nicht einmal jene Elemente in ihrer wahren Eigenthümlichkeit und noch weniger in ihrem realen Zusammenhange zu verstehen.

Die Identität, um dies hier im Voraus zu bemerken, so wie die Verwandtschaft der Sprachen muss auf der Identität und der Verwandtschaft ihrer Formen beruhen, da die Wirkung nur der Ursach gleich seyn kann. Die Form entscheidet daher allein, zu welchen andren eine Sprache, als stammverwandte, gehört. Dies findet sogleich eine Anwendung auf das Kawi, das, wie viele Sanskritwörter es auch in sich aufnehmen möchte, darum nicht aufhört, eine Malayische Sprache zu seyn. Die Formen mehrerer Sprachen können in einer noch allgemeineren Form zusammenkommen, und die Formen aller thun dies in der That, insofern man überall bloss von dem Allgemeinsten ausgeht: von den Verhältnissen und Beziehungen der zur Bezeichnung der Begriffe und zur Redefügung nothwendigen Vorstellungen, von der Gleichheit der Lautorgane, deren Umfang und Natur nur eine bestimmte Zahl articulirter Laute zulässt, von den Beziehungen endlich, welche zwischen einzelnen Consonant- und Vocallauten und gewissen sinnlichen Eindrücken obwalten, woraus dann Gleichheit der Bezeichnung, ohne Stammverwandtschaft, entspringt. Denn so wundervoll ist in der Sprache die Individualisirung innerhalb der allgemeinen Uebereinstimmung, dass man ebenso richtig sagen kann, dass das ganze Menschengeschlecht nur Eine Sprache, als dass jeder Mensch eine besondere besitzt. Unter den durch nähere Analogieen verbundenen Sprachähnlichkeiten aber zeichnet sich vor allen die aus Stammverwandtschaft der Nationen entstehende aus. Wie gross und von welcher Beschaffenheit eine solche Aehnlichkeit seyn muss, um zur Annahme von Stammverwandtschaft da zu berechtigen, wo nicht geschichtliche Thatsachen dieselbe ohnehin begründen, ist es hier nicht der Ort zu untersuchen. Wir beschäftigen uns hier nur mit der Anwendung des eben entwickelten Begriffs der Sprachform auf stammverwandte Sprachen. Bei dieser ergiebt sich nun natürlich aus dem Vorigen, dass die Form der einzelnen stammverwandten Sprachen sich in der des ganzen Stammes wiederfinden muss. Es kann in ihnen nichts enthalten seyn, was nicht mit der allgemeinen Form in Einklang stände; vielmehr wird man in der Regel in dieser jede ihrer Eigenthümlichkeiten auf irgend eine Weise angedeutet finden. In jedem Stamme wird es auch eine oder die andre Sprache geben, welche die ursprüngliche Form reiner und vollständiger in sich enthält. Denn es ist hier nur von aus einander entstandenen Sprachen die Rede, wo also ein wirklich gegebener Stoff (dies Wort immer, nach den obigen Erklärungen, beziehungsweise genommen) von einem Volke zum andren in bestimmter Folge, die sich jedoch nur selten genau nachweisen lässt, übergeht und umgestaltet wird. Die Umgestaltung selbst aber kann bei der ähnlichen Vorstellungsweise und Ideenrichtung der sie bewirkenden Geisteskraft, bei der Gleichheit der Sprachorgane und der überkommenen Lautgewohnheiten, endlich bei vielen zusammentreffenden historischen äusserlichen Einflüssen immer nur eine nah verwandte bleiben.

Natur und Beschaffenheit der Sprache überhaupt

13. Da der Unterschied der Sprachen auf ihrer Form beruht, und diese mit den Geistesanlagen der Nationen und der sie im Augenblicke der Erzeugung oder neuen Auffassung durchdringenden Kraft in der engsten Verbindung steht, so ist es nunmehr nothwendig, diese Begriffe mehr im Einzelnen zu entwickeln und wenigstens einige der Hauptrichtungen der Sprache näher zu verfolgen. Ich wähle dazu die am meisten folgenreichen aus, welche am deutlichsten zeigen, wie die innere Kraft auf die Sprache ein- und diese auf sie zurückwirkt.

Zwei Principe treten bei dem Nachdenken über die Sprache im Allgemeinen und der Zergliedrung der einzelnen, sich deutlich von einander absondernd, an das Licht: die Lautform und der von ihr zur Bezeichnung der Gegenstände und Verknüpfung der Gedanken gemachte Gebrauch. Der letztere gründet sich auf die Forderungen, welche das Denken an die Sprache bindet, woraus die allgemeinen Gesetze dieser entspringen; und dieser Theil ist daher in seiner ursprünglichen Richtung, bis auf die Eigenthümlichkeit ihrer geistigen Naturanlagen oder nachherigen Entwicklungen, in allen Menschen, als solchen, gleich. Dagegen ist die Lautform das eigentlich constitutive und leitende Princip der Verschiedenheit der Sprachen, sowohl an sich, als in der befördernden oder hemmenden Kraft, welche sie der inneren Sprachtendenz gegenüberstellt. Sie hängt natürlich, als ein in enger Beziehung auf die innere Geisteskraft stehender Theil des ganzen menschlichen Organismus, ebenfalls genau mit der Gesammtanlage der Nation zusammen; aber die Art und die Gründe dieser Verbindung sind in, kaum irgend eine Aufklärung erlaubendes Dunkel gehüllt. Aus diesen beiden Principien nun, zusammengenommen mit der Innigkeit ihrer gegenseitigen Durchdringung, geht die individuelle Form jeder Sprache hervor, und sie machen die Punkte aus, welche die Sprachzergliederung zu erforschen und in ihrem Zusammenhange darzustellen versuchen muss. Das

Unerlasslichste hierbei ist, dass dem Unternehmen eine richtige und würdige Ansicht der Sprache, der Tiefe ihres Ursprungs und der Weite ihres Umfangs zum Grunde gelegt werde; und bei der Aufsuchung dieser haben wir daher hier noch zunächst zu verweilen.

14. Ich nehme hier das Verfahren der Sprache in seiner weitesten Ausdehnung, nicht bloss in der Beziehung derselben auf die Rede und den Vorrath ihrer Wortelemente, als ihr unmittelbares Erzeugniss, sondern auch in ihrem Verhältniss zu dem Denk- und Empfindungsvermögen. Der ganze Weg kommt in Betrachtung, auf dem sie, vom Geiste ausgehend, auf den Geist zurückwirkt.

Die Sprache ist das bildende Organ des Gedanken. Die intellectuelle Thätigkeit, durchaus geistig, durchaus innerlich und gewissermassen spurlos vorübergehend, wird durch den Laut in der Rede äusserlich und wahrnehmbar für die Sinne. Sie und die Sprache sind daher Eins und unzertrennlich von einander. Sie ist aber auch in sich an die Nothwendigkeit geknüpft, eine Verbindung mit dem Sprachlaute einzugehen; das Denken kann sonst nicht zur Deutlichkeit gelangen, die Vorstellung nicht zum Begriff werden. Die unzertrennliche Verbindung des Gedanken, der Stimmwerkzeuge und des Gehörs zur Sprache liegt unabänderlich in der ursprünglichen, nicht weiter zu erklärenden Einrichtung der menschlichen Natur. Die Uebereinstimmung des Lautes mit dem Gedanken fällt indess auch klar in die Augen. Wie der Gedanke, einem Blitze oder Stosse vergleichbar, die ganze Vorstellungskraft in Einen Punkt sammelt und alles Gleichzeitige ausschliesst, so erschallt der Laut in abgerissener Schärfe und Einheit. Wie der Gedanke das ganze Gemüth ergreift so besitzt der Laut vorzugsweise eine eindringende, alle Nerven erschütternde Kraft. Dies ihn von allen übrigen sinnlichen Eindrücken Unterscheidende beruht sichtbar darauf, dass das Ohr (was bei den übrigen Sinnen nicht immer oder anders der Fall ist) den Eindruck einer Bewegung, ja bei dem der Stimme entschallenden Laut einer wirklichen Handlung empfängt, und diese Handlung hier aus dem Innern eines lebenden Geschöpfs, im articulirten Laut eines denkenden, im unarticulirten eines empfindenden, hervorgeht. Wie das Denken in seinen menschlichsten Beziehungen eine Sehnsucht aus dem Dunkel nach dem Licht, aus der Beschränkung nach der Unendlichkeit ist, so strömt der Laut aus der Tiefe der Brust nach aussen und findet einen ihm wundervoll angemessenen, vermittelnden Stoff in der Luft, dem feinsten und am leichtesten bewegbaren aller Elemente, dessen scheinbare Unkörperlichkeit dem Geiste auch sinnlich entspricht. Die schneidende Schärfe des Sprachlauts ist dem Verstande bei der Auffassung der Gegenstände unentbehrlich. Sowohl die Dinge in der äusseren Natur, als die innerlich angeregte Thätigkeit dringen auf den Menschen mit einer Menge von Merkmalen zugleich ein. Er aber strebt nach Vergleichung, Trennung und Verbindung

und in seinen höheren Zwecken nach Bildung immer mehr umschliessen-
der Einheit. Er verlangt also auch, die Gegenstände in bestimmter Einheit aufzufassen, und fordert die Einheit des Lautes, um ihre Stelle zu
vertreten. Hierbei verdrängt dieser aber keinen der andren Eindrücke,
welche die Gegenstände auf den äusseren oder inneren Sinn hervorzubringen fähig sind, sondern wird ihr Träger und fügt in seiner individuellen, mit der des Gegenstandes und zwar gerade nach der Art, wie ihn die
individuelle Empfindungsweise des Sprechenden auffasst, zusammenhängenden Beschaffenheit einen neuen bezeichnenden Eindruck hinzu.
Zugleich erlaubt die Schärfe des Lauts eine unbestimmbare Menge sich
doch vor der Vorstellung genau absondernder und in der Verbindung
nicht vermischender Modificationen, was bei keiner anderen sinnlichen
Einwirkung in gleichem Grade der Fall ist. Da das intellectuelle Streben
nicht bloss den Verstand beschäftigt, sondern den ganzen Menschen anregt, so wird auch dies vorzugsweise durch den Laut der Stimme befördert. Denn sie geht, als lebendiger Klang, wie das athmende Daseyn
selbst, aus der Brust hervor, begleitet, auch ohne Sprache, Schmerz und
Freude, Abscheu und Begierde, und haucht also das Leben, aus dem sie
hervorströmt, in den Sinn, der sie aufnimmt, so wie auch die Sprache
selbst immer zugleich mit dem dargestellten Object die dadurch hervorgebrachte Empfindung wiedergiebt und in immer wiederholten Acten die
Welt mit dem Menschen oder, anders ausgedrückt, seine Selbstthätigkeit
mit seiner Empfänglichkeit in sich zusammenknüpft. Zum Sprachlaut
endlich passt die, den Thieren versagte aufrechte Stellung des Menschen,
der gleichsam durch ihn emporgerufen wird. Denn die Rede will nicht
dumpf am Boden verhallen, sie verlangt, sich frei von den Lippen zu dem,
an den sie gerichtet ist, zu ergiessen, von dem Ausdruck des Blickes und
der Mienen, so wie der Geberde der Hände begleitet zu werden und sich
so zugleich mit Allem zu umgeben, was den Menschen menschlich bezeichnet.

Nach dieser vorläufigen Betrachtung der Angemessenheit des Lautes
zu den Operationen des Geistes können wir nun genauer in den Zusammenhang des Denkens mit der Sprache eingehen. Subjective Thätigkeit
bildet im Denken ein Object. Denn keine Gattung der Vorstellungen
kann als ein bloss empfangendes Beschauen eines schon vorhandenen
Gegenstandes betrachtet werden. Die Thätigkeit der Sinne muss sich
mit der inneren Handlung des Geistes synthetisch verbinden, und aus
dieser Verbindung reisst sich die Vorstellung los, wird, der subjectiven
Kraft gegenüber, zum Object und kehrt, als solches auf neue wahrgenommen, in jene zurück. Hierzu aber ist die Sprache unentbehrlich.
Denn indem in ihr das geistige Streben sich Bahn durch die Lippen
bricht, kehrt das Erzeugniss desselben zum eignen Ohre zurück. Die
Vorstellung wird also in wirkliche Objectivität hinüberversetzt, ohne

darum der Subjectivität entzogen zu werden. Dies vermag nur die Sprache; und ohne diese, wo Sprache mitwirkt, auch stillschweigend immer vorgehende Versetzung in zum Subject zurückkehrende Objectivität ist die Bildung des Begriffs, mithin alles wahre Denken unmöglich. Ohne daher irgend auf die Mittheilung zwischen Menschen und Menschen zu sehn, ist das Sprechen eine nothwendige Bedingung des Denkens des Einzelnen in abgeschlossener Einsamkeit. In der Erscheinung entwikkelt sich jedoch die Sprache nur gesellschaftlich, und der Mensch versteht sich selbst nur, indem er die Verstehbarkeit seiner Worte an Andren versuchend geprüft hat. Denn die Objectivität wird gesteigert, wenn das selbstgebildete Wort aus fremdem Munde wiedertönt. Der Subjectivität aber wird nichts geraubt, da der Mensch sich immer Eins mit dem Menschen fühlt; ja auch sie wird verstärkt, da die in Sprache verwandelte Vorstellung nicht mehr ausschliessend Einem Subject angehört. Indem sie in andre übergeht, schliesst sie sich an das dem ganzen menschlichen Geschlechte Gemeinsame an, von dem jeder Einzelne eine, das Verlangen nach Vervollständigung durch die andren in sich tragende Modification besitzt. Je grösser und bewegter das gesellige Zusammenwirken auf eine Sprache ist, desto mehr gewinnt sie unter übrigens gleichen Umständen. Was die Sprache in dem einfachen Acte der Gedankenerzeugung nothwendig macht, das wiederholt sich auch unaufhörlich im geistigen Leben des Menschen; die gesellige Mittheilung durch Sprache gewährt ihm Ueberzeugung und Anregung. Die Denkkraft bedarf etwas ihr Gleiches und doch von ihr Geschiednes. Durch das Gleiche wird sie entzündet, durch das von ihr Geschiedne erhält sie einen Prüfstein der Wesenheit ihrer innren Erzeugungen. Obgleich der Erkenntnissgrund der Wahrheit, des unbedingt Festen, für den Menschen nur in seinem Inneren liegen kann, so ist das Anringen seines geistigen Strebens an sie immer von Gefahren der Täuschung umgeben. Klar und unmittelbar nur seine veränderliche Beschränktheit fühlend, muss er sie sogar als etwas ausser ihm Liegendes ansehn; und eines der mächtigsten Mittel, ihr nahe zu kommen, seinen Abstand von ihr zu messen, ist die gesellige Mittheilung an Andre. Alles Sprechen, von dem einfachsten an, ist ein Anknüpfen des einzeln Empfundenen an die gemeinsame Natur der Menschheit.

Mit dem Verstehen verhält es sich nicht anders. Es kann in der Seele nichts, als durch eigne Thätigkeit vorhanden seyn, und Verstehen und Sprechen sind nur verschiedenartige Wirkungen der nemlichen Sprachkraft. Die gemeinsame Rede ist nie mit dem Uebergeben eines Stoffes vergleichbar. In dem Verstehenden, wie im Sprechenden, muss derselbe aus der eignen, innren Kraft entwickelt werden; und was der erstere empfängt, ist nur die harmonisch stimmende Anregung. Es ist daher dem Menschen auch so natürlich, das eben Verstandene gleich wieder auszusprechen. Auf diese Weise liegt die Sprache in jedem Menschen in ihrem ganzen Umfange, was aber nichts Andres bedeutet, als dass jeder ein, durch eine bestimmt modificirte Kraft, anstossend und beschränkend, geregeltes Streben besitzt, die ganze Sprache, wie es äussere oder innere Veranlassung herbeiführt, nach und nach aus sich hervorzubringen und hervorgebracht zu verstehen.

Das Verstehen könnte jedoch nicht, so wie wir es eben gefunden haben, auf innerer Selbstthätigkeit beruhen, und das gemeinschaftliche Sprechen müsste etwas Andres, als bloss gegenseitiges Wecken des Sprachvermögens des Hörenden seyn, wenn nicht in der Verschiedenheit der Einzelnen die, sich nur in abgesonderte Individualitäten spaltende Einheit der menschlichen Natur läge. Das Begreifen von Wörtern ist durchaus etwas Andres, als das Verstehen unarticulirter Laute, und fasst weit mehr in sich, als das blosse gegenseitige Hervorrufen des Lauts und des angedeuteten Gegenstandes. Das Wort kann allerdings auch als untheilbares Ganzes genommen werden, wie man selbst in der Schrift wohl den Sinn einer Wortgruppe erkennt, ohne noch ihrer alphabetischen Zusammensetzung gewiss zu seyn, und es wäre möglich, dass die Seele des Kindes in den ersten Anfängen des Verstehens so verführe. So wie aber nicht bloss das thierische Empfindungsvermögen, sondern die menschliche Sprachkraft angeregt wird (und es ist viel wahrscheinlicher, dass es auch im Kinde keinen Moment giebt, wo dies, wenn auch noch so schwach, nicht der Fall wäre), so wird auch das Wort, als articulirt, vernommen. Nun ist aber dasjenige, was die Articulation dem blossen Hervorrufen seiner Bedeutung (welches natürlich auch durch sie in höherer Vollkommenheit geschieht) hinzufügt, dass sie das Wort unmittelbar durch seine Form als einen Theil eines unendlichen Ganzen, einer Sprache, darstellt. Denn es ist durch sie, auch in einzelnen Wörtern, die Möglichkeit gegeben, aus den Elementen dieser eine wirklich bis ins Unbestimmte gehende Anzahl anderer Wörter nach bestimmenden Gefühlen und Regeln zu bilden und dadurch unter allen Wörtern eine Verwandtschaft, entsprechend der Verwandtschaft der Begriffe, zu stiften. Die Seele würde aber von diesem künstlichen Mechanismus gar keine Ahndung erhalten, die Articulation ebensowenig, als der Blinde die Farbe begreifen, wenn ihr nicht eine Kraft beiwohnte, jene Möglichkeit zur Wirklichkeit zu bringen. Denn die Sprache kann ja nicht als ein da liegender, in seinem Ganzen übersehbarer oder nach und nach mittheilbarer Stoff, sondern muss als ein sich ewig erzeugender angesehen werden, wo die Gesetze der Erzeugung bestimmt sind, aber der Umfang und gewissermassen auch die Art des Erzeugnisses gänzlich unbestimmt bleiben. Das Sprechenlernen der Kinder ist nicht ein Zumessen von Wörtern, Niederlegen im Gedächtniss und Wiedernachlallen mit den Lippen, sondern ein Wachsen des

Sprachvermögens durch Alter und Uebung. Das Gehörte thut mehr, als bloss sich mitzutheilen; es schickt die Seele an, auch das noch nicht Gehörte leichter zu verstehen, macht längst Gehörtes, aber damals halb oder gar nicht Verstandenes, indem die Gleichartigkeit mit dem eben Vernommenen der seitdem schärfer gewordenen Kraft plötzlich einleuchtet, klar und schärft den Drang und das Vermögen, aus dem Gehörten immer mehr und schneller in das Gedächtniss hinüberzuziehen, immer weniger davon als blossen Klang vorüberrauschen zu lassen. Die Fortschritte beschleunigen sich daher auch nicht, wie etwa beim Vocabellernen, in gleichmässigern, nur durch die verstärkte Uebung des Gedächtnisses wachsendem Verhältniss, sondern in beständig sich selbst steigerndem Verhältniss, da die Erhöhung der Kraft und die Gewinnung des Stoffs sich gegenseitig verstärken und erweitern. Dass bei den Kindern nicht ein mechanisches Lernen der Sprache, sondern eine Entwicklung der Sprachkraft vorgeht, beweist auch, dass, da den hauptsächlichsten menschlichen Kräften ein gewisser Zeitpunkt im Lebensalter zu ihrer Entwicklung angewiesen ist, alle Kinder unter den verschiedenartigsten Umständen ungefähr in demselben, nur innerhalb eines kurzen Zeitraums schwankenden Alter sprechen und verstehen. Wie aber könnte sich der Hörende bloss durch das Wachsen seiner eignen, sich abgeschieden in ihm entwickelnden Kraft des Gesprochenen bemeistern, wenn nicht in dem Sprechenden und Hörenden dasselbe, nur individuell und zu gegenseitiger Angemessenheit getrennte Wesen wäre, so dass ein so feines, aber gerade aus der tiefsten und eigentlichsten Natur desselben geschöpftes Zeichen, wie der articulirte Laut ist, hinreicht, beide auf übereinstimmende Weise vermittelnd anzuregen?

Man könnte gegen das hier Gesagte einwenden wollen, dass Kinder jedes Volkes, ehe sie sprechen, unter jedes fremde versetzt, ihr Sprachvermögen an dessen Sprache entwickeln. Diese unläugbare Thatsache, könnte man sagen, beweist deutlich, dass die Sprache bloss ein Wiedergeben des Gehörten ist und, ohne Rücksicht auf Einheit oder Verschiedenheit des Wesens, allein vom geselligen Umgange abhängt. Man hat aber schwerlich in Fällen dieser Art mit hinlänglicher Genauigkeit bemerken können, mit welcher Schwierigkeit die Stammanlage hat überwunden werden müssen, und wie sie doch vielleicht in den feinsten Nüancen unbesiegt zurückgeblieben ist. Ohne indess auch hierauf zu achten, erklärt sich jene Erscheinung hinlänglich daraus, dass der Mensch überall Eins mit dem Menschen ist, und die Entwicklung des Sprachvermögens daher mit Hülfe jedes gegebenen Individuum vor sich gehen kann. Sie geschieht darum nicht minder aus dem eignen Innern; nur weil sie immer zugleich der äusseren Anregung bedarf, muss sie sich derjenigen analog erweisen, die sie gerade erfährt, und kann es bei der Uebereinstimmung aller menschlichen Sprachen. Die Gewalt der Abstammung über diese liegt demungeachtet klar genug in ihrer Vertheilung nach Nationen vor Augen. Sie ist auch an sich leicht begreiflich, da die Abstammung so vorherrschend mächtig auf die ganze Individualität einwirkt, und mit dieser wieder die jedesmalige besondre Sprache auf das innigste zusammenhängt. Träte nicht die Sprache durch ihren Ursprung aus der Tiefe des menschlichen Wesens auch mit der physischen Abstammung in wahre und eigentliche Verbindung, warum würde sonst für den Gebildeten und Ungebildeten die vaterländische eine so viel grössere Stärke und Innigkeit besitzen, als eine fremde, dass sie das Ohr, nach langer Entbehrung, mit einer Art plötzlichen Zaubers begrüsst und in der Ferne Sehnsucht erweckt? Es beruht dies sichtbar nicht auf dem Geistigen in derselben, dem ausgedrückten Gedanken oder Gefühle, sondern gerade auf dem Unerklärlichsten und Individuellsten, auf ihrem Laute; es ist uns, als wenn wir mit dem heimischen einen Theil unseres Selbst vernähmen.

Auch bei der Betrachtung des durch die Sprache Erzeugten wird die Vorstellungsart, als bezeichne sie bloss die schon an sich wahrgenommenen Gegenstände, nicht bestätigt. Man würde vielmehr niemals durch sie den tiefen und vollen Gehalt der Sprache erschöpfen. Wie, ohne diese, kein Begriff möglich ist, so kann es für die Seele auch kein Gegenstand seyn, da ja selbst jeder äussere nur vermittelst des Begriffes für sie vollendete Wesenheit erhält. In die Bildung und in den Gebrauch der Sprache geht aber nothwendig die ganze Art der subjectiven Wahrnehmung der Gegenstände über. Denn das Wort entsteht eben aus dieser Wahrnehmung, ist nicht ein Abdruck des Gegenstandes an sich, sondern des von diesem in der Seele erzeugten Bildes. Da aller objectiven Wahrnehmung unvermeidlich Subjectivität beigemischt ist, so kann man, schon unabhängig von der Sprache, jede menschliche Individualität als einen eignen Standpunkt der Weltansicht betrachten. Sie wird aber noch viel mehr dazu durch die Sprache, da das Wort sich der Seele gegenüber auch wieder, wie wir weiter unten sehen werden, mit einem Zusatz von Selbstbedeutung zum Object macht und eine neue Eigenthümlichkeit hinzubringt. In dieser, als der eines Sprachlauts, herrscht nothwendig in derselben Sprache eine durchgehende Analogie; und da auch auf die Sprache in derselben Nation eine gleichartige Subjectivität einwirkt, so liegt in jeder Sprache eine eigenthümliche Weltansicht. Wie der einzelne Laut zwischen den Gegenstand und den Menschen, so tritt die ganze Sprache zwischen ihn und die innerlich und äusserlich auf ihn einwirkende Natur. Er umgiebt sich mit einer Welt von Lauten, um die Welt von Gegenständen in sich aufzunehmen und zu bearbeiten. Diese Ausdrücke überschreiten auf keine Weise das Mass der einfachen Wahrheit. Der Mensch lebt mit den Gegenständen hauptsächlich, ja, da Empfinden und Handlen in ihm von seinen Vorstellungen abhängen, sogar ausschliesslich so, wie die Sprache sie ihm zuführt. Durch denselben Act, vermöge dessen er die Sprache aus sich herausspinnt, spinnt er sich in dieselbe ein, und jede zieht um das Volk, welchem sie angehört, einen Kreis, aus dem es nur insofern hinauszugehen möglich ist, als man zugleich in den Kreis einer andren hinübertritt. Die Erlernung einer fremden Sprache sollte daher die Gewinnung eines neuen Standpunkts in der bisherigen Weltansicht seyn und ist es in der That bis auf einen gewissen Grad, da jede Sprache das ganze Gewebe der Begriffe und die Vorstellungsweise eines Theils der Menschheit enthält. Nur weil man in eine fremde Sprache immer, mehr oder weniger, seine eigne Welt-, ja seine eigne Sprachansicht hinüberträgt, so wird dieser Erfolg nicht rein und vollständig empfunden.

Selbst die Anfänge der Sprache darf man sich nicht auf eine so dürftige Anzahl von Wörtern beschränkt denken, als man wohl zu thun pflegt, indem man ihre Entstehung, statt sie in dem ursprünglichen Berufe zu freier, menschlicher Geselligkeit zu suchen, vorzugsweise dem Bedürfniss gegenseitiger Hülfsleistung beimisst und die Menschheit in einen eingebildeten Naturstand versetzt. Beides gehört zu den irrigsten Ansichten, die man über die Sprache fassen kann. Der Mensch ist nicht so bedürftig, und zur Hülfsleistung hätten unarticulirte Laute ausgereicht. Die Sprache ist auch in ihren Anfängen durchaus menschlich und dehnt sich absichtslos auf alle Gegenstände zufälliger sinnlicher Wahrnehmung und innerer Bearbeitung aus. Auch die Sprache der sogenannten Wilden, die doch einem solchen Naturstande näher kommen müssten, zeigen gerade eine überall über das Bedürfniss überschiessende Fülle und Mannigfaltigkeit von Ausdrücken. Die Worte entquillen freiwillig, ohne Noth und Absicht, der Brust, und es mag wohl in keiner Einöde eine wandernde Horde gegeben haben, die nicht schon ihre Lieder besessen hätte. Denn der Mensch, als Thiergattung, ist ein singendes Geschöpf, aber Gedanken mit den Tönen verbindend.

Die Sprache verpflanzt aber nicht bloss eine unbestimmbare Menge stoffartiger Elemente aus der Natur in die Seele, sie führt ihr auch dasjenige zu, was uns als Form aus dem Ganzen entgegenkommt. Die Natur entfaltet vor uns eine bunte und nach allen sinnlichen Eindrücken hin gestaltenreiche Mannigfaltigkeit, von lichtvoller Klarheit umstrahlt; unser Nachdenken entdeckt in ihr eine unsrer Geistesform zusagende Gesetzmässigkeit; abgesondert von dem körperlichen Daseyn der Dinge, hängt an ihren Umrissen, wie ein nur für den Menschen bestimmter Zauber, äussere Schönheit, in welcher die Gesetzmässigkeit mit dem sinnlichen Stoff einen uns, indem wir von ihm ergriffen und hingerissen werden, doch unerklärbar bleiben Bund eingeht. Alles dies finden wir in analogen Anklängen in der Sprache wieder, und sie vermag es darzustellen. Denn indem wir an ihrer Hand in eine Welt von Lauten überge-

hen, verlassen wir nicht die uns wirklich umgebende; mit der Gesetzmässigkeit der Natur ist die ihres eignen Baues verwandt, und indem sie
durch diesen den Menschen in der Thätigkeit seiner höchsten und
menschlichsten Kräfte anregt, bringt sie ihn auch überhaupt dem Verständniss des formalen Eindrucks der Natur näher, da diese doch auch
nur als eine wenngleich unerklärliche Entwicklung geistiger Kräfte betrachtet werden kann; durch die dem Laute in seinen Verknüpfungen
eigenthümliche rhythmische und musikalische Form erhöht die Sprache, ihn in ein andres Gebiet versetzend, den Schönheitseindruck der
Natur, wirkt aber, auch unabhängig von ihm, durch den blossen Fall der
Rede auf die Stimmung der Seele ein.

Von dem jedesmal Gesprochenen ist die Sprache, als die Masse seiner Erzeugnisse, verschieden; und wir müssen, ehe wir diesen Abschnitt verlassen, noch bei der näheren Betrachtung dieser Verschiedenheit verweilen. Eine Sprache in ihrem ganzen Umfange enthält alles
durch sie in Laute Verwandelte. Wie aber der Stoff des Denkens und die
Unendlichkeit der Verbindungen desselben niemals erschöpft werden,
so kann dies ebensowenig mit der Menge des zu Bezeichnenden und zu
Verknüpfenden in der Sprache der Fall seyn. Die Sprache besteht daher,
neben den schon geformten Elementen, ganz vorzüglich auch aus Methoden, die Arbeit des Geistes, welcher sie die Bahn und die Form vor-
zeichnet, weiter fortzusetzen. Die einmal fest geformten Elemente bilden zwar eine gewissermassen todte Masse, diese Masse trägt aber den
lebendigen Keim nie endender Bestimmbarkeit in sich. Auf jedem einzelnen Punkt und in jeder einzelnen Epoche erscheint daher die Sprache, gerade wie die Natur selbst, dem Menschen, im Gegensatze mit allem ihm schon Bekannten und von ihm Gedachten, als eine
unerschöpfliche Fundgrube, in welcher der Geist immer noch Unbekanntes entdecken und die Empfindung noch nicht auf diese Weise Ge-
fühltes wahrnehmen kann. In jeder Behandlung der Sprache durch eine
wahrhaft neue und grosse Genialität zeigt sich diese Erscheinung in der
Wirklichkeit; und der Mensch bedarf es zur Begeisterung in seinem immer fortarbeitenden intellectuellen Streben und der fortschreitenden
Entfaltung seines geistigen Lebensstoffes, das ihm, neben dem Gebiete
des schon Errungenen, der Blick in eine unendliche, allmählich weiter
zu entwirrende Masse offen bleibe. Die Sprache enthält aber zugleich
nach zwei Richtungen hin eine dunkle, unenthüllte Tiefe. Denn auch
rückwärts fliesst sie aus unbekanntem Reichthum hervor, der sich nur
bis auf eine gewisse Weite noch erkennen lässt, dann aber sich schliesst
und nur das Gefühl seiner Unergründlichkeit zurücklässt. Die Sprache
hat diese anfangs- und endlose Unendlichkeit für uns, denen nur eine
kurze Vergangenheit Licht zuwirft, mit dem ganzen Daseyn des Menschengeschlechts gemein. Man fühlt und ahndet aber in ihr deutlicher

und lebendiger, wie auch die ferne Vergangenheit sich noch an das Gefühl der Gegenwart knüpft, da die Sprache durch die Empfindungen der früheren Geschlechter durchgegangen ist und ihren Anhauch bewahrt hat, diese Geschlechter aber uns in denselben Lauten der Muttersprache, die auch uns Ausdruck unsrer Gefühle wird, nationell und familienartig verwandt sind.

Dies theils Feste, theils Flüssige in der Sprache bringt ein eignes Verhältniss zwischen ihr und dem redenden Geschlechte hervor. Es erzeugt sich in ihr ein Vorrath von Wörtern und ein System von Regeln, durch welche sie in der Folge der Jahrtausende zu einer selbstständigen Macht anwächst. Wir sind im Vorigen darauf aufmerksam geworden, dass der in Sprache aufgenommene Gedanke für die Seele zum Object wird und insofern eine ihr fremde Wirkung auf sie ausübt. Wir haben aber das Object vorzüglich als aus dem Subject entstanden, die Wirkung als aus demjenigen, worauf sie zurückwirkt, hervorgegangenen betrachtet. Jetzt tritt die entgegengesetzte Ansicht ein, nach welcher die Sprache wirklich ein fremdes Object, ihre Wirkung in der That aus etwas andrem, als worauf sie wirkt hervorgegangen ist. Denn die Sprache muss nothwendig (VII 56. 57.) zweien angehören und ist wahrhaft ein Eigenthum des ganzen Menschengeschlechts. Da sie nun auch in der Schrift den schlummernden Gedanken dem Geiste erweckbar erhält, so bildet sie sich ein eigenthümliches Daseyn, das zwar immer nur in jedesmaligem Denken Geltung erhalten kann, aber in seiner Totalität von diesem unabhängig ist. Die beiden hier angeregten, einander entgegengesetzten Ansichten, dass die Sprache der Seele fremd und ihr angehörend, von ihr unabhängig und abhängig ist, verbinden sich wirklich in ihr und machen die Eigenthümlichkeit ihres Wesens aus. Es muss dieser Widerstreit auch nicht so gelöst werden, dass sie zum Theil fremd und unabhängig und zum Theil beides nicht sey. Die Sprache ist gerade insofern objectiv einwirkend und selbstständig, als sie subjectiv gewirkt und abhängig ist. Denn sie hat nirgends, auch in der Schrift nicht, eine bleibende Stätte, ihr gleichsam todter Theil muss immer im Denken aufs neue erzeugt werden, lebendig in Rede oder Verständniss, und folglich ganz in das Subject übergehen; es liegt aber in dem Act dieser Erzeugung, sie gerade ebenso zum Object zu machen: sie erfährt auf diesem Wege jedesmal die ganze Einwirkung des Individuum; aber diese Einwirkung ist schon in sich durch das, was sie wirkt und gewirkt hat, gebunden. Die wahre Lösung jenes Gegensatzes liegt in der Einheit der menschlichen Natur. Was aus dem stammt, was eigentlich mit mir Eins ist, darin gehen die Begriffe des Subjects und Objects, der Abhängigkeit und Unabhängigkeit in einander über. Die Sprache gehört mir an, weil ich sie so hervorbringe, als ich thue; und da der Grund hiervon zugleich in dem Sprechen und Gesprochenhaben aller Menschengeschlechter liegt, soweit Sprachmittheilung ohne Unterbrechung unter ihnen gewesen seyn mag, so ist es die Sprache selbst, von der ich dabei Einschränkung erfahre. Allein was mich in ihr beschränkt und bestimmt, ist in sie aus menschlicher, mit mir innerlich zusammenhängender Natur gekommen, und das Fremde in ihr ist daher dies nur für meine augenblicklich individuelle, nicht meine ursprünglich wahre Natur.

Wenn man bedenkt, wie auf die jedesmalige Generation in einem Volke alles dasjenige bildend einwirkt, was die Sprache desselben alle vorigen Jahrhunderte hindurch erfahren hat, und wie damit nur die Kraft der einzelnen Generation in Berührung tritt und diese nicht einmal rein, da das aufwachsende und abtretende Geschlecht untermischt neben einander leben, so wird klar, wie gering eigentlich die Kraft des Einzelnen gegen die Macht der Sprache ist. Nur durch die ungemeine Bildsamkeit der letzteren, durch die Möglichkeit, ihre Formen, dem allgemeinen Verständniss unbeschadet, auf sehr verschiedene Weise aufzunehmen, und durch die Gewalt, welche alles lebendig Geistige über das todt Ueberlieferte ausübt, wird das Gleichgewicht wieder einigermassen hergestellt. Doch ist es immer die Sprache, in welcher jeder Einzelne am lebendigsten fühlt, dass er nichts als ein Ausfluss des ganzen Menschengeschlechts ist. Weil indess doch jeder einzeln und unaufhörlich auf sie zurückwirkt, bringt demungeachtet jede Generation eine Veränderung in ihr hervor, die sich nur oft der Beobachtung entzieht. Denn die Veränderung liegt nicht immer in den Wörtern und Formen selbst, sondern bisweilen nur in dem anders modificirten Gebrauche derselben; und dies letztere ist, wo Schrift und Literatur mangeln, schwieriger wahrzunehmen. Die Rückwirkung des Einzelnen auf die Sprache wird einleuchtender, wenn man, was zur scharfen Begränzung der Begriffe nicht fehlen darf, bedenkt, dass die Individualität einer Sprache (wie man das Wort gewöhnlich nimmt) auch nur vergleichungsweise eine solche ist, dass aber die wahre Individualität nur in dem jedesmal Sprechenden liegt. Erst im Individuum erhält die Sprache ihre letzte Bestimmtheit. Keiner denkt bei dem Wort gerade und genau das, was der andre, und die noch so kleine Verschiedenheit zittert, wie ein Kreis im Wasser, durch die ganze Sprache fort. Alles Verstehen ist daher immer zugleich ein Nicht-Verstehen, alle Uebereinstimmung in Gedanken und Gefühlen zugleich ein Auseinandergehen. In der Art, wie sich die Sprache in jedem Individuum modificirt, offenbart sich, ihrer im Vorigen dargestellten Macht gegenüber, eine Gewalt des Menschen über sie. Ihre Macht kann man (wenn man den Ausdruck auf geistige Kraft anwenden will) als ein physiologisches Wirken ansehen; die von ihm ausgehende Gewalt ist ein rein dynamisches. In dem auf ihn ausgeübten Einfluss liegt die Gesetzmässigkeit der Sprache und ihrer Formen, in der aus ihm kommenden Rückwirkung ein Princip der Freiheit. Denn es kann im Menschen etwas aufsteigen, dessen Grund kein Verstand in den vorhergehenden Zuständen aufzufinden vermag; und man würde die Natur der Sprache verkennen und gerade die geschichtliche Wahrheit ihrer Entstehung und Umänderung verletzen, wenn man die Möglichkeit solcher unerklärbaren Erscheinungen von ihr ausschliessen wollte. Ist aber auch die Freiheit an sich unbestimmbar und unerklärlich, so lassen sich doch vielleicht ihre Gränzen innerhalb eines gewissen ihr allein gewährten Spielraums auffinden; und die Sprachuntersuchung muss die Erscheinung der Freiheit erkennen und ehren, aber auch gleich sorgfältig ihren Gränzen nachspüren.

Lautsystem der Sprachen. Natur des articulirten Lautes

15. Der Mensch nöthigt den articulirten Laut, die Grundlage und das Wesen alles Sprechens, seinen körperlichen Werkzeugen durch den Drang seiner Seele ab, und das Thier würde das Nemliche zu thun vermögen, wenn es von dem gleichen Drange beseelt wäre. So ganz und ausschliesslich ist die Sprache schon in ihrem ersten und unentbehrlichsten Elemente in der geistigen Natur des Menschen gegründet, dass ihre Durchdringung hinreichend, aber nothwendig ist, den thierischen Laut in articulirten zu verwandeln. Denn die Absicht und die Fähigkeit zur Bedeutsamkeit, und zwar nicht zu dieser überhaupt, sondern zu der bestimmten durch Darstellung eines Gedachten, macht allein den articulirten Laut aus, und es lässt sich nichts andres angeben, um seinen Unterschied auf der einen Seite vom thierischen Geschrei, auf der andren vom musikalischen Ton zu bezeichnen. Er kann nicht seiner Beschaffenheit, sondern nur seiner Erzeugung nach beschrieben werden, und dies liegt nicht im Mangel unsrer Fähigkeit, sondern charakterisirt ihn in seiner eigenthümlichen Natur, da er eben nichts, als das absichtliche Verfahren der Seele, ihn hervorzubringen, ist und nur so viel Körper enthält, als die äussere Wahrnehmung nicht zu entbehren vermag.

Dieser Körper, der hörbare Laut, lässt sich sogar gewissermassen von ihm trennen und die Articulation dadurch noch reiner herausheben. Dies sehen wir an den Taubstummen. Durch das Ohr ist jeder Zugang zu ihnen verschlossen; sie lernen aber das Gesprochene an der Bewegung der Sprachwerkzeuge des Redenden und an der Schrift, deren Wesen die Articulation schon ganz ausmacht, verstehen; sie sprechen selbst, indem man die Lage und Bewegung ihrer Sprachwerkzeuge lenkt. Dies kann nur durch das, auch ihnen beiwohnende Articulationsvermögen geschehen, indem sie, durch den Zusammenhang ihres Denkens mit ihren Sprachwerkzeugen, im Andren aus dem einen Gliede, der Bewegung seiner Sprachwerkzeuge, das andre, sein Denken, errathen lernen. Der Ton, den wir hören, offenbart sich ihnen durch die Lage und Bewegung der Organe und durch die hinzukommende Schrift, sie vernehmen durch das Auge und das angestrengte Bemühen des Selbstsprechens seine Articulation ohne sein Geräusch. Es geht also in ihnen eine merkwürdige Zerlegung des articulirten Lautes vor. Sie verstehen, da sie alphabetisch lesen und schreiben und selbst reden lernen, wirklich die Sprache, erkennen nicht bloss angeregte Vorstellungen an Zeichen oder Bildern. Sie lernen reden, nicht bloss dadurch, dass sie Vernunft, wie andre Menschen, sondern ganz eigentlich dadurch, dass sie auch Sprachfähigkeit besitzen, Uebereinstimmung ihres Denkens mit ihren Sprachwerkzeugen, und Drang, beide zusammenwirken zu lassen, das eine und das andere wesentlich gegründet in der menschlichen, wenn auch von einer Seite verstümmelten Natur. Der Unterschied zwischen ihnen und uns ist, dass ihre Sprachwerkzeuge nicht durch das Beispiel eines fertigen articulirten Lautes zur Nachahmung geweckt werden, sondern die Aeusserung ihrer Thätigkeit auf einem naturwidrigen, künstlichen Umwege erlernen müssen. Es erweist sich aber auch an ihnen, wie tief und enge die Schrift, selbst wo die Vermittlung des Ohres fehlt, mit der Sprache zusammenhängt.

Die Articulation beruht auf der Gewalt des Geistes über die Sprachwerkzeuge, sie zu einer der Form seines Wirkens entsprechenden Behandlung des Lautes zu nöthigen. Dasjenige, worin sich diese Form und die Articulation, wie in einem verknüpfenden Mittel, begegnen, ist, dass beide ihr Gebiet in Grundtheile zerlegen, deren Zusammenfügung lauter solche Ganze bildet, welche das Streben in sich tragen, Theile neuer Ganze zu werden. Das Denken fordert ausserdem Zusammenfassung des Mannigfaltigen in Einheit. Die nothwendigen Merkmale des articulirten Lautes sind daher scharf zu vernehmende Einheit und eine Beschaffenheit, die sich mit andren und allen denkbaren articulirten Lauten in ein bestimmtes Verhältniss zu stellen vermag. Die Geschiedenheit des Lautes von allen ihn verunreinigenden Nebenklängen ist zu seiner Deutlichkeit und der Möglichkeit zusammentönenden Wohllauts unentbehrlich, fliesst aber auch unmittelbar aus der Absicht, ihn zum Elemente der Rede zu machen. Er steht von selbst rein da, wenn diese wahrhaft energisch ist, sich von verwirrtem und dunklem thierischen Geschrei losmacht und als Erzeugniss rein menschlichen Dranges und menschlicher Absicht hervortritt. Die Einpassung in ein System, vermöge dessen jeder articulirte Laut etwas an sich trägt, in Beziehung worauf andre ihm zur Seite oder gegenüber stehen, wird durch die Art der Erzeugung bewirkt. Denn jeder einzelne Laut wird in Beziehung auf die übrigen, mit ihm gemeinschaftlich zur freien Vollständigkeit der Rede nothwendigen gebildet. Ohne dass sich angeben liesse, wie dies zugeht, brechen aus jedem Volke gerade die articulirten Laute und in derjenigen Beziehung auf einander hervor, welche und wie sie das Sprachsystem desselben erfordert. Die ersten Hauptunterschiede bildet die Verschiedenheit der Sprachwerkzeuge und des räumlichen Ortes in jedem derselben, wo der articulirte Laut hervorgebracht wird. Es gesellen sich dann zu ihm Nebenbeschaffenheiten, die jedem, ohne Rücksicht auf die Verschiedenheit der Organe, eigen seyn können, wie Hauch, Zischen, Nasenton u. s. w. Von diesen droht jedoch der reinen Geschiedenheit der Laute Gefahr, und es ist ein doppelt starker Beweis des Vorwaltens richtigen Sprachsinns, wenn ein Alphabet diese Laute dergestalt durch die Aussprache gezügelt enthält, dass sie vollständig und doch dem feinsten Ohre unvermischt und rein hervortönen. Diese Nebenbeschaffenheiten müssen alsdann mit der ihnen zum Grunde liegenden Articulation in eine eigne Modification des Hauptlautes zusammenschmelzen und auf jede andre, ungeregelte Weise durchaus verbannt seyn.

Die consonantisch gebildeten articulirten Laute lassen sich nicht anders, als von einem Klang gebenden Luftzuge begleitet aussprechen. Dies Ausströmen der Luft giebt nach dem Orte, wo es erzeugt wird, und nach der Oeffnung, durch die es strömt, ebenso bestimmt verschiedne und gegen einander in festen Verhältnissen stehende Laute, als die der Consonantenreihe. Durch dies gleichzeitig zwiefache Lautverfahren wird die Sylbe gebildet. In dieser aber liegen nicht, wie es, nach unsrer Art zu schreiben, scheinen sollte, zwei oder mehrere Laute, sondern eigentlich nur Ein auf eine bestimmte Weise herausgestossener. Die Theilung der einfachen Sylbe in einen Consonanten und Vocal, insofern man sich beide als selbstständig denken will, ist nur eine künstliche. In der Natur bestimmen sich Consonant und Vocal dergestalt gegenseitig, dass sie für das Ohr eine durchaus unzertrennliche Einheit ausmachen. Soll daher auch die Schrift diese natürliche Beschaffenheit bezeichnen, so ist es richtiger, so wie es mehrere Asiatische Alphabete thun, die Vocale gar nicht als eigne Buchstaben, sondern bloss als Modificationen der Consonanten zu behandeln. Genau genommen, können auch die Vocale nicht allein ausgesprochen werden. Der sie bildende Luftstrom bedarf eines ihn hörbar machenden Anstosses; und giebt diesen kein klar anlautender Consonant, so ist dazu ein, auch noch so leiser Hauch erforderlich, den einige Sprachen auch in der Schrift jedem Anfangsvocal vorausgehen lassen. Dieser Hauch kann sich gradweise bis zum wirklich gutturalen Consonanten verstärken, und die Sprache kann die verschiednen Stufen dieser Verhärtung, als eigne Buchstaben, bezeichnen. Der Vocal verlangt dieselbe reine Geschiedenheit, als der Consonant, und die Sylbe muss diese doppelte an sich tragen. Sie ist aber im Vocalsystem, obgleich der Vollendung der Sprache nothwendiger, dennoch schwieriger zu bewahren. Der Vocal verbindet sich nicht bloss mit einem ihm vorangehenden, sondern ebensowohl mit einem ihm nachfolgenden Laute, der ein reiner Consonant, aber auch ein blosser Hauch, wie das Sanskritische Wisarga und in einigen Fällen das Arabische schliessende Elif seyn kann. Gerade dort aber ist die Reinheit des Lautes, vorzüglich wenn sich kein eigentlicher Consonant, sondern nur eine Nebenbeschaffenheit der articulirten Laute an den Vocal anschliesst, für das Ohr schwieriger, als beim Anlaute zu erreichen, so dass die Schrift einiger Völker von dieser Seite her sehr mangelhaft erscheint. Durch die zwei, sich immer gegenseitig bestimmenden, aber doch sowohl durch das Ohr, als die Abstraction bestimmt unterschiedenen Consonanten- und Vocalreihen entsteht nicht nur eine neue Mannigfaltigkeit von Verhältnissen im Alphabete, sondern auch ein Gegensatz dieser beiden Reihen gegen einander, von welchem die Sprache vielfachen Gebrauch macht.

In der Summe der articulirten Laute lässt sich also bei jedem Alphabete ein Zwiefaches unterscheiden, wodurch dasselbe mehr oder weniger wohlthätig auf die Sprache einwirkt, nemlich der absolute Reichthum desselben an Lauten und das relative Verhältniss dieser Laute zu einander und zu der Vollständigkeit und Gesetzmässigkeit eines vollendeten Lautsystems. Ein solches System enthält nemlich, seinem Schema nach, als ebenso viele Classen der Buchstaben, die Arten, wie die articulirten Laute sich in Verwandtschaft an einander reihen oder in Verschiedenheit einander gegenüberstellen, Gegensatz und Verwandtschaft von allen den Beziehungen aus genommen, in welchen sie statt finden können. Bei Zergliederung einer einzelnen Sprache fragt es sich nun zuerst, ob die Verschiedenartigkeit ihrer Laute vollständig oder mangelhaft die Punkte des Schemas besetzt, welche die Verwandtschaft oder der Gegensatz angeben, und ob daher der, oft nicht zu verkennende Reichthum an Lauten nach einem dem Sprachsinne des Volks in allen seinen Theilen zusagenden Bilde des ganzen Lautsystems gleichmässig vertheilt ist oder Classen Mangel leiden, indem andre Ueberfluss haben? Die wahre Gesetzmässigkeit, der das Sanskrit in der That sehr nahe kommt, würde erfordern, dass jeder nach dem Ort seiner Bildung verschiedenartige articulirte Laut durch alle Classen, mithin durch alle Laut-Modificationen durchgeführt sey, welche das Ohr in den Sprachen zu unterscheiden pflegt. Bei diesem ganzen Theile der Sprachen kommt es, wie man leicht sieht, vor allem auf eine glückliche Organisation des Ohrs und der Sprachwerkzeuge an. Es ist aber auch keineswegs gleichgültig, wie klangreich oder lautarm, gesprächig oder schweigsam ein Volk seinem Naturell und seiner Empfindungsweise nach sey. Denn das Gefallen am articulirt hervorgebrachten Laute giebt demselben Reichthum und Mannigfaltigkeit an Verknüpfungen. Selbst dem unarticulirten Laute kann ein gewisses freies und daher edleres Gefallen an seiner Hervorbringung nicht immer abgesprochen werden. Oft entpresst ihn zwar, wie bei widrigen Empfindungen, die Noth; in andren Fällen liegt ihm Absicht zum Grunde, indem er lockt, warnt oder zur Hülfe herbeiruft. Aber er entströmt auch, ohne Noth und Absicht, dem frohen Gefühle des Daseyns und nicht bloss der rohen Lust, sondern auch dem zarteren Gefallen am kunstvolleren Schmettern der Töne. Dies Letzte ist das Poetische, ein aufglimmender Funke in der thierischen Dumpfheit. Diese verschiednen Arten der Laute sind unter die mehr oder minder stummen und klangreichen Geschlechter der Thiere sehr ungleich vertheilt, und verhältnissmässig wenigen ist die höhere und freudigere Gattung geworden. Es wäre, auch für die Sprache, belehrend, bleibt aber vielleicht immer unergründet, woher diese Verschiedenheit stammt. Dass die Vögel allein Gesang besitzen, liesse sich vielleicht daraus erklären, dass sie freier, als alle andre Thiere, in dem Elemente des Tons und in seinen reineren Regionen leben, wenn nicht so viele Gattungen derselben, gleich den auf der Erde wandelnden Thieren, an wenige einförmige Laute gebunden wären.

In der Sprache entscheidet jedoch nicht gerade der Reichthum an Lauten, es kommt vielmehr im Gegentheil auf keusche Beschränkung auf die der Rede nothwendigen Laute und auf das richtige Gleichgewicht zwischen denselben an. Der Sprachsinn muss daher noch etwas andres enthalten, was wir uns nicht im Einzelnen zu erklären vermögen, ein instinctartiges Vorgefühl des ganzen Systems, dessen die Sprache in dieser ihrer individuellen Form bedürfen wird. Was sich eigentlich in der ganzen Spracherzeugung wiederholt, tritt auch hier ein. Man kann die Sprache mit einem ungeheuren Gewebe vergleichen, in dem jeder Theil mit dem andren und alle mit dem Ganzen in mehr oder weniger deutlich erkennbarem Zusammenhange stehen. Der Mensch berührt im Sprechen, von welchen Beziehungen man ausgehen mag, immer nur einen abgesonderten Theil dieses Gewebes, thut dies aber instinctartig immer dergestalt, als wären ihm zugleich alle, mit welchen jener einzelne nothwendig in Uebereinstimmung stehen muss, im gleichen Augenblick gegenwärtig.

Lautsystem der Sprachen. Lautveränderungen

16. Die einzelnen Articulationen machen die Grundlage aller Lautverknüpfungen der Sprache aus. Die Gränzen, in welche diese dadurch eingeschlossen werden, erhalten aber zugleich ihre noch nähere Bestimmung durch die den meisten Sprachen eigenthümliche Lautumformung, die auf besondren Gesetzen und Gewohnheiten beruht. Sie geht sowohl die Consonanten-, als Vocalreihe an, und einige Sprachen unterscheiden sich noch dadurch, dass sie von der einen oder andren die-

ser Reihen vorzugsweise oder zu verschiednen Zwecken Gebrauch machen. Der wesentliche Nutzen dieser Umformung besteht darin, dass, indem der absolute Sprachreichthum und die Laut-Mannigfaltigkeit dadurch vermehrt werden, dennoch an dem umgeformten Element sein Urstamm erkannt werden kann. Die Sprache wird dadurch in den Stand gesetzt, sich in grösserer Freiheit zu bewegen, ohne dadurch den dem Verständnisse und dem Aufsuchen der Verwandtschaft der Begriffe nothwendigen Faden zu verlieren. Denn diese folgen der Veränderung der Laute oder geben ihr gesetzgebend voran, und die Sprache gewinnt dadurch an lebendiger Anschaulichkeit. Mangelnde Lautumformung setzt dem Wiedererkennen der bezeichneten Begriffe an den Lauten Hindernisse entgegen, eine Schwierigkeit, die im Chinesischen noch fühlbarer seyn würde, wenn nicht dort sehr häufig, in Ableitung und Zusammensetzung, die Analogie der Schrift an die Stelle der Laut-Analogie träte. Die Lautumformung unterliegt aber einem zwiefachen, sich oft gegenseitig unterstüzenden, allein auch in andren Fällen einander entgegenkämpfenden Gesetze. Das eine ist ein bloss organisches, aus den Sprachwerkzeugen und ihrem Zusammenwirken entstehend, von der Leichtigkeit und Schwierigkeit der Aussprache abhängend und daher der natürlichen Verwandtschaft der Laute folgend. Das andre wird durch das geistige Princip der Sprache gegeben, hindert die Organe, sich ihrer blossen Neigung oder Trägheit zu überlassen, und hält sie bei Lautverbindungen fest, die ihnen an sich nicht natürlich seyn würden. Bis auf einen gewissen Grad stehen beide Gesetze in Harmonie mit einander. Das geistige muss zur Beförderung leichter und fliessender Aussprache dem andren, soviel es möglich ist, nachgebend huldigen, ja bisweilen, um von einem Laute zum andren, wenn eine solche Verbindung durch die Bezeichnung als nothwendig erachtet wird, zu gelangen, andre, bloss organische Uebergänge ins Werk richten. In gewisser Absicht aber stehen beide Gesetze einander so entgegen, dass, wenn das geistige in der Kraft seiner Einwirkung nachlässt, das organische das Uebergewicht gewinnt, so wie im thierischen Körper beim Erlöschen des Lebensprincips die chemischen Affinitäten die Herrschaft erhalten. Das Zusammenwirken und der Widerstreit dieser beiden Gesetze bringt sowohl in der uns ursprünglich scheinenden Form der Sprachen, als in ihrem Verfolge mannigfaltige Erscheinungen hervor, welche die genaue grammatische Zergliederung entdeckt und aufzählt.

Die Lautumformung, von der wir hier reden, kommt hauptsächlich in zwei oder wenn man will, in drei Stadien der Sprachbildung vor: bei den Wurzeln, den daraus abgeleiteten Wörtern und deren weiterer Ausbildung in die verschiednen allgemeinen, in der Natur der Sprache liegenden Formen. Mit dem eigenthümlichen Systeme, welches jede Sprache hierin annimmt, muss ihre Schilderung beginnen. Denn es ist gleichsam das Bett, in welchem ihr Strom von Zeitalter zu Zeitalter fliesst; ihre allgemeinen Richtungen werden dadurch bedingt und ihre individuellsten Erscheinungen weiss eine beharrliche Zergliederung auf diese Grundlage zurückzuführen.

Lautsystem der Sprachen. Vertheilung der Laute unter die Begriffe

17. Unter Wörtern versteht man die Zeichen der einzelnen Begriffe. Die Sylbe bildet eine Einheit des Lautes; sie wird aber erst zum Worte, wenn sie für sich Bedeutsamkeit erhält, wozu oft eine Verbindung mehrerer gehört. Es kommt daher in dem Worte allemal eine doppelte Einheit, des Lautes und des Begriffes, zusammen. Dadurch werden die Wörter zu den wahren Elementen der Rede, da die der Bedeutsamkeit ermangelnden Sylben nicht eigentlich so genannt werden können. Wenn man sich die Sprache als eine zweite, von dem Menschen nach den Eindrükken, die er von der wahren empfängt, aus sich selbst heraus objectivirte Welt vorstellt, so sind die Wörter die einzelnen Gegenstände darin, denen daher der Charakter der Individualität, auch in der Form, erhalten werden muss. Die Rede läuft zwar in ungetrennter Stätigkeit fort, und der Sprechende, ehe auf die Sprache gerichtete Reflexion hinzutritt, hat darin nur das Ganze des zu bezeichnenden Gedanken im Auge. Man kann sich unmöglich die Entstehung der Sprache als von der Bezeichnung der Gegenstände durch Wörter beginnend und von da zur Zusammenfügung übergehend denken. In der Wirklichkeit wird die Rede nicht aus ihr vorangegangenen Wörtern zusammengesetzt, sondern die Wörter gehen umgekehrt aus dem Ganzen der Rede hervor. Sie werden aber auch schon ohne eigentliche Reflexion und selbst in dem rohesten und ungebildetsten Sprechen empfunden, da die Wortbildung ein wesentliches Bedürfniss des Sprechens ist. Der Umfang des Worts ist die Gränze, bis zu welcher die Sprache selbstthätig bildend ist. Das einfache Wort ist die vollendete, ihr entknospende Blüthe. In ihm gehört ihr das fertige Erzeugniss selbst an. Dem Satz und der Rede bestimmt sie nur die regelnde Form und überlässt die individuelle Gestaltung der Willkühr des Sprechenden. Die Wörter erscheinen auch oft in der Rede selbst isolirt, allein ihre wahre Herausfindung aus dem Continuum derselben gelingt nur der Schärfe des schon mehr vollendeten Sprachsinnes; und es ist dies gerade ein Punkt, in welchem die Vorzüge und Mängel einzelner Sprachen vorzüglich sichtbar werden.

Da die Wörter immer Begriffen gegenüberstehen, so ist es natürlich, verwandte Begriffe mit verwandten Lauten zu bezeichnen. Wenn man die Abstammung der Begriffe, mehr oder weniger deutlich, im Geiste wahrnimmt, so muss ihr eine Abstammung in den Lauten entsprechen, so dass Verwandtschaft der Begriffe und Laute zusammentrifft. Die Lautverwandtschaft, die doch nicht zu Einerleiheit des Lautes werden soll, kann nur daran sichtbar seyn, dass ein Theil des Wortes einen, gewissen Regeln unterworfenen Wechsel erfährt, ein anderer Theil dagegen ganz unverändert oder nur in leicht erkennbarer Veränderung bestehen bleibt. Diese festen Theile der Wörter und Wortformen nennt man die wurzelhaften und wenn sie abgesondert dargestellt werden, die Wurzeln der Sprache selbst. Diese Wurzeln erscheinen in ihrer nackten Gestalt in der zusammengefügten Rede in einigen Sprachen selten, in anderen gar nicht. Sondert man die Begriffe genau, so ist das letztere sogar immer der Fall. Denn so wie sie in die Rede eintreten, nehmen sie auch in Gedanken eine ihrer Verbindung entsprechende Kategorie an und enthalten daher nicht mehr den nackten und formlosen Wurzelbegriff. Auf der andren Seite kann man sie aber auch nicht in allen Sprachen ganz als eine Frucht der blossen Reflexion und als das letzte Resultat der Wortzergliederung, also lediglich wie eine Arbeit der Grammatiker ansehen. In Sprachen, welche bestimmte Ableitungsgesetze in grosser Mannigfaltigkeit von Lauten und Ausdrücken besitzen, müssen die wurzelhaften Laute sich in der Phantasie und dem Gedächtniss der Redenden leicht als die eigentlich ursprünglich, aber, bei ihrer Wiederkehr in so vielen Abstufungen der Begriffe, als die allgemein bezeichnenden herausheben. Prägen sie sich als solche dem Geiste tief ein, so werden sie leicht auch in die verbundene Rede unverändert eingeflochten werden und mithin der Sprache auch in wahrer Wortform angehören. Sie können aber auch schon in uralter Zeit in der Periode des Aufsteigens zur Formung auf diese Weise gebräuchlich gewesen seyn, so dass sie wirklich den Ableitungen vorausgegangen und Bruchstücke einer später erweiterten und umgeänderten Sprache wären. Auf diese Weise lässt sich erklären, wie wir z. B. im Sanskrit, wenn wir die uns bekannten Schriften zu Rathe ziehen, nur gewisse Wurzeln gewöhnlich in die Rede eingefugt finden. Denn in diesen Dingen waltet natürlich in den Sprachen auch der Zufall mit; und wenn die Indischen Grammatiker sagen, dass jede ihrer angeblichen Wurzeln so gebraucht werden könne, so ist dies wohl nicht eine aus der Sprache entnommene Thatsache, sondern eher ein ihr eigenmächtig gegebenes Gesetz. Sie scheinen überhaupt, auch bei den Formen, nicht bloss die gebräuchlichen gesammelt, sondern jede Form durch alle Wurzeln durchgeführt zu haben; und dies System der Verallgemeinerung ist auch in andren Theilen der SanskritGrammatik genau zu beachten. Die Aufzählung der Wurzeln beschäftigte die Grammatiker vorzüglich, und die vollständige Zusammenstellung derselben ist unstreitig ihr Werk.[16] Es giebt aber auch Sprachen, die in dem hier angenommenen Sinn wirklich keine Wurzeln haben, weil es ihnen an Ableitungsgesetzen und Lautumformung von einfacheren Lautverknüpfungen aus fehlt. Alsdann fallen, wie im Chinesischen, Wurzeln und Wörter zusammen, da sich die letzteren in keine Formen auseinander legen oder erweitern; die Sprache besitzt bloss Wurzeln. Von solchen Sprachen aus wäre es denkbar, dass andere, den Wörtern jene Lautumformung hinzufügende entstanden wären, so dass die nackten Wurzeln der letzteren den Wortvorrath einer ältern, in ihnen aus der Rede ganz oder zum Theil verschwundenen Sprache ausmachten. Ich führe dies aber bloss als eine Möglichkeit an; dass es sich wirklich mit irgend einer Sprache also verhielte, könnte nur geschichtlich erwiesen werden.

Wir haben die Wörter hier, zum Einfachen hinaufgehend, von den Wurzeln gesondert. Wir können sie aber auch, zum noch Verwickelteren hinabsteigend, von den eigentlich grammatischen Formen unterscheiden. Die Wörter müssen nemlich, um in die Rede eingefugt zu werden, verschiedene Zustände andeuten, und die Bezeichnung dieser kann an ihnen selbst geschehen, so dass dadurch eine dritte, in der Regel erweiterte Lautform entspringt. Ist die hier angedeutete Trennung scharf und genau in einer Sprache, so können die Wörter der Bezeichnung dieser Zustände nicht entbehren und also, insofern dieselben durch Lautverschiedenheit bezeichnet sind, nicht unverändert in die Rede eintreten, sondern höchstens als Theile andrer, diese Zeichen an sich tragender Wörter darin erscheinen. Wo dies nun in einer Sprache der Fall ist, nennt man diese Wörter Grundwörter; die Sprache besitzt alsdann wirklich eine Lautform in dreifach sich erweiternden Stadien, und dies ist der Zustand, in welchem sich ihr Lautsystem zu dem grössten Umfange ausdehnt.

18. Die Vorzüge einer Sprache in Absicht ihres Lautsystems beruhen aber, ausser der Feinheit der Sprachwerkzeuge und des Ohrs und ausser der Neigung, dem Laute die grösste Mannigfaltigkeit und die vollendetste Ausbildung zu geben, ganz besonders noch auf der Beziehung desselben zur Bedeutsamkeit. Die äusseren, zu allen Sinnen zugleich sprechenden Gegenstände und die innren Bewegungen des Gemüths bloss durch Eindrücke auf das Ohr darzustellen, ist eine im Einzelnen grossentheils unerklärbare Operation. Dass Zusammenhang zwischen dem Laute und dessen Bedeutung vorhanden ist, scheint gewiss; die Beschaffenheit dieses Zusammenhanges aber lässt sich selten vollständig angeben, oft nur ahnden und noch viel öfter gar nicht errathen. Wenn man bei den einfachen Wörtern stehen bleibt, da von den zusammengesetzten hier nicht die Rede seyn kann, so sieht man einen dreifachen Grund, gewisse Laute mit gewissen Begriffen zu verbinden, fühlt aber zugleich, dass damit, besonders in der Anwendung, bei weitem nicht

Alles erschöpft ist. Man kann hiernach eine dreifache Bezeichnung der Begriffe unterscheiden:

1. Die unmittelbar nachahmende, wo der Ton, welchen ein tönender Gegenstand hervorbringt, in dem Worte so weit nachgebildet wird, als articulirte Laute unarticulirte wiederzugeben im Stande sind. Diese Bezeichnung ist gleichsam eine malende; so wie das Bild die Art darstellt, wie der Gegenstand dem Auge erscheint, zeichnet die Sprache die, wie er vom Ohre vernommen wird. Da die Nachahmung hier immer unarticulirte Töne trifft, so ist die Articulation mit dieser Bezeichnung gleichsam im Widerstreite; und je nachdem sie ihre Natur zu wenig oder zu heftig in diesem Zwiespalte geltend macht, bleibt entweder zu viel des Unarticulirten übrig, oder es verwischt sich bis zur Unkennbarkeit. Aus diesem Grunde ist diese Bezeichnung, wo sie irgend stark hervortritt, nicht von einer gewissen Rohheit freizusprechen, kommt bei einem reinen und kräftigen Sprachsinn wenig hervor und verliert sich nach und nach in der fortschreitenden Ausbildung der Sprache.

2. Die nicht unmittelbar, sondern in einer dritten, dem Laute und dem Gegenstande gemeinschaftlichen Beschaffenheit nachahmende Bezeichnung. Man kann diese, obgleich der Begriff des Symbols in der Sprache viel weiter geht, die symbolische nennen. Sie wählt für die zu bezeichnenden Gegenstände Laute aus, welche theils an sich, theils in Vergleichung mit andren für das Ohr einen dem des Gegenstandes auf die Seele ähnlichen Eindruck hervorbringen, wie *stehen, stätig, starr* den Eindruck des Festen, das Sanskritische *lî, schmelzen, auseinandergehen,* den des Zerfliessenden, *nicht, nagen, Neid* den des fein und scharf Abschneidenden. Auf diese Weise erhalten ähnliche Eindrücke hervorbringende Gegenstände Wörter mit vorherrschend gleichen Lauten, wie *wehen, Wind, Wolke, wirren, Wunsch,* in welchen allen die schwankende, unruhige, vor den Sinnen undeutlich durcheinandergehende Bewegung durch das aus dem, an sich schon dumpfen und hohlen *u* verhärtete *w* ausgedrückt wird. Diese Art der Bezeichnung, die auf einer gewissen Bedeutsamkeit jedes einzelnen Buchstaben und ganzer Gattungen derselben beruht, hat unstreitig auf die primitive Wortbezeichnung eine grosse, vielleicht ausschliessliche Herrschaft ausgeübt. Ihre nothwendige Folge musste eine gewisse Gleichheit der Bezeichnung durch alle Sprachen des Menschengeschlechts hindurch seyn, da die Eindrücke der Gegenstände überall mehr oder weniger in dasselbe Verhältniss zu denselben Lauten treten mussten. Vieles von dieser Art lässt sich noch heute in den Sprachen erkennen und muss billigerweise abhalten, alle sich antreffende Gleichheit der Bedeutung und Laute sogleich für Wirkung gemeinschaftlicher Abstammung zu halten. Will man aber daraus, statt eines bloss die geschichtliche Herleitung beschränkenden oder die Entscheidung durch einen nicht zurück-

zuweisenden Zweifel aufhaltenden, ein constitutives Princip machen und diese Art der Bezeichnung als eine durchgängige an den Sprachen beweisen, so setzt man sich grossen Gefahren aus und verfolgt einen in jeder Rücksicht schlüpfrigen Pfad. Es ist, andrer Gründe nicht zu gedenken, schon viel zu ungewiss, was in den Sprachen sowohl der ursprüngliche Laut, als die ursprüngliche Bedeutung der Wörter gewesen ist; und doch kommt hierauf Alles an. Sehr häufig tritt ein Buchstabe nur durch organische oder gar zufällige Verwechslung an die Stelle eines andren, wie *n* an die von *l, d* von *r,* und es ist jetzt nicht immer sichtbar, wo dies der Fall gewesen ist. Da mithin dasselbe Resultat verschiednen Ursachen zugeschrieben werden kann, so ist selbst grosse Willkührlichkeit von dieser Erklärungsart nicht auszuschliessen.

3. Die Bezeichnung durch Lautähnlichkeit nach der Verwandtschaft der zu bezeichnenden Begriffe. Wörter, deren Bedeutungen einander nahe liegen, erhalten gleichfalls ähnliche Laute; es wird aber nicht, wie bei der eben betrachteten Bezeichnungsart, auf den in diesen Lauten selbst liegenden Charakter gesehen. Diese Bezeichnungsweise setzt, um recht an den Tag zu kommen, in dem Lautsysteme Wortganze von einem gewissen Umfange voraus oder kann wenigstens nur in einem solchen Systeme in grösserer Ausdehnung angewendet werden. Sie ist aber die fruchtbarste von allen, und die am klarsten und deutlichsten den ganzen Zusammenhang des intellectuell Erzeugten in einem ähnlichen Zusammenhange der Sprache darstellt. Man kann diese Bezeichnung, in welcher die Analogie der Begriffe und der Laute, jeder in ihrem eignen Gebiete, dergestalt verfolgt wird, dass beide gleichen Schritt halten müssen, die analogische nennen.

Lautsystem der Sprachen. Bezeichnung allgemeiner Beziehungen

19. In dem ganzen Bereiche des in der Sprache zu Bezeichnenden unterscheiden sich zwei Gattungen wesentlich von einander: die einzelnen Gegenstände oder Begriffe und solche allgemeine Beziehungen, die sich mit vielen der ersteren theils zur Bezeichnung neuer Gegenstände oder Begriffe, theils zur Verknüpfung der Rede verbinden lassen. Die allgemeinen Beziehungen gehören grösstentheils den Formen des Denkens selbst an und bilden, indem sie sich aus einem ursprünglichen Princip ableiten lassen, geschlossene Systeme. In diesen wird das Einzelne sowohl in seinem Verhältniss zu einander, als zu der das Ganze zusammenfassenden Gedankenform durch intellectuelle Nothwendigkeit bestimmt. Tritt nun in einer Sprache ein ausgedehntes, Mannigfaltigkeit erlaubendes Lautsystem hinzu, so können die Begriffe dieser Gattung und die Laute in einer sich fortlaufend begleitenden Analogie durchge-

führt werden. Bei diesen Beziehungen sind von den drei im Vorigen (VII 75.) aufgezählten Bezeichnungsarten vorzugsweise die symbolische und analogische anwendbar und lassen sich wirklich in mehreren Sprachen deutlich erkennen. Wenn z. B. im Arabischen eine sehr gewöhnliche Art der Bildung der Collectiva die Einschiebung eines gedehnten Vocals ist, so wird die zusammengefasste Menge durch die Länge des Lautes symbolisch dargestellt. Man kann dies aber schon als eine Verfeinerung durch höher gebildeten Articulationssinn betrachten. Denn einige rohere Sprachen deuten Aehnliches durch eine wahre Pause zwischen den Sylben des Wortes oder auf eine Art an, die der Gebehrde nahe kommt, so dass alsdann die Andeutung noch mehr körperlich nachahmend wird.[17] Von ähnlicher Art ist die unmittelbare Wiederholung der gleichen Sylbe zu vielfacher Andeutung, namentlich auch zu der der Mehrheit, so wie der vergangenen Zeit. Es ist merkwürdig, im Sanskrit, zum Theil auch schon im Malayischen Sprachstamme zu sehen, wie edle Sprachen die Sylbenverdopplung, indem sie dieselbe in ihr Lautsystem verflechten, durch Wohllautsgesetze verändern und ihr dadurch das rohere, symbolisch nachahmende Sylbengeklingel nehmen. Sehr fein und sinnvoll ist die Bezeichnung der intransitiven Verba im Arabischen durch das schwächere, aber zugleich schneidend eindringende *i*, im Gegensatz des *a* der activen, und in einigen Sprachen des Malayischen Stammes durch die Einschiebung des dumpfen, gewissermassen mehr in dem Inneren verhaltenen Nasenlauts. Dem Nasenlaute muss hier ein Vocal vorausgehen. Die Wahl dieses Vocals folgt aber wieder der Analogie der Bezeichnung; dem *m* wird, die wenigen Fälle ausgenommen, wo durch eine vom Laute über die Bedeutsamkeit geübte Gewalt dieser Vocal sich dem der folgenden Sylbe assimilirt, das hohle, aus der Tiefe der Sprachwerkzeuge kommende *u* vorausgeschickt, so dass die eingeschobene Sylbe *um* die intransitive Charakteristik ausmacht.

Da sich aber die Sprachbildung hier in einem ganz intellectuellen Gebiete befindet, so entwickelt sich hier auch auf ganz vorzügliche Weise noch ein andres höheres Princip, nemlich der reine und, wenn der Ausdruck erlaubt ist, gleichsam nackte Articulationssinn. So wie das Streben, dem Laute Bedeutung zu geben, die Natur des articulirten Lautes, dessen Wesen ausschliesslich in dieser Absicht besteht, überhaupt schafft, so wirkt dasselbe Streben hier auf eine bestimmte Bedeutung hin. Diese Bestimmtheit ist um so grösser, als das Gebiet des zu Bezeichnenden, indem die Seele selbst es erzeugt, wenn es auch nicht immer in seiner Totalität in die Klarheit des Bewusstseyns tritt, doch dem Geiste wirksam vorschwebt. Die Sprachbildung kann also hier reiner von dem Bestreben, das Aehnliche und Unähnliche der Begriffe bis in die feinsten Grade durch Wahl und Abstufung der Laute zu unterscheiden, geleitet werden. Je reiner und klarer die intellectuelle Ansicht des zu bezeichnenden Gebietes ist, desto mehr fühlt sie sich gedrungen, sich von diesem Principe leiten zu lassen, und ihr vollendeter Sieg in diesem Theil ihres Geschäftes ist die vollständige und sichtbare Herrschaft desselben. In der Stärke und Reinheit dieses Articulationssinnes liegt daher, wenn wir die Feinheit der Sprachorgane und des Ohres, so wie des Gefühls für Wohllaut als den ersten ansehen, ein zweiter wichtiger Vorzug der sprachbildenden Nationen. Es kommt hier Alles darauf an, dass die Bedeutsamkeit den Laut wahrlich durchdringe, und dass dem sprachempfänglichen Ohre, zugleich und ungetrennt, in dem Laute nichts als seine Bedeutung und, von dieser ausgegangen, der Laut gerade und einzig für sie bestimmt erscheine. Dies setzt natürlich eine grosse Schärfe der abgegränzten Beziehungen, da wir vorzüglich von diesen hier reden, aber auch eine gleiche in den Lauten voraus. Je bestimmter und körperloser diese sind, desto schärfer setzen sie sich von einander ab. Durch die Herrschaft des Articulationssinnes wird die Empfänglichkeit sowohl, als die Selbstthätigkeit der sprachbildenden Kraft nicht bloss gestärkt, sondern auch in dem allein richtigen Gleise erhalten; und da diese, wie ich schon oben (VII 70.) bemerkt habe, jedes Einzelne in der Sprache immer so behandelt, als wäre ihr zugleich instinctartig das ganze Gewebe, zu dem das Einzelne gehört, gegenwärtig, so ist auch in diesem Gebiete dieser Instinct im Verhältniss der Stärke und Reinheit des Articulationssinnes wirksam und fühlbar.

Lautsystem der Sprachen. Lautform der Sprachen

20. Die Lautform ist der Ausdruck, welchen die Sprache dem Gedanken erschafft. Sie kann aber auch als ein Gehäuse betrachtet werden, in welches sie sich gleichsam hineinbaut. Das Schaffen, wenn es ein eigentliches und vollständiges seyn soll, könnte nur von der ursprünglichen Spracherfindung, also von einem Zustande gelten, den wir nicht kennen, sondern nur als nothwendige Hypothese voraussetzen. Die Anwendung schon vorhandener Lautform auf die innren Zwecke der Sprache aber lässt sich in mittleren Perioden der Sprachbildung als möglich denken. Ein Volk könnte, durch innre Erleuchtung und Begünstigung äusserer Umstände, der ihm überkommenen Sprache so sehr eine andre Form ertheilen, dass sie dadurch zu einer ganz andren und neuen würde. Dass dies bei Sprachen von gänzlich verschiedener Form möglich sey, lässt sich mit Grunde bezweifeln. Dagegen ist es unläugbar, dass Sprachen durch die klarere und bestimmtere Einsicht der innern Sprachform geleitet werden, mannigfaltigere und schärfer abgegränzte Nüancen zu bilden, und dazu nun ihre vorhandene Lautform, erwei-

ternd oder verfeinernd, gebrauchen. In Sprachstämmen lehrt alsdann die Vergleichung der verwandten einzelnen Sprachen, welche den andren auf diese Weise vorgeschritten ist. Mehrere solcher Fälle finden sich im Arabischen, wenn man es mit dem Hebräischen vergleicht; und eine, meiner Schrift über das Kawi vorbehaltene interessante Untersuchung wird es seyn, ob und auf welche Weise man die Sprachen der Südsee-Inseln als die Grundform ansehen kann, aus welcher sich die im engeren Verstande Malayischen des Indischen Archipelagus und Madagascars nur weiter entwickelt haben?

Die Erscheinung im Ganzen erklärt sich vollständig aus dem natürlichen Verlauf der Spracherzeugung. Die Sprache ist, wie es aus ihrer Natur selbst hervorgeht, der Seele in ihrer Totalitit gegenwärtig, d. h. jedes Einzelne in ihr verhält sich so, dass es Andrem, noch nicht deutlich Gewordenem und einem durch die Summe der Erscheinungen und die Gesetze des Geistes gegebenen oder vielmehr zu schaffen möglichen Ganzen entspricht. Allein die wirkliche Entwicklung geschieht allmählich, und das neu Hinzutretende bildet sich analogisch nach dem schon Vorhandenen. Von diesen Grundsätzen muss man nicht nur bei aller Spracherklärung ausgehen, sondern sie springen auch so klar aus der geschichtlichen Zergliederung der Sprachen hervor, dass man es mit völliger Sicherheit zu thun vermag. Das schon in der Lautform Gestaltete reisst gewissermassen gewaltsam die neue Formung an sich und erlaubt ihr nicht, einen wesentlich andren Weg einzuschlagen. Die verschiednen Gattungen des Verbum in den Malayischen Sprachen werden durch Sylben angedeutet, welche sich vorn an das Grundwort anschliessen. Dieser Sylben hat es sichtbar nicht immer so viele und fein unterschiedne gegeben, als man bei den Tagalischen Grammatikern findet. Aber die nach und nach hinzugekommenen behalten immer dieselbe Stellung unverändert bei. Ebenso ist es in den Fällen, wo das Arabische von der älteren Semitischen Sprache unbezeichnet gelassene Unterschiede zu bezeichnen sucht. Es entschliesst sich eher, für die Bildung einiger Tempora Hülfsverba herbeizurufen, als dem Worte selbst eine dem Geiste des Sprachstammes nicht gemässe Gestalt durch Sylbenanfügung zu geben.

Es wird daher sehr erklärbar, dass die Lautform hauptsächlich dasjenige ist, wodurch der Unterschied der Sprachen begründet wird. Es liegt dies an sich in ihrer Natur, da der körperliche, wirklich gestaltete Laut allein in Wahrheit die Sprache ausmacht, der Laut auch eine weit grössere Mannigfaltigkeit der Unterschiede erlaubt, als bei der inneren Sprachform, die nothwendig mehr Gleichheit mit sich führt, statt finden kann. Ihr mächtigerer Einfluss entsteht aber zum Theil auch aus dem, welchen sie auf die innere Form selbst ausübt. Denn wenn man sich, wie man nothwendig muss und wie es weiter unten noch ausführlicher entwickelt werden wird, die Bildung der Sprache immer als ein Zusammenwirken des geistigen Strebens, den durch den innren Sprachzweck geforderten Stoff zu bezeichnen, und des Hervorbringens des entsprechenden articulirten Lautes denkt, so muss das schon wirklich gestaltete Körperliche und noch mehr das Gesetz, auf welchem seine Mannigfaltigkeit beruht, nothwendig leicht das Uebergewicht über die erst durch neue Gestaltung klar zu werden versuchende Idee gewinnen.

Man muss die Sprachbildung überhaupt als eine Erzeugung ansehen, in welcher die innere Idee, um sich zu manifestiren, eine Schwierigkeit zu überwinden hat. Diese Schwierigkeit ist der Laut, und die Ueberwindung gelingt nicht immer in gleichem Grade. In solch einem Fall ist es oft leichter, in den Ideen nachzugeben und denselben Laut oder dieselbe Lautforrn für eigentlich verschiedne anzuwenden, wie wenn Sprachen Futurum und Conjunctivus, wegen der in beiden liegenden Ungewissheit, auf gleiche Weise gestalten (s. unten §. 21.). Allerdings ist alsdann immer auch Schwäche der lauterzeugenden Ideen im Spiel, da der wahrhaft kräftige Sprachsinn die Schwierigkeit allemal siegreich überwindet. Aber die Lautform benutzt seine Schwäche und bemeistert sich gleichsam der neuen Gestaltung. In allen Sprachen finden sich Fälle, wo es klar wird, dass das innre Streben, in welchem man doch, nach einer andren und richtigeren Ansicht, die wahre Sprache aufsuchen muss, in der Annahme des Lautes von seinem ursprünglichen Wege mehr oder weniger abgebeugt wird. Von denjenigen, wo die Sprachwerkzeuge einseitigerweise ihre Natur geltend machen und die wahren Stammlaute, welche die Bedeutung des Wortes tragen, verdrängen, ist schon oben (VII 70. 71.) gesprochen worden. Es ist hier und da merkwürdig zu sehen, wie der von innen heraus arbeitende Sprachsinn sich dies oft lange gefallen lässt, dann aber in einem einzelnen Fall plötzlich durchdringt und, ohne der Lautneigung nachzugeben, sogar an einem einzelnen Vocal unverbrüchlich fest hält. In andren Fällen wird eine neue von ihm geforderte Formung zwar geschaffen, allein auch im nemlichen Augenblick von der Lautneigung, zwischen der und ihm gleichsam ein vermittelnder Vertrag entsteht, modificirt. Im Grossen aber üben wesentlich verschiedne Lautformen einen entscheidenden Einfluss auf die ganze Erreichung der inneren Sprachzwecke aus. Im Chinesischen z. B. konnte keine, die Verbindung der Rede leitende Wortbeugung entstehen, da sich der, die Sylben starr auseinander haltende Lautbau, ihrer Umformung und Zusammenfügung widerstrebend, festgesetzt hatte. Die ursprünglichen Ursachen dieser Hindernisse können aber ganz entgegengesetzter Natur seyn. Im Chinesischen scheint es mehr an der dem Volke mangelnden Neigung zu liegen, dem Laute phantasiereiche Mannigfaltigkeit und die Harmonie befördernde Abwechslung zu geben; und wo dies fehlt und der Geist nicht die Möglichkeit sieht, die verschiedenen Beziehungen des Denkens auch mit gehörig abgestuften Nüancen des Lauts zu umkleiden, geht er in die feine Unterscheidung dieser Beziehungen weniger ein. Denn die Neigung, eine Vielfachheit fein und scharf abgegränzter Articulationen zu bilden, und das Streben des Verstandes, der Sprache so viele und bestimmt gesonderte Formen zu schaffen, als sie deren bedarf, um den in seiner unendlichen Mannigfaltigkeit flüchtigen Gedanken zu fesseln, wecken sich immer gegenseitig. Ursprünglich, in den unsichtbaren Bewegungen des Geistes, darf man sich, was den Laut angeht und was der innere Sprachzweck erfordert, die bezeichnenden und die das zu Bezeichnende erzeugenden Kräfte auf keine Weise geschieden denken. Beide vereint und umfasst das allgemeine Sprachvermögen. Wie aber der Gedanke, als Wort, die Aussenwelt berührt, wie durch die Ueberlieferung einer schon vorhandenen Sprache dem Menschen, der sie doch in sich immer wieder selbstthätig erzeugen muss, die Gewalt eines schon geformten Stoffes entgegentritt, kann die Scheidung entstehen, welche uns berechtigt und verpflichtet, die Spracherzeugung von diesen zwei verschiedenen Seiten zu betrachten. In den Semitischen Sprachen dagegen ist vielleicht das Zusammentreffen des organischen Unterscheidens einer reichen Mannigfaltigkeit von Lauten und eines zum Theil durch die Art dieser Laute motivirten feinen Articulationssinnes der Grund, dass diese Sprachen weit mehr eine künstliche und sinnreiche Lautform besitzen, als sie sogar nothwendige und hauptsächliche grammatische Begriffe mit Klarheit und Bestimmtheit unterscheiden. Der Sprachsinn hat, indem er die eine Richtung nahm, die andere vernachlässigt. Da er dem wahren, naturgemässen Zweck der Sprache nicht mit gehöriger Entschiedenheit nachstrebte, wandte er sich zur Erreichung eines auf dem Wege liegenden Vorzugs, sinnvoll und mannigfaltig bearbeiteter Lautform. Hierzu aber führte ihn die natürliche Anlage derselben. Die Wurzelwörter, in der Regel zweisylbig gebildet, erhielten Raum, ihre Laute innerlich umzuformen, und diese Formung forderte vorzugsweise Vocale. Da nun diese offenbar feiner und körperloser, als die Consonanten sind, so weckten und stimmten sie auch den inneren Articulationssinn zu grösserer Feinheit.[18]

Lautsystem der Sprachen. Technik derselben

Auf eine andre Weise lässt sich noch ein, den Charakter der Sprachen bestimmendes Uebergewicht der Lautform, ganz eigentlich als solcher genommen, denken. Man kann den Inbegriff aller Mittel, deren sich die Sprache zur Erreichung ihrer Zwecke bedient, ihre Technik nennen und diese Technik wieder in die phonetische und intellectuelle eintheilen. Unter der ersteren verstehe ich die Wort- und Formenbildung, insofern sie bloss den Laut angeht oder durch ihn motivirt wird. Sie ist reicher, wenn die einzelnen Formen einen weiteren und volltönenderen Umfang besitzen, so wie wenn sie für denselben Begriff oder dieselbe Beziehung sich bloss durch den Ausdruck unterscheidende Formen angiebt. Die intellectuelle Technik begreift dagegen das in der Sprache zu Bezeichnende und zu Unterscheidende. Zu ihr gehört es also z. B., wenn eine Sprache Bezeichnung des Genus, des Dualis, der Tempora durch alle Möglichkeiten der Verbindung des Begriffes der Zeit mit dem des Verlaufes der Handlung u. s. f. besitzt.

In dieser Ansicht erscheint die Sprache als ein Werkzeug zu einem Zwecke. Da aber dies Werkzeug offenbar die rein geistigen, so wie die edelsten sinnlichen Kräfte durch die, sich in ihm ausprägende Ideenordnung, Klarheit und Schärfe, so wie durch den Wohllaut und Rhythmus anregt, so kann das organische Sprachgebäude, die Sprache an sich und gleichsam abgesehen von ihrem Zwecke, die Begeisterung der Nationen an sich reissen und thut dies in der That. Die Technik überwächst alsdann die Erfordernisse zur Erreichung des Zwecks; und es lässt sich ebensowohl denken, dass Sprachen hierin über das Bedürfniss hinausgehen, als dass sie hinter demselben zurückbleiben. Wenn man die Englische, Persische und eigentlich Malayische Sprache mit dem Sanskrit und dem Tagalischen vergleicht, so nimmt man eine solche, hier angedeutete Verschiedenheit des Umfangs und des Reichthums der Sprachtechnik wahr, bei welcher doch der unmittelbare Sprachzweck, die Wiedergebung des Gedankens, nicht leidet, da alle diese drei Sprachen ihn nicht nur überhaupt, sondern zum Theil in beredter und dichterischer Mannigfaltigkeit erreichen. Auf das Uebergewicht der Technik überhaupt und im Ganzen behalte ich mir vor in der Folge zurückzukommen. Hier wollte ich nur desjenigen erwähnen, das sich die phonetische über die intellectuelle anmassen kann. Welches alsdann auch die Vorzüge des Lautsystems seyn möchten, so beweist ein solches Misverhältniss immer einen Mangel in der Stärke der sprachbildenden Kraft, da, was in sich Eins und energisch ist, auch in seiner Wirkung die in seiner Natur liegende Harmonie unverletzt bewahrt. Wo das Mass nicht durchaus überschritten ist, lässt sich der Lautreichthum in den Sprachen mit dem Colorit in der Malerei vergleichen. Der Eindruck beider bringt eine ähnliche Empfindung hervor; und auch der Gedanke wirkt anders zurück, wenn er, einem blossen Umrisse gleich, in grösserer Nacktheit auftritt oder, wenn der Ausdruck erlaubt ist, mehr durch die Sprache gefärbt erscheint.

Innere Sprachform

21. Alle Vorzüge noch so kunstvoller und tonreicher Lautformen, auch verbunden mit dem regesten Articulationssinn, bleiben aber unvermögend, dem Geiste würdig zusagende Sprachen hervorzubringen, wenn nicht die strahlende Klarheit der auf die Sprache Bezug habenden Ideen sie mit ihrem Lichte und ihrer Wärme durchdringt. Dieser ihr ganz innerer und rein intellectueller Theil macht eigentlich die Sprache aus; er ist der Gebrauch, zu welchem die Spracherzeugung sich der Lautform bedient, und auf ihm beruht es, dass die Sprache Allem Ausdruck zu verleihen vermag, was ihr, bei fortrückender Ideenbildung, die grössten Köpfe der spätesten Geschlechter anzuvertrauen streben. Diese ihre Beschaffenheit hängt von der Uebereinstimmung und dem Zusammenwirken ab, in welchem die sich in ihr offenbarenden Gesetze unter einander und mit den Gesetzen des Anschauens, Denkens und Fühlens überhaupt stehen. Das geistige Vermögen hat aber sein Daseyn allein in seiner Thätigkeit, es ist das auf einander folgende Aufflammen der Kraft in ihrer ganzen Totalität, aber nach einer einzelnen Richtung hin bestimmt. Jene Gesetze sind also nichts anders, als die Bahnen, in welchen sich die geistige Thätigkeit in der Spracherzeugung bewegt, oder in einem andren Gleichniss als die Formen, in welchen diese die Laute ausprägt. Es giebt keine Kraft der Seele, welche hierbei nicht thätig wäre; nichts in dem Inneren des Menschen ist so tief, so fein, so weit umfassend, das nicht in die Sprache übergienge und in ihr erkennbar wäre. Ihre intellectuellen Vorzüge beruhen daher ausschliesslich auf der wohlgeordneten, festen und klaren Geistes-Organisation der Völker in der Epoche ihrer Bildung oder Umgestaltung und sind das Bild, ja der unmittelbare Abdruck derselben.

Es kann scheinen, als müssten alle Sprachen in ihrem intellectuellen Verfahren einander gleich seyn. Bei der Lautform ist eine unendliche, nicht zu berechnende Mannigfaltigkeit begreiflich, da das sinnlich und körperlich Individuelle aus so verschiedenen Ursachen entspringt, dass sich die Möglichkeit seiner Abstufungen nicht überschlagen lässt. Was aber, wie der intellectuelle Theil der Sprache, allein auf geistiger Selbstthätigkeit beruht, scheint auch bei der Gleichheit des Zwecks und der Mittel in allen Menschen gleich seyn zu müssen; und eine grössere Gleichförmigkeit bewahrt dieser Theil der Sprache allerdings. Aber auch in ihm entspringt aus mehreren Ursachen eine bedeutende Verschiedenheit. Einestheils wird sie durch die vielfachen Abstufungen hervorgebracht, in welchen, dem Grade nach, die spracherzeugende Kraft, sowohl überhaupt, als in dem gegenseitigen Verhältniss der in ihr her-vortretenden Thätigkeiten, wirksam ist. Andrentheils sind aber auch hier Kräfte geschäftig, deren Schöpfungen sich nicht durch den

Verstand und nach blossen Begriffen ausmessen lassen. Phantasie und Gefühl bringen individuelle Gestaltungen hervor, in welchen wieder der individuelle Charakter der Nation hervortritt und wo, wie bei allem Individuellen, die Mannigfaltigkeit der Art, wie sich das Nemliche in immer verschiedenen Bestimmungen darstellen kann, ins Unendliche geht.

Doch auch in dem bloss ideellen, von den Verknüpfungen des Verstandes abhängenden Theile finden sich Verschiedenheiten, die aber alsdann fast immer aus unrichtigen oder mangelhaften Combinationen herrühren. Um dies zu erkennen, darf man nur bei den eigentlich grammatischen Gesetzen stehen bleiben. Die verschiedenen Formen z. B., welche, dem Bedürfniss der Rede gemäss, in dem Baue des Verbum abgesondert bezeichnet werden müssen, sollten, da sie durch blosse Ableitung von Begriffen gefunden werden können, in allen Sprachen auf dieselbe Weise vollständig aufgezählt und richtig geschieden seyn. Vergleicht man aber hierin das Sanskrit mit dem Griechischen, so ist es auffallend, dass in dem ersteren der Begriff des Modus nicht allein offenbar unentwickelt geblieben, sondern auch in der Erzeugung der Sprache selbst nicht wahrhaft gefühlt und nicht rein von dem des Tempus unterschieden worden ist. Er ist daher nicht mit dem der Zeit gehörig verknüpft und gar nicht vollständig durch denselben durchgeführt worden.[19] Dasselbe findet bei dem Infinitivus statt, der noch ausserdem, mit gänzlicher Verkennung seiner Verbalnatur, zu dem Nomen herübergezogen worden ist. Bei aller, noch so gerechten Vorliebe für das Sanskrit muss man gestehen, dass es hierin hinter der jüngeren Sprache zurückbleibt. Die Natur der Rede begünstigt indess Ungenauigkeiten dieser Art, indem sie dieselben für die wesentliche Erreichung ihrer Zwecke unschädlich zu machen versteht. Sie lässt eine Form die Stelle der anderen vertreten,[20] oder bequemt sich zu Umschreibungen, wo es ihr an dem eigentlichen und kurzen Ausdruck gebricht. Darum bleiben aber solche Fälle nicht weniger fehlerhafte Unvollkommenheiten und zwar gerade in dem rein intellectuellen Theile der Sprache. Ich habe schon oben (VII 82.) bemerkt, dass hiervon bisweilen die Schuld auf die Lautform fallen kann, welche, einmal an gewisse Bildungen gewöhnt, den Geist verleitet, auch neue Gattungen der Bildung fordernde Begriffe in diesen ihren Bildungsgang zu ziehen. Immer aber ist dies nicht der Fall. Was ich so eben von der Behandlung des Modus und Infinitivs im Sanskrit gesagt habe, dürfte man wohl auf keine Weise aus der Lautform erklären können. Ich wenigstens vermag in dieser nichts der Art zu entdecken. Ihr Reichthum an Mitteln ist auch hinlänglich, um der Bezeichnung genügenden Ausdruck zu leihen. Die Ursach ist offenbar eine mehr innerliche. Der ideelle Bau des Verbum, sein innerer, vollständig in seine verschiednen Theile gesonderter Organismus entfaltete sich nicht in hinreichender Klarheit vor dem bildenden Geiste der Nation. Dieser Mangel ist jedoch um so wunderbarer, als übrigens keine Sprache die wahrhafte Natur des Verbum, die reine Synthesis des Seyns mit dem Begriff, so wahrhaft und so ganz eigentlich geflügelt darstellt, als das Sanskrit, welches gar keinen anderen, als einen nie ruhenden, immer bestimmte einzelne Zustände andeutenden Ausdruck für dasselbe kennt. Denn die Wurzelwörter können durchaus nicht als Verba, nicht einmal ausschliesslich als Verbalbegriffe angesehen werden. Die Ursach einer solchen mangelhaften Entwicklung oder unrichtigen Auffassung eines Sprachbegriffs möge aber, gleichsam äusserlich, in der Lautform oder innerlich in der ideellen Auffassung gesucht werden müssen, so liegt der Fehler immer in mangelnder Kraft des erzeugenden Sprachvermögens. Eine mit der erforderlichen Kraft geschleuderte Kugel lässt sich nicht durch entgegenwirkende Hindernisse von ihrer Bahn abbringen, und ein mit gehöriger Stärke ergriffener und bearbeiteter Ideenstoff entwickelt sich in gleichförmiger Vollendung bis in seine feinsten und nur durch die schärfste Absonderung zu trennenden Glieder.

Wie bei der Lautform als die beiden hauptsächlichsten zu beachtenden Punkte die Bezeichnung der Begriffe und die Gesetze der Redefügung erschienen, ebenso ist es in dem inneren, intellectuellen Theil der Sprache. Bei der Bezeichnung tritt auch hier, wie dort, der Unterschied ein, ob der Ausdruck ganz individueller Gegenstände gesucht wird oder Beziehungen dargestellt werden sollen, welche, auf eine ganze Zahl einzelner anwendbar, diese gleichförmig in einen allgemeinen Begriff versammeln, so dass eigentlich drei Fälle zu unterscheiden sind. Die Bezeichnung der Begriffe, unter welche die beiden ersteren gehören, machte bei der Lautform die Wortbildung aus, welcher hier die Begriffsbildung entspricht. Denn es muss innerlich jeder Begriff an ihm selbst eigenen Merkmalen oder an Beziehungen auf andere festgehalten werden, indem der Articulationssinn die bezeichnenden Laute auffindet. Dies ist selbst bei äusseren körperlichen, geradezu durch die Sinne wahrnehmbaren Gegenständen der Fall. Auch bei ihnen ist das Wort nicht das Aequivalent des den Sinnen vorschwebenden Gegenstandes, sondern der Auffassung desselben durch die Spracherzeugung im bestimmten Augenblicke der Worterfindung. Es ist dies eine vorzügliche Quelle der Vielfachheit von Ausdrücken für die nemlichen Gegenstände; und wenn z. B. im Sanskrit der Elephant bald der zweimal Trinkende, bald der Zweizahnige, bald der mit einer Hand Versehene heisst, so sind dadurch, wenn auch immer derselbe Gegenstand gemeint ist, ebenso viele verschiedene Begriffe bezeichnet. Denn die Sprache stellt niemals die Gegenstände, sondern immer die durch den Geist in der Spracherzeugung selbstthätig von ihnen gebildeten Begriffe dar; und von dieser Bildung, insofern sie als ganz innerlich, gleichsam dem Articulationssinne vorausgehend angesehen werden muss, ist hier die Rede. Freilich gilt aber diese Scheidung nur für die Sprachzergliederung und kann nicht als in der Natur vorhanden betrachtet werden.

Von einem anderen Gesichtspunkte aus stehen die beiden letzten der drei oben unterschiedenen Fälle einander näher. Die allgemeinen, an den einzelnen Gegenständen zu bezeichnenden Beziehungen und die grammatischen Wortbeugungen beruhen beide grösstentheils auf den allgemeinen Formen der Anschauung und der logischen Anordnung der Begriffe. Es liegt daher in ihnen ein übersehbares System, mit welchem sich das aus jeder besondren Sprache hervorgehende vergleichen lässt, und es fallen dabei wieder die beiden Punkte ins Auge: die Vollständigkeit und richtige Absonderung des zu Bezeichnenden und die für jeden solchen Begriff ideell gewählte Bezeichnung selbst. Denn es trifft hier gerade das schon oben Ausgeführte ein. Da es hier aber immer die Bezeichnung unsinnlicher Begriffe, ja oft blosser Verhältnisse gilt, so muss der Begriff für die Sprache oft, wenn nicht immer bildlich genommen werden; und hier zeigen sich nun die eigentlichen Tiefen des Sprachsinnes in der Verbindung der die ganze Sprache von Grund aus beherrschenden einfachsten Begriffe. Person, mithin Pronomen, und Raumverhältnisse spielen hierin die wichtigste Rolle und oft lässt es sich nachweisen, wie dieselben auch auf einander bezogen und in einer noch einfacheren Wahrnehmung verknüpft sind. Es offenbart sich hier das, was die Sprache, als solche, am eigenthümlichsten und gleichsam instinctartig im Geiste begründet. Der individuellen Verschiedenheit dürfte hier am wenigsten Raum gelassen seyn und der Unterschied der Sprachen in diesem Punkte mehr bloss darauf beruhen, dass in einigen theils ein fruchtbarerer Gebrauch davon gemacht, theils die aus dieser Tiefe geschöpfte Bezeichnung klärer und dem Bewusstseyn zugänglicher angedeutet ist.

Tiefer in die sinnliche Anschauung, die Phantasie, das Gefühl und, durch das Zusammenwirken von diesen, in den Charakter überhaupt dringt die Bezeichnung der einzelnen inneren und äusseren Gegenstände ein, da sich hier wahrhaft die Natur mit dem Menschen, der zum Theil wirklich materielle Stoff mit dem formenden Geiste verbindet. In diesem Gebiete leuchtet daher vorzugsweise die nationelle Eigenthümlichkeit hervor. Denn der Mensch naht sich auffassend der äussern Natur und entwickelt selbstthätig seine inneren Empfindungen nach der Art, wie seine geistigen Kräfte sich in verschiedenem Verhältniss gegen einander abstufen, und dies prägt sich ebenso in der Spracherzeugung aus, insofern sie innerlich die Begriffe dem Worte entgegenbildet. Die grosse Gränzlinie ist auch hier, ob ein Volk in seine Sprache mehr objective Realität oder mehr subjective Innerlichkeit legt. Obgleich sich dies immer erst allmählich in der fortschreitenden Bildung deutlicher entwickelt, so liegt doch schon der Keim dazu in unverkennbarem Zusammenhange in der ersten Anlage und auch die Lautform trägt das Gepräge davon. Denn je mehr Helle und Klarheit der Sprachsinn in der Darstellung sinnlicher Gegenstände und je reiner und körperloser umschriebene Bestimmtheit er bei geistigen Begriffen fordert, desto schärfer, da in dem Innern der Seele, was wir reflectirend sondern, ungetrennt Eins ist, zeigen sich auch die articulirten Laute und desto volltönender reihen sich die Sylben zu Wörtern an einander. Dieser Unterschied mehr klarer und fester Objectivität und tiefer geschöpfter Subjectivität springt bei sorgfältiger Vergleichung des Griechischen mit dem Deutschen in die Augen. Man bemerkt aber diesen Einfluss der nationellen Eigenthümlichkeit in der Sprache auf eine zwiefache Weise: an der Bildung der einzelnen Begriffe und an dem verhältnissmässig verschiedenen Reichthum der Sprache an Begriffen gewisser Gattung. In die einzelne Bezeichnung geht sichtbar bald die Phantasie und das Gefühl, von sinnlicher Anschauung geleitet, bald der fein sondernde Verstand, bald der kühn verknüpfende Geist ein. Die gleiche Farbe, welche dadurch die Ausdrücke für die mannigfaltigsten Gegenstände erhalten, zeigt die der Naturauffassung der Nation. Nicht minder deutlich ist das Uebergewicht der Ausdrücke, die einer einzelnen Geistesrichtung angehören. Ein solches ist z. B. im Sanskrit an der vorwaltenden Zahl religiös philosophischer Wörter sichtbar, in der sich vielleicht keine andere Sprache mit ihr messen kann. Man muss hierzu noch hinzufügen, dass diese Begriffe grösstentheils in möglichster Nacktheit nur aus ihren einfachen Urelementen gebildet sind, so dass der tief abstrahirende Sinn der Nation auch daraus noch klarer hervorstrahlt. Die Sprache trägt dadurch dasselbe Gepräge an sich, das man in der ganzen Dichtung und geistigen Thätigkeit des Indischen Alterthums, ja in der äusseren Lebensweise und Sitte wiederfindet. Sprache, Literatur und Verfassung bezeugen einstimmig, dass im Inneren die Richtung auf die ersten Ursachen und das letzte Ziel des menschlichen Daseyns, im Aeusseren der Stand, welcher sich dieser ausschliesslich widmete, also Nachdenken und Aufstreben zur Gottheit und Priesterthum die vorherrschenden, die Nationalität bezeichnenden Züge waren. Eine Nebenfärbung in allen diesen drei Punkten war das oft in Nichts auszugehen drohende, ja nach diesem Ziele wirklich strebende Grübeln und der Wahn, die Gränzen der Menschheit durch abenteuerliche Uebungen überschreiten zu können.

Es wäre jedoch eine einseitige Vorstellung, zu denken, dass sich die nationelle Eigenthümlichkeit des Geistes und des Charakters allein in der Begriffsbildung offenbare; sie übt einen gleich grossen Einfluss auf die Redefügung aus und ist an ihr gleich erkennbar. Es ist auch begreiflich, wie sich das in dem Innern heftiger oder schwächer, flammender oder dunkler, lebendiger oder langsamer lodernde Feuer in den Aus-

druck des ganzen Gedanken und der ausströmenden Reihe der Empfindungen vorzugsweise so ergiesst, dass seine eigenthümliche Natur
daraus unmittelbar hervorleuchtet. Auch in diesem Punkte führt das
Sanskrit und das Griechische zu anziehenden und belehrenden Vergleichungen. Die Eigenthümlichkeiten in diesem Theile der Sprache prägen
sich aber nur zum kleinsten Theile in einzelnen Formen und in bestimmten Gesetzen aus und die Sprachzergliederung findet daher hier
ein schwierigeres und mühevolleres Geschäft. Auf der anderen Seite
hängt die Art der syntaktischen Bildung ganzer Ideenreihen sehr genau
mit demjenigen zusammen, wovon wir weiter oben sprachen, mit der
Bildung der grammatischen Formen. Denn Armuth und Unbestimmtheit der Formen verbietet, den Gedanken in zu weitem Umfange der
Rede schweifen zu lassen, und nöthigt zu einem einfachen, sich an wenigen Ruhepunkten begnügenden Periodenbau. Allein auch da, wo ein
Reichthum fein gesonderter und scharf bezeichneter grammatischer
Formen vorhanden ist, muss doch, wenn die Redefügung zur Vollendung gedeihen soll, noch ein innerer, lebendiger Trieb nach längerer,
sinnvoller verschlungner, mehr begeisterter Satzbildung hinzukommen.
Dieser Trieb musste in der Epoche, in welcher das Sanskrit die Form
seiner uns bekannten Producte erhielt, minder energisch wirken, da er
sich sonst, wie es dem Genius der Griechischen Sprache gelang, auch
gewissermassen vorahnend die Möglichkeit dazu geschaffen hätte, die
sich uns jetzt wenigstens selten in seiner Redefügung durch die That
offenbart.

Vieles im Periodenbaue und der Redefügung lässt sich aber nicht auf
Gesetze zurückführen, sondern hängt von dem jedesmal Redenden
oder Schreibenden ab. Die Sprache hat dann das Verdienst, der Mannigfaltigkeit der Wendungen Freiheit und Reichthum an Mitteln zu gewähren, wenn sie oft auch nur die Möglichkeit darbietet, diese in jedem
Augenblick selbst zu erschaffen. Ohne die Sprache in ihren Lauten und
noch weniger in ihren Formen und Gesetzen zu verändern, führt die
Zeit durch wachsende Ideenentwicklung, gesteigerte Denkkraft und
tiefer eindringendes Empfindungsvermögen oft in sie ein, was sie früher
nicht besass. Es wird alsdann in dasselbe Gehäuse ein anderer Sinn gelegt, unter demselben Gepräge etwas Verschiedenes gegeben, nach den
gleichen Verknüpfungsgesetzen ein anders abgestufter Ideengang angedeutet. Es ist dies eine beständige Frucht der Literatur eines Volkes, in
dieser aber vorzüglich der Dichtung und Philosophie. Der Ausbau der
übrigen Wissenschaften liefert der Sprache mehr ein einzelnes Material
oder sondert und bestimmt fester das vorhandene; Dichtung und Philosophie aber berühren in einem noch ganz andren Sinne den innersten
Menschen selbst und wirken daher auch stärker und bildender auf die
mit diesem innig verwachsene Sprache. Auch der Vollendung in ihrem

Fortgange sind daher die Sprachen am meisten fähig, in welchen poetischer und philosophischer Geist wenigstens in einer Epoche vorgewaltet hat, und doppelt mehr, wenn dies Vorwalten aus eignem Triebe entsprungen, nicht dem Fremden nachgeahmt ist. Bisweilen ist auch in
ganzen Stämmen, wie im Semitischen und Sanskritischen der Dichter-
geist so lebendig, dass der einer früheren Sprache des Stammes in einer
späteren gleichsam wieder neu ersteht. Ob der Reichthum sinnlicher
Anschauung auf diese Weise in den Sprachen einer Zunahme fähig ist,
möchte schwer zu entscheiden seyn. Dass aber intellectuelle Begriffe
und aus innerer Wahrnehmung geschöpfte den sie bezeichnenden Lauten im fortschreitenden Gebrauche einen tieferen, seelenvolleren Gehalt mittheilen, zeigt die Erfahrung an allen Sprachen, die sich Jahrhunderte hindurch fortgebildet haben. Geistvolle Schriftsteller geben den
Wörtern diesen gesteigerten Gehalt und eine regsam empfängliche Nation nimmt ihn auf und pflanzt ihn fort. Dagegen nutzen sich Metaphern, welche den jugendlichen Sinn der Vorzeit, wie die Sprachen
selbst die Spuren davon an sich tragen, wunderbar ergriffen zu haben
scheinen, im täglichen Gebrauch so ab, dass sie kaum noch empfunden
werden. In diesem gleichzeitigen Fortschritt und Rückgang üben die
Sprachen den der fortschreitenden Entwicklung angemessenen Einfluss
aus, der ihnen in der grossen geistigen Oekonomie des Menschengeschlechts angewiesen ist.

Verbindung des Lautes mit der inneren Sprachform

22. Die Verbindung der Lautform mit den inneren Sprachgesetzen bildet die Vollendung der Sprachen, und der höchste Punkt dieser ihrer
Vollendung beruhet darauf, dass diese Verbindung, immer in gleichzeitigen Acten des spracherzeugenden Geistes vor sich gehend, zur wahren und reinen Durchdringung werde. Von dem ersten Elemente an ist
die Erzeugung der Sprache ein synthetisches Verfahren und zwar ein
solches im ächtesten Verstande des Worts, wo die Synthesis etwas
schafft, das in keinem der verbundenen Theile für sich liegt. Das Ziel
wird daher nur erreicht, wenn auch der ganze Bau der Lautform und
der inneren Gestaltung ebenso fest und gleichzeitig zusammenfliessen.
Die daraus entspringende, wohlthätige Folge ist dann die völlige Angemessenheit des einen Elements zu dem andren, so dass keins über das
andere gleichsam überschiesst. Es wird, wenn dieses Ziel erreicht ist,
weder die innere Sprachentwicklung einseitige Pfade verfolgen, auf denen sie von der phonetischen Formenerzeugung verlassen wird, noch
wird der Laut in wuchernder Ueppigkeit über das schöne Bedürfniss
des Gedankens hinaus walten. Er wird dagegen gerade durch die inne-

ren, die Sprache in ihrer Erzeugung vorbereitenden Seelenregungen zu Euphonie und Rhythmus hingeleitet werden, in beiden ein Gegengewicht gegen das blosse, klingelnde Sylbengetön finden und durch sie einen neuen Pfad entdecken, auf dem, wenn eigentlich der Gedanke dem Laute die Seele einhaucht, dieser ihm wieder aus seiner Natur ein begeisterndes Princip zurückgiebt. Die feste Verbindung der beiden constitutiven Haupttheile der Sprache äussert sich vorzüglich in dem sinnlichen und phantasiereichen Leben, das ihr dadurch aufblüht, da hingegen einseitige Verstandesherrschaft, Trockenheit und Nüchternheit die unfehlbaren Folgen sind, wenn sich die Sprache in einer Epoche intellectueller erweitert und verfeinert, wo der Bildungstrieb der Laute nicht mehr die erforderliche Stärke besitzt oder wo gleich anfangs die Kräfte einseitig gewirkt haben. Im Einzelnen sieht man dies an den Sprachen, in denen einige Tempora, wie im Arabischen nur durch getrennte Hülfsverba gebildet werden, wo also die Idee solcher Formen nicht mehr wirksam von dem Triebe der Lautformung begleitet gewesen ist. Das Sanskrit hat in einigen Zeitformen das Verbum *seyn* wirklich mit dem Verbalbegriff in Worteinheit verbunden.

Weder dies Beispiel aber noch auch andre ähnlicher Art, die man leicht, besonders auch aus dem Gebiete der Wortbildung aufzählen könnte, zeigen die volle Bedeutung des hier ausgesprochnen Erfordernisses. Nicht aus Einzelnheiten, sondern aus der ganzen Beschaffenheit und Form der Sprache geht die vollendete Synthesis, von der hier die Rede ist, hervor. Sie ist das Product der Kraft im Augenblicke der Spracherzeugung und bezeichnet genau den Grad ihrer Stärke. Wie eine stumpf ausgeprägte Münze zwar alle Umrisse und Einzelnheiten der Form wiedergiebt, aber des Glanzes ermangelt, der aus der Bestimmtheit und Schärfe hervorspringt, ebenso ist es auch hier. Ueberhaupt erinnert die Sprache oft, aber am meisten hier, in dem tiefsten und unerklärbarsten Theile ihres Verfahrens, an die Kunst. Auch der Bildner und Maler vermählt die Idee mit dem Stoff und auch seinem Werke sieht man es an, ob diese Verbindung, in Innigkeit der Durchdringung, dem wahren Genius in Freiheit entstrahlt oder ob die abgesonderte Idee mühevoll und ängstlich mit dem Meissel oder dem Pinsel gleichsam abgeschrieben ist. Aber auch hier zeigt sich dies letztere mehr in der Schwäche des Totaleindrucks, als in einzelnen Mängeln. Wie sich nun eigentlich das geringere Gelingen der nothwendigen Synthesis der äusseren und inneren Sprachfonn an einer Sprache offenbart, werde ich zwar weiter unten an einigen einzelnen grammatischen Punkten zu zeigen bemüht seyn; die Spuren eines solchen Mangels aber bis in die äussersten Feinheiten des Sprachbaues zu verfolgen, ist nicht allein schwierig, sondern bis auf einen gewissen Grad unmöglich. Noch weniger kann es gelingen, denselben überall in Worten darzustellen.

Das Gefühl aber täuscht sich darüber nicht und noch klarer und deutlicher äussert sich das Fehlerhafte in den Wirkungen. Die wahre Synthesis entspringt aus der Begeisterung, welche nur die hohe und energische Kraft kennt. Bei der unvollkommenen hat diese Begeisterung gefehlt, und ebenso übt auch eine so entstandene Sprache eine minder begeisternde Kraft in ihrem Gebrauch aus. Dies zeigt sich in ihrer Literatur, die weniger zu den Gattungen hinneigt, welche einer solchen Begeisterung bedürfen, oder den schwächeren Grad derselben an der Stirn trägt. Die geringere nationelle Geisteskraft, welcher die Schuld dieses Mangels anheimfällt, bringt dann wieder eine solche durch den Einfluss einer unvollkommneren Sprache in den nachfolgenden Geschlechtern hervor oder vielmehr die Schwäche zeigt sich durch das ganze Leben einer solchen Nation, bis durch irgend einen Anstoss eine neue Geistesumformung derselben entsteht.

Genauere Darlegung des Sprachverfahrens

24. Der Zweck dieser Einleitung, die Sprachen in der Verschiedenartigkeit ihres Baues, als die nothwendige Grundlage der Fortbildung des menschlichen Geistes darzustellen und den wechselseitigen Einfluss der einen auf die andre näher zu erörtern, hat mich genöthigt, in die Natur der Sprache überhaupt einzugehen. Jenen Standpunkt genau festhaltend, muss ich diesen Weg weiter verfolgen. Ich habe im Vorigen das Wesen der Sprache nur in seinen allgemeinsten Grundzügen dargelegt und wenig mehr gethan, als ihre Definition ausführlicher zu entwickeln. Wenn man ihr Wesen in der Laut- und Ideenform und der richtigen und energischen Durchdringung beider sucht, so bleibt dabei eine zahllose Menge die Anwendung verwirrender Einzelnheiten zu bestimmen übrig. Um daher, wie es hier meine Absicht ist, der individuell historischen Sprachvergleichung durch vorbereitende Betrachtungen den Weg zu bahnen, ist es zugleich nothwendig, das Allgemeine mehr auseinanderzulegen und das dann hervortretende Besondere dennoch mehr in Einheit zusammenzuziehen. Eine solche Mitte zu erreichen, bietet die Natur der Sprache selbst die Hand. Da sie, in unmittelbarem Zusammenhange mit der Geisteskraft, ein vollständig durchgeführter Organismus ist, so lassen sich in ihr nicht bloss Theile unterscheiden, sondern auch Gesetze des Verfahrens oder, da ich überall hier gern Ausdrücke wähle, welche der historischen Forschung auch nicht einmal scheinbar vorgreifen, vielmehr Richtungen und Bestrebungen desselben. Man kann diese, wenn man den Organismus der Körper dagegen halten will, mit den physiologischen Gesetzen vergleichen, deren wissenschaftliche Betrachtung sich auch wesentlich von der zergliedernden Beschreibung

der einzelnen Theile unterscheidet. Es wird daher hier nicht einzeln nach einander, wie in unsren Grammatiken, vom Lautsysteme, Nomen, Pronomen u. s. f., sondern von Eigenthümlichkeiten der Sprachen die Rede seyn, welche durch alle jene einzelnen Theile, sie selbst näher bestimmend, durchgehen. Dies Verfahren wird auch von einem andren Standpunkte aus hier zweckmässiger erscheinen. Wenn das oben angedeutete Ziel erreicht werden soll, muss die Untersuchung hier gerade vorzugsweise eine solche Verschiedenheit des Sprachbaues im Auge behalten, welche sich nicht auf Einerleiheit eines Sprachstammes zurückführen lässt. Diese nun wird man vorzüglich da suchen müssen, wo sich das Verfahren der Sprache am engsten in ihren endlichen Bestrebungen zusammenknüpft. Dies führt uns wieder, aber in andrer Beziehung zur Bezeichnung der Begriffe und zur Verknüpfung des Gedanken im Satze. Beide fliessen aus dem Zwecke der inneren Vollendung des Gedanken und des äusseren Verständnisses. Gewissermassen unabhängig hiervon bildet sich in ihr zugleich ein künstlerisch schaffendes Princip aus, das ganz eigentlich ihr selbst angehört. Denn die Begriffe werden in ihr von Tönen getragen und der Zusammenklang aller geistigen Kräfte verbindet sich also mit einem musikalischen Element, das, in sie eintretend, seine Natur nicht aufgibt, sondern nur modificirt. Die künstlerische Schönheit der Sprache wird ihr daher nicht als ein zufälliger Schmuck verliehen; sie ist, gerade im Gegentheil, eine in sich nothwendige Folge ihres übrigen Wesens, ein untrüglicher Prüfstein ihrer inneren und allgemeinen Vollendung. Denn die innere Arbeit des Geistes hat sich erst dann auf die kühnste Höhe geschwungen, wenn das Schönheitsgefühl seine Klarheit darüber ausgiesst.

Das Verfahren der Sprache ist aber nicht bloss ein solches, wodurch eine einzelne Erscheinung zu Stande kommt; es muss derselben zugleich die Möglichkeit eröffnen, eine unbestimmbare Menge solcher Erscheinungen und unter allen, ihr von dem Gedanken gestellten Bedingungen hervorzubringen. Denn sie steht ganz eigentlich einem unendlichen und wahrhaft gränzenlosen Gebiete, dem Inbegriff alles Denkbaren gegenüber. Sie muss daher von endlichen Mitteln einen unendlichen Gebrauch machen, und vermag dies durch die Identität der Gedanken- und Spracheerzeugenden Kraft. Es liegt hierin aber auch nothwendig, dass sie nach zwei Seiten hin ihre Wirkung zugleich ausübt, indem diese zunächst aus sich heraus auf das Gesprochene geht, dann aber auch zurück auf die sie erzeugenden Kräfte. Beide Wirkungen modificiren sich in jeder einzelnen Sprache durch die in ihr beobachtete Methode und müssen daher bei der Darstellung und Beurtheilung dieser zusammengenommen werden.

Wortverwandtschaft und Wortform

25. Wir haben schon im Vorigen gesehen, dass die Worterfindung im Allgemeinen nur darin besteht, nach der in beiden Gebieten aufgefassten Verwandtschaft analogen Begriffen analoge Laute zu wählen und die letzteren in eine mehr oder weniger bestimmte Form zu giessen. Es kommen also hier zwei Dinge, die Wortform und die Wortverwandtschaft in Betrachtung. Die letztere ist, weiter zergliedert, eine dreifache, nemlich die der Laute, die logische der Begriffe und die aus der Rückwirkung der Wörter auf das Gemüth entstehende. Da die Verwandtschaft, insofern sie logisch ist, auf Ideen beruht, so erinnert man sich hier zuerst an denjenigen Theil des Wortvorraths, in welchem Wörter nach Begriffen allgemeiner Verhältnisse zu andren Wörtern, concrete zu abstracten, einzelne Dinge andeutende zu collectiven u. s. f. umgestempelt werden. Ich sondre ihn aber hier ab, da die charakteristische Modification dieser Wörter sich ganz enge an diejenige anschliesst, welche dasselbe Wort in den verschiednen Verhältnissen zur Rede annimmt. In diesen Fällen wird ein sich immer gleich bleibender Theil der Bedeutung des Wortes mit einem andren, wechselnden verbunden. Dasselbe findet aber auch sonst in der Sprache statt. Sehr oft lässt sich in dem, in der Bezeichnung verschiedenartiger Gegenstände gemeinschaftlichen Begriffe ein stammhafter Grundtheil des Wortes erkennen, und das Verfahren der Sprache kann diese Erkennung befördern oder erschweren, den Stammbegriff und das Verhältniss seiner Modificationen zu ihm herausheben oder verdunkeln. Die Bezeichnung des Begriffs durch den Laut ist eine Verknüpfung von Dingen, deren Natur sich wahrhaft niemals vereinigen kann. Der Begriff vermag sich aber ebensowenig von dem Worte abzulösen, als der Mensch seine Gesichtszüge ablegen kann. Das Wort ist seine individuelle Gestaltung und er kann, wenn er diese verlassen will, sich selbst nur in andren Worten wiederfinden. Dennoch muss die Seele immerfort versuchen, sich von dem Gebiete der Sprache unabhängig zu machen, da das Wort allerdings eine Schranke ihres inneren, immer mehr enthaltenden Empfindens ist und oft gerade sehr eigenthümliche Nüancen desselben durch seine im Laut mehr materielle, in der Bedeutung zu allgemeine Natur zu ersticken droht. Sie muss das Wort mehr wie einen Anhaltspunkt ihrer inneren Thätigkeit behandeln, als sich in seinen Gränzen gefangen halten lassen. Was sie aber auf diesem Wege schützt und erringt, fügt sie wieder dem Worte hinzu, und so geht aus diesem ihrem fortwährenden Streben und Gegenstreben, bei gehöriger Lebendigkeit der geistigen Kräfte, eine immer grössere Verfeinerung der Sprache, eine wachsende Bereicherung derselben an seelenvollem Gehalte hervor, die ihre Forderungen in eben dem Grade höher steigert, in dem sie besser befriedigt

werden. Die Wörter erhalten, wie man an allen hoch gebildeten Sprachen sehen kann, in dem Grade, in welchem Gedanke und Empfindung einen höheren Schwung nehmen, eine mehr umfassende oder tiefer eingreifende Bedeutung.

Die Verbindung der verschiedenartigen Natur des Begriffs und des Lautes fordert, auch ganz abgesehen vom körperlichen Klange des letzteren und bloss vor der Vorstellung selbst, die Vermittlung beider durch etwas Drittes, in dem sie zusammentreffen können. Dies Vermittelnde ist nun allemal sinnlicher Natur, wie in Vernunft die Vorstellung des Nehmens, in Verstand die des Stehens, in Blüthe die des Hervorquellens liegt; es gehört der äusseren oder inneren Empfindung oder Thätigkeit an. Wenn die Ableitung es richtig entdecken lässt, kann man, immer das Concretere mehr davon absondernd, es entweder ganz oder neben seiner individuellen Beschaffenheit auf Extension oder Intension oder Veränderung in beiden zurückführen, so dass man in die allgemeinen Sphären des Raumes und der Zeit und des Empfindungsgrades gelangt. Wenn man nun auf diese Weise die Wörter einer einzelnen Sprache durchforscht, so kann es, wenn auch mit Ausnahme vieler einzelnen Punkte, gelingen, die Fäden ihres Zusammenhanges zu erkennen und das allgemeine Verfahren in ihr individualisirt, wenigstens in seinen Hauptumrissen, zu zeichnen. Man versucht alsdann, von den concreten Wörtern zu den gleichsam wurzelhaften Anschauungen und Empfindungen aufzusteigen, durch welche jede Sprache, nach dem sie beseelenden Genius, in ihren Wörtern den Laut mit dem Begriffe vermittelt. Diese Vergleichung der Sprache mit dem ideellen Gebiete, als demjenigen, dessen Bezeichnung sie ist, scheint jedoch umgekehrt zu fordern, von den Begriffen aus zu den Wörtern herabzusteigen, da nur die Begriffe, als die Urbilder, dasjenige enthalten können, was zur Beurtheilung der Wortbezeichnung, ihrer Gattung und ihrer Vollständigkeit nach, nothwendig ist. Das Verfolgen dieses Weges wird aber durch ein inneres Hinderniss gehemmt, da die Begriffe, so wie man sie mit einzelnen Wörtern stempelt, nicht mehr bloss etwas Allgemeines, erst näher zu Individualisirendes darstellen können. Versucht man aber, durch Aufstellung von Kategorieen zum Zweck zu gelangen, so bleibt zwischen der engsten Kategorie und dem durch das Wort individualisirten Begriff eine nie zu überspringende Kluft. Inwiefern also eine Sprache die Zahl der zu bezeichnenden Begriffe erschöpft und in welcher Festigkeit der Methode sie von den ursprünglichen Begriffen zu den abgeleiteten besonderen herabsteigt, lässt sich im Einzelnen nie mit einiger Vollständigkeit darstellen, da der Weg der Begriffsverzweigung nicht durchführbar ist und der der Wörter wohl das Geleistete, nicht aber das zu Fordernde zeigt.

Man kann den Wortvorrath einer Sprache auf keine Weise als eine

fertig daliegende Masse ansehen. Er ist, auch ohne ausschliesslich der
beständigen Bildung neuer Wörter und Wortformen zu gedenken, so
lange die Sprache im Munde des Volks lebt, ein fortgehendes Erzeugniss und Wiedererzeugniss des wortbildenden Vermögens, zuerst in
dem Stamme, dem die Sprache ihre Form verdankt, dann in der kindi-
schen Erlernung des Sprechens und endlich im täglichen Gebrauche
der Rede. Die unfehlbare Gegenwart des jedesmal nothwendigen Wortes in dieser ist gewiss nicht bloss Werk des Gedächtnisses. Kein
menschliches Gedächtniss reichte dazu hin, wenn nicht die Seele instinctartig zugleich den Schlüssel zur Bildung der Wörter selbst in sich
trüge. Auch eine fremde erlernt man nur dadurch, dass man sich nach
und nach, sey es auch nur durch Uebung, dieses Schlüssels zu ihr bemeistert, nur vermöge der Einerleiheit der Sprachanlagen überhaupt
und der besonderen zwischen einzelnen Völkern bestehenden Verwandtschaft derselben. Mit den todten Sprachen verhält es sich nur um
Weniges anders. Ihr Wortvorrath ist allerdings nach unserer Seite hin
ein geschlossenes Ganze, in dem nur glückliche Forschung in ferner
Tiefe liegende Entdeckungen zu machen im Stande ist. Allein ihr Studium kann auch nur durch Aneignung des ehemals in ihnen lebendig
gewesenen Princips gelingen; sie erfahren ganz eigentlich eine wirkliche
augenblickliche Wiederbelebung. Denn eine Sprache kann unter keiner
Bedingung wie eine abgestorbene Pflanze erforscht werden. Sprache
und Leben sind unzertrennliche Begriffe und die Erlernung ist in diesem Gebiete immer nur Wiedererzeugung.

Von dem hier gefassten Standpunkte aus zeigt sich nun die Einheit
des Wortvorrathes jeder Sprache am deutlichsten. Er ist ein Ganzes,
weil Eine Kraft ihn erzeugt hat und diese Erzeugung in unzertrennlicher Verkettung fortgeführt worden ist. Seine Einheit beruht auf dem,
durch die Verwandtschaft der Begriffe geleiteten Zusammenhange der
vermittelnden Anschauungen und der Laute. Dieser Zusammenhang ist
es daher, den wir hier zunächst zu betrachten haben.

Die Indischen Grammatiker bauten ihr gewiss zu künstliches, aber
in seinem Ganzen von bewundrungswürdigem Scharfsinn zeugendes
System auf die Voraussetzung, dass sich der ihnen vorliegende Wort-
schatz ihrer Sprache ganz durch sich selbst erklären lasse. Sie sahen
dieselbe daher als eine ursprüngliche an und schlossen auch alle Möglichkeit im Verlaufe der Zeit aufgenommener fremder Wörter aus. Beides war unstreitig falsch. Denn aller historischen oder aus der Sprache
selbst aufzufindenden Gründe nicht zu gedenken, ist es auf keine Weise
wahrscheinlich, dass sich irgend eine wahrhaft ursprüngliche Sprache
in ihrer Urform bis auf uns erhalten habe. Vielleicht hatten die Indischen Grammatiker bei ihrem Verfahren auch nur mehr den Zweck im
Auge, die Sprache zur Bequemlichkeit der Erlernung in systematische

Verbindung zu bringen, ohne sich gerade um die historische Richtigkeit dieser Verbindung zu kümmern. Es mochte aber auch den Indiern in diesem Punkte wie den meisten Nationen bei dem Aufblühen ihrer Geistesbildung ergehen. Der Mensch sucht immer die Verknüpfung, auch der äusseren Erscheinungen, zuerst im Gebiete der Gedanken auf; die historische Kunst ist immer die späteste und die reine Beobachtung, noch weit mehr aber der Versuch folgen erst in weiter Entfernung idealischen oder phantastischen Systemen nach. Zuerst versucht der Mensch die Natur von der Idee aus zu beherrschen. Dies zugestanden, zeugt aber jene Voraussetzung der Erklärlichkeit des Sanskrits durch sich allein von einem richtigen und tiefen Blick in die Natur der Sprache überhaupt. Denn eine wahrhaft ursprüngliche und von fremder Einmischung rein geschiedene müsste wirklich einen solchen thatsächlich nachzuweisenden Zusammenhang ihres gesammten Wortvorraths in sich bewahren. Es war überdies ein schon durch seine Kühnheit Achtung verdienendes Unternehmen, sich gerade mit dieser Beharrlichkeit in die Wortbildung, als den tiefsten und geheimnissvollsten Theil aller Sprachen zu versenken.

Das Wesen des Lautzusammenhanges der Wörter beruht darauf, dass eine mässige Anzahl dem ganzen Wortvorrathe zum Grunde liegender Wurzellaute durch Zusätze und Veränderungen auf immer bestimmtere und mehr zusammengesetzte Begriffe angewendet wird. Die Wiederkehr desselben Stammlauts oder doch die Möglichkeit, ihn nach bestimmten Regeln zu erkennen, und die Gesetzmässigkeit in der Bedeutsamkeit der modificirenden Zusätze oder innren Umänderungen bestimmen alsdann diejenige Erklärlichkeit der Sprache durch sich selbst, die man eine mechanische oder technische nennen kann.

Es giebt aber einen, sich auch auf die Wurzelwörter beziehenden, wichtigen, noch bisher sehr vernachlässigten Unterschied unter den Wörtern in Absicht auf ihre Erzeugung. Die grosse Anzahl derselben ist gleichsam erzählender oder beschreibender Natur, bezeichnet Bewegungen, Eigenschaften und Gegenstände an sich, ohne Beziehung auf eine anzunehmende oder gefühlte Persönlichkeit; bei andren hingegen macht gerade der Ausdruck dieser oder die schlichte Beziehung auf dieselbe das ausschliessliche Wesen der Bedeutung aus. Ich glaube in einer früheren Abhandlung[21] richtig gezeigt zu haben, dass die Personenwörter die ursprünglichen in jeder Sprache seyn müssen und dass es eine ganz unrichtige Vorstellung ist, das Pronomen als den spätesten Redetheil in der Sprache anzusehen. Eine eng grammatische Vorstellungsart der Vertretung des Nomen durch das Pronomen hat hier die tiefer aus der Sprache geschöpfte Ansicht verdrängt. Das Erste ist natürlich die Persönlichkeit des Sprechenden selbst, der in beständiger unmittelbarer Berührung mit der Natur steht und unmöglich unterlassen kann, auch in der Sprache ihr den Ausdruck seines Ichs gegenüberzustellen. Im Ich aber ist von selbst auch das Du gegeben, und durch einen neuen Gegensatz entsteht die dritte Person, die sich aber, da nun der Kreis der Fühlenden und Sprechenden verlassen wird, auch zur todten Sache erweitert. Die Person, namentlich das Ich steht, wenn man von jeder concreten Eigenschaft absieht, in der äusseren Beziehung des Raumes und der inneren der Empfindung. Es schliessen sich also an die Personenwörter Praepositionen und Interjectionen an. Denn die ersten sind Beziehungen des Raumes oder der als Ausdehnung betrachteten Zeit auf einen bestimmten, von ihrem Begriff nicht zu trennenden Punkt, die letzteren sind blosse Ausbrüche des Lebensgefühls. Es ist sogar wahrscheinlich, dass die wirklich einfachen Personenwörter ihren Ursprung selbst in einer Raum- oder Empfindungsbeziehung haben.

Der hier gemachte Unterschied ist aber fein und muss genau in seiner bestimmten Sonderung genommen werden. Denn auf der einen Seite werden alle, die inneren Empfindungen bezeichnenden Wörter, wie die für die äusseren Gegenstände, beschreibend und allgemein objectiv gebildet. Der obige Unterschied beruht nur darauf, dass der wirkliche Empfindungsausbruch einer bestimmten Individualität das Wesen der Bezeichnung ausmacht. Auf der andren Seite kann es in den Sprachen Pronomina und Praepositionen geben und giebt deren wirklich, die von ganz concreten Eigenschaftswörtern hergenommen sind. Die Person kann durch etwas mit ihrem Begriff Verbundenes bezeichnet werden, die Praeposition auf eine ähnliche Weise durch ein mit ihrem Begriff verwandtes Nomen, wie *hinter* durch *Rücken, vor* durch *Brust* u. s. f. Wirklich so entstandene Wörter können durch die Zeit so unkenntlich werden, dass die Entscheidung schwer fällt, ob sie so abgeleitete oder ursprüngliche Wörter sind. Wenn hierüber aber auch in einzelnen Fällen hin und her gestritten werden kann, so bleibt darum nicht abzuläugnen, dass jede Sprache ursprünglich solche dem unmittelbaren Gefühl der Persönlichkeit entstammte Wörter gehabt haben muss. Bopp hat das wichtige Verdienst, diese zwiefache Gattung der Wurzelwörter zuerst unterschieden und die bisher unbeachtet gebliebene in die Wort- und Formenbildung eingeführt zu haben. Wir werden aber gleich weiter unten sehen, auf welche sinnvolle, auch von ihm zuerst an den Sanskritformen entdeckte Weise die Sprache beide, jede in einer verschiedenen Geltung, zu ihren Zwecken verbindet.

Die hier unterschiednen objectiven und subjectiven Wurzeln der Sprache (wenn ich mich der Kürze wegen dieser, allerdings bei weitem nicht erschöpfenden Bezeichnung derselben bedienen darf) theilen indess nicht ganz die gleiche Natur mit einander und können daher, genau genommen, auch nicht auf dieselbe Weise als Grundlaute betrachtet werden. Die objectiven tragen das Ansehen der Entstehung durch Analyse an sich; man hat die Nebenlaute abgesondert, die Bedeutung, um alle darunter geordnete Wörter zu umfassen, zu schwankendem Umfange erweitert und so Formen gebildet, die in dieser Gestalt nur uneigentlich Wörter genannt werden können. Die subjectiven hat sichtbar die Sprache selbst geprägt. Ihr Begriff erlaubt keine Weite, ist vielmehr überall Ausdruck scharfer Individualität; er war dem Sprechenden unentbehrlich und konnte bis zur Vollendung allmählicher Spracherweiterung gewissermassen ausreichen. Er deutet daher, wie wir gleich in der Folge näher untersuchen werden, auf einen primitiven Zustand der Sprachen hin, was, ohne bestimmte historische Beweise, von den objectiven Wurzeln nur mit grosser Behutsamkeit angenommen werden kann.

Mit dem Namen der Wurzeln können nur solche Grundlaute belegt werden, welche sich unmittelbar, ohne Dazwischenkunft anderer, schon für sich bedeutsamer Laute, dem zu bezeichnenden Begriffe anschliessen. In diesem strengen Verstande des Worts brauchen die Wurzeln nicht der wahrhaften Sprache anzugehören, und in Sprachen, deren Form die Umkleidung der Wurzeln mit Nebenlauten mit sich führt, kann dies sogar überhaupt kaum oder doch nur unter bestimmten Bedingungen der Fall seyn. Denn die wahre Sprache ist nur die in der Rede sich offenbarende und die Spracherfindung lässt sich nicht auf demselben Wege abwärts schreitend denken, den die Analyse aufwärts verfolgt. Wenn in einer solchen Sprache eine Wurzel als Wort erscheint, wie im Sanskrit *yudh, Kampf,* oder als Theil einer Zusammensetzung, wie in *dharmawid, gerechtigkeitskundig,* so sind dies Ausnahmen, die ganz und gar nicht zu der Voraussetzung eines Zustandes berechtigen, wo auch, gleichsam wie im Chinesischen, die unbekleideten Wurzeln sich mit der Rede verbanden. Es ist sogar viel wahrscheinlicher, dass, je mehr die Stammlaute dem Ohre und dem Bewusstseyn der Sprechenden geläufig wurden, solche einzelnen Fälle ihrer nackten Anwendung dadurch eintraten. Indem aber durch die Zergliederung auf die Stammlaute zurückgegangen wird, fragt es sich, ob man überall bis zu dem wirklich Einfachen gelangt ist? Im Sanskrit ist schon mit glücklichem Scharfsinn von Bopp und in einer schon oben erwähnten, wichtigen Arbeit, die gewiss zur Grundlage weiterer Forschungen dienen wird, von Pott gezeigt worden, dass mehrere angebliche Wurzeln zusammengesetzt oder durch Reduplication abgeleitet sind. Aber auch auf solche, die wirklich einfach scheinen, kann der Zweifel ausgedehnt werden. Ich meine hier besonders die, welche von dem Bau der einfachen oder doch den Vocal nur mit solchen Consonantenlauten, die sich bis zu schwieriger Trennung mit ihm verschmelzen, umkleidenden Sylben abweichen. Auch in ihnen können unkenntlich gewordene und phonetisch durch Zusammenziehung, Abwerfung von Vocalen oder sonst veränderte Zu-

sammensetzungen versteckt seyn. Ich sage dies nicht, um leere Muthmassungen an die Stelle von Thatsachen zu setzen, wohl aber, um der
historischen Forschung nicht willkührlich das weitere Vordringen in
noch nicht gehörig durchschaute Sprachzustände zu verschliessen, und
weil die uns hier beschäftigende Frage des Zusammenhanges der Sprachen mit dem Bildungsvermögen es nothwendig macht, alle Wege aufzusuchen, welche die Entstehung des Sprachbaues genommen haben
kann.

Insofern sich die Wurzellaute durch ihre stätige Wiederkehr in sehr
abwechselnden Formen kenntlich machen, müssen sie in dem Grade
mehr zur Klarheit gelangen, in welchem eine Sprache den Begriff des
Verbum seiner Natur gemässer in sich ausgebildet hat. Denn bei der
Flüchtigkeit und Beweglichkeit dieses, gleichsam nie ruhenden Redetheils zeigt sich nothwendig dieselbe Wurzelsylbe mit immer wechselnden Nebenlauten. Die Indischen Grammatiker verfuhren daher nach einem ganz richtigen Gefühl ihrer Sprache, indem sie alle Wurzeln als
Verbalwurzeln behandelten und jede bestimmten Conjugationen zuwie-
sen. Es liegt aber auch in der Natur der Sprachentwicklung selbst, dass,
sogar geschichtlich, die Bewegungs- und Beschaffenheitsbegriffe die
zuerst bezeichneten seyn werden, da nur sie natürlich wieder gleich und
oft in dem nemlichen Acte die bezeichnenden der Gegenstände seyn
können, insofern diese einfache Wörter ausmachen. Bewegung und Beschaffenheit stehen einander aber an sich nahe und ein lebhafter
Sprachsinn reisst die letztere noch häufiger zu der ersteren hin. Dass
die Indischen Grammatiker auch diese wesentliche Verschiedenheit der
Bewegung und Beschaffenheit und der selbstständige Sachen andeutenden Wörter empfanden, beweist ihre Unterscheidung der Krit- und
Unâdi-Suffixe. Durch beide werden Wörter unmittelbar von den Wurzellauten abgeleitet. Die ersteren aber bilden nur solche, in welchen der
Wurzelbegriff selbst bloss mit allgemeinen, auf mehrere zugleich passenden Modificationen versehen wird. Wirkliche Substanzen finden
sich bei ihnen seltener und nur insofern, als die Bezeichnung derselben
von dieser bestimmten Art ist. Die Unâdi-Suffixe begreifen gerade im
Gegentheil nur Benennungen concreter Gegenstände und in den durch
sie gebildeten Wörtern ist der dunkelste Theil gerade das Suffix selbst,
welches den allgemeineren, den Wurzellaut modificirenden Begriff enthalten sollte. Es ist nicht zu läugnen, dass ein grosser Theil dieser Bildungen erzwungen und offenbar ungeschichtlich ist. Man erkennt zu
deutlich ihre absichtliche Entstehung aus dem Princip, alle Wörter der
Sprache, ohne Ausnahme, auf die einmal angenommenen Wurzeln zurückzubringen. Unter diesen Benennungen concreter Gegenstände können einestheils fremde in die Sprache aufgenommene, andrentheils aber
unkenntlich gewordene Zusammensetzungen liegen, wie es von den

letzteren in der That erkennbare bereits unter den Unâdi-Wörtern giebt. Es ist dies natürlich der dunkelste Theil aller Sprachen und man hat daher mit Recht neuerlich vorgezogen, aus einem grossen Theile der Unâdi-Wörter eine eigne Classe dunkler und ungewisser Herleitung zu bilden.

Das Wesen des Lautzusammenhanges beruht auf der Kenntlichkeit der Stammsylbe, die von den Sprachen überhaupt nach dem Grade der Richtigkeit ihres Organismus mit mehr oder minder sorgfältiger Schonung behandelt wird. In denen eines sehr vollkommenen Baues schliessen sich aber an den Stammlaut, als den den Begriff individualisirenden, Nebenlaute, als allgemeine, modificirende an. Wie nun in der Aussprache der Wörter in der Regel jedes nur Einen Hauptaccent hat und die unbetonten Sylben gegen die betonte sinken (s. unten §. 28.), so nehmen auch in den einfachen, abgeleiteten Wörtern die Nebenlaute in richtig organisirten Sprachen einen kleineren, obgleich sehr bedeutsamen Raum ein. Sie sind gleichsam die scharfen und kurzen Merkzeichen für den Verstand, wohin er den Begriff der mehr und deutlicher sinnlich ausgeführten Stammsylbe zu setzen hat. Dies Gesetz sinnlicher Unterordnung, das auch mit dem rhythmischen Baue der Wörter in Zusammenhang steht, scheint durch sehr rein organisirte Sprachen auch formell, ohne dass dazu die Veranlassung von den Wörtern selbst ausgeht, allgemein zu herrschen, und das Bestreben der Indischen Grammatiker, alle Wörter ihrer Sprache danach zu behandeln, zeugt wenigstens von richtiger Einsicht in den Geist ihrer Sprache. Da sich die Unâdi-Suffixa bei den früheren Grammatikern nicht gefunden haben sollen, so scheint man aber hierauf erst später gekommen zu seyn. In der That zeigt sich in den meisten Sanskrit-Wörtern für concrete Gegenstände dieser Bau einer kurz abfallenden Endung neben einer vorherrschenden Stammsylbe und dies lässt sich sehr füglich mit dem oben über die Möglichkeit unkenntlich gewordener Zusammensetzung Gesagten vereinen. Der gleiche Trieb hat, wie auf die Ableitung, so auch auf die Zusammensetzung gewirkt und gegen den individueller oder sonst bestimmt bezeichnenden Theil den anderen im Begriff und im Laute nach und nach fallen lassen. Denn wenn wir in den Sprachen, ganz dicht neben einander, beinahe unglaublich scheinende Verwischungen und Entstellungen der Laute durch die Zeit und wieder ein, Jahrhunderte hindurch zu verfolgendes, beharrliches Halten an ganz einzelnen und einfachen antreffen, so liegt dies wohl meistentheils an dem durch irgend einen Grund motivirten Streben oder Aufgeben des inneren Sprachsinnes. Die Zeit verlöscht nicht an sich, sondern nur in dem Masse, als er vorher einen Laut absichtlich oder gleichgültig fallen lässt.

Isolirung der Wörter. Flexion und Agglutination

26. Ehe wir jetzt zu den wechselseitigen Beziehungen der Worte in der zusammenhängenden Rede übergehen, muss ich eine Eigenschaft der Sprachen erwähnen, welche sich zugleich über diese Beziehungen und über einen Theil der Wortbildung selbst verbreitet. Ich habe schon im Vorigen (VII 99. 108.) die Aehnlichkeit des Falles erwähnt, wenn ein Wort durch die Hinzufügung eines allgemeinen, auf eine ganze Classe von Wörtern anwendbaren Begriffs aus der Wurzel abgeleitet und wenn dasselbe auf diese Weise, seiner Stellung in der Rede nach, bezeichnet wird. Die hier wirksame oder hemmende Eigenschaft der Sprachen ist nemlich die, welche man unter den Ausdrücken: Isolirung der Wörter, Flexion und Agglutination zusammenzubegreifen pflegt. Sie ist der Angelpunkt, um welchen sich die Vollkommenheit des Sprachorganismus dreht, und wir müssen sie daher so betrachten, dass wir nach einander untersuchen, aus welcher innren Forderung sie in der Seele entspringt, wie sie sich in der Lautbehandlung äussert und wie jene innren Forderungen durch diese Aeusserung erfüllt werden oder unbefriedigt bleiben? immer der oben gemachten Eintheilung der in der Sprache zusammenwirkenden Thätigkeiten folgend.

In allen hier zusammengefassten Fällen liegt in der innerlichen Bezeichnung der Wörter ein Doppeltes, dessen ganz verschiedene Natur sorgfältig getrennt werden muss. Es gesellt sich nemlich zu dem Acte der Bezeichnung des Begriffes selbst noch eine eigne, ihn in eine bestimmte Kategorie des Denkens oder Redens versetzende Arbeit des Geistes, und der volle Sinn des Wortes geht zugleich aus jenem Begriffsausdruck und dieser modificirenden Andeutung hervor. Diese beiden Elemente aber liegen in ganz verschiedenen Sphären. Die Bezeichnung des Begriffs gehört dem immer mehr objectiven Verfahren des Sprachsinnes an. Die Versetzung desselben in eine bestimmte Kategorie des Denkens ist ein neuer Act des sprachlichen Selbstbewusstseyns, durch welchen der einzelne Fall, das individuelle Wort, auf die Gesammtheit der möglichen Fälle in der Sprache oder Rede bezogen wird. Erst durch diese, in möglichster Reinheit und Tiefe vollendete und der Sprache selbst fest einverleibte Operation verbindet sich in derselben, in der gehörigen Verschmelzung und Unterordnung, ihre selbstständige, aus dem Denken entspringende und ihre mehr den äusseren Eindrücken in reiner Empfänglichkeit folgende Thätigkeit.

Es giebt daher natürlich Grade, in welchen die verschiedenen Sprachen diesem Erfordernisse genügen, da in der innerlichen Sprachgestaltung keine dasselbe ganz unbeachtet zu lassen vermag. Allein auch in denen, wo dasselbe bis zur äusserlichen Bezeichnung durchdringt, kommt es auf die Tiefe und Lebendigkeit an, in welcher sie wirklich zu den ursprünglichen Kategorieen des Denkens aufsteigen und denselben in ihrem Zusammenhange Geltung verschaffen. Denn diese Kategorien bilden wieder ein zusammenhängendes Ganzes unter sich, dessen systematische Vollständigkeit die Sprachen mehr oder weniger durchstrahlt. Die Neigung der Classificirung der Begriffe, der Bestimmung der individuellen durch die Gattung, welcher sie angehören, kann aber auch aus einem Bedürfniss der Unterscheidung und der Bezeichnung entstehen, indem man den Gattungsbegriff an den individuellen anknüpft. Sie lässt daher an sich und nach diesem oder dem reineren Ursprunge aus dem Bedürfniss des Geistes nach lichtvoller logischer Ordnung verschiedene Stufen zu. Es giebt Sprachen, welche den Benennungen der lebendigen Geschöpfe regelmässig den Gattungsbegriff hinzufügen, und unter diesen solche, wo die Bezeichnung dieses Gattungsbegriffs zum wirklichen, nur durch Zergliederung erkennbaren Suffixe geworden ist. Diese Fälle hängen zwar noch immer mit dem oben Gesagten zusammen, insofern auch in ihnen ein doppeltes Princip, ein objectives der Bezeichnung und ein subjectives logischer Eintheilung, sichtbar wird. Sie entfernen sich aber auf der andren Seite gänzlich dadurch davon, dass hier nicht mehr Formen des Denkens und der Rede, sondern nur verschiedene Classen wirklicher Gegenstände in die Bezeichnung eingehen. So gebildete Wörter werden nun denjenigen ganz ähnlich, in welchen zwei Elemente einen zusammengesetzten Begriff bilden. Was dagegen in der innerlichen Gestaltung dem Begriffe der Flexion entspricht, unterscheidet sich gerade dadurch, dass gar nicht zwei Elemente, sondern nur Eines, in eine bestimmte Kategorie versetztes das Doppelte ausmacht, von dem wir bei der Bestimmung dieses Begriffs ausgiengen. Dass dies Doppelte, wenn man es auseinanderlegt, nicht gleicher, sondern verschiedner Natur ist und verschiednen Sphären angehört, bildet gerade hier das charakteristische Merkmal. Nur dadurch können rein organisirte Sprachen die tiefe und feste Verbindung der Selbstthätigkeit und Empfänglichkeit erreichen, aus der hernach in ihnen eine Unendlichkeit von Gedankenverbindungen hervorgeht, welche alle das Gepräge ächter, die Forderungen der Sprache überhaupt rein und voll befriedigender Form an sich tragen. Dies schliesst in der Wirklichkeit nicht aus, dass in den auf diese Weise gebildeten Wörtern nicht auch bloss aus der Erfahrung geschöpfte Unterschiede Platz finden könnten. Sie sind aber alsdann in Sprachen, die einmal in diesem Theile ihres Baues von dem richtigen geistigen Principe ausgehen, allgemeiner gefasst und schon durch das ganze übrige Verfahren der Sprache auf eine höhere Stufe gestellt. So würde z. B. der Begriff des Geschlechtsunterschiedes nicht haben ohne die wirkliche Beobachtung entstehen können, wenn er sich gleich durch die allgemeinen Begriffe der Selbstthätigkeit und Empfänglichkeit an die ursprünglichen Verschiedenheiten denkbarer Kräfte gleichsam von selbst anreiht. Zu dieser Höhe nun wird er in der That in Sprachen gesteigert, die ihn ganz und vollständig in sich aufnehmen und ihn auch auf ganz ähnliche Weise, als die aus den bloss logischen Verschiedenheiten der Begriffe entstehenden Wörter bezeichnen. Man knüpft nun nicht zwei Begriffe an einander, man versetzt bloss einen, durch eine innere Beziehung des Geistes, in eine Classe, deren Begriff durch viele Naturwesen durchgeht, aber als Verschiedenheit wechselseitig thätiger Kräfte auch unabhängig von einzelner Beobachtung aufgefasst werden könnte.

Das lebhaft im Geiste Empfundene verschafft sich in den sprachbildenden Perioden der Nationen auch allemal Geltung in den entsprechenden Lauten. Wie daher zuerst innerlich das Gefühl der Nothwendigkeit aufstieg, dem Worte, nach dem Bedürfniss der wechselnden Rede oder seiner dauernden Bedeutung, seiner Einfachheit unbeschadet, einen zwiefachen Ausdruck beizugeben, so entstand von innen hervor Flexion in den Sprachen. Wir aber können nur den entgegengesetzten Weg verfolgen, nur von den Lauten und ihrer Zergliederung in den inneren Sinn eindringen. Hier nun finden wir, wo diese Eigenschaft ausgebildet ist, in der That ein Doppeltes, eine Bezeichnung des Begriffs und eine Andeutung der Kategorie, in die er versetzt wird. Denn auf diese Weise lässt sich vielleicht am bestimmtesten das zwiefache Streben unterscheiden, den Begriff zugleich zu stempeln und ihm das Merkzeichen der Art beizugeben, in der er gerade gedacht werden soll. Die Verschiedenheit dieser Absicht muss aber aus der Behandlung der Laute selbst hervorspringen.

Das Wort lässt nur auf zwei Wegen eine Umgestaltung zu: durch innere Veränderung oder äusseren Zuwachs. Beide sind unmöglich, wo die Sprache alle Wörter starr in ihre Wurzelform, ohne Möglichkeit äusseren Zuwachses, einschliesst und auch in ihrem Inneren keiner Veränderung Raum giebt. Wo dagegen innere Veränderung möglich ist und sogar durch den Wortbau befördert wird, ist die Unterscheidung der Andeutung von der Bezeichnung, um diese Ausdrücke festzuhalten, auf diesem Wege leicht und unfehlbar. Denn die in diesem Verfahren liegende Absicht, dem Worte seine Identität zu erhalten und dasselbe doch als verschieden gestaltet zu zeigen, wird am besten durch die innere Umänderung erreicht. Ganz anders verhält es sich mit dem äusseren Zuwachs. Er ist allemal Zusammensetzung im weiteren Sinne und es soll hier der Einfachheit des Wortes kein Eintrag geschehen, es sollen nicht zwei Begriffe zu einem dritten verknüpft, Einer soll in einer bestimmten Beziehung gedacht werden. Es ist daher hier ein scheinbar künstlicheres Verfahren erforderlich, das aber durch die Lebendigkeit der im Geiste empfundenen Absicht von selbst in den Lauten hervortritt. Der an-

deutende Theil des Wortes muss mit der in ihn zugleich gelegten Laut-
schärfe gegen das Uebergewicht des bezeichnenden auf eine andre Linie, als dieser gestellt erscheinen; der ursprüngliche bezeichnende Sinn
des Zuwachses, wenn ihm ein solcher beigewohnt hat, muss in der Absicht, ihn nur andeutend zu benutzen, untergehen, und der Zuwachs
selbst muss, verbunden mit dem Worte, nur als ein nothwendiger und
abhängiger Theil desselben, nicht als für sich der Selbstständigkeit fähig behandelt werden. Geschieht dies, so entsteht, ausser der inneren
Veränderung und der Zusammensetzung, eine dritte Umgestaltung der
Wörter durch Anbildung und wir haben alsdann den wahren Begriff eines Suffixes. Die fortgesetzte Wirksamkeit des Geistes auf den Laut verwandelt dann von selbst die Zusammensetzung in Anbildung. In beiden
liegt ein entgegengesetztes Princip. Die Zusammensetzung ist für die
Erhaltung der mehrfachen Stammsylben in ihren bedeutsamen Lauten
besorgt, die Anbildung strebt, ihre Bedeutung, wie dieselbe an sich ist,
zu vernichten, und unter dieser entgegenstreitenden Behandlung erreicht die Sprache hier ihren zwiefachen Zweck, durch die Bewahrung
und die Zerstörung der Erkennbarkeit der Laute. Die Zusammensetzung wird erst dunkel, wenn, wie wir im Vorigen sahen, die Sprache,
einem anderen Gefühle folgend, sie als Anbildung behandelt. Ich habe
jedoch der Zusammensetzung hier mehr darum erwähnt, weil die Anbildung hätte irrig mit ihr verwechselt werden können, als weil sie wirklich mit ihr in Eine Classe gehörte. Dies ist immer nur scheinbar der
Fall, und auf keine Weise darf man sich die Anbildung mechanisch, als
absichtliche Verknüpfung des an sich Abgesonderten und Ausglättung
der Verbindungsspuren durch Worteinheit denken. Das durch Anbildung flectirte Wort ist ebenso Eins, als die verschiedenen Theile einer
aufknospenden Blume es sind, und was hier in der Sprache vorgeht, ist
rein organischer Natur. Das Pronomen möge noch so deutlich an der
Person des Verbum haften, so wurde in ächt flectirenden Sprachen es
nicht an dasselbe geknüpft. Das Verbum wurde nicht abgesondert gedacht, sondern stand als individuelle Form vor der Seele da, und ebenso
gieng der Laut als Eins und untheilbar über die Lippen. Durch die unerforschliche Selbstthätigkeit der Sprache brechen die Suffixa aus der
Wurzel hervor und dies geschieht so lange und so weit, als das schöpferische Vermögen der Sprache ausreicht. Erst wenn dies nicht mehr thätig ist, kann mechanische Anfügung eintreten. Um die Wahrheit des
wirklichen Vorgangs nicht zu verletzen und die Sprache nicht zu einem
blossen Verstandesverfahren niederzuziehen, muss man die hier zuletzt
gewählte Vorstellungsweise immer im Auge behalten. Man darf sich
aber nicht verhehlen, dass eben darum, weil sie auf das Unerklärliche
hingeht, sie nichts erklärt, dass die Wahrheit nur in der absoluten Einheit des zusammen Gedachten und im gleichzeitigen Entstehen und in

der symbolischen Uebereinkunft der inneren Vorstellung mit dem äusseren Laute liegt, dass sie aber übrigens das nicht zu erhellende Dunkel
unter bildlichem Ausdruck verhüllt. Denn wenn auch die Laute der
Wurzel oft das Suffix modificiren, so thun sie dies nicht immer und nie
lässt sich anders, als bildlich sagen, dass das letztere aus dem Schoosse
der Wurzel hervorbricht. Dies kann immer nur heissen, dass der Geist
sie untrennbar zusammen denkt und der Laut, diesem zusammen Denken folgsam, sie auch vor dem Ohre in Eins giesst. Ich habe daher die
oben gewählte Darstellung vorgezogen und werde sie auch in der Folge
dieser Blätter beibehalten. Mit der Verwahrung gegen alle Einmischung
eines mechanischen Verfahrens kann sie nicht zu Misverständnissen
Anlass geben. Für die Anwendung auf die wirklichen Sprachen aber ist
die Zerlegung in Anbildung und Worteinheit passender, weil die Sprache technische Mittel für beide besitzt, besonders aber, weil sich die
Anbildung in gewissen Gattungen von Sprachen nicht rein und absolut,
sondern nur dem Grade nach von der wahren Zusammensetzung abscheidet. Der Ausdruck der Anbildung, der nur den durch Zuwachs
ächt flectirenden Sprachen gebührt, sichert schon, verglichen mit dem
der Anfügung, die richtige Auffassung des organischen Vorgangs.

Da die Aechtheit der Anbildung sich vorzüglich in der Verschmelzung des Suffixes mit dem Worte offenbart, so besitzen die flectirenden
Sprachen zugleich wirksame Mittel zur Bildung der Worteinheit. Die
beiden Bestrebungen, den Wörtern durch feste Verknüpfung der Sylben
in ihrem Innern eine äusserlich bestimmt trennende Form zu geben und
Anbildung von Zusammensetzung zu sondern, befördern gegenseitig
einander. Dieser Verbindung wegen habe ich hier nur von Suffixen, Zu-
wächsen am Ende des Wortes, nicht von Affixen überhaupt geredet.
Das hier die Einheit des Wortes Bestimmende kann, im Laute und in
der Bedeutung, nur von der Stammsylbe, von dem bezeichnenden Theile des Wortes ausgehen und seine Wirksamkeit im Laute hauptsächlich
nur über das ihm Nachfolgende erstrecken. Die vorn zuwachsenden
Sylben verschmelzen immer in geringerem Grade mit dem Worte, so
wie auch in der Betonung und der metrischen Behandlung die Gleichgültigkeit der Sylben vorzugsweise in den vorschlagenden liegt und der
wahre Zwang des Metrum erst mit der dasselbe eigentlich bestimmenden Tactsylbe angeht. Diese Bemerkung scheint mir für die Beurtheilung derjenigen Sprachen besonders wichtig, die den Wörtern die ihnen
zuwachsenden Sylben in der Regel am Anfange anschliessen. Sie verfahren mehr durch Zusammensetzung, als durch Anbildung und das
Gefühl wahrhaft gelungener Beugung bleibt ihnen fremd. Das, alle
Nüancen der Verbindung des zart andeutenden Sprachsinnes mit dem
Laute so vollkommen wiedergebende Sanskrit setzt andre Wohllautsre-
geln für die Anschliessung der suffigirten Endungen und der praefigir-

ten Praepositionen fest. Es behandelt die letzteren wie die Elemente zusammengesetzter Wörter.

Das Suffix deutet die Beziehung an, in welcher das Wort genommen werden soll; es ist also in diesem Sinne keinesweges bedeutungslos. Dasselbe gilt von der inneren Umänderung der Wörter, also von der Flexion überhaupt. Zwischen der inneren Umänderung aber und dem Suffixe ist der wichtige Unterschied der, dass der ersteren ursprünglich gar keine andere Bedeutung zum Grunde gelegen haben kann, die zuwachsende Sylbe dagegen wohl meistentheils eine solche gehabt hat. Die innere Umänderung ist daher allemal, wenn wir uns auch nicht immer in das Gefühl davon versetzen können, symbolisch. In der Art der Umänderung, dem Uebergange von einem helleren zu einem dunkleren, einem schärferen zu einem gedehnteren Laute besteht eine Analogie mit dem, was in beiden Fällen ausgedrückt werden soll. Bei dem Suffixe waltet dieselbe Möglichkeit ob. Es kann ebensowohl ursprünglich und ausschliesslich symbolisch seyn und diese Eigenschaft kann alsdann bloss in den Lauten liegen. Es ist aber keinesweges nothwendig, dass dies immer so sey, und es ist eine unrichtige Verkennung der Freiheit und Vielfachheit der Wege, welche die Sprache in ihren Bildungen nimmt, wenn man nur solche zuwachsenden Sylben Beugungssylben nennen will, denen durchaus niemals eine selbstständige Bedeutung beigewohnt hat und die ihr Daseyn in den Sprachen überhaupt nur der auf Flexion gerichteten Absicht verdanken. Wenn man sich Absicht des Verstandes unmittelbar schaffend in den Sprachen denkt, so ist dies, meiner innersten Ueberzeugung nach, überhaupt immer eine irrige Vorstellungsweise. Insofern das erste Bewegende in der Sprache allemal im Geiste gesucht werden muss, ist allerdings Alles in ihr und die Ausstossung des articulirten Lautes selbst Absicht zu nennen. Der Weg aber, auf dem sie verfährt, ist immer ein andrer und ihre Bildungen entspringen aus der Wechselwirkung der äusseren Eindrücke und des inneren Gefühls, bezogen auf den allgemeinen, Subjectivität mit Objectivität in der Schöpfung einer idealen, aber weder ganz innerlichen noch ganz äusserlichen Welt verbindenden Sprachzweck. Das nun an sich nicht bloss Symbolische und bloss Andeutende, sondern wirklich Bezeichnende verliert diese letztere Natur da, wo es das Bedürfniss der Sprache verlangt, durch die Behandlungsart im Ganzen. Man braucht z. B. nur das selbstständige Pronomen mit dem in den Personen des Verbum angebildeten zu vergleichen. Der Sprachsinn unterscheidet richtig Pronomen und Person und denkt sich unter der letzteren nicht die selbstständige Substanz, sondern eine der Beziehungen, in welchen der Grundbegriff des flectirten Verbum nothwendig erscheinen muss. Er behandelt sie also lediglich als einen Theil von diesem und gestattet der Zeit, sie zu entstellen und abzuschleifen, sicher, dem durch sein ganzes

Verfahrein befestigten Sinne solcher Andeutungen vertrauend, dass die
Entstellung der Laute dennoch die Erkennung der Andeutung nicht verhindern wird. Die Entstellung mag nun wirklich statt gefunden haben
oder das angefügte Pronomen grösstentheils unverändert geblieben
seyn, so ist der Fall und der Erfolg immer der nemliche. Das Symbolische beruht hier nicht auf einer unmittelbaren Analogie der Laute, es
geht aber aus der in sie auf kunstvollere Weise gelegten Ansicht der
Sprache hervor. Wenn es unbezweifelt ist, dass nicht bloss im Sanskrit,
sondern auch in andren Sprachen die Anbildungssylben mehr oder weniger aus dem Gebiete der oben erwähnten, sich unmittelbar auf den
Sprechenden beziehenden Wurzelstämme genommen sind, so ruht das
Symbolische darin selbst. Denn die durch die Anbildungssylben angedeutete Beziehung auf die Kategorieen des Denkens und Redens kann
keinen bedeutsameren Ausdruck finden, als in Lauten, die unmittelbar
das Subject zum Ausgangs- oder Endpunkt ihrer Bedeutung haben.
Hierzu kann sich hernach auch die Analogie der Töne gesellen, wie
Bopp so vortrefflich an der Sanskritischen Nominativ- und Accusativ-
Endung gezeigt hat. Im Pronomen der dritten Person ist der helle s-Laut
dem Lebendigen, der dunkle des m dem geschlechtslosen Neutrum offenbar symbolisch beigegeben, und derselbe Buchstabenwechsel der
Endungen unterscheidet nun das in Handlung gestellte Subject, den
Nominativ, von dem Accusativ, dem Gegenstande der Wirkung.

Die ursprünglich selbstständige Bedeutsamkeit der Suffixe ist daher
kein nothwendiges Hinderniss der Reinheit ächter Flexion. Mit solchen
Beugungssylben gebildete Wörter erscheinen ebenso bestimmt, als wo
innere Umänderung statt findet, nur als einfache, in verschiedne Formen gegossne Begriffe und erfüllen daher genau den Zweck der Flexion.
Allein diese Bedeutsamkeit fordert allerdings grössere Stärke des inneren Flexionssinnes und entschiednere Lautherrschaft des Geistes, die
bei ihr die Ausartung der grammatischen Bildung in Zusammensetzung
zu überwinden hat. Eine Sprache, die sich, wie das Sanskrit, hauptsächlich solcher ursprünglich selbstständig bedeutsamen Beugungssylben
bedient, zeigt dadurch selbst das Vertrauen, das sie in die Macht des sie
belebenden Geistes setzt.

Das phonetische Vermögen und die sich daran knüpfenden Lautgewohnheiten der Nationen wirken aber auch in diesem Theile der Sprache bedeutend mit. Die Geneigtheit, die Elemente der Rede mit einander zu verbinden, Laute an Laute anzuknüpfen, wo es ihre Natur
erlaubt, einen in den andren zu verschmelzen und überhaupt sie, ihrer
Beschaffenheit gemäss, in der Berührung zu verändern, erleichtert dem
Flexionssinne sein Einheit bezweckendes Geschäft, so wie das strengere
Auseinanderhalten der Töne einiger Sprachen seinem Gelingen entge-
genwirkt. Befördert nun das Lautvermögen das innerliche Erforderniss,

so wird der ursprüngliche Articulationssinn rege und es kommt auf diese Weise das bedeutsame Spalten der Laute zu Stande, vermöge dessen auch ein einzelner zum Träger eines formalen Verhältnisses werden kann, was hier gerade, mehr als in irgend einem andren Theile der Sprache, entscheidend ist, da hier eine Geistesrichtung angedeutet, nicht ein Begriff bezeichnet werden soll. Die Schärfe des Articulationsvermögens und die Reinheit des Flexionssinnes stehen daher in einem sich wechselseitig verstärkenden Zusammenhange.

Zwischen dem Mangel aller Andeutung der Kategorieen der Wörter, wie er sich im Chinesischen zeigt, und der wahren Flexion kann es kein mit reiner Organisation der Sprachen verträgliches Drittes geben. Das einzige dazwischen Denkbare ist als Beugung gebrauchte Zusammensetzung, also beabsichtigte, aber nicht zur Vollkommenheit gediehene Flexion, mehr oder minder mechanische Anfügung, nicht rein organische Anbildung. Dies, nicht immer leicht zu erkennende Zwitterwesen hat man in neuerer Zeit Agglutination genannt. Diese Art der Anknüpfung von bestimmenden Nebenbegriffen entspringt auf der einen Seite allemal aus Schwäche des innerlich organisirenden Sprachsinnes oder aus Vernachlässigung der wahren Richtung desselben, deutet aber auf der andren dennoch das Bestreben an, sowohl den Kategorieen der Begriffe auch phonetische Geltung zu verschaffen, als dieselben in diesem Verfahren nicht durchaus gleich mit der wirklichen Bezeichnung der Begriffe zu behandeln. Indem also eine solche Sprache nicht auf die grammatische Andeutung Verzicht leistet, bringt sie dieselbe nicht rein zu Stande, sondern verfälscht sie in ihrem Wesen selbst. Sie kann daher scheinbar und bis auf einen gewissen Grad sogar wirklich eine Menge von grammatischen Formen besitzen und doch nirgends den Ausdruck des wahren Begriffs einer solchen Form wirklich erreichen. Sie kann übrigens einzeln auch wirkliche Flexion durch innere Umänderung der Wörter enthalten und die Zeit kann ihre ursprünglich wahren Zusammensetzungen scheinbar in Flexionen verwandeln, so dass es schwer wird, ja zum Theil unmöglich bleibt, jeden einzelnen Fall richtig zu beurtheilen. Was aber wahrhaft über das Ganze entscheidet, ist die Zusammenfassung aller zusammen gehörenden Fälle. Aus der allgemeinen Behandlung dieser ergiebt sich alsdann, in welchem Grade der Stärke oder Schwäche das flectirende Bestreben des inneren Sinnes über den Bau der Laute Gewalt ausübte. Hierin allein kann der Unterschied gesetzt werden. Denn diese sogenannten agglutinirenden Sprachen unterscheiden sich von den flectirenden nicht der Gattung nach, wie die alle Andeutung durch Beugung zurückweisenden, sondern nur durch den Grad, in welchem ihr dunkles Streben nach derselben Richtung hin mehr oder weniger mislingt.

Wo Helle und Schärfe des Sprachsinns in der Bildungsperiode den richtigen Weg eingeschlagen hat – und er ergreift mit diesen Eigenschaften keinen falschen – ergiesst sich die innere Klarheit und Bestimmtheit über den ganzen Sprachbau und die hauptsächlichsten Aeusserungen seiner Wirksamkeit stehen in ungetrenntem Zusammenhange mit einander. So haben wir die unauflösliche Verbindung des Flexionssinnes mit dem Streben nach Worteinheit und dem, Laute bedeutsam spaltenden Articulationsvermögen gesehen. Die Wirkung kann nicht dieselbe da seyn, wo nur einzelne Funken der reinen Bestrebungen dem Geiste entsprühen, und der Sprachsinn hat, worauf wir gleich in der Folge kommen werden, alsdann gewöhnlich einen einzelnen, vom richtigen ablenkenden, allein oft von gleich grossem Scharfsinne und gleich feinem Gefühl zeugenden Weg ergriffen. Dies äussert alsdann seine Wirkung auch oft auf den einzelnen Fall. So ist in diesen Sprachen, die man nicht als flectirende zu bezeichnen berechtigt ist, die innere Umgestaltung der Wörter, wo es eine solche giebt, meistentheils von der Art, dass sie dem inneren angedeuteten Verfahren gleichsam durch eine rohe Nachbildung des Lautes folgt, den Plural und das Praeteritum z. B. durch materielles Aufhalten der Stimme oder durch heftig aus der Kehle hervorgestossenen Hauch bezeichnet und gerade da, wo rein gebildete Sprachen, wie die Semitischen, die grösste Schärfe des Articulationssinnes durch symbolische Veränderung des Vocals, zwar nicht gerade in den genannten, aber in andren grammatischen Umgestaltungen beweisen, das Gebiet der Articulation beinahe verlassend, auf die Gränzen des Naturlauts zurückkehrt. Keine Sprache ist, meiner Erfahrung nach, durchaus agglutinirend und bei den einzelnen Fällen lässt sich oft nicht entscheiden, wie viel oder wenig Antheil der Flexionssinn an dem scheinbaren Suffix hat. In allen Sprachen, die in der That Neigung zur Lautverschmelzung äussern oder doch dieselbe nicht starr zurückweisen, ist einzeln Flexionsbestreben sichtbar. Ueber das Ganze der Erscheinung aber kann nur nach dem Organismus des gesammten Baues einer solchen Sprache ein sicheres Urtheil gefällt werden.

Nähere Betrachtung der Worteinheit.
Einverleibungssystem der Sprachen

27. Wie jede aus der inneren Auffassung der Sprache entspringende Eigenthümlichkeit derselben in ihren ganzen Organismus eingreift, so ist dies besonders mit der Flexion der Fall. Sie steht namentlich mit zwei verschiedenen und scheinbar entgegengesetzten, allein in der That organisch zusammenwirkenden Stücken, mit der Worteinheit und der angemessenen Trennung der Theile des Satzes, durch welche seine Gliede

rung möglich wird, in der engsten Verbindung. Ihr Zusammenhang mit
der Worteinheit wird von selbst begreiflich, da ihr Streben ganz eigentlich auf Bildung einer Einheit, sich nicht bloss an einem Ganzen begnü-
gend, hinausgeht. Sie befördert aber auch die angemessene Gliederung
des Satzes und die Freiheit seiner Bildung, indem sie in ihrem eigentlich
grammatischen Verfahren die Wörter mit Merkzeichen versieht, welchen man das Wiedererkennen ihrer Beziehung zum Ganzen des Satzes
mit Sicherheit anvertrauen kann. Sie hebt dadurch die Aengstlichkeit
auf, ihn wie ein einzelnes Wort zusammenzuhalten, und ermuthigt zu
der Kühnheit, ihn in seine Theile zu zerschlagen. Sie weckt aber, was
noch weit wichtiger ist, durch den in ihr liegenden Rückblick auf die
Formen des Denkens, insofern diese auf die Sprache bezogen werden,
eine richtigere und anschaulichere Einsicht in seine Zusammenfügungen. Denn eigentlich entspringen alle drei hier genannten Eigenthümlichkeiten der Sprache aus Einer Quelle, aus der lebendigen Auffassung
des Verhältnisses der Rede zur Sprache. Flexion, Worteinheit und angemessene Gliederung des Satzes sollten daher in der Betrachtung der
Sprache nie getrennt werden. Die Flexion erscheint erst durch die Hinzufügung dieser andren Punkte in ihrer wahren, wohlthätig einwirkenden Kraft.

Die Rede fordert, gehörig zu der Möglichkeit ihres gränzenlosen, in
keinem Augenblick messbaren Gebrauchs zugerichtete Elemente, und
diese Forderung wächst an intensivem und extensivem Umfang, je höher die Stufe ist, auf welche sie sich stellt. Denn in ihrer höchsten Erhebung wird sie zur Ideenerzeugung und gesammten Gedankenentwicklung selbst. Ihre Richtung geht aber allemal im Menschen, auch wo die
wirkliche Entwicklung noch so viele Hemmungen erfährt, auf diesen
letzten Zweck hin. Sie sucht daher immer die Zurichtung der Sprachelemente, welche den lebendigsten Ausdruck der Formen des Denkens
enthält, und darum sagt ihr vorzugsweise die Flexion zu, deren Charakter es gerade ist, den Begriff immer zugleich nach seiner äussren und
nach der innren Beziehung zu betrachten, welche das Fortschreiten des
Denkens durch die Regelmässigkeit des eingeschlagenen Weges erleichtert. Mit diesen Elementen aber will die Rede die zahllosen Combinationen des geflügelten Gedanken, ohne in ihrer Unendlichkeit beschränkt
zu werden, erreichen. Dem Ausdrucke aller dieser Verknüpfungen liegt
die Satzbildung zum Grunde, und es ist jener freie Aufflug nur möglich,
wenn die Theile des einfachen Satzes nach aus seinem Wesen geschöpfter Nothwendigkeit, nicht mit mehr oder weniger Willkühr an einander
gelassen oder getrennt sind.

Die Ideenentwicklung erfordert ein zwiefaches Verfahren, ein Vorstellen der einzelnen Begriffe und eine Verknüpfung derselben zum Gedanken. Beides tritt auch in der Rede hervor. Ein Begriff wird in zusammen-

gehörende, ohne Zerstörung der Bedeutung nicht trennbare Laute eingeschlossen und empfängt Kennzeichen seiner Beziehung zur Construction
des Satzes. Das so gebildete Wort spricht die Zunge, indem sie es von
andren, in dem Gedanken mit ihm verbundenen trennt, als ein Ganzes
zusammen aus, hebt aber dadurch nicht die gleichzeitige Verschlingung
aller Worte der Periode auf. Hierin zeigt sich die Worteinheit im engsten
Verstande, die Behandlung jedes Wortes als eines Individuums, welches,
ohne seine Selbstständigkeit aufzugeben, mit andren in verschiedene
Grade der Berührung treten kann. Wir haben aber oben gesehen, dass
sich auch innerhalb der Sphäre desselben Begriffs, mithin desselben
Wortes bisweilen ein verbundenes Verschiedenes findet, und hieraus entspringt eine andre Gattung der Worteinheit, die man zum Unterschiede
von der obigen äusseren eine innere nennen kann. Je nachdem nun das
Verschiedene gleichartig ist und sich bloss zum zusammengesetzten Ganzen verbindet oder ungleichartig (Bezeichnung und Andeutung) den
Begriff als mit bestimmtem Gepräge versehen darstellen muss, hat die
innere Worteinheit eine weitere und engere Bedeutung.

Die Worteinheit in der Sprache hat eine doppelte Quelle, in dem innren, sich auf das Bedürfnis der Gedankenentwicklung beziehenden
Sprachsinn und in dem Laute. Da alles Denken in Trennen und Verknüpfen besteht, so muss das Bedürfniss des Sprachsinnes, alle verschiedenen Gattungen der Einheit der Begriffe symbolisch in der Rede
darzustellen, von selbst wach werden und nach Massgabe seiner Regsamkeit und geordneten Gesetzmässigkeit in der Sprache ans Licht
kommen. Auf der andren Seite sucht der Laut seine verschiedenen, in
Berührung tretenden Modificationen in ein, der Aussprache und dem
Ohre zusagendes Verhältniss zu bringen. Oft gleicht er dadurch nur
Schwierigkeiten aus oder folgt organisch angenommenen Gewohnheiten. Er geht aber auch weiter, bildet RhythmusAbschnitte und behandelt diese als Ganze für das Ohr. Beide nun aber, der innere Sprachsinn
und der Laut, wirken, indem sich der letztere an die Forderungen des
ersteren anschliesst, zusammen und die Behandlung der Lauteinheit
wird dadurch zum Symbole der gesuchten bestimmten Begriffseinheit.
Diese, dadurch in die Laute gelegt, ergiesst sich als geistiges Princip
über die Rede und die melodisch und rhythmisch künstlerisch behandelte Lautformung weckt, zurückwirkend, in der Seele eine engere Verbindung der ordnenden Verstandeskräfte mit bildlich schaffender Phantasie, woraus also die Verschlingung der sich nach aussen und nach
innen, nach dem Geist und nach der Natur hin bewegenden Kräfte ein
erhöhtes Leben und eine harmonische Regsamkeit schöpft.

Bezeichnungsmittel der Worteinheit. Pause

Die Bezeichnungsmittel der Worteinheit in der Rede sind Pause, Buchstabenveränderung und Accent.

Die Pause kann nur zur Andeutung der äusseren Einheit dienen; innerhalb des Wortes würde sie, gerade umgekehrt, seine Einheit zerstören. In der Rede aber ist ein flüchtiges, nur dem geübten Ohre merkbares Innehalten der Stimme am Ende der Wörter, um die Elemente des Gedanken kenntlich zu machen, natürlich. Indess steht mit dem Streben nach der Bezeichnung der Einheit des Begriffs das gleich nothwendige nach der Verschlingung des Satzes, die lautbar werdende Einheit des Begriffs mit der Einheit des Gedanken im Gegensatz, und Sprachen, in welchen sich ein richtig und fein fühlender Sinn offenbart, machen die doppelte Absicht kund und ebnen jenen Gegensatz, oft noch indem sie ihn verstärken, wieder durch andre Mittel. Ich werde die erläuternden Beispiele hier immer aus dem Sanskrit hernehmen,[22] weil diese Sprache glücklicher und erschöpfender, als irgend eine andere die Worteinheit behandelt und auch ein Alphabet besitzt, das mehr, als die unsrigen die genaue Aussprache vor dem Ohre auch dem Auge graphisch darzustellen bemüht ist. Das Sanskrit nun gestattet nicht jedem Buchstaben, ein Wort zu beschliessen, und erkennt also dadurch schon die selbstständige Individualität des Wortes an, sanctionirt auch seine Absonderung in der Rede dadurch, dass es die Veränderungen in Berührung tretender Buchstaben bei den schliessenden und anfangenden anders, als in der Mitte der Wörter regelt. Zugleich aber folgt in ihr mehr, als in einer andren Sprache ihres Stammes der Verschlingung des Gedanken auch die Verschmelzung der Laute, so dass, auf den ersten Anblick, die Worteinheit durch die Gedankeneinheit zerstört zu werden scheint. Wenn sich der End- und der Anfangsvocal in einen dritten verwandeln, so entsteht dadurch unläugbar eine Lauteinheit beider Wörter. Wo Endconsonanten sich vor Anfangsvocalen verändern, ist dies zwar wohl darum nicht der Fall, weil der Anfangsvocal, immer von einem gelinden Hauche begleitet, sich nicht in dem Verstande an den Endconsonanten anschliesst, in welchem das Sanskrit den Consonanten mit dem in derselben Sylbe auf ihn folgenden Vocal als unlösbar Eins betrachtet. Indess stört diese Consonantenveränderung immer die Andeutung der Trennung der einzelnen Wörter. Diese leise Störung kann aber dieselbe im Geiste des Hörers nie wirklich aufheben, nicht einmal die Anerkennung derselben bedeutend schwächen. Denn einestheils finden gerade die beiden Hauptgesetze der Veränderung zusammenstossender Wörter, die Verschmelzung der Vocale und die Verwandlung dumpfer Consonanten in tönende vor Vocalen, innerhalb desselben Wortes nicht statt, andrentheils aber ist im Sanskrit die innere Wortein-

heit so klar und bestimmt geordnet, dass man in aller Lautverschlingung der Rede nie verkennen kann, dass es selbstständige Lauteinhei-
ten sind, die nur in unmittelbare Berührung mit einander treten. Wenn
übrigens die Lautverschlingung der Rede für die feine Empfindlichkeit
des Ohres und für das lebendige Dringen auf die symbolische Andeutung der Einheit des Gedankens spricht, so ist es doch merkwürdig, dass
auch andre Indische Sprachen, namentlich die Telingische, welchen
man keine, aus ihnen selbst entsprungene, grosse Cultur zuschreiben
kann, diese, mit den innersten Lautgewohnheiten eines Volks zusammenhängende und daher wohl nicht leicht bloss aus einer Sprache in
die andre übergehende Eigenthümlichkeit besitzen. An sich ist das Verschlingen aller Laute der Rede in dem ungebildeten Zustande der Sprache natürlicher, da das Wort erst aus der Rede abgeschieden werden
muss; im Sanskrit aber ist diese Eigenthümlichkeit zu einer inneren und
äusseren Schönheit der Rede geworden, die man darum nicht geringer
schätzen darf, weil sie, gleichsam als ein dem Gedanken nicht nothwendiger Luxus, entbehrt werden könnte. Es giebt offenbar eine, von dem
einzelnen Ausdruck verschiedene Rückwirkung der Sprache auf den
Gedanken erzeugenden Geist selbst und für diese geht keiner ihrer,
auch einzeln entbehrlich scheinenden Vorzüge verloren.

Bezeichnungsmittel der Worteinheit. Buchstabenveränderung

Die innere Worteinheit kann wahrhaft nur in Sprachen zum Vorschein
kommen, welche durch Umkleidung des Begriffs mit seinen Nebenbestimmungen den Laut zur Mehrsylbigkeit erweitern und innerhalb dieser mannigfaltige Buchstabenveränderungen zulassen. Der auf die
Schönheit des Lauts gerichtete Sprachsinn behandelt alsdann diese innere Sphäre des Wortes nach allgemeinen und besondren Gesetzen des
Wohllauts und des Zusammenklanges. Allein auch der Articulationssinn wirkt und zwar hauptsächlich auf diese Bildungen mit, indem er
bald Laute zu verschiedener Bedeutsamkeit umändert, bald aber auch
solche, die auch selbstständige Geltung besitzen, dadurch, dass sie nun
bloss als Zeichen von Nebenbestimmungen gebraucht werden, in sein
Gebiet herüberzieht. Denn ihre ursprünglich sachliche Bedeutung wird
jetzt zu einer symbolischen, der Laut selbst wird durch die Unterordnung unter einen Hauptbegriff oft bis zum einfachen Elemente abgeschliffen und erhält daher, auch bei verschiedenem Ursprunge, eine
ähnliche Gestalt mit den durch den Articulationssinn wirklich gebildeten, rein symbolischen. Je reger und thätiger der Articulationssinn in
der beständigen Verschmelzung des Begriffs mit dem Laute ist, desto
schneller geht diese Operation von statten.

Vermittelst dieser, hier zusammenwirkenden Ursachen entspringt nun ein, zugleich den Verstand und das ästhetische Gefühl befriedigender Wortbau, in welchem eine genaue Zergliederung, von dem Stammworte ausgehend, von jedem hinzugekommenen, ausgestossenen oder veränderten Buchstaben aus Gründen der Bedeutsamkeit oder des Lauts Rechenschaft zu geben bemüht seyn muss. Sie kann aber dies Ziel auch wirklich wenigstens insofern erreichen, als sie jeder solcher Veränderung erklärende Analogieen an die Seite zu stellen vermag. Der Umfang und die Mannigfaltigkeit dieses Wortbaues ist in den Sprachen am grössten und am befriedigendsten für den Verstand und das Ohr, welche den ursprünglichen Wortformen kein einförmig bestimmtes Gepräge aufdrükken und sich zur Andeutung der Nebenbestimmungen, vorzugsweise vor der inneren rein symbolischen Buchstabenveränderung, der Anbildung bedienen. Das, wenn man es mit mechanischer Anfügung verwechselt, ursprünglich roher und ungebildeter scheinende Mittel übt, durch die Stärke des Flexionssinns auf eine höhere Stufe gestellt, unläugbar hierin einen Vorzug vor dem in sich feineren und kunstvolleren aus. Es liegt gewiss grossentheils in dem zweisylbigen Wurzelbaue und in der Scheu vor Zusammensetzung, dass der Wortbau in den Semitischen Sprachen, ungeachtet des sich in ihm so bewundrungswürdig mannigfaltig und sinnreich offenbarenden Flexions- und Articulationssinnes, doch bei weitem nicht der Mannigfaltigkeit, dem Umfange und der Angemessenheit zu dem gesammten Zweck der Sprache des Sanskritischen gleichkommt.

Das Sanskrit bezeichnet durch den Laut die verschiedenen Grade der Einheit, zu deren Unterscheidung der innere Sprachsinn ein Bedürfniss fühlt. Es bedient sich dazu hauptsächlich einer verschiedenartigen Behandlung der als verschiedene Begriffselemente in demselben Wort zusammentretenden Sylben und einzelnen Laute in den Buchstaben, in welchen sich dieselben berühren. Ich habe schon oben angeführt, dass diese Behandlung eine verschiedene bei getrennten Worten und in der Wortmitte ist. Denselben Weg verfolgt die Sprache nun weiter, und wenn man die Regeln für diese beiden Fälle als zwei grosse einander entgegengesetzte Classen bildend ansieht, so deutet die Sprache, von der mehr lockren zur festeren Verbindung hin, die Worteinheit in folgenden Abstufungen an:

bei zusammengesetzen Wörtern,

bei mit Praefixen verbundenen, meistentheils Verben,

bei solchen, die durch Suffixa (Taddhita-Suffixa) aus in der Sprache vorhandenen Grundwörtern gebildet sind,

bei solchen (Kridanta-Wörtern), welche durch Suffixa aus Wurzeln, also aus Wörtern, die eigentlich ausserhalb der Sprache liegen, abgeleitet werden,

bei den grammatischen Declinations- und Conjugationsformen.

Die beiden zuerst genannten Gattungen der Wörter folgen im Ganzen den Anfügungsregeln getrennter Wörter, die drei letzten denen der Wortmitte. Doch giebt es hierin, wie sich von selbst versteht, einzelne Ausnahmen, und der ganzen hier aufgestellten Abstufung liegt natürlich keine für jede Classe absolute Verschiedenheit der Regeln, sondern nur ein, aber sehr entschiedenes, grösseres oder geringeres Annähern an die beiden Hauptclassen zum Grunde. In den Ausnahmen selbst aber verräth sich oft wieder auf sinnvolle Weise die Absicht festerer Vereinigung. So übt bei getrennten Wörtern eigentlich, wenn man Eine, nur scheinbare Ausnahme hinwegnimmt, der Endconsonant eines vorhergehenden Worts niemals eine Veränderung des Anfangsbuchstaben des nachfolgenden; dagegen findet dies bei einigen zusammengesetzten Wörtern und bei Praefixen auf eine Weise statt, die bisweilen noch auf den zweiten Anfangsconsonanten Einfluss hat, wie wenn aus *agni, Feuer,* und *stôma, Opfer,* verbunden *agnishtôma, Brandopfer,* wird. Durch diese Entfernung von den Anfügungsregeln getrennter Wörter deutet die Sprache offenbar ihr Gefühl der Forderung der Worteinheit an. Dennoch ist es nicht zu läugnen, dass die zusammengesetzten Wörter im Sanskrit durch die übrige und allgemeinere Behandlung der sich in ihnen berührenden End- und Anfangsbuchstaben und durch den Mangel von Verbindungslauten, deren sich die Griechische Sprache immer in diesem Falle bedient, den getrennten Wörtern zu sehr gleichkommen. Die, uns freilich unbekannte Betonung kann dies kaum aufgehoben haben. Wo das erste Glied der Zusammensetzung seine grammatische Beugung beibehält, liegt die Verbindung wirklich allein im Sprachgebrauch, der entweder diese Wörter immer verknüpft oder sich des letzten Gliedes niemals einzeln bedient. Allein auch der Mangel der Beugungen bezeichnet die Einheit dieser Wörter mehr nur vor dem Verstande, ohne dass sie durch Verschmelzung der Laute vor dem Ohre Gültigkeit erhält. Wo Grundform und Casusendung im Laute zusammenfallen, lässt es die Sprache ohne ausdrückliche Bezeichnung, ob ein Wort für sich steht oder Element eines zusammengesetzten ist. Ein langes Sanskritisches Compositum ist daher, der ausdrücklichen grammatischen Andeutung nach, weniger ein einzelnes Wort, als eine Reihe beugungslos an einander gestellter Wörter, und es ist ein richtiges Gefühl der Griechischen Sprache, ihr Compositum nie durch zu grosse Länge dahin ausarten zu lassen. Allein auch das Sanskrit beweist wieder in andren Eigenthümlichkeiten, wie sinnvoll es bisweilen die Einheit dieser Wörter anzudeuten versteht, so z. B., wenn es zwei oder mehrere Substantiva, welches Geschlechts sie seyn mögen, in Ein geschlechtsloses zusammenfasst.

Unter den Classen von Wörtern, welche den Anfügungsgesetzen der Wortmitte folgen, stehen die Kridanta-Wörter und die grammatisch flectirten einander am nächsten, und wenn es zwischen denselben Spuren noch innigerer Verbindung giebt, so liegen sie eher in dem Unterschiede der Casus- und Verbalendungen. Die Krit-Suffixa verhalten sich durchaus wie die letzteren. Denn sie bearbeiten unmittelbar die Wurzel, die sie erst eigentlich in die Sprache einführen, indess die Casusendungen, hierin den TaddhitaSuffixen gleich, sich an schon durch die Sprache selbst gegebene Grundwörter anschliessen. Am festesten ist die Innigkeit der Lautverschmelzung mit Recht in den Beugungen des Verbum, da sich der Verbalbegriff auch vor dem Verstande am wenigsten von seinen Nebenbestimmungen trennen lässt.

Ich habe hier nur zu zeigen bezweckt, auf welche Weise die Wohllautsgesetze bei sich berührenden Buchstaben, nach den Graden der inneren Worteinheit, von einander abweichen. Man muss sich aber wohl hüten, etwas eigentlich Absichtliches hierin zu finden, so wie überhaupt das Wort Absicht, von Sprachen gebraucht, mit Vorsicht verstanden werden muss. Insofern man sich darunter gleichsam Verabredung oder auch nur vom Willen ausgehendes Streben nach einem deutlich vorgestellten Ziele denkt, ist, woran man nicht zu oft erinnern kann, Absicht den Sprachen fremd. Sie äussert sich immer nur in einem ursprünglich instinctartigen Gefühl. Ein solches Gefühl der Begriffseinheit nun ist hier, meiner Ueberzeugung nach, allerdings in den Laut übergegangen, und eben weil es ein Gefühl ist, nicht überall in gleichem Masse und gleicher Consequenz. Mehrere der einzelnen Abweichungen der Anfügungsgesetze von einander entspringen zwar phonetisch aus der Natur der Buchstaben selbst. Da nun alle grammatisch geformten Wörter immer in derselben Verbindung der Anfangs- und Endbuchstaben dieser Elemente vorkommen, bei getrennten und selbst bei zusammengesetzten Wörtern aber dieselbe Berührung nur wechselnd und einzeln wiederkehrt, so bildet sich bei den ersteren natürlich leicht eine eigne, alle Elemente inniger verschmelzende Aussprache und man kann daher das Gefühl der Worteinheit in diesen Fällen als hieraus, mithin auf dem umgekehrten Wege, als ich es oben gethan, entstanden ansehen. Indess bleibt doch der Einfluss jenes inneren Einheitsgefühls der primitive, da es aus ihm herausfliesst, dass überhaupt die grammatischen Anfügungen dem Stammwort einverleibt werden und nicht, wie in einigen Sprachen, abgesondert stehen bleiben. Für die phonetische Wirkung ist es von wichtigem Einfluss, dass sowohl die Casusendungen als die Suffixa nur mit gewissen Consonanten anfangen und daher nur eine bestimmte Anzahl von Verbindungen eingehen können, die bei den Casusendungen am beschränktesten, bei den Krit-Suffixen und Verbalendungen grösser ist, bei den Taddhita-Suffixen aber sich noch mehr erweitert.

Ausser der Verschiedenheit der Anfügungsgesetze der sich in der

Wortmitte berührenden Consonanten giebt es in den Sprachen noch
eine andere, seine innere Einheit noch bestimmter bezeichnende Lautbehandlung des Wortes, nemlich diejenige, welche seiner Gesammtbil-
dung Einfluss auf die Veränderung der einzelnen Buchstaben, namentlich der Vocale verstattet. Dies geschieht, wenn die Anschliessung mehr
oder weniger gewichtiger Sylben auf die, schon im Wort vorhandenen
Vocale Einfluss ausübt, wenn ein beginnender Zuwachs des Wortes
Verkürzungen oder Ausstossungen am Ende desselben hervorbringt,
wenn anwachsende Sylben ihren Vocal denen des Wortes oder diese
sich ihnen assimiliren, oder wenn Einer Sylbe durch Lautverstärkung
oder durch Lautveränderung ein die übrigen des Wortes vor dem Ohre
beherrschendes Uebergewicht gegeben wird. Jeder dieser Fälle kann,
wo er nicht rein phonetisch ist, als unmittelbar symbolisch für die innere Worteinheit betrachtet werden. Im Sanskrit erscheint diese Lautbehandlung in mehrfacher Gestalt und immer mit merkwürdiger Rücksicht auf die Klarheit der logischen und die Schönheit der ästhetischen
Form. Das Sanskrit assimilirt daher nicht die Stammsylbe, deren Festigkeit erhalten werden muss, den Endungen; es erlaubt sich aber wohl
Erweiterungen des Stammvocals, aus deren regelmässiger Wiederkehr
in der Sprache das Ohr den ursprünglichen leicht wiedererkennt. Es ist
dies eine von feinem Sprachsinn zeugende Bemerkung Bopp's, die er
sehr richtig so ausdrückt, dass die hier in Rede stehende Veränderung
des Stammvocals im Sanskrit nicht qualitativ, sondern quantitativ ist.[23]
Die qualitative Assimilation entsteht aus Nachlässigkeit der Aussprache
oder aus Gefallen an gleichförmig klingenden Sylben; in der quantitativen Umstellung des Zeitmasses spricht sich ein höheres und feineres
Wohllautsgefühl aus. In jener wird der bedeutsame Stammvocal geradezu dem Laute geopfert, in dieser bleibt er in der Erweiterung dem Ohre
und dem Verstande gleich gegenwärtig.

Einer Sylbe eines Worts in der Aussprache ein das ganze Wort beherrschendes Uebergewicht zu geben, besitzt das Sanskrit im *Guṇa* und
Wṛiddhi zwei so kunstvoll ausgebildete und mit der übrigen Lautverwandtschaft so eng verknüpfte Mittel, dass sie in dieser Ausbildung und
in diesem Zusammenhange ihm ausschliesslich eigenthümlich geblieben sind. Keine der Schwestersprachen hat diese Lautveränderungen,
ihrem Systeme und ihrem Geiste nach, in sich aufgenommen; nur einzelne Bruchstücke sind als fertige Resultate in einige übergegangen.
Guna und Wriddhi bilden bei *a* eine Verlängerung, aus *i* und *u* die Diphthongen *ê* und *ô,* ändern das Vocal-*r* in *ar* und *âr* um,[24] und verstärken *ê* und *ô* durch neue Diphthongisirung zu *âi* und *âu.* Wenn auf das
durch Guna und Wriddhi entstandene *ê* und *âi, ô* und *âu* ein Vocal
folgt, so lösen sich diese Diphthongen in *ay* und *ây, aw* und *âw* auf.
Hierdurch entsteht eine doppelte Reihe fünffacher Lautveränderungen,

welche durch bestimmte Gesetze der Sprache und durch ihre beständige Rückkehr im Gebrauche derselben dennoch immer zu dem gleichen
Urlaute zurückführen. Die Sprache erhält dadurch eine Mannigfaltigkeit wohltönender Lautverknüpfungen, ohne dem Verständniss im min-
desten Eintrag zu thun. Im Guna und Wriddhi tritt jedesmal ein Laut an
die Stelle eines andren. Doch darf man darum Guna und Wriddhi nicht
als einen blossen, sonst in vielen Sprachen gewöhnlichen Vocalwechsel
ansehen. Der wichtige Unterschied zwischen beiden liegt darin, dass
bei dem Vocalwechsel der Grund des an die Stelle eines andren gesetzten Vocals immer, wenigstens zum Theil, dem ursprünglichen der veränderten Sylbe fremd ist, bald in grammatisch unterscheidendem Streben, bald im Assimilationsgesetz oder in irgend einer andren Ursach
gesucht werden muss, und dass daher der neue Laut nach Verschiedenheit der Umstände wechseln kann, da er bei Guna und Wriddhi immer
gleichförmig aus dem Urlaut der veränderten Sylbe selbst, ihr allein angehörend, entspringt. Wenn man daher den Guna-Laut *wêdmi* und den,
nach der Boppschen Erklärung, durch Assimilation entstehenden *têni-
ma* mit einander vergleicht, so ist das hineingekommene *ê* in der ersteren Form aus dem *i* der veränderten, in der letzteren aus dem der nachfolgenden Sylbe entstanden.

Guna und Wriddhi sind Verstärkungen des Grundlauts und zwar
nicht bloss gegen diesen, sondern auch gegen einander selbst, gleichsam
wie Comparativus und Superlativus, in gleichem quantitativen Masse
steigende Verstärkungen des einfachen Vocals. In der Breite der Aussprache und dem Laute vor dem Ohre ist diese Steigerung unverkennbar; sie zeigt sich aber in einem schlagenden Beispiel auch in der Bedeutung bei dem durch Anhängung von *ya* gebildeten Participium des
Passiv-Futurum. Denn der einfache Begriff fordert dort nur Guna, der
verstärkte, mit Nothwendigkeit verknüpfte aber Wriddhi: *stawya, ein
Preiswürdiger, stâwya, ein nothwendig und auf alle Weise zu Preisen-
der.* Der Begriff der Verstärkung erschöpft aber nicht die besondre Natur dieser Lautveränderungen. Zwar muss man hier das Wriddhi von *a*
ausnehmen, das aber auch nur gewissermassen in seiner grammatischen
Anwendung, durchaus nicht seinem Laut nach in diese Classe gehört.
Bei allen übrigen Vocalen und Diphthongen liegt das Charakteristische
dieser Verstärkungen darin, dass durch sie eine, vermittelst der Verbindung ungleichartiger Vocale oder Diphthongen hervorgebrachte Umbeugung des Lautes entsteht. Denn allem Guna und Wriddhi liegt eine
Verbindung von *a* mit den übrigen Vocalen oder Diphthongen zum
Grunde, man mag nun annehmen, dass im Guna ein kurzes, im Wriddhi
ein langes *a* vor den einfachen Vocal oder dass immer ein kurzes *a*, im
Guna vor den einfachen Vocal, im Wriddhi vor den schon durch Guna
verstärkten tritt.[25] Die blosse Entstehung verlängerter Vocale durch

Verbindung gleichartiger wird, soviel mir bekannt ist, das einzige *a* ausgenommen, auch von den Indischen Grammatikern nicht zum Wriddhi gerechnet. Da nun in Guna und Wriddhi immer ein sehr verschieden auf das Ohr einwirkender Laut entsteht und seinen Grund ausschliesslich in dem Urlaut der Sylbe selbst findet, so gehen die Guna- und Wriddhi-Laute auf eine, mit Worten nicht zu beschreibende, aber dem Ohre deutlich vernehmbare Weise aus der inneren Tiefe der Sylbe selbst hervor. Wenn daher Guna, das im Verbum so häufig die Stammsylbe verändert, eine bestimmte Charakteristik gewisser grammatischer Formen wäre, so würde man diese, auch der sinnlichen Erscheinung nach, buchstäblich Entfaltungen aus dem Innren der Wurzel und in praegnanterem Sinne, als in den Semitischen Sprachen, wo bloss symbolischer Vocalwechsel vorgeht, nennen können.[26] Es ist dies aber durchaus nicht der Fall, da das Guna nur eine der Nebengestaltungen ist, welche das Sanskrit den Verbalformen, ausser ihren wahren Charakteristiken, nach bestimmten Gesetzen beigiebt. Es ist, seiner Natur nach, eine rein phonetische und, soweit wir seine Gründe einzusehen vermögen, auch allein aus den Lauten erklärbare Erscheinung und nicht einzeln bedeutsam oder symbolisch. Der einzige Fall in der Sprache, den man hiervon ausnehmen muss, ist die Gunirung des Verdoppelungsvocals in den Intensivverben. Diese zeigt um so mehr den verstärkenden Ausdruck an, welchen die Sprache, auf eine sonst ungewöhnliche Weise, in diese Formen zu legen beabsichtigt, als die Verdoppelung sonst den langen Vocal zu verkürzen pflegt und als das Guna hier auch, wie sonst nicht, bei langen Mittelvocalen der Wurzel statt findet.

Dagegen kann man es wohl in vielen Fällen als Symbol der inneren Worteinheit ansehen, indem diese, sich stufenweis in der Vocalsphäre bewegenden Lautveränderungen eine weniger materielle, entschiednere und enger verbundene Wortverschmelzung hervorbringen, als die Veränderungen sich berührender Consonanten. Sie gleichen hierin gewissermassen dem Accent, indem die gleiche Wirkung, das Uebergewicht einer vorherrschenden Sylbe, im Accent durch die Tonhöhe, im Guna und Wriddhi durch die erweiterte Lautumbeugung hervorgebracht wird. Wenn sie daher auch nur in bestimmten Fällen die innere Worteinheit begleiten, so sind sie doch immer einer der verschiedenen Ausdrücke, deren sich die, bei weitem nicht immer dieselben Wege verfolgende Sprache zur Andeutung derselben bedient. Es mag auch hierin liegen, dass sie den sylbenreichen, langen Formen der zehnten Verbalclasse und der mit dieser verwandten Causalverben ganz besonders eigenthümlich sind. Wenn sie sich freilich auf der andren Seite auch bei ganz kurzen finden, so ist darum doch nicht zu läugnen, dass sie bei den langen das abgebrochene Auseinanderfallen der Sylben verhindern und die Stimme nöthigen, sie fest zusammenzuhalten. Sehr bedeutsam

scheint es auch in dieser Beziehung, dass das Guna in den Wortgattun-
gen der festesten Einheit, den Kridanta-Wörtern und Verbalendungen
herrschend ist und in ihnen gewöhnlich die Wurzelsylbe trifft, dagegen
nie auf der Stammsylbe der Declinationsbeugungen oder der durch
Taddhita-Suffixa gebildeten Wörter vorkommt.

Das Wriddhi findet eine doppelte Anwendung. Auf der einen Seite
ist es, wie das Guna, rein phonetisch und steigert dasselbe entweder
nothwendig oder nach der Willkühr des Sprechenden; auf der andren
Seite ist es bedeutsam und rein symbolisch. In der ersteren Gestalt trifft
es vorzugsweise die Endvocale, so wie auch die langen unter diesen,
was sonst nicht geschieht, Guna annehmen. Es entsteht dies daraus,
dass die Erweiterung eines Endvocals keine Beschränkung vor sich findet. Es ist dasselbe Princip, das im Javanischen im gleichen Falle das
dem Consonanten einverleibte *a* als dunkles *o* auslauten lässt. Die Bedeutsamkeit des Wriddhi zeigt sich besonders bei den TaddhitaSuffixen
und scheint ihren ursprünglichen Sitz in den Geschlechtsbenennungen,
den Collectiv- und abstracten Substantiven zu haben. In allen diesen
Fällen erweitert sich der ursprünglich einfache concrete Begriff. Dieselbe Erweiterung wird aber auch metaphorisch auf andre Fälle, wenn
auch nicht in gleicher Beständigkeit übergetragen. Daher mag es kommen, dass die durch Taddhita-Suffixe gebildeten Adjectiva bald Wriddhi annehmen, bald den Vocal unverändert lassen. Denn das Adjectivum kann als concrete Beschaffenheit, aber auch als die ganze Menge
von Dingen, an welchen es erscheint, unter sich befassend angesehen
werden.

Die Annahme oder der Mangel des Guna bildet im Verbum in grammatisch genau bestimmten Fällen einen Gegensatz zwischen gunirten
und gunalosen Formen der Abwandlung. Bisweilen, aber viel seltener
wird ein gleicher Gegensatz durch den bald nothwendigen, bald will-
kührlichen Gebrauch des Wriddhi gegen Guna hervorgebracht. Bopp
hat zuerst diesen Gegensatz auf eine Weise, die, wenn sie auch einige
Fälle gewissermassen als Ausnahme übersehen muss, doch gewiss im
Ganzen vollkommen befriedigend erscheint, aus der Wirkung der Laut-
schwere oder Lautleichtigkeit der Endungen auf den Wurzelvocal erklärt. Die erstere verhindert nemlich seine Erweiterung, welche die letztere hervorzulocken scheint, und das Eine und das Andere findet
überall da statt, wo sich die Endung unmittelbar an die Wurzel anschliesst oder auf ihrem Wege dahin einen des Guna fähigen Vocal antrifft. Wo aber der Einfluss der Beugungssylbe durch einen andren, da-
zwischentretenden Vocal oder einen Consonanten gehemmt wird,
mithin die Abhängigkeit des Wurzelvocals von ihr aufhört, lässt sich
der Gebrauch und Nichtgebrauch des Guna, obgleich er auch da in bestimmten Fällen regelmässig eintritt, auf keine Weise aus den Lauten

erklären und dieser Unterschied der Wurzelsylbe sich also überhaupt in der Sprache auf kein ganz allgemeines Gesetz zurückführen. Die wahrhafte Erklärung der Anwendung und Nichtanwendung des Guna überhaupt scheint mir nur aus der Geschichte der Abwandlungsformen des Verbum geschöpft werden zu können. Dies ist aber ein noch sehr dunkles Gebiet, in dem wir nur fragmentarisch Einzelnes zu errathen vermögen. Vielleicht gab es ehemals, nach Verschiedenheit der Dialekte oder Zeiten, zweierlei Gattungen der Abwandlung mit und ohne Guna, aus deren Mischung die jetzige Gestaltung in der uns vorliegenden Niedersetzung der Sprache entsprang. In der That scheinen auf eine solche Vermuthung einige Classen der Wurzeln zu führen, die sich zugleich und grösstentheils in der nemlichen Bedeutung mit und ohne Guna abwandeln lassen oder ein durchgängiges Guna annehmen, wo die übrige Analogie der Sprache den oben erwähnten Gegensatz erfordern würde. Dies letztere geschieht nur in einzelnen Ausnahmen; das erstere aber findet bei allen Verben statt, die zugleich nach der ersten und sechsten Classe conjugirt werden, so wie in denjenigen der ersten Classe, welche ihr vielförmiges Praeteritum nach der sechsten Gestaltung, bis auf das fehlende Guna ganz gleichförmig mit ihrem Augment-Praeteritum bilden. Diese ganze, dem Griechischen zweiten Aorist entsprechende, sechste Gestaltung durfte wohl nichts andres, als ein wahres Augment-Praeteritum einer gunalosen Abwandlung seyn, neben welcher eine mit Guna (unser jetziges Augment-Praeteritum der Wurzeln der ersten Classe) bestanden hat. Denn es ist mir sehr wahrscheinlich, dass es im wahren Sinne des Wortes im Sanskrit nur zwei, nicht, wie wir jetzt zählen, drei Praeterita giebt, so dass die Bildungen des angeblich dritten, nemlich des vielförmigen nur Nebenformen, aus anderen Epochen der Sprache herstammend, sind.

Wenn man auf diese Weise eine ursprünglich zwiefache Conjugation mit und ohne Guna in der Sprache annimmt, so entsteht gewissermassen die Frage, ob da, wo die Gewichtigkeit der Endungen einen Gegensatz hervorbringt, das Guna verdrängt oder angenommen worden ist? und man muss sich unbedenklich für das erstere erklären. Lautveränderungen, wie Guna und Wriddhi, lassen sich nicht einer Sprache einimpfen, sie gehen, nach Grimm's vom deutschen Ablaut gebrauchtem glücklichem Ausdruck, bis auf den Grund und Boden derselben und können in ihrem Ursprunge sich aus den dunklen und breiten Diphthongen, die wir auch in andren Sprachen antreffen, erklären lassen. Das Wohllautsgefühl kann diese gemildert und zu einem quantitativ bestimmten Verhältniss geregelt haben. Dieselbe Neigung der Sprachwerkzeuge zur Vocalerweiterung kann aber auch in einem glücklich organisirten Volksstamm unmittelbar in rhythmischer Haltung hervorgebrochen seyn. Denn es ist nicht nothwendig und kaum einmal rathsam,

sich jede Trefflichkeit einer gebildeten Sprache als stufenartig und allmählich entstanden zu denken.

Der Unterschied zwischen rohem Naturlaut und geregeltem Ton
zeigt sich noch bei weitem deutlicher an einer andren, zur inneren
Wortausbildung wesentlich beitragenden Lautform, der Reduplication.
Die Wiederholung der Anfangssylbe eines Wortes oder auch des ganzen
Wortes selbst ist, bald in verstärkender Bedeutsamkeit zu mannigfa-
chem Ausdruck, bald als blosse Lautgewohnheit, den Sprachen vieler
ungebildeten Völker eigen. In anderen, wie in einigen des Malayischen
Stammes, verräth sie schon dadurch einen Einfluss des Lautgefühls,
dass nicht immer der Wurzelvocal, sondern gelegentlich ein verwandter
wiederholt wird. Im Sanskrit aber wird die Reduplication so genau dem
jedesmaligen inneren Wortbau angemessen modificirt, dass man fünf
oder sechs verschiedene, durch die Sprache vertheilte Gestaltungen
derselben zählen kann. Alle aber fliessen aus dem doppelten Gesetz der
Anpassung dieser Vorschlagssylbe an die besondere Form des Wortes
und aus dem der Beförderung der inneren Worteinheit. Einige sind zugleich für bestimmte grammatische Formen bezeichnend. Die Anpassung ist bisweilen so künstlich, dass die eigentlich dem Worte voranzu-
gehen bestimmte Sylbe dasselbe spaltet und sich zwischen seinen
Anfangsvocal und Endconsonanten stellt, was vielleicht darin seinen
Grund hat, dass dieselben Formen auch den Vorschlag des Augments
verlangen und diese beiden Vorschlagssylben sich, als solche, an vocalisch anlautenden Wurzeln nicht hätten auf unterscheidbare Weise andeuten lassen. Die Griechische Sprache, in welcher Augment und Reduplication wirklich in diesen Fällen im *augmentum temporale*
zusammenfliessen, hat zur Erreichung desselben Zweckes ähnliche Formen entwickelt.[27] Es ist dies ein merkwürdiges Beispiel, wie, bei regem
und lebendigem Articulationssinn, die Lautformung sich eigne und
wunderbar scheinende Bahnen bricht, um den innerlich organisirenden
Sprachsinn in allen seinen verschiedenen Richtungen, jede kenntlich er-
haltend, zu begleiten.

Die Absicht, das Wort fest mit dem Vorschlage zu verbinden, äussert
sich im Sanskrit bei den consonantischen Wurzeln durch die Kürze des
Wiederholungsvocals, auch gegen einen langen Wurzellaut, so dass der
Vorschlag vom Worte übertönt werden soll. Die einzigen zwei Ausnahmen von dieser Verkürzung in der Sprache haben wieder ihren eigenthümlichen, den allgemeinen überwiegenden Grund, bei den Intensivverben die Andeutung ihrer Verstärkung, bei dem vielförmigen
Praeteritum der Causalverba das euphonisch geforderte Gleichgewicht
zwischen dem Wiederholungs- und Wurzelvocal. Bei vocalisch anlautenden Wurzeln fällt da, wo sich die Reduplication durch Verlängerung
des Anfangsvocals ankündigt, das Uebergewicht des Lautes auf die An-

fangssylbe und befördert dadurch, wie wir es beim Guna gesehen, die enge Verbindung der übrigen dicht an sie angeschlossenen Sylben. Die Reduplication ist in den meisten Fällen ein wirkliches Kennzeichen bestimmter grammatischer Formen oder doch eine, sie charakteristisch begleitende Lautmodification. Nur in einem kleinen Theil der Verben (in denen der dritten Classe) ist sie diesen an sich eigen. Aber auch hier, wie beim Guna, wird man auf die Vermuthung geführt, dass sich in einer früheren Zeit der Sprache Verba mit und ohne Reduplication abwandeln liessen, ohne dadurch weder in sich noch in ihrer Bedeutung eine Veränderung zu erfahren. Denn das Augment-Praeteritum und das vielförmige einiger Verba der dritten Classe unterscheiden sich bloss durch die Anwendung oder den Mangel der Reduplication. Dies erscheint bei dieser Lautform noch natürlicher, als bei dem Guna. Denn die Verstärkung der Aussage durch den Laut vermittelst der Wiederholunz kann ursprünglich nur die Wirkung der Lebendigkeit des individuellen Gefühls seyn und daher, auch wenn sie allgemeiner und geregelter wird, leicht zu wechselndem Gebrauche Anlass geben.

Das, in seiner Andeutung der vergangenen Zeit der Reduplication verwandte Augment wird gleichfalls auf eine, die Worteinheit befördernde Weise bei Wurzeln mit anlautenden Vocalen behandelt und zeigt darin einen merkwürdigen Gegensatz gegen den, Verneinung andeutenden gleichlautenden Vorschlag. Denn da das Alpha privativum sich bloss mit Einschiebung eines *n* vor diese Wurzeln stellt, verschmilzt das Augment mit ihrem Anfangsvocal und zeigt also schon dadurch die ihm, als Verbalform, bestimmte grössere Innigkeit der Verbindung an. Es überspringt aber in dieser Verschmelzung das durch dieselbe entstehende Guna und erweitert sich zu Wriddhi, wohl offenbar darum, weil das Gefühl für die innere Worteinheit diesem das Wort zusammenhaltenden Anfangsvocal ein so grosses Uebergewicht, als möglich, geben will. Zwar trifft man in einer andren Verbalform, im reduplicirten Praeteritum in einigen Wurzeln auch die Einschiebung des *n* an; der Fall steht aber ganz einzeln in der Sprache da und die Anfügung ist mit einer Verlängerung des Vorschlagsvocals verbunden.

Ausser den hier kurz berührten besitzen tonreiche Sprachen noch eine Reihe andrer Mittel, die alle das Gefühl des Bedürfnisses ausdrükken, dem Worte einen, innere Fülle und Wohllaut vereinenden organischen Bau zu geben. Man kann im Sanskrit hierher die Vocalverlängerung, den Vocalwechsel, die Verwandlung des Vocals in einen Halbvocal, die Erweiterung desselben zur Sylbe durch nachfolgenden Halbvocal und gewissermassen die Einschiebung eines Nasenlautes rechnen, ohne der Veränderungen zu gedenken, welche die allgemeinen Gesetze der Sprache in den, sich in der Wortmitte berührenden Buchstaben hervorbringen. In allen diesen Fällen entspringt die letzte Bildung des Lautes zugleich aus der Beschaffenheit der Wurzel und der Natur der grammatischen Anfügungen. Zugleich äussern sich aber die Selbstständigkeit und Festigkeit, die Verwandtschaft und der Gegensatz und das Lautgewicht der einzelnen Buchstaben bald in ursprünglicher Harmonie, bald in einem, immer von dem organisirenden Sprachsinn schön geschlichteten Widerstreite. Noch deutlicher verräth sich die auf die Bildung des Ganzen des Wortes gerichtete Sorgfalt in dem Compensationsgesetze, nach welchem in einem Theile des Worts vorgefallene Verstärkung oder Schwächung, zur Herstellung des Gleichgewichts, eine entgegengesetzte Veränderung in einem anderen Theile desselben nach sich zieht. Hier, in dieser letzten Ausbildung, wird von der qualitativen Beschaffenheit der Buchstaben abgesehen. Der Sprachsinn hebt nur die körperlosere quantitative heraus und behandelt das Wort, gleichsam metrisch, als eine rhythmische Reihe. Das Sanskrit enthält hierin so merkwürdige Formen, als sich nicht leicht in anderen Sprachen antreffen lassen. Das vielförmige Praeteritum der Causalverba (die siebente Bildung bei Bopp), zugleich versehen mit Augment und Reduplication, liefert hierzu ein in jeder Rücksicht merkwürdiges Beispiel. Da in den Formen dieser Gestaltung dieses Tempus auf das, immer kurze Augment bei consonantisch anlautenden Wurzeln unmittelbar die Wiederholungs- und Wurzelsylbe auf einander folgen, so bemüht sich die Sprache, den Vocalen dieser beiden ein bestimmtes metrisches Verhältniss zu geben. Mit wenigen Ausnahmen, wo diese beiden Sylben pyrrhichisch (*ajagadam*, ⏑⏑⏑⏑, von *gad, reden*) oder spondaeisch (*adadhrâdam*, ⏑——⏑, von *dhrâd, abfallen, welken*) klingen, steigen sie entweder jambisch (*adudûsham*, ⏑⏑—⏑, von *dush, sündigen, sich beflecken*) auf oder senken sich, was die Mehrheit der Fälle ausmacht, trochaeisch (*achîkalam*, ⏑—⏑⏑, von *kal, schleudern, schwingen*) und lassen bei denselben Wurzeln selten der Aussprache die Wahl zwischen diesem doppelten Vocalmass. Untersucht man nun das, auf den ersten Anblick sehr verwickelte quantitative Verhältniss dieser Formen, so findet man, dass die Sprache dabei ein höchst einfaches Verfahren befolgt. Sie wendet nemlich, indem sie eine Veränderung mit der Wurzelsylbe vornimmt, lediglich das Gesetz der Lautcompensation an. Denn sie stellt, nach einer vorgenommenen Verkürzung der Wurzelsylbe, bloss das Gleichgewicht durch Verlängerung der Wiederholungssylbe wieder her, woraus die trochaeische Senkung entsteht, an welcher die Sprache, wie es scheint, hier ein besonderes Wohlgefallen fand. Die Veränderung der Quantität der Wurzelsylbe scheint das höhere, auf die Erhaltung der Stammsylben gerichtete Gesetz zu verletzen. Genauere Nachforschung aber zeigt, dass dies keinesweges der Fall ist. Denn diese Praeterita werden nicht aus der primitiven, sondern aus der schon grammatisch veränderten Causalwurzel gebildet. Die ver-

kürzte Länge ist daher in der Regel nur der Causalwurzel eigen. Wo die
Sprache in diesen Bildungen auf eine primitiv stammhafte Länge oder
gar auf einen solchen Diphthongen stösst, giebt sie ihr Vorhaben auf,
lässt die Wurzelsylbe unverändert und verlängert nun auch nicht die,
der allgemeinen Regel nach, kurze Wiederholungssylbe. Aus dieser, sich
dem in diesen Formen eigentlich beabsichtigten Verfahren entgegen-
stellenden Schwierigkeit entspringt der jambische Aufschwung, der das
natürliche, unveränderte Quantitäts-Verhältniss ist. Zugleich beachtet
die Sprache die Fälle, wo die Länge der Sylbe nicht aus der Natur des
Vocals, sondern aus dessen Stellung vor zwei auf einander folgenden
Consonanten herfliesst. Sie häuft nicht zwei Verlängerungsmittel und
lässt also auch in der trochaeischen Senkung den Wiederholungsvocal
vor zwei Anfangsconsonanten der Wurzel unverlängert. Bemerkenswerth ist es, dass auch die eigentlich Malayische Sprache eine solche
Sorgfalt, die Einheit des Worts bei grammatischen Anfügungen zu erhalten und dasselbe als ein euphonisches Lautganzes zu behandeln,
durch Quantitäts-Versetzung der Wurzelsylben zeigt. Die angeführten
Sanskritischen Formen sind, ihrer Sylbenfülle und ihres Wohllauts wegen, die deutlichsten Beispiele, was eine Sprache aus einsylbigen Wurzeln zu entfalten vermag, wenn sie mit einem reichen Alphabete ein festes und durch Feinheit des Ohres den zartesten Anklängen der
Buchstaben folgendes Lautsystem verbindet und Anbildung und innere
Veränderung, wieder nach bestimmten Regeln aus mannigfaltigen und
fein unterschiedenen grammatischen Gründen, hinzutreten.[28]

Bezeichnungsmittel der Worteinheit. Accent

28. Eine andere, der Natur der Sache nach allen Sprachen gemeinschaftliche, in den todten aber uns nur da noch kenntliche Worteinheit,
wo die Flüchtigkeit der Aussprache durch uns verständliche Zeichen
festgehalten wird, liegt im Accent. Man kann nemlich an der Sylbe dreierlei phonetische Eigenschaften unterscheiden: die eigenthümliche Geltung ihrer Laute, ihr Zeitmass und ihre Betonung. Die beiden ersten
werden durch ihre eigne Natur bestimmt und machen gleichsam ihre
körperliche Gestalt aus; der Ton aber (unter welchem ich hier immer
den Sprachton, nicht die metrische Arsis verstehe) hängt von der Freiheit des Redenden ab, ist eine ihr von ihm mitgetheilte Kraft und gleicht
einem ihr eingehauchten fremden Geist. Er schwebt, wie ein noch see-
lenvolleres Princip, als die materielle Sprache selbst ist, über der Rede
und ist der unmittelbare Ausdruck der Geltung welche der Sprechende
ihr und jedem ihrer Theile aufprägen will. An sich ist jede Sylbe der
Betonung fähig. Wenn aber unter mehreren nur Eine den Ton wirklich

erhält, wird dadurch die Betonung der sie unmittelbar begleitenden, wenn der Sprechende nicht auch unter diesen eine ausdrücklich vorlauten lässt, aufgehoben und diese Aufhebung bringt eine Verbindung der tonlos werdenden mit der betonten und dadurch vorwaltenden und sie beherrschenden hervor. Beide Erscheinungen, die Tonaufhebung und die Sylbenverbindung bedingen einander und jede zieht unmittelbar und von selbst die andre nach sich. So entsteht der Wortaccent und die durch ihn bewirkte Worteinheit. Kein selbstständiges Wort lässt sich ohne einen Accent denken und jedes Wort kann nicht mehr als Einen Hauptaccent haben. Es zerfiele mit zweien in zwei Ganze und würde mithin zu zwei Wörtern. Dagegen kann es allerdings in einem Worte Nebenaccente geben, die entweder aus der rhythmischen Beschaffenheit des Wortes oder aus Nüancirungen der Bedeutung entspringen.[29]

Die Betonung unterliegt mehr, als irgend ein anderer Theil der Sprache dem doppelten Einfluss der Bedeutsamkeit der Rede und der metrischen Beschaffenheit der Laute. Ursprünglich und in ihrer wahren Gestalt geht sie unstreitig aus der ersteren hervor. Je mehr aber der Sinn einer Nation auch auf rhythmische und musikalische Schönheit gerichtet ist, desto mehr Einfluss wird auch diesem Erforderniss auf die Betonung verstattet. Es liegt aber in dem Betonungstriebe, wenn der Ausdruck erlaubt ist, weit mehr, als die auf das blosse Verständniss gehende Bedeutsamkeit. Es drückt sich darin ganz vorzugsweise auch der Drang aus, die intellectuelle Stärke des Gedanken und seiner Theile weit über das Mass des blossen Bedürfnisses hinaus zu bezeichnen. Dies ist in keiner andren Sprache so sichtbar, als in der Englischen, wo der Accent sehr häufig das Zeitmass und sogar die eigenthümliche Geltung der Sylben verändernd mit sich fortreisst. Nur mit dem höchsten Unrecht würde man dies einem Mangel an Wohllautsgefühl zuschreiben. Es ist im Gegentheil nur die, mit dem Charakter der Nation zusammenhängende intellectuelle Energie, bald die rasche Gedanken-Entschlossenheit, bald die ernste Feierlichkeit, welche das, durch den Sinn hervorgehobene Element auch in der Aussprache über alle andren überwiegend zu bezeichnen strebt. Aus der Verbindung dieser Eigenthümlichkeit mit den, oft in grosser Reinheit und Schärfe aufgefassten Wohllautsgesetzen entspringt der in Absicht auf Betonung und Aussprache wahrhaft wundervolle Englische Wortbau. Wäre das Bedürfniss starker und scharf nüancirter Betonung nicht so tief in dem Englischen Charakter gegründet, so würde auch das Bedürfniss der öffentlichen Beredsamkeit nicht zur Erklärung der grossen Aufmerksamkeit hinreichen, welche auf diesen Theil der Sprache in England so sichtbar gewandt wird. Wenn alle andren Theile der Sprache mehr mit den intellectuellen Eigenthümlichkeiten der Nationen in Verbindung stehen, so hängt die Betonung zugleich näher und auf innigere Weise mit dem Charakter zusammen.

Die Verknüpfung der Rede bietet auch Fälle dar, wo gewichtlosere Wörter sich an gewichtigere durch die Betonung anschliessen, ohne doch mit ihnen in eines zu verschmelzen. Dies ist der Zustand der Anlehnung, der Griechischen ἔγκλισις. Das gewichtlosere Wort giebt alsdann seine Unabhängigkeit, nicht aber seine Selbstständigkeit, als getrenntes Element der Rede, auf. Es verliert seinen Accent und fällt in das Gebiet des Accents des gewichtigeren Wortes. Erhält aber dies Gebiet durch diesen Zuwachs eine, den Gesetzen der Sprache zuwiderlaufende Ausdehnung, so verwandelt das gewichtigere Wort, indem es zwei Accente annimmt, seine tonlose Endsylbe in eine scharfbetonte und schliesst dadurch das gewichtlosere an sich an.[30] Durch diese Anschliessung soll aber die natürliche Wortabtheilung nicht gestört werden; dies beweist deutlich das Verfahren der enklitischen Betonung in einigen besonderen Fällen. Wenn zwei enklitische Wörter auf einander folgen, so fällt das letztere, seiner Betonung nach, nicht, wie das erstere, in das Gebiet des gewichtigeren Worts, sondern das erstere nimmt für das letztere die scharfe Betonung auf sich auf. Das enklitische Wort wird also nicht übersprungen, sondern als ein selbstständiges Wort geehrt und schliesst ein andres an sich an. Die besondre Eigenthümlichkeit eines solchen enklitischen Wortes macht sogar, was das eben Gesagte noch mehr bestätigt, ihren Einfluss auf die Art der Betonung geltend. Denn da ein Circumflex sich nicht in einen Acutus verwandeln kann, so wird, wenn von zwei auf einander folgenden enklitischen Wörtern das erste circumflectirt ist, das ganze Anlehnungsverfahren unterbrochen und das zweite enklitische Wort behält alsdann seine ursprüngliche Betonung.[31] Ich habe diese Einzelnheiten nur angeführt, um zu zeigen, wie sorgfältig Nationen, welche die Richtung ihres Geistes auf sehr hohe und feine Ausbildung ihrer Sprache geführt hat, auch die verschiedenen Grade der Worteinheit bis zu den Fällen herab andeuten, wo weder die Trennung noch die Verschmelzung vollständig und entschieden ist.

Einverleibungssystem der Sprachen. Gliederung des Satzes

29a. Das grammatisch gebildete Wort, wie wir es bis hierher in der Zusammenfügung seiner Elemente und in seiner Einheit, als ein Ganzes betrachtet haben, ist bestimmt, wieder als Element in den Satz einzutreten. Die Sprache muss also hier eine zweite, höhere Einheit bilden, höher, nicht bloss weil sie von grösserem Umfange ist, sondern auch weil sie, indem der Laut nur nebenher auf sie einwirken kann, ausschliesslicher von der ordnenden inneren Form des Sprachsinnes abhängt. Sprachen, die, wie das Sanskrit, schon in die Einheit des Wortes seine Beziehungen zum Satze verflechten, lassen den letzteren in die Theile zerfallen, in welchen er sich, seiner Natur nach, vor dem Verstande darstellt; sie bauen aus diesen Theilen seine Einheit gleichsam auf. Sprachen, die, wie die Chinesische, jedes Stammwort veränderungslos starr in sich einschliessen, thun zwar dasselbe und fast in noch strengerem Verstande, da die Wörter ganz vereinzelt dastehen; sie kommen aber bei dem Aufbau der Einheit des Satzes dem Verstande nur durch lautlose Mittel, wie z. B. die Stellung ist, oder durch eigne, wieder abgesonderte Wörter zu Hülfe. Es giebt aber, wenn man jene beiden zusammennimmt, ein zweites, beiden entgegengesetztes Mittel, das wir hier jedoch besser als ein drittes betrachten, die Einheit des Satzes für das Verständniss festzuhalten, nemlich ihn mit allen seinen nothwendigen Theilen nicht wie ein aus Worten zusammengesetztes Ganzes, sondern wirklich als ein einzelnes Wort zu behandeln.

Wenn man, wie es ursprünglich richtiger ist, da jede, noch so unvollständige Aussage in der Absicht des Sprechenden wirklich einen geschlossenen Gedanken ausmacht, vom Satze ausgeht, so zerschlagen Sprachen, die sich dieses Mittels bedienen, die Einheit des Satzes gar nicht, sondern streben vielmehr in ihrer Ausbildung, sie immer fester zusammenzuknüpfen. Sie verrücken aber sichtbar die Gränzen der Worteinheit, indem sie dieselbe in das Gebiet der Satzeinheit hinüberziehen. Die richtige Unterscheidung beider geht daher allein, da die Chinesische Methode das Gefühl der Satzeinheit zu schwach in die Sprache überführt, von den wahren Flexionssprachen aus, und die Sprachen beweisen nur dann, dass die Flexion in ihrem wahren Geiste ihr ganzes Wesen durchdrungen hat, wenn sie auf der einen Seite die Worteinheit bis zur Vollendung ausbilden, auf der andren aber zugleich dieselbe in ihrem eigentlichen Gebiete festhalten, den Satz in alle seine nothwendigen Theile trennen und erst aus ihnen seine Einheit wieder aufbauen. Insofern gehören Flexion, Worteinheit und Gliederung des Satzes dergestalt enge zusammen, dass eine unvollkommene Ausbildung des einen oder des andren dieser Stücke immer sicher beweist, dass keines in seinem ganz reinen, ungetrübten Sinn in der Sprachbildung vorgewaltet hat. Jenes dreifache Verfahren nun, das sorgfältige grammatische Zurichten des Wortes zur Satzverknüpfung, die ganz indirecte und grösstentheils lautlose Andeutung derselben und das enge Zusammenhalten des ganzen Satzes, soviel es immer möglich ist, in Einer zusammen ausgesprochenen Form, erschöpft die Art, wie die Sprachen den Satz aus Wörtern zusammenfügen. Von allen drei Methoden finden sich in den meisten Sprachen einzelne, stärkere oder schwächere Spuren. Wo aber eine derselben bestimmt vorwaltet und zum Mittelpunkt des Organismus wird, da lenkt sie auch den ganzen Bau, in strengerer oder loserer Consequenz, nach sich hin. Als Beispiele des stärksten Vorwaltens jeder derselben lassen sich das Sanskrit, die Chinesische und, wie ich gleich ausführen werde, die Mexicanische Sprache aufstellen.

Um die Verknüpfung des einfachen Satzes in Eine lautverbundene Form hervorzubringen, hebt die letztere[32] das Verbum, als den wahren Mittelpunkt desselben heraus, fügt, soviel es möglich ist, die regierenden und regierten Theile des Satzes an dasselbe an und giebt dieser Verknüpfung durch Lautformung das Gepräge eines verbundenen Ganzen:

ni-naca-qua, ich esse Fleisch. Man könnte diese Verbindung des Substantivs mit dem Verbum als ein zusammengesetztes Verbum, gleich dem Griechischen κρεωφαγέω, ansehen; die Sprache nimmt es aber offenbar anders. Denn wenn aus irgend einem Grunde das Substantivum nicht selbst einverleibt wird, so ersetzt sie es durch das Pronomen der dritten Person, zum deutlichen Beweise, dass sie mit dem Verbum und in ihm enthalten zugleil das Schema der Construction zu haben verlangt: *ni-c-qua in nacatl, ich esse es, das Fleisch.* Der Satz soll, seiner Form nach, schon im Verbum abgeschlossen erscheinen und wird nur nachher, gleichsam durch Apposition, näher bestimmt. Das Verbum lässt sich gar nicht ohne diese vervollständigenden Nebenbestimmungen nach Mexicanischer Vorstellungsweise denken. Wenn daher kein bestimmtes Object dasteht, so verbindet die Sprache mit dem Verbum ein eignes, in doppelter Form für Personen und Sachen gebrauchtes, unbestimmtes Pronomen: *ni-tla-qua, ich esse etwas, ni-te-tla-maca, ich gebe jemandem etwas.* Ihre Absicht, diese Zusammenfügungen als ein Ganzes erscheinen zu lassen, bekundet die Sprache auf das deutlichste. Denn wenn ein solches, den Satz selbst oder gleichsam sein Schema in sich fassendes Verbum in eine vergangene Zeit gestellt wird und dadurch das Augment *o* erhält, so stellt sich dieses an den Anfang der Zusammenfügung, was klar anzeigt, dass jene Nebenbestimmungen dem Verbum immer und nothwendig angehören, das Augment aber ihm nur gelegentlich, als Vergangenheits-Andeutung hinzutritt. So ist von *ni-nemi, ich lebe,* das als ein intransitives Verbum keine andren Pronomina mit sich führen kann, das Perfectum *o-ni-nen, ich habe gelebt,* von *maca, geben, o-ni-c-te-maca-c, ich habe es jemandem gegeben.* Noch wichtiger aber ist es, dass die Sprache für die zur Einverleibung gebrauchten Wörter sehr sorgfältig eine absolute und eine Einverleibungsform unterscheidet, eine Vorsicht, ohne welche diese ganze Methode mislich für das Verständniss werden würde und die man daher als die Grundlage derselben anzusehen hat. Die Nomina legen in der Einverleibung, ebenso wie in zusammengesetzten Wörtern die Endungen ab, welche sie im absoluten Zustande immer begleiten und sie als Nomina charakterisiren. *Fleisch,* das wir im Vorigen einverleibt als *naca* fanden, heisst absolut *nacatl.*[33] Von den einverleibten Pronominen wird keines in gleicher Form abgesondert gebraucht. Die beiden unbestimmten kommen im absoluten Zustande gar nicht in der Sprache vor. Die auf ein bestimmtes Object gehenden haben eine von ihrer selbstständigen mehr oder weniger verschiedene Form. Die beschriebene Methode zeigt aber schon von selbst, dass die Einverleibungsform eine doppelte seyn müsse, eine für das regierende und eine für das regierte Pronomen. Die selbstständigen persönlichen Pronomina können zwar den hier geschilderten Formen zu besonderem Nachdruck vorgesetzt werden, die sich auf sie beziehenden einverleibten bleiben aber darum nicht weg. Das in einem eignen Worte ausgedrückte Subject des Satzes wird nicht einverleibt; sein Vorhandenseyn zeigt sich aber an der Form dadurch, dass in dieser allemal bei der dritten Person ein sie andeutendes regierendes Pronomen fehlt.

Wenn man die Verschiedenheit der Art überschlägt, in welcher sich auch der einfache Satz dem Verstande darstellen kann, so sieht man leicht ein, dass das strenge Einverleibungssystem nicht durch alle verschiednen Fälle durchgeführt werden kann. Es müssen daher oft Begriffe in einzelnen Wörtern aus der Form, welche sie nicht alle umschliessen kann, herausgestellt werden. Die Sprache verfolgt aber hierbei immer die einmal gewählte Bahn und ersinnt, wo sie auf Schwierigkeiten stösst, neue künstliche Abhelfungsmittel. Wenn also z. B. eine Sache in Beziehung auf einen andren, für oder wider ihn geschehen soll und nun das bestimmte regierte Pronomen, da es sich auf zwei Objecte beziehen müsste, Undeutlichkeit erregen würde, so bildet sie, vermittelst einer zuwachsenden Endung, eine eigne Gattung solcher Verben und verfährt übrigens wie gewöhnlich. Das Schema des Satzes liegt nun wieder vollständig in der verknüpften Form, die Andeutung einer verrichteten Sache im regierten Pronomen, die Nebenbeziehung auf einen andren in der Endung und sie kann jetzt mit Sicherheit des Verständnisses diese beiden Objecte, ohne sie mit Kennzeichen ihrer Beziehung auszustatten, ausserhalb nachfolgen lassen: *chihua, machen, chihui-lia, für oder wider jemand machen,* mit Veränderung des *a* in *i* nach dem Assimilationsgesetz, *ni-c-chihui-lia in no-piltzin ce calli, ich mache es für der mein Sohn ein Haus.*

Die Mexicanische Einverleibungsmethode zeugt darin von einem richtigen Gefühle der Bildung des Satzes, dass sie die Bezeichnung seiner Beziehungen gerade an das Verbum anknüpft, also an den Punkt, in welchem sich derselbe zur Einheit zusammenschlingt. Sie unterscheidet sich dadurch wesentlich und vortheilhaft von der Chinesischen Andeutungslosigkeit, in welcher das Verbum nicht einmal sicher durch seine Stellung, sondern oft nur materiell an seiner Bedeutung kenntlich ist. In den bei verwickelteren Sätzen ausserhalb des Verbum stehenden Theilen aber kommt sie der letzteren wieder vollkommen gleich. Denn indem sie ihre ganze Andeutungs-Geschäftigkeit auf das Verbum wirft, lässt sie das Nomen durchaus beugungslos. Dem Sanskritischen Verfahren nähert sie sich zwar insofern, als sie den, die Theile des Satzes verknüpfenden Faden wirklich angiebt; übrigens aber steht sie mit demselben in einem merkwürdigen Gegensatz. Das Sanskrit bezeichnet auf ganz einfache und natürliche Weise jedes Wort als constitutiven Theil des Satzes. Die Einverleibungsmethode thut dies nicht, sondern lässt, wo sie nicht Alles in Eins zusammenschlagen kann, aus dem Mittelpunkte des Satzes Kennzeichen, gleichsam wie Spitzen ausgehen, die Richtungen anzuzeigen, in welchen die einzelnen Theile, ihrem Verhältniss zum Satze gemäss, gesucht werden müssen. Des Suchens und Rathens wird man nicht überhoben, vielmehr durch die bestimmte Art der Andeutung in das entgegengesetzte System der Andeutungslosigkeit zurückgeworfen. Wenn aber auch dies Verfahren auf diese Weise etwas mit den beiden übrigen gemein hat, so würde man seine Natur dennoch verkennen, wenn man es als eine Mischung von beiden ansehen, oder es so auffassen wollte, als hätte nur der innere Sprachsinn nicht die Kraft besessen, das Andeutungssystem durch alle Theile der Sprache durchzuführen. Es liegt vielmehr offenbar in dieser Mexicanischen Satzbildung eine eigenthümliche Vorstellungsweise. Der Satz soll nicht construirt, nicht aus Theilen allmählich aufgebaut, sondern als zur Einheit geprägte Form auf Einmal hingegeben werden.

Wenn man es wagt, in die Uranfänge der Sprache hinabzusteigen, so verbindet zwar der Mensch gewiss immer mit jedem, als Sprache ausgestossenen Laute innerlich einen vollständigen Sinn, also einen geschlossenen Satz, stellt nicht bloss, seiner Absicht nach, ein vereinzeltes Wort hin, wenn auch seine Aussage nach unserer Ansicht nur ein solches enthält. Darum aber kann man sich das ursprüngliche Verhältniss des Satzes zum Worte nicht so denken, als würde ein schon in sich vollständiger und ausführlicher nur nachher durch Abstraction in Wörter zerlegt. Denkt man sich, wie es doch das Natürlichste ist, die Sprachbildung successiv so muss man ihr, wie allem Entstehen in der Natur, ein Evolutionssystem unterlegen. Das sich im Laut äussernde Gefühl enthält Alles im Keime, im Laute selbst aber ist nicht Alles zugleich sichtbar. Nur wie das Gefühl sich klarer entwickelt, die Articulation Freiheit und Bestimmtheit gewinnt und das mit Glück versuchte gegenseitige Verständniss den Muth erhöht, werden die erst dunkel eingeschlossenen Theile nach und nach heller und treten in einzelnen Lauten hervor. Mit diesem Gange hat das Mexicanische Verfahren eine gewisse Aehnlichkeit. Es stellt zuerst ein verbundenes Ganzes hin, das formal vollständig und genügend ist; es bezeichnet ausdrücklich das noch nicht individuell Bestimmte als ein unbestimmtes Etwas durch das Pronomen, malt aber nachher dies unbestimmt Gebliebene einzeln aus. Es folgt aus diesem Gange von selbst, dass, da den einverleibten Wörtern die Endungen fehlen, welche sie im selbstständigen Zustande besitzen, man sich dies in der Wirklichkeit der Spracherfindung nicht als ein Abwerfen der Endungen zum Behuf der Einverleibung, sondern als ein Hinzufügen im Zustande der Selbstständigkeit denken muss. Man darf mich darum nicht so misverstehen, als schiene mir deshalb der Mexicanische Sprachbau jenen Uranfängen näher zu liegen. Die Anwendung von Zeitbegriffen auf die Entwicklung einer so ganz im Gebiete der nicht zu berechnenden ursprünglichen Seelenvermögen liegenden menschlichen Eigenthümlichkeit, als die Sprache, hat immer etwas sehr Misliches. Offenbar ist auch die Mexicanische Satzbildung schon eine sehr kunstvoll und oft bearbeitete Zusammenfügung, die von jenen Urbildungen nur den allgemeinen Typus beibehalten hat, übrigens aber schon durch die regelmässige Absonderung der verschiedenen Arten des Pronomen an eine Zeit erinnert, in welcher eine klarere grammatische Vorstellungsweise herrscht. Denn diese Zusammenfügungen am Verbum haben sich schon harmonisch und in gleichem Grade, wie die Zusammenbildung in eine Worteinheit und die Beugungen des Verbum selbst ausgebildet. Das Unterscheidende liegt nur darin, dass, was in den Uranfängen gleichsam die unentwickelt in sich schliessende Knospe ausmacht, in der Mexicanischen Sprache als ein zusammengebildetes Ganzes vollständig und unzertrennbar hingelegt wird, da die Chinesische es ganz dem Hörer überlässt, die, kaum irgend durch Laute angedeutete Zusammenfügung aufzusuchen, und die lebendigere und kühnere Sanskritische sich gleich den Theil in seiner Beziehung zum Ganzen, sie fest bezeichnend, vor Augen stellt.

Die Malayischen Sprachen folgen zwar nicht dem Einverleibungssysteme, haben aber darin mit demselben eine gewisse Aehnlichkeit, dass sie die Richtungen, welche der Gang des Satzes nimmt, durch sorgfältige Bezeichnung der intransitiven, transitiven oder causalen Natur des Verbum angeben und dadurch den Mangel an Beugungen für das Verständniss des Satzes zu ersetzen suchen. Einige von ihnen häufen Bestimmungen aller Art auf diese Weise am Verbum, so dass sie sogar gewissermassen daran ausdrücken, ob es im Singularis oder Pluralis steht. Es wird daher auch durch Bezeichnung am Verbum der Wink gegeben, wie man die anderen Theile des Satzes darauf beziehen soll. Auch ist das Verbum bei ihnen nicht durchaus beugungslos. Der Mexicanischen kann man am Verbum, in welchem die Zeiten durch einzelne Endbuchstaben und zum Theil offenbar symbolisch bezeichnet werden, Flexionen und ein gewisses Streben nach Sanskritischer Worteinheit nicht absprechen.

Ein gleichsam geringerer Grad des Einverleibungsverfahrens ist es, wenn Sprachen zwar dem Verbum nicht zumuthen, ganze Nomina in den Schooss seiner Beugungen aufzunehmen, allein doch an ihm nicht bloss das regierende Pronomen, sondern auch das regierte ausdrücken. Auch hierin giebt es verschiedene Nüancen, je nachdem diese Methode sich mehr oder weniger tief in der Sprache festgesetzt hat und je nachdem diese Andeutung auch da gefordert wird, wo der ausdrückliche Gegenstand der Handlung selbstständig nachfolgt. Wo diese Beugungsart des Verbum mit dem, in dasselbe verwebten, nach verschiedenen Richtungen hin bedeutsamen Pronomen seine volle Ausbildung erreicht hat, wie in einigen Nordamerikanischen Sprachen und in der Vaskischen, da wuchert eine schwer zu übersehende Anzahl von verbalen Beugungsformen auf. Mit bewundrungswürdiger Sorgfalt aber ist die Analogie ihrer Bildung dergestalt festgehalten, dass das Verständniss an einem leicht zu erkennenden Faden durch dieselben hindurchläuft. Da in diesen Formen häufig dieselbe Person des Pronomen in verschiedenen Beziehungen als handelnd, als directer und indirecter Gegenstand der Handlung wiederkehrt und diese Sprachen grösstentheils aller Declinationsbeugungen ermangeln, so muss es entweder dem Laut nach verschiedene Pronominal-Affixa in ihnen geben oder auf irgend eine andre Weise dem möglichen Misverständniss vorgebeugt werden. Hierdurch entsteht nun oft ein höchst kunstvoller Bau des Verbum. Als ein vorzügliches Beispiel eines solchen kann man die Massachusetts-Sprache in NeuEngland, einen Zweig des grossen Delaware-Stamms anführen. Mit den gleichen Pronominal-Affixen, zwischen denen sie nicht, wie die Mexicanische, einen Lautunterschied macht, bestimmt sie in ihrer verwickelten Conjugation alle vorkommenden Beugungen. Sie bedient sich dazu hauptsächlich des Mittels, in bestimmten Fällen die leidende Person zu praefigiren, so dass man, wenn man einmal die Regel eingesehen hat, meistentheils gleich am Anfangsbuchstaben der Form die Gattung erkennt, zu welcher sie gehört. Da aber auch dies Mittel nicht vollkommen ausreicht, so verbindet sie damit andere, namentlich einen Endungslaut, der, wenn die beiden ersten Personen die leidenden sind, die dritte als wirkend bezeichnet. Dieser Umstand, die verschiedene Bedeutung des Pronomen durch den Ort seiner Stellung im Verbum anzudeuten, hat mir immer sehr merkwürdig geschienen, indem er entweder eine bestimmte Vorstellungsweise im Geiste des Volkes voraussetzt oder darauf hinführt, dass das Ganze der Conjugation gleichsam dunkel dem Sprachsinne vorgeschwebt habe und dieser nun willkührlich sich der Stellung als Unterscheidungsmittels bediente. Mir ist jedoch das Erstere bei weitem wahrscheinlicher. Zwar scheint es auf den ersten Anblick in der That willkührlich, wenn die erste Person, als regierte, da suffigirt wird, wo die zweite die handelnde ist, dagegen dem Verbum da vorangeht, wo die dritte als wirkend auftritt, wenn man mithin immer *du greifst mich* und *mich greift er,* nicht umgekehrt sagt. Indess mag doch ein Grund darin liegen, dass die beiden ersten Personen einen höheren Grad von Lebendigkeit vor der Phantasie des Volkes ausübten und dass das Wesen dieser Formen, wie es nicht unnatürlich zu denken ist, von der betroffenen, leidenden Person ausgieng. Unter den beiden ersten scheint wieder die zweite das Uebergewicht zu haben; denn die dritte wird, als leidende, nie praefigirt und die zweite hat in demselben Zustand nie eine andre Stellung. Wo aber die zweite, als wirkend mit der ersten, als leidenden zusammenkommt, behauptet die zweite, indem die Sprache auf andre Weise für die Vermeidung der Verwechslung sorgt, dennoch ihren vorzüglicheren Platz. Auch spricht für diese Ansicht, dass in der Sprache des Hauptzweiges des Delaware-Stammes, in der Lenni Lenape-Sprache, die Stellung des Pronomen in diesen Formen dieselbe ist. Auch die Mundart der unter uns durch den geistvollen Cooperschen Roman bekannt gewordenen Mohegans (eigentlich Muhhekaneew) scheint sich hiervon nicht zu entfernen. Immer aber bleibt das Gewebe dieser Conjugation so künstlich, dass man sich des Gedanken nicht erwehren kann, dass auch hier, wie schon weiter oben von der Sprache überhaupt bemerkt worden ist, die Bildung jedes Theiles in Beziehung auf das dunkel gefühlte Ganze gemacht worden sey. Die Grammatiken geben bloss Paradigmen und enthalten keine Zergliederung des Baues. Ich habe mich aber durch eine solche genaue, in weitläuftige Tabellen gebrachte aus Eliot's[34] Paradigmen vollständig von der in dem anscheinenden Chaos herrschenden Regelmässigkeit überzeugt. Die Mangelhaftigkeit der Hülfsmittel erlaubt der Zergliederung nicht immer, durch alle Theile jeder Form durchzudringen, und besonders nicht, das, was die Grammatiker nur als Wohllautsbuchstaben ansehen, von allen charakteristischen zu scheiden. Durch den grössten Theil der Beugungen aber führen die erkannten Regeln, und wo hiernach Fälle zweifelhaft bleiben, lässt sich die Bedeutung der Form doch immer dadurch zeigen, dass sie aus bestimmt anzugebenden Gründen keine andere seyn kann. Dennoch ist es kein glücklicher Wurf, wenn die innere Organisation eines Volkes, verbunden mit äusseren Umständen, den Sprachbau auf diese Bahn führt. Die grammatischen Formen fügen sich für den Verstand und den Laut in zu grosse und unbehülfliche Massen zusammen. Die Freiheit der Rede fühlt sich gebunden, indem sie sich, anstatt den in seinen Verknüpfungen wechselnden Gedanken aus einzelnen Elementen zusammenzusetzen, grossentheils ein für allemal gestempelter Ausdrücke bedienen muss, von welchen sie nicht einmal aller Theile in jedem Augenblicke bedarf. Dabei ist die Verbindung innerhalb dieser zusammengesetzten Formen doch zu locker und zu lose, als dass ihre einzelnen Theile zu wahrer Worteinheit in einander verschmelzen könnten.

So leidet die Verbindung bei nicht organisch richtig vorgenommener Trennung. Der hier erhobene Vorwurf trifft das ganze Einverleibungsverfahren. Die Mexicanische Sprache macht zwar dadurch die Worteinheit wieder stärker, dass sie weniger Bestimmungen durch Pronomina in die Verbalbeugungen verwebt, niemals auf diese Weise zwei bestimmte regierte Gegenstände andeutet, sondern die Bezeichnung der indirecten Beziehung, wenn zugleich eine directe da ist, in die Endung des Verbum selbst legt; allein sie verknüpft immer auch, was besser unverbunden wäre. In Sprachen, welche einen hohen Sinn für die Worteinheit verrathen, ist zwar auch bisweilen die Andeutung des regierten Pronomen an der Verbalform eingedrungen, wie z. B. im Hebräischen diese regierten Pronomina suffigirt werden. Allein die Sprache giebt hier selbst zu erkennen, welchen Unterschied sie zwischen diesen Pronominen und denen der handelnden Personen, welche wesentlich zur Natur des Verbum selbst gehören, macht. Denn indem sie diese letzteren in die allerengste Verbindung mit dem Stamme setzt, hängt sie die ersteren locker an, ja trennt sie bisweilen gänzlich vom Verbum und stellt sie für sich hin.

Die Sprachen, welche auf diese Weise die Gränzen der Wort- und Satzbildung in einander überführen, pflegen der Declination zu ermangeln, entweder gar keine Casus zu haben oder, wie die Vaskische, den Nominativus nicht immer im Laut vom Accusativus zu unterscheiden. Man darf aber dies nicht als die Ursache jener Einfügung des regierten Objects ansehen, als wollten sie gleichsam der aus dem Declinationsmangel entstehenden Undeutlichkeit vorbeugen. Dieser Mangel ist vielmehr die Folge jenes Verfahrens. Denn der Grund dieser ganzen Verwechslung dessen, was dem Theile und was dem Ganzen des Satzes gebührt, liegt darin, dass dem Geiste bei der Organisation der Sprache nicht der richtige Begriff der einzelnen Redetheile vorgeschwebt hat. Aus diesem würde unmittelbar selbst zugleich die Declination des Nomen und die Beschränkung der Verbalformen auf ihre wesentlichen Bestimmungen hervorgesprungen seyn. Gerieth man aber statt dessen zuerst auf den Weg, das bloss in der Construction Zusammengehörende auch im Worte eng zusammenzuhalten, so erschien natürlich die Ausbildung des Nomen minder nothwendig. Sein Bild war in der Phantasie des Volkes nicht als Theil des Satzes vorherrschend, sondern wurde bloss als erklärender Begriff nachgebracht. Das Sanskrit hat sich von dieser Verwehung regierter Pronomina in das Verbum durchaus frei erhalten.

Ich habe bisher einer andren Verbindung des Pronomen in Fällen, wo es natürlicher unverbunden steht, nemlich des Besitzpronomen mit

dem Nomen nicht erwähnt, weil derselben zugleich und sogar hauptsächlich etwas anderes, als das, wovon wir hier reden, zum Grunde
liegt. Die Mexicanische Sprache hat eine eigen für das Besitzpronomen
bestimmte Abkürzung und das Pronomen umschlingt auf diese Weise in
zwei abgesonderten Formen die beiden Haupttheile der Sprache. Im
Mexicanischen und nicht bloss in dieser Sprache hat diese Verbindung
zugleich eine syntaktische Anwendung und gehört daher genau hierher.
Man bedient sich nemlich der Zusammenfügung des Pronomen der
dritten Person mit dem Nomen als einer Andeutung des Genitiv-Ver-
hältnisses, indem man das im Genitiv stehende Nomen nachfolgen
lässt, *sein Haus der Gärtner* statt *das Haus des Gärtners* sagt. Man
sieht, dass dies gerade dasselbe Verfahren, als bei dem, ein nachgesetz-
tes Substantiv regierenden Verbum ist.

Die Verbindungen mit dem Besitzpronomen sind im Mexicanischen
nicht bloss überhaupt viel häufiger, als die Hinzufügung desselben unsrer Vorstellungsweise nothwendig erscheint, sondern mit gewissen Begriffen, z.B. denen der Verwandtschaftsgrade und der Glieder des
menschlichen Körpers ist dies Pronomen gleichsam unablöslich verwachsen. Wo keine einzelne Person zu bestimmen ist, fügt man dem
Verwandtschaftsgrade das unbestimmte persönliche Pronomen, den
Gliedmassen des Körpers das der ersten Person des Plurals hinzu. Man
sagt daher nicht leicht *nantli, die Mutter,* sondern gewöhnlich *te-nan,
jemandes Mutter,* und ebensowenig *maitl, die Hand,* sondern *to-ma,
unsere Hand.* Auch in vielen andren Amerikanischen Sprachen geht das
Anknüpfen dieser Begriffe an das Besitzpronomen bis zur anscheinenden Unmöglichkeit der Trennung davon. Hier ist der Grund nun wohl
offenbar kein syntaktischer, sondern liegt vielmehr noch tiefer in der
Vorstellungsweise des Volks. Wo der Geist noch wenig an Abstraction
gewöhnt ist, fasst er in Eins, was er oft an einander anknüpft, und was
der Gedanke schwer oder überall nicht zu sondern vermag, das verbindet die Sprache, wo sie überhaupt zu solchen Verknüpfungen hinneigt,
in Ein Wort. Solche Wörter erhalten nachher, als ein für allemal gestempelte Gepräge, Umlauf und die Sprechenden denken nicht mehr daran,
ihre Elemente zu trennen. Die beständige Beziehung der Sache auf die
Person liegt überdies in der ursprünglicheren Ansicht des Menschen
und beschränkt sich erst bei steigender Cultur auf die Fälle, in welchen
sie wirklich nothwendig ist. In allen Sprachen, welche stärkere Spuren
jenes früheren Zustandes enthalten, spielt daher das persönliche Pronomen eine wichtigere Rolle. In dieser Ansicht bestätigen mich auch einige andere Erscheinungen. Im Mexicanischen bemächtigen sich die Besitzpronomina dergestalt des Wortes, dass die Endungen desselben
gewöhnlich verändert werden und diese Verknüpfungen durchaus eine
ihnen eigne Pluralendung haben. Eine solche Umgestaltung des ganzen

Wortes beweist sichtbar, dass es auch innerlich als ein neuer individueller Begriff, nicht als eine bloss gelegentlich in der Rede vorkommende Verknüpfung zweier verschiedener angesehen wird. In der Hebräischen Sprache zeigt sich der Einfluss der verschiedenen Festigkeit der Begriffsverknüpfung auf die Wortverknüpfung in besonders bedeutsamen Nüancen. Am festesten und engsten schliessen sich, wie schon oben bemerkt worden ist, an den Stamm die Pronomina der handelnden Person des Verbum an, weil dieses gar nicht ohne sie gedacht werden kann. Die dann folgende festere Verbindung gehört dem Besitzpronomen an und am losesten tritt das Pronomen des Objects des Verbum zu dem Stamme hinzu. Nach rein logischen Gründen sollte bei den beiden letzten Fällen, wenn man überhaupt in ihnen einen Unterschied gestatten wollte, die grössere Festigkeit auf der Seite des vom Verbum regierten Objects seyn. Denn offenbar wird dieses nothwendiger vom transitiven Verbum, als das Besitzpronomen im Allgemeinen vom Nomen gefordert. Dass die Sprache hier den entgegengesetzten Weg wählt, kann kaum einen andren Grund, als den haben, dass dies Verhältniss in den Fällen, die es am häufigsten mit sich führt, sich dem Volke in individueller Einheit darstellte.

Wenn man zu dem Einverleibungssysteme, wie man streng genommen thun muss, alle die Fälle rechnet, wo dasjenige, was einen eignen Satz bilden könnte, in eine Wortform zusammengezogen wird, so finden sich Beispiele desselben auch in Sprachen, die ihm übrigens fremd sind. Sie kommen aber alsdann gewöhnlicher so vor, dass sie in zusammengesetzten Sätzen zur Vermeidung von Zwischensätzen gebraucht werden. Wie die Einverleibung im einfachen Satze mit der Beugungslosigkeit des Nomen zusammenhängt, so ist dies hier entweder mit dem Mangel eines Relativpronomen und gehöriger Conjunctionen oder mit der geringeren Gewohnheit der Fall, sich dieser Verbindungsmittel zu bedienen. In den Semitischen Sprachen ist der Gebrauch des *status constructus* auch in diesen Fällen weniger auffallend, da sie überhaupt der Einverleibung nicht abgeneigt sind. Allein auch im Sanskrit brauche ich hier nur an die in *twá* und *ya* ausgehenden sogenannten beugungslosen Participia und selbst an die Composita zu erinnern, die, wie die Bahuwrîhi's, ganze Relativsätze in sich schliessen. Die letzteren sind nur in geringerem Masse in die Griechische Sprache übergegangen, welche überhaupt auch von dieser Art der Einverleibung einen weniger häufigen Gebrauch macht. Sie bedient sich mehr des Mittels verknüpfender Conjunctionen. Sie vermehrt sogar lieber die Arbeit des Geistes durch unverbunden gelassene Constructionen, als sie durch allzu grosse Zusammenziehungen dem Periodenbau eine gewisse Ungelenkigkeit aufbürdet, von welcher, in Vergleichung mit ihr, das Sanskrit nicht immer ganz frei zu sprechen ist. Es ist hier der nemliche Fall, als da, wo die Sprachen überhaupt als Eins geprägte Wortformen in Sätze auflösen. Nur braucht der Grund zu diesem Verfahren nicht immer die Abstumpfung der Formen bei geschwächter Bildungskraft der Sprachen zu seyn. Auch da, wo sich eine solche nicht annehmen lässt, kann die Gewöhnung an richtigere und kühnere Trennung der Begriffe auflösen, was, zwar sinnlich und lebendig, allein den Ausdruck der wechselnden und geschmeidigen Gedankenverknüpfung weniger angemessen, in Eins zusammengegossen war. Die Gränzbestimmung, was und wie viel in Einer Form verbunden werden kann, erfordert einen zarten und feinen grammatischen Sinn, wie er unter allen Nationen wohl vorzugsweise den Griechen ursprünglich eigen war und sich in ihrem, durchaus mit reichem und sorgfältigem Gebrauche der Sprache verschlungenen Leben bis zur höchsten Verfeinerung ausbildete.

Congruenz der Lautformen der Sprache
mit den grammatischen Forderungen

29b. Die grammatische Formung entspringt aus den Gesetzen des Denkens durch Sprache und beruht auf der Congruenz der Lautformen mit denselben. Eine solche Congruenz muss auf irgend eine Weise in jeder Sprache vorhanden seyn; der Unterschied liegt nur in den Graden und die Schuld mangelnder Vollendung kann das nicht gehörig deutliche Hervorspringen jener Gesetze in der Seele oder die nicht ausreichende Geschmeidigkeit des Lautsystemes treffen. Der Mangel in dem einen Punkte wirkt aber immer zugleich auf den andren zurück. Die Vollendung der Sprache fordert, dass jedes Wort als ein bestimmter Redetheil gestempelt sey und diejenigen Beschaffenheiten an sich trage, welche die philosophische Zergliederung der Sprache an ihm erkennt. Sie setzt dadurch selbst Flexion voraus. Es fragt sich nun also, auf welche Weise der einfachste Theil der vollendeten Sprachbildung, die Ausprägung eines Wortes zum Redetheil durch Flexion in dem Geiste eines Volkes vor sich gehend gedacht werden kann? Reflectirendes Bewusstseyn der Sprache lässt sich bei ihrem Ursprunge nicht voraussetzen und würde auch keine schöpferische Kraft für die Lautformung in sich tragen. Jeder Vorzug, den eine Sprache in diesen wahrhaft vitalen Theilen ihres Organismus besitzt, geht ursprünglich aus der lebendigen, sinnlichen Weltanschauung hervor. Weil aber die höchste und von der Wahrheit am wenigsten abirrende Kraft aus der reinsten Zusammenstimmung aller Geistesvermögen, deren idealischste Blüthe die Sprache selbst ist, entspringt, so wirkt das aus der Weltanschauung Geschöpfte von selbst auf die Sprache zurück. So ist es nun auch hier. Die Gegenstände der äusseren Anschauung, so wie der innren Empfindung stellen sich in

zwiefacher Beziehung dar, in ihrer besondren qualitativen Beschaffenheit, welche sie individuell unterscheidet, und in ihrem allgemeinen,
sich für die gehörig regsame Anschauung immer auch durch etwas in
der Erscheinung und dem Gefühl offenbarenden Gattungsbegriff; der
Flug eines Vogels z. B. als diese bestimmte Bewegung durch Flügelkraft,
zugleich aber als die unmittelbar vorübergehende und nur an diesem
Vorübergehen festzuhaltende Handlung, und auf ähnliche Weise in allen andren Fällen. Eine aus der regsten und harmonischsten Anstrengung der Kräfte hervorgehende Anschauung erschöpft alles, sich in
dem Angeschauten Darstellende und vermischt nicht das Einzelne,
sondern legt es in Klarheit aus einander. Aus dem Erkennen jener doppelten Beziehung der Gegenstände nun, dem Gefühle ihres richtigen
Verhältnisses und der Lebendigkeit des von jeder einzelnen hervorge-
brächten Eindrucks entspringt, wie von selbst, die Flexion, als der
sprachliche Ausdruck des Angeschauten und Gefühlten.

Es ist aber zugleich merkwürdig zu sehen, auf welchem verschiedenen Wege die geistige Ansicht hier zur Satzbildung gelangt. Sie geht
nicht von seiner Idee aus, setzt ihn nicht mühevoll zusammen, sondern
gelangt zu ihm, ohne es noch zu ahnden, indem sie nur dem scharf und
vollständig aufgenommenen Eindruck des Gegenstandes Gestaltung im
Laute ertheilt. Indem dies jedesmal richtig und nach demselben Gefühle geschieht, ordnet sich der Gedanke aus den so gebildeten Wörtern
zusammen. In ihrem wahren, inneren Wesen ist die hier erwähnte geistige Verrichtung ein unmittelbarer Ausfluss der Stärke und Reinheit
des ursprünglich im Menschen liegenden Sprachvermögens. Anschauung und Gefühl sind nur gleichsam die Handhaben, an welchen sie in
die äussere Erscheinung herübergezogen wird, und dadurch ist es begreiflich, dass in ihrem letzten Resultate so unendlich mehr liegt, als
diese, an sich betrachtet, darzubieten scheint. Die Einverleibungsmethode befindet sich, streng genommen, in ihrem Wesen selbst in wahrem Gegensatze mit der Flexion, indem diese vom Einzelnen, sie aber
vom Ganzen ausgeht. Nur theilweise kann sie durch den siegreichen
Einfluss des inneren Sprachsinnes wieder zu ihr zurückkehren. Immer
aber verräth sich in ihr, dass durch seine geringere Stärke die Gegenstände sich nicht in gleicher Klarheit und Sonderung der in ihnen das
Gefühl einzeln berührenden Punkte vor der Anschauung darlegen. Indem sie aber dadurch auf ein anderes Verfahren geräth, erlangt sie
durch das lebendige Verfolgen dieser neuen Bahn wieder eine eigenthümliche Kraft und Frische der Gedankenverknüpfung. Die Beziehung
der Gegenstände auf ihre allgemeinsten Gattungsbegriffe, welchen die
Redetheile entsprechen, ist eine ideale und ihr allgemeinster und rein-
ster symbolischer Ausdruck wird von der Persönlichkeit hergenommen,
die sich zugleich, auch sinnlich, als ihre natürlichste Bezeichnung dar-

stellt. So knüpft sich das weiter oben von der sinnvollen Verwebung der Pronominalstämme in die grammatischen Formen Gesagte wieder hier an.

Ist einmal Flexion in einer Sprache wahrhaft vorwaltend, so folgt die fernere Ausspinnung des Flexionssystems nach vollendeter grammatischer Ansicht von selbst und es ist schon oben angedeutet worden, wie die weitere Entwicklung sich bald neue Formen schafft, bald sich in vorhandene, aber bis dahin nicht in verschiedener Bedeutsamkeit gebrauchte, auch bei Sprachen desselben Stammes, hineinbaut. Ich darf hier nur an die Entstehung des Griechischen Plusquamperfectum aus einer bloss verschiedenen Form eines Sanskritischen Aoristes erinnern. Denn bei dem, nie zu übergehenden Einfluss der Lautformung auf diesen Punkt darf man nicht mit einander verwechseln, ob die letztere auf die Unterscheidung der mannigfaltigen grammatischen Begriffe beschränkend einwirkt oder dieselben nur nicht vollständig in sich aufgenommen hat. Es kann, auch bei der richtigsten Sprachansicht, in früherer Periode der Sprache ein Uebergewicht der sinnlichen Formenschöpfung geben, in welchem einem und demselben grammatischen Begriff eine Mannigfaltigkeit von Formen entspricht. Die Wörter stellten sich in diesen früheren Perioden, wo der innerlich schöpferische Geist des Menschen ganz in die Sprache versenkt war, selbst als Gegenstände dar, ergriffen die Einbildungskraft durch ihren Klang und machten ihre besondere Natur in Vielförmigkeit vorherrschend geltend. Erst später und allmählich gewann die Bestimmtheit und die Allgemeinheit des grammatischen Begriffs Kraft und Gewicht, bemächtigte sich der Wörter und unterwarf sie ihrer Gleichförmigkeit. Auch im Griechischen, besonders in der Homerischen Sprache haben sich bedeutende Spuren jenes früheren Zustandes erhalten. Im Ganzen aber zeigt sich gerade in diesem Punkte der merkwürdige Unterschied zwischen dem Griechischen und dem Sanskrit, dass das erstere die Formen genauer nach den grammatischen Begriffen umgränzt und ihre Mannigfaltigkeit sorgfältiger benutzt, feinere Abstufungen derselben zu bezeichnen, wogegen das Sanskrit die technischen Bezeichnungsmittel mehr heraushebt, sie auf der einen Seite in grösserem Reichthum anwendet, auf der andren aber dennoch besser, einfacher und mit weniger zahlreichen Ausnahmen festhält.

Hauptunterschied der Sprachen nach der Reinheit ihres Bildungsprincips

30. Da die Sprache, wie ich bereits öfter im Obigen bemerkt habe, immer nur ein ideales Daseyn in den Köpfen und Gemüthern der Menschen, niemals, auch in Stein oder Erz gegraben, ein materielles besitzt

und auch die Kraft der nicht mehr gesprochenen, insofern sie noch von uns empfunden werden kann, grossentheils von der Stärke unsres eignen Wiederbelebungsgeistes abhängt, so kann es in ihr ebensowenig, als in den unaufhörlich fortflammenden Gedanken der Menschen selbst einen Augenblick wahren Stillstandes geben. Es ist ihre Natur, ein fortlaufender Entwicklungsgang unter dem Einflusse der jedesmaligen Geisteskraft der Redenden zu seyn. In diesem Gange entstehen natürlich zwei bestimmt zu unterscheidende Perioden, die eine, wo der lautschaffende Trieb der Sprache noch im Wachsthum und in lebendiger Thätigkeit ist, die andre, wo, nach vollendeter Gestaltung wenigstens der äussren Sprachform, ein scheinbarer Stillstand eintritt und dann eine sichtbare Abnahme jenes schöpferischen sinnlichen Triebes folgt. Allein auch aus der Periode der Abnahme können neue Lebensprincipe und neu gelingende Umgestaltungen der Sprache hervorgehen, wie ich in der Folge näher berühren werde.

In dem Entwicklungsgange der Sprachen überhaupt wirken zwei sich gegenseitig beschränkende Ursachen zusammen, das ursprünglich die Richtung bestimmende Princip und der Einfluss des schon hervorgebrachten Stoffes, dessen Gewalt immer in umgekehrtem Verhältniss mit der sich geltend machenden Kraft des Princips steht. An dem Vorhandenseyn eines solchen Princips in jeder Sprache kann nicht gezweifelt werden. So wie ein Volk oder eine menschliche Denkkraft überhaupt Sprachelemente in sich aufnimmt, muss sie dieselben, selbst unwillkührlich und ohne zum deutlichen Bewusstseyn davon zu gelangen, in eine Einheit verbinden, da ohne diese Operation weder ein Denken durch Sprache im Individuum noch ein gegenseitiges Verständniss möglich wäre. Eben dies müsste man annehmen, wenn man bis zu einem ersten Hervorbringen einer Sprache aufsteigen könnte. Jene Einheit aber kann nur die eines ausschliesslich vorwaltenden Princips seyn. Nähert sich dies Princip dem allgemeinen sprachbildenden Principe im Menschen so weit, als dies die nothwendige Individualisirung desselben erlaubt, und durchdringt es die Sprache in voller und ungeschwächter Kraft, so wird diese alle Stadien ihres Entwicklungsganges dergestalt durchlaufen, dass an die Stelle einer schwindenden Kraft immer wieder eine neue, der sich fortschlingenden Bahn angemessene eintritt. Denn es ist jeder intellectuellen Entwicklung eigen, dass die Kraft eigentlich nicht abstirbt, sondern nur in ihren Functionen wechselt oder eines ihrer Organe durch ein anderes ersetzt. Mischt sich aber schon dem ersten Principe etwas nicht in der Nothwendigkeit der Sprachform Gegründetes bei oder durchdringt das Princip nicht wahrhaft den Laut oder schliesst sich an einen nicht rein organischen Stoff zu noch grösserer Abweichung anderes gleich Verbildetes an, so stellt sich dem natürlichen Entwicklungsgange eine fremde Gewalt gegenüber und die Sprache kann nicht, wie es sonst bei jeder richtigen Entwicklung intellectueller Kräfte der Fall seyn muss, durch die Verfolgung ihrer Bahn selbst neue Stärke gewinnen. Auch hier, wie bei der Bezeichnung der mannigfaltigen Gedankenverknüpfungen, bedarf die Sprache der Freiheit und man kann es als ein sicheres Merkmal des reinsten und gelungensten Sprachbaues ansehen, wenn in demselben die Formung der Wörter und der Fügungen keine andren Beschränkungen erleidet, als nothwendig sind, mit der Freiheit auch Gesetzmässigkeit zu verbinden, d. h. der Freiheit durch Schranken ihr eignes Daseyn zu sichern. Mit dem richtigen Entwicklungsgange der Sprache steht der des intellectuellen Vermögens überhaupt in natürlichem Einklange. Denn da das Bedürfniss des Denkens die Sprache im Menschen weckt, so muss, was rein aus ihrem Begriffe abfliesst, auch nothwendig das gelingende Fortschreiten des Denkens befördern. Versänke aber auch eine mit solcher Sprache begabte Nation durch andere Ursachen in Geistesträgheit und Schwäche, so würde sie sich immer an ihrer Sprache selbst leichter aus diesem Zustande hervorarbeiten können. Umgekehrt muss das intellectuelle Vermögen aus sich selbst Hebel seines Aufschwunges finden, wenn ihm eine, von jenem richtigen und natürlichen Entwicklungsgange abweichende Sprache zur Seite steht. Es wird alsdann durch die aus ihm selbst geschöpften Mittel auf die Sprache einwirken, nicht zwar schaffend, da ihre Schöpfungen nur das Werk ihres eignen Lebenstriebes seyn können, allein in sie hineinbauend, ihren Formen einen Sinn leihend und eine Anwendung verstattend, den sie nicht hineingelegt und zu der sie nicht geführt hatte.

Wir können nun in der zahllosen Mannigfaltigkeit der vorhandenen und untergegangenen Sprachen einen Unterschied feststellen, der für die fortschreitende Bildung des Menschengeschlechts von entschiedner Wichtigkeit ist, nemlich den zwischen Sprachen, die sich aus reinem Principe in gesetzmässiger Freiheit kräftig und consequent entwickelt haben, und zwischen solchen, die sich dieses Vorzuges nicht rühmen können. Die ersten sind die gelungenen Früchte des in mannigfaltiger Bestrebung im Menschengeschlecht wuchernden Sprachtriebes. Die letzten haben eine abweichende Form, in welcher zwei Dinge zusammentreffen, Mangel an Stärke des ursprünglich immer im Menschen rein liegenden Sprachsinnes und eine einseitige, aus dem Umstande entspringende Verbildung, dass an eine nicht aus der Sprache nothwendig herfliessende Lautform andere, durch sie an sich gerissene angeschlossen werden.

Die obigen Untersuchungen geben einen Leitfaden an die Hand, dies in den wirklichen Sprachen, wie sehr man auch anfangs in ihnen eine verwirrende Menge von Einzelnheiten zu sehen glaubt, zu erforschen und in einfacher Gestalt darzustellen. Denn wir haben gesucht zu zeigen, worauf es in den höchsten Principien ankommt, und dadurch Punkte festzustellen, zu welchen sich die Sprachzergliederung erheben kann. Wie auch diese Bahn noch wird erhellt und geebnet werden können, so begreift man die Möglichkeit, in jeder Sprache die Form aufzufinden, aus welcher die Beschaffenheit ihres Baues fliesst, und sieht nun in dem eben Entwickelten den Massstab ihrer Vorzüge und ihrer Mängel.

Wenn es mir gelungen ist, die Flexionsmethode in ihrer ganzen Vollständigkeit zu schildern, wie sie allein dem Worte vor dem Geiste und dem Ohre die wahre innere Festigkeit verleiht und zugleich mit Sicherheit die Theile des Satzes, der nothwendigen Gedankenverschlingung gemäss, auseinander wirft, so bleibt es unzweifelhaft, dass sie ausschliesslich das reine Princip des Sprachbaues in sich bewahrt. Da sie jedes Element der Rede in seiner zwiefachen Geltung, seiner objectiven Bedeutung und seiner subjectiven Beziehung auf den Gedanken und die Sprache nimmt und dies Doppelte in seinem verhältnissmässigen Gewichte durch darnach zugerichtete Lautformen bezeichnet, so steigert sie das ursprünglichste Wesen der Sprache, die Articulation und die Symbolisirung, zu ihren höchsten Graden. Es kann daher nur die Frage seyn, in welchen Sprachen diese Methode am consequentesten, vollständigsten und freiesten bewahrt ist. Den Gipfel hierin mag keine wirkliche Sprache erreicht haben. Allein einen Unterschied des Grades sahen wir oben zwischen den Sanskritischen und Semitischen Sprachen: in den letzteren die Flexion in ihrer wahrsten und unverkennbarsten Gestalt und verbunden mit der feinsten Symbolisirung, allein nicht durchgeführt durch alle Theile der Sprache und beschränkt durch mehr oder minder zufällige Gesetze, die zweisylbige Wortform, die ausschliesslich zu Flexionsbezeichnung verwendeten Vocale, die Scheu vor Zusammensetzung; in den ersteren die Flexion durch die Festigkeit der Worteinheit von jedem Verdachte der Agglutination gerettet, durch alle Theile der Sprache durchgeführt und in der höchsten Freiheit in ihr waltend.

Verglichen mit dem einverleibenden und ohne wahre Worteinheit lose anfügenden Verfahren, erscheint die Flexionsmethode als ein geniales, aus der wahren Intuition der Sprache hervorgehendes Princip. Denn indem solche Sprachen ängstlich bemüht sind, das Einzelne zum Satz zu vereinigen oder den Satz gleich auf einmal vereint darzustellen, stempelt sie unmittelbar den Theil der jedesmaligen Gedankenfügung gemäss und kann, ihrer Natur nach, in der Rede gar nicht sein Verhältniss zu dieser von ihm trennen. Schwäche des sprachbildenden Triebes lässt bald, wie im Chinesischen, die Flexionsmethode nicht in den Laut übergehen, bald, wie in den Sprachen, welche einzeln ein Einverleibungsverfahren befolgen, nicht frei und allein vorwalten. Die Wirkung des reinen Princips kann aber auch zugleich durch einseitige Verbildung gehemmt werden, wenn eine einzelne Bildungsform, wie z. B. im Malayischen die Bestimmung des Verbum durch modificirende Praefixe bis zur Vernachlässigung aller andren herrschend wird.

Wie verschieden aber auch die Abweichungen von dem reinen Principe seyn mögen, so wird man jede Sprache doch immer darnach charakterisiren können, inwiefern in ihr der Mangel von Beziehungs-Bezeichnungen, das Streben, solche hinzuzufügen und zu Beugungen zu erheben, und der Nothbehelf, als Wort zu stempeln, was die Rede als Satz darstellen sollte, sichtbar ist. Aus der Mischung dieser Principe wird das Wesen einer solchen Sprache hervorgehen, allein in der Regel sich aus der Anwendung derselben eine noch individuellere Form entwickeln. Denn wo die volle Energie der leitenden Kraft nicht das richtige Gleichgewicht bewahrt, da erlangt leicht ein Theil der Sprache vor dem andren ungerechterweise eine unverhältnissmässige Ausbildung. Hieraus und aus anderen Umständen können einzelne Trefflichkeiten auch in Sprachen entstehen, in welchen man sonst nicht gerade den Charakter erkennen kann, vorzüglich geeignete Organe des Denkens zu seyn. Niemand kann läugnen, dass das Chinesische des alten Styls dadurch, dass lauter gewichtige Begriffe unmittelbar an einander treten, eine ergreifende Würde mit sich führt und dadurch eine einfache Grösse erhält, dass es gleichsam, mit Abwerfung aller unnützen Nebenbeziehungen, nur zum reinen Gedanken vermittelst der Sprache zu entfliehen scheint. Das eigentlich Malayische wird wegen seiner Leichtigkeit und der grossen Einfachheit seiner Fügungen nicht mit Unrecht gerühmt. Die Semitischen Sprachen bewahren eine bewundernswürdige Kunst in der feinen Unterscheidung der Bedeutsamkeit vieler Vocalabstufungen. Das Vaskische besitzt im Wortbau und in der Redefügung eine besondere, aus der Kürze und der Kühnheit des Ausdrucks hervorgehende Kraft. Die Delaware-Sprache und auch andre Amerikanische verbinden mit einem einzigen Wort eine Zahl von Begriffen, zu deren Ausdruck wir vieler bedürfen würden. Alle diese Beispiele beweisen aber nur, dass der menschliche Geist, in welche Bahn er sich auch einseitig wirft, immer etwas Grosses und auf ihn befruchtend und begeisternd Zurückwirkendes hervorzubringen vermag. Ueber den Vorzug der Sprachen vor einander entscheiden diese einzelnen Punkte nicht. Der wahre Vorzug einer Sprache ist nur der, sich aus einem Princip und in einer Freiheit zu entwickeln, die es ihr möglich machen, alle intellectuelle Vermögen des Menschen in reger Thätigkeit zu erhalten, ihnen zum genügenden Organ zu dienen und durch die sinnliche Fülle und geistige Gesetzmässigkeit, welche sie bewahrt, ewig anregend auf sie einzuwirken. In dieser formalen Beschaffenheit liegt Alles, was sich wohlthätig für den Geist aus der Sprache entwickeln lässt. Sie ist das

Bett, in welchem er seine Wogen im sichren Vertrauen fortbewegen kann, dass die Quellen, welche sie ihm zuführt, niemals versiegen werden. Denn wirklich schwebt er auf ihr, wie auf einer unergründlichen Tiefe, aus der er aber immer mehr zu schöpfen vermag, je mehr ihm schon daraus zugeflossen ist. Diesen formalen Massstab also kann man allein an die Sprachen anlegen, wenn man sie unter eine allgemeine Vergleichung zu bringen versucht.

Charakter der Sprachen

31. Mit dem grammatischen Baue, wie wir ihn bisher im Ganzen und Grossen betrachtet haben, und der äusserlichen Structur der Sprache überhaupt ist jedoch ihr Wesen bei weitem nicht erschöpft und ihr eigentlicher und wahrer Charakter beruht noch auf etwas viel Feinerem, tiefer Verborgenem und der Zergliederung weniger Zugänglichem. Immer aber bleibt jenes, vorzugsweise bis hierher Betrachtete die nothwendige, sichernde Grundlage, in welcher das Feinere und Edlere Wurzel fassen kann. Um dies deutlicher darzustellen, ist es nothwendig, einen Augenblick wieder auf den allgemeinen Entwicklungsgang der Sprachen zurückzublicken. In der Periode der Formenbildung sind die Nationen mehr mit der Sprache, als mit dem Zwecke derselben, mit dem, was sie bezeichnen sollen, beschäftigt. Sie ringen mit dem Gedankenausdruck und dieser Drang, verbunden mit der begeisternden Anregung des Gelungenen, bewirkt und erhält ihre schöpferische Kraft. Die Sprache entsteht, wenn man sich ein Gleichniss erlauben darf, wie in der physischen Natur ein Krystall an den andren anschiesst. Die Bildung geschieht allmählich, aber nach einem Gesetz. Diese anfänglich stärker vorherrschende Richtung auf die Sprache, als auf die lebendige Erzeugung des Geistes liegt in der Natur der Sache; sie zeigt sich aber auch an den Sprachen selbst, die, je ursprünglicher sie sind, desto reichere Formenfülle besitzen. Diese schiesst in einigen sichtbar über das Bedürfniss des Gedanken über und mässigt sich daher in den Umwandlungen, welche die Sprachen gleichen Stammes unter dem Einfluss reiferer Geistesbildung erfahren. Wenn diese Krystallisation geendigt ist, steht die Sprache gleichsam fertig da. Das Werkzeug ist vorhanden und es fällt nun dem Geiste anheim, es zu gebrauchen und sich hineinzubauen. Dies geschieht in der That und durch die verschiedene Weise, wie er sich durch dasselbe ausspricht, empfängt die Sprache Farbe und Charakter.

Man würde indess sehr irren, wenn man, was ich hier mit Absicht zur deutlichen Unterscheidung grell von einander gesondert habe, auch in der Natur für so geschieden halten wollte. Auch auf die wahre Struc-

tur der Sprache und den eigentlichen Formenbau hat die fortwährende
Arbeit des Geistes in ihrem Gebrauche einen bestimmten und fortlaufenden Einfluss; nur ist derselbe feiner und entzieht sich bisweilen dem
ersten Anblick. Auch kann man keine Periode des Menschengeschlech-
tes oder eines Volkes als ausschliesslich und absichtlich sprachentwik-
kelnd ansehen. Die Sprache wird durch Sprechen gebildet und das
Sprechen ist Ausdruck des Gedanken oder der Empfindung. Die Denk-
und Sinnesart eines Volkes, durch welche, wie ich eben sagte, seine
Sprache Farbe und Charakter erhält, wirkt schon von den ersten Anfängen auf dieselbe ein. Dagegen ist es gewiss, dass, je weiter eine Sprache
in ihrer grammatischen Structur vorgerückt ist, sich immer weniger Fälle ergeben, welche einer neuen Entscheidung bedürfen. Das Ringen mit
dem Gedankenausdruck wird daher geringer, und je mehr sich der Geist
nur des schon Geschaffenen bedient, desto mehr erschlafft sein schöpferischer Trieb und mit ihm auch seine schöpferische Kraft. Auf der andren Seite wächst die Menge des in Lauten hervorgebrachten Stoffs und
diese nun auf den Geist zurückwirkende äussere Masse macht ihre
eigenthümlichen Gesetze geltend und hemmt die freie und selbstständige Einwirkung der Intelligenz. In diesen zwei Punkten liegt dasjenige,
was in dem oben erwähnten Unterschiede nicht der subjectiven Ansicht, sondern dem wirklichen Wesen der Sache angehört. Man muss
also, um die Verflechtung des Geistes in die Sprache genauer zu verfolgen, dennoch den grammatischen und lexicalischen Bau der letzteren
gleichsam als den festen und äusseren von dem inneren Charakter unterscheiden, der wie eine Seele in ihr wohnt und die Wirkung hervorbringt, mit welcher uns jede Sprache, so wie wir nur anfangen, ihrer
mächtig zu werden, eigenthümlich ergreift. Es ist damit auf keine Weise
gemeint, dass diese Wirkung dem äusseren Baue fremd sey. Das individuelle Leben der Sprache erstreckt sich durch alle Fibern derselben und
durchdringt alle Elemente des Lautes. Es soll nur darauf aufmerksam
gemacht werden, dass jenes Reich der Formen nicht das einzige Gebiet
ist, das der Sprachforscher zu bearbeiten hat, und dass er wenigstens
nicht verkennen muss, dass es noch etwas Höheres und Ursprüngliche-
res in der Sprache giebt, von dem er, wo das Erkennen nicht mehr ausreicht, doch das Ahnden in sich tragen muss. In Sprachen eines weit
verbreiteten und vielfach getheilten Stammes lässt sich das hier Gesagte
mit einfachen Beispielen belegen. Sanskrit, Griechisch und Lateinisch
haben eine nahe verwandte und in sehr vielen Stücken gleiche Organisation der Wortbildung und der Redefügung. Jeder aber fühlt die Verschiedenheit ihres individuellen Charakters, die nicht bloss eine, in der
Sprache sichtbar werdende des Charakters der Nationen ist, sondern,
tief in die Sprachen selbst eingewachsen, den eigenthümlichen Bau jeder bestimmt. Ich werde daher bei diesem Unterschiede zwischen dem

Principe, aus welchem sich nach dem Obigen die Structur der Sprache entwickelt, und dem eigentlichen Charakter dieser hier noch verweilen und schmeichle mir, sicher seyn zu können, dass dieser Unterschied weder als zu schneidend angesehen noch auf der andren Seite als bloss subjectiv verkannt werde.

Um den Charakter der Sprachen, insofern wir ihn dem Organismus entgegensetzen, genauer zu betrachten, müssen wir auf den Zustand nach Vollendung ihres Baues sehen. Das freudige Staunen über die Sprache selbst, als ein immer neues Erzeugniss des Augenblicks mindert sich allmählich. Die Thätigkeit der Nation geht von der Sprache mehr auf ihren Gebrauch über und diese beginnt mit dem eigenthümlichen Volksgeiste eine Laufbahn, in der keiner beider Theile sich von dem andren unabhängig nennen kann, jeder aber sich der begeisternden Hülfe des andren erfreut. Die Bewunderung und das Gefallen wenden sich nun zu Einzelnem, glücklich Ausgedrücktem. Lieder, Gebetsformeln, Sprüche, Erzählungen erregen die Begierde, sie der Flüchtigkeit des vorübereilenden Gesprächs zu entreissen, werden aufbewahrt, umgeändert und nachgebildet. Sie werden die Grundlagen der Literatur und diese Bildung des Geistes und der Sprache geht allmählich von der Gesammtheit der Nation auf Individuen über und die Sprache kommt in die Hände der Dichter und Lehrer des Volkes, welchen sich dieses nach und nach gegenüberstellt. Dadurch gewinnt die Sprache eine zwiefache Gestalt, aus welcher, so lange der Gegensatz sein richtiges Verhältniss behält, für sie zwei sich gegenseitig ergänzende Quellen der Kraft und der Läuterung entspringen.

Neben diesen lebendig in ihren Werken die Sprache gestaltenden Bildnern stehen dann die eigentlichen Grammatiker auf und legen die letzte Hand an die Vollendung des Organismus. Es ist nicht ihr Geschäft, zu schaffen; durch sie kann in einer Sprache, der es sonst daran fehlt, weder Flexion noch Verschlingung der End- und Anfangslaute volksmässig werden. Aber sie werfen aus, verallgemeinern, ebnen Ungleichheiten und füllen übrig gebliebene Lücken. Von ihnen kann man mit Recht in Flexionssprachen das Schema der Conjugationen und Declinationen herleiten, indem sie erst die Totalität der darunter begriffenen Fälle zusammengestellt vor das Auge bringen. In diesem Gebiete werden sie, indem sie selbst aus dem unendlichen Schatze der vor ihnen liegenden Sprache, schöpfen, gesetzgebend. Da sie eigentlich zuerst den Begriff solcher Schemata in das Bewusstseyn einführen, so können dadurch Formen, die alles eigentlich Bedeutsame verloren haben, bloss durch die Stelle, die sie in dem Schema einnehmen, wieder bedeutsam werden. Solche Bearbeitungen einer und derselben Sprache können in verschiedenen Epochen auf einander folgen; immer aber muss, wenn die Sprache zugleich volksthümlich und gebildet bleiben soll, die Regelmässigkeit ihrer Strömung von dem Volke zu den Schriftstellern und Grammatikern und von diesen zurück zu dem Volke ununterbrochen fortrollen.

So lange der Geist eines Volks in lebendiger Eigenthümlichkeit in sich und auf seine Sprache fortwirkt, erhält diese Verfeinerungen und Bereicherungen, die wiederum einen anregenden Einfluss auf den Geist ausüben. Es kann aber auch hier in der Folge der Zeit eine Epoche eintreten, wo die Sprache gleichsam den Geist überwächst und dieser in eigner Erschlaffung, nicht mehr selbstschöpferisch, mit ihren aus wahrhaft sinnvollem Gebrauch hervorgegangenen Wendungen und Formen ein immer mehr leeres Spiel treibt. Dies ist dann ein zweites Ermatten der Sprache, wenn man das Absterben ihres äusseren Bildungstriebes als das erste ansieht. Bei dem zweiten welkt die Blüthe des Charakters, von diesem aber können Sprachen und Nationen wieder durch den Genius einzelner grosser Männer geweckt und emporgerissen werden.

Ihren Charakter entwickelt die Sprache vorzugsweise in den Perioden ihrer Literatur und in der vorbereitend zu dieser hinführenden. Denn sie zieht sich alsdann mehr von den Alltäglichkeiten des materiellen Lebens zurück und erhebt sich zu reiner Gedankenentwicklung und freier Darstellung. Es scheint aber wunderbar, dass die Sprachen ausser demjenigen, den ihnen ihr äusserer Organismus giebt, sollten einen eigenthümlichen Charakter besitzen können, da jede bestimmt ist, den verschiedensten Individualitäten zum Werkzeug zu dienen. Denn ohne des Unterschiedes der Geschlechter und des Alters zu gedenken, so umschliesst eine Nation wohl alle Nüancen menschlicher Eigenthümlichkeit. Auch diejenigen, die, von derselben Richtung ausgehend, das gleiche Geschäft treiben, unterscheiden sich in der Art es zu ergreifen und auf sich zurückwirken zu lassen. Diese Verschiedenheit wächst aber noch für die Sprache, da diese in die geheimsten Falten des Geistes und des Gemüthes eingeht. Jeder nun braucht dieselbe zum Ausdruck seiner besondersten Eigenthümlichkeit; denn sie geht immer von dem Einzelnen aus und jeder bedient sich ihrer zunächst nur für sich selbst. Dennoch genügt sie jedem dazu, insofern überhaupt immer dürftig bleibende Worte dem Drange des Ausdrucks der innersten Gefühle zusagen. Es lässt sich auch nicht behaupten, dass die Sprache, als allgemeines Organ, diese Unterschiede mit einander ausgleicht. Sie baut wohl Brücken von einer Individualität zur andren und vermittelt das gegenseitige Verständniss; den Unterschied selbst aber vergrössert sie eher, da sie durch die Verdeutlichung und Verfeinerung der Begriffe klarer ins Bewusstseyn bringt, wie er seine Wurzeln in die ursprüngliche Geistesanlage schlägt. Die Möglichkeit, so verschiedenen Individualitäten zum Ausdruck zu dienen, scheint daher eher in ihr selbst vollkommene Charakterlosigkeit vorauszusetzen, die sie doch aber sich auf keine Weise zu

Schulden kommen lässt. Sie umfasst in der That die beiden entgegengesetzten Eigenschaften, sich als Eine Sprache in derselben Nation in unendlich viele zu theilen und als diese vielen gegen die Sprachen andrer Nationen mit bestimmtem Charakter als Eine zu vereinigen. Wie verschieden jeder dieselbe Muttersprache nimmt und gebraucht, findet man, wenn es nicht schon das gewöhnliche Leben deutlich zeigte, in der Vergleichung bedeutender Schriftsteller, deren jeder sich seine eigne Sprache bildet. Die Verschiedenheit des Charakters mehrerer Sprachen ergiebt sich aber beim ersten Anblick, wie z. B. beim Sanskrit, dem Griechischen und Lateinischen aus ihrer Vergleichung.

Untersucht man nun genauer, wie die Sprache diesen Gegensatz vereinigt, so liegt die Möglichkeit, den verschiedensten Individualitäten zum Organe zu dienen, in dem tiefsten Wesen ihrer Natur. Ihr Element, das Wort, bei dem wir der Vereinfachung wegen stehen bleiben können, theilt nicht, wie eine Substanz, etwas schon Hervorgebrachtes mit, enthält auch nicht einen schon geschlossenen Begriff, sondern regt bloss an, diesen mit selbstständiger Kraft, nur auf bestimmte Weise zu bilden. Die Menschen verstehen einander nicht dadurch, dass sie sich Zeichen der Dinge wirklich hingeben, auch nicht dadurch, dass sie sich gegenseitig bestimmen, genau und vollständig denselben Begriff hervorzubringen, sondern dadurch, dass sie gegenseitig in einander dasselbe Glied der Kette ihrer sinnlichen Vorstellungen und inneren Begriffserzeugungen berühren, dieselbe Taste ihres geistigen Instruments anschlagen, worauf alsdann in jedem entsprechende, nicht aber dieselben Begriffe hervorspringen. Nur in diesen Schranken und mit diesen Divergenzen kommen sie auf dasselbe Wort zusammen. Bei der Nennung des gewöhnlichsten Gegenstandes, z. B. eines Pferdes meinen sie alle dasselbe Thier, jeder aber schiebt dem Worte eine andere Vorstellung, sinnlicher oder rationeller, lebendiger, als einer Sache oder näher den todten Zeichen u. s. f. unter. Daher entstehen in der Periode der Sprachbildung in einigen Sprachen die Menge der Ausdrücke für denselben Gegenstand. Es sind ebenso viele Eigenschaften, unter welchen er gedacht worden ist und deren Ausdruck man an seine Stelle gesetzt hat. Wird nun aber auf diese Weise das Glied der Kette, die Taste des Instrumentes berührt, so erzittert das Ganze, und was, als Begriff aus der Seele hervorspringt, steht in Einklang mit allem, was das einzelne Glied bis auf die weiteste Entfernung umgiebt. Die von dem Worte in Verschiedenen geweckte Vorstellung trägt das Gepräge der Eigenthümlichkeit eines jeden, wird aber von allen mit demselben Laute bezeichnet.

Die sich innerhalb derselben Nation befindenden Individualitäten umschliesst aber die nationelle Gleichförmigkeit, die wiederum jede einzelne Sinnesart von der ihr ähnlichen in einem andren Volke unterscheidet. Aus dieser Gleichförmigkeit und aus der besonderen, jeder Sprache eignen Anregung entspringt der Charakter der letzteren. Jede Sprache empfängt eine bestimmte Eigenthümlichkeit durch die der Nation und wirkt gleichförmig bestimmend auf diese zurück. Der nationelle Charakter wird zwar durch Gemeinschaft des Wohnplatzes und des Wirkens unterhalten, verstärkt, ja bis zu einem gewissen Grad hervorgebracht; eigentlich aber beruht er auf der Gleichheit der Naturanlage, die man gewöhnlich aus Gemeinschaft der Abstammung erklärt. In dieser liegt auch gewiss das undurchdringliche Geheimniss der tausendfältig verschiedenen Verknüpfung des Körpers mit der geistigen Kraft, welche das Wesen jeder menschlichen Individualität ausmacht. Es kann nur die Frage seyn, ob es keine andere Erklärungsweise der Gleichheit der Naturanlagen geben könne? und auf keinen Fall darf man hier die Sprache ausschliessen. Denn in ihr ist die Verbindung des Lautes mit seiner Bedeutung etwas mit jener Anlage gleich Unerforschliches. Mann kann Begriffe spalten, Wörter zergliedern, so weit man es vermag, und man tritt darum dem Geheimniss nicht näher, wie eigentlich der Gedanke sich mit dem Worte verbindet. In ihrer ursprünglichsten Beziehung auf das Wesen der Individualität sind also der Grund aller Nationalität und die Sprache einander unmittelbar gleich. Allein die letztere wirkt augenscheinlicher und stärker darauf ein und der Begriff einer Nation muss vorzugsweise auf sie gegründet werden. Da die Entwicklung seiner menschlichen Natur im Menschen von der der Sprache abhängt, so ist durch diese unmittelbar selbst der Begriff der Nation als der eines auf bestimmte Weise sprachbildenden Menschenhaufens gegeben.

Die Sprache aber besitzt auch die Kraft, zu entfremden und einzuverleiben, und theilt durch sich selbst den nationellen Charakter, auch bei verschiedenartiger Abstammung, mit. Dies unterscheidet namentlich eine Familie und eine Nation. In der ersteren ist unter den Gliedern factisch erkennbare Verwandtschaft; auch kann dieselbe Familie in zwei verschiedenen Nationen fortblühen. Bei den Nationen kann es noch zweifelhaft scheinen und macht bei weit verbreiteten Stämmen eine wichtige Betrachtung aus, ob alle dieselben Sprachen Redenden einen gemeinschaftlichen Ursprung haben oder ob diese ihre Gleichförmigkeit aus uranfänglicher Naturanlage, verbunden mit Verbreitung über einen gleichen Erdstrich, unter dem Einfluss gleichförmig wirkender Ursachen entstanden ist? Welche Bewandtniss es aber auch mit den, uns unerforschlichen ersten Ursachen haben möge, so ist es gewiss, dass die Entwicklung der Sprache die nationellen Verschiedenheiten erst in das hellere Gebiet des Geistes überführt. Sie werden durch sie zum Bewusstseyn gebracht und erhalten von ihr Gegenstände, in denen sie sich nothwendig ausprägen müssen, die der deutlichen Einsicht zugänglicher sind und an welchen zugleich die Verschiedenheiten selbst feiner und bestimmter ausgesponnen erscheinen. Denn indem die Sprache den Menschen bis auf den ihm erreichbaren Punkt intellectualisirt, wird immer mehr der dunklen Region der unentwickelten Empfindung entzogen. Dadurch nun erhalten die Sprachen, welche die Werkzeuge dieser Entwicklung sind, selbst einen so bestimmten Charakter, dass der der Nation besser an ihnen, als an den Sitten, Gewohnheiten und Thaten jener erkannt werden kann. Es entspringt hieraus, wenn Völker, welchen eine Literatur mangelt und in deren Sprachgebrauch wir nicht tief genug eindringen, uns oft gleichförmiger erscheinen, als sie sind. Wir erkennen nicht die sie unterscheidenden Züge, weil nicht das Medium sie uns zuführt, das sie uns sichtbar machen würde.

Wenn man den Charakter der Sprachen von ihrer äusseren Form, unter welcher allein eine bestimmte Sprache gedacht werden kann, absondert und beide einander gegenüberstellt, so besteht er in der Art der Verbindung des Gedanken mit den Lauten. Er ist, in diesem Sinne genommen, gleichsam der Geist, der sich in der Sprache einheimisch macht und sie, wie einen aus ihm herausgebildeten Körper beseelt. Er ist eine natürliche Folge der fortgesetzten Einwirkung der geistigen Eigenthümlichkeit der Nation. Indem diese die allgemeinen Bedeutungen der Wörter immer auf dieselbe individuelle Weise aufnimmt und mit den gleichen Nebenideen und Empfindungen begleitet, nach denselben Richtungen hin Ideenverbindungen eingeht und sich der Freiheit der Redefügungen in demselben Verhältniss bedient, in welchem das Mass ihrer intellectuellen Kühnheit zu der Fähigkeit ihres Verständnisses steht, ertheilt sie der Sprache eine eigenthümliche Farbe und Schattirung, welche diese fixirt und so in demselben Gleise zurückwirkt. Aus jeder Sprache lässt sich daher auf den Nationalcharakter zurückschliessen. Auch die Sprachen roher und ungebildeter Völker tragen diese Spuren in sich und lassen dadurch oft Blicke in intellectuelle Eigenthümlichkeiten werfen, die man auf dieser Stufe mangelnder Bildung nicht erwarten sollte. Die Sprachen der Amerikanischen Eingebornen sind reich an Beispielen dieser Gattung, an kühnen Metaphern, richtigen, aber unerwarteten Zusammenstellungen von Begriffen, an Fällen, wo leblose Gegenstände durch eine sinnreiche Ansicht ihres auf die Phantasie wirkenden Wesens in die Reihe der lebendigen versetzt werden, u. s. f. Denn da diese Sprachen grammatisch nicht den Unterschied der Geschlechter, wohl aber und in sehr ausgedehntem Umfange den lebloser und lebendiger Gegenstände beachten, so geht ihre Ansicht hiervon aus der grammatischen Behandlung hervor. Wenn sie die Gestirne mit dem Menschen und den Thieren grammatisch in dieselbe Classe versetzen, so sehen sie offenbar die ersteren als sich durch eigne

Kraft bewegende und wahrscheinlich auch als die menschlichen Schicksale von oben herab leitende, mit Persönlichkeit begabte Wesen an. In diesem Sinn die Wörterbücher der Mundarten solcher Völker durchzugehen, gewährt ein eignes, auf die mannigfaltigsten Betrachtungen führendes Vergnügen, und wenn man zugleich bedenkt, dass die Versuche beharrlicher Zergliederung der Formen solcher Sprachen, wie wir im Vorigen gesehen haben, die geistige Organisation entdecken lassen, aus welcher ihr Bau entspringt, so verschwindet alles Trockne und Nüchterne aus dem Sprachstudium. In jedem seiner Theile führt es zu der inneren geistigen Gestaltung zurück, welche alle Menschenalter hindurch die Trägerin der tiefsten Ansichten, der reichsten Gedankenfülle und der edelsten Gefühle ist.

Bei den Völkern aber, bei denen wir nur in den einzelnen Elementen ihrer Sprache die Kennzeichen ihrer Eigenthümlichkeit auffinden können, lässt sich selten oder nie ein zusammenhängendes Bild von der letzteren entwerfen. Wenn dies überall ein schwieriges Geschäft ist, so wird es nur da wahrhaft möglich, wo Nationen in einer mehr oder weniger ausgedehnten Literatur ihre Weltansicht niedergelegt und in zusammenhängender Rede der Sprache eingeprägt haben. Denn die Rede enthält auch in Absicht der Geltung ihrer einzelnen Elemente und in den Nüancen ihrer Fügungen, die sich nicht gerade auf grammatische Regeln zurückführen lassen, unendlich viel, was, wenn sie in die einzelnen Elemente zerschlagen ist, nicht mehr an diesen erkennbar zu haften vermag. Ein Wort hat meistentheils seine vollständige Geltung erst durch die Verbindung, in der es erscheint. Diese Gattung der Sprachforschung erfordert daher eine kritisch genaue Bearbeitung der in einer Sprache vorhandenen schriftlichen Denkmäler und findet einen meisterhaft vorbereiteten Stoff in der philologischen Behandlung der Griechischen und Lateinischen Schriftsteller. Denn wenn auch immer bei dieser das Studium der ganzen Sprache selbst der höchste Gesichtspunkt ist, so geht sie dennoch zunächst von den in ihr übrigen Denkmälern aus, strebt, dieselben in möglichster Reinheit und Treue herzustellen und zu bewahren und sie zu zuverlässiger Kenntniss des Alterthums zu benutzen. So enge auch die Zergliederung der Sprache, die Aufsuchung ihres Zusammenhanges mit verwandten und die nur auf diesem Wege erreichbare Erklärung ihres Baues mit der Bearbeitung der Sprachdenkmäler verbunden bleiben muss, so sind es doch sichtbar zwei verschiedene Richtungen des Sprachstudiums, die verschiedene Talente erfordern und unmittelbar auch verschiedene Resultate hervorbringen. Es wäre vielleicht nicht unrichtig, auf diese Weise Linguistik und Philologie zu unterscheiden und ausschliesslich der letzteren die engere Bedeutung zu geben, die man bisher damit zu verbinden pflegte, die man aber in den letztverflossenen Jahren, besonders in Frankreich und England auf jede Beschäftigung mit irgend einer Sprache ausgedehnt hat. Gewiss ist es wenigstens, dass die Sprachforschung, von welcher hier die Rede ist, sich nur auf eine in dem hier aufgestellten Sinne wahrhaft philologische Behandlung der Sprachdenkmäler stützen kann. Indem die grossen Männer, welche dies Fach der Gelehrsamkeit in den letzten Jahrhunderten verherrlicht haben, mit gewissenhafter Treue und bis zu den kleinsten Modificationen des Lautes herab den Sprachgebrauch jedes Schriftstellers feststellen, zeigt sich die Sprache beständig unter dem beherrschenden Einfluss geistiger Individualität und gewährt eine Ansicht dieses Zusammenhanges, durch die es zugleich möglich wird, die einzelnen Punkte aufzusuchen, an welchen er haftet. Man lernt zugleich, was dem Zeitalter, der Localität und dem Individuum angehört und wie die allgemeine Sprache alle diese Unterschiede umfasst. Das Erkennen der Einzelnheiten aber ist immer von dem Eindruck eines Ganzen begleitet, ohne dass die Erscheinung durch Zergliederung etwas an ihrer Eigenthümlichkeit verliert.

Sichtbar wirkt auf die Sprache nicht bloss die ursprüngliche Anlage der Nationaleigenthümlichkeit ein, sondern jede durch die Zeit herbeigeführte Abänderung der inneren Richtung und jedes äussere Ereigniss, welches die Seele und den Geistesschwung der Nation hebt oder niederdrückt, vor allem aber der Impuls ausgezeichneter Köpfe. Ewige Vermittlerin zwischen dem Geiste und der Natur, bildet sie sich nach jeder Abstufung des ersteren um, nur dass die Spuren davon immer feiner und schwieriger im Einzelnen zu entdecken werden und die Thatsache sich nur im Totaleindruck offenbart. Keine Nation könnte die Sprache einer andren mit dem ihr selbst eignen Geiste beleben und befruchten, ohne sie eben dadurch zu einer verschiedenen umzubilden. Was aber schon weiter oben von aller Individualität bemerkt worden ist, gilt auch hier. Darum, dass unter verschiedenen jede, weil sie Eine bestimmte Bahn verfolgt, alle andren ausschliesst, können dennoch mehrere in einem allgemeinen Ziele zusammentreffen. Der Charakterunterschied der Sprachen braucht daher nicht nothwendig in absoluten Vorzügen der einen vor der andren zu bestehen. Die Einsicht in die Möglichkeit der Bildung eines solchen Charakters erfordert aber noch eine genauere Betrachtung des Standpunktes, aus dem eine Nation ihre Sprache innerlich behandeln muss, um ihr ein solches Gepräge aufzudrücken.

Wenn eine Sprache bloss und ausschliesslich zu den Alltagsbedürfnissen des Lebens gebraucht würde, so gälten die Worte bloss als Repräsentanten des auszudrückenden Entschlusses oder Begehrens und es wäre von einer inneren, die Möglichkeit einer Verschiedenheit zulassenden Auffassung gar nicht in ihr die Rede. Die materielle Sache oder Handlung träte in der Vorstellung des Sprechenden und Erwiedernden sogleich und unmittelbar an die Stelle des Wortes. Eine solche wirkliche

Sprache kann es nun glücklicherweise unter immer doch denkenden und empfindenden Menschen nicht geben. Es liessen sich höchstens mit ihr die Sprachmischungen vergleichen, welche der Verkehr unter Personen von ganz verschiedenen Nationen und Mundarten hier und dort, vorzüglich in Seehäfen, wie die *lingua franca* an den Küsten des Mittelmeeres, bildet. Ausserdem behaupten die individuelle Ansicht und das Gefühl immer zugleich ihre Rechte. Ja es ist sogar sehr wahrscheinlich, dass der erste Gebrauch der Sprache, wenn man bis zu demselben hinaufzusteigen vermöchte, ein blosser Empfindungsausdruck gewesen sey. Ich habe mich schon weiter oben (VII 60.) gegen die Erklärung des Ursprungs der Sprachen aus der Hülflosigkeit des Einzelnen ausgesprochen. Nicht einmal der Trieb der Geselligkeit entspringt unter den Geschöpfen aus der Hülflosigkeit. Das stärkste Thier, der Elephant, ist zugleich das geselligste. Ueberall in der Natur entwickelt sich Leben und Thätigkeit aus innerer Freiheit, deren Urquell man vergeblich im Gebiete der Erscheinungen sucht. In jeder Sprache aber, auch der am höchsten gebildeten kommt einzeln der hier erwähnte Gebrauch derselben vor. Wer einen Baum zu fällen befiehlt, denkt sich nichts, als den bezeichneten Stamm bei dem Worte; ganz anders aber ist es, wenn dasselbe, auch ohne Beiwort und Zusatz, in einer Naturschilderung oder einem Gedichte erscheint. Die Verschiedenheit der auffassenden Stimmung giebt denselben Lauten eine auf verschiedene Weise gesteigerte Geltung und es ist, als wenn bei jedem Ausdruck etwas durch ihn nicht absolut Bestimmtes gleichsam überschwankte.

Dieser Unterschied liegt sichtbar darin, ob die Sprache auf ein inneres Ganzes des Gedankenzusammenhanges und der Empfindung bezogen oder mit vereinzelter Seelenthätigkeit einseitig zu einem abgeschlossnen Zwecke gebraucht wird. Von dieser Seite wird sie ebensowohl durch bloss wissenschaftlichen Gebrauch, wenn dieser nicht unter dem leitenden Einfluss höherer Ideen steht, als durch das Alltagsbedürfniss des Lebens, ja, da sich diesem Empfindung und Leidenschaft beimischen, noch stärker beschränkt. Weder in den Begriffen noch in der Sprache selbst steht irgend etwas vereinzelt da. Die Verknüpfungen wachsen aber den Begriffen nur dann wirklich zu, wenn das Gemüth in innerer Einheit thätig ist, wenn die volle Subjectivität einer vollendeten Objectivität entgegenstrahlt. Dann wird keine Seite, von welcher der Gegenstand einwirken kann, vernachlässigt und jede dieser Einwirkungen lässt eine leise Spur in der Sprache zurück. Wenn in der Seele wahrhaft das Gefühl erwacht, dass die Sprache nicht bloss ein Austauschungsmittel zu gegenseitigem Verständniss, sondern eine wahre Welt ist, welche der Geist zwischen sich und die Gegenstände durch die innere Arbeit seiner Kraft setzen muss, so ist sie auf dem wahren Wege, immer mehr in ihr zu finden und in sie zu legen.

Wo ein solches Zusammenwirken der in bestimmte Laute eingeschlossenen Sprache und der ihrer Natur nach immer weiter greifenden
inneren Auffassung lebendig ist, da betrachtet der Geist die Sprache,
wie sie denn in der That in ewiger Schöpfung begriffen ist, nicht als
geschlossen, sondern strebt unaufhörlich, Neues zuzuführen, um es, an
sie geheftet, wieder auf sich zurückwirken zu lassen. Dies setzt aber ein
Zwiefaches voraus, ein Gefühl, dass es etwas giebt, das die Sprache
nicht unmittelbar enthält, sondern der Geist, von ihr angeregt, ergänzen muss, und den Trieb, wiederum alles, was die Seele empfindet, mit
dem Laut zu verknüpfen. Beides entquillt der lebendigen Ueberzeugung, dass das Wesen des Menschen Ahndung eines Gebietes besitzt,
welches über die Sprache hinausgeht und das durch die Sprache eigentlich beschränkt wird, dass aber wiederum sie das einzige Mittel ist, dies
Gebiet zu erforschen und zu befruchten, und dass sie gerade durch
technische und sinnliche Vollendung einen immer grösseren Theil desselben in sich zu verwandeln vermag. Diese Stimmung ist die Grundlage des Charakterausdrucks in den Sprachen, und je lebendiger dieselbe
in der doppelten Richtung, nach der sinnlichen Form der Sprache und
nach der Tiefe des Gemüths hin wirkt, desto klarer und bestimmter
stellt sich die Eigenthümlichkeit in der Sprache dar. Sie gewinnt gleichsam an Durchsichtigkeit und lässt in das Innere des Sprechenden
schauen.

Dasjenige, was auf diese Weise durch die Sprache durchscheint,
kann nicht etwas einzeln, objectiv und qualitativ Andeutendes seyn.
Denn jede Sprache würde alles andeuten können, wenn das Volk, dem
sie angehört, alle Stufen seiner Bildung durchliefe. Jede hat aber einen
Theil, der entweder nur noch jetzt verborgen ist oder, wenn sie früher
untergeht, ewig verborgen bleibt. Jede ist, wie der Mensch selbst, ein
sich in der Zeit allmählich entwickelndes Unendliches. Jenes Durch-
schimmernde ist daher etwas alle Andeutungen subjectiv und eher
quantitativ Modificirendes. Es erscheint darin nicht als Wirkung, sondern die wirkende Kraft äussert sich unmittelbar als solche und eben
darum auf eine eigne, schwerer zu erkennende Weise, die Wirkungen
gleichsam nur mit ihrem Hauche umschwebend. Der Mensch stellt sich
der Welt immer in Einheit gegenüber. Es ist immer dieselbe Richtung,
dasselbe Ziel, dasselbe Mass der Bewegung, in welchen er die Gegenstände erfasst und behandelt. Auf dieser Einheit beruht seine Individualität. Es liegt aber in dieser Einheit ein Zwiefaches, obgleich wieder einander Bestimmendes, nemlich die Beschaffenheit der wirkenden Kraft
und die ihrer Thätigkeit, wie sich in der Körperwelt der sich bewegende
Körper von dem Impulse unterscheidet, der die Heftigkeit, Schnelligkeit und Dauer seiner Bewegung bestimmt. Das Erstere haben wir im
Sinn, wenn wir einer Nation mehr lebendige Anschaulichkeit und

schöpferische Einbildungskraft, mehr Neigung zu abgezogenen Ideen oder eine bestimmtere praktische Richtung zuschreiben, das Letztere, wenn wir eine vor der andren heftig, veränderlich, schneller in ihrem Ideengange, beharrender in ihren Empfindungen nennen. In Beidem unterscheiden wir also das Seyn von dem Wirken und stellen das erstere, als unsichtbare Ursach dem in die Erscheinung tretenden Denken, Empfinden und Handeln gegenüber. Wir meinen aber dann nicht dieses oder jenes einzelne Seyn des Individuums, sondern das allgemeine, das in jedem einzelnen bestimmend hervortritt. Jede erschöpfende Charakterschilderung muss dies Seyn als Endpunkt ihrer Forschung vor Augen haben.

Wenn man nun die gesammte innere und äussere Thätigkeit des Menschen bis zu ihren einfachsten Endpunkten verfolgt, so findet man diese in der Art, wie er die Wirklichkeit als Object, das er aufnimmt, oder als Materie, die er gestaltet, mit sich verknüpft oder auch unabhängig von ihr sich eigene Wege bahnt. Wie tief und auf welche Weise der Mensch in die Wirklichkeit Wurzel schlägt, ist das ursprünglich charakteristische Merkmal seiner Individualität. Die Arten jener Verknüpfung können zahllos seyn, je nachdem sich die Wirklichkeit oder die Innerlichkeit, deren keine die andre ganz zu entbehren vermag, von einander zu trennen versuchen oder sich mit einander in verschiedenen Graden und Richtungen verbinden.

Man darf aber nicht glauben, dass ein solcher Massstab bloss bei schon intellectuell gebildeten Nationen anwendbar sey. In den Aeusserungen der Freude eines Haufens von Wilden wird sich unterscheiden lassen, wie weit sich dieselbe von der blossen Befriedigung der Begierde unterscheidet und ob sie, als ein wahrer Götterfunke, aus dem inneren Gemüthe als wahrhaft menschliche Empfindung, bestimmt, einmal in Gesang und Dichtung aufzublühen, hervorbricht. Wenn aber auch, wie daran kein Zweifel seyn kann, der Charakter der Nation sich an allem ihr wahrhaft Eigenthümlichen offenbart, so leuchtet er vorzugsweise durch die Sprache durch. Indem sie mit allen Aeusserungen des Gemüths verschmilzt, bringt sie schon darum das immer sich gleich bleibende, individuelle Gepräge öfter zurück. Sie ist aber auch selbst durch so zarte und innige Bande mit der Individualität verknüpft, dass sie immer wieder eben solche an das Gemüth des Hörenden heften muss, um vollständig verstanden zu werden. Die ganze Individualität des Sprechenden wird daher von ihr in den Andren übergetragen, nicht um seine eigne zu verdrängen, sondern um aus der fremden und eignen einen neuen, fruchtbaren Gegensatz zu bilden.

Das Gefühl des Unterschiedes zwischen dem Stoff, den die Seele aufnimmt und erzeugt, und der in dieser doppelten Thätigkeit treibenden und stimmenden Kraft, zwischen der Wirkung und dem wirkenden

Seyn, die richtige und verhältnissmässige Würdigung beider und die gleichsam hellere Gegenwart des dem Grade nach obenan stehenden vor dem Bewusstseyn liegt nicht gleich stark in jeder nationellen Eigenthümlichkeit. Wenn man den Grund des Unterschiedes hiervon tiefer untersucht, so findet man ihn in der mehr oder minder empfundenen Nothwendigkeit des Zusammenhanges aller Gedanken und Empfindungen des Individuums durch die ganze Zeit seines Daseyns und des gleichen in der Natur geahndeten und geforderten. Was die Seele hervorbringen mag, so ist es nur Bruchstück, und je beweglicher und lebendiger ihre Thätigkeit ist, desto mehr regt sich alles, in verschiedenen Abstufungen mit dem Hervorgebrachten Verwandte. Ueber das Einzelne schiesst also immer etwas, minder bestimmt Auszudrückendes über oder vielmehr an das Einzelne hängt sich die Forderung weiterer Darstellung und Entwicklung, als in ihm unmittelbar liegt, und geht durch den Ausdruck in der Sprache in den Andren über, der gleichsam eingeladen wird, in seiner Auffassung das Fehlende harmonisch mit dem Gegebenen zu ergänzen. Wo der Sinn hierfür lebendig ist, erscheint die Sprache mangelhaft und dem vollen Ausdruck ungenügend, da im entgegengesetzten Fall kaum die Ahndung entsteht, dass über das Gegebene hinaus noch etwas fehlen könne. Zwischen diesen beiden Extremen aber befindet sich eine zahllose Menge von Mittelstufen und sie selbst gründen sich offenbar auf vorherrschende Richtung nach dem Inneren des Gemüths und nach der äusseren Wirklichkeit.

Die Griechen, die in diesem ganzen Gebiete das lehrreichste Beispiel abgeben, verbanden in ihrer Dichtung überhaupt, besonders aber in der lyrischen, mit den Worten Gesang, Instrumentalmusik, Tanz und Geberde. Dass sie dies aber nicht bloss thaten, um den sinnlichen Eindruck zu vermehren und zu vervielfachen, sieht man deutlich daraus, dass sie allen diesen einzelnen Einwirkungen einen gleichförmigen Charakter beigaben. Musik, Tanz und die Rede im Dialekte mussten sich einer und ebenderselben ursprünglich nationellen Eigenthümlichkeit unterwerfen, Dorisch, Aeolisch oder von einer andren Tonart und andrem Dialekte seyn. Sie suchten also das Treibende und Stimmende in der Seele auf, um die Gedanken des Liedes in einer bestimmten Bahn zu erhalten und durch die, nicht als Idee geltende Regung des Gemüthes in dieser Bahn zu beleben und zu verstärken. Denn wie in der Dichtung und dem Gesange die Worte und ihr Gedankengehalt vorwalten und die begleitende Stimmung und Anregung ihnen nur zur Seite steht, so verhält es sich umgekehrt in der Musik. Das Gemüth wird nur zu Gedanken, Empfindungen und Handlungen angefeuert und begeistert. Diese müssen in eigner Freiheit aus dem Schoosse dieser Begeisterung hervorgehen und die Töne bestimmen sie nur insofern, als in den Bahnen, in welche sie die Regung einleiten, sich nur bestimmte entwickeln können.

Das Gefühl des Treibenden und Stimmenden im Gemüth ist aber nothwendig immer, wie es sich hier bei den Griechen zeigt, ein Gefühl vorhandener oder geforderter Individualität, da die Kraft, welche alle Seelenthätigkeit umschliesst, nur eine bestimmte seyn und nur in einer solchen Richtung wirken kann.

Wenn ich daher im Vorigen von etwas über den Ausdruck Ueberschiessendem, ihm selbst Mangelnden sprach, so darf man sich darunter durchaus nichts Unbestimmtes denken. Es ist vielmehr das Allerbestimmteste, weil es die letzten Züge der Individualität vollendet, was das seiner Abhängigkeit vom Objecte und der von ihm geforderten allgemeinen Gültigkeit wegen immer minder individualisirende Wort vereinzelt nicht zu thun vermag. Wenn daher auch dasselbe Gefühl eine mehr innerliche, sich nicht auf die Wirklichkeit beschränkende Stimmung voraussetzt und nur aus einer solchen entspringen kann, so führt es darum nicht von der lebendigen Anschauung in abgezogenes Denken zurück. Es weckt vielmehr, da es von der eignen Individualität ausgeht, die Forderung der höchsten Individualisirung des Objects, die nur durch das Eindringen in alle Einzelnheiten der sinnlichen Auffassung und durch die höchste Anschaulichkeit der Darstellung erreichbar ist. Dies zeigen eben wieder die Griechen. Ihr Sinn gieng vorzugsweise auf das, was die Dinge sind und wie sie erscheinen, nicht einseitig auf dasjenige hin, wofür sie im Gebrauche der Wirklichkeit gelten. Ihre Richtung war daher ursprünglich eine innere und intellectuelle. Dies beweist ihr ganzes Privat- und öffentliches Leben, da Alles in demselben theils ethisch behandelt, theils mit Kunst begleitet und meistentheils gerade das Ethische in die Kunst selbst verflochten wurde. So erinnert bei ihnen fast jede äussere Gestaltung, oft mit Gefährdung und selbst wahrem Nachtheil der praktischen Tauglichkeit, an eine innere. Eben darum nun giengen sie in allen geistigen Thätigkeiten auf die Auffassung und Darstellung des Charakters aus, immer aber mit dem Gefühle, dass nur das vollendete Eindringen in die Anschauung ihn zu erkennen und zu zeichnen vermag und dass das an sich nie völlig auszudrückende Ganze derselben nur aus einer, vermittelst richtigen, gerade auf jene Einheit gerichteten Tacts geordneten Verknüpfung der Einzelnheiten hervorspringen kann. Dies macht besonders ihre frühere Dichtung, namentlich die Homerische so durch und durch plastisch. Die Natur wird, wie sie ist, die Handlung, selbst die kleinste, z. B. das Anlegen der Rüstung, wie sie allmählich fortschreitet, vor die Augen gestellt und aus der Schilderung geht immer der Charakter hervor, ohne dass sie je zu einer blossen Herzählung des Geschehenen herabsinkt. Dies aber wird nicht sowohl durch eine Auswahl des Geschilderten bewirkt, als dadurch, dass die gewaltige Kraft des vom Gefühle der Individualität beseelten und nach Individualisirung strebenden Sängers seine Dichtung

durchströmt und sich dem Hörer mittheilt. Vermöge dieser geistigen Eigenthümlichkeit wurden die Griechen durch ihre Intellectualität in diese ganze lebendige Mannigfaltigkeit der Sinnenwelt und von dieser, da
sie in ihr doch etwas, das nur der Idee angehören kann, suchten, wieder
zur Intellectualität zurückgedrängt. Denn ihr Ziel war immer der Charakter, nicht bloss das Charakteristische, da das Erahnden des ersteren
gänzlich vom Haschen nach diesem verschieden ist. Diese Richtung auf
den wahren, individuellen Charakter zog dann zugleich zu dem Idealischen hin, da das Zusammenwirken der Individualitäten auf die höchste Stufe der Auffassung, auf das Streben führt, das Individuelle als Beschränkung zu vernichten und nur als leise Gränze bestimmter
Gestaltung zu erhalten. Daraus entsprang die Vollendung der Griechischen Kunst, die Nachbildung der Natur aus dem Mittelpunkte des lebendigen Organismus jedes Gegenstandes, gelingend durch das den
Künstlern neben der vollständigsten Durchschauung der Wirklichkeit
beseelende Streben nach höchster Einheit des Ideals.

Es liegt aber auch in der historischen Entwicklung des Griechischen
Völkerstammes etwas, das die Griechen vorzugsweise zur Ausbildung
des Charakteristischen hinwies, nemlich die Vertheilung in einzelne, in
Dialekt und Sinnesart verschiedne Stämme und die durch mannigfaltige Wanderungen und inwohnende Beweglichkeit bewirkte geographi-
sche Mischung derselben. Alle umschloss das allgemeine Griechenthum
und trug in jeden in allen Aeusserungen seiner Thätigkeit, von der Verfassung des Staats bis zur Tonart des Flötenspielers, zugleich sein eigenthümliches Gepräge über. Geschichtlich gesellte sich nun hierzu der
andre begünstigende Umstand, dass keiner dieser Stämme den andren
unterdrückte, sondern alle in einer gewissen Gleichheit des Strebens
aufblühten, keiner der einzelnen Dialekte der Sprache zum blossen
Volksdialekte herabgesetzt oder zum höheren allgemeinen erhoben
wurde und dass dies gleiche Aufspriessen der Eigenthümlichkeit gerade
in der Periode der lebendigsten und kraftvollsten Bildung der Sprache
und der Nation am stärksten und entschiedensten war. Hieraus bildete
nun der Griechische Sinn, in Allem darauf gerichtet, das Höchste aus
dem bestimmt Individuellsten hervorgehen zu lassen, etwas, das sich
bei keinem andren Volke in dem Grade zeigt. Er behandelte nemlich
diese ursprünglichen Volkseigenthümlichkeiten als Gattungen der
Kunst und führte sie auf diese Weise in die Architektur, Musik, Dichtung und in den edleren Gebrauch der Sprache ein.[35] Das bloss Volks-
mässige wurde ihnen genommen, Laute und Formen wurden in den
Dialekten geläutert und dem Gefühle der Schönheit und des Zusammenklanges unterworfen. So veredelt, erhoben sie sich zu eignen Charakteren des Styls und der Dichtung, fähig, in ihren sich ergänzenden
Gegensätzen idealisch zusammenzustreben. Ich brauche kaum zu be-

merken, dass ich hier, was die Dialekte und die Dichtung betrifft, nur von dem Gebrauch verschiedener Tonarten und Dialekte in der lyrischen und dem Unterschiede der Chöre und des Dialogs in der tragischen Poesie rede, nicht von den Fällen, wo in der Komödie verschiedene Dialekte den handelnden Personen in den Mund gelegt werden. Diese Fälle haben mit jenen durchaus nichts gemein und finden sich wohl mehr oder weniger in den Literaturen aller Völker.

In den Römern, wie sich ihre Eigenthümlichkeit auch in ihrer Sprache und Literatur darstellt, offenbart sich viel weniger das Gefühl der Nothwendigkeit, die Aeusserungen des Gemüths zugleich mit dem unmittelbaren Einfluss der treibenden und stimmenden Kraft auszustatten. Ihre Vollendung und Grösse entwickelt sich auf einem andren, dem Gepräge, das sie ihren äusseren Schicksalen aufdrückten, homogeneren Wege. Dagegen spricht sich jenes Gefühl in der Deutschen Sinnesart vielleicht nicht weniger stark, als bei den Griechen aus, nur dass, so wie diese die äussere Anschauung, wir mehr die innere Empfindung zu individualisiren geneigt sind.

Ich habe das Gefühl, dass alles sich im Gemüthe Erzeugende, als Ausfluss Einer Kraft, ein grosses Ganzes ausmacht und dass das Einzelne, gleichsam von dem Hauche jener Kraft, Merkzeichen seines Zusammenhanges mit diesem Ganzen an sich tragen muss, bis hierher mehr in seinem Einflusse auf die einzelnen Aeusserungen betrachtet. Es übt aber auch eine nicht minder bedeutende Rückwirkung auf die Art aus, wie jene Kraft, als erste Ursach aller Geisteserzeugungen, zum Bewusstseyn ihrer selbst gelangt. Das Bild seiner ursprünglichen Kraft kann aber dem Menschen nur als ein Streben in bestimmter Bahn erscheinen und eine solche setzt ein Ziel voraus, welches kein anderes, als das menschliche Ideal seyn kann. In diesem Spiegel erblicken wir die Selbstanschauung der Nationen. Der erste Beweis ihrer höheren Intellectualität und ihrer tiefer eingreifenden Innerlichkeit ist es nun, wenn sie dies Ideal nicht in die Schranken der Tauglichkeit zu bestimmten Zwecken einschliessen, sondern, woraus innere Freiheit und Allseitigkeit hervorgeht, dasselbe als etwas, das seinen Zweck nur in seiner eignen Vollendung suchen kann, als ein allmähliches Aufblühen zu nie endender Entwicklung betrachten. Allein auch diese erste Bedingung in gleicher Reinheit vorausgesetzt, entstehen aus der Verschiedenheit der individuellen Richtung nach der sinnlichen Anschauung, der inneren Empfindung und dem abgezogenen Denken verschiedene Erscheinungen. In jeder derselben strahlt die den Menschen umgebende Welt, von einer andren Seite in ihn aufgenommen, in verschiedener Form aus ihm zurück. In der äusseren Natur, um einen solchen Zug hier herauszuheben, bildet Alles eine stätige Reihe, gleichzeitig vor dem Auge, auf einander folgend in der Entwicklung der Zustände aus einander. Ebenso

sehr ist dies in der bildenden Kunst der Fall. Bei den Griechen, denen es
verliehen war, immer die vollste und zarteste Bedeutung aus der sinnlichen, äusseren Anschauung zu ziehen, ist vielleicht, was ihre geistige
Thätigkeit betrifft, der am meisten charakteristische Zug ihre Scheu vor
allem Uebermässigen und Uebertriebenen, die inwohnende Neigung,
bei aller Regsamkeit und Freiheit der Einbildungskraft, aller scheinbaren Ungebundenheit der Empfindung, aller Veränderlichkeit der Ge-
müthsstimmung, aller Beweglichkeit, von Entschlüssen zu Entschlüssen überzugehen, dennoch immer Alles, was sich in ihnen gestaltete,
innerhalb der Gränzen des Ebenmasses und des Zusammenklanges zu
halten. Sie besassen in höherem Grade, als irgend ein anderes Volk Tact
und Geschmack und der sich in allen ihren Werken offenbarende zeichnet sich noch vorzugsweise dadurch aus, dass die Verletzung der Zartheit des Gefühls niemals auf Kosten seiner Stärke oder der Naturwahr-
heit vermieden wird. Die innere Empfindung erlaubt, auch ohne von
der richtigen Bahn abzuweichen, stärkere Gegensätze, schroffere Uebergänge, Spaltungen des Gemüths in unheilbare Kluft. Alle diese Erscheinungen finden sich daher – und dies beginnt schon bei den Römern – bei den Neueren.

Das Feld der Verschiedenheit geistiger Eigenthümlichkeit ist von un-
messbarer Ausdehnung und unergründlicher Tiefe. Der Gang der gegenwärtigen Betrachtungen erlaubte mir aber nicht, es ganz unberührt
zu lassen. Dagegen kann es scheinen, dass ich den Charakter der Nationen zu sehr in der inneren Stimmung des Gemüths gesucht habe, da er
sich vielmehr lebendig und anschaulich in der Wirklichkeit offenbart.
Er äussert sich, wenn man die Sprache und ihre Werke ausnimmt, in
Physiognomie, Körperbau, Tracht, Sitten, Lebensweise, Familien- und
bürgerlichen Einrichtungen und vor allem in dem Gepräge, welches die
Völker eine Reihe von Jahrhunderten hindurch ihren Werken und Thaten aufdrücken. Dies lebendige Bild scheint in einen Schatten verwandelt, wenn man die Gestaltung des Charakters in der Gemüthsstim-
mung sucht, welche diesen lebendigen Aeusserungen zum Grunde liegt.
Um aber den Einfluss desselben auf die Sprache zu zeigen, schien es mir
nicht möglich, dies Verfahren zu umgehen. Die Sprache lässt sich nicht
unmittelbar mit jenen thatsächlichen Aeusserungen überall in Verbindung bringen. Es muss das Medium gefunden werden, in welchem beide einander begegnen und, aus Einer Quelle entspringend, ihre verschiedenen Wege einschlagen. Dies aber ist offenbar nur das Innerste
des Gemüths selbst.

32. Ebenso schwierig, als die Abgränzung der geistigen Individualität, ist die Beantwortung der Frage, wie sie in den Sprachen Wurzel
schlägt? woran der Charakter der Sprachen in ihnen haftet? an welchem ihrer Theile er erkennbar ist? Die geistige Eigenthümlichkeit der

Nationen wird, indem sie sich der Sprachen bedienen, in allen Stadien des Lebens derselben sichtbar. Ihr Einfluss modificirt die Sprachen verschiedener Stämme, mehrere desselben Stammes, Mundarten einer einzelnen, ja endlich dieselbe, sich äusserlich gleich bleibende Mundart nach Verschiedenheit der Zeitalter und der Schriftsteller. Der Charakter der Sprache vermischt sich dann mit dem des Styls, bleibt aber immer der Sprache eigenthümlich, da nur gewisse Arten des Styls jeder Sprache leicht und natürlich sind. Macht man zwischen diesen hier aufgezählten Fällen den Unterschied, ob auch die Laute in den Wörtern und Beugungen verschieden sind, wie es sich in immer absteigenden Graden von den Sprachen verschiedenen Stammes an bis zu den Dialekten zeigt, oder ob der Einfluss, indem jene äussere Form ganz oder doch wesentlich dieselbe bleibt, nur in dem Gebrauche der Wörter und Fügungen liegt, so ist in dem letzteren Falle die Einwirkung des Geistes, da die Sprache hier schon zu hoher intellectueller Ausbildung gelangt seyn muss, sichtbarer, aber feiner, in dem ersteren mächtiger, aber dunkler, da sich der Zusammenhang der Laute mit dem Gemüthe nur in wenigen Fällen bestimmt und scharf erkennen und schildern lässt. Doch kann, selbst in Dialekten, kleine und im Ganzen die Sprache wenig verändernde Umbildung einzelner Vocale mit Recht auf die Gemüthsbeschaffenheit des Volkes bezogen werden, wie schon die Griechischen Grammatiker von dem männlicheren Dorischen *a* gegen das weichlichere Ionische *ae* (η) bemerken.

In der Periode der ursprünglichen Sprachbildung, in welche wir auf unsrem Standpunkte die nicht von einander abzuleitenden Sprachen verschiedener Stämme setzen müssen, waltet das Streben, die Sprache nur erst wahrhaft, dem eignen Bewusstseyn anschaulich und dem Hörenden verständlich, aus dem Geiste herauszubauen, gleichsam die Schöpfung ihrer Technik zu sehr vor, um nicht den Einfluss der individuellen Geistesstimmung, die ruhiger und klarer aus dem späteren Gebrauche hervorleuchtet, einigermassen zu verdunkeln. Doch wirkt gerade dazu die ursprüngliche Charakteranlage der Völker gewiss am mächtigsten und einflussreichsten mit. Dies sehen wir gleich an zwei Punkten, die, da sie die gesammte intellectuelle Anlage charakterisiren, eine Menge anderer zugleich bestimmen. Die verschiedenen, oben nachgewiesenen Wege, auf welchen die Sprachen die Verknüpfung der Sätze bezwecken, machen den wichtigsten Theil ihrer Technik aus. Gerade hierin nun enthüllt sich erstlich die Klarheit und Bestimmtheit der logischen Anordnung, welche allein der Freiheit des Gedankenflugs eine sichere Grundlage verleiht und zugleich Gesetzmässigkeit und Ausdehnung der Intellectualität darthut, und zweitens das mehr oder minder durchscheinende Bedürfniss nach sinnlichem Reichthum und Zusammenklang, die Forderung des Gemüths, was nur irgend innerlich

wahrgenommen und empfunden wird, auch äusserlich mit Laut zu umkleiden. Allein gewiss liegen auch in dieser technischen Form der Sprachen noch Beweise anderer und mehr specieller Geistes-Individualitä-
ten der Nationen, wenn sie gleich sich minder gewiss aus ihnen
herleiten lassen. Sollte nicht z. B. die feine Unterscheidung zahlreicher
Vocalmodificationen und Vocalstellungen und die sinnvolle Anwendung derselben, verbunden mit der Beschränkung auf dies Verfahren
und der Abneigung gegen Zusammensetzung, ein Uebergewicht scharfsinnig und spitzfindig sondernden Verstandes in den Völkern Semitischen Stammes, besonders den Arabern, verrathen und befördern?
Hiermit scheint zwar der Bilderreichthum der Arabischen Sprache in
Contrast zu stehen. Wenn es aber nicht selbst eine spitzfindige Sonderung der Begriffe ist, so möchte ich sagen, dass jener Bilderreichthum in
den einmal geformten Wörtern liegt, dagegen die Sprache selbst, hierin
mit dem Sanskrit und dem Griechischen verglichen, einen viel geringeren Reichthum von Mitteln enthält, immerfort Dichtung jeder Gattung
aus sich hervorspriessen zu lassen. Gewiss wenigstens scheint es mir,
dass man einen Zustand der Sprache, in welchem sie, als treues Abbild
einer solchen Periode, viel dichterisch geformte Elemente enthält, von
demjenigen unterscheiden muss, wo ihrem Organismus selbst in Lauten, Formen, freigelassenen Verknüpfungen und Redefügungen unzer-
störbare Keime ewig sprossender Dichtung eingepflanzt sind. In dem
ersteren erkaltet nach und nach die einmal geprägte Form und ihr dichterischer Gehalt wird nicht mehr begeisternd empfunden. In dem letzteren kann die dichterische Form der Sprache sich in immer neuer Frische nach der Geistescultur des Zeitalters und dem Genie der Dichter
selbsterzeugten Stoff aneignen. Das bereits oben bei Gelegenheit des
Flexionssystems Bemerkte findet sich auch hier bestätigt. Der wahre
Vorzug einer Sprache besteht darin, den Geist durch die ganze Folge
seiner Entwicklungen zu gesetzmässiger Thätigkeit und Ausbildung seiner einzelnen Vermögen zu stimmen oder, um es von Seiten der geistigen Einwirkung auszudrücken, das Gepräge einer solchen reinen gesetzmässigen und lebendigen Energie an sich zu tragen.

Allein auch da, wo das Formensystem mehrerer Sprachen im Ganzen dasselbe ist, wie im Sanskrit, Griechischen, Römischen und Deutschen, in welchen allen Flexion, zugleich durch Vocalwechsel und Anbildung, selten durch jenen, gewöhnlich durch diese bewirkt, herrscht,
können in der Anwendung dieses Systems wichtige, durch die geistige
Eigenthümlichkeit bewirkte Unterschiede liegen. Einer der wichtigsten
ist das mehr oder minder sichtbare Vorwalten richtiger und vollständiger grammatischer Begriffe und die Vertheilung der verschiedenen
Lautformen unter dieselben. Je nachdem dies in einem Volke bei der
höheren Bearbeitung seiner Sprache herrschend wird, kehrt sich die

Aufmerksamkeit von der sinnlichen Lautfülle und Mannigfaltigkeit der Formen auf die Bestimmtheit und die scharf abgegränzte Feinheit ihres Gebrauchs. Dies kann daher auch in derselben Sprache in verschiedenen Zeiten gefunden werden. Eine solche sorgfältige Beziehung der Formen auf die grammatischen Begriffe zeigt die Griechische Sprache durchaus, und wenn man auch auf den Unterschied zwischen einigen ihrer Dialekte Rücksicht nimmt, so verräth sie zugleich eine Neigung, sich der zu üppigen Lautfülle der zu volltönenden Formen zu entledigen, sie zusammenzuziehen oder durch kürzere zu ersetzen. Das jugendliche Aufrauschen der Sprache in ihrer sinnlichen Erscheinung concentrirt sich mehr auf ihre Angemessenheit zum inneren Gedankenausdruck. Hierzu trägt die Zeit auf doppelte Weise bei, indem auf der einen Seite der Geist sich im fortschreitenden Entwicklungsgange immer mehr zu der inneren Thätigkeit hinneigt und indem auf der andren auch die Sprache sich im Verlauf ihres Gebrauches da, wo die geistige Eigenthümlichkeit nicht alle ursprünglich bedeutsamen Laute unversehrt bewahrt, abschleift und vereinfacht. Auch im Griechischen ist, gegen das Sanskrit gehalten, schon das Letztere sichtbar, allein nicht in dem Grade, dass man hierin allein einen genügenden Erklärungsgrund finden könnte. Wenn in dem Griechischen Formengebrauch in der That, wie es mir scheint, eine mehr gereifte intellectuelle Tendenz liegt, so entspringt sie wahrhaft aus dem der Nation inwohnenden Sinne für schnelle, feine und scharf gesonderte Gedankenentwicklung. Die Deutsche höhere Bildung dagegen hat unsere Sprache schon auf einem Punkte der Abschleifung und der Abstumpfung bedeutsamer Laute gefunden, so dass bei uns geringere Hinneigung zu sinnlicher Anschaulichkeit und grösseres Zurückziehen auf die Empfindung allerdings auch darin ihren Grund gehabt haben kann. In der Römischen Sprache ist sehr üppige Lautfülle und grosse Freiheit der Phantasie über die Lautformung nie ausgegossen gewesen; der männlichere, ernstere und viel mehr auf die Wirklichkeit und auf den unmittelbar in ihr gültigen Theil des Intellectuellen gerichtete Sinn des Volkes gestattete wohl kein so üppiges und freies Aufspriessen der Laute. Den Griechischen grammatischen Formen kann man, als Folge der grossen Beweglichkeit Griechischer Phantasie und der Zartheit des Schönheitssinnes, auch wohl, ohne zu irren, vorzugsweise vor den übrigen des Stammes grössere Leichtigkeit, Geschmeidigkeit und gefälligere Anmuth zuschreiben.

Auch das Mass, in welchem die Nationen von den technischen Mitteln ihrer Sprachen Gebrauch machen, ist nach ihrer verschiedenen Geisteseigenthümlichkeit verschieden. Ich erinnere hier nur an die Bildung zusammengesetzter Wörter. Das Sanskrit bedient sich derselben innerhalb der weitesten Gränzen, die sich eine Sprache überhaupt leicht erlauben darf, die Griechen auf viel beschränktere Weise und

nach Verschiedenheit der Dialekte und des Styls. In der Römischen Literatur findet sie sich vorzugsweise bei den ältesten Schriftstellern und
wird von der fortschreitenden Cultur der Sprache mehr ausgeschlossen.

Erst bei genauerer Erwägung, aber dann klar und deutlich findet
man den Charakter der verschiedenen Weltauffassung der Völker an
der Geltung der Wörter haftend. Ich habe schon im Vorigen (VII 170.
176.) ausgeführt, dass nicht leicht irgend ein Wort, es müsste denn augenblicklich bloss als materielles Zeichen seines Begriffes gebraucht
werden, von verschiedenen Individuen auf dieselbe Weise in die Vorstellung aufgenommen wird. Man kann daher geradezu behaupten, dass
in jedem etwas nicht wieder mit Worten zu Unterscheidendes liegt und
dass die Wörter mehrerer Sprachen, wenn sie auch im Ganzen gleiche
Begriffe bezeichnen, doch niemals wahre Synonyma sind. Eine Definition kann sie, genau und streng genommen, nicht umschliessen und oft
lässt sich nur gleichsam die Stelle andeuten, die sie in dem Gebiete, zu
dem sie gehören, einnehmen. Auf welche Weise dies sogar bei Bezeichnungen körperlicher Gegenstände der Fall ist, habe ich gleichfalls schon
erwähnt. Das wahre Gebiet verschiedener Wortgeltung aber ist die Bezeichnung geistiger Begriffe. Hier drückt selten ein Wort ohne sehr
sichtbare Unterschiede den gleichen mit dem Worte einer anderen
Sprache aus. Wo wir, wie bei den Sprachen roher und ungebildeter Völker, von den feineren Nüancen ihrer Wörter keinen Begriff haben,
scheint uns wohl oft das Gegentheil statt zu finden. Allein die auf andere, hochgebildete Sprachen gerichtete Aufmerksamkeit verwahrt vor
solcher übereilten Ansicht und es liesse sich eine fruchtbare Vergleichung solcher Ausdrücke derselben Gattung, eine Synonymik mehrerer
Sprachen, wie sie von einzelnen Sprachen vorhanden sind, aufstellen.
Bei Nationen von grosser Geistesregsamkeit bleibt aber diese Geltung,
wenn man sie bis in die feinsten Abstufungen verfolgt, gleichsam in beständigem Flusse. Jede Zeit, jeder selbstständige Schriftsteller fügt unwillkührlich hinzu oder ändert ab, da er nicht vermeiden kann, seine
Individualität an seine Sprache zu heften, und diese ein anderes Bedürfniss des Ausdrucks ihr entgegenträgt. Es wird in diesen Fällen lehrreich,
eine doppelte Vergleichung der für den im Ganzen gleichen Begriff in
mehreren Sprachen gebräuchlichen Wörter und derjenigen derselben
Sprache, welche zu der gleichen Gattung gehören, vorzunehmen. In der
letzteren zeichnet sich die geistige Eigenthümlichkeit in ihrer Gleichförmigkeit und Einheit; es ist immer dieselbe, die sich den objectiven Begriffen beimischt. In der ersteren erkennt man, wie derselbe Begriff,
z. B. der der Seele von verschiedenen Seiten aufgefasst wird, und lernt
dadurch gleichsam den Umfang menschlicher Vorstellungsweise auf ge-
schichtlichem Wege kennen. Diese kann durch einzelne Sprachen, ja
durch einzelne Schriftsteller erweitert werden. In beiden Fällen entsteht

das Resultat theils durch die verschieden angespannte und zusammen-
wirkende Geistesthätigkeit, theils durch die mannigfaltigen Verknüpfungen, in welche der Geist, in dem nichts jemals einzeln dasteht, die
Begriffe bringt. Denn es ist hier von dem aus der Fülle des geistigen Lebens hervorströmenden Ausdruck die Rede, nicht von der Gestaltung
der Begriffe durch die Schule, welche sie auf ihre nothwendigen Kennzeichen beschränkt. Aus dieser systematisch genauen Beschränkung
und Feststellung der Begriffe und ihrer Zeichen entsteht die wissenschaftliche Terminologie, die wir im Sanskrit in allen Epochen des Phi-
losophirens und in allen Gebieten des Wissens ausgebildet finden, da
der Indische Geist vorzugsweise auf die Sonderung und Aufzählung der
Begriffe hingieng. Die oben angedeutete doppelte Vergleichung bringt
die bestimmte und feine Sonderung des Subjectiven und Objectiven in
die Klarheit des Bewusstseyns und zeigt, wie beide immer wechselsweise auf einander wirken und die Erhöhung und Veredlung der schaffenden Kraft mit der harmonischen Zusammenwölbung der Erkenntniss
gleichen Schritt hält.

Von der hier entwickelten Ansicht sind irrige oder mangelhafte Auf-
fassungen der Begriffe ausgeschlossen geblieben. Es handelte sich hier
nur von dem auf verschiedenen Bahnen gemeinschaftlichen geregelten
und energischen Streben nach dem Ausdruck von Begriffen, von der
Auffassung derselben in ihrer Abspiegelung in der geistigen Individualität von unendlich vielen Seiten. Es kommt aber natürlich bei der Aufsuchung der Geisteseigenthümlichkeiten in der Sprache vor Allem auch
die richtige Abtheilung der Begriffe in Betrachtung. Denn wenn z. B.
zwei oft, aber doch nicht nothwendig verbundene in einer Sprache in
demselben Worte zusammengefasst werden, so kann es an einem reinen
Ausdruck für jeden derselben allein fehlen. Ein Beispiel findet man in
einigen Sprachen an den Ausdrücken für *Wollen, Wünschen* und *Werden.* Des Einflusses des Geistes auf die Art der Bezeichnung der Begriffe nach Massgabe der Verwandtschaft der letzteren, welche Gleichheit
der Laute herbeiführt, und in Bezug auf die dabei gebrauchten Metaphern ist es kaum nothwendig hier noch besonders zu erwähnen.

Weit mehr aber, als bei den einzelnen Wörtern zeichnet sich die intellectuelle Verschiedenheit der Nationen in den Fügungen der Rede, in
dem Umfange, welchen sie den Sätzen zu geben vermag, und in der innerhalb dieser Gränzen zu erreichenden Mannigfaltigkeit. Hierin liegt
das wahre Bild des Ganges und der Verkettung der Gedanken, an die
sich die Rede nicht wahrhaft anzuschliessen vermag, wenn nicht die
Sprache den gehörigen Reichthum und die begeisternde Freiheit der
Fügungen besitzt. Alles, was die Arbeit des Geistes in sich ihrer Form
nach ist, erscheint hier in der Sprache und wirkt ebenso wieder auf das
Innere zurück. Die Abstufungen sind hier unzählig und das Einzelne,

was die Wirkung hervorbringt, lässt sich nicht immer genau und bestimmt in Worten darstellen. Aber der dadurch hervorgebrachte verschiedene Geist schwebt, wie ein leiser Hauch, über dem Ganzen.

Charakter der Sprachen. Poesie und Prosa

33. Ich habe bis hierher einzelne Punkte des gegenseitigen Einflusses des Charakters der Nationen und der Sprachen berührt. Es giebt aber zwei Erscheinungen in den letzteren, in welchen nicht nur alle am entschiedensten zusammentreffen, sondern wo sich auch dermassen der Einfluss des Ganzen offenbart, dass selbst der Begriff des Einzelnen daraus verschwindet, die Poesie und die Prosa. Man muss sie Erscheinungen der Sprache nennen, da schon die ursprüngliche Anlage dieser vorzugsweise die Richtung zu der einen oder andren oder, wo die Form wahrhaft grossartig ist, zur gleichen Entwicklung beider in gesetzmässigem Verhältniss giebt und auch wieder in ihrem Verlaufe darauf zurückwirkt. In der That aber sind sie zuerst Entwicklungsbahnen der Intellectualität selbst und müssen sich, wenn ihre Anlage nicht mangelhaft ist und ihr Lauf keine Störungen erleidet, nothwendig aus ihr entspinnen. Sie erfordern daher das sorgfältigste Studium nicht nur in ihrem Verhältniss zu einander überhaupt, sondern auch insbesondere in Beziehung auf die Zeit ihrer Entstehung.

Wenn man beide zugleich von der in ihnen am meisten concreten und idealen Seite betrachtet, so schlagen sie zu ähnlichem Zweck verschiedene Pfade ein. Denn beide bewegen sich von der Wirklichkeit aus zu einem ihr nicht angehörenden Etwas: die Poesie fasst die Wirklichkeit in ihrer sinnlichen Erscheinung, wie sie äusserlich und innerlich empfunden wird, auf, ist aber unbekümmert um dasjenige, wodurch sie Wirklichkeit ist, stösst vielmehr diesen ihren Charakter absichtlich zurück. Die sinnliche Erscheinung verknüpft sie sodann vor der Einbildungskraft und führt durch sie zur Anschauung eines künstlerisch idealischen Ganzen. Die Prosa sucht in der Wirklichkeit gerade die Wurzeln, durch welche sie am Daseyn haftet, und die Fäden ihrer Verbindungen mit demselben. Sie verknüpft alsdann auf intellectuellem Wege Thatsache mit Thatsache und Begriffe mit Begriffen und strebt nach einem objectiven Zusammenhang in einer Idee. Der Unterschied beider ist hier so gezeichnet, wie er nach ihrem wahren Wesen im Geiste sich ausspricht. Sieht man bloss auf die mögliche Erscheinung in der Sprache und auch in dieser nur auf eine, in der Verbindung höchst mächtige, aber vereinzelt fast gleichgültige Seite derselben, so kann die innere prosaische Richtung in gebundener und die poetische in freier Rede ausgeführt werden, meistentheils aber nur auf Kosten beider, so dass das poetisch ausgedrückte Prosaische weder den Charakter der Prosa noch den der Poesie ganz an sich trägt und ebenso in Prosa gekleidete Poesie. Der poetische Gehalt führt gewaltsam auch das poetische Gewand herbei und es fehlt nicht an Beispielen, dass Dichter im Gefühle dieser Gewalt das in Prosa Begonnene in Versen vollendet haben. Beiden gemeinschaftlich, um zu ihrem wahren Wesen zurückzukehren, ist die Spannung und der Umfang der Seelenkräfte, welche die Verbindung der vollen Durchdringung der Wirklichkeit mit dem Erreichen eines idealen Zusammenhanges unendlicher Mannigfaltigkeit erfordert, und die Sammlung des Gemüthes auf die consequente Verfolgung des bestimmten Pfades. Doch muss diese wieder so aufgefasst werden, dass sie die Verfolgung des entgegengesetzten im Geiste der Nation nicht ausschliesst, sondern vielmehr befördert. Beide, die poetische und prosaische Stimmung müssen sich zu dem Gemeinsamen ergänzen, den Menschen tief in die Wirklichkeit Wurzel schlagen zu lassen, aber nur, damit sein Wuchs sich desto fröhlicher über sie in ein freieres Element erheben kann. Die Poesie eines Volkes hat nicht den höchsten Gipfel erreicht, wenn sie nicht in ihrer Vielseitigkeit und in der freien Geschmeidigkeit ihres Schwunges zugleich die Möglichkeit einer entsprechenden Entwicklung in Prosa verkündet. Da der menschliche Geist, in Kraft und Freiheit gedacht, zu der Gestaltung von beiden gelangen muss, so erkennt man die eine an der andren, wie man dem Bruchstück eines Bildwerks ansieht, ob es Theil einer Gruppe gewesen ist.

Die Prosa kann aber auch bei blosser Darstellung des Wirklichen und bei ganz äusserlichen Zwecken stehen bleiben, gewissermassen nur Mittheilung von Sachen, nicht Anregung von Ideen oder Empfindungen seyn. Dann weicht sie nicht von der gewöhnlichen Rede ab und erreicht nicht die Höhe ihres eigentlichen Wesens. Sie ist dann nicht eine Entwicklungsbahn der Intellectualität zu nennen und hat keine formale, sondern nur materielle Beziehungen. Wo sie den höheren Weg verfolgt, bedarf sie, um zum Ziele zu gelangen, auch tiefer in das Gemüth eingreifender Mittel und erhebt sich dann zu derjenigen veredelten Rede, von der allein gesprochen werden kann, wenn man sie als Gefährtin der Poesie auf der intellectuellen Laufbahn der Nationen betrachtet. Sie verlangt alsdann das Umfassen ihres Gegenstandes mit allen vereinten Kräften des Gemüths, woraus zugleich eine Behandlung entsteht, welche denselben als nach allen Seiten Strahlen aussendend zeigt, auf die er Wirkung ausüben kann. Der sondernde Verstand ist nicht allein thätig, die übrigen Kräfte wirken mit und bilden die Auffassung, die man mit höherem Ausdruck die geistvolle nennt. In dieser Einheit trägt der Geist auch, ausser der Bearbeitung des Gegenstandes, das Gepräge seiner eignen Stimmung in die Rede über. Die Sprache, durch den Schwung des Gedanken gehoben, macht ihre Vorzüge geltend, ordnet

sie aber dem hier gesetzgebenden Zwecke unter. Die sittliche Gefühls-
stimmung theilt sich der Sprache mit und die Seele leuchtet aus dem
Style hervor. Auf eine ihr ganz eigenthümliche Weise offenbart sich
aber in der Prosa durch die Unterordnung und Gegeneinanderstellung
der Sätze die, der Gedankenentwicklung entsprechende logische Eu-
rhythmie, welche der prosaischen Rede in der allgemeinen Erhebung
durch ihren besondren Zweck geboten wird. Wenn sich der Dichter dieser zu sehr überlässt, so macht er die Poesie der rhetorischen Prosa ähnlich. Indem nun alles hier einzeln Genannte in der geistvollen Prosa zu-
sammenwirkt, zeichnet sich in ihr die ganze lebendige Entstehung des
Gedanken, das Ringen des Geistes mit seinem Gegenstande. Wo dieser
es erlaubt, gestaltet sich der Gedanke wie eine freie, unmittelbare Ein-
gebung und ahmt auf dem Gebiete der Wahrheit die selbstständige
Schönheit der Dichtung nach.

Aus allem diesen ergiebt sich, dass Poesie und Prosa durch dieselben
allgemeinen Forderungen bedingt sind. In beiden muss ein von innen
entstehender Schwung den Geist heben und tragen. Der Mensch in seiner ganzen Eigenthümlichkeit muss sich mit dem Gedanken nach der
äusseren und inneren Welt hinbewegen und, indem er Einzelnes erfasst,
auch dem Einzelnen die Form lassen, die es an das Ganze knüpft. In
ihren Richtungen aber und den Mitteln ihres Wirkens sind beide verschieden und können eigentlich nie mit einander vermischt werden. In
Rücksicht auf die Sprache ist auch besonders zu beachten, dass die Poesie in ihrem wahren Wesen von Musik unzertrennlich ist, die Prosa dagegen sich ausschliesslich der Sprache anvertraut. Wie genau die Poesie
der Griechen mit Instrumentalmusik verbunden war, ist bekannt und
das Gleiche gilt von der lyrischen Poesie der Hebräer. Auch von der Einwirkung der verschiedenen Tonarten auf die Poesie ist oben gesprochen
worden. Wie poetisch Gedanke und Sprache seyn möge, fühlt man sich,
wenn das musikalische Element fehlt, nicht auf dem wahren Gebiete
der Poesie. Daher der natürliche Bund zwischen grossen Dichtern und
Componisten, obgleich die Neigung der Musik, sich in unbeschränkter
Selbstständigkeit zu entwickeln, auch wohl die Poesie absichtlich in
Schatten stellt.

Genau genommen lässt sich nie sagen, dass die Prosa aus der Poesie
hervorgeht. Auch wo beide, wie in der Griechischen Literatur, historisch[36] in der That so erscheinen, kann dies doch nur richtig so erklärt
werden, dass die Prosa aus einem, durch die ächteste und mannigfaltigste Poesie Jahrhunderte lang bearbeiteten Geiste und in einer auf diese
Weise gebildeten Sprache entsprang. Beides aber ist wesentlich verschieden. Der Keim zur Griechischen Prosa lag, wie der zur Poesie,
schon ursprünglich im Griechischen Geiste, durch dessen Individualität
auch beide, ihrem Wesen unbeschadet, einander in ihrem eigen-

thümlichen Gepräge entsprechen. Schon die Griechische Poesie zeigt
den weiten und freien Aufflug des Geistes, der das Bedürfniss der Prosa
hervorbringt. Beider Entwicklung war vollkommen naturgemäss aus
gemeinschaftlichem Ursprung und einem beide zugleich umfassenden
intellectuellen Drange, der nur durch äussere Umstände hätte an der
Vollendung seiner Entwicklung verhindert werden können. Noch weniger lässt sich die höhere Prosa als durch eine, noch so sehr von dem
bestimmten Zwecke der Rede und feinem Geschmack geminderte Beimischung poetischer Elemente entstehend erklären. Die Unterschiede
beider in ihrem Wesen üben ihre Wirkung natürlich auch in der Sprache
aus und die poetische und prosaische haben jede ihre Eigenthümlichkeiten in der Wahl der Ausdrücke, der grammatischen Formen und Fügungen. Viel weiter aber, als durch diese Einzelnheiten werden sie
durch den in ihrem tieferen Wesen gegründeten Ton des Ganzen ausein-
andergehalten. Der Kreis des Poetischen ist, wie unendlich und uner-
schöpflich auch in seinem Innren, doch immer ein geschlossener, der
nicht Alles in sich aufnimmt oder dem Aufgenommenen nicht seine
ursprüngliche Natur lässt; der durch keine äussere Form gebundene
Gedanke kann sich in freier Entwicklung nach allen Seiten hin weiter
bewegen, sowohl in der Auffassung des Einzelnen, als in der Zusammenfügung der allgemeinen Idee. Insofern liegt das Bedürfniss zur Ausbildung der Prosa in dem Reichthum und der Freiheit der Intellectualität und macht die Prosa gewissen Perioden der geistigen Bildung
eigenthümlich. Sie hat aber auch noch eine andere Seite, durch welche
sie reizt und sich dem Gemüthe einschmeichelt: ihre nahe Verwandtschaft mit den Verhältnissen des gewöhnlichen Lebens, das durch ihre
Veredlung in seiner Geistigkeit gesteigert werden kann, ohne darum an
Wahrheit und natürlicher Einfachheit zu verlieren. Von dieser Seite her
kann sogar die Poesie die prosaische Einkleidung wählen, um gleichsam
die Empfindung in ihrer ganzen Reinheit und Wahrheit darzustellen.
Wie der Mensch selbst der Sprache, als das Gemüth begränzend und
seine reinen Aeusserungen entstellend, abhold seyn und sich nach einem Empfinden und Denken ohne ein solches Medium sehnen kann,
ebenso kann er sich durch Ablegung alles ihres Schmuckes, auch in der
höchsten poetischen Stimmung, zu der Einfachheit der Prosa flüchten.
Die Poesie trägt ihrem Wesen nach immer auch eine äussere Kunstform
an sich. Es kann aber in der Seele eine Neigung zur Natur im Gegensatz
mit der Kunst, jedoch dergestalt geben, dass dem Gefühl der Natur übrigens ihr ganzer idealer Gehalt bewahrt wird, und dies scheint in der
That den neuern gebildeten Völkern eigen zu seyn. Gewiss wenigstens –
und dies hängt zugleich mit der bei gleicher Tiefe weniger sinnlichen
Formung unsrer Sprache zusammen – liegt dies in unserer Deutschen
Sinnesart. Der Dichter kann alsdann absichtlich den Verhältnissen des

wirklichen Lebens nahe bleiben und, wenn die Macht seines Genies
dazu hinreicht, ein ächt poetisches Werk in prosaischer Einkleidung
ausführen. Ich brauche hier nur an Göthe's Werther zu erinnern, von
dem jeder Leser fühlen wird, wie nothwendig die äussere Form mit dem
inneren Gehalte zusammenhängt. Ich erwähne dies jedoch nur, um zu
zeigen, wie aus ganz verschiedenen Seelenstimmungen Stellungen der
Poesie und Prosa gegen einander und Verknüpfungen ihres inneren und
äusseren Wesens entstehen können, welche alle auf den Charakter der
Sprache Einfluss haben, aber auch alle wieder, was uns noch sichtbarer
ist, ihre Rückwirkung erfahren.

Die Poesie und Prosa selbst erhalten aber auch jede für sich eine eigenthümliche Färbung. In der Griechischen Poesie herrschte, in Ge-
mässheit mit der allgemeinen intellectuellen Eigenthümlichkeit, die
äussere Kunstform vor allem Uebrigen vor. Dies entsprang zugleich aus
ihrer engen und durchgängigen Verknüpfung mit der Musik, allein auch
vorzüglich aus dem feinen Tact, mit welchem sie die inneren Wirkungen
auf das Gemüth abzuwägen und auszugleichen verstanden. So kleidete
sich die alte Komödie in das reichste und mannigfaltigste rhythmische
Gewand. Je tiefer sie oft in Schilderungen und Ausdrücken zum Gewöhnlichen und sogar zum Gemeinen hinabstieg, desto mehr fühlte sie
die Nothwendigkeit, durch die Gebundenheit der äusseren Form Haltung und Schwung zu gewinnen. Die Verbindung des hochpoetischen
Tones mit der durchaus praktischen, altväterlichen, auf Sitteneinfach-
heit und Bürgertugend gerichteten Gediegenheit der gehaltvollen Para-
basen ergreift nun, wie man lebhaft beim Lesen des Aristophanes fühlt,
das Gemüth in einem sich in seinem Tiefsten wieder vereinigenden Gegensatze. Auch war den Griechen die Einmischung der Prosa in die Poesie, wie wir sie bei den Indiern und Shakespeare finden, schlechterdings
fremd. Das empfundene Bedürfniss, sich auf der Bühne dem Gespräch
zu nähern, und das richtige Gefühl, dass auch die ausführlichste Erzählung, einer spielenden Person in den Mund gelegt, sich von dem epi-
schen Vortrage des Rhapsoden, an den sie übrigens immer lebhaft erinnerte, unterscheiden musste, liess für diese Theile des Dramas eigne
Sylbenmasse entstehen, gleichsam Vermittler zwischen der Kunstform
der Poesie und der natürlichen Einfachheit der Prosa. Auf diese selbst
wirkte aber dieselbe allgemeine Stimmung ein und gab auch ihr eine
äusserlich kunstvollere Gestaltung. Die nationelle Eigenthümlichkeit
zeigt sich besonders in der kritischen Ansicht und der Beurtheilung der
grossen Prosaisten. Die Ursach ihrer Trefflichkeit wird da, wo wir einen
ganz andern Weg einschlagen würden, vorzüglich in Feinheiten des Numerus, kunstvollen Redefiguren und in Aeusserlichkeiten des Periodenbaues gesucht. Die Zusammenwirkung des Ganzen, die Anschauung
der inneren Gedankenentwicklung, von welcher der Styl nur ein Ab-

glanz ist, scheint uns bei Lesung solcher Schriften, wie z. B. der in diese Materie einschlagenden Bücher des Dionysius von Halikarnass gänzlich zu verschwinden. Es ist indess nicht zu läugnen, dass, Einseitigkeiten und Spitzfindigkeiten dieser Art der Kritik abgerechnet, die Schönheit jener grossen Muster mit auf diesen Einzelnheiten beruht, und das genauere Studium dieser Ansicht führt uns zugleich tiefer in die Eigenthümlichkeit des Griechischen Geistes ein. Denn die Werke des Genies üben doch ihre Wirkung nur durch die Art, wie sie von den Nationen aufgefasst werden, aus und gerade die Einwirkung auf die Sprachen, mit der wir es hier zu thun haben, hängt vorzugsweise von dieser Auffassung ab.

Die fortschreitende Bildung des Geistes führt zu einer Stufe, wo er, gleichsam aufhörend zu ahnden und zu vermuthen, die Erkenntniss zu begründen und ihren Inbegriff in Einheit zusammenzufügen strebt. Es ist dies die Epoche der Entstehung der Wissenschaft und der sich aus ihr entwickelnden Gelehrsamkeit und dieser Moment kann nicht anders, als im höchsten Grade einflussreich auf die Sprache seyn. Von der, sich in der Schule der Wissenschaft bildenden Terminologie habe ich schon oben (VII 191.) gesprochen. Des allgemeinen Einflusses aber dieser Epoche ist es hier der Ort zu erwähnen, da die Wissenschaft in strengem Verstande die prosaische Einkleidung fordert und eine poetische ihr nur zufällig zu Theil werden kann. In diesem Gebiete nun hat der Geist es ausschliesslich mit Objectivem zu thun, mit Subjectivem nur insofern, als dies Nothwendigkeit enthält; er sucht Wahrheit und Absonderung alles äusseren und inneren Scheins. Die Sprache erhält also erst durch diese Bearbeitung die letzte Schärfe in der Sonderung und Feststellung der Begriffe und die reinste Abwägung der zu Einem Ziele zusammenstrebenden Sätze und ihrer Theile. Da sich aber durch die wissenschaftliche Form des Gebäudes der Erkenntniss und die Feststellung des Verhältnisses der letzteren zu dem erkennenden Vermögen dem Geiste etwas ganz Neues aufthut, welches alles Einzelne an Erhabenheit übertrifft, so wirkt dies zugleich auf die Sprache ein, giebt ihr einen Charakter höheren Ernstes und einer, die Begriffe zur höchsten Klarheit bringenden Stärke. Auf der andren Seite erheischt aber ihr Gebrauch in diesem Gebiete Kälte und Nüchternheit und in den Fügungen Vermeidung jeder kunstvolleren, der Leichtigkeit des Verständnisses schädlichen und dem blossen Zwecke der Darstellung des Objectes unangemessenen Verschlingung. Der wissenschaftliche Ton der Prosa ist also ein ganz anderer, als der bisher geschilderte. Die Sprache soll, ohne eigne Selbstständigkeit geltend zu machen, sich nur dem Gedanken so eng, als möglich, anschliessen, ihn begleiten und darstellen. In dem uns übersehbaren Gange des menschlichen Geistes kann mit Recht Aristoteles der Gründer der Wissenschaft und des auf sie gerichteten Sinnes genannt werden. Obgleich das Streben darnach natürlich viel früher entstand und die Fortschritte allmählich waren, so schloss es sich doch erst mit ihm zur Vollendung des Begriffes zusammen. Als wäre dieser plötzlich in bis dahin unbekannter Klarheit in ihm hervorgebrochen, zeigt sich zwischen seinem Vortrage und der Methodik seiner Untersuchungen und der seiner unmittelbarsten Vorgänger eine entschiedene, nicht stufenweis zu vermittelnde Kluft. Er forschte nach Thatsachen, sammelte dieselben und strebte, sie zu allgemeinen Ideen hinzuleiten. Er prüfte die vor ihm aufgebauten Systeme, zeigte ihre Unhaltbarkeit und bemühte sich, dem seinigen eine auf tiefer Ergründung des erkennenden Vermögens im Menschen ruhende Basis zu geben. Zugleich brachte er alle Erkenntnisse, die sein riesenmässiger Geist umfasste, in einen nach Begriffen geordneten Zusammenhang. Aus einem solchen, zugleich tief strebenden und weitumfassenden, gleich streng auf Materie und Form der Erkenntniss gerichteten Verfahren, in welchem die Erforschung der Wahrheit sich vorzüglich durch scharfe Absonderung alles verführerischen Scheins auszeichnete, musste bei ihm eine Sprache entstehen, die einen auffallenden Gegensatz mit der seines unmittelbaren Vorgängers und Zeitgenossen, des Plato, bildete. Man kann beide in der That nicht in dieselbe Entwicklungsperiode stellen, muss die Platonische Diction als den Gipfel einer nachher nicht wieder erstandenen, die Aristotelische als eine neue Epoche beginnend ansehen. Hierin erblickt man aber auffallend die Wirkung der eigenthümlichen Behandlungsart der philosophischen Erkenntniss. Man irrte gewiss sehr, wenn man Aristoteles mehr von Anmuth entblösste, schmucklose und unläugbar oft harte Sprache einer natürlichen Nüchternheit und gleichsam Dürftigkeit seines Geistes zuschreiben wollte. Musik und Dichtung hatten einen grossen Theil seiner Studien beschäftigt. Ihre Wirkung war, wie man schon an den wenigen von ihm übrigen Urtheilen in diesem Gebiete sieht, tief in ihn eingegangen und nur angeborne Neigung konnte ihn zu diesem Zweige der Literatur geführt haben. Wir besitzen noch einen Hymnus voll dichterischen Schwunges von ihm, und wenn seine exoterischen Schriften, besonders die Dialogen auf uns gekommen wären, so würden wir wahrscheinlich ein ganz anderes Urtheil über den Umfang seines Styles fällen. Einzelne Stellen seiner auf uns gekommenen Schriften, besonders der Ethik zeigen, zu welcher Höhe er sich zu erheben vermochte. Die wahrhaft tiefe und abgezogne Philosophie hat auch ihre eignen Wege, zu einem Gipfel grosser Diction zu gelangen. Die Gediegenheit und selbst die Abgeschlossenheit der Begriffe giebt, wo die Lehre aus ächt schöpferischem Geiste hervorgeht, auch der Sprache eine mit der inneren Tiefe zusammenpassende Erhabenheit.

Eine Gestaltung des philosophischen Styls von ganz eigenthümlicher

Schönheit findet sich auch bei uns in der Verfolgung abgezogener Begriffe in Fichte's und Schelling's Schriften und, wenn auch nur einzeln, aber dann wahrhaft ergreifend, in Kant. Die Resultate factisch wissenschaftlicher Untersuchungen sind vorzugsweise nicht allein einer ausgearbeiteten und sich aus tiefer und allgemeiner Ansicht des Ganzen der Natur von selbst hervorbildenden grossartigen Prosa fähig, sondern eine solche befördert die wissenschaftliche Untersuchung selbst, indem sie den Geist entzündet, der allein in ihr zu grossen Entdeckungen führen kann. Wenn ich hier der in dies Gebiet einschlagenden Werke meines Bruders erwähne, so glaube ich nur ein allgemeines, oft ausgesprochenes Urtheil zu wiederholen.

Das Feld des Wissens kann sich von allen Punkten aus zum Allgemeinen zusammenwölben und gerade diese Erhebung und die genaueste und vollständigste Bearbeitung der thatsächlichen Grundlagen hängen auf das innigste zusammen. Nur wo die Gelehrsamkeit und das Streben nach ihrer Erweiterung nicht von dem ächten Geiste durchdrungen sind, leidet auch die Sprache und alsdann ist dies eine der Seiten, von welcher der Prosa, ebenso wie vom Herabsinken des gebildeten, ideenreichen Gespräches zu alltäglichem oder conventionellem, Verfall droht. Die Werke der Sprache können nur gedeihen, so lange der, auf seine eigne sich erweiternde Ausbildung und auf die Verknüpfung des Weltganzen mit seinem Wesen gerichtete Schwung des Geistes sie mit sich emporträgt. Dieser Schwung erscheint in unzähligen Abstufungen und Gestalten, strebt aber immer zuletzt, auch wo der Mensch sich dessen nicht einzeln bewusst ist, seinem angeborenen Triebe gemäss nach jener grossen Verknüpfung. Wo sich die intellectuelle Eigenthümlichkeit der Nation nicht kräftig genug zu dieser Höhe erhebt oder die Sprache im intellectuellen Sinken einer gebildeten Nation von dem Geiste verlassen wird, dem sie allein ihre Kraft und ihr blühendes Leben verdanken kann, entsteht nie eine grossartige Prosa oder zerfällt, wenn sich das Schaffen des Geistes zu gelehrtem Sammeln verflacht.

Die Poesie kann nur einzelnen Momenten des Lebens und einzelnen Stimmungen des Geistes angehören, die Prosa begleitet den Menschen beständig und in allen Aeusserungen seiner geistigen Thätigkeit. Sie schmiegt sich jedem Gedanken und jeder Empfindung an, und wenn sie sich in einer Sprache durch Bestimmtheit, helle Klarheit, geschmeidige Lebendigkeit, Wohllaut und Zusammenklang zu der Fähigkeit, sich von jedem Punkte aus zu dem freiesten Streben zu erheben, aber zugleich zu dem feinen Tact ausgebildet hat, wo und wie weit ihr diese Erhebung in jedem einzelnen Falle zusteht, so verräth und befördert sie einen ebenso freien, leichten, immer gleich behutsam fortstrebenden Gang des Geistes. Es ist dies der höchste Gipfel, den die Sprache in der Ausbildung ihres Charakters zu erreichen vermag und der daher, von den ersten Keimen ihrer äusseren Form an, der breitesten und sichersten Grundlagen bedarf.

Bei einer solchen Gestaltung der Prosa kann die Poesie nicht zurückgeblieben seyn, da beide aus gemeinschaftlicher Quelle fliessen. Sie kann aber einen hohen Grad der Trefflichkeit erreichen, ohne dass auch die Prosa zur gleichen Entwicklung in der Sprache gelangt. Vollendet wird der Kreis dieser letzteren immer nur durch beide zugleich. Die Griechische Literatur bietet uns, wenn auch mit grossen und bedaurungswürdigen Lücken, den Gang der Sprache in dieser Rücksicht vollständiger und reiner dar, als er uns sonst irgendwo erscheint. Ohne erkennbaren Einfluss fremder gestalteter Werke, wodurch der fremder Ideen nicht ausgeschlossen wird, entwickelt sie sich von Homer bis zu den Byzantinischen Schriftstellern durch alle Phasen ihres Laufes allein aus sich selbst und aus den Umgestaltungen des nationellen Geistes durch innere und äussere geschichtliche Umwälzungen. Die Eigenthümlichkeit der Griechischen Volksstämme bestand in einer, immer zugleich nach Freiheit und Obermacht, die aber auch meistentheils gern den Unterworfenen den Schein der ersteren erhielt, ringenden volksthümlichen Beweglichkeit. Gleich den Wellen des sie umgebenden, eingeschlossenen Meeres, brachte diese innerhalb derselben mässigen Gränzen unaufhörliche Veränderungen, Wechsel der Wohnsitze, der Grösse und der Herrschaft hervor und gab dem Geiste beständig neue Nahrung und Antrieb, sich in jeder Art der Thätigkeit zu ergiessen. Wo die Griechen, wie bei Anlegung von Pflanzstädten, in die Ferne wirkten, herrschte der gleiche volksthümliche Geist. So lange dieser Zustand währte, durchdrang dies innerliche nationale Princip die Sprache und ihre Werke. In dieser Periode fühlt man lebendig den inneren fortschreitenden Zusammenhang aller Geistesproducte, das lebendige Ineinandergreifen der Poesie und der Prosa und aller Gattungen beider. Als aber seit Alexander Griechische Sprache und Literatur durch Eroberung ausgebreitet wurden und später, als besiegtem Volke angehörend, sich mit dem weltbeherrschenden der Sieger verbanden, erhoben sich zwar noch ausgezeichnete Köpfe und poetische Talente, aber das beseelende Princip war erstorben und mit ihm das lebendige, aus der Fülle seiner eignen Kraft entspringende Schaffen. Die Kunde eines grossen Theils des Erdbodens wurde nun erst wahrhaft eröffnet, die wissenschaftliche Beobachtung und die systematische Bearbeitung des gesammten Gebietes des Wissens war, in wahrhaft welthistorischer Verbindung eines thaten- und eines ideenreichen ausserordentlichen Mannes, durch Aristoteles Lehre und Vorbild dem Geiste klar geworden. Die Welt der Objecte trat mit überwiegender Gewalt dem subjectiven Schaffen gegenüber und noch mehr wurde dieses durch die frühere Literatur niedergedrückt, welche, da ihr beseelendes Princip mit der Freiheit, aus der es quoll, verschwunden war, auf einmal wie eine Macht erscheinen musste, mit der, wenn auch vielfache Nachahmungen versucht wurden, doch kein wahrer Wetteifer zu wagen war. Von dieser Epoche an beginnt also ein allmähliches Sinken der Sprache und Literatur. Die wissenschaftliche Thätigkeit wandte sich aber nun auf die Bearbeitung beider, wie sie aus dem reinsten Zustande ihrer Blüthe übrig waren, so dass zugleich ein grosser Theil der Werke aus den besten Epochen und die Art, wie sich diese Werke in der absichtlich auf sie gerichteten Betrachtung späterer Generationen desselben, sich immer gleichen, aber durch äussere Schicksale herabgedrückten Volkes abspiegelten, auf uns gekommen sind.

Vom Sanskrit lässt sich, unserer Kenntniss der Literatur desselben nach, nicht mit Sicherheit beurtheilen, bis auf welchen Grad und Umfang auch die Prosa in ihm ausgebildet war. Die Verhältnisse des bürgerlichen und geselligen Lebens boten aber in Indien schwerlich die gleichen Veranlassungen zu dieser Ausbildung dar. Der Griechische Geist und Charakter gieng schon an sich mehr, als vielleicht je bei einer Nation der Fall war, auf solche Vereinigungen hin, in welchem das Gespräch, wenn nicht der alleinige Zweck, doch die hauptsächlichste Würze war. Die Verhandlungen vor Gericht und in der Volksversammlung forderten Ueberzeugung wirkende und die Gemüther lenkende Beredsamkeit. In diesen und ähnlichen Ursachen kann es liegen, wenn man auch künftig unter den Ueberresten der Indischen Literatur nichts entdeckt, was man im Style den Griechischen Geschichtsschreibern, Rednern und Philosophen an die Seite stellen könnte. Die reiche, beugsame, mit allen Mitteln, durch welche die Rede Gediegenheit, Würde und Anmuth erhält, ausgestattete Sprache bewahrt sichtbar alle Keime dazu in sich und würde in der höheren prosaischen Bearbeitung noch ganz andere Charakterseiten, als wir an ihr jetzt kennen, entwickelt haben. Dies beweist schon der einfache, anmuthvolle, auf bewunderungswürdige Weise zugleich durch getreue und zierliche Schilderung und eine ganz eigenthümliche Verstandesschärfe anziehende Ton der Erzählungen des Hitôpadêśa.

Die Römische Prosa stand in einem ganz andren Verhältnisse zur Poesie, als die Griechische. Hierauf wirkte bei den Römern gleich stark ihre Nachahmung der Griechischen Muster und ihre eigne, überall hervorleuchtende Originalität. Denn sie drückten ihrer Sprache und ihrem Style sichtbar das Gepräge ihrer inneren und äusseren politischen Entwicklung auf. Mit ihrer Literatur in ganz andre Zeitverhältnisse versetzt, konnte bei ihnen keine ursprünglich naturgemässe Entwicklung statt finden, wie wir sie bei den Griechen vom Homerischen Zeitalter an und durch den dauernden Einfluss jener frühesten Gesänge wahrnehmen. Die grosse, originelle Römische Prosa entspringt unmittelbar aus dem Gemüth und Charakter, dem männlichen Ernst, der Sitten-

strenge und der ausschliessenden Vaterlandsliebe, bald an sich, bald im
Contraste mit späterer Verderbniss. Sie hat viel weniger eine bloss intellectuelle Farbe und muss aus allen diesen Gründen zusammengenommen der naiven Anmuth einiger Griechischen Schriftsteller entbehren,
die bei den Römern nur in poetischer Stimmung, da die Poesie das Gemüth in jeden Zustand zu versetzen vermag, hervortritt. Ueberhaupt
erscheinen fast in allen Vergleichungen, die sich zwischen Griechischen
und Römischen Schriftstellern anstellen lassen, die ersteren minder feierlich, einfacher und natürlicher. Hieraus entsteht ein mächtiger Unterschied zwischen der Prosa beider Nationen und es ist kaum glaublich,
dass ein Schriftsteller wie Tacitus von den Griechen seiner Zeit wahrhaft empfunden worden sey. Eine solche Prosa musste um so mehr auch
anders auf die Sprache einwirken, als beide den gleichen Impuls von
derselben Nationaleigenthümlichkeit empfiengen. Eine gleichsam un-
beschränkte, sich jedem Gedanken hingebende, jede Bahn des Geistes
mit gleicher Leichtigkeit verfolgende und gerade in dieser Allseitigkeit
und nichts zurückstossenden Beweglichkeit ihren wahren Charakter
findende Geschmeidigkeit konnte aus solcher Prosa nicht entspringen
und ebenso wenig eine solche erzeugen. Ein Blick in die Prosa der neuern Nationen würde in noch verwickeltere Betrachtungen führen, da
die Neueren, wo sie nicht selbst original sind, nicht vermeiden konnten,
verschieden von den Römern und Griechen angezogen zu werden, zugleich aber ganz neue Verhältnisse auch eine bis dahin unbekannte Originalität in ihnen erzeugten. Ich begnüge mich nur mit der Bemerkung,
[dass] was die Verschiedenheit des Verhältnisses [betrifft], in welches
Prosa und Poesie sich gegen einander stellen und dadurch auf den Geist
zurückwirken, immer nur eines in einer Nation und Sprache vorhanden
seyn kann. In einem Stamme von Sprachen aber lässt sich in den einzelnen desselben diese Verschiedenheit in grösserem Umfange übersehen
und stellt sich dann den Fortschritten der Bildung im Laufe der Jahrhunderte gemäss in organischer Entwicklungsfolge dar. Die Grundlage
bleibt immer die dem ganzen Stamme eigenthümliche äussere Form,
das gemeinsame Bestreben der übereinkommenden intellectuellen
Eigenthümlichkeiten. Die Verschiedenheit bilden innerhalb dieses Gemeinsamen die Charaktere der einzelnen Nationen und das Zeitalter, in
welchem jede den Grad der Geistigkeit erreicht, aus welchem Poesie
und Prosa hervorblühen. Hierzu wende ich mich daher jetzt.

   Vorher aber muss ich noch eines andren, im Vorigen nicht betrachteten Verhältnisses der Poesie zur Prosa gedenken, nemlich der Beziehung beider auf die Schrift. Es ist seit den meisterhaften Wolfischen
Untersuchungen über die Entstehung der Homerischen Gedichte wohl
allgemein anerkannt, dass die Poesie eines Volkes noch lange nach der
Erfindung der Schrift unaufgezeichnet bleiben kann und dass beide

Epochen durchaus nicht nothwendig zusammenfallen. Bestimmt, die Gegenwart des Augenblicks zu verherrlichen und zur Begehung festlicher Gelegenheiten mitzuwirken, war die Poesie in den frühesten Zeiten zu innig mit dem Leben verknüpft, gieng zu freiwillig zugleich aus der Einbildungskraft des Dichters und der Auffassung der Hörer hervor, als dass ihr die Absichtlichkeit kalter Aufzeichnung nicht hätte fremd bleiben sollen. Sie entströmte den Lippen des Dichters oder der Sängerschule, welche seine Gedichte in sich aufgenommen hatte; es war ein lebendiger, mit Gesang und Instrumentalmusik begleiteter Vortrag. Die Worte machten von diesem nur einen Theil aus und waren mit ihm unzertrennlich verbunden. Dieser ganze Vortrag wurde der Folgezeit zugleich überliefert und es konnte nicht in den Sinn kommen, das so fest Verschlungene absondern zu wollen. Nach der ganzen Weise, wie in dieser Periode des geistigen Volkslebens die Poesie in demselben Wurzel schlug, entstand gar nicht der Gedanke der Aufzeichnung. Diese setzte erst die Reflexion voraus, die sich immer aus der, eine Zeit hindurch bloss natürlich geübten Kunst entwickelt, und eine grössere Entfaltung der Verhältnisse des bürgerlichen Lebens, welche den Sinn hervorruft, die Thätigkeiten zu sondern und ihre Erfolge dauernd zusammenwirken zu lassen. Erst dann konnte die Verbindung der Poesie mit dem Vortrag und dem augenblicklichen Lebensgenuss loser werden. Die Nothwendigkeit der poetischen Wortstellung und das Metrum machten es auch grossentheils überflüssig, der Ueberlieferung vermittelst des Gedächtnisses durch Schrift zu Hülfe zu kommen.

Bei der Prosa verhielt sich dies alles ganz anders. Die Hauptschwierigkeit lässt sich zwar meiner Ueberzeugung nach hier nicht in der Unmöglichkeit suchen, längere ungebundene Rede dem Gedächtniss anzuvertrauen. Es giebt gewiss bei den Völkern auch bloss nationelle, durch mündliche Ueberlieferung aufbewahrte Prosa, bei welcher die Einkleidung und der Ausdruck sicher nicht zufällig sind. Wir finden in den Erzählungen von Nationen, welche gar keine Schrift besitzen, einen Gebrauch der Sprache, eine Art des Styls, welchen man es ansieht, dass sie gewiss nur mit kleinen Veränderungen von Erzähler zu Erzähler übergegangen sind. Auch die Kinder bedienen sich bei Wiederholung gehörter Erzählungen gewöhnlich gewissenhaft derselben Ausdrücke. Ich brauche hier nur an die Erzählung von Tangaloa auf den Tonga-Inseln zu erinnern.[37] Unter den Vasken gehen noch heute solche unaufgezeichnet bleibenden Mährchen herum, die, zum sichtbaren Beweise, dass auch und ganz vorzüglich die äussere Form dabei beachtet wird, nach der Versicherung der Eingebornen allen ihren Reiz und ihre natürliche Grazie durch Uebertragung in das Spanische verlieren. Das Volk ist ihnen dergestalt ergeben, dass sie ihrem Inhalte nach in verschiedene Classen getheilt werden. Ich hörte selbst ein solches, unserer Sage vom

Hamelnschen Rattenfänger ganz ähnliches erzählen; andere stellen, nur auf verschiedene Weise verändert, Mythen des Hercules und ein ganz locales von einer kleinen, dem Lande vorliegenden Insel[38] die Geschichte Hero's und Leander's, auf einen Mönch und seine Geliebte übertragen, dar. Allein die Aufzeichnung, zu welcher der Gedanke bei der frühesten Poesie gar nicht entsteht, liegt dennoch bei der Prosa nothwendig und unmittelbar, auch ehe sie sich zur wahrhaft kunstvollen erhebt, in dem ursprünglichen Zweck. Thatsachen sollen erforscht oder dargestellt, Begriffe entwickelt und verknüpft, also etwas Objectives ausgemittelt werden. Die Stimmung, welche dies hervorzubringen strebt, ist eine nüchterne, auf Forschung gerichtete, Wahrheit von Schein sondernde, dem Verstande die Leitung des Geschäfts übertragende. Sie stösst also zuerst das Metrum zurück, nicht gerade wegen der Schwierigkeit seiner Fesseln, sondern weil das Bedürfniss darnach in ihr nicht gegründet seyn kann, ja vielmehr der Allseitigkeit des überall hin forschenden und verknüpfenden Verstandes eine, die Sprache nach einem bestimmten Gefühle einengende Form nicht zusagt. Aufzeichnung wird nun hierdurch und durch das ganze Unternehmen wünschenswerth, ja selbst unentbehrlich. Das Erforschte und selbst der Gang der Forschung muss in allen Einzelnheiten fest und sicher dastehen. Der Zweck selbst ist möglichste Verewigung: Geschichte soll das sonst im Laufe der Zeit Verfliegende erhalten, Lehre zu weiterer Entwicklung ein Geschlecht an das andere knüpfen. Die Prosa begründet und befestigt auch erst das namentliche Heraustreten Einzelner aus der Masse in Geisteserzeugnissen, da die Forschung persönliche Erkundigungen, Besuche fremder Länder und eigen gewählte Methoden der Verknüpfung mit sich führt, die Wahrheit, besonders in Zeiten, wo andere Beweise mangeln, eines Gewährsmannes bedarf und der Geschichtschreiber nicht, wie der Dichter, seine Beglaubigung vom Olymp ableiten kann. Die sich in einer Nation entwickelnde Stimmung zur Prosa muss daher die Erleichterung der Schriftmittel suchen und kann durch die schon vorhandene angeregt werden.

In der Poesie entstehen durch den natürlichen Gang der Bildung der Völker zwei, gerade durch die Entbehrung und den Gebrauch der Schrift zu bezeichnende, verschiedene Gattungen,[39] eine gleichsam vorzugsweise natürliche, der Begeisterung ohne Absicht und Bewusstseyn der Kunst entströmende und eine spätere kunstvollere, doch darum nicht minder dem tiefsten und ächtesten Dichtergeiste angehörende. Bei der Prosa kann dies nicht auf dieselbe Weise und noch weniger in denselben Perioden statt finden. Allein in anderer Art ist dasselbe auch bei ihr der Fall. Wenn sich nemlich in einem für Prosa und Poesie glücklich organisirten Volke Gelegenheiten ausbilden, wo das Leben frei hervorströmender Beredsamkeit bedarf, so ist hier, nur auf andere Weise, eine ähnliche Verknüpfung der Prosa mit dem Volksleben, als wir sie oben bei der Poesie gefunden haben. Sie stösst dann auch, so lange sie ohne Bewusstseyn absichtlicher Kunst fortdauert, die todte und kalte Aufzeichnung zurück. Dies war wohl gewiss in den grossen Zeiten Athens zwischen dem Perserkriege und dem Peloponnesischen und noch später der Fall. Redner wie Themistokles, Perikles und Alcibiades entwickelten gewiss mächtige Rednertalente; von den beiden letzteren wird dies ausdrücklich herausgehoben. Dennoch sind von ihnen keine Reden, da die in den Geschichtschreibern natürlich nur diesen angehören, auf uns gekommen und auch das Alterthum scheint keine ihnen mit Sicherheit beigelegte Schriften besessen zu haben. Zu Alcibiades Zeit gab es zwar schon aufgezeichnete und sogar von Andren, als ihren Verfassern gehalten zu werden bestimmte Reden; es lag aber doch in allen Verhältnissen des Staatslebens jener Periode, dass diese Männer, welche wirklich Lenker des Staates waren, keine Veranlassung fanden, ihre Reden, weder ehe sie dieselben hielten, noch nachher niederzuschreiben. Dennoch bewahrt diese natürliche Beredsamkeit gewiss ebenso wie jene Poesie nicht nur den Keim, sondern war in vielen Stücken das unübertroffne Vorbild der späteren kunstvolleren. Hier aber, wo von dem Einflusse beider Gattungen auf die Sprache die Rede ist, konnte die nähere Erwägung dieses Verhältnisses nicht übergangen werden. Die späteren Redner empfiengen die Sprache aus einer Zeit, wo schon in bildender und dichtender Kunst so Grosses und Herrliches das Genie der Redner angeregt und den Geschmack des Volkes gebildet hatte, in einer ganz andren Fülle und Feinheit, als deren sie sich früher zu rühmen vermöchte. Etwas sehr Aehnliches musste das lebendige Gespräch in den Schulen der Philosophen darbieten.

Kraft der Sprachen, sich glücklich aus einander zu entwickeln

34. Es ist bewundrungswürdig zu sehen, welche lange Reihe von Sprachen gleich glücklichen Baues und gleich anregender Wirkung auf den Geist diejenige hervorgebracht hat, die wir an die Spitze des Sanskritischen Stammes stellen müssen, wenn wir einmal überhaupt in jedem Stamme Eine Ur- oder Muttersprache voraussetzen. Um nur die uns am meisten nahe liegenden Momente hier aufzuzählen, so finden wir zuerst das Zend und das Sanskrit in enger Verwandtschaft, aber auch in merkwürdiger Verschiedenheit, das eine und das andre von dem lebendigsten Principe der Fruchtbarkeit und Gesetzmässigkeit in Wort- und Formenbildung durchdrungen. Dann giengen aus diesem Stamm die beiden Sprachen unsrer classischen Gelehrsamkeit hervor und, wenn auch in späterer wissenschaftlicher Entwicklung, der ganze Germani-

sche Sprachzweig. Endlich, als die Römische Sprache durch Verderbniss und Verstümmlung entartete, blühten, wie mit erneuerter Lebens-
kraft, aus derselben die Romanischen Sprachen auf, welchen unsere
heutige Bildung so unendlich viel verdankt. Jene Ursprache bewahrte
also ein Lebensprincip in sich, an welchem sich wenigstens drei Jahrtausende hindurch der Faden der geistigen Entwicklung des Menschengeschlechts fortzuspinnen vermochte und das selbst aus dem Verfall-
nen und Zersprengten neue Sprachbildungen zu regeneriren Kraft
besass.

Man hat wohl in der Völkergeschichte die Frage aufgeworfen, was
aus den Weltbegebenheiten geworden seyn würde, wenn Carthago
Rom besiegt und das Europäische Abendland beherrscht hätte. Man
kann mit gleichem Rechte fragen: in welchem Zustande sich unsre heutige Cultur befinden würde, wenn die Araber, wie sie es eine Zeit hindurch waren, im alleinigen Besitz der Wissenschaft geblieben wären
und sich über das Abendland verbreitet hätten? Weniger günstiger Erfolg scheint mir in beiden Fällen nicht zweifelhaft. Derselben Ursache,
welche die Römische Weltherrschaft hervorbrachte, dem Römischen
Geist und Charakter, nicht äusseren, mehr zufälligen Schicksalen verdanken wir den mächtigen Einfluss dieser Weltherrschaft auf unsre
bürgerlichen Einrichtungen, Gesetze, Sprache und Cultur. Durch die
Richtung auf diese Bildung und durch innre Stammverwandtschaft
wurden wir wirklich für Griechischen Geist und Griechische Sprache
empfänglich, da die Araber vorzugsweise nur an den wissenschaftlichen Resultaten Griechischer Forschung hiengen. Sie würden, auch auf
der Grundlage desselben Alterthums, nicht das Gebäude der Wissenschaft und Kunst aufzuführen vermocht haben, dessen wir uns mit
Recht rühmen.

Nimmt man nun dies als richtig an, so fragt sich, ob dieser Vorzug
der Völker Sanskritischen Stammes in ihren intellectuellen Anlagen
oder in ihrer Sprache oder in günstigeren geschichtlichen Schicksalen
zu suchen ist? Es springt in die Augen, dass man keine dieser Ursachen
als allein wirkend ansehen darf. Sprache und intellectuelle Anlagen lassen sich in ihrer beständigen Wechselwirkung nicht von einander trennen und auch die geschichtlichen Schicksale möchten, wenn uns gleich
der Zusammenhang bei weitem nicht in allen Punkten durchschimmert,
von dem innren Wesen der Völker und Individuen so unabhängig nicht
seyn. Dennoch muss jener Vorzug sich an irgend etwas in der Sprache
erkennen lassen und wir haben daher hier noch, vom Beispiele des
Sanskritischen Sprachstammes ausgehend, die Frage zu untersuchen,
woran es liegt, dass eine Sprache vor der andren ein stärker und mannigfaltiger aus sich heraus erzeugendes Lebensprincip besitzt? Die Ursach liegt, wie man hier deutlich sieht, in zwei Punkten, darin, dass es

ein Stamm von Sprachen, keine einzelne ist, wovon wir hier reden, dann aber in der individuellen Beschaffenheit des Sprachbaues selbst. Ich bleibe hier zunächst bei der letzteren stehen, da ich auf die besondren Verhältnisse der, einen Stamm bildenden Sprachen erst in der Folge zurückkommen kann.

Es ergiebt sich von selbst, dass die Sprache, deren Bau dem Geiste am meisten zusagt und seine Thätigkeit am lebendigsten anregt, auch die dauerndste Kraft besitzen muss, alle neue Gestaltungen aus sich hervorgehen zu lassen, welche der Lauf der Zeit und die Schicksale der Völker herbeiführen. Eine solche auf die ganze Sprachform verweisende Beantwortung der aufgeworfenen Frage ist aber viel zu allgemein und giebt genau genommen nur die Frage in andren Worten zurück. Wir bedürfen aber hier einer auf specielle Punkte führenden und eine solche scheint mir auch möglich. Die Sprache, im einzelnen Wort und in der verbundenen Rede, ist ein Act, eine wahrhaft schöpferische Handlung des Geistes, und dieser Act ist in jeder Sprache ein individueller, in einer von allen Seiten bestimmten Weise verfahrend. Begriff und Laut, auf eine ihrem wahren Wesen gemässe, nur an der Thatsache selbst erkennbare Weise verbunden, werden als Wort und als Rede hinausgestellt und dadurch zwischen der Aussenwelt und dem Geiste etwas von beiden Unterschiedenes geschaffen. Von der Stärke und Gesetzmässigkeit dieses Actes hängt die Vollendung der Sprache in allen ihren einzelnen Vorzügen, welchen Namen sie immer führen mögen, ab und auf ihr beruht also auch das in ihr lebende, weiter erzeugende Princip. Es ist aber nicht einmal nöthig, auch der Gesetzmässigkeit dieses Actes zu erwähnen; denn diese liegt schon im Begriffe der Stärke. Die volle Kraft entwickelt sich immer nur auf dem richtigen Wege. Jeder unrichtige stösst auf eine die vollkommne Entwicklung hemmende Schranke. Wenn also die Sanskritischen Sprachen mindestens drei Jahrtausende hindurch Beweise ihrer zeugenden Kraft gegeben haben, so ist dies lediglich eine Wirkung der Stärke des spracherschaffenden Actes in den Völkern, welchen sie angehörten.

Wir haben im Vorigen (§. 22.) ausführlich von der Zusammenfügung der inneren Gedankenform mit dem Laute gesprochen und in ihr eine Synthesis erkannt, die, was nur durch einen wahrhaft schöpferischen Act des Geistes möglich ist, aus den beiden zu verbindenden Elementen ein drittes hervorbringt, in welchem das einzelne Wesen beider verschwindet. Diese Synthesis ist es, auf deren Stärke es hier ankommt. Der Völkerstamm wird in der Spracherzeugung der Nationen den Sieg erringen, welcher diese Synthesis mit der grössten Lebendigkeit und der ungeschwächtesten Kraft vollbringt. In allen Nationen mit unvollkommneren Sprachen ist diese Synthesis von Natur schwach oder wird durch irgend einen hinzutretenden Umstand gehemmt und gelähmt.

Allein auch diese Bestimmungen zeigen noch zu sehr im Allgemeinen, was sich doch in den Sprachen selbst bestimmt und als Thatsache nachweisen lässt.

Act des selbstthätigen Setzens in den Sprachen

Es giebt nemlich Punkte im grammatischen Baue der Sprachen, in welchen jene Synthesis und die sie hervorbringende Kraft gleichsam nackter und unmittelbarer ans Licht treten und mit denen der ganze übrige Sprachbau dann auch nothwendig im engsten Zusammenhange steht. Da die Synthesis, von welcher hier die Rede ist, keine Beschaffenheit, nicht einmal eigentlich eine Handlung, sondern ein wirkliches, immer augenblicklich vorübergehendes Handeln selbst ist, so kann es für sie kein besonderes Zeichen an den Worten geben und das Bemühen, ein solches Zeichen zu finden, würde schon an sich den Mangel der wahren Stärke des Actes durch die Verkennung seiner Natur beurkunden. Die wirkliche Gegenwart der Synthesis muss gleichsam immateriell sich in der Sprache offenbaren, man muss inne werden, dass sie, gleich einem Blitze, dieselbe durchleuchtet und die zu verbindenden Stoffe, wie eine Gluth aus unbekannten Regionen, in einander verschmolzen hat. Dieser Punkt ist zu wichtig, um nicht eines Beispiels zu bedürfen. Wenn in einer Sprache eine Wurzel durch ein Suffix zum Substantivum gestempelt wird, so ist das Suffix das materielle Zeichen der Beziehung des Begriffs auf die Kategorie der Substanz. Der synthetische Act aber, durch welchen unmittelbar beim Aussprechen des Wortes diese Versetzung im Geiste wirklich vor sich geht, hat in dem Worte selbst kein eignes einzelnes Zeichen, sondern sein Daseyn offenbart sich durch die Einheit und Abhängigkeit von einander, zu welcher Suffix und Wurzel verschmolzen sind, also durch eine verschiedenartige, indirecte, aber aus dem nemlichen Bestreben fliessende Bezeichnung.

Wie ich es hier in diesem einzelnen Falle gethan habe, kann man diesen Act überhaupt den Act des selbstthätigen Setzens durch Zusammenfassung (Synthesis) nennen. Er kehrt überall in der Sprache zurück. Am deutlichsten und offenbarsten erkennt man ihn in der Satzbildung, dann in den durch Flexion oder Affixe abgeleiteten Wörtern, endlich überhaupt in allen Verknüpfungen des Begriffs mit dem Laute. In jedem dieser Fälle wird durch Verbindung etwas Neues geschaffen und wirklich als etwas (ideal) für sich Bestehendes gesetzt. Der Geist schafft, stellt sich aber das Geschaffene durch denselben Act gegenüber und lässt es, als Object, auf sich zurückwirken. So entsteht aus der sich im Menschen reflectirenden Welt zwischen ihm und ihr die ihn mit ihr verknüpfende und sie durch ihn befruchtende Sprache. Auf diese Weise wird es klar, wie von der Stärke dieses Actes das ganze, eine bestimmte Sprache durch alle Perioden hindurch beseelende Leben abhängt.

Wenn man nun aber zum Behuf der historischen und praktischen Prüfung und Beurtheilung der Sprachen, von der ich mich in dieser Untersuchung niemals entferne, nachforscht, woran die Stärke dieses Actes in ihrem Baue erkennbar ist, so zeigen sich vorzüglich drei Punkte, an welchen er haftet und bei denen man den Mangel seiner ursprünglichen Stärke durch ein Bemühen, denselben auf andrem Wege zu ersetzen, angedeutet findet. Denn auch hier äussert sich, worauf wir schon im Vorigen mehrmals zurückgekommen sind, dass das richtige Verlangen der Sprache (also z. B. im Chinesischen die Abgränzung der Redetheile) im Geiste immer vorhanden, allein nicht immer so durchgreifend lebendig ist, dass es sich auch wieder im Laute darstellen sollte. Es entsteht alsdann im äusseren grammatischen Baue eine durch den Geist zu ergänzende Lücke oder Ersetzung durch unadaequate Analoga. Auch hier also kommt es auf eine solche Auffindung des synthetischen Actes im Sprachbaue an, die nicht bloss seine Wirksamkeit im Geistes sondern seinen wahren Uebergang in die Lautformung nachweist. Jene drei Punkte sind nun das Verbum, die Conjunction und das Pronomen relativum und wir müssen bei jedem derselben noch einige Augenblicke verweilen.

Act des selbstthätigen Setzens in den Sprachen. Verbum

Das Verbum (um zuerst von diesem allein zu sprechen) unterscheidet sich vom Nomen und den andren, möglicherweise im einfachen Satze vorkommenden Redetheilen mit schneidender Bestimmtheit dadurch, dass ihm allein der Act des synthetischen Setzens als grammatische Function beigegeben ist. Es ist ebenso, als das declinirte Nomen, in der Verschmelzung seiner Elemente mit dem Stammworte durch einen solchen Act entstanden, es hat aber auch diese Form erhalten, um die Obliegenheit und das Vermögen zu besitzen, diesen Act in Absicht des Satzes wieder selbst auszuüben. Es liegt daher zwischen ihm und den übrigen Wörtern des einfachen Satzes ein Unterschied, der diese mit ihm zur gleichen Gattung zu zählen verbietet. Alle übrigen Wörter des Satzes sind gleichsam todt daliegender, zu verbindender Stoff, das Verbum allein ist der, Leben enthaltende und Leben verbreitende Mittelpunkt. Durch einen und ebendenselben synthetischen Act knüpft es durch das Seyn das Praedicat mit dem Subjecte zusammen, allein so, dass das Seyn, welches mit einem energischen Praedicate in ein Handeln übergeht, dem Subjecte selbst beigelegt, also das bloss als verknüpfbar Gedachte zum Zustande oder Vorgange in der Wirklichkeit wird. Man denkt nicht bloss den einschlagenden Blitz, sondern der Blitz ist es selbst, der herniederfährt; man bringt nicht bloss den Geist und das Unvergängliche als verknüpfbar zusammen, sondern der Geist ist unvergänglich. Der Gedanke, wenn man sich so sinnlich ausdrücken könnte, verlässt durch das Verbum seine innre Wohnstätte und tritt in die Wirklichkeit über.

Wenn nun hierin die unterscheidende Natur und die eigenthümliche Function des Verbum liegt, so muss die grammatische Gestaltung desselben in jeder einzelnen Sprache kund geben, ob und auf welche Weise sich gerade diese charakteristische Function in der Sprache andeutet? Man pflegt wohl, um einen Begriff von der Beschaffenheit und dem Unterschiede der Sprachen zu geben, anzuführen, wie viel Tempora, Modi und Conjugationen das Verbum in ihnen hat, die verschiedenen Arten der Verba aufzuzählen u. s. f. Alle hier genannten Punkte haben ihre unbestreitbare Wichtigkeit. Allein über das wahre Wesen des Verbum, insofern es der Nerv der ganzen Sprache ist, lassen sie ohne Belehrung. Das, worauf es ankommt, ist, ob und wie sich am Verbum einer Sprache seine synthetische Kraft, die Function, vermöge welcher es Verbum ist,[40] äussert, und diesen Punkt lässt man nur zu häufig ganz unberührt. Man geht auf diese Weise nicht tief genug und nicht bis zu den wahren innren Bestrebungen der Sprachformung zurück, sondern bleibt bei den Aeusserlichkeiten des Sprachbaues stehen, ohne zu bedenken, dass diese erst dadurch Bedeutung erlangen, dass zugleich ihr Zusammenhang mit jenen tiefer liegenden Richtungen dargethan wird.

Im Sanskrit beruht die Andeutung der zusammenfassenden Kraft des Verbum allein auf der grammatischen Behandlung dieses Redetheiles und lässt, da sie durchaus seiner Natur folgt, schlechterdings nichts zu vermissen übrig. Wie das Verbum sich in dem hier in Rede stehenden Punkte von allen übrigen Redetheilen des einfachen Satzes dem Wesen nach unterscheidet, so hat es im Sanskrit durchaus nichts mit dem Nomen gemein, sondern beide stehen vollkommen rein und geschieden da. Man kann zwar aus dem geformten Nomen in gewissen Fällen abgeleitete Verba bilden. Dies ist aber weiter nichts, als dass das Nomen, ohne Rücksicht auf diese seine besondere Natur, wie ein Wurzelwort behandelt wird. Seine Endung, also gerade sein grammatisch bezeichnender Theil erfährt dabei mehrfache Aenderungen. Auch kommt gewöhnlich ausser der in der Abwandlung liegenden Verbalbehandlung noch eine Sylbe oder ein Buchstabe hinzu, welcher zu dem Begriffe des Nomen einen zweiten einer Handlung fügt. Dies ist in der Sylbe *kâmy* von *kâma, Verlangen,* unmittelbar deutlich. Sollten aber auch die übrigen Einschiebsel andrer Art, wie *y, sy* u. s. f., keine reale Bedeutung besitzen, so drücken sie ihre Verbalbeziehungen dadurch formal aus, dass sie bei den primitiven, aus wahren Wurzeln entstehenden Verben gleichfalls, und wenn man in die Untersuchung der einzelnen Fälle eingeht, auf sehr analoge Weise Platz finden. Dass Nomina ohne solchen Zusatz in Verba übergehen, ist bei weitem der seltenste Fall. Ueberhaupt hat aber von dieser ganzen Verwandlung der Nomina in Verba die ältere Sprache nur sehr sparsamen Gebrauch gemacht.

Wie zweitens das Verbum in seiner hier betrachteten Function niemals substanzartig ruht, sondern immer in einem einzelnen, von allen Seiten bestimmten Handeln erscheint, so vergönnt ihm auch die Sprache keine Ruhe. Sie bildet nicht, wie beim Nomen, erst eine Grundform, an welche sie die Beziehungen anhängt, und selbst ihr Infinitiv ist nicht verbaler Natur, sondern ein deutlich, auch nicht aus einem Theile des Verbum, sondern aus der Wurzel selbst abgeleitetes Nomen. Dies ist nun zwar ein Mangel in der Sprache zu nennen, die in der That die ganz eigenthümliche Natur des Infinitivs zu verkennen scheint. Es beweist aber nur noch mehr, wir sorgfältig sie jeden Schein der Nominalbeschaffenheit von dem Verbum zu entfernen bemüht ist. Das Nomen ist eine Sache und kann, als solche, Beziehungen eingehen und die Zeichen derselben annehmen. Das Verbum ist, als augenblicklich verfliegende Handlung, nichts als ein Inbegriff von Beziehungen und so stellt es die Sprache in der That dar. Ich brauche hier kaum zu bemerken, dass es wohl niemandem einfallen kann, die Classensylben der speciellen Tempora des Sanskritischen Verbum als den Grundformen des Nomen entsprechend anzusehen. Wenn man die Verba der vierten und zehnten Classe ausnimmt, von welchen sogleich weiter unten die Rede seyn wird, so bleiben nur Vocale mit oder ohne eingeschobene Nasenlaute übrig, also sichtbar nur phonetische Zusätze zu der in die Verbalform übergehenden Wurzel.

Wie endlich drittens überhaupt in den Sprachen die innere Gestaltung eines Redetheils sich ohne directes Lautzeichen durch die symbolische Lauteinheit der grammatischen Form ankündigt, so kann man mit Wahrheit behaupten, dass diese Einheit in den Sanskritischen Verbalformen noch viel enger, als in den nominalen geschlossen ist. Ich habe schon im Vorigen darauf aufmerksam gemacht, dass das Nomen in seiner Abwandlung niemals einen Stammvocal, wie das Verbum so häufig, durch Gunirung steigert. Die Sprache scheint hierin offenbar eine Absonderung des Stammes von dem Suffix, die sie im Verbum gänzlich verlöscht, im Nomen noch allenfalls dulden zu wollen. Mit Ausnahme der Pronominal-Suffixa in den Personenendungen ist auch die Bedeutung der nicht bloss phonetischen Elemente der Verbalbildungen viel schwieriger zu entdecken, als dies wenigstens in einigen Punkten der Nominalbildung der Fall ist. Wenn man als die Scheidewand der von dem wahren Begriff der grammatischen Formen ausgehenden (flectirenden) und der unvollkommen zu ihnen hinstrebenden (agglutiniren-den) Sprachen den zwiefachen Grundsatz aufstellt: aus der Form ein einzeln ganz unverständliches Zeichen zu bilden oder zwei bedeutsame Begriffe nur eng aneinander zu heften, so tragen in der ganzen Sanskritsprache die Verbalformen den ersteren am deutlichsten an sich. Diesem Gange zufolge ist die Bezeichnung jeder einzelnen Beziehung nicht dieselbe, sondern nur analogisch gleichförmig und der einzelne Fall wird besonders, nur mit Bewahrung der allgemeinen Analogie, nach den Lauten der Bezeichnungsmittel und des Stammes behandelt. Daher haben die einzelnen Bezeichnungsmittel verschiedene, nur immer auf bestimmte Fälle anzuwendende Eigenheiten, wie ich hieran schon oben (VII 135–137.) bei Gelegenheit des Augments und der Reduplication erinnert habe. Wahrhaft bewundrungswürdig ist die Einfachheit der Mittel, mit welchen die Sprache eine so ungemein grosse Mannigfaltigkeit der Verbalformen hervorbringt. Die Unterscheidung derselben ist aber nur eben dadurch möglich, dass alle Umänderungen der Laute, sie mögen bloss phonetisch oder bezeichnend seyn, auf verschiedenartige Weise verbunden werden und nur die besondere unter diesen vielfachen Combinationen den einzelnen Abwandlungsfall stempelt, der alsdann auch bloss dadurch, dass er gerade diese Stelle im ConjugationsSchema einnimmt, bezeichnend bleibt, selbst wenn die Zeit gerade seine bedeutsamen Laute abgeschliffen hat. Personenendungen, die symbolischen Bezeichnungen durch Augment und Reduplication, die, wahrscheinlich bloss auf den Klang bezogenen Laute, deren Einschiebung die Verbalclassen andeutet, sind die hauptsächlichen Elemente, aus welchen die Verbalformen zusammengesetzt werden. Ausser denselben giebt es nur zwei Laute, *i* und *s,* welche da, wo sie nicht auch bloss phonetischen Ursprungs sind, als wirkliche Bezeichnungen von Gattungen, Zeiten und Modi des Verbum gelten müssen. Da mir in diesen ein besonders feiner und sinnvoller Gebrauch ursprünglich für sich bedeutsamer Wörter grammatisch bezeichnet zu liegen scheint, so verweile ich bei ihnen noch einen Augenblick länger.

Bopp hat zuerst mit grossem Scharfsinn und unbestreitbarer Gewissheit das erste Futurum und eine der Formationen des vielförmigen Augment-Praeteritum als zusammengesetzt aus einem Stammwort und dem Verbum *as, seyn,* nachgewiesen. Haughton glaubt auf gleich sinnreiche Weise in dem *ya* der Passiva das Verbum *gehen, i* oder *yâ,* zu entdecken. Auch da, wo sich *s* oder *sy* zeigt, ohne dass die Gegenwart des Verbum *as* in seiner eignen Abwandlung so sichtbar, als in den oben erwähnten Zeiten ist, kann man diese Laute als von *as* herstammend betrachten und es ist dies zum Theil auch von Bopp bereits geschehen. Erwägt man dies und nimmt man zugleich alle Fälle zusammen, wo *i* oder von ihm abstammende Laute in den Verbalformen bedeutsam zu seyn scheinen, so zeigt sich hier am Verbum etwas Aehnliches, als wir oben am Nomen gefunden haben. Wie dort das Pronomen in verschiedener Gestalt Beugungsfälle bildet, so thun dasselbe hier zwei Verba der allgemeinsten Bedeutung. Sowohl dieser Bedeutung, als dem Laute nach verräth sich in dieser Wahl die Absicht der Sprache, sich der Zusammensetzung nicht zur wahren Verbindung zweier bestimmten Verbalbegriffe zu bedienen, wie wenn andere Sprachen die Verbalnatur durch den Zusatz des Begriffes *thun* oder *machen* andeuten, sondern, auf der eignen Bedeutung des zugesetzten Verbum nur leise fussend, sich seines Lautes als blossen Andeutungsmittels zu bedienen, in welche Kategorie des Verbum die einzelne in Rede stehende Form gesetzt werden soll. *Gehen* liess sich auf eine unbestimmbare Menge von Beziehungen des Begriffes anwenden. Die Bewegung zu einer Sache hin kann von Seiten ihrer Ursach als willkührlich oder unwillkührlich, als ein thätiges Wollen oder leidendes Werden, von Seiten der Wirkung als ein Hervorbringen, Erreichen u. s. f. angesehen werden. Von phonetischer Seite aber war der *i*-Vocal gerade der schicklichste, um wesentlich als Suffix zu dienen und diese Zwitterrolle zwischen Bedeutsamkeit und Symbolisirung gerade so zu spielen, dass die erstere, wenn auch der Laut von ihr ausgieng, dabei ganz in Schatten gestellt wurde. Denn er dient schon an sich im Verbum häufig als Zwischenlaut und seine euphonischen Veränderungen in *y* und *ay* vermehren die Mannigfaltigkeit der Laute in der Gestaltung der Formen; *a* gewährte diesen Vortheil nicht und *u* hat einen zu eigenthümlichen schweren Laut, um so häufig zu immaterieller Symbolisirung zu dienen. Vom *s* des Verbum *seyn* lässt sich nicht dasselbe, aber doch auch Aehnliches sagen, da es auch zum Theil phonetisch gebraucht wird und seinen Laut nach Massgabe des ihm vorangehenden Vocals verändert.[41]

Wie in den Sprachen eine Entwicklung immer aus der andren, so dass die frühere dadurch bestimmend wird, hervorgeht und wie sich vorzüglich im Sanskrit der Faden dieser Entwicklungen hauptsächlich an den Lautformen fortspinnen lässt, davon ist das Passivum der SanskritGrammatik ein auffallender Beweis. Nach richtigen grammatischen Begriffen ist diese Verbalgattung immer nur ein Correlatum des Activum und zwar eine eigentliche Umkehrung desselben. Indem aber dem Sinne nach der Wirkende zum Leidenden und umgekehrt wird, soll der grammatischen Form nach dennoch der Leidende das Subject des Verbum seyn und der Wirkende von diesem regiert werden. Von dieser, einzig richtigen Seite hat die grammatische Formenbildung das Passivum im Sanskrit nicht aufgefasst, wie sich überhaupt, am deutlichsten aber da verräth, wo der Infinitiv des Passivum ausgedrückt werden soll. Zugleich aber bezeichnet das Passivum etwas mit der Person Vorgehendes, sich auf sie mit Ausschliessung ihrer Thätigkeit innerlich Beziehendes.

Da nun die Sanskritsprache unmittelbar darauf gekommen war, das Wirken nach aussen und das Erfahren im Innren in der ganzen Abwandlung des Verbum von einander zu trennen, so fasste sie der Form nach auch das Passivum von dieser Seite auf. Dadurch entstand es wohl, dass diejenige Verbalclasse, die vorzugsweise jene innere Abwandlungsart verfolgte, auch zur Kennsylbe des Passivum die Veranlassung gab. Ist nun aber das Passivum in seinem richtigen Begriff, gleichsam als die Vereinigung eines zwischen Bedeutung und Form liegenden und unaufgehoben bleibenden Widerspruchs schwierig, so ist es in der Zusammenschliessung mit der im Subjecte selbst befangenen Handlung nicht adaequat aufzufassen und kaum von Nebenbegriffen rein zu erhalten. In der ersteren Beziehung sieht man, wie einige Sprachen, z. B. die Malayischen und unter diesen am sinnreichsten die Tagalische mühsam danach streben, eine Art von Passivum hervorzubringen. In der letzteren Beziehung wird es klar, dass der reine Begriff, den die spätere Sanskritsprache, wie wir aus ihren Werken sehen, richtig auffasste, in die frühere Sprachformung durchaus nicht übergieng. Denn anstatt dem Passivum einen durch alle Tempora gleichförmig oder analog durchgehenden Ausdruck zu geben, knüpft sie dasselbe an die vierte Classe der Verba und lässt es ihre Kennsylbe an den Gränzen derselben ablegen, indem sie sich in den nicht innerhalb dieser Schranken befindlichen Formen an unvollkommener Bezeichnung begnügt.

Im Sanskrit also, um zu unsrem Hauptgegenstande zurückzukehren, hat das Gefühl der zusammenfassenden Kraft des Verbum die Sprache vollständig durchdrungen. Es hat sich in derselben nicht bloss einen entschiednen, sondern gerade den ihm allein zusagenden Ausdruck, einen rein symbolischen geschaffen, ein Beweis seiner Stärke und Lebendigkeit. Denn ich habe schon oft in diesen Blättern bemerkt, dass, wo die Sprachform klar und lebendig im Geiste dasteht, sie in die, sonst die äussere Sprachbildung leitende äussere Entwicklung eingreift, sich selbst geltend macht und nicht zugiebt, dass im blossen Fortspinnen angefangner Fäden statt der reinen Formen gleichsam Surrogate derselben gebildet werden. Das Sanskrit giebt uns hier zugleich vom Gelingen und Mislingen in diesem Punkt passende Beispiele. Die Function des Verbum drückt es rein und entscheidend aus, in der Bezeichnung des Passivum lässt es sich auf der Verfolgung des äusseren Weges irre leiten.

Eine der natürlichsten und allgemeinsten Folgen der inneren Verkennung oder vielmehr der nicht vollen Anerkennung der Verbalfunction ist die Verdunkelung der Gränzen zwischen Nomen und Verbum. Dasselbe Wort kann als beide Redetheile gebraucht werden; jedes Nomen lässt sich zum Verbum stempeln; die Kennzeichen des Verbum modificiren mehr seinen Begriff, als sie seine Function charakterisiren; die der Tempora und Modi begleiten das Verbum in eigner Selbstständigkeit und die Verbindung des Pronomen ist so lose, dass man gezwungen wird, zwischen demselben und dem angeblichen Verbum, das eher eine Nominalform mit Verbalbedeutung ist, das Verbum *seyn* im Geist zu ergänzen. Hieraus entsteht natürlich, dass wahre Verbalbeziehungen zu Nominalbeziehungen hingezogen werden und beide auf die mannigfaltigste Weise in einander übergehen. Alles hier Gesagte trifft vielleicht nirgends in so hohem Grade zusammen, als im Malayischen Sprachstamm, der auf der einen Seite mit wenigen Ausnahmen an Chinesischer Flexionslosigkeit leidet und auf der andren nicht, wie die Chinesische Sprache, die grammatische Formung mit verschmähender Resignation zurückstösst, sondern dieselbe sucht, einseitig erreicht und in dieser Einseitigkeit wunderbar vervielfältigt. Von den Grammatikern als vollständige durch ganze Conjugationen durchgeführte Bildungen lassen sich deutlich als wahre Nominalformen nachweisen, und obgleich das Verbum keiner Sprache fehlen kann, so wandelt dennoch den, welcher den wahren Ausdruck dieses Redetheiles sucht, in den Malayischen Sprachen gleichsam ein Gefühl seiner Abwesenheit an. Dies gilt nicht bloss von der Sprache auf Malacca, deren Bau überhaupt von noch grösserer Einfachheit, als der der übrigen ist, sondern auch von der, in der Malayischen Weise sehr formenreichen Tagalischen. Merkwürdig ist es, dass im Javanischen durch die blosse Veränderung des Anfangsbuchstaben in einen andren derselben Classe Nominal- und Verbalformen wechselweise in einander übergehen. Dies scheint auf den ersten Anblick eine wirklich symbolische Bezeichnung; ich werde weiter unten (2. Buch.) zeigen, dass diese Buchstabenveränderung nur die Folge der Abschleifung eines Praefixes im Laufe der Zeit ist. Ich verbreite mich nur hier nicht ausführlicher über diesen Gegenstand, da er im zweiten und dritten Buche dieser Schrift ausführlich und an seiner eigentlichen Stelle erörtert werden muss.

In den Sprachen, in welchen das Verbum gar keine oder sehr unvollkommne Kennzeichen seiner wahren Function besitzt, fällt es von selbst mehr oder weniger mit dem Attributivum, also einem Nomen zusammen und das eigentliche Verbum, welches das wirkliche Setzen des Gedachten andeutet, muss, als Verbum *seyn,* zu dem Subject und diesem Attributivum geradezu ergänzt werden. Eine solche Auslassung des Verbum da, wo einer Sache bloss eine Eigenschaft beigelegt werden soll, ist auch den höchstgebildeten Sprachen nicht fremd. Namentlich trifft man sie häufig im Sanskrit und Lateinischen, seltner im Griechischen an. Neben einem vollkommen ausgebildeten Verbum hat sie mit der Charakterisirung des Verbum nichts zu schaffen, sondern ist bloss eine Art der Satzbildung. Dagegen geben einige der Sprachen, welche in ihrem Bau den Verbalausdruck nur mit Mühe erringen, diesen Constructionen eine besondere Form und ziehen dieselben dadurch gewis-

sermassen in den Bau des Verbum hinein. So kann man im Mexicanischen *ich liebe* sowohl durch *ni-tlazotla,* als durch *ni-tlazotla-ni* ausdrücken. Das Erstere ist die Verbindung des Verbalpronomen mit dem
Stamme des Verbum, das Letztere die gleiche mit dem Participium, insofern nemlich gewisse Mexicanische Verbaladjectiva, ob sie gleich
nicht den Begriff des Verlaufs der Handlung (das Element, aus welchem
erst vermittelst der Verbindung mit den drei Stadien der Zeit das eigentliche Tempus entsteht)[42] enthalten, doch in der Rücksicht Participia heissen können, als sie activer, passiver oder reflexiver Bedeutung
sind. Vetancurt macht in seiner Mexicanischen Grammatik[43] die zweite
der obigen Mexicanischen Formen zu einem Gewohnheit andeutenden
Tempus. Dies ist zwar eine offenbar irrige Ansicht, da eine solche Form
im Verbum kein Tempus seyn könnte, sondern, was nicht der Fall ist,
durch die Tempora durchflectirt werden müsste. Man sieht aber aus
Vetancurt's genauerer Bestimmung der Bedeutung des Ausdrucks, dass
derselbe nichts andres, als die Verbindung eines Pronomen und eines
Nomen mit ausgelassenem Verbum *seyn* ist. *Ich liebe* hat den reinen
Verbalausdruck; *ich bin ein Liebender* (d. h. ich pflege zu lieben) ist genau genommen keine Verbalform, sondern ein Satz. Die Sprache aber
stempelt diese Construction gewissermassen zum Verbum, da sie in derselben nur den Gebrauch des Verbalpronomen erlaubt. Sie behandelt
auch das Attributivum dadurch wie ein Verbum, dass sie demselben die
von ihm regierten Wörter beigiebt: *ni-te-tla-namaca-ni, ich (bin) ein jemandem etwas Verkaufender,* d. i. ich pflege zu verkaufen, bin Kauf-
mann.

Die gleichfalls Neuspanien angehörende Mixteca-Sprache unterscheidet den Fall, wo das Attributivum, als schon dem Substantivum
anhängend, bezeichnet und wo es demselben erst durch den Verbalausdruck beigelegt wird, durch die Stellung beider Redetheile. Im ersteren
muss das Attributivum auf das Substantivum folgen, im letzteren demselben vorausgehen: *naha quadza, die böse Frau, quadza naha, die
Frau ist böse.*[44]

Das Unvermögen, den Ausdruck des zusammenfassenden Seyns unmittelbar in die Form des Verbum zu legen, welches in den eben genannten Fällen diesen Ausdruck gänzlich fehlen lässt, kann auch im Gegentheil dahin führen, ihn ganz materiell da eintreten zu lassen, wo
er auf diese Weise nicht stehen soll. Dies geschieht, wenn zu einem wahrhaft attributiven Verbum (er geht, er fliegt) das Seyn in einem wirklichen Hülfsverbum herbeigezogen wird (er ist gehend, fliegend). Doch
hilft dies Auskunftsmittel eigentlich der Verlegenheit des sprachbildenden Geistes nicht ab. Da dies Hülfsverbum selbst die Form eines Verbum haben muss und wieder nur die Verbindung des Seyns mit einem
energischen Attributiv seyn kann, so entsteht immer wieder die nemli-

che und der Unterschied ist bloss der, dass, da dieselbe sonst bei jedem Verbum zurückkehrt, sie hier nur in Einem festgehalten wird. Auch zeigt das Gefühl der Nothwendigkeit eines solchen Hülfsverbum, dass der Sprachbildung, wenn sie auch nicht die Kraft besessen hat, der wahren Function des Verbum einen richtigen Ausdruck zu schaffen, dennoch der Begriff derselben gegenwärtig gewesen ist. Es würde unnütz seyn, für eine in den Sprachen, theils bei der ganzen Verbalbildung, theils bei der einzelner Abwandlungen häufig vorkommende Sache Beispiele anführen zu wollen. Dagegen verweile ich einige Augenblicke bei einem interessanteren und seltneren Falle, nemlich bei dem, wo die Function des Hülfsverbum (der Hinzufügung des Seyns) einem andren Redetheil, als dem Verbum selbst, nemlich dem Pronomen auf übrigens ganz gleiche Weise zugetheilt ist.

In der Sprache der Yarura, einer Völkerschaft am Casanare und unteren Orinoco, wird die ganze Conjugation auf die einfachste Weise durch die Verbindung des Pronomen mit den Partikeln der Tempora gebildet. Diese Verbindungen machen für sich das Verbum *seyn* und einem Worte suffigirt die Abwandlungssylben desselben aus. Ein eigner Wurzellaut, der nicht zum Pronomen oder zu den TempusPartikeln gehörte, fehlt dem Verbum *seyn* gänzlich, und da das Praesens keine eigne Partikel hat, so bestehen die Personen desselben bloss aus den Personen des Pronomen selbst, die sich nur als Abkürzungen von dem selbstständigen Pronomen unterscheiden.[45] Die drei Personen des Singulars des Verbum *seyn* heissen daher *que, mé, di,*[46] und in buchstäblicher Uebersetzung bloss *ich, du, er.* Im Imperfectum wird diesen Sylben *ri* vorgesetzt, *ri-que, ich war,* und verbunden mit einem Nomen, *ui ri-di, Wasser war* (vorhanden), als wahres Verbum aber *jura-ri-di, er ass.* Hiernach also bedeutete *que ich bin* und diese Form des Pronomen drückte eigentlich die Function des Verbum aus. Indess kann diese Verbindung des Pronomen mit den Zeitpartikeln niemals allein für sich gebraucht werden, sondern immer nur so, dass dadurch vermittelst eines andren Wortes, das aber jeder Redetheil seyn kann, ein Satz gebildet wird. *Que, di* heissen niemals allein *ich bin, er ist,* wohl aber *ui di es ist Wasser, jura-n-di* mit euphonischem *n er isst.* Genau untersucht ist daher die grammatische Form dieser Redensarten nicht das, wovon ich hier spreche, eine Einverleibung des Begriffs des Seyns in das Pronomen, sondern der im Vorigen besprochene Fall einer Auslassung und Ergänzung des Verbum *seyn* bei der Zusammenstellung des Pronomen mit einem andren Worte. Die obige Zeitpartikel *ri* ist übrigens nichts andres, als ein Entfernung anzeigendes Wort. Ihr steht gegenüber die Partikel *re,* welche als Charakteristik des Conjunctivs angegeben wird. Dies *re* ist aber bloss die Praeposition *in,* die in mehreren Amerikanischen Sprachen eine ähnliche Anwendung findet. Sie bildet ein Analogon eines Gerundiums: *jura-re, im Essen, edendo;* und dies Gerundium wird dann durch Vorsetzung des selbstständigen Pronomen zum Conjunctiv oder Optativ gestempelt: *wenn ich* oder *dass ich ässe.* Hier wird der Begriff des Seyns mit der Charakteristik des Conjunctivs verbunden und es fallen daher die, sonst unveränderlich mit ihm verknüpften Verbalsuffixa der Personen hinweg, indem das selbstständige Pronomen vorgesetzt wird. Wirklich nimmt Forneri *re, ri-re* als Gerundia der Gegenwart und der Vergangenheit in sein Paradigma des Verbum *seyn* auf und übersetzt sie: *wenn ich wäre, wenn ich gewesen wäre.*

So wie hier die Sprache zwar eine eigne Form des Pronomen bestimmt, mit welcher beständig und ausschliesslich der Begriff des Seyns verbunden ist, allein der Fall, von dem wir hier reden, dass nemlich dieser Begriff dem Pronomen selbst einverleibt sey, doch nicht rein vorhanden war, ebenso ist es auch, nur wieder auf verschiedene Weise, in der Huasteca-Sprache, die in einem Theile von Neuspanien gesprochen wird. Auch in ihr verbinden sich die Pronomina, jedoch nur die selbstständigen, mit einer Zeitpartikel und machen alsdann das Verbum *seyn* aus. Sie nähern sich diesem in seinem wahren Begriffe um so mehr, als diese Verbindungen, wie in der Yarura-Sprache nicht der Fall war, auch ganz allein stehen können: *nânâ-itz, ich war, tâtâ-itz, du warst,* u. s. w. Beim Verbum attributivum werden die Personen durch andre Pronominalformen angedeutet, welche dem Besitzpronomen sehr nahe kommen. Allein der Ursprung der mit dem Pronomen verbundenen Partikel ist zu unbekannt, als dass sich entscheiden liesse, ob nicht in derselben eine eigne Verbalwurzel enthalten ist. Jetzt dient sie zwar allerdings in der Sprache zur Charakteristik der Tempora der Vergangenheit, beim Imperfectum beständig und ausschliesslich, bei den anderen Zeiten nach besondren Regeln. Die Bergbewohner, bei welchen sich doch wohl die älteste Sprache erhalten hat, sollen aber einen allgemeineren Gebrauch von dieser Sylbe machen und sie auch dem Praesens und Futurum hinzufügen. Bisweilen wird sie auch einem Verbum angehängt, um Heftigkeit der Handlung anzudeuten, und in diesem Sinne, als Verstärkung (wie auch in so vielen Sprachen die Reduplication das Perfectum verstärkend begleitet), könnte sie wohl nach und nach zur ausschliesslichen Charakteristik der Zeiten der Vergangenheit geworden seyn.[47]

In der Maya-Sprache, welche auf der Halbinsel Yucatan gesprochen wird, findet sich dagegen der Fall, von dem wir hier reden, rein und vollständig.[48] Sie besitzt ein Pronomen, welches, allein gebraucht, durch sich selbst das Verbum *seyn* ausmacht, und beweist eine höchst merkwürdige Sorgfalt, die wahre Function des Verbum immer durch ein eignes, besonders dazu bestimmtes Element anzuzeigen. Das Pronomen ist nemlich zwiefach. Die eine Gattung desselben führt den Begriff des Seyns mit sich, die andre besitzt diese Eigenschaft nicht, verbindet

sich aber auch mit dem Verbum. Die erstere dieser Gattungen theilt
sich in zwei Unterarten, von welchen die eine die Bedeutung des Seyns
nur in Verbindung mit einem andren Worte hinzubringt, die andre aber
dieselbe unmittelbar in sich enthält. Diese letztere Unterart bildet, da
sie sich auch mit den Partikeln der Tempora verbindet (die der Sprache
jedoch im Praesens und Perfectum fehlen), vollkommen das Verbum
seyn. In den beiden ersten Personen des Singulars und Plurals lauten
diese Pronomina *Pedro en, ich bin Peter,* und so analogisch fort: *ech,
on, ex;* dagegen *ten, ich bin, tech, du bist, toon, wir sind, teex, ihr seid.*
Ein selbstständiges Pronomen ausser den hier genannten drei Gattungen giebt es nicht, sondern die zugleich als Verbum *seyn* dienende *(ten)*
wird dazu gebraucht. Die den Begriff des Seyns nicht mit sich führende
wird allemal affigirt und *en* hat durchaus keinen andren, als den angeführten Gebrauch. Wo das Verbum die erste Gattung des Pronomen
entbehrt, verbindet es sich regelmässig mit der zweiten. Alsdann aber
findet sich in den Formen desselben ein Element (*cah* und *ah,* nach bestimmten Regeln abwechselnd), welches bei der Zergliederung desselben, wenn man alle das Verbum gewöhnlich begleitende Elemente (Personen, Zeit, Modus u. s. f.) absondert, übrig bleibt. *En, ten, cah* und *ah*
erscheinen daher in allen Verbalformen, jedoch immer so, dass eine dieser Sylben die übrigen ausschliesst, woraus schon für sich hervorgeht,
dass alle Ausdruck der Verbalfunction sind, so dass eine nicht fehlen
kann, dagegen jede den Gebrauch der andren überflüssig macht. Ihre
Anwendung unterliegt nun bestimmten Regeln. *En* wird bloss beim intransitiven Verbum und auch bei ihm nicht im Praesens und Imperfectum, sondern nur in den übrigen Zeiten gebraucht, *ah* mit demselben
Unterschiede bei den transitiven Verben, *cah* bei allen Verben ohne
Unterschied, jedoch nur im Praesens und Imperfectum. *Ten* findet sich
bloss in einer angeblich anomalen Conjugation. Untersucht man diese
genauer, so führt sie die Bedeutung einer Gewohnheit oder eines bleibenden Zustandes mit sich und die Form erhält, mit Wegwerfung von
cah und *ah,* Endungen, die zum Theil auch die sogenannten Gerundia
bilden. Es geht also hier eine Verwandlung einer Verbalform in eine
Nominalform vor sich und diese Nominalform bedarf nun des wahren
Verbum *seyn,* um wieder zum Verbum zu werden. Insofern stimmen
diese Formen gänzlich mit dem oben erwähnten Mexicanischen Ge-
wohnheitsTempus überein. Bemerken muss ich noch, dass in dieser
Vorstellungsweise der Begriff der transitiven Verba auf solche beschränkt wird, welche wirklich einen Gegenstand ausser sich regieren.
Unbestimmt gebrauchte, wahre Activa, *lieben, tödten,* so wie diejenigen, welche, wie das Griechische οἰκοδομέω, den regierten Gegenstand
in sich enthalten, werden als intransitiv behandelt.

Es wird schon dem Leser aufgefallen seyn, dass die beiden Unterarten der ersten Pronominalgattung sich bloss durch ein vorgesetztes *t* unterscheiden. Da sich dies *t* gerade in demjenigen Pronomen findet, welches durch sich selbst Verbalbedeutung hat, so ist die natürliche Vermuthung die, dass es den Wurzellaut eines Verbum ausmacht, so dass genauer ausgedrückt nicht das Pronomen in der Sprache als Verbum *seyn,* sondern umgekehrt dies Verbum als Pronomen gebraucht würde. Die unzertrennliche Verbindung der Existenz mit der Person bliebe alsdann dieselbe, die Ansicht aber wäre dennoch verschieden. Dass *ten* und die übrigen von ihm abhängigen Formen wirklich auch als blosse selbstständige Pronomina gebraucht werden, sieht man aus dem Mayischen Vaterunser.[49] In der That halte auch ich dies *t* für einen Stimmlaut, allein nicht eines Verbum, sondern des Pronomen selbst. Hierfür spricht der für die dritte Person geltende Ausdruck. Dieser ist nemlich gänzlich von den beiden ersten verschieden und im Singular für beide das Verbum *seyn* ausdrückende Gattungen *lai-lo,* im Plural für die nicht als Verbum dienende Gattung *ob,* für die andre *loob.* Wäre nun *t* Wurzellaut eines Verbum, so liesse sich dies auf keine Weise erklären. Da aber mehrere Sprachen eine Schwierigkeit finden, die dritte Person in ihrem reinen Begriffe aufzufassen und vom Demonstrativpronomen zu trennen, so kann es nicht auffallend erscheinen, dass die beiden ersten Personen einen nur ihnen eigenthümlichen Stammlaut haben. Wirklich wird in der Mayischen Sprache ein angebliches Pronomen relativum *lai* aufgeführt und auch andre Amerikanische Sprachen besitzen durch mehrere oder alle Personen des Pronomen durchgehende Stammlaute. In der Sprache der Maipuren findet sich die dritte Person, nur mit verschiedenem Zusatz, in den beiden ersten wieder, gleichsam als hiessen, wenn die dritte vielleicht ursprünglich Mensch bedeutete, die beiden ersten der Ich-Mensch und der Du-Mensch. Bei den Achaguas haben alle drei Personen des Pronomen die gleiche Endsylbe. Beide diese Völkerschaften wohnen zwischen dem Rio Negro und dem oberen Orinoco. Zwischen den beiden Hauptgattungen des Mayischen Pronomen ist nur in einigen Personen eine Verwandtschaft der Laute, in andren herrscht dagegen grosse Verschiedenheit. Das *t* findet sich in dem affigirten Pronomen nirgends. Das *ex* und *ob* der zweiten und dritten Pluralperson des mit der Bedeutung des Seyns verbundenen Pronomen ist gänzlich in dieselben Personen des andren, diese Bedeutung nicht mit sich führenden Pronomen übergegangen. Da aber diese Sylben hier der zweiten und dritten Person des Singulars nur als Endungen beigefügt sind, so erkennt man, dass sie, von jenem, vielleicht älteren Pronomen entnommen, dem andren bloss als Pluralzeichen dienen.

Cah und *ah* unterscheiden sich auch nur durch den hinzugefügten Consonanten und dieser scheint mir ein wahrer Verbalwurzellaut, der, verbunden mit *ah,* ein Hülfsverbum *seyn* bildet. Wo *cah* einem Verbum beständig einverleibt ist, führt es den Begriff der Heftigkeit mit sich und dadurch mag es gekommen seyn, dass die Sprache sich dessen bedient hat, alle Handlungen, da in jeder Kraft und Beweglichkeit liegt, zu bezeichnen. Mit wahrhaft feinem Tact aber ist *cah* doch nur der Lebendigkeit der währenden Handlung, also dem Praesens und Imperfectum aufbehalten worden. Dass *cah* wirklich als ein Verbalstamm behandelt wird, beweist die Verschiedenheit der Stellung des affigirten Pronomen in den Formen mit *cah* und mit *ah.* In den ersteren steht dies Pronomen immer unmittelbar vor dem *cah,* in den andren nicht vor dem *ah,* sondern vor dem attributiven Verbum. Da es sich nun immer einem StammWort, Nomen oder Verbum praefigirt, so beweist dies deutlich, dass *ah* in diesen Formen keines von beiden ist, dass es dagegen mit *cah* eine andere Bewandtniss hat. So ist von *canan, bewachen,* die erste Person des Singulars im Praesens *canan-in-cah,* dagegen dieselbe Person im Perfectum *incanan-t-ah. In* ist Pron. 1. sing., das dazwischengeschobene *t* ein euphonischer Laut. *Ah* hat in der Sprache als Praefix einen mehrfachen Gebrauch, indem es Charakteristik des männlichen Geschlechtes, der Ortsbewohner, endlich der aus Activverben gebildeten Nomina ist. Es mag daher aus einem Substantivum zum Demonstrativpronomen und endlich zum Affixum geworden seyn. Da es seinem Ursprunge nach weniger geeignet ist, die heftige Beweglichkeit des Verbum anzuzeigen, so bleibt es für die Bezeichnung der Tempora, welche der unmittelbaren Erscheinung ferner liegen. Dieselben Tempora intransitiver Verba verlangen noch mehr, um in das Verbum einzutreten, von dem bloss ruhenden Begriff des Seyns und begnügen sich daher mit demjenigen Pronomen, bei welchem dieser immer hinzugedacht wird. So bezeichnet die Sprache verschiedene Grade der Lebendigkeit der Erscheinungen und bildet daraus ihre Conjugationsformen auf eine künstlichere Weise, als es selbst die hochgebildeten Sprachen thun, allein nicht auf einem so einfachen, naturgemässen, die Functionen der verschiedenen Redetheile richtig abgränzenden Wege. Der Bau des Verbum ist daher immer fehlerhaft; es leuchtet doch aber sichtbar das Gefühl der wahren Function des Verbum und ein sogar ängstliches Bemühen, es nicht dafür an einem Ausdruck fehlen zu lassen, daraus hervor.

Das affigirte Pronomen der zweiten Hauptgattung dient auch als Besitzpronomen bei Substantiven. Es verräth ein völliges Miskennen des Unterschiedes zwischen Nomen und Verbum, dem letzteren ein Besitzpronomen zuzutheilen, *unser Essen* mit *wir essen* zu verwechseln. Dies scheint mir jedoch in den Sprachen, die sich dessen schuldig machen, mehr ein Mangel der gehörigen Absonderung der verschiedenen Prominalgattungen von einander. Denn offenbar wird der Irrthum geringer, wenn der Begriff des Besitzpronomen selbst nicht in seiner eigentlichen Schärfe aufgefasst wird, und dies scheint mir hier der Fall. Fast in allen

Amerikanischen Sprachen geht das Verständniss ihres Baues gleichsam vom Pronomen aus und dies schlingt sich in zwei grossen Zweigen, als Besitzpronomen um das Nomen, als regierend oder regiert um das Verbum und beide Redetheile bleiben meistentheils immer mit ihm verbunden. Gewöhnlich besitzt die Sprache hierfür auch verschiedene Pronominalformen. Wo dies aber nicht der Fall ist, verbindet sich der Begriff der Person schwankend und unbestimmt mit dem einen und dem andren Redetheil. Der Unterschied beider Fälle wird wohl empfunden, aber nicht mit der formalen Schärfe und Bestimmtheit, welche der Uebergang in die Lautbezeichnung erfordert. Bisweilen deutet sich aber die Empfindung des Unterschiedes doch auf andere Weise, als durch die genaue Absonderung eines doppelten Pronomen an. In der Sprache der Betoi, die auch um den Casanare und unteren Orinoco herum wohnen, hat das Pronomen, wenn es sich mit dem Verbum, als regierend, verbindet, eine von der des Besitzpronomen beim Nomen verschiedene Stellung. Das Besitzpronomen wird nemlich vorn, das die Person des Verbum begleitende hinten angehängt; die Verschiedenheit der Laute besteht nur in einer durch die Anfügung hervorgebrachten Abkürzung. So heisst *rau tucu mein Haus,* aber *humasoi-rrù Mensch bin ich* und *ajoi-rrù ich bin.* Im letzteren Worte ist mir die Bedeutung der Wurzelsylbe unbekannt. Diese Suffigirung des Pronomen findet aber nur da statt, wo dasselbe aoristisch ohne specielle Zeitbestimmung mit einem andren Worte verbunden wird. Das Pronomen bildet alsdann mit diesem Worte Einen Wortlaut und es entsteht wirklich eine Verbalform. Denn der Accent geht in diesen Fällen von dem verbundenen Worte auf das Pronomen über. Dies ist also gleichsam ein symbolisches Zeichen der Beweglichkeit der Handlung, wie auch im Englischen da, wo dasselbe zweisylbige Wort als Nomen und als Verbum gebraucht werden kann, die Oxytonirung die Verbalform andeutet. Im Chinesischen findet sich zwar auch die Bezeichnung des Ueberganges vom Nomen zum Verbum und umgekehrt durch den Accent, allein nicht in symbolischer Beziehung auf die Natur des Verbum da derselbe Accent unverändert den doppelten Uebergang ausdrückt und nur andeutet, dass das Wort zu dem seiner natürlichen Bedeutung und seinem gewöhnlichen Gebrauche entgegengesetzten Redetheil wird.[50]

Ich habe die obige Auseinandersetzung der Mayischen Conjugation nicht durch die Erwähnung einer Ausnahme unterbrechen mögen, die ich jedoch hier kurz nachholen will. Das Futurum unterscheidet sich nemlich in seiner Bildung gänzlich von den übrigen Tempora. Es verbindet zwar seine Kennsylben mit *ten,* führt aber niemals weder *cah* noch *ah* mit sich, besitzt eigne Suffixa, entbehrt auch bei gewissen Veränderungen seiner Form alle; besonders steht es der Sylbe *ah* entgegen. Denn es schneidet dieselbe auch da ab, wo diese Sylbe wirkliche Endung des Stammverbum ist. Es würde hier zu weit führen, in die Untersuchung einzugehen, ob diese Abweichungen aus der Natur der eigenthümlichen Suffixa des Futurum oder aus andren Gründen entstehen. Gegen das oben Gesagte kann aber diese Ausnahme nichts beweisen. Vielmehr bestätigt die Abneigung gegen die Partikel *ah* die oben derselben beigelegte Bedeutung, da die Ungewissheit der Zukunft nicht die Lebendigkeit eines Pronomen hervorruft und mit der einer wirklich dagewesenen Erscheinung contrastirt.

Wo die Sprachen zwar den Weg einschlagen, die Function des Verbum durch die engere Verknüpfung seiner immer wechselnden Modificationen mit der Wurzel symbolisch anzudeuten, da ist es, wenn sie auch das Ziel nicht vollkommen erreichen, ein günstiges Zeichen für ihr richtiges Gefühl derselben, wenn sie die Enge dieser Verbindung vorzugsweise mit dem Pronomen bezwecken. Sie nähern sich dann immer mehr der Verwandlung des Pronomen in die Person und somit der wahren Verbalform, in welcher die formale Andeutung der Personen (die durch die blosse Vorausschickung des selbstständigen Pronomen nicht erreicht wird) der wesentlichste Punkt ist. Alle übrigen Modificationen des Verbum (die Modi abgerechnet, die mehr der Satzbildung angehören) können auch den, mehr dem Nomen gleichenden, erst durch die Verbalfunction in Bewegung zu setzenden Theil des Verbum charakterisiren. Hierin vorzüglich liegt der Grund, dass in den Malayischen Sprachen, in gewisser Aehnlichkeit mit dem Chinesischen, die Verbalnatur so wenig sichtbar hervorspringt. Die bestimmte Neigung der Amerikanischen, das Pronomen auf irgend eine Weise zu affigiren, führt dieselben hierin auf einen richtigeren Weg. Werden alle Modificationen des Verbum wirklich mit der Wurzelsylbe verknüpft, so beruht die Vollkommenheit der Verbalformen nur auf der Enge der Verknüpfung, auf dem Umstande, ob sich die im Verbum liegende Kraft des Setzens energischer als flectirend oder träger als agglutinirend erweist.

Act des selbstthätigen Setzens in der Sprache. Conjunction

Gleich stark, als das Verbum beruht in den Sprachen die richtige und genügende Bildung von Conjunctionen auf der Thätigkeit derselben Kraft des sprachbildenden Geistes, von der wir hier reden. Denn die Conjunction, im eigentlichen Sinne des Ausdrucks genommen, zeigt die Beziehungen zweier Sätze auf einander an und es liegt daher ein doppeltes Zusammenfassen, eine verwickeltere Synthesis in ihr. Jeder Satz muss als Eins genommen, diese Einheiten müssen aber wieder in eine grössere verknüpft und der vorhergehende Satz so lange schwebend vor der Seele erhalten werden, bis der nachfolgende der ganzen Aussage die

vollendete Bestimmung giebt. Die Satzbildung erweitert sich hier zur
Periode und die Conjunctionen theilen sich in die leichteren, die nur
Sätze verbinden und trennen, und in die schwierigeren, welche einen
Satz von dem andren abhängig machen. In diesen, gleichsam gerade
fortlaufenden oder verschlungenen Gang der Periode setzten schon
Griechische Grammatiker das Kennzeichen des einfacheren und des
sich kunstvoll erhebenden Styls. Die bloss verbundenen Sätze laufen in
unbestimmter Folge nach einander hin und gestalten sich nicht zu einem, Anfang und Ende auf einander beziehenden Ganzen, da hingegen
die wahrhaft zur Periode verknüpften sich, gleich den Steinen eines
Gewölbes, gegenseitig stützen und halten.[51] Die weniger gebildeten
Sprachen haben gewöhnlich Mangel an Conjúnctionen oder bedienen
sich dazu nur mittelbar zu diesem Gebrauch passender, ihm nicht ausschliesslich gewidmeter Wörter und lassen sehr oft die Sätze unverbunden auf einander folgen. Auch die von einander abhängigen werden,
soviel es irgend geschehen kann, in gerade fortlaufende verwandelt und
hiervon tragen selbst ausgebildete Sprachen noch die Spuren an sich.
Wenn wir z. B. sagen: *ich sehe, daß du fertig bist,* so ist das gewiss nichts
andres, als *ich sehe das: du bist fertig,* nur dass das richtige grammatische Gefühl in späterer Zeit die Abhängigkeit des Folgesatzes symbolisch durch die Umstellung des Verbum angedeutet hat.

Act des selbstthätigen Setzens in der Sprache. Pronomen relativum

Am schwierigsten für die grammatische Auffassung ist das, in dem Pronomen relativum vorgehende synthetische Setzen. Zwei Sätze sollen
dergestalt verbunden werden, dass der eine einen blossen Beschaffen-
heitsausdruck eines Nomen des andren ausmacht. Das Wort, durch welches dies geschieht, muss daher zugleich Pronomen und Conjunction
seyn, das Nomen durch Stellvertretung darstellen und einen Satz regieren. Sein Wesen geht sogleich verloren, als man sich nicht die beiden in
ihm verbundenen Redetheile, einander modificirend, als untheilbar zu-
sammendenkt. Die Beziehung beider Sätze auf einander fordert endlich, dass das Conjunctions-Pronomen (das Relativum) in dem Casus
stehe, welchen das Verbum des relativen Satzes erfordert, dennoch
aber, welches dieser Casus immer seyn möge, den Satz selbst, an dessen
Spitze stehend, regiere. Hier häufen sich offenbar die Schwierigkeiten
und der ein Pronomen relativum mit sich führende Satz kann erst vermittelst des andren vollständig aufgefasst werden. Ganz dem Begriffe
dieses Pronomen entsprechen können nur die Sprachen, in welchen das
Nomen declinirbar ist. Allein auch von diesem Erforderniss abgesehen
wird es den meisten, weniger gebildeten Sprachen unmöglich, einen

wahren Ausdruck dieser Satzbezeichnung zu finden, das Relativpronomen fehlt ihnen wirklich; sie umgehen, so viel als möglich, den Gebrauch desselben, wo dies aber durchaus nicht geschehen kann, bedienen sie sich mehr oder weniger geschickt dessen Stelle vertretender
Constructionen.

Eine solche, aber in der That sinnreiche ist in der Quichua-Sprache,
der allgemeinen Peruanischen, üblich. Die Folge der Sätze wird umgekehrt, der relative geht, als selbstständige und einfache Aussage voran,
der Hauptsatz folgt ihm nach. Im relativen aber wird das Wort, auf welches die Beziehung trifft, weggelassen und eben dies Wort mit ihm vor-
ausgeschicktem Demonstrativpronomen an die Spitze des Hauptsatzes
und in den von dessen Verbum regierten Casus gestellt. Anstatt also zu
sagen: der Mensch, welcher auf Gottes Gnade vertraut, erlangt dieselbe; dasjenige, was du jetzt glaubst, wirst du künftig im Himmel offenbart sehen; ich werde den Weg gehen, welchen du mich führst; sagt
man: er vertraut auf Gottes Gnade, dieser Mensch erlangt dieselbe; du
glaubst jetzt, dieses wirst du künftig im Himmel offenbart sehen; du
führst mich, diesen Weg werde ich gehen. In diesen Constructionen ist
die wesentliche Bedeutung der Relativsätze, dass nemlich ein Wort nur
unter der im Relativsatze enthaltenen Bestimmung gedacht werden soll,
nicht nur erhalten, sondern auch gewissermassen symbolisch ausgedrückt. Der Relativsatz, auf den sich die Aufmerksamkeit zuerst sammeln soll, geht voraus und ebenso stellt sich das durch ihn bestimmte
Nomen an die Spitze des Hauptsatzes, wenn seine Construction ihm
auch sonst eine andere Stelle anweisen würde. Allein alle grammatischen Schwierigkeiten der Fügung sind umgangen. Die Abhängigkeit
beider Sätze bleibt ohne Ausdruck; die künstliche Methode, den Relativsatz immer durch das Pronomen regieren zu lassen, wenn auch dasselbe eigentlich von seinem Verbum regiert wird, fällt ganz hinweg. Es
giebt überhaupt gar kein Relativpronomen in diesen Fügungen. Es wird
aber dem Nomen das gewöhnliche und leicht zu fassende Demonstrativpronomen beigegeben, so dass die Sprache sichtbar die Wechselbeziehung beider Pronomina auf einander dunkel gefühlt, allein dieselbe
von der leichteren Seite aus angedeutet hat. Die Mexicanische Sprache
verfährt kürzer in diesem Punkt, aber nicht auf eine der wahren Bedeutsamkeit des Relativsatzes so nahe kommende Weise. Sie stellt vor den
Relativsatz das Wort *in,* welches zugleich die Stelle des Demonstrativpronomen und des Artikels vertritt, und knüpft ihn in dieser Gestalt an
den Hauptsatz.

Betrachtung der Flexionssprachen in ihrer Fortentwicklung

Wenn ein Volksstamm in seiner Sprache die Kraft des synthetischen Setzens bis zu dem Grade bewahrt, ihm in dem Baue derselben einen genügenden und gerade den geeigneten Ausdruck zu geben, so folgt daraus zunächst eine sich in allen Theilen gleich bleibende glückliche Anordnung ihres Organismus. Wenn das Verbum richtig construirt ist, so müssen es nach der Art, wie dasselbe den Satz beherrscht, auch die übrigen Redetheile seyn. Dieselbe, Gedanken und Ausdruck in ihr richtiges und fruchtbringendstes Verhältniss setzende Kraft durchdringt sie in allen ihren Theilen und es kann ihr in dem leichteren nicht mislingen, wenn sie die grössere Schwierigkeit der satzbildenden Synthesis überwunden hat. Der wahre Ausdruck dieser letzteren kann daher nur ächten Flexionssprachen und unter denselben immer nur denen, die es in höherem Grade sind, eigen seyn. Sachausdruck und Beziehung müssen in richtigem Verhältniss stehenden Ausdruck finden, die Worteinheit muss unter dem Einfluss des Rhythmus die höchste Festigkeit besitzen und der Satz dagegen wieder die, seine Freiheit sichernde Trennung der einzelnen Worte zeigen. Diesen ganzen glücklichen Organismus bringt in der Sprache die Kraft der Synthesis, als eine nothwendige Folge hervor.

Im Innren der Seele aber führt sie das vollendete Uebereinstimmen des fortschreitenden Gedanken mit der ihn begleitenden Sprache mit sich. Da Denken und Sprechen sich immer wechselsweise vollenden, so wirkt der richtige Gang in beiden auf eine, ununterbrochene Fortschritte verbürgende Weise. Die Sprache, insofern sie materiell ist und zugleich von äusseren Einwirkungen abhängt, setzt, sich selbst überlassen, der auf sie wirkenden inneren Form Schwierigkeiten in den Weg oder schleicht, ohne recht vorwaltendes Eingreifen jener, in ihren Bildungen nach ihr eigenthümlichen Analogien fort. Wo sie aber, von innerer energischer Kraft durchdrungen, sich durch diese getragen fühlt, erhebt sie sich freudig und wirkt nun durch ihre materielle Selbstständigkeit zurück. Gerade hier wird ihre bleibende und unabhängige Natur wohlthätig, wenn sie, wie es bei glücklichem Organismus sichtbar der Fall ist, immer neu aufkeimenden Generationen zum begeisternden Werkzeuge dient. Das Gelingen geistiger Thätigkeit in Wissenschaft und Dichtung beruht, ausser den inneren nationellen Anlagen und der Beschaffenheit der Sprache, zugleich auf mannigfaltigen äusseren, bald vorhandenen, bald fehlenden Einflüssen. Da aber der Bau der Sprache unabhängig von solchen sich forterhält, so bedarf es nur eines glücklichen Anstosses, um das Volk, dem sie angehört, erkennen zu lassen, dass es in ihr ein zu ganz andrem Gedankenschwunge geeignetes Werkzeug besitzt. Die nationellen Anlagen erwachen und ihrem Zusammenwirken mit der Sprache erblüht eine neue Periode. Wenn man die Geschichte der Völker vergleicht, so findet man dies zwar seltner auf die Weise, dass eine Nation zwei verschiedne und nicht mit einander zusammenhängende Blüthen ihrer Literatur erlebte. Aber in andrer Beziehung kann man, wie es mir scheint, nicht umhin, ein solches Aufblühen der Völker zu einer höheren geistigen Thätigkeit aus einem Zustande abzuleiten, in welchem sowohl in ihren geistigen Anlagen, als in ihrer Sprache selbst die Keime der kräftigen Entwicklung schon gleichsam schlummernd und praeformirt lagen. Möge man auch ganze Zeitalter von Sängern vor Homer annehmen, so ist gewiss doch die Griechische Sprache auch durch sie nur ausgebildet, nicht aber ursprünglich gebildet worden. Ihr glücklicher Organismus, ihre ächte Flexionsnatur, ihre synthetische Kraft, mit Einem Worte alles das, was die Grundlage und den Nerv ihres Baues ausmacht, war ihr gewiss schon eine unbestimmbare Reihe von Jahrhunderten hindurch eigen. Auf die entgegengesetzte Weise sehen wir auch Völker im Besitze der edelsten Sprachen, ohne dass sich unsrer Kenntniss nach jemals in denselben eine dem entsprechende Literatur entwickelt hätte. Der Grund lag also hier in mangelndem Anstoss oder hemmenden Umständen. Ich erinnere hier bloss an die, dem Sanskritischen Stamm, zu dem sie gehört, viel glücklicher, als andre ihrer Schwestern getreu gebliebene Litthauische Sprache. Wenn ich die hemmenden und fördernden Einflüsse äussere und zufällige oder besser historische nenne, so ist dieser Ausdruck wegen der wirklichen Gewalt, welche ihre Gegenwart oder Abwesenheit ausübt, vollkommen richtig. In der Sache selbst aber kann die Wirkung doch nur von innen ausgehen. Es muss ein Funke geweckt, ein Band, welches gleichsam die Federkraft der Seele sich auszudehnen hindert, gelöst werden und dies kann urplötzlich, ohne langsame Vorbildungen geschehen. Das wahre und immer unbegreiflich bleibende Entstehen wird darum nicht erklärbarer, dass man seinen ersten Moment weiter hinaufschiebt.

Der Einklang der Sprachbildung mit der gesammten Gedankenentwicklung, von dem wir im concreten Sprachbau den geeigneten Ausdruck des synthetischen Setzens als ein glückliches Zeichen betrachtet haben, führt zunächst auf diejenige geistige Thätigkeit, welche allein aus dem Innren heraus schöpferisch ist. Wenn wir den gelungenen Sprachbau bloss als rückwirkend betrachten und augenblicklich vergessen, dass, was er dem Geiste ertheilt, er erst selber von ihm empfieng, so gewährt er Kraft der Intellectualität, Klarheit der logischen Anordnung, Gefühl von etwas Tieferem, als sich durch blosse Gedankenzergliederung erreichen lässt, und Begierde, es zu ergründen, Ahndung einer Wechselbeziehung des Geistigen und Sinnlichen und endlich rhythmisch melodische, auf allgemeine künstlerische Auffassung bezogene Behandlung der Töne oder befördert alles dies, wo es schon von selbst vorhanden ist. Durch das Zusammenstreben der geistigen Kräfte in der entsprechenden Richtung entsteht daher, so wie nur ein irgend weckender Funke aufsprüht, eine Thätigkeit rein geistiger Gedanken-entwicklung und so ruft ein lebendig empfundener, glücklicher Sprach-bau durch seine eigne Natur Philosophie und Dichtung hervor. Das Gedeihen beider lässt aber wieder umgekehrt auf die Lebendigkeit jener Einwirkung der Sprache zurückschliessen. Die sich fühlende Sprache bewegt sich am liebsten da, wo sie sich herrschend zu seyn dünkt, und auch die geistige Thätigkeit äussert ihre grösste Kraftanstrengung und erreicht ihre höchste Befriedigung da, wo sie in intellectueller Betrachtung oder in selbstgeschaffener Bildung aus ihrer eignen Fülle schöpft oder die Endfäden wissenschaftlicher Forschung zusammenknüpft. In diesem Gebiete tritt aber auch am lebendigsten die intellectuelle Individualität hervor. Indem also ein hochvollendeter, aus glücklichen Anlagen entstandener und sie fortdauernd nährender und anregender Sprachbau das Lebensprincip der Sprache sichert, veranlasst und befördert er zugleich die Mannigfaltigkeit der Richtungen, die sich in der oben betrachteten Verschiedenheit der Charaktere der Sprachen desselben Sprachstammes offenbart.

Wie lässt sich aber die hier ausgeführte Behauptung, dass das fruchtbare Lebensprincip der Sprachen hauptsächlich auf ihrer Flexionsnatur beruht, mit der Thatsache vereinigen, dass der Reichthum an Flexionen immer im jugendlichsten Alter der Sprachen am grössten ist, im Laufe der Zeit aber allmählich abnimmt? Es erscheint wenigstens sonderbar, dass gerade das einbüssende Princip das erhaltende seyn soll. Das Abschleifen der Flexionen ist eine unläugbare Thatsache. Der die Sprache formende Sinn lässt sie aus verschiednen Ursachen und in verschiednen Stadien bald gleichgültig wegfallen, bald macht er sich absichtlich von ihnen los, und es ist sogar richtiger, die Erscheinung auf diese Weise auszudrücken, als die Schuld allein und ausschliesslich der Zeit beizumessen. Schon in den Formationen der Declination und Conjugation, die gewiss mehrere Niedersetzungen erfahren haben, werden sichtbar charakteristische Laute immer sorgloser weggeworfen, je mehr sich der Begriff des ganzen, jedem einzelnen Fall seine Stelle von selbst anweisenden Schemas festsetzt. Man opfert kühner dem Wohllaute auf und vermeidet die Häufung der Kennzeichen, wo die Form schon durch eines gegen die Verwechslung mit andren gesichert ist. Wenn mich meine Wahrnehmungen nicht trügen, so finden diese, gewöhnlich der Zeit zugeschriebene Lautveränderungen weniger in den angeblich roheren, als in den gebildeten Sprachen statt und diese Erscheinung liesse sich wohl sehr natürlich erklären. Unter Allem, was auf die Sprache einwirkt, ist das Beweglichste der menschliche Geist selbst und sie erfährt also auch die meisten Umgestaltungen von seiner lebendigsten Thätigkeit. Gerade seinem Fortschreiten aber entspricht es, in der steigenden Zuversicht auf die Festigkeit seiner innren Ansicht zu sorgfältige Modificirung der Laute für überflüssig zu erachten. Gerade aus diesem Princip droht in einer sehr viel späteren Sprachperiode den Flexionssprachen eine weit tiefer in ihr Wesen eingreifende Umänderung. Je gereifter sich der Geist fühlt, desto kühner wirkt er in eignen Verbindungen und desto zuversichtlicher wirft er die Brücken ab, welche die Sprache dem Verständnisse baut. Zu dieser Stimmung gesellt sich dann leicht Mangel an Gefühl des auf dem Schalle ruhenden dichterischen Reizes. Die Dichtung selbst bahnt sich dann mehr innerliche Wege, auf welchen sie jenes Vorzugs gefahrloser zu entbehren vermag. Es ist also ein Uebergang von mehr sinnlicher zu reinerer intellectueller Stimmung des Gemüths, durch welche die Sprache hier umgestaltet wird. Doch sind die ersten Ursachen nicht immer von der edleren Natur. Rauhere Organe, weniger für die reine und feinere Lautabsonderung geeignet, ein von Natur weniger empfindliches und musikalisch nicht geübtes Ohr legen den Grund zu der Gleichgültigkeit gegen das tönende Princip in der Sprache. Gleichergestalt kann die vorwaltende praktische Richtung der Sprache Abkürzungen, Auslassungen von Beziehungswörtern, Ellipsen aller Art aufdringen, weil man, nur das Verständniss bezweckend, alles dazu nicht unmittelbar Nothwendige verschmäht.

Ueberhaupt muss die Beziehung des Volksgeistes auf die Sprache durchaus eine andere seyn, so lange sich diese noch in der Gährung ihrer ersten Formation befindet und wenn die schon geformte nur zum Gebrauche des Lebens dient. So lange in jener früheren Periode die Elemente auch ihrem Ursprunge nach noch klar vor der Seele stehen und diese mit ihrer Zusammenfügung beschäftigt ist, hat sie Gefallen an dieser Bildung des Werkzeugs ihrer Thätigkeit und lässt nichts fallen, was durch irgendeine auszudrückende Nüance des Gefühls festgehalten wird. In der Folge waltet mehr der Zweck des Verständnisses vor, die Bedeutung der Elemente wird dunkler und die eingeübte Gewohnheit des Gebrauchs macht sorglos über die Einzelnheiten des Baues und die genaue Bewahrung der Laute. An die Stelle der Freude der Phantasie an sinnreicher Vereinigung der Kennzeichen mit volltönendem Sylbenfall tritt Bequemlichkeit des Verstandes und löst die Formen in Hülfsverba und Praepositionen auf. Er erhebt dadurch zugleich den Zweck leichterer Deutlichkeit über die übrigen Vorzüge der Sprache, da allerdings diese analytische Methode die Anstrengung des Verständnisses vermindert, ja in einzelnen Fällen die Bestimmtheit da vermehrt, wo die synthetische dieselbe schwieriger erreicht. Bei dem Gebrauch dieser grammatischen Hülfswörter aber werden die Flexionen entbehrlicher und verlieren allmählich ihr Gewicht in der Achtsamkeit des Sprachsinnes.

Welches nun immer die Ursache seyn mag, so ist es sicher, dass auf diese Weise ächte Flexionssprachen ärmer an Formen werden, häufig grammatische Wörter an die Stelle derselben setzen und auf diese Art sich im Einzelnen denjenigen Sprachen nähern können, die sich von ihrem Stamme durch ein ganz verschiednes und unvollkommneres Princip unterscheiden. Unsre heutige und die Englische Sprache enthalten hiervon häufige Beispiele, die letztere bei weitem mehr, woran mir aber ihre Mischung mit Romanischem Stoff keine Schuld zu tragen scheint, da diese auf ihren grammatischen Bau wenig oder gar keinen Einfluss ausübt. Dass aber hieraus eine Einwendung gegen den fruchtbaren Einfluss der Flexionsnatur auch auf die späteste Dauer der Sprachen hin hergenommen werden könne, glaube ich dennoch nicht. Gäbe es auch eine Sanskritische Sprache, die auf dem hier beschriebenen Wege Chinesischem Entbehren der Beziehungszeichen der Redetheile nahe gekommen wäre, so bliebe der Fall dennoch immer gänzlich verschieden. Dem Chinesischen Bau liegt, wie man ihn auch erklären möge, offenbar eine Unvollkommenheit in der Sprachbildung, wahrscheinlich eine, dem Volke eigenthümliche Gewohnheit der Isolirung der Laute, zusammentreffend mit zu geringer Stärke des innren, ihre Verbindung und Vermittlung erheischenden Sprachsinns, zum Grunde. In einer solchen Sanskritsprache dagegen hätte sich die ächteste Flexionsnatur mit allen ihren wohlthätigen Einflüssen seit einer unbestimmbaren Reihe von Generationen festgesetzt und dem Sprachsinn seine Gestalt gegeben. In ihrem wahren Wesen wäre daher solche Sprache immer Sanskritisch geblieben; ihr Unterschied läge nur in einzelnen Erscheinungen, welche das Gepräge nicht austilgen könnten, das die Flexionsnatur der ganzen übrigen Sprache aufgedrückt hätte. Die Nation trüge ausserdem, da sie zu dem gleichen Stamme gehörte, dieselben nationellen Anlagen in sich, welchen der edlere Sprachbau seinen Ursprung verdankte, und fasste mit demselben Geiste und Sinne ihre Sprache auf, wenn auch diese in einzelnen Theilen jenem Geiste äusserlich minder entsprechend wäre. Auch würden immer, wie es namentlich in der Englischen Conjugation der Fall ist, einzelne ächte Flexionen übrig geblieben seyn, die den Geist an dem wahren Ursprunge und dem eigentlichen Wesen der Sprache nicht irre werden liessen. Ein auf diese Weise entstehender geringerer Formenreichthum und einfacherer Bau macht daher die Sprachen, wie wir eben an der Englischen und der unsrigen sehen, keineswegs hoher Vorzüge unfähig, sondern ertheilt ihnen nur einen verschiedenen Charakter. Ihre Dichtung entbehrt zwar dadurch der vollständigen Kräftigkeit eines ihrer hauptsächlichen Elemente. Wenn aber bei einer solchen Nation die Poesie wirklich sänke oder doch in ihrer Fruchtbarkeit abnähme, so entspränge dies gewiss ohne Schuld der Sprache aus tieferen innren Ursachen.

Aus dem Lateinischen hervorgegangene Sprachen

Dem festen, ja man kann wohl sagen unaustilgbaren Haften des ächten Organismus an den Sprachen, welchen er einmal eigenthümlich geworden ist, verdanken auch die Lateinischen Töchtersprachen ihren reinen grammatischen Bau. Es scheint mir ein hauptsächliches Erforderniss zur richtigen Beurtheilung der merkwürdigen Erscheinung ihrer Entstehung, darauf Gewicht zu legen, dass auf den Wiederaufbau der zertrümmerten Römischen Sprache, wenn man allein das grammatisch Formale desselben ins Auge fasst, kein fremder Stoff irgend wesentlich eingewirkt hat. Die Ursprachen der Länder, in welchen die neuen Mundarten aufblühten, scheinen durchaus keinen Antheil daran gehabt zu haben. Vom Vaskischen ist dies gewiss; es gilt aber höchst wahrscheinlich ebenso von den ursprünglich in Gallien herrschenden Sprachen. Die fremden einwandernden Völkerschaften, grösstentheils von Germanischem oder den Germanen verwandtem Stamme, haben der Umbildung des Römischen eine grosse Anzahl von Wörtern zugeführt; allein in dem grammatischen Theile lassen sich schwerlich irgend bedeutende Spuren ihrer Mundarten auffinden. Die Völker lassen sich nicht leicht die Form umgestalten, in welche sie den Gedanken zu giessen gewohnt sind. Der Grund, aus welchem die Grammatik der neuen Sprachen hervorgieng, war daher wesentlich und hauptsächlich der der zertrümmerten selbst. Aber die Zertrümmerung und den Verfall muss man ihren Ursachen nach schon viel früher, als in der Periode, in welcher sie offenbar wurden, aufsuchen. Die Römische Sprache wurde schon während des Bestehens der Grösse des Reichs in den Provinzen und nach Verschiedenheit derselben anders, als in Latium und der Herrscherstadt gesprochen. Selbst in diesen ursprünglichen Wohnsitzen der Nation mochte die Volkssprache Eigenthümlichkeiten an sich tragen, die erst spät nach dem Sinken der gebildeten allgemeiner zum Vorschein kamen. Es entstanden natürlich Abweichungen der Aussprache, Soloecismen in den Constructionen, ja wahrscheinlich schon Erleichterungen der Formen durch Hülfswörter da, wo die gebildete Sprache sie gar nicht oder nur in ganz einzelnen Ausnahmen zuliess. Die Volkseigenthümlichkeiten mussten überwiegend werden, als die letztere sich bei dem Verfalle des Gemeinwesens nicht mehr durch Literatur und mündlichen öffentlichen Gebrauch auf ihrer Höhe getragen fühlte.[52] Die provincielle Entartung gieng immer weiter, je lockrer die Bande wurden, welche die Provinzen mit dem Ganzen verknüpften.

Diesen doppelten Verfall steigerten endlich die fremden Einwanderungen auf den höchsten Punkt. Es war nun nicht mehr ein blosses Ausarten der herrschend gewesenen Sprache, sondern ein Abwerfen und Zerschlagen ihrer wesentlichsten Formen, oft ein wahres Misverstehen

derselben, immer aber zugleich ein Unterschieben neuer Erhaltungs-
mittel der Einheit der Rede, geschöpft aus dem vorhandenen Vorrathe,
allein oft widersinnig verknüpft. Mitten in allen diesen Veränderungen
blieb aber in der untergehenden Sprache das wesentliche Princip ihres
Baues, die reine Unterscheidung des Sach- und Beziehungsbegriffs und
das Bedürfniss, beiden den ihnen eigenthümlichen Ausdruck zu verschaffen, und im Volke das durch die Gewohnheit von Jahrhunderten
tief eingedrungene Gefühl hiervon. An jedem Bruchstück der Sprache
haftete dies Gepräge; es hätte sich nicht austilgen lassen, wenn die Völker es auch verkannt hätten. Es lag jedoch in diesen selbst, es aufzusuchen, zu enträthseln und zum Wiederaufbau anzuwenden. In dieser, aus
der allgemeinen Natur des Sprachsinnes selbst entspringenden Gleichförmigkeit der neuen Umbildung, verbunden mit der Einheit der in Absicht des Grammatischen unvermischt gebliebenen Muttersprache,
muss man die Erklärung der Erscheinung suchen, dass das Verfahren
der Romanischen Sprachen in ganz entfernten Länderstrichen sich so
gleich bleibt und oft durch ganz einzelne Uebereinstimmungen überrascht. Es sanken Formen, nicht aber die Form, die vielmehr ihren alten
Geist über die neuen Umgestaltungen ausgoss.

Denn wenn in diesen neueren Sprachen eine Praeposition einen Casus ersetzt, so ist der Fall nicht dem gleich, wenn in einer nur Partikeln
anfügenden ein Wort den Casus andeutet. Mag auch die ursprüngliche
Sachbedeutung desselben verloren gegangen seyn, so drückt es doch
nicht rein eine Beziehung bloss als solche aus, weil der ganzen Sprache
diese Ausdrucksweise nicht eigenthümlich ist, ihr Bau nicht aus der
innren Sprachansicht, welche rein und energisch auf scharfe Abgränzung der Redetheile dringt, herfloss und der Geist der Nation ihre Bildungen nicht von diesem Standpunkte aus in sich aufnimmt. In der Römischen Sprache war dies Letztere genau und vollkommen der Fall. Die
Praepositionen bildeten ein Ganzes solcher Beziehungen, jede forderte
nach ihrer Bedeutung einen ihr geeigneten Casus; nur mit diesem zusammen bezeichnete sie das Verhältniss. Diese schöne Uebereinstimmung nahmen die ihrem Ursprunge nach entarteten Sprachen nicht in
sich auf. Allein das Gefühl davon, die Anerkennung der Praeposition
als eines eignen Redetheiles, ihre wahre Bedeutsamkeit giengen nicht
mit unter und dies ist keine bloss willkührliche Annahme. Es ist auf
nicht zu verkennende Weise in der Gestaltung der ganzen Sprache
sichtbar, die eine Menge von Lücken in den einzelnen Formen, aber im
Ganzen Formalität an sich trägt, ihrem Principe nach nicht weniger, als
ihre Stammmutter selbst Flexionssprache ist. Das Gleiche findet sich im
Gebrauche des Verbum. Wie mangelhaft seine Formen seyn mögen, so
ist seine synthetisch setzende Kraft dennoch dieselbe, da die Sprache
seine Scheidung vom Nomen einmal unauslöschbar in ihrem Gepräge

trägt. Auch das in unzähligen Fällen, wo es die Muttersprache nicht selbstständig ausdrückt, gebrauchte Pronomen entspricht dem Gefühl nach dem wahren Begriff dieses Redetheils. Wenn es in Sprachen, denen die Bezeichnung der Personen am Verbum fehlt, sich als Sachbegriff vor das Verbum stellt, so ist es in den Lateinischen Töchtersprachen seinem Begriffe nach wirklich die nur abgelöste, anders gestellte Person. Denn die Unzertrennlichkeit des Verbum und der Person liegt von der Stammmutter her fest in der Sprache und beurkundet sich sogar in der Tochter durch einzelne übrig gebliebene Endlaute. Ueberhaupt kommt in dieser, wie in allen Flexionssprachen, die stellvertretende Function des Pronomen mehr an das Licht, und da diese zur reinen Auffassung des Relativpronomen führt, so wird die Sprache auch dadurch in den richtigen Gebrauch dieses letzteren eingeführt. Ueberall kehrt daher dieselbe Erscheinung zurück. Die zertrümmerte Form ist in ganz verschiedner Weise wieder aufgebaut, aber ihr Geist schwebt noch über der neuen Bildung und beweist die schwer zerstörbare Dauer des Lebensprincips ächt grammatisch gebildeter Sprachstämme.

Bei aller Gleichförmigkeit der Behandlung des umgebildeten Stoffes, welche die Lateinischen Töchtersprachen im Ganzen beibehalten, liegt doch einer jeden einzelnen ein besondres Princip in der individuellen Auffassung zum Grunde. Die unzähligen Einzelnheiten, welche der Gebrauch der Sprache nothwendig macht, müssen, wie ich im Vorigen wiederholt angedeutet habe, wo und wie immer gesprochen werden soll, in eine Einheit verknüpft werden und diese kann, da die Sprache ihre Wurzeln in alle Fibern des menschlichen Geistes einsenkt, nur eine individuelle seyn. Dadurch allein, dass ein verändertes Einheitsprincip, eine neue Auffassung von dem Geiste eines Volkes vorgenommen wird, tritt eben eine neue Sprache in die Wirklichkeit, und wo eine Nation auf ihre Sprache mächtig einwirkende Umwälzungen erfährt, muss sie die veränderten oder neuen Elemente durch neue Formung zusammenfassen. Wir haben oben von dem Momente im Leben der Nationen geredet, in welchem ihnen die Möglichkeit klar wird, die Sprache, unabhängig von äusserem Gebrauche, zum Aufbau eines Ganzen der Gedanken und der Gefühle hinzuwenden. Wenn auch das Entstehen einer Literatur, das wir hier in seinem eigentlichen Wesen und vom Standpunkte seiner letzten Vollendung aus bezeichnet haben, in der That nur allmählich und aus dunkel empfundenem Triebe hervorgeht, so ist doch der Beginn immer ein eigenthümlicher Schwung, ein von innen heraus entstehender Drang eines Zusammenwirkens der Form der Sprache und der individuellen des Geistes, aus welchem die ächte und reine Natur beider zurückstrahlt und der keinen andren Zweck, als eben dies Zurückstrahlen hat. Die Entwicklungsart dieses Dranges wird die Ideenbahn, welche die Nation bis zum Verfall ihrer Sprache durchläuft. Es ist dies gleichsam eine zweite, höhere Verknüpfung der Sprache zur Einheit, und wie diese sich zur Bildung der äusseren, technischen Form verhält, ist oben bei Gelegenheit des Charakters der Sprachen näher erörtert worden.

Bei dem Uebergange der Römischen Sprache in die neueren, aus ihr entstandenen ist diese zwiefache Behandlung der Sprache sehr deutlich zu unterscheiden. Zwei der letzteren, die Rhäto- und Dako-Romanische, sind der wissenschaftlichen nicht theilhaft geworden, ohne dass sich sagen lässt, dass ihre technische Form hinter den übrigen zurückstände. Vielmehr hat gerade die Dako-Romanische am meisten Flexionen der Muttersprache beibehalten und nähert sich ausserdem in der Behandlung derselben der Italienischen. Der Fehler lag also hier nur an äusseren Umständen, am Mangel von Ereignissen und Lagen, welche den Schwung veranlassten, die Sprache zu höheren Zwecken zu gebrauchen.

Dasselbe war, wenn wir zu einem Falle ähnlicher Art übergehen, unstreitig die Ursach, dass sich aus dem Verfall des Griechischen nicht eine durch neue Eigenthümlichkeit hervorstechende Sprache erzeugte. Denn sonst ist die Bildung des Neugriechischen in Vielem der der Romanischen Sprachen sehr ähnlich. Da diese Umbildungen grossentheils im natürlichen Laufe der Sprache liegen und beide Muttersprachen den gleichen grammatischen Charakter an sich tragen, so ist diese Aehnlichkeit leicht erklärbar, macht aber die Verschiedenheit im letzten Erfolge noch auffallender. Griechenland, als Provinz eines sinkenden, oft Verheerungen durch fremde Völkerzüge ausgesetzten Reiches, konnte nicht die blühend sich emporschwingende Kraft gewinnen, welche im Abendlande die Frische und Regsamkeit neu sich bildender innerer und äusserer Verhältnisse erzeugte. Mit den neuen gesellschaftlichen Einrichtungen, dem gänzlichen Aufhören des Zusammenhanges mit einem in sich zerfallenen Staatskörper und verstärkt durch die Hinzukunft kräftiger und muthvoller Völkerstämme, mussten die abendländischen Nationen in allen Thätigkeiten des Geistes und des Charakters neue Bahnen betreten. Die sich hieraus hervorbildende neue Gestaltung führte zugleich eine Verbindung religiösen, kriegerischen und dichterischen Sinnes mit sich, welche auf die Sprache den glücklichsten und entschiedensten Einfluss ausübte. Es blühte diesen Nationen eine neue poetisch schöpferische Jugend auf und ihr Zustand hierin wurde gewissermassen dem ähnlich, der sonst durch das Dunkel der Vorzeit von uns getrennt ist.

So gewiss man aber auch diesem äusseren historischen Umschwunge das Aufblühen der neueren abendländischen Sprachen und Literaturen zu einer Eigenthümlichkeit, in der sie mit der Stammmutter zu wetteifern vermögen, zuschreiben muss, so wirkte doch, wie es mir scheint,

ganz wesentlich noch eine andere, schon weiter oben (VII 243.) im Vorbeigehn berührte Ursach mit, deren Erwägung, da sie besonders die
Sprache angeht, ganz eigentlich in die Reihe dieser Betrachtungen gehört. Die Umänderung, welche die Römische Sprache erlitt, war ohne
allen Vergleich tiefer eingreifend, gewaltiger und plötzlicher, als die,
welche die Griechische erfuhr. Sie glich einer wahren Zertrümmerung,
da die des Griechischen sich mehr in den Schranken bloss einzelner Ver-
stümmelungen und Formenauflösungen erhielt. Man erkennt an diesem
Beispiele eine, auch durch andere in der Sprachgeschichte bestätigte,
doppelte Möglichkeit des Ueberganges einer formenreichen Sprache in
eine formlosere. In der einen zerfällt der kunstvolle Bau und wird, nur
weniger vollkommen, wiedergeschaffen. In der anderen werden der sinkenden Sprache nur einzelne, wieder vernarbende Wunden geschlagen;
es entsteht keine reine neue Schöpfung, die veraltete Sprache dauert,
nur in beklagenswerther Entstellung, fort. Da das Griechische Kaiser-
thum seiner Hinfälligkeit und Schwäche ungeachtet noch lange bestand,
so dauerte auch die alte Sprache länger fort und stand, wie ein Schatz,
aus dem sich immer schöpfen, ein Kanon, auf den sich immer zurückkommen liess, noch lange da. Nichts beweist so überzeugend den Unterschied zwischen der Neugriechischen und den Romanischen Sprachen
in diesem Punkte, als der Umstand, dass der Weg, auf welchem man die
erstere in der neuesten Zeit zu heben und zu läutern versucht hat, immer
der der möglichsten Annäherung an das Altgriechische gewesen ist.
Selbst einem Spanier oder Italiener konnte der Gedanke einer solchen
Möglichkeit nicht beikommen. Die Romanischen Nationen sahen sich
wirklich auf neue Bahnen hingeschleudert und das Gefühl des unab-
weislichen Bedürfnisses beseelte sie mit dem Muthe, sie zu ebnen und in
den ihrem individuellen Geiste angemessenen Richtungen zum Ziele zu
führen, da eine Rückkehr unmöglich war. Von einer andren Seite aus
betrachtet, befindet sich aber gerade durch diese Verschiedenheit die
Neugriechische Sprache in einer günstigeren Lage. Es besteht ein mächtiger Unterschied zwischen den Sprachen, welche, wie verwandt aufkei-
mende desselben Stammes, auf dem Wege innerer Entwicklung aus einander fortspriessen, und zwischen solchen, die sich auf dem Verfall und
den Trümmern andrer, also durch die Einwirkung äusserer Umstände
erheben. In den ersteren, durch gewaltsame Revolutionen und bedeutende Mischungen mit fremden ungetrübten lässt sich mehr oder weniger von jedem Ausdrucke, Wort oder Form aus in eine unabsehbare Tiefe zurückgehen. Denn sie bewahren grösstentheils die Gründe derselben
in sich und nur sie können sich rühmen, sich selbst zu genügen und innerhalb ihrer Gränzen nachzuweisende Consequenz zu besitzen. In dieser Lage befinden sich Töchtersprachen in dem Sinne, wie es die Romanischen sind, offenbar nicht. Sie ruhen gänzlich auf der einen Seite auf

einer nicht mehr lebenden, auf der andren auf fremden Sprachen. Alle Ausdrücke führen daher, wie man ihrem Ursprunge nachgeht, meistentheils durch eine ganz kurze Reihe vermittelnder Gestaltungen auf ein fremdes, dem Volke unbekanntes Gebiet. Selbst in dem, wenig oder gar nicht mit fremden Elementen vermischten grammatischen Theil lässt sich die Consequenz der Bildung, auch insofern sie wirklich vorhanden ist, immer nur mit Bezugnahme auf die fremde Muttersprache darthun. Das tiefere Verständniss dieser Sprachen, ja selbst der Eindruck, welchen in jeder Sprache der innere harmonische Zusammenhang aller Elemente bewirkt, ist daher durch sie selbst immer nur zur Hälfte möglich und bedarf zu seiner Vervollständigung eines, dem Volke, das sie spricht, unzugänglichen Stoffes. In beiden Gattungen von Sprachen kann man genöthigt werden, auf die frühere zurückzugehen. Man fühlt aber in der Art, wie dies geschieht, den Unterschied genau, wenn man vergleicht, wie die Unzulänglichkeit der eigenen Erklärung im Römischen auf Sanskritischen Grund und Boden und im Französischen auf Römischen führt. Offenbar mischt sich der Umgestaltung in dem letzteren Falle mehr durch äussere Einwirkung entstandene Willkühr bei und selbst der natürliche, analogische Gang, der sich allerdings auch hier wieder bildet, hängt an der Voraussetzung jener äusseren Einwirkung. In dieser, hier von den Romanischen Sprachen geschilderten Lage befindet sich nun das Neugriechische, eben weil es nicht wirklich zu einer eigentlich neuen Sprache geworden ist, gar nicht oder doch unendlich weniger. Von der Mischung mit fremden Wörtern kann es sich im Verlaufe der Zeit befreien, da dieselben mit gewiss wenig zahlreichen Ausnahmen nicht so tief, als in den Romanischen Sprachen, in sein wahres Leben eingedrungen sind. Sein wirklicher Stamm aber, das Altgriechische, kann auch dem Volke nicht als fremd erscheinen. Wenn sich das Volk auch nicht mehr in das Ganze seines kunstvollen Baues hineinzudenken vermag, so muss es doch die Elemente zum grössten Theil als auch seiner Sprache angehörend erkennen.

In Absicht auf die Natur der Sprache selbst ist der hier erwähnte Unterschied gewiss bemerkenswerth. Ob er auch auf den Geist und den Charakter der Nation einen bedeutenden Einfluss ausübt? kann eher zweifelhaft scheinen. Man kann mit Recht dagegen einwenden, dass jede über den jedesmal gegenwärtigen Zustand der Sprache hinausgehende Betrachtung dem Volke fremd ist, dass daher die auf sich selbst ruhende Erklärbarkeit der rein organisch in sich geschlossenen Sprachen für dasselbe unfruchtbar bleibt und dass jede aus einer andern, auf welchem Wege es immer sey, entstandene, aber schon Jahrhunderte hindurch fortgebildete Sprache eben dadurch eine vollkommen hinlängliche, auf die Nation wirkende Consequenz gewinnt. Es lässt sich in der That denken, dass es unter den früheren, uns als Muttersprachen erscheinenden Sprachen auf ähnliche Art, als es die Romanischen sind, entstandene geben könne, obgleich eine sorgfältige und genaue Zergliederung uns wohl bald ihre Unerklärbarkeit aus ihrem eignen Gebiete verrathen dürfte. Unläugbar aber liegt in dem geheimen Dunkel der Seelenbildung und des Forterbens geistiger Individualität ein unendlich mächtiger Zusammenhang zwischen dem Tongewebe der Sprache und dem Ganzen der Gedanken und Gefühle. Unmöglich kann es daher gleichgültig seyn, ob in ununterbrochener Kette die Empfindung und die Gesinnung sich an denselben Lauten hingeschlungen und sie mit ihrem Gehalte und ihrer Wärme durchdrungen haben oder ob diese auf sich selbst ruhende Reihe von Wirkungen und Ursachen gewaltsame Störungen erfährt. Eine neue Consequenz bildet sich auch hier allerdings und die Zeit hat in den Sprachen mehr, als sonst im menschlichen Gemüthe eine Wunden heilende Kraft. Man darf aber auch nicht vergessen, dass diese Consequenz nur allmählich wieder entsteht und dass die, ehe sie zur Festigkeit gelangt, lebenden Generationen auch schon, als Ursachen wirkend, in die Reihe treten. Es erscheint daher durchaus nicht als einflusslos auf die Tiefe der Geistigkeit, die Innigkeit der Empfindung und die Kraft der Gesinnung, ob ein Volk eine ganz auf sich selbst ruhende oder doch eine aus rein organischer Fortentwicklung hervorgegangene Sprache redet oder nicht? Es sollte daher bei der Schilderung von Nationen, welche sich im letzteren Falle befinden, nicht unerforscht bleiben, ob und inwiefern das durch den Einfluss ihrer Sprache gleichsam gestörte Gleichgewicht in ihnen auf andere Weise wiederhergestellt, ja ob und wie vielleicht aus der nicht abzuläugnenden Unvollkommenheit ein neuer Vorzug gewonnen worden ist?

Rückblick auf den bisherigen Gang der Untersuchung

35. Wir haben jetzt einen der Endpunkte erreicht, auf welche die gegenwärtige Untersuchung zu führen bestimmt ist.

Die ganze hier von der Sprache gegebene Ansicht beruht, um das bis hierher Erörterte, soweit es die Anknüpfung des Folgenden erfordert, kurz ins Gedächtniss zurückzurufen, wesentlich darauf, dass dieselbe zugleich die nothwendige Vollendung des Denkens und die natürliche Entwicklung einer den Menschen als solchen bezeichnenden Anlage ist. Diese Entwicklung ist aber nicht die eines Instincts, der bloss physiologisch erklärt werden könnte. Ohne ein Act des unmittelbaren Bewusstseyns, ja selbst der augenblicklichen Spontaneität und der Freiheit zu seyn, kann sie doch nur einem mit Bewusstseyn und Freiheit begabten Wesen angehören und geht in diesem aus der ihm selbst unergründlichen Tiefe seiner Individualität und aus der Thätigkeit der in ihm liegenden Kräfte hervor. Denn sie hängt durchaus von der Energie und der Form ab, mit und in welcher der Mensch seiner gesammten geistigen Individualität, ihm selbst unbewusst, den treibenden Anstoss ertheilt.[53] Durch diesen Zusammenhang mit einer individuellen Wirklichkeit, so wie aus anderen, hinzukommenden Ursachen ist sie aber zugleich den, den Menschen in der Welt umgebenden, sogar auf die Acte seiner Freiheit Einfluss ausübenden Bedingungen unterworfen. In der Sprache nun, insofern sie am Menschen wirklich erscheint, unterscheiden sich zwei constitutive Principe: der innere Sprachsinn (unter welchem ich nicht eine besondere Kraft, sondern das ganze geistige Vermögen, bezogen auf die Bildung und den Gebrauch der Sprache, also nur eine Richtung verstehe) und der Laut, insofern er von der Beschaffenheit der Organe abhängt und auf schon Ueberkommenem beruht. Der innere Sprachsinn ist das die Sprache von innen heraus beherrschende, überall den leitenden Impuls gebende Princip. Der Laut würde an und für sich der passiven, Form empfangenden Materie gleichen; allein vermöge der Durchdringung durch den Sprachsinn in articulirten umgewandelt und dadurch in untrennbarer Einheit und immer gegenseitiger Wechselwirkung zugleich eine intellectuelle und sinnliche Kraft in sich fassend, wird er zu dem in beständig symbolisirender Thätigkeit wahrhaft und scheinbar sogar selbstständig schaffenden Princip in der Sprache. Wie es überhaupt ein Gesetz der Existenz des Menschen in der Welt ist, dass er nichts aus sich hinauszusetzen vermag, das nicht augenblicklich zu einer auf ihn zurückwirkenden und sein ferneres Schaffen bedingenden Masse wird, so verändert auch der Laut wiederum die Ansicht und das Verfahren des inneren Sprachsinnes. Jedes fernere Schaffen bewahrt also nicht die einfache Richtung der ursprünglichen Kraft, sondern nimmt eine, aus dieser und der durch das früher Geschaffene gegebenen zusammengesetzte an. Da die Naturanlage zur Sprache eine allgemeine des Menschen ist und Alle den Schlüssel zum Verständniss aller Sprachen in sich tragen müssen, so folgt von selbst, dass die Form aller Sprachen sich im Wesentlichen gleich seyn und immer den allgemeinen Zweck erreichen muss. Die Verschiedenheit kann nur in den Mitteln und nur innerhalb der Gränzen liegen, welche die Erreichung des Zweckes verstattet. Sie ist aber mannigfaltig in den Sprachen vorhanden und nicht allein in den blossen Lauten, so dass dieselben Dinge nur anders bezeichnet würden, sondern auch in dem Gebrauche, welchen der Sprachsinn in Absicht der Form der Sprache von den Lauten macht, ja in seiner eignen Ansicht dieser Form. Durch ihn allein sollte zwar, so weit die Sprachen bloss formal sind, nur Gleichförmigkeit in ihnen entstehen können. Denn er muss in allen den richtigen und gesetzmässigen Bau verlangen, der nur Einer und ebenderselbe seyn kann. In der Wirklichkeit aber verhält es sich anders, theils wegen der Rückwirkung des

Lautes, theils wegen der Individualität des inneren Sinnes in der Erscheinung. Es kommt nemlich auf die Energie der Kraft an, mit welcher er auf den Laut einwirkt und denselben in allen, auch den feinsten Schattirungen zum lebendigen Ausdruck des Gedanken macht. Diese Energie kann aber nicht überall gleich seyn, nicht überall gleiche Intensität, Lebendigkeit und Gesetzmässigkeit offenbaren. Sie wird auch nicht immer durch gleiches Hinneigen zur symbolischen Behandlung des Gedanken und durch gleiches ästhetisches Gefallen an Lautreichthum und Einklang unterstützt. Dennoch bleibt das Streben des inneren Sprachsinns immer auf Gleichheit in den Sprachen gerichtet und auch abbeugende Formen sucht seine Herrschaft auf irgend eine Weise zur richtigen Bahn zurückzuleiten. Dagegen ist der Laut wahrhaft das die Verschiedenheit vermehrende Princip. Denn er hängt von der Beschaffenheit der Organe ab, welche hauptsächlich das Alphabet bildet, das, wie eine gehörig angestellte Zergliederung beweist, die Grundlage jeder Sprache ist. Gerade der articulirte hat ferner seine, ihm eigenthümlichen, theils auf Leichtigkeit, theils auf Wohlklang der Aussprache gegründeten Gesetze und Gewohnheiten, die zwar auch wieder Gleichförmigkeit mit sich führen, allein in der besonderen Anwendung nothwendig Verschiedenheiten bilden. Er muss sich endlich, da wir es nirgends mit einer isolirt, rein von neuem anfangenden Sprache zu thun haben, immer an Vorhergegangenes oder Fremdes anschliessen. In diesem allem zusammengenommen liegen die Gründe der nothwendigen Verschiedenheit des menschlichen Sprachbaues. Die Sprachen können nicht den nemlichen an sich tragen, weil die Nationen, die sie reden, verschieden sind und eine durch verschiedene Lagen bedingte Existenz haben.

In der Betrachtung der Sprache an sich muss sich eine Form offenbaren, die unter allen denkbaren am meisten mit den Zwecken der Sprache übereinstimmt, und man muss die Vorzüge und Mängel der vorhandenen nach dem Grade beurtheilen können, in welchem sie sich dieser einen Form nähern. Diesen Weg verfolgend, haben wir gefunden, dass diese Form nothwendig diejenige ist, welche dem allgemeinen Gange des menschlichen Geistes am meisten zusagt, sein Wachsthum durch die am meisten geregelte Thätigkeit befördert und das verhältnissmässige Zusammenstimmen aller seiner Richtungen nicht bloss erleichtert, sondern durch zurückwirkenden Reiz lebendiger hervorruft. Die geistige Thätigkeit hat aber nicht bloss den Zweck ihrer inneren Erhöhung. Sie wird auf der Verfolgung dieser Bahn auch nothwendig zu dem äusseren hingetrieben, ein wissenschaftliches Gebäude der Weltauffassung aufzuführen und von diesem Standpunkte aus wieder schaffend zu wirken. Auch dies haben wir in Betrachtung gezogen und es hat sich unverkennbar gezeigt, dass diese Erweiterung des menschlichen Gesichtskreises am besten oder vielmehr allein an dem Leitfaden der vollkommensten Sprachform gedeiht. Wir sind daher in diese genauer eingegangen und ich habe versucht, die Beschaffenheit dieser Form in den Punkten nachzuweisen, in welchen das Verfahren der Sprache sich zur unmittelbaren Erreichung ihrer letzten Zwecke zusammenschliesst. Die Frage, wie die Sprache es macht, um den Gedanken im einfachen Satze und in der, viele Sätze in sich verflechtenden Periode darzustellen, schien hier die einfachste Lösung der Aufgabe ihrer Würdigung zugleich nach ihren inneren und äusseren Zwecken hin darzubieten. Von diesem Verfahren liess sich aber zugleich auf die nothwendige Beschaffenheit der einzelnen Elemente zurückgehn. Dass ein vorhandener Sprachstamm oder auch nur eine einzelne Sprache eines solchen durchaus und in allen Punkten mit der vollkommenen Sprachform übereinstimme, lässt sich nicht erwarten und findet sich wenigstens nicht in dem Kreise unserer Erfahrung. Die Sanskritischen Sprachen aber nähern sich dieser Form am meisten und sind zugleich die, an welchen sich die geistige Bildung des Menschengeschlechts in der längsten Reihe der Fortschritte am glücklichsten entwickelt hat. Wir können sie mithin als einen festen Vergleichungspunkt für alle übrigen betrachten.

Von der rein gesetzmässigen Form abweichende Sprachen

Diese letzteren lassen sich nicht gleich einfach darstellen. Da sie nach denselben Endpunkten, als die rein gesetzmässigen hinstreben, dies Ziel aber nicht in gleichem Grade oder nicht auf richtigem Wege erreichen, so kann in ihrem Baue keine so klar hervorleuchtende Consequenz herrschen. Wir haben oben zur Erreichung der Satzbildung ausser der, aller grammatischen Formen entrathenden Chinesischen Sprache drei mögliche Formen der Sprachen aufgestellt, die flectirende, agglutinirende und die einverleibende. Alle Sprachen tragen eine oder mehrere dieser Formen in sich und es kommt zur Beurtheilung ihrer relativen Vorzüge darauf an, wie sie jene abstracten Formen in ihre concrete aufgenommen haben oder vielmehr welches das Princip dieser Annahme oder Mischung ist? Diese Unterscheidung der abstracten möglichen Sprachformen von den concreten wirklich vorhandenen wird, wie ich mir schmeichle, schon dazu beitragen, den befremdenden Eindruck des Heraushebens einiger Sprachen, als der allein berechtigten, welches die andren ebendadurch zu unvollkommneren stempelt, zu vermindern. Denn dass unter den abstracten die flectirende die allein richtige genannt werden kann, dürfte nicht leicht bestritten werden. Das hierdurch über die andren gefällte Urtheil trifft aber nicht in gleichem Masse auch die concreten vorhandenen Sprachen, in welchen nicht ausschliesslich Eine jener Formen herrschend, dagegen immer ein sichtbares Streben nach der richtigen lebendig ist. Dennoch bedarf dieser Punkt noch einer genaueren rechtfertigenden Erörterung.

Wohl sehr allgemein dürfte bei denen, die sich im Besitz der Kenntniss mehrerer Sprachen befinden, die Empfindung die seyn, dass, insofern diese letzteren auf gleichem Grade der Cultur stehen, jeder ihr eigenthümliche Vorzüge gebühren, ohne dass einer der entschiedene Vorzug über die andren eingeräumt werden könne. Hiermit nun steht die in den gegenwärtigen Betrachtungen aufgestellte Ansicht in directem Gegensatze; sie dürfte aber Vielen um so zurückstossender erscheinen, als das Bemühen eben dieser Betrachtungen vorzugsweise dahin geht, den engen und untrennbaren Zusammenhang zwischen den Sprachen und dem geistigen Vermögen der Nationen zu beweisen. Dasselbe zurückweisende Urtheil über die Sprachen scheint daher auch die Völker zu treffen. Hier bedarf es jedoch einer genaueren Unterscheidung. Wir haben im Vorigen schon bemerkt, dass die Vorzüge der Sprachen zwar allgemein von der Energie der geistigen Thätigkeit abhängen, indess doch noch ganz besonders von der eigenthümlichen Hinneigung dieser zur Ausbildung des Gedanken durch den Laut. Eine unvollkommnere Sprache beweist daher zunächst nur den geringeren auf sie gerichteten Trieb der Nation, ohne darum über andere intellectuelle Vorzüge derselben zu entscheiden. Ueberall sind wir zuerst rein von dem Baue der Sprachen ausgegangen und zur Bildung eines Urtheils über ihn auch nur bei ihm selbst stehen geblieben. Dass nun dieser Bau dem Grade nach vorzüglicher in der einen, als in der andren sey, im Sanskrit mehr, als im Chinesischen, im Griechischen mehr, als im Arabischen, dürfte von unparteiischen Forschern schwerlich geläugnet werden. Wie man es auch versuchen möchte, Vorzüge gegen Vorzüge abzuwägen, so würde man doch immer gestehen müssen, dass ein fruchtbareres Princip der Geistesentwicklung die einen, als die anderen dieser Sprachen beseelt. Nun aber müsste man alle Beziehungen des Geistes und der Sprache zu einander verkennen, wenn man nicht die verschiedenartigen Folgerungen hieraus auf die Rückwirkung dieser Sprachen und auf die Intellectualität der Völker ausdehnen wollte, welche sie (so viel dies überhaupt innerhalb des menschlichen Vermögens liegt) gebildet haben. Von dieser Seite rechtfertigt sich daher die aufgestellte Ansicht vollkommen. Es lässt sich jedoch hiergegen noch der Einwand erheben, dass einzelne Vorzüge der Sprache auch einzelne intellectuelle Seiten vorzugsweise auszubilden im Stande sind und dass die geistigen Anlagen der Nationen selbst weit mehr nach ihrer Mischung und Beschaffenheit verschieden sind, als sie nach Graden abgemessen werden können. Beides ist unläugbar richtig. Allein der wahre Vorzug der Sprachen muss doch in ihrer allseitig und harmonisch ein-

wirkenden Kraft gesucht werden. Sie sind Werkzeuge, deren die geistige Thätigkeit bedarf, Bahnen, in welchen sie fortrollt. Sie sind daher
nur dann wahrhaft wohlthätig, wenn sie dieselbe nach jeder Richtung
hin erleichternd und begeisternd begleiten, sie in den Mittelpunkt versetzen, aus welchem sich jede ihrer einzelnen Gattungen harmonisch
entfaltet. Wenn man daher auch gern zugesteht, dass die Form der Chinesischen Sprache mehr, als vielleicht irgend eine andere die Kraft des
reinen Gedanken herausstellt und die Seele, gerade weil sie alle kleinen,
störenden Verbindungslaute abschneidet, ausschliesslicher und ge-
spannter auf denselben hinrichtet, wenn die Lesung auch nur weniger
Chinesischer Texte diese Ueberzeugung bis zur Bewunderung steigert,
so dürften doch auch die entschiedensten Vertheidiger dieser Sprache
schwerlich behaupten, dass sie die geistige Thätigkeit zu dem wahren
Mittelpunkt hinlenkt, aus dem Dichtung und Philosophie, wissenschaftliche Forschung und beredter Vortrag gleich willig emporblühen.

Von welcher Seite der Betrachtung ich daher ausgehen mag, kann ich
immer nicht umhin, den entschiedenen Gegensatz zwischen den Sprachen rein gesetzmässiger und einer von jener reinen Gesetzmässigkeit
abweichenden Form deutlich und unverholen aufzustellen. Meiner innigsten Ueberzeugung nach wird dadurch bloss eine unabläugbare Thatsache ausgedrückt. Die, einzelne Vortheile gewährende Trefflichkeit auch
jener abweichenden Sprachen, die Künstlichkeit ihres technischen Baues wird nicht verkannt noch geringgeschätzt, man spricht ihnen nur die
Fähigkeit ab, gleich geordnet, gleich allseitig und harmonisch durch sich
selbst auf den Geist einzuwirken. Ein Verdammungsurtheil über irgend
eine Sprache, auch der rohesten Wilden, zu fällen, kann niemand entfernter seyn, als ich. Ich würde ein solches nicht bloss als die Menschheit
in ihren eigenthümlichsten Anlagen entwürdigend ansehen, sondern
auch als unverträglich mit jeder, durch Nachdenken und Erfahrung von
der Sprache gegebenen richtigen Ansicht. Denn jede Sprache bleibt immer ein Abbild jener ursprünglichen Anlage zur Sprache überhaupt, und
um zur Erreichung der einfachsten Zwecke, zu welchen jede Sprache
nothwendig gelangen muss, fähig zu seyn, wird immer ein so künstlicher
Bau erfordert, dass sein Studium nothwendig die Forschung an sich
zieht, ohne noch zu gedenken, dass jede Sprache ausser ihrem schon entwickelten Theil eine unbestimmbare Fähigkeit sowohl der eignen Biegsamkeit, als der Hineinbildung immer reicherer und höherer Ideen besitzt. Bei allem hier Gesagten habe ich die Nationen nur auf sich selbst
beschränkt vorausgesetzt. Sie ziehen aber auch fremde Bildung an sich
und ihre geistige Thätigkeit erhält dadurch einen Zuwachs, den sie nicht
ihrer Sprache verdanken, der dagegen dieser zu einer Erweiterung ihres
eigenthümlichen Umfanges dient. Denn jede Sprache besitzt die Geschmeidigkeit, Alles in sich aufnehmen und Allem wieder Ausdruck aus

sich verleihen zu können. Sie kann dem Menschen niemals und unter keiner Bedingung zur absoluten Schranke werden. Der Unterschied ist nur, ob der Ausgangspunkt der Krafterhöhung und Ideenerweiterung in ihr selbst liegt oder ihr fremd ist, mit anderen Worten, ob sie dazu begeistert oder sich nur gleichsam passiv und mitwirkend hingiebt?

Wenn nun ein solcher Unterschied zwischen den Sprachen vorhanden ist, so fragt es sich, an welchen Zeichen er sich erkennen lässt? und es kann einseitig und der Fülle des Begriffs unangemessen erscheinen, dass ich ihn gerade in der grammatischen Methode der Satzbildung aufgesucht habe. Es ist darum keinesweges meine Absicht gewesen, ihn darauf zu beschränken, da er gewiss gleich lebendig in jedem Elemente und in jeder Fügung enthalten ist. Ich bin aber vorsätzlich auf dasjenige zurückgegangen, was gleichsam die Grundvesten der Sprache ausmacht und gleich von ganz entschiedener Wirkung auf die Entfaltung der Begriffe ist. Ihre logische Anordnung, ihr klares Auseinandertreten, die bestimmte Darlegung ihrer Verhältnisse zu einander macht die unentbehrliche Grundlage aller, auch der höchsten Aeusserungen der geistigen Thätigkeit aus, hängt aber, wie jedem einleuchten muss, wesentlich von jenen verschiedenen Sprachmethoden ab. Mit der richtigen geht auch das richtige Denken leicht und natürlich von statten, bei den andren findet es Schwierigkeiten zu überwinden oder erfreut sich wenigstens nicht einer gleichen Hülfe der Sprache. Dieselbe Geistesstimmung, aus welcher jene drei verschiedenen Verfahrungsarten entspringen, erstreckt sich auch von selbst über die Formung aller übrigen Sprachelemente und wird nur an der Satzbildung vorzugsweise erkannt. Zugleich endlich eigneten sich gerade diese Eigenthümlichkeiten besonders, factisch an dem Sprachbau dargelegt zu werden, ein Umstand, der bei einer Untersuchung vornehmlich wichtig ist, die ganz eigentlich darauf hinausgeht, an dem Thatsächlichen, historisch Erkennbaren in den Sprachen die Form aufzufinden, welche sie dem Geiste ertheilen oder in der sie sich ihm innerlich darstellen.

Beschaffenheit und Ursprung des weniger vollkommenen Sprachbaues

36. Die von der, durch die rein gesetzmässige Nothwendigkeit vorgezeichneten Bahn abweichenden Wege können von unendlicher Mannigfaltigkeit seyn. Die in diesem Gebiete befangenen Sprachen lassen sich daher nicht aus Principien erschöpfen und classificiren; man kann sie höchstens nach Aehnlichkeiten in den hauptsächlichsten Theilen ihres Baues zusammenstellen. Wenn es aber richtig ist, dass der naturgemässe Bau auf der einen Seite von fester Worteinheit, auf der andren

von gehöriger Trennung der den Satz bildenden Glieder abhängt, so müssen alle Sprachen, von denen wir hier reden, entweder die Worteinheit oder die Freiheit der Gedankenverbindung schmälern oder endlich diese beiden Nachtheile in sich vereinigen. Hierin wird sich immer bei der Vergleichung auch der verschiedenartigsten ein allgemeiner Massstab ihres Verhältnisses zur Geistesentwicklung finden lassen. Mit eigenthümlichen Schwierigkeiten verbunden ist die Aufsuchung der Gründe solcher Abweichungen von der naturgemässen Bahn. Dieser lässt sich auf dem Wege der Begriffe nachgehen, die Abirrung aber beruht auf Individualitäten, die bei dem Dunkel, in welches sich die frühere Geschichte jeder Sprache zurückzieht, nur vermuthet und erahndet werden können. Wo der unvollkommene Organismus bloss darin liegt, dass der innere Sprachsinn sich nicht überall in dem Laute hat sinnlichen Ausdruck verschaffen können und daher die Formen bildende Kraft dieses letzteren vor Erreichung vollendeter Formalität ermattet ist, tritt allerdings diese Schwierigkeit weniger ein, da der Grund der Unvollkommenheit alsdann in dieser Schwäche selbst liegt. Allein auch solche Fälle stellen sich selten so einfach dar und es giebt andere und gerade die merkwürdigsten, welche sich durchaus nicht bloss auf diese Weise erklären lassen. Dennoch muss man die Untersuchung unermüdlich bis zu diesem Punkte verfolgen, wenn man es nicht aufgeben will, den Sprachbau in seinen ersten Gründen, gleichsam da, wo er in den Organen und dem Geiste Wurzel schlägt, zu enthüllen. Es würde unmöglich seyn, in diese Materie hier irgend erschöpfend einzugehen. Ich begnüge mich daher, nur einige Augenblicke bei zwei Beispielen stehen zu bleiben, und wähle zu dem ersten derselben die Semitischen Sprachen, vorzüglich aber wieder unter diesen die Hebräische.

Dieser Sprachstamm gehört zwar offenbar zu den flectirenden, ja es ist schon oben bemerkt worden, dass die eigentlichste Flexion, im Gegensatz bedeutsamer Anfügung, gerade in ihm wahrhaft einheimisch ist. Die Hebräische und Arabische Sprache beurkunden auch die innere Trefflichkeit ihres Baues, die erstere durch Werke des höchsten dichterischen Schwunges, die letztere noch durch eine reiche, vielumfassende wissenschaftliche Literatur neben der poetischen. Auch an sich, bloss technisch betrachtet, steht der Organismus dieser Sprachen an Strenge der Consequenz, kunstvoller Einfachheit und sinnreicher Anpassung des Lautes an den Gedanken nicht nur keinem andren nach, sondern übertrifft vielleicht hierin alle. Dennoch tragen diese Sprachen zwei Eigenthümlichkeiten an sich, welche nicht in den natürlichen Forderungen, ja man kann mit Sicherheit hinzusetzen, kaum den Zulassungen der Sprache überhaupt liegen. Sie verlangen nemlich, wenigstens in ihrer jetzigen Gestaltung, durchaus drei Consonanten in jedem Wortstamm und Consonant und Vocal enthalten nicht zusammen die Bedeu-

tung der Wörter, sondern Bedeutung und Beziehung sind ausschliesslich, jene den Consonanten, diese den Vocalen zugetheilt. Aus der ersteren dieser Eigenthümlichkeiten entsteht ein Zwang für die Wortform, welchem man billig die Freiheit andrer Sprachen, namentlich des
Sanskritischen Stammes vorzieht. Auch bei der zweiten jener Eigenthümlichkeiten finden sich Nachtheile gegen die Flexion durch Anfügung gehörig untergeordneter Laute. Man muss also doch meiner
Ueberzeugung nach von diesen Seiten aus die Semitischen Sprachen zu
den, von der angemessensten Bahn der Geistesentwicklung abweichenden rechnen. Wenn man aber nun versucht, den Gründen dieser Erscheinung und ihrem Zusammenhange mit den nationellen Sprachanlagen nachzuspüren, so dürfte man schwerlich zu einem vollkommen
befriedigenden Resultate gelangen. Es erscheint gleich zuerst zweifelhaft, welche von jenen beiden Eigenthümlichkeiten man als den Bestimmungsgrund der andren ansehen soll? Offenbar stehen beide in
dem innigsten Zusammenhange. Der bei drei Consonanten mögliche
Sylbenumfang lud gleichsam dazu ein, die mannigfaltigen Beziehungen
der Wörter durch Vocalwechsel anzudeuten, und wenn man die Vocale
ausschliesslich hierzu bestimmen wollte, so konnte man den nothwendigen Reichthum an Bedeutungen nur durch mehrere Consonanten in
demselben Worte erreichen. Die hier geschilderte Wechselwirkung aber
ist mehr geeignet, den inneren Zusammenhang der Sprache in ihrer
heutigen Formung zu erläutern, als zum Entstehungsgrunde eines solchen Baues zu dienen. Die Andeutung der grammatischen Beziehungen
durch die blossen Vocale lässt sich nicht füglich als erster Bestimmungsgrund annehmen, da überall in den Sprachen natürlich die Bedeutung vorausgeht und daher schon die Ausschliessung der Vocale
von derselben erklärt werden müsste. Die Vocale müssen zwar in einer
zwiefachen Beziehung betrachtet werden. Sie dienen zunächst nur als
Laut, ohne welchen der Consonant nicht ausgesprochen werden könnte; dann aber nach der Verschiedenheit des Lautes, den sie in der Vocalreihe annehmen. In der ersten Beziehung giebt es nicht Vocale, sondern
nur Einen, als zunächst stehenden, allgemeinen Vocallaut oder, wenn
man will, eigentlich noch gar keinen wahren Vocal, sondern einen un-
klaren, noch im Einzelnen unentwickelten Schwa-Laut. Etwas Aehnliches findet sich bei den Consonanten in ihrer Verbindung mit Vocalen.
Auch der Vocal bedarf, um hörbar zu werden, des consonantischen
Hauches, und insofern dieser nur die zu dieser Bestimmung erforderliche Beschaffenheit an sich trägt, ist er von den in der Consonantenreihe sich durch verschiednen Klang gegenüberstehenden Tönen verschieden.[54] Hieraus folgt schon von selbst, dass sich die Vocale in dem
Ausdruck der Begriffe nur den Consonanten beigesellen und, wie schon
von den tiefsten Sprachforschern[55] anerkannt worden ist, hauptsäch-

lich zur näheren Bestimmung des durch die Consonanten gestalteten
Wortes dienen. Es liegt auch in der phonetischen Natur der Vocale,
dass sie etwas Feineres, mehr Eindringendes und Innerliches, als die
Consonanten andeuten und gleichsam körperlicher und seelenvoller
sind. Dadurch passen sie mehr zur grammatischen Andeutung, wozu
die Leichtigkeit ihres Schalles und ihre Fähigkeit, sich anzuschliessen,
hinzutritt. Indess ist von diesem allen doch ihr ausschliesslich grammatischer Gebrauch in den Semitischen Sprachen noch sehr verschieden,
steht, wie ich glaube, als eine einzige Erscheinung in der Sprachgeschichte da und erfordert daher einen eignen Erklärungsgrund. Will
man, um diesen zu finden, auf der andren Seite von dem zweisylbigen
Wurzelbau ausgehen, so stellt sich diesem Versuche der Umstand entgegen, dass dieser Wurzelbau, wenn auch für den uns bekannten Zustand dieser Sprachen der constitutive, dennoch wahrscheinlich nicht
der wirklich ursprüngliche war. Vielmehr lag ihm, wie ich weiter unten
näher ausführen werde, wahrscheinlich in grösserem Umfange, als man
es jetzt anzunehmen pflegt, ein einsylbiger zum Grunde. Vielleicht aber
lässt sich die Eigenthümlichkeit, von der wir hier reden, dennoch gerade hieraus und aus dem Uebergange zu den zweisylbigen Formen herleiten. Diese einsylbigen Formen, auf die wir durch die Vergleichung
der zweisylbigen unter einander geführt werden, hatten zwei Consonanten, welche einen Vocal zwischen sich einschlossen. Vielleicht ver-
lor der so eingeschlossene und vom Consonantenklange übertönte Vocal die Fähigkeit gehörig selbstständiger Entwicklung und nahm
deshalb keinen Theil an dem Ausdrucke der Bedeutung. Die sich später
offenbarende Nothwendigkeit grammatischer Bezeichnung rief erst
vielleicht jene Entwicklung hervor und bewirkte dann, um den grammatischen Flexionen einen grösseren Spielraum zu geben, die Hinzufügung einer zweiten Sylbe. Immer aber muss doch irgend noch ein anderer Grund vorhanden gewesen seyn, die Vocale nicht frei auslauten zu
lassen, und dieser ist wohl eher in der Beschaffenheit der Organe und
in der Eigenthümlichkeit der Aussprache, als in der inneren Sprachansicht zu suchen.

Gewisser, als das bis hierher Besprochene, scheint es mir dagegen
und wichtiger zur Bestimmung des Verhältnisses der Semitischen Sprachen zur Geistesentwicklung ist es, dass es dem inneren Sprachsinn
dennoch bei diesen Völkern an der nothwendigen Schärfe und Klarheit
der Unterscheidung der materiellen Bedeutung und der Beziehungen
der Wörter theils zu den allgemeinen Formen des Sprechens und Denkens, theils zur Satzbildung mangelte, so dass dadurch selbst die Reinheit der Unterscheidung der Consonanten- und Vocalbestimmung zu
leiden Gefahr läuft. Zuerst muss ich hier auf die besondere Natur derjenigen Laute aufmerksam machen, die man in den Semitischen Sprachen

Wurzeln nennt, die sich aber wesentlich von den Wurzellauten anderer Sprachen unterscheiden. Da die Vocale von der materiellen Bedeutsamkeit ausgeschlossen sind, so müssen die drei Consonanten der Wurzel streng genommen vocallos, d. h. bloss von dem zu ihrer Herausstossung erforderlichen Laute begleitet seyn. In diesem Zustande aber fehlt ihnen die zum Erscheinen in der Rede nothwendige Lautform, da auch die Semitischen Sprachen nicht mehrere, unmittelbar auf einander folgende, mit blossem Schwa verbundene Consonanten dulden. Mit hinzugefügten Vocalen drücken sie diese oder jene bestimmte Beziehung aus und hören auf, beziehungslose Wurzeln zu seyn. Wo daher die Wurzeln wirklich in der Sprache erscheinen, sind sie schon wahre Wortformen; in ihrer eigentlichen Wurzelgestalt mangelt ihnen noch ein wichtiger Theil zur Vollendung ihrer Lautform in der Rede. Hierdurch erhält selbst die Flexion in den Semitischen Sprachen einen andren Sinn, als welchen dieser Begriff in den übrigen Sprachen hat, wo die Wurzel, frei von aller Beziehung, wirklich dem Ohre vernehmbar, wenigstens als Theil eines Wortes in der Rede erscheint. Flectirte Wörter enthalten in den Semitischen Sprachen nicht Umbeugungen ursprünglicher Töne, sondern Vervollständigungen zur wahren Lautform. Da nun der ursprüngliche Wurzellaut nicht neben dem flectirten dem Ohre im Zusammenhange der Rede vernehmbar werden kann, so leidet dadurch die lebendige Unterscheidung des Bedeutungs- und Beziehungsausdrucks. Allerdings wird zwar dadurch selbst die Verbindung beider noch inniger und die Anwendung der Laute nach Ewald's geistvoller und richtiger Bemerkung passender, als in irgend einer andren Sprache, da den leicht beweglichen Vocalen das mehr Geistige, den Consonanten das mehr Materielle zugetheilt ist. Aber das Gefühl der nothwendigen Einheit des, zugleich Bedeutung und Beziehung in sich fassenden Worts ist grösser und energischer, wenn die verschmolzenen Elemente in reiner Selbstständigkeit geschieden werden können, und dies ist dem Zweck der Sprache, die ewig trennt und verbindet, und der Natur des Denkens selbst angemessen. Allein auch bei der Untersuchung der einzelnen Arten des Beziehungs- und Bedeutungsausdrucks findet man die Sprache nicht von einer gewissen Vermischung beider frei. Durch den Mangel untrennbarer Praepositionen entgeht ihr eine ganze Classe von Beziehungsbezeichnungen, die ein systematisches Ganzes bilden und sich in einem vollständigen Schema darstellen lassen. In den Semitischen Sprachen wird dieser Mangel zum Theil dadurch ersetzt, dass für diese, durch Praepositionen modificirten Verbalbegriffe eigne Wörter bestimmt sind. Dies kann aber keine Vollständigkeit gewähren und noch weniger vermag dieser scheinbare Reichthum für den Nachtheil zu entschädigen, dass, da sich nun der Gegensatz weniger fühlbar darstellt, auch die Totalität nicht übersichtlich ins Auge fällt und die Redenden die Möglichkeit einer leichten und sicheren Spracherweiterung durch einzelne, bis dahin unversucht gebliebene Anwendungen verlieren.

Auch einen mir wichtig scheinenden Unterschied in der Bezeichnung verschiedener Arten von Beziehungen kann ich hier nicht übergehen. Die Andeutung der Casus des Nomen, insofern sie einen Ausdruck zulassen und nicht bloss durch die Stellung unterschieden werden, geschieht durch Hinzufügung von Praepositionen, die der Personen des Verbum durch Hinzufügung der Pronomina. Durch diese beiden Beziehungen wird die Bedeutung der Wörter auf keinerlei Weise afficirt. Es sind Ausdrücke reiner, allgemein anwendbarer Verhältnisse. Das grammatische Mittel aber ist Anfügung und zwar solcher Buchstaben oder Sylben, welche die Sprache als für sich bestehend anerkennt, die sie auch nur bis auf einen gewissen Grad der Festigkeit mit den Wörtern verbindet. Insofern auch Vocalwechsel dabei eintritt, ist er eine Folge jener Zuwächse, deren Anfügung nicht ohne Wirkung auf die Wortform in einer Sprache bleiben kann, welche so fest bestimmte Regeln für den Bau der Wörter besitzt. Die übrigen Beziehungsausdrücke, sie mögen nun in reinem Vocalwechsel oder zugleich in Hinzufügung consonantischer Laute, wie im Hifil, Nifal u. s. f., oder in Verdoppelung eines der Consonanten des Wortes selbst, wie bei den mehrsten Steigerungsformen, bestehen, haben eine nähere Verwandtschaft mit der materiellen Bedeutung des Worts, afficiren dieselbe mehr oder weniger, ändern sie wohl auch gewissermassen ganz ab, wie wenn aus dem Stamm *gross* gerade durch eine solche Form das Verbum *erziehen* hervorgebracht wird. Ursprünglich und hauptsächlich bezeichnen sie zwar wirkliche grammatische Beziehungen, den Unterschied des Nomen und Verbum, die transitiven oder intransitiven, reflexiven und causativen Verba u. s. w. Die Aenderung der ursprünglichen Bedeutung, durch welche aus den Stämmen abgeleitete Begriffe entstehen, ist eine natürliche Folge dieser Formen selbst, ohne dass darin eine Vermischung des Beziehungs- und Bedeutungsausdrucks zu liegen braucht. Dies beweist auch die gleiche Erscheinung in den Sanskritischen Sprachen. Allein der ganze Unterschied jener zwei Classen (auf der einen Seite der Casus- und Pronominalaffixa, auf der andren der inneren Verbalflexionen) und ihre verschiedne Bezeichnung ist in sich selbst auffallend. Zwar liegt in demselben eine gewisse Angemessenheit mit der Verschiedenheit der Fälle. Da, wo der Begriff keine Aenderung erleidet, wird die Beziehung nur äusserlich, dagegen innerlich, am Stamme selbst, da bezeichnet, wo die grammatische Form, sich bloss auf das einzelne Wort erstreckend, die Bedeutung afficirt. Der Vocal erhält an derselben den feinen ausmalenden, näher modificirenden Antheil, von dem weiter oben die Rede war. In der That sind alle Fälle der zweiten Classe von dieser Art und können, wenn wir beim Verbum stehen bleiben, schon auf die blossen

Participien angewendet werden, ohne die actuale Verbalkraft selbst anzugehen. In der Barmanischen Sprache geschieht dies in der That und auch die Verbalvorschläge der Malayischen Sprachen beschreiben ungefähr denselben Kreis, als die Semitischen in dieser Bezeichnungsart. Denn wirklich lassen sich alle Fälle derselben auf etwas den Begriff selbst Abänderndes zurückführen. Dies gilt sogar von der Andeutung der Tempora, insofern sie durch Beugung und nicht syntaktisch geschieht. Denn auf jene Weise unterscheidet sie bloss die Wirklichkeit und die noch nicht mit Sicherheit zu bestimmende Ungewissheit. Dagegen erscheint es sonderbar, dass gerade diejenigen Beziehungen, die am meisten den unveränderten Begriff nur in eine andere Beziehung stellen, wie die Casus, und diejenigen, die am wesentlichsten die Verbalnatur bilden, wie die Personen, weniger formal bezeichnet werden, ja sich fast gegen den Begriff der Flexion zur Agglutination hinneigen und dagegen die den Begriff selbst modificirenden den am meisten formalen Ausdruck annehmen. Der Gang des Sprachsinns der Nation scheint hier nicht sowohl der gewesen zu seyn, Beziehung und Bedeutung scharf von einander zu trennen, als vielmehr der, die aus der ursprünglichen Bedeutung fliessenden Begriffe nach systematischer Abtheilung grammatischer Form in den verschiedenen Nüancen derselben, regelmässig geordnet, abzuleiten. Man würde sonst nicht die gemeinsame Natur aller grammatischen Beziehungen durch Behandlung in zwiefachem Ausdruck gewissermassen verwischt haben. Wenn dies Raisonnement richtig und mit den Thatsachen übereinstimmend erscheint, so beweist dieser Fall, wie ein Volk seine Sprache mit bewundrungswürdigem Scharfsinn und gleich seltnem Gefühl der gegenseitigen Forderungen des Begriffs und des Lautes behandeln und doch die Bahn verfehlen kann, die in der Sprache überhaupt die naturgemässeste ist. Die Abneigung der Semitischen Sprachen gegen Zusammensetzung ist aus ihrer ganzen, hier nach ihren Hauptzügen geschilderten Form leicht erklärlich. Wenn auch die Schwierigkeit, vielsylbigen Wörtern die einmal fest in die Sprache eingewachsene Wortform zu geben, wie es die zusammengesetzten Eigennamen beweisen, überwunden werden konnte, so mussten sie doch bei der Gewöhnung des Volks an eine kürzere, einen streng gegliederten und leicht übersehbaren inneren Bau erlaubende Wortform lieber vermieden werden. Es boten sich aber auch weniger Veranlassungen zu ihrer Bildung dar, da der Reichthum an Stämmen sie entbehrlicher machte.

In der Delaware-Sprache in Nord-Amerika herrscht mehr, als vielleicht in irgend einer andren die Gewohnheit, neue Wörter durch Zusammensetzung zu bilden. Die Elemente dieser Composita enthalten aber selten das ganze ursprüngliche Wort, sondern es gehen von diesem nur Theile, ja selbst nur einzelne Laute in die Zusammensetzung über.

Aus einem von Du Ponceau[56] gegebenen Beispiel muss man sogar schliessen, dass es von dem Redenden abhängt, solche Wörter oder vielmehr ganze zu Wörtern gestempelte Phrasen gleichsam aus Bruchstücken einfacher Wörter zusammenzufügen. Aus *ki, du, wulit, gut, schön, niedlich, wichgat, Pfote,* und *schis,* einem als Endung im Sinne der Kleinheit gebrauchten Worte, wird, als Anrede an eine kleine Katze, *k-uli-gat-schis, deine niedliche kleine Pfote,* gebildet. Auf gleiche Weise gehen Redensarten in Verba über und werden alsdann vollständig conjugirt. *Nad-hol-ineen,* von *naten, holen, amochol, Boot,* und dem schliessenden regierten Pronomen der ersten Person des Plurals, heisst: *hole uns mit dem Boote!* nemlich: über den Fluss. Man sieht schon aus diesen Beispielen, dass die Veränderungen der diese Composita bildenden Wörter sehr bedeutend sind. So wird aus *wulit* in dem obigen Beispiel *uli,* in anderen Fällen, wo im Compositum kein Consonant vorausgeht, *wul,* allein auch mit vorausgehendem Consonanten *ola.*[57] Auch die Abkürzungen sind bisweilen sehr gewaltsam. Von *awesis, Thier,* wird, um das Wort *Pferd* zu bilden, bloss die Sylbe *es* in die Zusammensetzung aufgenommen. Zugleich gehen, da die Bruchstücke der Wörter nun in Verbindung mit anderen Lauten treten, Wohllautsveränderungen vor, welche dieselben noch weniger kenntlich machen. Dem eben erwähnten Worte für *Pferd, nanayung-es,* liegt ausser der Endung *es* nur *nayundam, eine Last auf dem Rücken tragen,* zum Grunde. Das *g* scheint eingeschoben und die Verstärkung durch die Verdopplung der ersten Sylbe nur auf das Compositum angewandt. Ein blosses Anfangs-*m* von *machit, schlecht,* oder von *medhick, übel,* giebt dem Worte einen bösen und verächtlichen Sinn.[58] Man hat daher diese Wortverstümmlungen verschiedentlich, als barbarische Rohheit sehr hart getadelt. Man müsste aber eine tiefere Kenntniss der DelawareSprache und der Verwandtschaft ihrer Wörter besitzen, um zu entscheiden, ob wirklich in den abgekürzten Wörtern die Stammsylben vernichtet oder nicht vielmehr gerade erhalten werden. Dass dies letztere in einigen Fällen sich wirklich so verhält, sieht man an einem merkwürdigen Beispiel. *Lenape* bedeutet *Mensch; lenni,* welches mit dem vorigen Worte zusammen (Lenni Lenape) den Namen des Hauptstammes der Delawaren ausmacht, hat die Bedeutung von etwas Ursprünglichem, Unvermischtem, dem Lande von jeher Angehörigem und bedeutet daher auch *gemein, gewöhnlich.* In diesem letzteren Sinne dient der Ausdruck zur Bezeichnung alles Einheimischen, von dem grossen und guten Geiste dem Lande Gegebenen, im Gegensatz mit dem aus der Fremde erst durch die weissen Menschen Gekommenen. *Ape* heisst *aufrecht gehen.*[59] In *lenape* sind also ganz richtig die charakteristischen Kennzeichen des aufrecht wandelnden Eingebornen enthalten. Dass hernach das Wort allgemein für *Mensch* gilt und, um zum Eigennamen zu werden, noch einmal den Begriff des Ursprünglichen mit sich verbindet, sind leicht erklärliche Erscheinungen. In *pilape, Jüngling,* ist das Wort *pilsit, keusch, unschuldig,* mit demjenigen Theil von *lenape* zusammengesetzt, welcher die den Menschen charakterisirende Eigenschaft bezeichnet. Da die in der Zusammensetzung verbundenen Wörter grossentheils mehrsylbig und schon selbst wieder zusammengesetzt sind, so kommt alles darauf an, welcher ihrer Theile zum Element des neuen Compositum gebraucht wird, worüber nur die aus einem vollständigen Wörterbuche zu schöpfende genauere Kenntniss der Sprache Aufklärung geben könnte. Auch versteht es sich wohl von selbst, dass der Sprachgebrauch diese Abkürzungen in bestimmte Regeln eingeschlossen haben wird. Dies sieht man schon daraus, dass das modificirte Wort in den gegebenen Beispielen immer im Compositum, als das letzte Element, den modificirenden nachsteht. Das Verfahren dieser scheinbaren Verstümmlung der Wörter dürfte daher wohl ein milderes Urtheil verdienen und nicht so zerstörend für die Etymologie seyn, als es der oberflächliche Anblick befürchten lässt. Es hängt genau mit der, oben schon als die Amerikanischen Sprachen auszeichnend angeführten Tendenz, das Pronomen in abgekürzter oder noch mehr abweichender Gestalt mit dem Verbum und dem Nomen zu verbinden, zusammen. Das eben von der Delawarischen Gesagte beweist ein noch allgemeineres Streben nach Verbindung mehrerer Begriffe in demselben Worte. Wenn man mehrere der Sprachen mit einander vergleicht, welche die grammatischen Beziehungen ohne Flexion durch Partikeln andeuten, so halten einige derselben, wie die Barmanische, die meisten der Südsee-Inseln und selbst die Mandschuische und die Mongolische, die Partikeln und die durch sie bestimmten Wörter eher aus einander, da hingegen die Amerikanischen eine Neigung, sie zu verknüpfen, verrathen. Die letztere fliesst natürlich schon aus dem oben (§. 29.[a.]) geschilderten einverleibenden Verfahren. Dieses habe ich im Vorigen als eine Beschränktheit der Satzbildung dargestellt und durch die Aengstlichkeit des Sprachsinns erklärt, die den Satz ausmachenden Theile für das Verständniss recht enge zusammenzufassen.

Dem hier betrachteten Verfahren der Delawarischen Wortbildung lässt sich aber zugleich noch eine andere Seite abgewinnen. Es liegt in demselben sichtbar die Neigung, der Seele die im Gedanken verbundenen Begriffe, statt ihr dieselben einzeln zuzuzählen, auf einmal und auch durch den Laut verbunden vorzulegen. Es ist eine malerische Behandlung der Sprache, genau zusammenhängend mit der übrigen, aus allen ihren Bezeichnungen hervorblickenden bildlichen Behandlung der Begriffe. Die Eichel heisst *wunach-quim, die Nuss der Blatt-Hand* (von *wumpach, Blatt, nach, Hand,* und *quim, die Nuss*), weil die lebendige Einbildungskraft des Volkes die eingeschnittenen Blätter der Eiche mit einer Hand vergleicht. Auch hier bemerke man die doppelte Befolgung des oben erwähnten Gesetzes in der Stellung der Elemente, erst in dem letzten, dann in den beiden ersten, wo wieder die Hand, gleichsam aus einem Blatte gebildet, diesem letzteren Worte, nicht umgekehrt nachsteht. Es ist offenbar von grosser Wichtigkeit, wie viel eine Sprache in Ein Wort einschliesst, statt sich der Umschreibung durch mehrere zu bedienen. Auch der gute Schriftsteller übt hierin sorgfältige Unterscheidung, wo ihm die Sprache die Wahl frei lässt. Das richtige Gleichgewicht, welches die Griechische Sprache hierin beobachtet, gehört gewiss zu ihren grössten Schönheiten. Das in Einem Worte Verbundene stellt sich auch der Seele mehr als Eins dar, da die Wörter in der Sprache das sind, was die Individuen in der Wirklichkeit. Es erregt lebendiger die Einbildungskraft, als was dieser einzeln zugezählt wird. Daher ist das Einschliessen in Ein Wort mehr Sache der Einbildungskraft, die Trennung mehr die des Verstandes. Beide können sich sogar hierin entgegenstehen und verfahren wenigstens dabei nach ihren eignen Gesetzen, deren Verschiedenheit sich hier in einem deutlichen Beispiel in der Sprache verräth. Der Verstand fordert vom Worte, dass es den Begriff vollständig und rein bestimmt hervorrufe, aber auch zugleich in ihm die logische Beziehung anzeige, in welcher es in der Sprache und in der Rede erscheint. Diesen Verstandesforderungen genügt die Delaware-Sprache nur auf ihre, den höheren Sprachsinn nicht befriedigende Weise. Dagegen wird sie zum lebendigen Symbol der, Bilder an einander reihenden Einbildungskraft und bewahrt hierin eine sehr eigenthümliche Schönheit. Auch im Sanskrit tragen die sogenannten undeclinirbaren Participien, die so oft zum Ausdruck von Zwischensätzen dienen, zur lebendigen Darstellung des Gedanken, dessen Theile sie mehr gleichzeitig vor die Seele bringen, wesentlich bei. In ihnen vereinigt sich aber, da sie grammatische Bezeichnung haben, die Strenge der Verstandesforderung mit dem freien Erguss der Einbildungskraft. Dies ist ihre beifallswürdige Seite. Denn allerdings haben sie auch eine entgegengesetzte, wenn sie durch Schwerfälligkeit der Freiheit der Satzbildung Fesseln anlegen und ihre einverleibende Methode an mangelnde Mannigfaltigkeit von Mitteln erinnert, dem Satze gehörige Erweiterung zu geben.

Es scheint mir nicht unmerkwürdig, dass diese kühn bildliche Zusammenfügung der Wörter gerade einer Nord-Amerikanischen Sprache angehört, ohne dass ich jedoch hieraus mit Sicherheit Folgerungen auf den Charakter dieser Völker im Gegensatz mit den südlichen ziehen möchte, da man hierzu mehr Data über beide und ihre frühere Geschichte besitzen müsste. Gewiss aber ist es, dass wir in den Reden und Verhandlungen dieser Nord-Amerikanischen Stämme eine grössere Erhebung des Gemüths und einen kühneren Flug der Einbildungskraft erkennen, als von dem wir im südlichen Amerika Kunde haben. Natur, Klima und das, den Völkern dieses Theils von Amerika mehr eigenthümliche Jägerleben, das weite Streifzüge durch die einsamsten Wälder mit sich bringt, mögen zugleich dazu beitragen. Wenn aber die Thatsache in sich richtig ist, so übten unstreitig die grossen despotischen Regierungen, besonders die zugleich priesterlich die freie Entwicklung der Individualität niederdrückende Peruanische einen sehr verderblichen Einfluss aus, da jene Jägerstämme, wenigstens soviel wir wissen, immer nur in freien Verbindungen lebten. Auch seit der Eroberung durch die Europäer erfuhren beide Theile ein verschiedenes, gerade in der Hinsicht, von welcher wir hier reden, sehr wesentlich entscheidendes Schicksal. Die fremden Anwohner in dem Nord-Amerikanischen Küstenstrich drängten die Eingebornen zurück und beraubten sie wohl auch ungerechter Weise ihres Eigenthums, unterwarfen sie aber nicht, indem auch ihre Missionare, von dem freieren und milderen Geiste des Protestantismus beseelt, einem drückenden mönchischen Regimente, wie es die Spanier und Portugiesen systematisch einführten, [fremd waren].

Ob übrigens in der reichen Einbildungskraft, von welcher Sprachen, wie die Delawarische, das sichtbare Gepräge tragen, auch ein Zeichen liegt, dass wir in ihnen eine jugendlichere Gestalt der Sprache aufbewahrt finden? ist eine schwer zu beantwortende Frage, da man zu wenig abzusondern vermag, was hierin der Zeit und was der Geistesrichtung der Nation angehört. Ich bemerke in dieser Rücksicht hier nur, dass die Zusammensetzung von Wörtern, von welchen in unsren heutigen oft auch nur einzelne Buchstaben übrig geblieben seyn mögen, sich leicht auch in den schönsten und gebildetsten Sprachen finden mag, da es in der Natur der Dinge liegt, vom Einfachen an aufzusteigen, und im Verlaufe so vieler Jahrtausende, in welchen sich die Sprache im Munde der Völker fortgepflanzt hat, die Bedeutungen der Urlaute natürlich verloren gegangen sind.

37. In dem entschiedensten Gegensatze befinden sich unter allen bekannten Sprachen die Chinesische und das Sanskrit, da die erstere alle grammatische Form der Sprache in die Arbeit des Geistes zurückweist, das letztere sie bis in die feinsten Schattirungen dem Laute einzuverleiben strebt. Denn offenbar liegt in der mangelnden und sichtbarlich vorleuchtenden Bezeichnung der Unterschied beider Sprachen. Den Gebrauch einiger Partikeln ausgenommen, deren sie, wie wir weiter unten sehen werden, auch wieder bis auf einen hohen Grad zu entbehren versteht, deutet die Chinesische alle Form der Grammatik im weitesten Sinne durch Stellung, den einmal nur in einer gewissen Form festgestellten Gebrauch der Wörter und den Zusammenhang des Sinnes an, also bloss durch Mittel, deren Anwendung innere Anstrengung

erheischt. Das Sanskrit dagegen legt in die Laute selbst nicht bloss den Sinn der grammatischen Form, sondern auch ihre geistigere Gestalt, ihr Verhältniss zur materiellen Bedeutung.

Hiernach sollte man auf den ersten Anblick die Chinesische Sprache für die von der naturgemässen Forderung der Sprache am meisten abweichende, für die unvollkommenste unter allen halten. Diese Ansicht verschwindet aber vor der genaueren Betrachtung. Sie besitzt im Gegentheil einen hohen Grad der Trefflichkeit und übt eine, wenn gleich einseitige, doch mächtige Einwirkung auf das geistige Vermögen aus. Man könnte zwar den Grund hiervon in ihrer frühen wissenschaftlichen Bearbeitung und reichen Literatur suchen. Offenbar hat aber vielmehr die Sprache selbst, als Aufforderung und Hülfsmittel, zu diesen Fortschritten der Bildung wesentlich mitgewirkt. Zuerst kann ihr die grosse Consequenz ihres Baues nicht bestritten werden. Alle andren flexionslosen Sprachen, wenn sie auch noch so grosses Streben nach Flexion verrathen, bleiben, ohne ihr Ziel zu erreichen, auf dem Wege dahin stehen. Die Chinesische führt, indem sie gänzlich diesen Weg verlässt, ihren Grundsatz bis zum Ende durch. Dann trieb gerade die Natur der in ihr zum Verständniss alles Formalen angewandten Mittel ohne Unterstützung bedeutsamer Laute darauf hin, die verschiedenen formalen Verhältnisse strenger zu beachten und systematisch zu ordnen. Endlich wird der Unterschied zwischen materieller Bedeutung und formeller Beziehung dem Geiste dadurch von selbst um so mehr klar, als die Sprache, wie sie das Ohr vernimmt, bloss die materiell bedeutsamen Laute enthält, der Ausdruck der formellen Beziehungen aber an den Lauten nur wieder als Verhältniss in Stellung und Unterordnung hängt. Durch diese fast durchgängige lautlose Bezeichnung der formellen Beziehungen unterscheidet sich die Chinesische Sprache, soweit die allgemeine Uebereinkunft aller Sprachen in Einer inneren Form Verschiedenheit zulässt, von allen andren bekannten. Man erkennt dies am deutlichsten, wenn man irgend einen ihrer Theile in die Form der letzteren zu zwängen versucht, wie einer ihrer grössten Kenner, Abel-Rémusat, eine vollständige Chinesische Declination aufgestellt hat.[60] Sehr begreiflicher Weise muss es in jeder Sprache Unterscheidungsmittel der verschiedenen Beziehungen des Nomen geben. Diese aber kann man bei weitem nicht immer darum als Casus im wahren Sinne dieses Wortes betrachten. Die Chinesische Sprache gewinnt durchaus nicht bei einer solchen Ansicht. Ihr charakteristischer Vorzug liegt im Gegentheil, wie auch Rémusat an derselben Stelle sehr treffend bemerkt, in ihrem, von den andren Sprachen abweichenden Systeme, wenn sie gleich eben durch dasselbe auch mannigfaltiger Vorzüge entbehrt und allerdings, als Sprache und Werkzeug des Geistes, den Sanskritischen und Semitischen Sprachen nachsteht. Der Mangel einer Lautbezeichnung der formalen

Beziehungen darf aber nicht in ihr allein genommen werden. Man muss zugleich und sogar hauptsächlich die Rückwirkung ins Auge fassen, welche dieser Mangel nothwendig auf den Geist ausübt, indem er ihn zwingt, diese Beziehungen auf feinere Weise mit den Worten zu verbinden und doch nicht eigentlich in sie zu legen, sondern wahrhaft in ihnen zu entdecken. Wie paradox es daher klingt, so halte ich es dennoch für ausgemacht, dass im Chinesischen gerade die scheinbare Abwesenheit aller Grammatik die Schärfe des Sinnes, den formalen Zusammenhang der Rede zu erkennen, im Geiste der Nation erhöht, da im Gegentheil die Sprachen mit versuchter, aber nicht gelingender Bezeichnung der grammatischen Verhältnisse den Geist vielmehr einschläfern und den grammatischen Sinn durch Vermischung des materiell und formal Bedeutsamen eher verdunkeln.

Dieser eigenthümliche Chinesische Bau rührt wohl unstreitig von der Lauteigenthümlichkeit des Volkes in den frühesten Zeiten her, von der Sitte, die Sylben stark in der Aussprache aus einander zu halten, und von einem Mangel an der Beweglichkeit, mit welcher ein Ton auf den andren umändernd einwirkt. Denn diese sinnliche Eigenthümlichkeit muss, wenn die geistige der inneren Sprachforrn erklärt werden soll, zum Grunde gelegt werden, da jede Sprache nur von der ungebildeten Volkssprache ausgehen kann. Entstand nun durch den grübelnden und erfindsamen Sinn der Nation, durch ihren scharfen und regen und vor der Phantasie vorwaltenden Verstand eine philosophische und wissenschaftliche Bearbeitung der Sprache, so konnte sie nur den sich wirklich in dem älteren Style verrathenden Weg nehmen, die Absonderung der Töne, wie sie im Munde des Volkes bestand, beibehalten, aber alles das feststellen und genau unterscheiden, was im höheren Gebrauch der Sprache, entblösst von der, dem Verständniss zu Hülfe kommenden Betonung und Geberde, zur lichtvollen Darstellung des Gedanken erfordert wurde. Dass aber eine solche Bearbeitung schon sehr früh eintrat, ist geschichtlich erwiesen und zeigt sich auch in den unverkennbaren, aber geringen Spuren bildlicher Darstellung in der Chinesischen Schrift.

Es lässt sich wohl allgemein behaupten, dass, wenn der Geist anfängt, sich zu wissenschaftlichem Denken zu erheben, und eine solche Richtung in die Bearbeitung der Sprache kommt, überhaupt Bilderschrift sich nicht lange erhalten kann. Bei den Chinesen muss dies doppelt der Fall gewesen seyn. Auf eine alphabetische Schrift würden sie, wie alle andre Völker, durch die Unterscheidung der Articulation des Lautes geführt worden seyn. Es ist aber erklärlich, dass die Schrifterfindung bei ihnen diesen Weg nicht verfolgte. Da die geredete Sprache die Töne nie in einander verschlang, so war ihre einzelne Bezeichnung minder erfordert. Wie das Ohr Monogramme des Lautes vernahm, so wurden diesen Monogramme der Schrift nachgebildet. Von der Bilderschrift abgehend, ohne sich der alphabetischen zu nähern, bildete man ein kunstvolles, willkührlich erzeugtes System von Zeichen, nicht ohne Zusammenhang der einzelnen unter einander, aber immer nur in einem idealen, niemals in einem phonetischen. Denn da die Verstandesrichtung vor dem Gefallen an Lautwechsel in der Nation und der Sprache vorherrschte, so wurden diese Zeichen mehr Andeutungen von Begriffen, als von Lauten, nur dass jedem derselben doch immer ein bestimmtes Wort entspricht, da der Begriff erst im Worte seine Vollendung erhält.

Auf diese Weise bilden die Chinesische und die Sanskrit-Sprache in dem ganzen uns bekannten Sprachgebiete zwei feste Endpunkte, einander nicht an Angemessenheit zur Geistesentwicklung, allein allerdings an innerer Consequenz und vollendeter Durchführung ihres Systems gleich. Die Semitischen Sprachen lassen sich nicht als zwischen ihnen liegend ansehen. Sie gehören ihrer entschiedenen Richtung zur Flexion nach in Eine Classe mit den Sanskritischen. Dagegen kann man alle übrigen Sprachen als in der Mitte jener beiden Endpunkte befindlich betrachten, da alle sich entweder der Chinesischen Entblössung der Wörter von ihren grammatischen Beziehungen oder der festen Anschliessung der dieselben bezeichnenden Laute nähern müssen. Selbst einverleibende Sprachen, wie die Mexicanische, sind in diesem Falle, da die Einverleibung nicht alle Verhältnisse andeuten kann und sie, wo diese nicht ausreicht, Partikeln gebrauchen müssen, die angefügt werden oder getrennt bleiben können. Weiter aber, als diese negativen Eigenschaften, nicht aller grammatischen Bezeichnung zu entbehren und keine Flexion zu besitzen, haben diese mannigfaltig unter sich verschiedenen Sprachen nichts mit einander gemein und können daher nur auf ganz unbestimmte Weise in Eine Classe geworfen werden.

Hiernach fragt es sich, ob es nicht in der Sprachbildung (nicht in demselben Sprachstamm, aber überhaupt) stufenartige Erhebungen zu immer vollkommnerer geben sollte? Man kann diese Frage von der wirklichen Sprachentstehung thatsächlich so nehmen, als habe es in verschiedenen Epochen des Menschengeschlechts nur successive Sprachbildungen verschiedener, einander in ihrer Entstehung voraussetzender und bedingender Grade gegeben. Alsdann wäre das Chinesische die älteste, das Sanskrit die jüngste Sprache. Denn die Zeit könnte uns Formen aus verschiedenen Epochen aufbewahrt haben. Ich habe schon weiter oben genügend ausgeführt und es macht dies einen Hauptpunkt meiner Sprachansichten aus, dass die vollkommnere, die Frage bloss aus Begriffen betrachtet, nicht auch die spätere zu seyn braucht. Historisch lässt sich nichts darüber entscheiden; doch werde ich in einem der folgenden Abschnitte dieser Betrachtungen bei Gelegenheit der factischen Entstehung und Vermischung der Sprachen diesen Punkt noch genauer zu bestimmen suchen. Man kann aber auch ohne Rücksicht auf dasjenige, was wirklich bestanden hat, fragen, ob sich die in jener Mitte liegenden Sprachen bloss ihrem Baue nach zu einander wie solche stufenartige Erhebungen verhalten oder ob ihre Verschiedenheit nicht erlaubt, einen so einfachen Massstab an sie zu legen? Auf der einen Seite scheint nun wirklich das Erstere der Fall. Wenn z. B. die Barmanische Sprache für die meisten grammatischen Beziehungen wirkliche Lautbezeichnungen in Partikeln besitzt, aber diese weder unter einander noch mit den Hauptwörtern durch Lautveränderungen verschlingt, dagegen, wie ich gezeigt habe, Amerikanische Sprachen abgekürzte Elemente verbinden und dem daraus entstehenden Worte eine gewisse phonetische Einheit geben, so scheint das letztere Verfahren der wirklichen Flexion näher zu stehen. Sicht man aber wieder bei der Vergleichung des Barmanischen mit dem eigentlich Malayischen, dass jenes zwar viel mehr Beziehungen bezeichnet, da wo dieses die Chinesische Bezeichnungslosigkeit beibehält, dagegen das Malayische die vorhandenen Anfügungssylben in sorgfältiger Beachtung sowohl ihrer eignen, als der Laute des Hauptworts behandelt, so wird man verlegen, welcher beider Sprachen man den Vorzug ertheilen soll, obgleich bei Beurtheilung auf andrem Wege derselbe unzweifelhaft der Malayischen Sprache gebührt.

Man sieht also, dass es einseitig seyn würde, auf diese Weise und nach solchen Kriterien Stufen der Sprachen zu bestimmen. Es ist dies auch vollkommen begreiflich. Wenn die bisherigen Betrachtungen mit Recht Eine Sprachform als die einzig gesetzmässige anerkannt haben, so beruht dieser Vorzug nur darauf, dass durch ein glückliches Zusammentreffen eines reichen und feinen Organes mit lebendiger Stärke des Sprachsinnes die ganze Anlage, welche der Mensch physisch und geistig zur Sprache in sich trägt, sich vollständig und unverfälscht im Laute entwickelt. Ein unter so begünstigenden Umständen sich bildender Sprachbau erscheint dann als aus einer richtigen und energischen Intuition des Verhältnisses des Sprechens zum Denken und aller Theile der Sprache zu einander hervorgesprungen. In der That ist der wahrhaft gesetzmässige Sprachbau nur da möglich, wo eine solche, gleich einer belebenden Flamme, die Bildung leuchtend durchdringt. Ohne ein von innen heraus arbeitendes Princip, auf mechanisch allmählich einwirkenden Wegen bleibt er unerreichbar. Treffen aber auch nicht überall so befördernde Umstände zusammen, so haben doch alle Völker bei ihrer Sprachbildung nur immer eine und dieselbe Tendenz. Alle wollen das Richtige, Naturgemässe und daher Höchste. Dies bewirkt die sich an und in ihnen entfaltende Sprache von selbst und ohne ihr Zuthun und es ist nicht denkbar, dass eine Nation gleichsam absichtlich z. B. nur die materielle Bedeutung bezeichnete, die grammatischen Beziehungen aber der Lautbezeichnung entzöge. Da indess die Sprache, die, um hier einen schon im Vorigen gebrauchten Ausdruck zu wiederholen, der Mensch nicht sowohl bildet, als vielmehr in ihren, wie von selbst hervorgehenden Entwicklungen mit einer Art freudigen Erstaunens an sich entdeckt, durch die Umstände, in welchen sie in die Erscheinung tritt, in ihrem Schaffen bedingt wird, so erreicht sie nicht überall das gleiche Ziel, sondern fühlt sich, nicht ausreichend, an einer, nicht in ihr selbst liegenden Schranke. Die Nothwendigkeit aber, demungeachtet immer ihrem allgemeinen Zwecke zu genügen, treibt sie, wie es auch seyn möge, von jener Schranke aus nach einer hierzu tauglichen Gestaltung. So entsteht die concrete Form der verschiedenen menschlichen Sprachen und enthält, insofern sie vom gesetzmässigen Baue abweicht, daher immer zugleich einen negativen, die Schranke des Schaffens bezeichnenden und einen positiven, das unvollständig Erreichte dem allgemeinen Zweck zuführenden Theil. In dem negativen liesse sich nun wohl eine stufenartige Erhebung nach dem Grade, in welchem die schöpferische Kraft der Sprache ausgereicht hätte, denken. Der positive aber, in welchem der oft sehr kunstvolle individuelle Bau auch der unvollkommneren Sprachen liegt, erlaubt bei weitem nicht immer so einfache Bestimmungen. Indem hier mehr oder weniger Uebereinstimmung und Entfernung vom gesetzmässigen Baue zugleich vorhanden ist, muss man sich oft nur bei einem Abwägen der Vorzüge und Mängel begnügen. Bei dieser, wenn der Ausdruck erlaubt ist, anomalen Art der Spracherzeugung wird oft ein einzelner Sprachtheil mit einer gewissen Vorliebe vor andren ausgebildet und es liegt hierin häufig gerade der charakteristische Zug einzelner Sprachen. Natürlich aber kann sich alsdann die wahre Reinheit des richtigen Princips in keinem Theile aussprechen. Denn dieses fordert gleichmässige Behandlung aller und würde, könnte es einen Theil wahrhaft durchdringen, sich von selbst auch über die anderen ergiessen. Mangel an wahrer innerer Consequenz ist daher ein gemeinsamer Charakter aller dieser Sprachen. Selbst die Chinesische kann eine solche doch nicht vollkommen erreichen, da doch auch sie in einigen, allerdings nicht zahlreichen Fällen dem Principe der Wortfolge mit Partikeln zu Hülfe kommen muss.

Wenn den unvollkommneren Sprachen die wahre Einheit eines, sie von innen aus gleichmässig durchstrahlenden Principes mangelt, so liegt es doch in dem hier geschilderten Verfahren, dass jede demungeachtet einen festen Zusammenhang und eine, nicht zwar immer aus der Natur der Sprache überhaupt, aber doch aus ihrer besonderen Individualität hervorgehende Einheit besitzt. Ohne Einheit der Form wäre überhaupt keine Sprache denkbar, und so wie die Menschen sprechen, fassen sie nothwendig ihr Sprechen in eine solche Einheit zusammen.

Dies geschieht bei jedem inneren und äusseren Zuwachs, welchen die Sprache erhält. Denn ihrer innersten Natur nach macht sie ein zusammenhängendes Gewebe von Analogieen aus, in dem sie das fremde Element nur durch eigene Anknüpfung festhalten kann.

Die hier gemachten Betrachtungen zeigen zugleich, welche Mannigfaltigkeit verschiedenen Baues die menschliche Spracherzeugung in sich zu fassen vermag, und lassen zugleich an der Möglichkeit einer erschöpfenden Classification derselben verzweifeln. Eine solche ist wohl zu bestimmten Zwecken und, wenn man einzelne Erscheinungen an ihnen zum Eintheilungsgrunde annimmt, ausführbar, verwickelt dagegen in unauflösliche Schwierigkeiten, wenn bei tiefer eindringendem Forschen die Eintheilung auch in ihre wesentliche Beschaffenheit und ihren inneren Zusammenhang mit der geistigen Individualität der Nationen eingehen soll. Die Aufstellung eines nur irgend vollständigen Systems ihres Zusammenhanges und ihrer Verschiedenheiten wäre, ständen derselben auch nicht die so eben angegebenen allgemeinen Schwierigkeiten im Wege, doch bei dem jetzigen Zustande der Sprachkunde unmöglich. Eine nicht unbedeutende Anzahl noch gar nicht unternommener Forschungen müsste einer solchen Arbeit nothwendig vorausgehen. Denn die richtige Einsicht in die Natur einer Sprache erfordert viel anhaltendere und tiefere Untersuchungen, als bisher noch den meisten Sprachen gewidmet worden sind.

Dennoch finden sich auch zwischen nicht stammverwandten Sprachen und in Punkten, die am entschiedensten mit der Geistesrichtung zusammenhängen, Unterschiede, durch welche mehrere wirklich verschiedene Classen zu bilden scheinen. Ich habe weiter oben (§. 34.) von der Wichtigkeit gesprochen, dem Verbum eine, seine wahre Function formal charakterisirende Bezeichnung zu geben. In dieser Eigenthümlichkeit nun unterscheiden sich Sprachen, welche sonst dem Ganzen ihrer Bildung nach auf gleicher Stufe zu stehen scheinen. Es ist natürlich, dass die Partikel-Sprachen, wie man diejenigen nennen könnte, welche die grammatischen Beziehungen zwar durch Sylben oder Wörter bezeichnen, allein diese gar nicht oder nur locker und verschiebbar anfügen, keinen ursprünglichen Unterschied zwischen Nomen und Verbum feststellen. Bezeichnen sie auch einige einzelne Gattungen des ersteren, so geschieht dies nur in Beziehung auf bestimmte Begriffe und in bestimmten Fällen, nicht im Sinne grammatischer Absonderung durchgängig. Es ist daher in ihnen nicht selten, dass jedes Wort ohne Unterschied zum Verbum gestempelt werden, dagegen auch wohl jede Verbalflexion zugleich als Participium gelten kann. Sprachen nun, die hierin einander gleich sind, unterscheiden sich dennoch wieder dadurch, dass die einen das Verbum mit gar keinem, seine eigenthümliche Function der Satzverknüpfung charakterisirenden Ausdruck ausstatten, die andren dies wenigstens durch die ihm in Abkürzungen oder Umänderungen angefügten Pronomina thun, den schon im Obigen öfters berührten Unterschied zwischen Pronomen und Verbalperson festhaltend. Das erstere Verfahren beobachtet z. B. die Barmanische Sprache, soweit ich sie genauer beurtheilen kann, auch die Siamesische, die Mandschuische und Mongolische, insofern sie die Pronomina nicht zu Affixen abkürzen, die Sprachen der Südsee-Inseln und grossentheils auch die übrigen Malayischen des westlichen Archipelagus, das letztere die Mexicanische, die Delaware-Sprache und andere Amerikanische. Indem die Mexicanische dem Verbum das regierende und regierte Pronomen, bald in concreter, bald in allgemeiner Bedeutung, beigiebt, drückt sie wirklich auf eine geistigere Weise seine nur ihm angehörende Function durch die Richtung auf die übrigen Haupttheile des Satzes aus. Bei dem ersteren dieser beiden Verfahren können Subject und Praedicat nur so verknüpft werden, dass man die Verbalkraft durch Hinzufügung des Verbum *seyn* andeutet. Meistentheils aber wird dasselbe bloss hinzugedacht; was in Sprachen dieses Verfahrens Verbum heisst, ist nur Participium oder Verbalnomen und kann, wenn auch Genus des Verbum, Tempus und Modus daran ausgedrückt sind, vollkommen so gebraucht werden. Unter Modus verstehen aber diese Sprachen nur die Fälle, wo die Begriffe des Wünschens, Befürchtens, des Könnens, Müssens u. s. f. Anwendung finden. Der reine Conjunctivus ist ihnen in der Regel fremd. Das durch ihn ohne Hinzukommen eines materiellen Nebenbegriffs ausgedrückte ungewisse und abhängige Setzen kann in Sprachen nicht angemessen bezeichnet werden, in welchen das einfache actuale Setzen keinen formalen Ausdruck findet. Dieser Theil des angeblichen Verbum ist alsdann mehr oder weniger sorgfältig behandelt und zu Worteinheit verschmolzen. Der hier geschilderte Unterschied ist aber genau derselbe, als wenn man das Verbum in seine Umschreibung auflöst oder es in seiner lebendigen Einheit gebraucht. Das erstere ist mehr ein logisch geordnetes, das letztere ein sinnlich bildendes Verfahren und man glaubt, wenn man sich in die Eigenthümlichkeit dieser Sprachen versetzt, zu sehen, was in dem Geiste der Völker, welchen nur das auflösende eigenthümlich ist, vorgehen muss. Die andren, so wie die Sprachen gesetzmässiger Bildung bedienen sich beider nach Verschiedenheit der Umstände. Die Sprache kann ihrer Natur nach den sinnlich bildenden Ausdruck der Verbalfunction nicht ohne grosse Nachtheile aufgeben. Auch wird in der That, selbst bei den Sprachen, welche, wie man offenherzig gestehen muss, an wirklicher Abwesenheit des wahren Verbum leiden, der Nachtheil dadurch verringert, dass bei einem grossen Theile von Verben die Verbalnatur in der Bedeutung selbst liegt und daher der formale Mangel materiell ersetzt wird. Kommt nun noch, wie im Chinesischen, hinzu, dass Wörter, welche beide Functionen, des Nomen und des Verbum, übernehmen könnten, durch den Gebrauch nur zu Einem gestempelt sind oder dass sie ihre Geltung durch die Betonung anzeigen können, so hat sich die Sprache auf einem andren Wege noch mehr wieder in ihre Rechte eingesetzt.

Unter allen, mir genauer bekannten Sprachen mangelt keiner so sehr die formale Bezeichnung der Verbalfunction, als der Barmanischen.[61] Carey bemerkt ausdrücklich in seiner Grammatik, dass in der Barmanischen Sprache Verba kaum anders, als in Particìpialformen gebraucht werden, indem, setzt er hinzu, dies hinreichend sey, jeden durch ein Verbum auszudrückenden Begriff anzudeuten. An einer andren Stelle spricht er dem Barmanischen alle Verba ganz und gar ab.[62] Diese Eigenthümlichkeit wird aber erst ganz verständlich, wenn man sie im Zusammenhange mit dem übrigen Bau der Sprache betrachtet.

Die Barmanischen Stammwörter erfahren keine Veränderung durch die Anfügung grammatischer Sylben. Die einzigen Buchstabenveränderungen in der Sprache sind die Verwandlung des ersten aspirirten Buchstaben in einen unaspirirten, da wo ein aspirirter verdoppelt wird, und bei der Verbindung von zwei einsylbigen Stammwörtern zu Einem Worte oder der Wiederholung des nemlichen der Uebergang des dumpfen Anfangsconsonanten des zweiten in den unaspirirten tönenden. Auch im Tamulischen[63] werden k, t (sowohl das linguale als dentale) und p in der Mitte der Wörter zu g, d und b. Der Unterschied ist nur, dass im Tamulischen der Consonant dumpf bleibt, wenn er sich doppelt in der Wortmitte befindet, da hingegen im Barmanischen die Umwandlung auch dann statt findet, wenn das erste beider Stammwörter mit einem Consonanten schliesst. Das Barmanische erhält daher in jedem Falle die grössere Einheit des Wortes durch die grössere Flüssigkeit des hinzutretenden Consonanten.[64]

Der Barmanische Wortbau beruht (mit Ausnahme der Pronomina und der grammatischen Partikeln) auf einsylbigen Stammwörtern und aus denselben gebildeten Zusammensetzungen. Von den Stammwörtern lassen sich zwei Classen unterscheiden. Die einen deuten Handlungen und Eigenschaften an und beziehen sich daher auf mehrere Gegenstände. Die andern sind Benennungen einzelner Gegenstände, lebendige Geschöpfe oder leblose Dinge. So liegt also hier Verbum, Adjectivum und Substantivum in der Bedeutung der Stammwörter. Auch besteht der eben angegebene Unterschied dieser Wörter nur in ihrer Bedeutung, nicht in ihrer Form; ê, *kühl seyn, erkalten,* kû, *umgeben, verbinden, helfen,* mâ, *hart, stark, gesund seyn,* sind nicht anders geformt, als lê, *der Wind,* rê (ausgesprochen yê[65]), *das Wasser,* lû, *der Mensch.* Carey hat die Beschaffenheit und Handlung andeutenden Stammwörter in ein besondres alphabetisches Verzeichniss gebracht, welches seiner Grammatik angehängt ist, und hat sie ganz wie die Wurzeln des Sans-

krit behandelt. Auf der einen Seite lassen sie sich in der That damit vergleichen. Denn sie gehören in ihrer ursprünglichen Gestalt keinem einzelnen Redetheile an und erscheinen auch in der Rede nur mit den
grammatischen Partikeln, welche ihnen ihre Bestimmung in derselben
geben. Es wird auch eine grosse Zahl von Wörtern von ihnen abgeleitet,
was schon aus der Art der durch sie bezeichneten Begriffe natürlich
herfliesst. Allein genau erwogen haben sie durchaus eine andere Natur,
als die Sanskritischen Wurzeln, da die grammatische Behandlung der
ganzen Sprache nur Stammwörter und grammatische Partikeln an einander reiht und keine verschmolzenen Wortganze bildet, ebendarum
auch nicht blosse Ableitungssylben mit Stammlauten verbindet. Auf
diese Weise erscheinen die Stammwörter in der Rede nicht als untrennbare Theile verbundener Wortformen, sondern wirklich in ihrer ganzen
unveränderten Gestalt und es bedarf keiner künstlichen Abtrennung
derselben aus grösseren, in sich verschmolzenen Formen. Die Ableitung
aus ihnen ist auch keine wahre Ableitung, sondern blosse Zusammensetzung. Die Substantiva endlich haben zum grössten Theil nichts, was
sie von ihnen unterscheidet, und lassen sich meistens nicht von ihnen
ableiten. Im Sanskrit ist wenigstens, seltene Fälle ausgenommen, die
Form der Nomina von der Wurzelform verschieden, wenn es auch
mit Recht unstatthaft genannt werden mag, alle Nomina durch Unâdi-
Suffixa von den Wurzeln abzuleiten. Die angeblichen Barmanischen
Wurzeln verhalten sich daher eigentlich wie die Chinesischen Wörter,
verrathen aber allerdings, mit dem übrigen Baue der Sprache zusammengenommen, eine gewisse Annäherung zu den Sanskritischen Wurzeln. Sehr häufig hat die angebliche Wurzel ohne alle Veränderung auch
daneben die Bedeutung eines Substantivum, in welchem ihre eigenthümliche Verbalbedeutung mehr oder weniger klar hervortritt. So
heisst *mai schwarz seyn, drohen, schrecken* und *die Indigopflanze, nê
bleiben, fortwähren* und *die Sonne, pauñ zur Verstärkung hinzufügen,*
daher *verpfänden* und *die Lende, Hinterkeule bei Thieren.* Dass bloss
die grammatische Kategorie durch eine Ableitungssylbe aus der Wurzel
verändert und bezeichnet werde, finde ich nur in einem einzigen Falle;
wenigstens unterscheidet sich nur dieser dem Anblicke nach von der
sonst gewöhnlichen Zusammensetzung. Es werden nemlich durch Praefigirung eines *a* aus Wurzeln Substantiva, nach Hough (*Voc.* S. 20.)
auch Adjectiva gebildet: *a-châ, Speise, Nahrungsmittel,* von *châ,
essen; a-myak (amyet* H.), *Aerger,* von *myak, ärgerlich seyn, sich är-
gern; a-pan:, ein abmattendes Geschäft,* von *pan:, mit Mühe athmen;
chang (chî), in eine ununterbrochene Reihe stellen,* und *a-chang, Ordnung, Methode.* Dies vorschlagende *a* wird aber wieder abgeworfen,
wenn das Substantivum als eines der letzten Glieder in ein Compositum
tritt. Diese Abwerfung findet aber auch, wie wir weiter unten bei *ama*

sehen werden, in Fällen statt, wo das *a* gewiss keine Ableitungssylbe aus einer Wurzel ist. Es giebt auch Substantiva, welche ohne Aenderung der Bedeutung diesen Vorschlag bald haben, bald entbehren. So lautet das oben angeführte *pauñ, Lende,* auch bisweilen *apauñ.* Man kann daher doch dies *a* keiner wahren Ableitungssylbe gleichstellen.

In Zusammensetzungen sind theils zwei Beschaffenheits- oder Handlungswörter (Carey's Wurzeln), theils zwei Nomina, theils endlich ein Nomen mit einer solchen Wurzel verbunden. Der erste Fall wird oft an der Stelle eines Modus des Verbum, z. B. des Optativs durch die Verbindung irgend eines Verbalbegriffs mit *wünschen* angewandt. Es werden jedoch auch zwei Wurzeln bloss zur Modificirung des Sinnes zusammengesetzt und alsdann fügt die letzte demselben bisweilen kaum eine kleine Nüance hinzu; ja die Ursach der Zusammensetzung lässt sich bisweilen aus dem Sinne der einzelnen Wurzeln nicht errathen. So heissen *pan, pan-krâ:* und *pan-kwâ Erlaubniss fordern, bitten; krâ: (kyâ:)* heisst *Nachricht empfangen* und *geben,* dann aber auch *getrennt seyn, kwâ sich trennen, nach vorheriger Verbindung geschieden werden.* In andren Compositis ist die Zusammensetzung erklärlicher: so heisst *prach-hmâ: gegen etwas sündigen, übertreten* und *prach (prîch)* allein: *nach etwas hinwerfen, hmâ: irren, auf falschem Wege seyn,* daher auch für sich allein: *sündigen.* Es wird also hier durch die Zusammensetzung eine Verstärkung des Begriffs erreicht. Aehnliche Fälle finden sich häufiger und zeigen deutlich, dass die Sprache die Eigenthümlichkeit besitzt, sehr oft neben einer einfachen und daher einsylbigen Wurzel ein aus zweien zusammengesetztes und also zweisylbiges Verbum ohne alle irgend wesentliche Veränderung der Bedeutung und so zu bilden, dass die hinzutretende Wurzel den Begriff der anderen entweder bloss auf etwas verschiedene Weise wiedergibt oder ihn auch ganz einfach wiederholt oder endlich einen ganz allgemeinen Begriff hinzufügt.[66] Ich werde auf diese, für den Sprachbau überhaupt wichtige Erscheinung weiter unten wieder zurückkommen. Einige solcher Wurzeln werden, auch wenn sie erste Glieder eines Compositum sind, niemals einzeln gebraucht. Von dieser Art ist *tuñ·,* das immer nur zusammen mit *wap (wet)* vorkommt, obgleich beide Wurzeln die Bedeutung des Compositum, *sich aus Verehrung verneigen,* an sich tragen. Man sagt auch umgekehrt *wap-tuñ·,* allein in verstärktem Sinn: *auf der Erde kriechen, vor Vornehmen liegen.* Bisweilen dienen auch Wurzeln dergestalt zu Zusammensetzungen, dass nur ein Theil ihrer Bedeutung in das Compositum übergeht und nicht darauf geachtet wird, dass der Ueberrest derselben mit dem andren Gliede der Zusammensetzung in Widerspruch steht. So wird *hchwat, sehr weiss seyn,* nach Judson's ausdrücklicher Bemerkung auch als Verstärkung mit Wörtern andrer Farben gebraucht. Wie mächtig die Zusammensetzung auf das einzelne Wort

wirkt, sieht man endlich auch daraus, dass Judson bei dem oben dagewesenen Worte *hchauñ* bemerkt, dass dasselbe bisweilen durch die Verbindung, in welcher es steht, eine besondere Bedeutung *(a specific
meaning)* erhält.

Wo Nomina mit Wurzeln verbunden sind, stehen die letzteren gewöhnlich hinter den ersteren: *lak-tat (let-tat* H.), *ein Künstler, Verferti-
ger,* von *lak (let* H.), *die Hand,* und *tat, in etwas geschickt seyn, etwas
verstehen.* Diese Zusammensetzungen kommen alsdann mit den Sanskritischen überein, wo wie in *dharmawid* eine Wurzel als letztes Glied an
ein Nomen gefügt ist. Oft aber wird in diesen Zusammensetzungen auch
bloss die Wurzel im Sinne eines Adjectivum genommen und dann entsteht nur insofern ein Compositum, als die Barmanische Sprache ein mit
seinem Substantivum verbundenes Adjectivum immer als ein solches
betrachtet: *nwâ:-kauñ, Kuh gute* (genau: *gut seyn*). Ein Compositum
dieser Art im eigentlicheren Sinne des Worts ist *lû-chu, Menschenmen-
ge,* von *lû, Mensch,* und *chu, sich versammeln.* Bei der Zusammensetzung der Nomina unter einander finden sich Fälle, wo dasjenige, welches
das letzte Glied ausmacht, sich so von seiner ursprünglichen Bedeutung
entfernt, dass es zu einem Suffix allgemeiner Bedeutung wird. So wird
ama, Weib, Mutter,[67] mit Wegwerfung des *a* zu *ma* abgekürzt und fügt
dann dem ersten Gliede des Compositum die Bedeutung des Grossen,
Vornehmsten, Hauptsächlichen hinzu: *tak (tet), das Ruder,* aber *tak-ma,
das hauptsächliche Ruder, das Steuerruder.*

Zwischen dem Nomen und dem Verbum giebt es in der Sprache keinen ursprünglichen Unterschied. Erst in der Rede wird derselbe durch
die an das Wort geknüpften Partikeln bestimmt; man kann aber nicht,
wie im Sanskrit, das Nomen an bestimmten Ableitungssylben erkennen
und der Begriff einer zwischen der Wurzel und dem flectirten Nomen
stehenden Grundform fällt im Barmanischen gänzlich hinweg. Höchstens machen hiervon die durch Praefigirung eines *a* gebildeten, weiter
oben erwähnten Substantiva eine Ausnahme. Alle grammatische Bildung von Substantiven und Adjectiven besteht in deutlicher Zusammensetzung, wo das letzte Glied dem Begriff des ersten einen allgemeineren hinzufügt, es sey nun, dass das erste eine Wurzel oder ein Nomen
ist. Im ersteren Fall entstehen aus den Wurzeln Nomina, im letzteren
werden mehrere Nomina unter Einen Begriff, gleichsam unter eine
Classe zusammengestellt. Es fällt in die Augen, dass das letzte Glied
dieser Zusammensetzungen nicht eigentlich ein Affixum genannt werden könne, obgleich es in der Barmanischen Grammatik immer diesen
Namen trägt. Das wahre Affixum zeigt durch die Lautbehandlung in
der Worteinheit an, dass es den bedeutsamen Theil des Wortes, ohne
ihm etwas materielles hinzuzufügen, in eine bestimmte Kategorie versetzt. Wo, wie hier, eine solche Lautbehandlung fehlt, ist diese Verset-

zung nicht symbolisch in den Laut übergegangen, sondern der Sprechende muss sie aus der Bedeutung des angeblichen Affixes oder aus
dem angenommenen Sprachgebrauch erst hineinlegen. Diesen Unterschied muss man bei Beurtheilung der ganzen Barmanischen Sprache
wohl im Auge behalten. Sie drückt Alles oder doch das Meiste von dem
aus, was durch Flexion angedeutet werden kann, überall aber fehlt ihr
der wahre symbolische Ausdruck, durch welchen die Form in die Sprache übergeht und wieder aus ihr in die Seele zurückkehrt. Daher findet
man in Carey's Grammatik unter dem Titel der Bildung der Nomina die
verschiedensten Fälle neben einander gestellt, abgeleitete Nomina, rein
zusammengesetzte, Gerundia, Participia u. s. f., und kann diese Zusammenstellung nicht einmal wahrhaft tadeln, da in allen diesen Fällen
Wörter durch ein angebliches Affixum unter Einen Begriff und, soviel
die Sprache Worteinheit besitzt, auch in Ein Wort zusammengefasst
werden. Es ist auch nicht zu läugnen, dass der beständig wiederkehrende Gebrauch dieser Zusammensetzungen im Geiste der Sprechenden
die letzten Glieder derselben den wahren Affixen näher bringt, besonders wenn, wie im Barmanischen wirklich bisweilen der Fall ist, die sogenannten Affixa gar keine für sich anzugebende Bedeutung oder in ihrer Selbstständigkeit eine solche haben, die sich in ihrer Affigirung gar
nicht oder nur sehr entfernt wiederfinden lässt. Beide Fälle, von denen
sich aber der letztere, da die Ideenverbindungen so mannigfaltig seyn
können, nicht immer mit völliger Bestimmtheit beurtheilen lässt, kommen in der Sprache, wie man bei der Durchgehung des Wörterbuchs
sieht, nicht selten vor, ob sie gleich auch nicht die häufigeren sind. Diese Neigung zur Zusammensetzung oder Affigirung beweist sich auch
dadurch, dass, wie wir schon oben sahen, eine bedeutende Anzahl der
Wurzeln und Nomina niemals ausser dem Zustande der Zusammensetzung selbstständig gebraucht wird, ein Fall, der sich auch in andren
Sprachen, namentlich im Sanskrit wiederfindet. Ein vielfältig gebrauchtes und allemal die Verwandlung einer Wurzel, mithin eines Verbum in
ein Nomen mit sich führendes Affix ist *hkyañ:*.[68] Es bringt den abstracten Begriff des Zustandes, welchen das Verbum enthält, hervor, die als
Sache gedachte Handlung: *chê, senden, chê-hkyañ: (chê-gyeñ:), Sendung.* Als für sich stehendes Verbum heisst *hkyañ: bohren, durchste-
chen, durchdringen,* wozwischen und seinem Sinne als Affixum gar
kein Zusammenhang zu entdecken ist. Unstreitig liegen aber diesen
heutigen concreten Bedeutungen verloren gegangene allgemeine zum
Grunde. Alle übrigen, Nomina bildenden Affixa sind, soviel ich sie
übersehen kann, mehr particulärer Natur.

   Die Behandlung des Adjectivum ist allein aus der Zusammensetzung
zu erklären und beweist recht augenscheinlich, wie die Sprache immer
dies Mittel bei der grammatischen Bildung vor Augen hat. An und für

sich kann das Adjectivum nichts, als die Wurzel selbst seyn. Seine grammatische Beschaffenheit erlangt es erst in der Zusammensetzung mit einem Substantivum oder wenn es absolut hingestellt wird, wo es, wie die Nomina, ein praefigirtes *a* annimmt. Bei der Verbindung mit einem Substantivum kann es vor demselben vorausgehen oder ihm nachfolgen, muss sich aber in dem ersteren Falle durch eine Verbindungspartikel (*thang* oder *thau*) demselben anschliessen. Den Grund dieses Unterschiedes glaube ich in der Natur der Zusammensetzung zu finden. Bei dieser muss das letzte Glied allgemeinerer Natur seyn und das erste in seinen grösseren Umfang aufnehmen können. Bei der Verknüpfung eines Adjectivum mit einem Substantivum hat aber jenes den grösseren Umfang und bedarf daher eines seiner Natur angemessenen Zusatzes, um sich an das Substantivum anzufügen. Jene Verbindungspartikeln, von denen ich weiter unten ausführlicher reden werde, erfüllen diesen Zweck und die Verbindung heisst nun nicht sowohl z. B. *ein guter Mann,* als: *ein gut seyender* oder *ein Mann, der gut ist,* nur dass im Barmanischen diese Begriffe umgekehrt *(gut, welcher, Mann)* auf einander folgen. Das angebliche Adjectivum wird auf diese Weise ganz als Verbum behandelt; denn wenn auf der einen Seite *kauñ:-thang-lû der gute Mensch* heisst, so würden, für sich stehend, die beiden ersten Elemente des Compositum *er ist gut* heissen. Noch deutlicher erscheint dies dadurch, dass man ganz auf dieselbe Weise einem Substantivum, statt eines blossen Adjectivum, ein vollkommenes, sogar mit dem von ihm regierten Worte versehenes Verbum vorausschicken kann; *der in der Luft fliegende Vogel* lautet in Barmanischer Wortfolge: *Luftraum in fliegen* (Verbindungspartikel) *Vogel.* Bei dem nachstehenden Adjectivum kommt die Stellung der Begriffe mit den Zusammensetzungen überein, wo eine als letztes Glied stehende Wurzel, wie *besitzen, wägen, würdig seyn,* mit andren Wörtern durch ihre Bedeutung modificirte Nomina bildet.

In der Verbindung der Rede werden die Beziehungen der Wörter auf einander durch Partikeln angezeigt. Es ist daher begreiflich, dass diese beim Nomen und Verbum verschieden sind. Indess ist dies nicht einmal immer der Fall und Nomen und Verbum fallen dadurch noch mehr in eine und dieselbe Kategorie. Die Verbindungspartikel *thang* ist zugleich das wahre Nominativzeichen und bildet auch den Indicativ des Verbum. In diesen beiden Functionen findet sie sich in der kurzen Redensart *ich thue, ñâ-thang pruthang,* dicht neben einander. Hier liegt offenbar dem Gebrauche des Wortes eine andere Ansicht, als die gewöhnliche Bedeutung der grammatischen Formen zum Grunde und wir werden diese weiter unten aufsuchen. Dieselbe Partikel wird aber als Endung des Instrumentalis aufgeführt und steht auf diese Weise in folgender Redensart: *lû-tat-thang hchauk-thang-im, das durch einen geschickten Mann gebaute Haus.* Das erste dieser beiden Wörter enthält das Compositum aus *Mann* und *geschickt,* welchem darauf das angebliche Zeichen des Instrumentalis folgt. Im zweiten findet sich die Wurzel *bauen,* hier im Sinne von *gebaut seyn,* auf die im Vorigen angegebene Weise als Adjectivum vermittelst der Verbindungspartikel *thang* dem Substantivum *im* (*ieng* H.), *Haus,* vorn angefügt. Es wird mir nun sehr zweifelhaft, ob der Begriff des Instrumentalis wirklich ursprünglich in der Partikel *thang* liegt oder ob erst später grammatische Ansicht ihn hineintrug, da ursprünglich im ersten jener Worte bloss der Begriff des geschickten Mannes lag und es dem Hörer überlassen blieb, die Beziehung hinzuzudenken, in welcher derselbe hier vor das zweite Wort gestellt wurde. Auf ähnliche Art giebt man *thang* auch als Genitivzeichen an. Wenn man die grosse Zahl von Partikeln, welche angeblich als Casus die Beziehungen des Nomen ausdrücken, zusammennimmt, so sieht man deutlich, dass Pali-Grammatiker, welchen überhaupt die Barmanische Sprache ihre wissenschaftliche Anordnung und Terminologie verdankt, bemüht gewesen sind, sie unter die acht Casus des Sanskrit und ihrer Sprache zu vertheilen und eine Declination zu bilden. Genau genommen ist aber eine solche der Sprache fremd, die bloss in Rücksicht auf die Bedeutung der Partikeln, durchaus nicht auf den Laut des Nomen die angeblichen Casusendungen gebraucht. Jedem Casus werden mehrere zugetheilt, die aber wieder jede eigne Näancen des Bezichungsbegriff es ausdrücken. Einige bringt Carey auch noch nach Aufstellung seiner Declination abgesondert nach. Zu einigen dieser Casuszeichen gesellen sich auch, bald vorn, bald hinten, andere, den Sinn der Beziehung genauer bestimmende. Uebrigens folgen dieselben allemal dem Nomen nach und zwischen diesem und ihnen stehen, wenn sie vorhanden sind, die Bezeichnung des Geschlechts und die des Plurals. Die letztere dient, so wie alle Casuszeichen, auch bei dem Pronomen und es giebt keine eigne Pronomina für *wir, ihr, sie.* Die Sprache scheidet also Alles nach der Bedeutsamkeit, verbindet nichts durch den Laut und stösst dadurch sichtbar das natürliche und ursprüngliche Streben des inneren Sprachsinns, aus Genus, Numerus und Casus vereinte Lautmodificationen des materiell bedeutsamen Wortes zu machen, zurück. Die ursprüngliche Bedeutung des Casuszeichen lässt sich indess nur bei wenigen nachweisen, selbst bei dem Pluralzeichen *tô* (*do* H.) nur dann, wenn man mit Nichtbeachtung der Accente es von *tô:, vermehren, hinzufügen,* abzuleiten unternimmt. Die persönlichen Pronomina erscheinen immer nur in selbstständiger Form und dienen niemals, abgekürzt oder verändert, als Affixe.

Das Verbum ist, wenn man das blosse Stammwort betrachtet, allein durch seine materielle Bedeutung kenntlich. Das regierende Pronomen steht allemal vor demselben und deutet schon dadurch an, dass es nicht zur Form des Verbum gehört, indem es sich gänzlich von den, immer auf das Stammwort folgenden Verbalpartikeln absondert. Was die Sprache von Verbalformen besitzt, beruht ausschliesslich auf den letzteren, welche den Plural, wenn er vorhanden ist, den Modus und das Tempus angeben. Eine solche Verbalform ist dieselbe für alle drei Personen und die einfache Ansicht des ganzen Verbum oder vielmehr der Satzbildung ist daher die, dass das Stammwort mit seiner Verbalform ein Participium ausmacht, welches sich mit dem, von ihm unabhängig stehenden Subject durch ein hinzugedachtes Verbum *seyn* verbindet. Das letztere ist zwar auch in der Sprache ausdrücklich vorhanden, wird aber, wie es scheint, zu dem gewöhnlichen Verbalausdruck selten zu Hülfe genommen.

Kehren wir nun zu der Verbalform zurück, so hängt sich der Pluralausdruck unmittelbar an das Stammwort oder an den Theil an, der mit diesem als ein und ebendasselbe Ganze angesehen wird. Es ist aber merkwürdig und hierin liegt ein Erkennungsmittel des Verbum, dass das Pluralzeichen der Conjugation gänzlich von dem der Declination verschieden ist. Das niemals fehlende einsylbige Pluralzeichen *kra (kya)* nimmt gewöhnlich, obgleich nicht immer, noch ein zweites, *kun,* verwandt mit *akun, völlig, vollstän*dig,[69] unmittelbar nach sich und die Sprache beweist auch hierin ihre doppelte Eigenthümlichkeit, die grammatische Beziehung durch Zusammensetzung zu bezeichnen und in dieser den Ausdruck, auch wo Ein Wort schon hinreichen würde, noch durch Hinzufügung eines andren zu verstärken. Doch tritt hier der nicht unmerkwürdige Fall ein, dass einem mit verloren gegangener ursprünglicher Bedeutung zum Affixum gewordenen Worte eines von bekannter Bedeutung beigegeben wird.

Die Modi beruhen, wie schon oben erwähnt worden ist, grösstentheils auf der Verbindung von Wurzeln allgemeinerer Bedeutung mit den concreten. Auf diese Weise sich bloss nach der materiellen Bedeutsamkeit richtend, gehen sie ganz über den logischen Umfang dieser Verbalform hinaus und ihre Zahl wird gewissermassen unbestimmbar. Die Tempuszeichen folgen ihnen bis auf wenige Ausnahmen in der Anfügung an das eigentliche Verbum nach; das Pluralzeichen aber richtet sich nach der Festigkeit, mit welcher die den Modus anzeigende Wurzel mit der concreten als verbunden betrachtet wird, worüber eine doppelte Ansicht in dem Sprachsinne des Volks zu herrschen scheint. In einigen wenigen Fällen tritt dasselbe zwischen beide Wurzeln, in den meisten aber folgt es der letzten. Es ist offenbar, dass die den Modus anzeigenden Wurzeln im ersteren Fall mehr von einem dunklen Gefühl der grammatischen Form begleitet sind, da hingegen im letzteren beide Wurzeln in der Vereinigung ihrer Bedeutungen gleichsam als ein und dasselbe Stammwort gelten. Unter dem, was hier Modus durch Verbin-

dung von Wurzeln genannt wird, kommen Formen ganz verschiedener
grammatischer Bedeutung vor, z. B. die Causalverba, welche durch Hinzufügung der Wurzel *schicken, auftragen, befehlen* gebildet werden,
und Verba, deren Bedeutung andere Sprachen durch untrennbare Praepositionen modificiren.

Von Tempuspartikeln führt Carey fünf des Praesens, drei zugleich
des Praesens und Praeteritum und zwei ausschliesslich dem letzteren
angehörende, dann einige des Futurum auf. Er nennt die damit gebildeten Verbalbeugungen Formen des Verbum, ohne jedoch den Unterschied des Gebrauchs der die gleiche Zeit bezeichnenden anzugeben.
Dass jedoch unter ihnen ein Unterschied gemacht wird, zeigt sich durch
seine gelegentliche Aeusserung, dass zwei, von denen er gerade spricht,
wenig in der Bedeutung von einander abweichen. Von *thê:* merkt Judson an, dass es anzeigt, dass die Handlung noch im gegenwärtigen Augenblicke nicht fortzudauern aufgehört hat. Ausser den so aufgeführten
kommen aber auch noch andere, namentlich eine für die ganz vollendete Vergangenheit vor. Eigentlich gehören nun diese Tempuszeichen insofern dem Indicativus an, als sie an und für sich keinen anderen Modus
andeuten; einige derselben dienen aber auch in der That zur Bezeichnung des Imperativus, der jedoch auch seine ganz eigenen Partikeln hat
oder durch die nackte Wurzel angedeutet wird. Judson nennt einige dieser Partikeln bloss euphonische oder ausfüllende. Verfolgt man sie im
Wörterbuche, so sind die meisten zugleich, wenn auch in einer gar nicht
oder nur entfernt verwandten Bedeutung, wirkliche Wurzeln und das
Verfahren der Sprache ist also auch hier bedeutsame Zusammensetzung. Diese Partikeln machen der Absicht der Sprache nach offenbar
Ein Wort mit der Wurzel aus und man muss die ganze Form als ein
Compositum ansehen. Durch Buchstabenveränderung aber ist diese
Einheit nicht angedeutet, ausgenommen darin, dass in den oben angegebenen Fällen die Aussprache die dumpfen Buchstaben in ihre unaspirirten tönenden verwandelt. Auch dies wird von Carey nicht ausdrücklich bemerkt; es scheint aber aus der Allgemeinheit seiner Regel und
der Schreibung bei Hough zu folgen, der diese Umwandlung bei allen
auf diese Weise als Partikeln gebrauchten Wörtern anwendet und z. B.
das Zeichen vollendeter Vergangenheit *prî:* in der Angabe der Aussprache *byî:* schreibt. Auch eine wirklich in der geschriebenen Sprache vorkommende Zusammenziehung der Vocale zweier solcher einsylbigen
Wörter finde ich in dem Futurum der Causalverba. Das Causalzeichen
chê (die Wurzel *befehlen)* und die Partikel *aṅ·* des Futurum werden *zu*
chim·.[70] Der gleiche Fall scheint mit der zusammengesetzten Partikel
des Futurum *lim·-mang* statt zu finden, wo nemlich die Partikel *lê* mit
aṅ· zu *lim·* zusammengezogen und dann eine andere Partikel des Futurum, *mang,* hinzugesetzt wird. Aehnliche Fälle mag zwar die Sprache

noch aufweisen, doch können sie, da man ihnen sonst nothwendig öfter begegnen müsste, unmöglich häufig seyn. Die hier geschilderten Verbalformen lassen sich wieder durch Anfügung von Casuszeichen decliniren, dergestalt, dass das Casuszeichen entweder unmittelbar an die Wurzel oder an die sie begleitenden Partikeln geheftet wird. Wenn dies zwar mit der Natur der Gerundien und Participien anderer Sprachen übereinkommt, so werden wir doch weiter unten sehen, dass die Barmanische auch noch in einer ganz eigenthümlichen Art Verba und Verbalsätze als Nomina behandelt.

Von den hier erwähnten Partikeln der Modi und Tempora muss man eine andere absondern, welche auf die Bildung der Verbalformen den wesentlichsten Einfluss ausübt, aber auch dem Nomen angehört und in der Grammatik der ganzen Sprache eine wichtige Rolle spielt. Man erräth schon aus dem Vorigen, dass ich hier das, als Nominativzeichen weiter oben erwähnte *thang* meine. Auch Carey hat diesen Unterschied gefühlt. Denn ob er gleich *thang* als die erste der Praesensformen des Verbum bildend aufführt, so behandelt er es doch unter dem Namen einer Verbindungspartikel *(connective increment)* immer ganz abgesondert. *Thang* fügt dem Verbum nicht, wie die übrigen Partikeln, eine Modification hinzu,[71] ist vielmehr für seine Bedeutung unwesentlich; es zeigt aber an, in welchem grammatischen Sinne das Wort, dem es sich anschliesst, genommen werden soll, und begränzt, wenn der Ausdruck erlaubt ist, seine grammatischen Formen. Es gehört daher beim Verbum nicht zu den bedeutsamen, sondern zu den, bei der Zusammenfügung der Elemente der Rede das Verständniss leitenden Wörtern und kommt ganz mit dem Begriff der im Chinesischen hohl oder leer genannten Wörter überein. Wo *thang* das Verbum begleitet, stellt es sich entweder, wenn keine andere Partikel vorhanden ist, unmittelbar hinten an die Wurzel oder folgt den andren vorhandenen Partikeln nach. In beiden Stellungen kann es durch Anheftung von Casuszeichen flectirt werden. Es zeigt sich aber hier der merkwürdige Unterschied, dass bei der Declination des Nomen *thang* bloss das Nominativzeichen ist und bei der Anfügung der übrigen Casus nicht weiter erscheint, bei der des Participium (denn für ein solches kann man doch hier nur das Verbum nehmen) hingegen seine Stelle behält. Dies scheint zu beweisen, dass seine Bestimmung im letzteren Fall die ist, das Zusammengehören der Partikeln mit der Wurzel, folglich die Begränzung der Participialform anzuzeigen. Seinen regelmässigen Gebrauch findet es nur im Indicativus. Vom Subjunctivus ist es gänzlich ausgeschlossen, ebenso vom Imperativus, und auch noch in einigen einzelnen andren Fügungen fällt es hinweg. Nach Carey dient es, die Participialformen mit einem folgenden Worte zu verbinden, was insofern mit meiner Behauptung übereinkommt, dass es eine Abgränzung jener Formen von der auf sie folgenden ausmacht. Wenn man das hier Gesagte zusammennimmt und mit dem Gebrauche des Wortes beim Nomen verbindet, so fühlt man bald, dass dasselbe nicht nach der Theorie der Redetheile erklärt werden kann, sondern dass man, wie bei den Chinesischen Partikeln, zu seiner ursprünglichen Bedeutung zurückgehen muss. In dieser drückt es nun den Begriff: *dieses, also* aus und wird in der That von Carey und Judson (welche nur diese Bedeutung nicht mit dem Gebrauche des Worts als Partikel in Verbindung bringen) ein Demonstrativpronomen und Adverbium genannt. In beiden Functionen bildet es, als erstes Glied, mehrere Composita. Sogar bei der Verbindung von Verbalwurzeln, wo eine von allgemeinerer Bedeutung den Sinn der andren modificirt, führt Carey *thang* in einem seiner Adverbialbedeutung verwandten Sinne: *entsprechen, übereinkommen* (also: *ebenso seyn*) an, hat es jedoch nicht in sein Wurzelverzeichniss aufgenommen und giebt leider auch kein Beispiel dieser Bedeutung.[72] In demselben Sinne scheint es mir nun als Leitungsmittel des Verständnisses gebraucht zu werden. Indem der Redende einige Worte, die er genau zusammengenommen wissen will, oder die Substantiva und Verba besonders heraushebt, lässt er auf sie: *dies! also!* folgen und wendet die Aufmerksamkeit des Hörers auf das Gesagte, um es nun weiter mit dem Folgenden zu verbinden oder auch, wenn *thang* das letzte Wort des Satzes ist, die vollendete Rede zu beschliessen. Auf diesen Fall passt Carey's Erklärung von *thang,* als einer, Vorhergehendes und Nachfolgendes mit einander verbindenden Partikel nicht und daher mag seine Aeusserung kommen, dass die mit *thang* verbundene Wurzel oder Verbalform die Kraft eines Verbum hat, wenn sie sich am Schluss eines Satzes befindet.[73] In der Mitte der Rede ist die mit *thang* verbundene Verbalform nach ihm ein Participium oder wenigstens eine Fügung, in der man nur mit Mühe das wahre Verbum erkennt, am Schluss eines Satzes aber ein wirklich flectirtes Verbum. Mir scheint dieser Unterschied ungegründet. Auch am Schluss eines Satzes ist die hier besprochene Form nur Participium oder genauer zu reden nur eine nach Aehnlichkeit eines Participium modificirte. Die eigentliche Verbalkraft muss in beiden Stellungen immer hinzugedacht werden.

Dieselbe wirklich auszudrücken, besitzt jedoch die Sprache noch ein anderes Mittel, über dessen wahre Beschaffenheit zwar weder Carey noch Judson vollkommene Aufklärung gewähren, das aber mit der Kraft eines hinzugefügten Hülfsverbum grosse Aehnlichkeit hat. Wenn man nemlich einen Satz durch ein wirklich flectirtes Verbum wahrhaft beschliessen und alle Verbindung mit dem Folgenden aufheben will, so setzt man der Wurzel oder der Verbalform *êng* (*î* H.) an der Stelle von *thang* nach. Es wird hierdurch allem Misverständniss vorgebeugt, das aus der verbindenden Natur von *thang* entspringen könnte, und die

Reihe an einander hängender Participien wirklich zum Schluss gebracht; *pru-êng* heisst nun wirklich (*ich* u. s. w.) *thue,* nicht mehr: *ich
bin thuend, pru-prî:-êng ich habe gethan,* nicht: *ich bin thuend gewesen.* Die eigentliche Bedeutung dieses Wörtchens giebt weder Carey
noch Judson an. Der Letztere sagt bloss, dass dasselbe mit *hri (shi),
seyn,* gleichgeltend *(equivalent)* sey. Dabei erscheint es aber sonderbar,
dass es zur Conjugation dieses Verbum selbst gebraucht wird.[74] Nach
Carey und Hough ist es auch Casuszeichen des Genitivs: *lû-êng, des
Menschen.* Judson hat diese Bedeutung nicht.[75] Dieses Schlusszeichen
wird aber, wie Carey versichert, im Gespräch selten gebraucht und auch
in Schriften findet es sich hauptsächlich in Uebersetzungen aus dem
Pali, ein Unterschied, der sich aus der Neigung des Barmanischen, die
Sätze der Rede an einander zu hängen, und dem regelmässigen Periodenbau einer Tochtersprache des Sanskrit erklärt. Einen näheren
Grund, warum gerade Uebersetzungen aus dem Pali dies Hülfswort lieben, glaube ich auch noch darin zu finden, dass die Pali-Sprache Participien mit dem Verbum *seyn* zur Andeutung mehrerer Tempora verbindet und alsdann immer das Hülfsverbum mit einiger Lautveränderung
nachfolgen lässt.[76] Die Barmanischen Uebersetzer konnten, sich genau
an die Worte haltend, ein Aequivalent dieses Hülfsverbum suchen und
dazu *êng* wählen. Deshalb ist aber dies Wort nicht weniger ein ächt Bar-
manisches, kein dem Pali abgeborgtes. Eine treue Uebertragung der
Hülfsform des Pali war schon darum unmöglich, weil das Barmanische
Verbum nicht die Bezeichnung der Personen in sich aufnimmt. Eine Eigenheit der Sprache ist es, dass dieses Schlusswort zwar hinter allen andren Verbalformen, nicht aber hinter denen des Futurum gebraucht
werden kann. Die erwähnte Pali-Construction scheint sich vorzugsweise bei Zeiten der Vergangenheit zu finden. Der Grund kann aber
schwerlich in der Natur der Partikeln des Futurum liegen, da diese
thang ohne Schwierigkeit zulassen. Carey, der eine lobenswürdige Aufmerksamkeit auf die Unterscheidung der Participialformen und des
flectirten Verbum wendet, bemerkt, dass die befehlende und fragende
Form des Verbum die einzigen in der Sprache sind, welche einigen Anschein dieses letzteren Redetheiles haben.[77] Diese scheinbare Ausnahme liegt aber auch nur darin, dass die genannten Formen nicht mit Casuszeichen verbunden werden können, mit welchen sich die ihnen
eigenthümlichen Partikeln nicht verbinden würden. Denn diese Partikeln schliessen die Form und das verbindende *thang* steht bei den fra-
genden Verben vor denselben, um sie selbst an die Tempuspartikeln anzuknüpfen.

Sehr ähnliche Beschaffenheit mit dem oben betrachteten *thang* hat
die Verbindungspartikel *thau.* Da es mir aber hier nur darauf ankommt,
den Charakter der Sprache im Ganzen anzugeben, so übergehe ich die

einzelnen Punkte ihrer Uebereinstimmung und Verschiedenheit. Es
giebt noch andere Verbindungspartikeln, welche gleichfalls, ohne dem
Sinn etwas hinzuzufügen, an die Verbalform geheftet werden und alsdann *thang* und *thau* von ihrer Stelle verdrängen. Einige von diesen
werden aber auch bei andren Gelegenheiten, als Bezeichnungen des
Conjunctivus gebraucht und nur der Zusammenhang der Rede verräth
ihre jedesmalige Bestimmung.

Die Folge der Theile des Satzes ist so, dass zuerst das Subject, dann
das Object, zuletzt aber das Verbum steht: Gott die Erde schuf, der
König zu seinem General sprach, er mir gab. Die Stelle des Verbum in
dieser Construction ist offenbar nicht die natürliche, da dieser Redetheil sich in der Folge der Ideen zwischen Subject und Object stellt. Im
Barmanischen aber erklärt sie sich dadurch, dass das Verbum eigentlich
nur ein Participium ist, das erst später seinen Schlusssatz erwartet, und
auch eine Partikel in sich trägt, deren Bestimmung Verbindung mit etwas Folgendem ist. Diese Verbalform nimmt nun, ohne als wirkliches
Verbum den Satz zu bilden, alles Vorhergehende in sich auf und trägt es
in das Nachfolgende über. Carey bemerkt, dass die Sprache vermöge
dieser Formen, soweit als es ihr gefällt, Sätze in einander verweben
kann, ohne zu einem Schlusse zu gelangen, und setzt hinzu, dass dies in
allen rein Barmanischen Werken in hohem Grade der Fall sey. Je mehr
nun der Schlussstein eines ganzen, in an einander gehängten Sätzen
fortlaufenden Raisonnements hinausgerückt wird, desto sorgfältiger
muss die Sprache seyn, die einzelnen Sätze immer mit jedem untergeordneten Endwort abzuschliessen. Dieser Form bleibt sie nun auch
durchaus getreu und lässt immer die Bestimmung dem zu Bestimmenden vorausgehen. Sie sagt daher nicht: der Fisch ist im Wasser, der Hirt
geht mit den Kühen, ich esse Reiss mit Butter gekocht, sondern: im
Wasser der Fisch ist, mit den Kühen der Hirt geht, ich mit Reiss gekocht
Butter esse. Auf diese Weise stellt sich an das Ende jedes Zwischensat-
zes immer ein Wort, welches keine Bestimmung mehr nach sich zu erwarten hat. Vielmehr geht regelmässig die weitere Bestimmung immer
der engeren voraus. Dies wird besonders deutlich in Uebersetzungen
aus andren Sprachen. Wenn es in der Englischen Bibel im Evangelium
Johannis 21, 2. heisst: *and Nathanael of Cana in Galilee, so* dreht die
Barmanische Uebersetzung den Satz um und sagt: Galiläa des Distrikts
Cana der Stadt Abkömmling Nathanael.

Ein anderes Mittel, viele Sätze mit einander zu verknüpfen, ist die
Verwandlung derselben in Theile eines Compositum, wo jeder einzelne
Satz ein dem Substantivum vorausgehendes Adjectivum bildet. In der
Redensart: ich preise Gott, welcher alle Dinge geschaffen hat, welcher
frei von Sünde ist u. s. f., wird jeder dieser, noch so zahlreichen Sätze
durch das oben schon in dieser Function betrachtete *thau* mit dem Sub-

stantivum, das aber erst dem letzten von ihnen nachfolgt, verbunden. Diese einzelnen Relativsätze gehen also voran und werden mit dem auf sie folgenden Substantivum als ein zusammengesetztes Wort angesehen; das Verbum (ich preise) beschliesst den Satz. Zur Erleichterung des Verständnisses sondert aber die Barmanische Schrift jedes einzelne Element des langen Compositum durch ihr Interpunctionszeichen ab. Die Regelmässigkeit dieser Stellung macht es eigentlich leicht, dem Periodenbaue nachzugehen, wobei man nur, in Sätzen der beschriebenen Art, vom Ende gegen den Anfang vorschreiten muss. Nur beim Hören muss die Aufmerksamkeit schwierig angespannt werden, ehe sie erfährt, wem die endlos vorangeschickten Praedicate gelten sollen. Vermuthlich aber vermeidet die Umgangssprache so zahlreich an einander gereihte Redensarten.

Es ist der Barmanischen Construction durchaus nicht eigen, die einzelnen Theile der Perioden in gehöriger Absonderung dergestalt zu ordnen, dass der regierte Satz dem regierenden nachfolgte. Sie sucht vielmehr immer den ersteren in den letzteren aufzunehmen, wo er ihm dann natürlich vorausgehen muss. Auf diese Weise werden in ihr ganze Sätze wie einzelne Nomina behandelt. Um z. B. zu sagen: *ich habe gehört, dass du deine Bücher verkauft hast,* dreht sie die Redensart um, lässt in derselben *deine Bücher* vorangehen, hierauf das Perfectum des Verbum *verkaufen* folgen und fügt nun diesem das Accusativzeichen bei, an das sich wieder zuletzt *ich habe gehört* schliesst.

Wenn es der hier versuchten Zergliederung gelungen ist, die Bahn richtig herauszufinden, auf welcher die Barmanische Sprache den Gedanken in der Rede zusammenzufassen strebt, so sieht man, dass sie sich zwar auf der einen Seite von dem gänzlichen Mangel grammatischer Formen entfernt, allein auf der andren auch die Bildung derselben nicht erreicht. Sie befindet sich insofern in der That in der Mitte zwischen beiden Gattungen des Sprachbaues. Zu wahrhaft grammatischen Formen zu gelangen, verhindert sie schon ihr ursprünglicher Wortbau, da sie zu den einsylbigen Sprachen der zwischen China und Indien wohnenden Volksstämme gehört. Zwar wirkt diese Eigenthümlichkeit der Wortbildung nicht gerade dadurch auf den tieferen Bau dieser Sprachen ein, dass jeder Begriff in einzelne eng verbundene Laute eingeschlossen wird. Da aber in diesen Sprachen die Einsylbigkeit nicht zufällig entsteht, sondern die Organe sie absichtlich und vermöge ihrer individuellen Richtung festhalten, so ist mit ihr das einzelne Herausstossen jeder Sylbe verbunden, was dann natürlich durch die Unmöglichkeit, mit den materiell bedeutsamen Wörtern Beziehungsbegriffe anzeigende Suffixa zu verschmelzen, in die innersten Tiefen des Sprachbaues eingreift. Die Indo-Chinesischen Nationen, sagt Leyden,[78] haben eine Menge von Pali-Wörtern in sich aufgenommen, sie passen sie aber alle ihrer eigenthümlichen Aussprache an, indem sie jede einzelne Sylbe als ein besonderes Wort hervorstossen. Diese Eigenschaft also muss man als die charakteristische Eigenthümlichkeit dieser Sprachen, so wie der Chinesischen ansehen und bei den Untersuchungen über ihren Bau fest im Auge behalten, wenn nicht sogar, da alle Sprache vom Laute ausgeht, demselben zum Grunde legen. Mit ihr ist eine zweite, andren Sprachen in viel geringerem Grade angehörende verbunden, die Vermannigfaltigung und Vermehrung des Wortreichthums durch die den Wörtern beigegebenen verschiedenen Accente. Die Chinesischen sind bekannt; einige Indo-Chinesische Sprachen aber, namentlich die Siamesische und Anam-Sprache besitzen eine so grosse Menge derselben, dass es unsrem Ohre fast unmöglich ist, sie richtig zu unterscheiden. Die Rede wird dadurch zu einer Art Gesang oder Recitativ und Low vergleicht die Siamesischen vollkommen mit einer musikalischen Tonleiter.[79] Diese Accente geben zugleich zu noch grösseren und zahlreicheren Dialektverschiedenheiten, als die wahren Buchstaben Veranlassung und man versichert, dass in Anam jede irgend bedeutende Ortschaft ihren eignen Dialekt hat und dass benachbarte, um sich zu verständigen, bisweilen zu der geschriebenen Sprache ihre Zuflucht nehmen müssen.[80] Die Barmanische Sprache besitzt zwei solcher Accente, den in der Barmanischen Schrift mit zwei am Ende des Worts über einander stehenden Punkten bezeichneten langen und sanften und den durch einen unter das Wort gesetzten Punkt angedeuteten kurzen und abgebrochnen. Rechnet man hierzu die accentlose Aussprache, so lässt sich dasselbe Wort mit mehr oder minder verschiedener Bedeutung in dreifacher Gestalt in der Sprache auffinden: *pô, aufhalten, aufschütten, überfüllen, ein langer ovaler Korb, pô:, an einander heften oder binden, aufhängen, ein Insect, Wurm, pô, tragen, herbeibringen, lehren, unterrichten, darbringen* (wie einen Wunsch oder Segen), *in oder auf etwas geworfen werden; ñâ, ich, ñâ:, fünf, ein Fisch.* Nicht jedes Wort aber ist dieser verschiednen Accentuation fähig. Einige Endvocale nehmen keinen beider Accente, andere nur einen derselben an und immer können sie nur sich an Wörter heften, die mit einem Vocal oder nasalen Consonanten endigen. Dies letztere beweist deutlich, dass sie Modificationen der Vocale sind und untrennbar mit ihnen zusammenhängen. Wenn zwei Barmanische einsylbige Wörter als ein Compositum zusammentreten, so verliert darum das erste seinen Accent nicht, woraus sich wohl schliessen lässt, dass die Aussprache auch in Zusammensetzungen die Sylben gleich besonderen Wörtern aus einander hält. Man pflegt diese Accente dem Bedürfniss der einsylbigen Sprachen zuzuschreiben, die Anzahl der möglichen Lautverbindungen zu vermehren. Ein so absichtliches Verfahren ist aber kaum denkbar. Es scheint umgekehrt viel natürlicher, dass diese mannigfaltigen Modificationen

der Aussprache zuerst und ursprünglich in den Organen und den Lautgewohnheiten der Völker lagen, dass, um sie deutlich austönen zu lassen, die Sylben einzeln und mit kleinen Pausen dem Ohre zugezählt
wurden und dass eben diese Gewohnheit nicht zu der Bildung mehrsylbiger Wörter einlud.

Die einsylbigen Indo-Chinesischen Sprachen haben daher auch,
ohne irgend eine historische Verwandtschaft unter ihnen vorauszusetzen, mehrere Eigenschaften durch ihre Natur selbst sowohl mit einander, als mit dem Chinesischen gemein. Ich bleibe jedoch hier nur bei der
Barmanischen stehen, da mir von den übrigen keine Hülfsmittel zu Ge-
bote stehen, welche hinreichende Data zu Untersuchungen, wie die gegenwärtigen sind, darböten.[81] Von der Barmanischen Sprache muss
man zuerst zugestehen, dass sie niemals den Laut der Stammwörter
zum Ausdruck ihrer Beziehungen modificirt und die grammatischen
Kategorieen nicht zur Grundlage ihrer Redefügung macht. Denn wir
haben oben gesehen, dass sie dieselben nicht ursprünglich an den Wörtern unterscheidet, dasselbe Wort mehreren zutheilt, die Natur des Verbum verkennt und sogar eine Partikel dergestalt zugleich beim Verbum
und beim Nomen gebraucht, dass nur die Bedeutung des Worts und wo
auch diese nicht ausreicht, der Zusammenhang der Rede schliessen
lässt, welche beider Kategorieen gemeint ist. Das Princip ihrer Redefügung ist, anzudeuten, welches Wort in der Rede das andere bestimmt.
Hierin kommt sie völlig mit der Chinesischen überein.[82] Sie hat, um nur
dies anzuführen, wie diese, unter ihren Partikeln eine nur zur Anordnung der Construction bestimmte, zugleich und zu demselben Zwecke
trennende und verbindende; denn die Aehnlichkeit zwischen *thang* und
dem Chinesischen *tchî* in diesem Gebrauche in der Construction ist zu
auffallend, als dass sie verkannt werden könnte.[83] Dagegen weicht die
Barmanische Sprache wieder sehr bedeutend von der Chinesischen, sowohl in dem Sinne, in welchem sie das Bestimmen nimmt, als in den
Mitteln der Andeutung ab. Das Bestimmen, von welchem hier die Rede
ist, begreift nemlich zwei Fälle unter sich, die es sehr wesentlich ist,
sorgfältig von einander zu unterscheiden: das Regiert-werden eines
Wortes durch das andre und die Vervollständigung eines von gewissen
Seiten unbestimmt gebliebenen Begriffs. Das Wort muss qualitativ seinem Umfang und seiner Beschaffenheit nach und relativ seiner Causali-
tät nach als von andren abhängig oder selbst andre leitend begränzt
werden.[84] Die Chinesische Sprache unterscheidet in ihrer Construction
beide Fälle genau und wendet jeden da an, wo er wahrhaft hingehört.
Sie lässt das regierende Wort dem regierten vorangehen, das Subject
dem Verbum, dieses seinem directen Objecte, dies letztere endlich seinem indirecten, wenn ein solches vorhanden ist. Hier lässt sich nicht
eigentlich sagen, dass das vorangehende Wort die Vervollständigung

des Begriffs enthalte; vielmehr wird das Verbum sowohl durch das Subject, als durch das Object, in deren Mitte es steht, in seinem Begriffe vervollständigt und ebenso das directe Object durch das indirecte. Auf der andren Seite lässt sie das vervollständigende Wort immer dem von der Seite des Begriffs desselben noch unbestimmten vorausgehen, das Adjectivum dem Substantivum, das Adverbium dem Verbum, den Genitiv dem Nominativ, und beobachtet hierdurch wieder gewissermassen ein dem im Vorigen entgegengesetztes Verfahren. Denn gerade dies noch unbestimmte, hier nachstehende Wort ist das regierende und müsste nach der Analogie des vorigen Falles, als solches, vorausgehen. Die Chinesische Construction beruht also auf zwei grossen, allgemeinen, aber in sich verschiedenen Gesetzen und thut sichtbar wohl daran, die Beziehung des Verbum auf sein Object durch eine besondere Stellung entschieden herauszuheben, da das Verbum in einem viel gewichtigeren Sinne, als jedes andere Wort im Satze, regierend ist. Das erstere wendet sie auf die Hauptgliederung des Satzes, das letztere auf seine Nebentheile an. Hätte sie dieses dem ersteren nachgebildet, so dass sie Adjectivum, Adverbium und Genitiv dem Substantivum, Verbum und Nominativ nachfolgen liesse, so würde zwar die, gerade aus dem hier entwickelten Gegensatz entspringende Concinnität der Satzbildung dadurch leiden, auch die Stellung des Adverbium nach dem Verbum dasselbe nicht deutlich vom Objecte zu unterscheiden erlauben; allein der blossen Anordnung des Satzes selbst, der Uebereinstimmung zwischen seinem Gange und dem inncren des Sprachsinnes geschähe dadurch kein Eintrag. Das Wesentliche war, den Begriff des Regierens richtig festzustellen, und an ihm hält die Chinesische Construction mit den wenigen Ausnahmen fest, welche in allen Sprachen mehr oder weniger Abweichungen von der gewöhnlichen Regel der Wortstellung rechtfertigen. Die Barmanische Sprache unterscheidet jene zwei Fälle so gut als gar nicht, bewahrt eigentlich nur Ein Constructionsgesetz und vernachlässigt gerade das wichtigere von beiden. Sie lässt bloss das Subject dem Object und Verbum voran-, das letztere aber dem Objecte nachgehen. Durch diese Verkehrung macht sie es mehr als zweifelhaft, ob sie im Voranschicken des Subjects den Zweck hat, es wirklich als regierend darzustellen, und nicht vielmehr dasselbe als eine Vervollständigung der nachfolgenden Satztheile ansieht. Das regierte Object wird offenbar als eine vervollständigende Bestimmung des Verbum betrachtet, welches, als an sich selbst unbestimmt, auf die vollständige Aufzählung aller Bestimmungen durch sein Subject und Object folgt und den Satz beschliesst. Dass Subject und Object wieder, jedes für sich, die sie vervollständigenden Nebenbestimmungen vorn an sich anfügen, versteht sich von selbst und ist aus den im Vorigen angeführten Beispielen klar.

Dieser Unterschied der Barmanischen und Chinesischen Construc-

tion entspringt sichtbar aus der im Chinesischen liegenden richtigen
Ansicht des Verbum und der mangelhaften der Barmanischen Sprache.
Die Chinesische Construction verräth das Gefühl der wahren und eigenthümlichen Function des Verbum. Sie drückt dadurch, dass sie dasselbe in die Mitte des Satzes zwischen Subject und Object stellt, aus,
dass es ihn beherrscht und die Seele der ganzen Redefügung ist. Auch
von Lautmodificationen an demselben entblösst, giesst sie durch die
blosse Stellung über den Satz das Leben und die Bewegung aus, welche
vom Verbum ausgehen, und stellt das actuale Setzen des Sprachsinnes
dar oder verräth wenigstens das innere Gefühl desselben. Im Barmanischen verhält sich dies alles durchaus auf andere Weise. Die Verbalformen schwanken zwischen flectirtem Verbum und Participium, sind dem
materiellen Sinne nach eigentlich das letztere und können den formalen nicht erreichen, da die Sprache für das Verbum selbst keine Form
besitzt. Denn seine wesentliche Function findet nicht allein keinen Ausdruck in der Sprache, sondern die eigenthümliche Bildung der angeblichen Verbalformen und ihr sichtbarer Anklang an das Nomen beweisen, dass in den Sprechenden selbst alles lebendige Durchdringen des
Gefühls der wahren Kraft des Verbum mangelt. Bedenkt man auf der
andren Seite, dass die Barmanische Sprache das Verbum so ungleich
mehr, als die Chinesische durch Partikeln charakterisirt und vom Nomen unterscheidet, so erscheint es um so wunderbarer, dass sie dasselbe
dennoch aus seiner wahren Kategorie herausrückt. Unläugbar aber ist
es nicht bloss so, sondern die Erscheinung wird auch dadurch erklärlicher, dass die Sprache das Verbum bloss nach Modificationen, die auch
materiell genommen werden können, bezeichnet, ohne nur eine Ahndung des in ihm lediglich Formalen zu verrathen. Die Chinesische Sprache bedient sich dieser materiellen Andeutung selten, enthält sich derselben oft gänzlich, erkennt aber in der richtigen Stellung der Wörter
eine unsichtbar an der Rede hängende Form an. Man könnte sagen,
dass, je weniger sie äussere Grammatik besitzt, desto mehr ihr innere
beiwohne. Wo grammatische Ansicht in ihr durchdringt, ist es die logisch richtige. Diese trug ihre erste Anordnung in sie hinein und sie
musste sich durch den Gebrauch des so richtig gestimmten Instrumentes im Geiste des Volks fortbilden. Man kann gegen das so eben hier
Vorgetragene einwenden, dass auch die Flexionssprachen gar nicht ungewöhnlich das Verbum seinem Objecte nachsetzen und dass die Barmanische die Casus des Nomen durch eigne Partikeln, wie jene, kenntlich erhält. Da aber die Sprache in vielen andren Punkten deutlich zeigt,
dass ihr keine klare Vorstellung der Redetheile zum Grunde liegt, sondern dass sie in ihren Fügungen nur die Modificirung der Wörter durch
einander verfolgt, so ist sie in der That von jener, das wahre Wesen der
Satzbildung verkennenden Ansicht nicht freizusprechen. Sie beweist

dies auch durch die Unverbrüchlichkeit, mit der sie ihr angebliches Verbum immer an das Ende des Satzes verweist. Dies springt um so deutlicher in die Augen, als auch aus dem zweiten, schon oben angegebnen Grunde dieser Stellung, an die Verbalform wieder einen neuen Satz anknüpfen zu können, klar wird, dass sie weder von der eigentlichen Natur des Periodenbaues noch von der darin geschäftigen Kraft des Verbum durchdrungen ist. Sie hat einen sichtbaren Mangel an Partikeln, die, gleich unsren Conjunctionen, durch die Verschlingung der Sätze den Perioden Leben und Mannigfaltigkeit ertheilen. Die Chinesische, welche auch hier das allgemeine Gesetz ihrer Wortstellung beobachtet, indem sie, wie den Genitiv dem Nominativ, so den näher bestimmenden und vervollständigenden Satz dem durch ihn modificirten vorausgehen lässt, ist ihr hierin weit überlegen. In der Barmanischen laufen die Sätze gleichsam in gerader Linie an einander fort. Allein selbst so sind sie selten durch solche verbindenden Conjunctionen an einander gereiht, welche, wie unser *und,* jedem seine Selbstständigkeit erhalten. Sie verbinden sich auf eine den materiellen Inhalt mehr in einander verwebende Weise. Dies liegt schon in der, gewöhnlich am Ende jedes solcher fortlaufenden Sätze gebrauchten Partikel *thang,* die, indem sie das Vorhergehende zusammennimmt, es immer zugleich zum Verständniss des zunächst Folgenden anwendet. Dass hieraus eine gewisse Schwerfälligkeit, bei der ausserdem ermüdende Gleichförmigkeit unvermeidlich scheint, entstehen muss, fällt in die Augen.

In den Mitteln zur Andeutung der Wortfolge stimmen beide Sprachen darin überein, dass sie sich zugleich der Stellung und besonderer Partikeln bedienen. Die Barmanische bedürfte eigentlich nicht so strenger Gesetze der ersteren, da eine grosse Anzahl, die Beziehungen andeutender Partikeln das Verständniss hinreichend sichert. Sie bewahrt aber zugleich noch gewissenhafter die einmal übliche Stellung und ist nur in der Anordnung derselben in Einem Punkte nicht gleich consequent, da sie das Adjectivum vor und hinter das Substantivum zu setzen erlaubt. Indem aber die erstere dieser Stellungen immer der Hinzukunft einer der zur Bestimmung der Wortfolge nöthigen Partikeln bedarf, so sieht man hieraus, dass die zweite als die eigentlich natürliche betrachtet wird, und dies muss man wohl als eine Folge des Umstandes ansehen, dass Adjectiv und Substantiv ein Compositum zusammen ausmachen, in welchem man die, wenn das Adjectivum vorausgeht, ihm nie beigegebene Casusbeugung auch nur als dem in seiner Bedeutung durch das Adjectivum modificirten Substantivum angehörig betrachten muss. In ihren Compositis nun, sowohl der Nomina als der Verba, lässt die Sprache gewöhnlich das ihr jedesmal als Gattungsbegriff geltende Wort im ersten Gliede vorangehen und das specificirende (insofern, als es auf mehrere Gattungen Anwendung finden kann) allgemeinere im zweiten nachfolgen. So bildet sie Modi der Verba, mit vorausgehendem Worte *Fisch* eine grosse Anzahl von Fischnamen u. s. w. Wenn sie in andren Fällen den entgegengesetzten Weg zu nehmen scheint, Wörter von Handwerkern durch das allgemeine *verfertigen,* das als zweites Glied hinter den Namen ihrer Werkzeuge steht, bildet, bleibt man zweifelhaft, ob sie wirklich hierin einer andren Methode oder nur einer andren Ansicht von dem, was ihr jedesmal als Gattungsbegriff gilt, folgt. Ebenso nun behandelt sie in der Verbindung des nachfolgenden Adjectivum dieses als einen Gattungsbegriff specificirend. Die Chinesische Sprache bleibt auch hier ihrem allgemeinen Gesetze treu; das Wort, dem eine speciellere Bestimmung zugehen soll, macht auch im Compositum das letzte Glied aus. Wenn auf eine, an sich allerdings wenig natürliche Weise das Verbum *sehen* zur Bildung oder vielmehr an der Stelle des Passivum gebraucht wird, so geht es dem Hauptbegriffe vorauf: *sehen tödten,* d. i. *getödtet werden.* Da so viele Dinge gesehen werden können, so müsste eigentlich *tödten* vorausgehen. Die umgekehrte Stellung zeigt aber, dass hier *sehen* als eine Modification des folgenden Wortes, mithin als ein Zustand des Tödtens gedacht werden soll, und dadurch wird in der, auf den ersten Anblick befremdenden Redensart auf eine sinnreich feine Weise das grammatische Verhältniss angedeutet. Auf ähnliche Art werden *Ackersmann, Bücherhaus* u. s. f. gebildet.

In Uebereinstimmung mit einander kommen die Barmanische und Chinesische Sprache in der Redefügung der Wortstellung durch Partikeln zu Hülfe. Beide gleichen einander auch darin, dass sie einige dieser Partikeln dergestalt bloss zur Andeutung der Construction bestimmen, dass dieselben der materiellen Bedeutung nichts hinzufügen. Doch liegt gerade in diesen Partikeln der Wendepunkt, in welchem die Barmanische Sprache den Charakter der Chinesischen verlässt und einen eignen annimmt. Die Sorgfalt, die Beziehung, in der ein Wort mit dem andren zusammengedacht werden soll, durch vermittelnde Begriffe zu bezeichnen, vermehrt die Zahl dieser Partikeln und bringt in ihnen eine gewisse, wenn auch allerdings nicht ganz systematische Vollständigkeit hervor. Die Sprache zeigt aber auch ein Bestreben, diese Partikeln in grössere Nähe mit dem Stammworte, als mit den übrigen Wörtern des Satzes zu bringen. Wahre Worteinheit kann allerdings bei der sylbentrennenden Aussprache und nach dem ganzen Geiste der Sprache nicht statt finden. Wir haben aber doch gesehen, dass in einigen Fällen die Einwirkung eines Wortes eine Consonantenveränderung in dem unmittelbar daran gehängten hervorbringt, und bei den Verbalformen schliessen die endenden Partikeln *thang* und *êng* die Verbalpartikeln mit dem Stammwort in ein Ganzes zusammen. In einem einzelnen Falle entsteht sogar eine Zusammenziehung zweier Sylben in Eine, was schon in Chinesischer Schrift nur phonetisch, also fremdartig dargestellt werden könnte. Ein Gefühl der wahren Natur der Suffixa liegt auch darin, dass selbst diejenigen unter diesen Partikeln, welche als bestimmende Adjectiva angesehen werden könnten, wie die Pluralzeichen, nie dem Stammworte vorausgehen, sondern immer nachfolgen. Im Chinesischen ist nach Verschiedenheit der Pluralpartikeln bald die eine, bald die andre Stellung üblich.

In dem Grade, in welchem sich die Barmanische Sprache von dem Chinesischen Baue entfernt, nähert sie sich dem Sanskritischen. Es würde aber überflüssig seyn, noch im speciellen zu schildern, welche wahre Kluft sie wieder von diesem trennt. Der Unterschied liegt hierbei nicht bloss in der mehr oder weniger engen Anschliessung der Partikeln an das Hauptwort. Er geht ganz besonders aus der Vergleichung derselben mit den Suffixen der Indischen Sprache hervor. Jene sind ebenso bedeutsame Wörter, als alle andren der Sprache, wenn auch die Bedeutung allerdings meistentheils schon in der Erinnerung des Volkes erloschen ist. Diese sind grösstentheils subjective Laute, geeignet zu auch nur inneren Beziehungen. Ueberhaupt kann man die Barmanische Sprache, wenn sie auch in der Mitte zwischen den beiden andren zu stehen scheint, doch niemals als einen Uebergangspunkt von der einen zur andren ansehen. Das Leben jeder Sprache beruht auf der inneren Anschauung des Volkes von der Art, den Gedanken in Laute zu hüllen. Diese aber ist in den drei hier verglichenen Sprachstämmen durchaus eine verschiedene. Wenn auch die Zahl der Partikeln und die Häufigkeit ihres Gebrauchs eine stufenweis gesteigerte Annäherung zur grammatischen Andeutung vom alten Styl des Chinesischen durch den neueren hindurch bis zum Barmanischen verräth, so ist doch die letztere dieser Sprachen von der ersteren gänzlich durch ihre Grundanschauung, die auch im neueren Styl der Chinesischen wesentlich dieselbe bleibt, verschieden. Die Chinesische stützt sich allein auf die Wortstellung und auf das Gepräge der grammatischen Form im Inneren des Geistes. Die Barmanische beruht in ihrer Redefügung nicht auf der Wortstellung, obgleich sie mit noch grösserer Festigkeit an der ihrer Vorstellungsweise gemässen hängt. Sie vermittelt die Begriffe durch neue hinzugefügte und wird hierauf selbst durch die ihr eigne, ohne dies Hülfsmittel der Zweideutigkeit ausgesetzte Stellung nothwendig geführt. Da die vermittelnden Begriffe Ausdrücke der grammatischen Formen seyn müssen, so stellen sich allerdings auch die letzteren in der Sprache heraus. Die Anschauung derselben ist aber nicht gleich klar und bestimmt, als im Chinesischen und im Sanskrit; nicht wie im ersteren, weil sie eben jene Stütze vermittelnder Begriffe besitzt, welche die Nothwendigkeit der wahren Concentration des Sprachsinnes vermindert; nicht wie im Sanskrit, weil sie nicht die Laute der Sprache beherrscht, nicht bis zur Bildung wirklicher Worteinheit und ächter Formen durchdringt. Auf der andren Seite kann man das Barmanische auch nicht zu den agglutinirenden Sprachen rechnen, da es in der Aussprache die Sylben im Gegentheil geflissentlich aus einander hält. Es ist reiner und consequenter in seinem Systeme, als jene Sprachen, wenn es sich auch eben dadurch noch mehr von aller Flexion entfernt, die doch in den agglutinirenden Sprachen auch nicht aus den eigentlichen Quellen fliesst, sondern nur eine zufällige Erscheinung ist.

Das Sanskrit oder von ihm herstammende Dialekte haben sich mehr oder weniger den Sprachen aller Indien umgebenden Völker beigesellt und es ist anziehend, zu sehen, wie sich durch diese, mehr vom Geiste der Religion und der Wissenschaft, als von politischen und Lebensverhältnissen ausgehenden Verbindungen die verschiedenen Sprachen gegen einander stellen. In Hinter-Indien ist nun das Pali, also eine um viele Lautunterscheidungen der Formen gekommene Flexionssprache zu Sprachen hinzugetreten, die in wesentlichen Punkten mit der Chinesischen übereinstimmen, gerade also da und dahin, wo der Gegensatz reicher grammatischer Andeutung mit fast gänzlichem Mangel derselben am grössten ist. Ich kann nicht der Ansicht beistimmen, dass die Barmanische Sprache in ihrer ächten Gestalt, und soweit sie der Nation selbst angehört, irgend wesentlich durch das Pali anders gemodelt worden ist. Die mehrsylbigen Wörter sind in ihr aus dem eigenthümlichen Hange zur Zusammensetzung entstanden, ohne des Vorbildes des Pali bedurft zu haben, und ebenso gehört ihr allein der sich den Formen nähernde Partikelgebrauch an. Die Pali-Kundigen haben die Sprache nur mit ihrem grammatischen Gewande äusserlich umkleidet. Dies sieht man an der Vielfachheit der Casuszeichen und an den Classen der zusammengesetzten Wörter. Was sie hier den Sanskritischen Karmadhâraya gleichstellen, ist gänzlich davon verschieden, da das Barmanische vorausgehende Adjectivum immer einer anknüpfenden Partikel bedarf. An das Verbum scheinen sie, nach Carey's Grammatik zu urtheilen, ihre Terminologie nicht einmal anzulegen gewagt zu haben. Dennoch ist nicht die Möglichkeit zu läugnen, dass durch fortgesetztes Studium des Pali der Styl und insofern auch der Charakter der Sprache zur Annäherung an das Pali verändert seyn kann und immer mehr verändert werden könnte. Die wahrhaft körperliche, auf den Lauten beruhende Form der Sprachen gestattet eine solche Einwirkung nur innerhalb sehr gemessener Gränzen. Dagegen ist einer solchen die innere Anschauung der Form sehr zugänglich und die grammatischen Ansichten, ja selbst die Stärke und Lebendigkeit des Sprachsinnes werden durch die Vertraulichkeit mit vollkommneren Sprachen berichtigt und erhöht. Dies wirkt alsdann auf die Sprache insoweit zurück, als sie dem Gebrauche Herrschaft über sich verstattet. Im Barmanischen nun würde diese Rückwirkung vorzugsweise stark seyn, da Haupttheile des

Baues desselben sich schon dem Sanskritischen nähern und ihnen nur vorzüglich fehlt, in dem rechten Sinne genommen zu werden, zu dem die Sprache an sich nicht zu führen vermag, da sie nicht aus diesem Sinne entstanden ist. Hierin nun käme ihr die fremde Ansicht zu Hülfe. Man dürfte zu diesem Behufe nur allmählich die gehäuften Partikeln mit Wegwerfung mehrerer bestimmten grammatischen Formen aneignen, in der Construction häufiger das vorhandene Hülfsverbum gebrauchen u. s. w. Allein bei dem sorgfältigsten Bemühen dieser Art wird es nie gelingen, zu verwischen, dass der Sprache doch eine ganz verschiedene Form eigenthümlich ist, und die Erzeugnisse eines solchen Verfahrens würden immer Un-Barmanisch klingen, da, um nur diesen einen Punkt herauszuheben, die mehreren für eine und dieselbe Form vorhandnen Partikeln nicht gleichgültig, sondern nach feinen, im Sprachgebrauch liegenden Nüancen Anwendung finden. Immer also würde man erkennen, dass der Sprache etwas ihr Fremdartiges eingeimpft worden sey.

Historische Verwandtschaft scheint nach allen Zeugnissen zwischen dem Barmanischen und Chinesischen nicht vorhanden zu seyn. Beide Sprachen sollen nur wenige Wörter mit einander gemein haben. Dennoch weiss ich nicht, ob dieser Punkt nicht einer mehr sorgfältigen Prüfung bedürfte. Auffallend ist die grosse Lautähnlichkeit einiger, gerade aus der Classe der grammatischen genommener Wörter. Ich setze diese für tiefere Kenner beider Sprachen hier her. Die Barmanischen Pluralzeichen der Nomina und Verba lauten *tô·* und *kra* (gesprochen *kya)* und *toû* und *kiâi* sind Chinesische Pluralzeichen im alten und neuen Styl; *thang* (gesprochen *thi* H.) entspricht, wie wir schon oben gesehen, dem *ti* des neueren und dem *tchî* des älteren Styls; *hri* (gesprochen *shi*) ist das Verbum *seyn* und ebenso im Chinesischen bei Rémusat *chi*. Morrison und Hough schreiben beide Wörter nach Englischer Weise ganz gleichförmig *she*. Das Chinesische Wort ist allerdings zugleich ein Pronomen und eine Bejahungspartikel, so dass seine Verbalbedeutung wohl nur daher entnommen ist. Dieser Ursprung würde aber der Verwandtschaft beider Wörter keinen Eintrag thun. Endlich lautet der in beiden Sprachen bei der Angabe gezählter Gegenstände gebrauchte allgemeine, hierin unsrem Worte *Stück* ähnliche Gattungsausdruck im Barmanischen *hku* und im Chinesischen *ko*.[85] Ist die Zahl dieser Wörter auch gering, so gehören sie gerade zu den am meisten die Verwandtschaft beider Sprachen verrathenden Theilen des Baues derselben und auch die Verschiedenheiten zwischen der Chinesischen und Barmanischen Grammatik sind, wenn auch gross und tief in den Sprachbau eingreifend, doch nicht von der Art, dass sie, wie z. B. zwischen dem Barmanischen und Tagalischen, Verwandtschaft unmöglich machen sollten.

38. Ganz nahe an die so eben angestellten Untersuchungen schliesst sich die Frage an: ob der Unterschied zwischen ein- und mehrsylbigen Sprachen ein absoluter oder nur ein dem Grade nach relativer ist und ob diese Form der Wörter wesentlich den Charakter der Sprachen bildet oder die Einsylbigkeit nur ein Uebergangszustand ist, aus welchem sich die mehrsylbigen Sprachen nach und nach herausgebildet haben?

In früheren Zeiten der Sprachkunde erklärte man die Chinesische und mehrere südöstliche Asiatische Sprachen geradehin für einsylbig. Späterhin wurde man hierüber zweifelhaft und Abel-Rémusat bestritt diese Behauptung ausdrücklich vom Chinesischen.[86] Diese Ansicht schien aber doch zu sehr gegen die vor Augen liegende Thatsache zu streiten und man kann wohl mit Grunde behaupten, dass man jetzt und nicht mit Unrecht zur früheren Annahme zurückgekehrt ist. Dem ganzen Streite liegen indess mehrere Misverständnisse zum Grunde und es bedarf daher zuerst einer gehörigen Bestimmung desjenigen, was man einsylbige Wortform nennt, und des Sinnes, in welchem man ein- und mehrsylbige Sprachen unterscheidet. Alle von Rémusat angeführten Beispiele der Mehrsylbigkeit des Chinesischen laufen auf Zusammensetzungen hinaus und es kann wohl kein Zweifel seyn, dass Zusammensetzung ganz etwas andres, als ursprüngliche Mehrsylbigkeit ist. In der Zusammensetzung entsteht auch der durchaus als einfach betrachtete Begriff doch aus zwei oder mehreren, mit einander verbundenen. Das sich hieraus ergebende Wort ist also nie ein einfaches und eine Sprache hört darum nicht auf, eine einsylbige zu seyn, weil sie zusammengesetzte Wörter besitzt. Es kommt offenbar auf solche einfache an, in welchen sich keine, den Begriff bildenden Elementarbegriffe unterscheiden lassen, sondern wo die Laute zweier oder mehrerer, an sich bedeutungsloser Sylben das Begriffszeichen ausmachen. Selbst wenn man Wörter findet, bei welchen dies scheinbar der Fall ist, erfordert es immer genauere Untersuchung, ob nicht doch jede einzelne Sylbe ursprünglich eine, nur in ihr verloren gegangene eigenthümliche Bedeutung besass. Ein richtiges Beispiel gegen die Einsylbigkeit einer Sprache müsste den Beweis in sich tragen, dass alle Laute des Wortes nur gemeinschaftlich und zusammen, nicht abgesondert für sich bedeutsam sind. Dies hat Abel-Rémusat allerdings nicht klar genug vor Augen gehabt und darum in der That die originelle Gestaltung des Chinesischen in der oben angeführten Abhandlung verkannt.[87] Von einer andren Seite her aber gründete sich Rémusat's Meinung doch auf etwas Wahres und richtig Gesehenes. Er blieb nemlich bei der Eintheilung der Sprachen in ein- und mehrsylbige stehen und es entging seinem Scharfblicke nicht, dass diese, wie sie gewöhnlich verstanden wird, allerdings nicht genau zu nehmen ist. Ich habe schon im Vorigen bemerkt, dass eine solche Eintheilung nicht auf der blossen Thatsache des Vorherrschens ein- und mehrsylbiger Wörter beruhen kann, sondern dass ihr etwas viel Wesentlicheres zum Grunde liegt, nemlich der doppelte Umstand des Mangels der Affixa und die Eigenthümlichkeit der Aussprache, auch da, wo der Geist die Begriffe verbindet, dennoch die Sylbenlaute getrennt zu erhalten. Die Ursache des Mangels der Affixa liegt tiefer und wirklich im Geiste. Denn wenn dieser lebendig das Abhängigkeitsverhältniss des Affixum zum Hauptbegriff empfindet, so kann die Zunge unmöglich dem ersteren gleiche Lautgeltung in einem eigenen Worte geben. Verschmelzung zweier verschiedener Elemente zur Einheit des Wortes ist eine nothwendige und unmittelbare Folge jener Empfindung. Rémusat scheint mir daher nur darin gefehlt zu haben, dass er, anstatt die Einsylbigkeit des Chinesischen anzugreifen, nicht vielmehr zu zeigen versuchte, dass auch die übrigen Sprachen von einsylbigem Wurzelbau ausgehen und nur, theils auf dem ihnen eigenthümlichen Wege der Affigirung, theils auf dem, auch dem Chinesischen nicht fremden der Zusammensetzung, zur Mehrsylbigkeit gelangen, dies Ziel aber, da ihnen nicht, wie im Chinesischen, die oben genannten Hindernisse im Wege standen, wirklich erreichen. Diese Bahn nun will ich hier einschlagen und an dem Faden thatsächlicher Untersuchung einiger hier vorzüglich in Betrachtung zu ziehender Sprachen verfolgen.

So schwer und zum Theil unmöglich es auch ist, die Wörter bis zu ihrem wahren Ursprunge zurückzuführen, so leitet uns doch sorgfältig angestellte Zergliederung in den meisten Sprachen auf einsylbige Stämme hin und die einzelnen Fälle des Gegentheils können nicht als Beweise auch ursprünglich mehrsylbiger gelten, da die Ursach der Erscheinung mit viel grösserer Wahrscheinlichkeit in nicht weit genug fortgesetzter Zergliederung gesucht werden kann. Man geht aber auch, wenn man die Frage bloss aus Ideen betrachtet, wohl nicht zu weit, indem man allgemein annimmt, dass ursprünglich jeder Begriff nur durch Eine Sylbe bezeichnet wurde. Der Begriff in der Spracherfindung ist der Eindruck, welchen das Object, ein äusseres oder inneres, auf den Menschen macht, und der durch die Lebendigkeit dieses Eindrucks der Brust entlockte Laut ist das Wort. Auf diesem Wege können nicht leicht zwei Laute Einem Eindruck entsprechen. Wenn wirklich zwei Laute, unmittelbar auf einander folgend, entständen, so bewiesen sie zwei von demselben Object ausgehende Eindrücke und bildeten Zusammensetzung schon in der Geburt des Wortes, ohne dass dadurch der Grundsatz der Einsylbigkeit beeinträchtigt würde. Dies ist in der That bei der in allen Sprachen, vorzugsweise aber in den ungebildeteren sich findenden Verdoppelung der Fall. Jeder der wiederholten Laute spricht das ganze Object aus; durch die Wiederholung aber tritt dem Ausdrucke eine Nüance mehr hinzu, entweder blosse Verstärkung, als Zeichen der höheren Lebendigkeit des erfahrnen Eindrucks, oder Anzeigen des sich wiederholenden Objects, weshalb die Verdoppelung vorzüglich bei Adjectiven statt findet, da bei der Eigenschaft das besonders auffällt, dass sie nicht als einzelner Körper, sondern gleichsam als Fläche überall in demselben Raume erscheint. Wirklich gehört in mehreren Sprachen, von denen ich hier nur die der Südsee-Inseln anführen will, die Verdoppelung vorzugsweise, ja fast ausschliesslich den Adjectiven und den aus ihnen gebildeten, also ursprünglich adjectivisch empfundenen Substantiven an. Denkt man sich freilich die ursprüngliche Sprachbezeichnung als ein absichtliches Vertheilen der Laute unter die Gegenstände, so erscheint allerdings die Sache bei weitem anders. Die Sorgfalt, verschiedenen Begriffen nicht ganz gleiche Zeichen zu geben, könnte dann die wahrscheinlichste Ursach seyn, dass man einer Sylbe, durchaus unabhängig von einer neuen Bedeutsamkeit, eine zweite und dritte hinzugefügt hätte. Allein diese Vorstellungsart, bei der man gänzlich vergisst, dass die Sprache kein todtes Uhrwerk, sondern eine lebendige Schöpfung aus sich selbst ist und dass die ersten sprechenden Menschen bei weitem sinnlicher erregbar waren als wir, abgestumpft durch Cultur und auf fremder Erfahrung beruhende Kenntniss, ist offenbar eine falsche. Alle Sprachen enthalten wohl Wörter, die durch ganz verschiedene Bedeutung bei ganz gleichem Laute Zweideutigkeit zu erregen im Stande sind. Dass dies aber selten ist und in der Regel jedem Begriff ein anders nüancirter Laut entspricht, entstand gewiss nicht aus absichtlicher Vergleichung der schon vorhandenen Wörter, welche dem Sprechenden nicht einmal gegenwärtig seyn konnten, sondern daraus, dass sowohl der Eindruck des Objects, als der durch ihn hervorgelockte Laut immer individuell war und keine Individualität vollständig mit der andren übereinkommt. Von einer andren Seite aus wurde allerdings der Wortvorrath auch durch Erweiterung der einzelnen vorhandenen Bezeichnungen vermehrt. Wie der Mensch mehr Gegenstände und die einzelnen genauer kennen lernte, bot sich ihm bei vielen besondere Verschiedenheit bei allgemeiner Aehnlichkeit dar und dieser neue Eindruck bewirkte natürlich einen neuen Laut, der, an den vorigen geknüpft, zum mehrsylbigen Worte wurde. Aber auch hier sind verbundene Begriffe mit verbundenen Lauten als Bezeichnungen eines und ebendesselben Objects. Aufs höchste könnte man, was die ursprüngliche Bezeichnung anbetrifft, es für möglich halten, dass die Stimme bloss aus sinnlichem Gefallen am Rauschen der Töne ganz bedeutungslose hinzugefügt hätte oder dass bloss auslautende Hauche bei mehr geregelter Aussprache zu wahren Sylben geworden wären. Dass Laute in der That ohne alle Bedeutsamkeit sich in Sprachen bloss sinnlich erhalten, möchte ich nicht in Abrede stellen; allein dies ist nur darum der Fall, weil ihre Bedeutsamkeit verloren gegangen ist. Ursprünglich stösst die Brust keinen articulirten Laut aus, den nicht eine Empfindung geweckt hat.

Im Verlaufe der Zeit verhält es sich überhaupt auch anders mit der Mehrsylbigkeit. Man kann sie, als Thatsache in den ausgebildeten Sprachen nicht abläugnen, man bestreitet sie nur bei den Wurzeln und ausserhalb dieses Kreises beruht sie durch ihren, im Ganzen anzunehmenden und sehr häufig im Einzelnen nachzuweisenden Ursprung auf Zusammensetzung und verliert dadurch ihre eigenthümliche Natur. Denn nicht bloss weil uns die Bedeutung der einzelnen Wortelemente fehlt, erscheinen sie uns als bedeutungslose, sondern es liegt der Erscheinung auch oft etwas Positives zum Grunde. Die Sprache verbindet zuerst einander wirklich modificirende Begriffe. Dann knüpft sie an einen Hauptbegriff einen andern, nur metaphorisch oder nur mit einem Theile seiner Bedeutung geltenden, wie wenn die Chinesische, um bei Verwandtschaften den Unterschied des Aelteren oder Jüngeren anzudeuten, das Wort *Sohn* in zusammengesetzten Verwandtschaftsnamen da braucht, wo weder die directe Abstammung noch das Geschlecht, sondern einzig das Nachstehen im Alter passt. Waren nun einige solche Begriffe wegen der, durch ihre grössere Allgemeinheit gegebenen Möglichkeit dazu häufig Wortelemente zur Specificirung von Begriffen geworden, so gewöhnt sich die Sprache auch wohl, sie da anzuwenden, wo ihre Beziehung nur eine ganz entfernte, kaum nachzuspürende ist oder wo man frei gestehen muss, dass gar keine wirkliche Beziehung vorliegt und daher die Bedeutsamkeit in der That in Nichts aufgeht. Diese Erscheinung, dass die Sprache, einer allgemeinen Analogie folgend, Laute von Fällen, wo sie wahrhaft hingehören, auf andere, denen sie fremd sind, anwendet, findet sich auch in anderen Theilen ihres Verfahrens. So ist nicht zu läugnen, dass in mehreren Flexionen der Sanskrit-Declination Pronominalstämme verborgen sind, dass aber in einigen dieser Fälle sich wirklich kein Grund auffinden lässt, warum gerade dieser und kein anderer Stamm diesem oder jenem Casus beigegeben ist, ja nicht einmal sagen, wie überhaupt ein Pronominalstamm den Ausdruck dieses bestimmten Casusverhältnisses ausmachen kann. Es mag allerdings auch in denjenigen solcher Fälle, die uns die schlagendsten zu seyn scheinen, noch ganz individuelle, fein aufgefasste Verbindungen zwischen dem Begriffe und dem Laute geben. Diese sind aber alsdann so von allgemeiner Nothwendigkeit entblösst und so sehr, wenn auch nicht zufällig, doch nur historisch erkennbar, dass für uns selbst ihr Daseyn verloren geht. Der Einverleibung fremder mehrsylbiger Wörter aus einer Sprache in die andere erwähne ich hier mit Absicht nicht, da, wenn die hier aufgestellte Behauptung ihre Richtigkeit hat, die Mehrsylbigkeit solcher Wörter niemals ursprünglich ist und die Bedeutungslosigkeit ihrer einzelnen Elemente für die Sprache, welcher sie zuwachsen, bloss eine relative bleibt.

Es giebt aber in den nicht einsylbigen Sprachen, nur allerdings in sehr verschiedenem Grade auch ein, aus zusammentreffenden inneren und äusseren Ursachen entspringendes Streben nach reiner Mehrsylbigkeit ohne Rücksicht auf den noch bekannten oder in Dunkel verschwundenen Ursprung derselben aus Zusammensetzung. Die Sprache verlangt alsdann Lautumfang als Ausdruck einfacher Begriffe und lässt in diesen die in ihnen verbundenen Elementarbegriffe aufgehen. Auf diesem zwiefachen Wege entsteht dann die Bezeichnung Eines Begriffs durch mehrere Sylben. Denn wie die Chinesische Sprache der Mehrsylbigkeit widerstrebt und wie ihre, sichtbar aus diesem Widerstreben hervorgegangene Schrift sie in demselben bestätigt, so haben andere Sprachen die entgegengesetzte Neigung. Durch Gefallen an Wohllaut und durch Streben nach rhythmischen Verhältnissen gehen sie auf Bildung grösserer Wortganzen hin und unterscheiden weiter, ein inneres Gefühl hinzunehmend, die blosse, lediglich durch die Rede entstehende Zusammensetzung von derjenigen, die mit dem Ausdruck eines einfachen Begriffs durch mehrere Sylben, deren einzelne Bedeutung nicht mehr bekannt ist oder nicht mehr beachtet wird, verwechselt werden kann. Wie aber Alles in der Sprache immer innig verbunden ist, so ruht auch dies, zuerst bloss sinnlich scheinende Streben auf einer breiteren und festeren Basis. Denn die Richtung des Geistes, den Begriff und seine Beziehungen in die Einheit desselben Wortes zu verknüpfen, wirkt offenbar dazu mit, die Sprache mag nun, als wahrhaft flectirende dies Ziel wirklich erreichen oder, als agglutinirende auf halbem Wege stehen bleiben. Die schöpferische Kraft, mit welcher die Sprache selbst, um mich eines figürlichen Ausdrucks zu bedienen, aus der Wurzel alles das hervortreibt, was zur inneren und äusseren Bildung der Wortform gehört, ist hier das ursprünglich Wirkende. Je weiter sich diese Schöpfung erstreckt, desto grösser, je früher sie ermattet, desto geringer ist der Grad jenes Strebens. In dem aus demselben entspringenden Lautumfang des Wortes bestimmt aber die vollendete Abrundung dieses Strebens nach Wohllautsgesetzen die nothwendige Gränze. Gerade die in der Verschmelzung der Sylben zur Einheit minder glücklichen Sprachen reihen eine grössere Anzahl derselben unrhythmisch an einander, da das vollendete Einheitsstreben wenigere harmonisch zusammenschliesst. So eng und genau mit einander übereinstimmend ist auch hier das innere und äussere Gelingen. Durch die Begriffe selbst aber wird in vielen Fällen ein Bemühen veranlasst, einige bloss in der Absicht zu verknüpfen, einem einfachen ein angemessenes Zeichen zu geben, und ohne gerade die Erinnerung an die einzelnen verknüpften erhalten zu wollen. Hieraus entsteht alsdann natürlich um so mehr wahre Mehrsylbigkeit, als der so zusammengesetzte Begriff bloss seine Einfachheit geltend macht.

Unter den Fällen, von welchen wir hier reden, zeichnen sich hauptsächlich zwei verschiedene Classen aus. Bei der einen soll der durch einen Laut schon gegebne Begriff durch Anknüpfung eines zweiten nur bestimmter festgestellt oder mehr erläutert, also im Ganzen Ungewissheit und Undeutlichkeit vermieden werden. Auf diese Weise verbinden Sprachen oft ganz gleichbedeutende oder doch durch sehr kleine Nüancen verschiedene Begriffe mit einander, auch allgemeine, speciellen angefügt und zu solchen allgemeinen oft erst aus speciellen durch diesen Gebrauch gestempelt, wie im Chinesischen der Begriff des Schlagens fast in den des Machens überhaupt in diesen Zusammensetzungen übergeht. In die andere Classe gehören die Fälle, wo wirklich aus zwei verschiedenen Begriffen ein dritter gebildet wird, wie z. B. die Sonne das Auge des Tages, die Milch das Wasser der Brust u. s. f. heisst. Der ersten Classe von Verbindungen liegt ein Mistrauen in die Deutlichkeit des gebrauchten Ausdrucks oder eine lebhafte Hast nach Vermehrung derselben zum Grunde. Sie dürfte in sehr ausgebildeten Sprachen selten gefunden werden, ist aber in einigen, die sich ihrem Baue nach einer gewissen Unbestimmtheit bewusst sind, sehr häufig. In den Fällen der zweiten Classe sind die beiden zu verbindenden Begriffe die unmittelbare Schilderung des empfangenen Eindrucks, also in ihrer speciellen Bedeutung das eigentliche Wort. An und für sich würden sie zwei bilden. Da sie aber doch nur Eine Sache bezeichnen, so dringt der Verstand auf ihre engste Verbindung in der Sprachform, und wie seine Macht über die Sprache wächst und die ursprüngliche Auffassung in dieser untergeht, so verlieren die sinnreichsten und lieblichsten Metaphern dieser Art ihren rückwirkenden Einfluss und entschwinden, wie deutlich sie auch noch nachzuweisen seyn mögen, der Beachtung der Redenden. Beide Classen finden sich auch in den einsylbigen Sprachen, nur dass in ihnen das innere Bedürfniss nach der Verbindung der Begriffe nicht das Hangen an der Trennung der Sylben zu überwinden vermag.

Auf diese Weise, glaube ich, muss in den Sprachen die Erscheinung der Ein- und Mehrsylbigkeit aufgefasst und beurtheilt werden. Ich will jetzt versuchen, dies allgemeine Raisonnement, das ich nicht habe durch Aufzählung von Thatsachen unterbrechen mögen, mit einigen Beispielen zu belegen.

Schon der neuere Styl des Chinesischen besitzt eine nicht unbedeutende Anzahl von Wörtern, die dergestalt aus zwei Elementen zusammengesetzt sind, dass ihre Zusammensetzung nur die Bildung eines dritten, einfachen Begriffes zum Zweck hat. Bei einigen derselben ist es sogar offenbar, dass die Hinzufügung des einen Elements, ohne dem Sinne etwas beizugeben, nur von wirklich bedeutsamen Fällen aus zur Gewohnheit geworden ist. Die Erweiterung der Begriffe und der Sprachen muss darauf leiten, neue Gegenstände durch Vergleichung mit andren, schon bekannten zu bezeichnen und das Verfahren des Geistes bei der Bildung ihrer Begriffe in die Sprachen überzuführen. Diese Methode muss allmählich an die Stelle der früheren treten, den Eindruck durch die in den articulirten Tönen liegende Analogie symbolisirend wiederzugeben. Aber auch die spätere Methode tritt bei Völkern von grosser Lebendigkeit der Einbildungskraft und Schärfe der sinnlichen Auffassung in ein sehr hohes Alter zurück und daher besitzen vorzugsweise die am meisten noch vom Jugendalter ihrer Bildung zeugenden Sprachen eine grosse Anzahl solcher malerisch die Natur der Gegenstände darlegenden Wörter. Im Neu-Chinesischen zeigt sich aber hierin sogar eine, erst späterer Cultur angehörende Verbildung. Mehr spielend witzige, als wahrhaft dichterische Umschreibungen der Gegenstände, in welchen diese oft gleich Räthseln verhüllt liegen, bilden häufig solche aus zwei Elementen bestehende Wörter.[88] Eine andere Classe dieser letzteren erscheint auf den ersten Anblick sehr wunderbar, nemlich die, wo zwei einander entgegengesetzte Begriffe durch ihre Vereinigung den allgemeinen, beide unter sich befassenden Begriff ausdrücken, wie wenn die jüngeren und älteren Brüder, die hohen und niedrigen Berge für die Brüder und die Berge überhaupt gesagt wird. Die in solchen Fällen in dem bestimmten Artikel liegende Universalität wird hier anschaulicher durch die entgegengesetzten Extreme auf eine keine Ausnahme erlaubende Weise angedeutet. Eigentlich ist auch diese Wortgattung mehr eine rednerische Figur, als eine Bildungsmethode der Sprachen. In einer Sprache aber, wo der, sonst bloss grammatische Ausdruck so häufig materiell in den Inhalt der Rede gelegt werden muss, wird sie nicht mit Unrecht den letzteren beigezählt. Einzeln finden sich übrigens solche Zusammensetzungen in allen Sprachen; im Sanskrit erinnern sie an das in philosophischen Gedichten häufig vorkommende *sthâwarajaṇgamam.* Im Chinesischen aber kömmt noch der Umstand hinzu, dass die Sprache in einigen dieser Fälle für den einfach allgemeinen Begriff gar kein Wort besitzt und sich also nothwendig dieser Umschreibungen bedienen muss. Die Bedingung des Alters z. B. lässt sich von dem Worte *Bruder* nicht abtrennen, und man kann nur ältere und jüngere Brüder, nicht Brüder allgemein sagen. Dies mag noch aus dem Zustande früher Uncultur herstammen. Die Begierde, den Gegenstand anschaulich mit seinen Eigenschaften im Worte darzustellen, und der Mangel an Abstraction lassen den allgemeinen, mehrere Verschiedenheiten unter sich befassenden Ausdruck vernachlässigen; die individuelle sinnliche Auffassung greift der allgemeinen des Verstandes vor. Auch in den Amerikanischen Sprachen ist diese Erscheinung häufig. Von einer ganz entgegengesetzten Seite aus und gerade durch ein künstlich gesuchtes Verstandesverfahren hebt sich diese Art der Wortzusammenfügung im Chinesischen auch dadurch mehr hervor, dass die symmetrische Anordnung der in bestimmten Verhältnissen gegen einander stehenden Begriffe als ein Vorzug und eine Zierlichkeit des Styls betrachtet wird, worauf auch die Natur der, jeden Begriff in Ein Zeichen einschliessenden Schrift Einfluss hat. Man sucht also solche Begriffe absichtlich in die Rede zu verflechten und die Chinesische Rhetorik hat sich ein eignes Geschäft daraus gemacht, da kein Verhältniss so bestimmt, als das des reinen Gegensatzes ist, die contrastirenden Begriffe in der Sprache aufzuzählen.[89] Der ältere Chinesische Styl macht keinen Gebrauch von zusammengesetzten Wörtern, es sey nun, dass man in früheren Zeiten, wie bei einigen Classen derselben sehr begreiflich ist, noch nicht auf dies Verfahren gekommen war oder dass dieser strengere Styl, welcher überhaupt der Anstrengung des Verstandes durch die Sprache zu Hülfe zu kommen gewissermassen verschmähte, dasselbe aus seinem Kreise ausschloss.

Die Barmanische Sprache kann ich hier übergehen, da ich schon oben bei der allgemeinen Schilderung ihres Baues gezeigt habe, wie sie durch Aneinanderheftung gleichbedeutender oder modificirender Stämme aus einsylbigen mehrsylbige bildet.

In den Malayischen Sprachen bleibt nach Ablösung der Affixa sehr häufig, ja man kann wohl sagen meistentheils ein zweisylbiger, in grammatischer Beziehung auf die Redefügung nicht weiter theilbarer Stamm übrig. Auch da, wo derselbe einsylbig ist, wird er häufig, im Tagalischen sogar gewöhnlich verdoppelt. Man findet daher öfter des zweisylbigen Baues dieser Sprachen erwähnt. Eine Zergliederung dieser Wortstämme ist indess bis jetzt, soviel ich weiss, nirgends vorgenommen worden. Ich habe sie versucht, und wenn ich auch noch nicht dahin gelangt bin, vollkommene Rechenschaft über die Natur der Elemente aller dieser Wörter zu geben, so habe ich mich dennoch überzeugt, dass in sehr vielen Fällen jede der beiden vereinigten Sylben als ein einsylbiger Stamm in der Sprache nachgewiesen werden kann und dass die Ursache der Verbindung begreiflich wird. Wenn dies nun bei unsren unvollständigen Hülfsmitteln und unsrer mangelhaften Kenntniss der Fall ist, so lässt sich wohl auf eine grössere Ausdehnung dieses Princips und auf die ursprüngliche Einsylbigkeit auch dieser Sprachen schliessen. Mehr Schwierigkeit erregen zwar die Wörter, welche, wie z. B. die Tagalischen *lisà* und *lisaỳ* von der Wurzel *lis* (s. unten), in blosse Vocallaute ausgehen; doch auch diese werden vermuthlich bei künftiger Untersuchung erklärlich werden. So viel ist schon jetzt offenbar, dass man der Mehrzahl der Fälle nach die letzten Sylben der Malayischen zweisylbigen Stämme nicht als an bedeutsame Wörter gefügte Suffixa betrachten darf, sondern dass sich in ihnen wirkliche Wurzeln, ganz den die erste Sylbe bildenden gleich, erkennen lassen. Denn sie finden sich auch theils als erste Sylben jener Composita, theils ganz abgesondert in der

Sprache. Die einsylbigen Stämme muss man aber meistentheils in ihren Verdopplungen aufsuchen.

Aus dieser Beschaffenheit der, auf den ersten Anblick einfach scheinenden und doch auf Einsylbigkeit zurückführenden zweisylbigen Wörter geht eine Richtung der Sprache auf Mehrsylbigkeit hervor, die, wie man aus der Häufigkeit der Verdopplung sieht, zum Theil auch phonetisch, nicht bloss intellectuell ist. Die zusammentretenden Sylben werden aber auch mehr, als im Barmanischen wirklich zu Einem Worte, indem sie der Accent mit einander verbindet. Im Barmanischen trägt jedes einsylbige Wort den seinigen an sich und bringt ihn in das Compositum. Dass das ganze, nun entstehende Wort einen, seine Sylben zusammenhaltenden besässe, wird nicht nur nicht gesagt, sondern ist bei der Aussprache mit hörbarer Sylbentrennung unmöglich. Im Tagalischen hat das mehrsylbige Wort allemal einen, die vorletzte Sylbe heraushebenden oder fallen lassenden Accent. Buchstabenveränderung ist jedoch mit der Zusammensetzung nicht verbunden.

Ich habe meine hierher gehörenden Forschungen vorzüglich bei der Tagalischen und Neu-Seeländischen Sprache angestellt. Die erstere zeigt meinem Urtheile nach den Malayischen Sprachbau in seinem grössten Umfange und seiner reinen Consequenz. Die Südsee-Sprachen war es wichtig in die Untersuchung einzuschliessen, weil ihr Bau noch uranfänglicher zu seyn oder wenigstens noch mehr solche Elemente zu enthalten scheint. Ich habe mich bei den hier folgenden, aus dem Tagalischen entlehnten Beispielen fast ausschliesslich an diejenigen Fälle gehalten, wo der einsylbige Stamm, wenigstens noch in der Verdopplung, auch als solcher der Sprache angehört. Weit grösser ist natürlich die Zahl solcher zweisylbigen Wörter, deren einsylbige Stämme bloss in Zusammensetzungen erscheinen, aber in diesen an ihrer immer gleichen Bedeutung kennbar sind. Diese Fälle sind aber nicht so beweisend, indem gewöhnlich alsdann auch Wörter vorkommen, in welchen diese Gleichheit weniger oder gar nicht vorhanden zu seyn scheint, obgleich solche scheinbare Ausnahmen sehr leicht nur daher entstehen können, dass man eine entfernter liegende Ideenverknüpfung nicht erräth. Dass ich immer auf die Nachweisung beider Sylben gegangen bin, versteht sich von selbst, da das entgegengesetzte Verfahren die Natur dieser Wortbildungen nur zweifelhaft andeuten könnte. Auch auf Wörter, welche ihren ursprünglichen Stamm nicht in der nemlichen, sondern in einer andren Sprache haben, wie es im Tagalischen mit einigen aus dem Sanskrit oder auch mit aus den Südsee-Sprachen übergegangenen Wörtern der Fall ist, muss natürlich Bedacht genommen werden.

Beispiele aus der Tagalischen Sprache:

bag-sàc, *etwas mit Gewalt auf die Erde werfen* oder *gegen etwas an-drängen;* bag-bàg, *auf den Strand gerathen, ein Saatfeld aufbrechen* (also von gewaltsamem Stossen oder Werfen gebraucht); sac-sàc, *etwas fest einlegen, eindrängen, hineinstopfen, in etwas werfen (apretar em-butiendo algo, atestar, hincar).* lab-sàc, *etwas in den Koth, Abtritt werfen,* vom eben angeführten Wort und lab-làb, *Sumpf, Kothhaufen, Abtritt.* Von diesem Wort und dem gleich weiter unten vorkommenden as-às ist zusammengesetzt lab-às, *semen suis ipsius manibus elicere.* Wahrscheinlich gehört auch hierher sac-àl, *jemandem den Nacken, die Hand* oder *den Fuss drücken,* obgleich die Bedeutung des zweiten Elements al-àl, *die Zähne mit einem Steinchen abfeilen,* wenig hierher passt, und ebenso sac-yòr, *Heuschrecken fangen,* wo ich aber das zweite Element nicht zu erklären weiss. Dagegen kann man sacsî, *Zeuge, bezeugen,* nicht hierher rechnen, da das Wort wohl unbezweifelt das Sanskritische sâkshin ist und, als ein gerichtliches mit Indischer Cultur in die Sprache gekommen seyn kann. Dasselbe Wort findet sich auch in der gleichen Bedeutung in der eigentlich Malayischen Sprache.

bac-às, *Fussstapfen, Spur von Menschen und Thieren, übrig bleibendes Zeichen eines körperlichen Eindrucks von Thränen, Schlägen u. s. w.;* bac-bàc, *die Rinde abnehmen* oder *verlieren;* às-as, *sich abreiben,* von Kleidern und andren Dingen gebraucht.

bac-làs, *Wunde,* und zwar solche die vom Kratzen herkommt; das eben angeführte bac-bàc und las-làs, *Blätter* oder *Dachziegel abnehmen,* auch vom Zerstören der Zweige und Dächer durch den Wind gebraucht. Das Wort heisst auch bac-lìs von lis-lìs *jäten, Gras ausreissen* (s. unten).

às-al, *eingeführter Gebrauch, angenommene Gewohnheit,* von dem oben angeführten às-as und al-àl, also von der Verbindung der Begriffe des Abnutzens und des Abfeilens.

it-ìt, *einsaugen,* und im-ìm, *verschliessen,* vom Munde gebraucht. Aus diesen beiden ist vermuthlich it-ìm, *schwarz* (Malayisch ētam), entstanden, da diese Farbe sehr gut mit etwas Eingesogenem und Verschlossnem zu vergleichen ist.

tac-lìs, *wetzen, schärfen,* und zwar ein Messer mit dem andren; tac bedeutet *die Entleerung des Leibes, die Verrichtung der Nothdurft,* das verdoppelte tac-tàc *einen grossen Spaten, eine Haue (azadon),* und zum Verbum gemacht, mit diesem Werkzeuge arbeiten, *aushöhlen.* Hieraus wird klar, dass dieser letzte Begriff eigentlich die Grundbedeutung auch der einfachen Wurzel ist. lis-lìs *wird noch* weiter unten vorkommen, vereinigt aber die Begriffe des Zerstörens und des Kleinen, Kleinmachens in sich. Beides passt sehr gut auf das abreibende Wetzen.

lis-pìs mit dem Praefix *pa, das Korn zur Saat reinigen,* stammt vom oft erwähnten *lis-lìs* und von *pis-pìs, abkehren, abfegen,* besonders von den Brotkrumen mit einer Bürste gebraucht.

lá-bay, ein Bündel Seide, Zwirn oder *Baumwolle (madeja),* und davon, als Verbum, *haspeln; lá-la, Teppiche weben; bay-baỳ, gehen,* und zwar an der Küste des Meeres hin, also in einer bestimmten Richtung, was zu der Bewegung des Haspelns gut passt.

tú-lis, Spitze, zuspitzen, namentlich von grossen hölzernen Nägeln *(estacas)* gebraucht und im Javanischen und Malayischen auf den Begriff des Schreibens angewandt.[90] *lis-lìs, schlechte unnütze Gewächse zerstören, ausreissen,* ist schon oben da gewesen. Der Begriff ist eigentlich *kleinmachen* und daher passend auf das Abschaben, um eine Spitze hervorzubringen; *lisà* sind *die kleinen Nisse der Läuse* und aus dem Begriff des Kleinen, des Staubes kommt auch die Anwendung des Wortes auf das Ausfegen, Auskehren, wie in *ua-lìs,* dem allgemeinen Worte für diese Arbeit. Das erste Element von *tú-lis* finde ich weder einfach noch verdoppelt im Tagalischen, dagegen wohl in den Südsee-Sprachen, in dem Tongischen *tu* (bei Mariner *too* geschrieben), *schneiden, sich erheben, aufrecht stehen;* im Neu-Seeländischen hat es diese letztere Bedeutung neben der von *schlagen.*

tó-bo, hervorkommen, spriessen, von Pflanzen (nacer), bo-bò, etwas ausleeren; tó-to hat im Tagalischen bloss metaphorische Bedeutungen: *Freundschaft knüpfen, einträchtig seyn, seine Absicht im Reden oder Handeln erreichen.* Aber im Neu-Seeländischen ist *to Leben, Belebung* und davon *toto Flut.* Im Tongischen hat *tubu* (Mariner: *tooboo*) dieselbe Bedeutung des Spriessens, als das Tagalische *tóbo,* bedeutet aber auch *aufspringen. bu* findet sich im Tongischen als *bubula, schwellen; tu* heisst: *schneiden, trennen* und *stehen.* Dem Tongischen *tubu* entspricht das Neu-Seeländische *tupu,* sowohl in der Bedeutung, als der Ableitung. Denn *tu* ist *stehen, aufstehen* und in *pu* liegt der Begriff eines durch Schwellen rund gewordenen Körpers, da es eine schwangere Frau bedeutet. Die Bedeutungen: *Cylinder, Flinte, Röhre,* welche Lee zuerst setzt, sind nur abgeleitete. Dass in *pu* auch schon der Begriff des Aufbrechens durch Anschwellung liegt, beweist das Compositum *pu-ao, Tagesanbruch.*

Beispiele aus der Neu-Seeländischen Sprache:

De los Santos Tagalisches Wörterbuch ist, wie die meisten, besonders älteren Missionarien-Arbeiten dieser Art, bloss zur Anleitung, in der Sprache zu schreiben und zu predigen, bestimmt. Es giebt daher von den Wörtern immer die concretesten Bedeutungen, zu welchen sie

durch den Sprachgebrauch gelangt sind, und geht selten auf die ursprünglichen, allgemeinen zurück. Auch ganz einfache, in der That zu
den Wurzeln der Sprache gehörende Laute tragen also sehr häufig Bedeutungen bestimmter Gegenstände an sich, so *pay-pày* die von *Schul-
terblatt, Fächer, Sonnenschirm,* in welchen allen der Begriff des Aus-
dehnens liegt. Dies sieht man aus *sam-pày, Wäsche* oder *Zeug an der
Luft auf ein Seil, eine Stange u. s. w. aufhängen (tender), cá-pay, mit
den Armen in Ermangelung der Ruder rudern, beim Rufen mit den Händen winken,* und andren Zusammensetzungen. In dem vom Professor
Lee in Cambridge nach den schon an Ort und Stelle aufgesetzten Materialien Thomas Kendall's mit Zuziehung zweier Eingebornen sehr ein-
sichtsvoll zusammengetragenen Neu-Seeländischen Wörterbuche ist es
durchaus anders. Die einfachsten Laute haben höchst allgemeine Bedeutungen von *Bewegung, Raum* u. s. f., wie man sich aus der Vergleichung der Artikel der Vocallaute überzeugen kann.[91] Man geräth dadurch bisweilen über die specielle Anwendung in Verlegenheit und ist
auch wohl versucht, zu bezweifeln, ob diese Begriffsweite in der That in
der geredeten Sprache liegt oder nicht vielleicht erst hinzugeschlossen
ist. Indess hat Lee dieselbe doch gewiss aus den Angaben der Eingebornen geschöpft und es ist nicht zu läugnen, dass man in der Herleitung
der Neu-Seeländischen Wörter bedeutend dadurch gefördert wird.

ora, Gesundheit, Zunahme, Herstellung derselben; o, Bewegung und
auch ganz besonders: *Erfrischung; ra, Stärke, Gesundheit,* dann auch:
die Sonne; ka-ha, Stärke, eine aufsteigende Flamme, brennen, Belebung
als der Act derselben und als kräftige Wirksamkeit; *ha, das Ausathmen.*

mara, ein der Sonnenwärme ausgesetzter Platz, dann *eine dem Redenden gegenüberstehende Person,* wohl vom Leuchten des Antlitzes,
daher als Anrede gebraucht; *ma, klar,* wie weisse Farbe; *ra* das eben
erwähnte Wort für *Sonne; marama* ist *das Licht* und *der Mond.*

*pono, wahr, Wahrheit, po, Nacht, die Region der Finsterniss, noa,
frei, ungebunden.* Wenn diese Ableitung wirklich richtig ist, so ist die
Zusammensetzung der Begriffe merkwürdig sinnvoll.

mutu, das Ende, endigen, mu, als Partikel gebraucht, *das Letzte, zuletzt, tu, stehen.*

Tongische Sprache:

fachi, brechen, ausrenken; fa, fähig, etwas zu seyn oder *zu thun; chi,
klein,* das Neu-Seeländische *iti.*

loto bedeutet *die Mitte, den Mittelpunkt, das innerlich Eingeschlossene,* unstreitig davon metaphorisch *Gemüth, Gesinnung, Tempera-
ment, Gedanke, Meinung.* Das Wort ist dasselbe mit dem Neu-Seelän-

dischen *roto,* das jedoch nur die körperliche, nicht die figürliche Bedeutung hat, also nur *das Innere* und, als Praeposition *in* heisst. Ich glaube beide Wörter richtig aus beiden Sprachen ableiten zu können. Das erste Element scheint mir das Neu-Seeländische *roro, Gehirn.* Das einfache *ro* wird in Lee's Wörterbuch bloss durch das vieldeutige *matter, Materie,* übersetzt, das man aber wohl hier als Eiter, Materie eines Geschwüres nehmen muss und das vielleicht allgemeiner jeden eingeschlossnen klebrigten Stoff bedeutet. Von dem zweiten Element, *to,* ist, als Neu-Seeländischem Worte schon bei *tóbo* gesprochen worden und ich bemerke nur noch hier, dass es auch von Schwangerschaft, also von dem innerlich, lebendig Eingeschlossenen gebraucht wird. Im Tongischen ist es mir bis jetzt nur als Name eines Baumes bekannt, dessen Beeren ein klebrigtes Fleisch haben, welches man zum Zusammenkleben verschiedener Dinge braucht. Es liegt also auch in dieser Bedeutung der Begriff, sich an etwas anderes anzuhängen. Im Tongischen liegt aber der Ausdruck für *Gehirn* nur zum Theil in diesem Wörterkreis. Das Gehirn heisst nemlich *uto* (Mariner: *ooto*). Das letzte Glied des Wortes halte ich für das so eben betrachtete *to,* da die Klebrigkeit sehr gut auf die Masse des Gehirnes passt. Die erste Sylbe ist nicht weniger ausdrucksvoll zur Beschreibung des Gehirns, da *u* ein *Bündel (a bundle), Paket* ist. Dieses Wort glaube ich auch in dem Tagalischen *ótac* und dem Malayischen *ūtak* wiederzufinden, deren Wurzeln ich also nicht in diesen Sprachen selbst suche. Das End-*k* kann sehr leicht, wie in andren Malayischen Wörtern, nicht wurzelhaft seyn. Beide Wörter bedeuten zugleich, offenbar von der Gleichheit der Materie, *Mark* und *Gehirn* und werden daher oft oder sogar gewöhnlich durch Hinzufügung von *Kopf* oder *Knochen* unterschieden. Im Madecassischen lautet dasselbe Wort bei Flacourt *oteche* als *Mark* und als *Gehirn otechendoha, Mark des Kopfes,* indem er das Wort *loha, Kopf,* nach einer ganz gewöhnlichen Buchstabenvertauschung *doha* schreibt und dasselbe durch einen Nasenlaut mit dem andren Worte verknüpft. Ein anders lautender Ausdruck für *Gehirn* ist bei Challan *tso ondola* und auf ähnliche Weise für *Mark tsoc, tsoco.* Ob *ondola* nothwendig zu *tso* gehören soll, ist schwer zu entscheiden. Vermuthlich ist aber nur das Unterscheidungszeichen weggelassen; denn im Madecassisch-Französischen Theile findet sich das, mir übrigens bis jetzt unerklärliche *ondola* allein für *Gehirn.* In dem handschriftlichen von Jacquet herausgegebenen Wortverzeichniss heisst *Gehirn tsokou loha* und Jacquet bemerkt dabei, dass er kein entsprechendes Wort in den andren Dialekten findet.[92] Ich halte aber *tsokou* und die Varianten bei Challan bloss für eine Entstellung des Malayischen *ūtak* durch Wegwerfung des Anfangsvocals und zischende Aussprache des *t* und folglich gleichbedeutend mit Flacourt's *oteche,* das noch mehr an das Tagalische *ótac* erinnert. Chapelier's handschriftliches Wörterbuch, welches ich der Güte des Herrn Lesson verdanke, hat für *Gehirn tsoudoa*, worin wieder das endende *doa, Kopf*, für *loa* steht. Sehr bedaure ich, das Wort nicht in der Gestalt zu kennen, wie es nach den Englischen Missionaren heut zu Tage lautet. Allein das Gehirn kommt in der Bibel nur in zwei Stellen des Buchs der Richter in der Lateinischen Vulgata vor und die Englische Bibel, nach welcher die Missionare übersetzen, hat dafür *Schädel*.

Die Zweisylbigkeit der Semitischen Stämme (um hier die geringe Zahl der weniger oder mehr Sylben enthaltenden zu übergehen) ist von durchaus anderer Art, als die bis hierher betrachtete, da sie untrennbarer in den lexikalischen und grammatischen Bau verwachsen ist. Sie bildet einen wesentlichen Theil des Charakters dieser Sprachen und kann, so oft von dem Ursprunge, dem Bildungsgange und dem Einfluss derselben die Rede ist, nicht ausser Betrachtung gelassen werden. Dennoch kann man es als ausgemacht annehmen, dass auch dieses mehrsylbige System sich auf ein ursprünglich einsylbiges, noch in der jetzigen Sprache an deutlichen Spuren erkennbares gründet. Dies ist von mehreren Bearbeitern der Semitischen Sprachen, namentlich von Michaelis, allein auch schon vor ihm anerkannt und von Gesenius und Ewald näher entwickelt und beschränkt worden.[93] Es giebt, sagt Gesenius, ganze Reihen von Stammverben, welche nur die zwei ersten Stammconsonanten gemein, zum dritten aber ganz verschiedene haben und doch in der Bedeutung, wenigstens im Hauptbegriffe übereinstimmen. Er nennt es nur übertrieben, wenn der, im Anfange des vorigen Jahrhunderts in Breslau verstorbene Caspar Neumann alle zweisylbigen Wurzeln auf einsylbige zurückführen wollte. In den hier genannten Fällen liegen also den heutigen zweisylbigen Stammwörtern einsylbige, aus zwei, einen Vocal einschliessenden Consonanten bestehende Wurzeln zum Grunde, welchen in einer späteren Niedersetzung der Sprache durch einen zweiten Vocal ein dritter Consonant angehängt worden ist. Klaproth hat dies gleichfalls erkannt und in einer eignen Abhandlung eine Anzahl solcher, von Gesenius angedeuteter Reihen aufgestellt.[94] Er zeigt darin zugleich auf merkwürdige und scharfsinnige Weise, wie die, von ihrem dritten Consonanten befreiten, einsylbigen Wurzeln sehr häufig in Laut und Bedeutung ganz oder grösstentheils mit Sanskritischen übereinkommen. Ewald bemerkt, dass eine solche, mit Vorsicht angestellte Vergleichung der Stämme zu manchen neuen Resultaten führen würde, setzt aber hinzu, dass man sich durch solche Etymologie über das Zeitalter der eigentlich Semitischen Sprache und Form erhebt. In dem Letzteren stimme ich ihm durchaus bei, da gerade meiner Ueberzeugung nach mit jeder wesentlich neuen Form, welche die Mundart auch des nemlichen Volksstammes im Laufe der Zeit gewinnt, in der That eine neue Sprache angeht.

Bei der Frage über den Umfang dieses Ursprungs zweisylbiger Wurzeln aus einsylbigen müsste zuerst factisch genau festgestellt werden, wie weit wirklich hierin die etymologische Zergliederung zu gehen vermag. Blieben nun, wie wohl kaum zu bezweifeln ist, nicht zurückzuführende Fälle übrig, so könnte allerdings die Schuld hiervon doch am Mangel der Glieder liegen, welche die Reihen vollständig zeigen würden. Allein auch aus allgemeinen Gründen scheint es mir sogar nothwendig, anzunehmen, dass dem Systeme der Ausdehnung aller Wurzeln zu zwei Sylben nicht ein durchaus einsylbiges, sondern eine Mischung ein- und zweisylbiger Wortstämme unmittelbar vorausgegangen sey. Man darf sich die Veränderungen in den Sprachen nie so gewaltsam und am wenigsten so theoretisch denken, dass ein neuer Bildungsgrundsatz, für den es bisher an Beispielen fehlte, dem Volke (denn das heisst doch der Sprache) aufgedrängt werden könnte. Es müssen schon Fälle und in ziemlicher Anzahl vorhanden seyn, wenn gewisse Lautbeschaffenheiten durch grammatische Gesetzgebung, die überhaupt gewiss im Ausmerzen vorhandener Formen mächtiger, als in der Einführung neuer ist, allgemein gemacht werden sollen. Bloss des allgemeinen Satzes wegen, dass eine Wurzel immer einsylbig seyn muss, möchte ich auf keine Weise auch ursprünglich zweisylbige läugnen. Ich habe mich hierüber im Vorigen deutlich erklärt. Wenn ich hiernach aber selbst die Zweisylbigkeit auf Zusammensetzung zurückführe, so dass zwei Sylben auch die vereinte Darstellung zweier Eindrücke sind, so kann die Zusammensetzung schon im Geiste desjenigen liegen, der das Wort zum erstenmal ausspricht. Dies ist hier um so mehr möglich, als von einem mit Flexionssinn begabten Volksstamme die Rede ist. Ja es kommt bei den Semitischen Sprachen noch ein zweiter wichtiger Umstand hinzu. Versetzt uns auch die Vernichtung des Gesetzes der Zweisylbigkeit in eine über den jetzigen Sprachbau hinausgehende Zeit, so bleiben in dieser doch zwei andere charakteristische Kennzeichen übrig, dass nemlich die Wurzelsylbe, auf welche die Zergliederung der heutigen Stämme führt, immer eine durch einen Consonanten geschlossene war und dass man den Vocal als gleichgültig für die Begriffsbedeutsamkeit ansah. Denn hätten die Mittelvocale wirklich Begriffsbedeutsamkeit besessen, so wäre es unmöglich gewesen, ihnen diese wiederum zu entreissen. Ueber das Verhältniss der Vocale zu den Consonanten in jenen einsylbigen Wurzeln habe ich mich schon oben[95] geäussert. Auf der andren Seite könnte aber auch schon die frühere Sprachbildung auf den Ausdruck einer doppelten Empfindung in zwei verknüpften Sylben geleitet worden seyn. Der Flexionssinn lässt das Wort als ein Ganzes ansehen, das Verschiedenes in sich begreift, und der Hang, die grammatische Andeutung in den Schooss des Wortes selbst zu legen, musste dahin bringen, ihm mehr Umfang zu verleihen.

Mit den hier entwickelten Gründen, die mir keineswegs gezwungen erscheinen, liesse sich sogar die Ansicht auch ursprünglich grössentheils zweisylbiger Wurzeln vertheidigen. Die gleichförmige Bedeutung der ersten Sylbe von mehreren bewiese nur die Gleichheit des Haupteindrucks verschiedener Gegenstände. Mir aber kommt es natürlicher vor, das Daseyn einsylbiger Wurzeln anzunehmen, aber darum nicht, auch schon neben ihnen, zweisylbige auszuschliessen. Zu bedauern ist es, dass die mir bekannten Untersuchungen sich nicht auf die Erforschung der Bedeutung des, zwei gleichen vorausgehenden Consonanten hinzugefügten dritten einlassen. Erst diese, freilich gewiss höchst schwierige Arbeit würde vollkommnes Licht über diese Materie verbreiten. Betrachtet man aber auch alle zweisylbige Semitische Wortstämme als zusammengesetzte, so sieht man doch auf den ersten Anblick, dass diese Zusammensetzung von ganz anderer Art, als die in den hier durchgegangenen Sprachen ist. In diesen macht jedes Glied der Zusammensetzung ein eignes Wort aus. Wenn auch, wenigstens im Barmanischen und Malayischen, die Fälle sogar häufig sind, dass Wörter gar nicht mehr für sich allein, sondern bloss in solchen Zusammensetzungen erscheinen, so ist dies doch nur ein Folge des Sprachgebrauchs. An sich widerspricht in ihnen nichts ihrer Selbstständigkeit; sie sind sogar gewiss früher eigne Wörter gewesen und nur darum als solche ausser Gewohnheit gekommen, weil ihre Bedeutung vorzüglich passend war, Modificationen in Zusammensetzungen zu bezeichnen. Die den Semitischen Wortstämmen auf diese Weise hinzugefügte zweite Sylbe könnte aber nicht allein und für sich bestehen, da sie bei vorausgehendem Vocal und nachfolgendem Consonanten gar nicht die legitime Form der Nomina und Verba an sich trägt. Man sieht hieraus deutlich, dass dieser Bildung zweisylbiger Wortstämme ein ganz anderes Verfahren im Geiste des Volkes zum Grunde liegt, als im Chinesischen und in den demselben in diesem Theile seines Baues ähnlichen Sprachen. Es werden nicht zwei Wörter zusammenengesetzt, sondern mit unverkennbarer Hinsicht auf Worteinheit Eines erweiternd gebildet. Auch in diesem Punkte bewährt der Semitische Sprachstamm seine edlere, den Forderungen des Sprachsinnes mehr entsprechende, die Fortschritte des Denkens sicherer und freier befördernde Form.

Die wenigen mehrsylbigen Wurzeln der Sanskritsprache lassen sich auf einsylbige zurückführen und alle übrigen Wörter der Sprache entstehen nach der Theorie der Indischen Grammatiker aus diesen. Die Sanskritsprache kennt daher hiernach keine andere Mehrsylbigkeit, als die durch grammatische Anheftung oder offenbare Zusammensetzung hervorgebrachte. Es ist aber schon oben (VII 107.) erwähnt worden, dass die Grammatiker hierin vielleicht zu weit gehen, so dass unter den nicht auf natürliche Weise aus den Wurzeln abzuleitenden Wörtern ungewissen Ursprungs auch zweisylbige sind, deren Entstehung insofern zweifelhaft bleibt, als weder Ableitung noch Zusammensetzung an ihnen sichtbar ist. Wahrscheinlich aber tragen sie doch die letztere an sich, nur dass sich nicht allein die ursprüngliche Bedeutung der einzelnen Elemente im Gedächtniss des Volks verloren, sondern auch ihr Laut nach und nach eine, sie blossen Suffixen ähnlich machende Abschleifung erfahren hat. Zu Beidem musste selbst nach und nach der von den Grammatikern aufgestellte Grundsatz durchgängiger Ableitung führen.

In einigen ist aber die Zusammensetzung wirklich erkennbar. So hat schon Bopp *šarad, Herbst, Regenjahreszeit,* als ein Compositum aus *śara, Wasser,* und *da, gebend,* und andere Unâdi-Wörter als ähnliche Zusammensetzungen angesehen.[96] Die Bedeutung der in ein Unâdi-Wort übergegangenen Wörter mag auch in der Anwendung, wenn einmal diese Form eingeführt war, so verändert worden seyn, dass die ursprüngliche darin nicht mehr zu erkennen ist. Der allgemein in der Sprache herrschende Geist der Bildung durch Affixa mochte zur gleichen Behandlung dieser Formen hinleiten. In einigen Fällen tragen Unâdi-Suffixa durchaus die Gestalt auch in der Sprache selbstständig vorhandener Substantiva an sich. Von dieser Art sind *anda* und *anga.* Substantiva würden sich nun zwar den Gesetzen der Sprache nach nicht als Endglieder eines Compositum mit einer Wurzel vereinigen lassen und insofern bleibt die Natur dieser Bildung immer räthselhaft. Allein bei genauer Durchgehung aller einzelnen Fälle müsste sich die Sache doch wohl vollkommen erledigen. Da, wo das Wort weder der angegebenen noch einer andren Wurzel nach natürlicher Herleitung beigelegt werden kann, löst sich die Schwierigkeit von selbst, da alsdann keine Wurzel in dem Worte vorhanden ist. In andren Fällen kann man annehmen, dass die Wurzel erst durch das Krit-Suffix *a* in ein Nomen verwandelt ist. Endlich aber scheint es unter den Unâdi-Suffixen mehrere zu geben, welche man mit grösserem Rechte den Krit-Suffixen beizählen würde. In der That ist der Unterschied beider Gattungen schwer zu bestimmen und ich wüsste keinen andren, als den, in der einzelnen Anwendung gewiss oft schwankend bleibenden anzugeben, dass die Krit-Suffixa durch einen sich in ihnen deutlich aussprechenden allgemeinen Begriff auf ganze Gattungen von Wörtern anwendbar sind, dagegen die Unâdi-Suffixa nur einzelne Wörter, und ohne dass sich diese Bildung aus Begriffen erklären liesse, erzeugen. Im Grunde gesagt sind die Unâdi-Wörter nichts andres, als solche, die man, da sie nicht die Anwendung der gewöhnlichen Suffixa der Sprache erlaubten, auf anomale Weise auf Wurzeln zurückzuführen versuchte. Ueberall, wo diese Zurückführung natürlich von statten geht und die Häufigkeit des erscheinenden Suffixes dazu veranlasst, scheint mir kaum ein Grund vorhanden zu seyn, sie nicht den Krit-Suffixen beizufügen. Daher hat auch Bopp in seiner Lateinischen Grammatik, so wie in der abgekürzten Deutschen, die Methode befolgt, die üblichsten und sich am meisten als Suffixa bewährenden Unâdi-Suffixa in alphabetischer Ordnung, vermischt mit den Krit-Suffixen, aufzustellen.

anḍa, Ei, selbst ein Unâdi-Wort aus der Wurzel *an, athmen,* und dem Suffix *ḍa* ist wohl wenigstens ursprünglich ein und dasselbe Wort mit dem gleichlautenden Unâdi-Suffix gewesen. Der aus dem Begriff des Eies hergenommene der Ernährung oder der runden Gestalt passt mehr oder weniger da, wo nicht an das Ei selbst zu denken ist, auf die mit diesem Suffix gebildeten Wörter. In *waranḍa,* in der Bedeutung eines offenen Laubenganges *(open portico),* liegt derselbe Begriff vielleicht in einem Theile der Gestaltung oder Verzierung dieser Gebäude. Am deutlichsten zeigen sich die durch die beiden Elemente des Worts gegebenen Begriffe des Runden und des Bedeckens in der Bedeutung einer in einem Gesichtsausschlage *(pimples in the face)* bestehenden Hautkrankheit, welche es gleichfalls hat. In die andren Bedeutungen der Menge und des oben bedeckten, zu den Seiten offenen Laubenganges sind sie theils einzeln, theils vereint übergegangen.[97] Das Unâdi-Suffix *anḍa* verbindet sich nach den mir bekannten Beispielen bloss mit Wurzeln, deren Endlaut das Vocal-*r* ist, und nimmt alsdann immer Guna an. Man könnte also die erste Sylbe *(war)* für ein aus der Wurzel gebildetes Nomen ansehen. Dass nun das End-*a* von diesem nicht mit dem Anfangs-*a* von *anḍa* in ein langes *â* übergeht, widerspricht allerdings dieser Erklärung. Es erscheint jedoch natürlich, da man diese Formation, wenn dies auch ursprünglich wahr gewesen seyn mag, doch in der späteren Sprache nicht als Zusammensetzung, sondern als Ableitung behandelte, und immer lässt sich schwer annehmen, dass die gleichlautenden Wörter *Ei* und dies Unâdi-Suffix völlig verschiedne seyn sollten, weit eher begreifen, wie aus dem Substantivum nach und nach in Bedeutung und grammatischer Behandlung ein Suffix gemacht worden sey.

Von dem Unâdi-Suffix *anga* liesse sich ungefähr dasselbe, als von *anḍa* sagen, ja vielleicht noch mit grösserem Rechte, da das Substantivum *anga,* als *Körper, Gehen, Bewegen* u. s. f. eine noch weitere, sich zur Bildung eines Suffixes mehr eignende Bedeutung hat. Ein solches Suffix könnte nicht unrichtig mit unsrem Deutschen *thum, heit* u. s. f. verglichen werden. Bopp hat indess auf eine so scharfsinnige und so trefflich auf alle mir bekannte Wörter dieser Art anwendbare Weise dies Suffixum indem er die erste Sylbe zur Accusativendung des Hauptwortes macht und die letzte von *gâ* ableitet, zerstört, dass ich nicht im Widerspruche mit ihm auf dessen Wiederherstellung bestehen möchte. Dennoch findet sich *anga,* auf ähnliche Weise, als der gewöhnlichen

Vorstellungsart nach im Sanskrit gebraucht, in der Kawi-Sprache und auch in einigen heutigen Malayischen Sprachen so auffallend, dass ich die Erwähnung hier nicht umgehen zu können glaube. Im Brata Yuddha, dem Kawi-Gedichte, von welchem die Folge dieser Schrift ausführlich handeln wird, kommen SanskritSubstantiva der ersten Declination mit der hinzugegebenen Endung *anga* und *angana* vor: neben *sura* (1. a.), *Held (śûra),* auch *suranga* (97. a.), neben *rana* (82. d.), *Kampf (rana),* auch *rananga* (83. d.), *ranangana* (86. b.). Auf die Bedeutung scheinen diese Zusätze gar keinen Einfluss zu haben, da die handschriftliche Paraphrase sowohl die einfachen, als verlängerten Wörter durch dasselbe heutige Javanische Wort erklärt. Die Kawi-Sprache soll zwar, als eine dichterische sich sowohl Abkürzungen, als Hinzufügungen völlig bedeutungsloser Sylben erlauben. Die Uebereinstimmung dieser Zusätze mit den Sanskrit-Substantiven *anga* und *angana,* welches letztere auch eine sehr allgemeine Bedeutung hat, ist aber zu auffallend, als dass man nicht genöthigt würde, in einer Sprache, die ganz eigentlich aus dem Sanskrit zu schöpfen bestimmt war, hierbei an dieselben zu denken. Diese Substantiva und das mit ihnen gleichlautende Unâdi-Suffix konnten solche, dem Sylbenklange willkommene Endungen hervorbringen. In der heutigen gewöhnlichen javanischen Sprache wüsste ich sie nicht aufzuweisen. Dagegen findet sich in ihr, nur mit kleiner Veränderung, als Substantivum und in der Neu-Seeländischen und Tongischen ganz unverändert und zugleich als Substantivum und als Endung *anga* auf eine Weise, welche wohl die Vermuthung geben kann, dass auch hier an einen Sanskritischen Ursprung zu denken sey. Javanisch ist *hanggê: die Art und Weise, wie etwas geschieht,* und der Umstand, dass dies Wort der vornehmen Sprache angehört, weist von selbst bei seiner Ableitung auf Indien hin. Im Tongischen ist *anga: Stimmung des Gemüths, Gewohnheit, Gebrauch, der Platz, wo etwas vorgeht;* im Neu-Seeländischen hat das Wort, wie man aus den Zusammensetzungen sieht, auch diese letzte Bedeutung, allein hauptsächlich die des Machens, besonders des gemeinschaftlichen Arbeitens. Diese Bedeutungen kommen allerdings nur mit der allgemeinen des Bewegens in dem Sanskritwort überein; doch hat auch dieses die Bedeutung von Seele und Gemüth. Die wahre Aehnlichkeit scheint mir aber in der Weite des Begriffs zu liegen, der dann auf verschiedene Weise aufgefasst werden konnte. Im Neu-Seeländischen ist der Gebrauch von *anga* als letztem Gliede einer Zusammensetzung so häufig, dass es dadurch fast zur grammatischen Endung abstracter Substantiva wird: *udi, sich herumdrehen, herumwälzen,* auch vom Jahre gebraucht, *udinga, eine Umwälzung; rongo, hören, rongonga, die Handlung oder Zeit des Hörens; tono, befehlen, tononga, Befehl; tao, ein langer Speer, taonga, mit dem Speer erworbenes Eigenthum; toa, ein herzhafter, kühner Mann, toan-*

ga, das Erzwingen, Ueberwältigen; tui, nähen, bezeichnen, schreiben, tuinga, das Schreiben, die Tafel, auf die man schreibt; tu, stehen, tunga, der Platz, wo man steht, der Ankerplatz eines Schiffes; toi, im Wasser tauchen, toinga, das Eintauchen; tupu, ein Sprössling, hervorspriessen, tupunga, die Voreltern, der Platz, an dem irgend etwas gewachsen ist; ngaki, das Feld bebauen, ngakinga, ein Meierhof. Nach diesen Beispielen könnte man glauben, dass *nga* und nicht *anga* die Endung wäre. Das Anfangs-*a* ist aber bloss des vorhergehenden Vocals wegen abgeworfen. Denn man sagt auch nach Lee's ausdrücklicher Bemerkung statt *udinga udi anga* und die Tongische Sprache lässt das *a* auch nach Vocalen bestehen, wie die Wörter *maanga, ein Bissen,* von *ma, kauen, taanga, das Niederhauen von Bäumen,* aber auch (vermuthlich figürlich vom schlagenden Ton des Taktes): *Gesang, Vers, Dichtung,* von *ta, schlagen* (in Laut und Bedeutung übereinstimmend mit dem Chinesischen Worte), und *nofoanga, Wohnung,* von *nofo, wohnen,* beweisen. Inwiefern das Madecassische *manghe, machen,* mit diesen Wörtern zusammenhängt, erfordert zwar noch eigne Untersuchung. Doch dürfte diese wohl auf Verwandtschaft führen, da das Anfangs-*m* in diesem, selbst als Auxiliare und Praefix gebrauchten Worte sehr leicht ein davon abzulösendes Verbalpraefix seyn kann. Froberville[98] leitet *magne,* wie er schreibt, von *maha aigne* oder von *maha angam* ab und führt mehrere Lautveränderungen dieses Wortes an. Da unter diesen Formen auch *manganou* ist, so gehört wohl auch das Javanische *mangun, bauen, bewirken,* hierher.[99]

Wenn man also die Frage aufwirft, ob es nach Ablösung aller Affixe im Sanskrit zwei- oder mehrsylbige einfache Wörter giebt? so muss man sie, da allerdings solche Wörter vorkommen, in welchen das letzte Glied nicht mit Sicherheit als ein, einer Wurzel angehängtes Suffix angesehen werden kann, nothwendig bejahen. Indess ist die Einfachheit dieser Wörter gewiss nur scheinbar. Sie sind unstreitig Composita, in welchen sich die Bedeutung des einen Elementes verloren hat.

Abgesehen von der sichtbaren Mehrsylbigkeit fragt es sich, ob nicht im Sanskrit eine andere, verdeckte vorhanden ist? Es kann nemlich zweifelhaft scheinen, ob die mit doppelten Consonanten beginnenden, besonders aber die in Consonanten auslautenden Wurzeln, die ersteren durch Zusammenziehung, die letzteren durch Abwerfung des Endvocals, nicht von ursprünglich zweisylbigen zu einsylbigen geworden sind. Ich habe in einer früheren Schrift[100] bei Gelegenheit der Barmanischen Sprache diesen Gedanken geäussert. Der einfache Sylbenbau mit auslautendem Vocal, dem mehrere Sprachen des östlichen Asiens noch grossentheils treu geblieben sind, scheint in der That der natürlichste und so könnten leicht die uns jetzt einsylbig scheinenden Wurzeln eigentlich zweisylbige einer früheren, der uns jetzt bekannten zum Grunde liegenden Sprache oder eines primitiveren Zustandes der nemlichen seyn. Der auslautende Endconsonant wäre alsdann der Anfangsconsonant einer neuen Sylbe oder eines neuen Wortes. Denn dies letzte Glied der heutigen Wurzeln wäre dann nach dem verschiedenen Genius der Sprachen entweder eine bestimmtere Ausbildung des Hauptbegriffes durch eine nähere Modification oder eine wirkliche Zusammensetzung von zwei selbstständigen Wörtern. In der Barmanischen Sprache z. B. erhöbe sich also eine sichtbare Zusammensetzung auf dem Grunde einer jetzt nicht mehr erkannten. Am nächsten führten hierauf die mit dazwischen liegendem einfachen Vocale mit dem gleichen Consonanten an- und auslautenden Wurzeln. Im Sanskrit haben diese, wenn man etwa *dad* ausnimmt, mit welchem es überhaupt leicht eine verschiedene Bewandtniss haben kann, eine zum Ausdruck durch Reduplication passende Bedeutung, indem sie, wie *kak, jaj, šaš* heftige Bewegung, wie *lal* Wunsch, Begierde oder wie *sas, schlafen,* einen sich gleichmässig verlängernden Zustand bezeichnen. Die den Ton des Lachens nachahmenden *kakk, khakkh, ghaggh* kann man sich ursprünglich kaum anders, als mit Wiederholung der vollen Sylbe denken. Ob man aber durch Zergliederung auf diesem Wege viel weiter kommen könnte, möchte ich bezweifeln und sehr leicht kann ein solcher auslautender Consonant auch wirklich ursprünglich bloss auslautend gewesen seyn. Selbst im Chinesischen, das keine wahrhaften Consonanten, als auslautend, in der Mandarinen- und Büchersprache kennt, fügen die Provinzial-Dialekte den vocalisch endenden Wörtern sehr häufig solche hinzu.

In anderer Beziehung und wahrscheinlich auch in andrem Sinne ist ganz neuerlich die Zweisylbigkeit aller consonantisch auslautenden Sanskritwurzeln von Lepsius[101] behauptet worden. Die Nothwendigkeit hiervon wird in dem in dieser Schrift aufgestellten consequenten und scharfsinnigen Systeme daraus abgeleitet, dass im Sanskrit überhaupt nur Sylbenabtheilung herrscht und die untheilbare Sylbe in der Weiterbildung der Wurzel nicht einen einzelnen Buchstaben, sondern nur wieder eine untheilbare Sylbe aus sich erzeugen kann. Der Verfasser dringt nemlich auf die Nothwendigkeit, die Flexionslaute nur als organische Entwicklungen der Wurzel, nicht aber als gleichsam willkührliche Einschiebungen oder Anfügungen von Buchstaben anzusehen, und die Frage läuft also darauf hinaus, ob man z. B. in *bôdhâmi* das *â* als den Endvocal von *budha* oder als einen der Wurzel *budh* nur in der Conjugation äusserlich hinzutretenden Vocal betrachten soll? Für den von uns hier behandelten Gegenstand kommt es vorzugsweise auf die Bedeutung des scheinbaren oder wirklichen Endconsonanten an. Da aber der Verfasser sich in diesem ersten Theile seiner Schrift nur über den Vocalismus verbreitet, so äussert er sich in ihr auch gar noch nicht über diesen Punkt. Ich bemerke daher nur, dass, wenn man sich auch nicht des, doch nur bildlich scheinenden Ausdrucks einer eignen Weiterbildung der Wurzel bedient, sondern von Anfügung und Einschiebung spricht, darum bei richtiger Ansicht doch alle und jede Willkühr ausgeschlossen bleibt, indem auch die Anfügung oder Einschiebung immer nur organischen Gesetzen gemäss und vermöge derselben geschieht.

Wir haben schon im Vorigen gesehen, dass in Sprachen bisweilen dem concreten Begriffe sein genetischer hinzugefügt wird, und da dies einer der haupsächlichsten Wege ist, auf welchen in einsylbigen Sprachen zweisylbige Wörter entstehen können, so muss ich hier noch einmal darauf zurückkommen. Bei Naturgegenständen, die, wie Pflanzen, Thiere u. s. w. sehr sichtbar in abgesonderte Classen fallen, finden sich hiervon in allen Sprachen häufige Beispiele. In einigen aber treffen wir diese Verbindung zweier Begriffe auf eine uns fremde Weise an und dies ist es, wovon ich hier zu reden beabsichtige. Es ist nemlich nicht immer gerade der wirkliche Gattungsbegriff des concreten Gegenstandes, sondern der Ausdruck einer denselben in irgend einer allgemeinen Aehnlichkeit unter sich begreifenden Sache, wie wenn der Begriff einer ausgedehnten Länge mit den Wörtern: Messer, Schwerdt, Lanze, Brot, Zeile, Strick u. s. f. verbunden wird, so dass die verschiedenartigsten Gegenstände, bloss insofern sie irgend eine Eigenschaft mit einander gemein haben, in dieselben Classen gesetzt werden. Wenn also diese Wortverbindungen auf der einen Seite für einen Sinn logischer Anordnung zeugen, so spricht aus ihnen noch häufiger die Geschäftigkeit lebendiger Einbildungskraft; so, wenn im Barmanischen die Hand zum generischen Begriff aller Arten von Werkzeugen, des Feuergewehrs so gut, als des Meissels dient. Im Ganzen besteht diese Art des Ausdrucks in einem, bald das Verständniss erleichternden, bald die Anschaulichkeit vermehrenden Ausmalen der Gegenstände. In einzelnen Fällen aber mag ihr eine wirkliche Nothwendigkeit der Verdeutlichung zum Grunde liegen, wenn sie auch uns nicht mehr fühlbar ist. Wir stehen überall den Grundbedeutungen der Wörter fern. Was in allen Sprachen Luft, Feuer, Wasser, Mensch u. s. f. heisst, ist für uns bis auf wenige Ausnahmen bloss ein conventioneller Schall. Was diesen begründete, die Uransicht der Völker von den Gegenständen nach ihren, das Wortzeichen bestimmenden Eigenschaften bleibt uns fremd. Gerade hierin aber kann die Nothwendigkeit einer Verdeutlichung durch Hinzufügung eines generischen Begriffes liegen. Gesetzt z. B. das Chinesische *ji, Sonne* und *Tag,* habe ursprünglich das Erwärmende, Erleuchtende bedeutet, so war es nothwendig, ihm *tseoû,* als Wort für ein materielles, kugelförmiges Object hinzuzufügen, um begreiflich zu machen, dass man nicht die in der Luft verbreitete Wärme oder Helligkeit, sondern den wärmenden und erleuchtenden Himmelskörper meint. Aus ähnlicher Ursach konnte dann der Tag mit Hinzufügung von *tseù* durch eine andere Metapher der Sohn der Wärme und des Lichts genannt werden. Sehr merkwürdig ist es, dass die eben genannten Ausdrücke nur dem neuern, nicht dem alten Chinesischen Style angehören, da die in ihnen nach dieser Erklärungsart enthaltene Vorstellungsweise eher die ursprünglichere scheint. Dies begünstigt die Meinung, dass diese in der Absicht gebildet worden sind, Misverständnissen, die aus dem Gebrauche desselben Wortes für mehrere Begriffe oder für mehrere Schriftzeichen entstehen konnten, vorzubeugen. Sollte aber die Sprache noch, gerade in späterer Zeit, auf diese Weise metaphorisch nachbildend seyn und sollte sie nicht vielmehr zur Erreichung eines blossen Verstandeszweckes auch ähnliche Mittel angewandt und daher den Tag anders, als durch einen Verwandtschaftsbegriff unterschieden haben?

Ich kann hierbei einen Zweifel nicht unterdrücken, den ich schon sehr oft bei Vergleichung des alten und neuen Styls gehegt habe. Wir kennen den alten bloss aus Schriften und grossentheils nur aus philosophischen. Von der geredeten Sprache jener Zeit wissen wir nichts. Sollte nun nicht Manches, ja vielleicht Vieles, was wir jetzt dem neuern Styl zuschreiben, schon im alten, als geredete Sprache im Schwange gewesen seyn? Eine Thatsache scheint hierfür wirklich zu sprechen. Der ältere Styl des *koù wên* enthält, wenn man die Zusammenfügungen mehrerer abrechnet, eine mässige Anzahl von Partikeln, der neuere, *kouân hoá,* eine viel grössere, besonders solcher, welche grammatische Verhältnisse näher bestimmen. Gleichsam als einen dritten, sich von beiden wesentlich unterscheidenden muss man den historischen, *wên tchang,* ansehen und dieser macht von den Partikeln einen sehr sparsamen Gebrauch, ja enthält sich derselben fast gänzlich. Dennoch beginnt der historische Styl zwar später, als der älterE, aber doch schon etwa zweihundert Jahre vor unsrer Zeitrechnung. Nach dem gewöhnlichen Bildungsgange der Sprachen ist diese verschiedenartige Behandlung eines, im Chinesischen doppelt wichtigen Redetheils, wie die Partikeln sind, unerklärbar. Nimmt man hingegen an, dass die drei Style nur drei Bearbeitungen derselben geredeten Sprache zu verschiedenen Zwecken sind, so wird dieselbe begreiflich. Die grössere Häufigkei der Partikeln gehörte natürlich der geredeten Sprache an, welche immer begierig ist, sich durch neue Zusätze verständlicher zu machen, und in dieser Hinsicht auch das wirklich unnütz Scheinende nicht zurückstösst. Der ältere Styl, schon durch die von ihm behandelte Materie Anstrengung voraussetzend, schmälerte den Gebrauch der Partikeln in Absicht der Verdeutlichung, fand aber in ihnen ein treffliches Mittel, durch Unterscheidung der Begriffe und Sätze dem Vortrage eine, der inneren logischen Anordnung der Gedanken entsprechende, symmetrische Stellung des Ausdrucks zu geben. Der historische hat denselben Grund, die Häufigkeit der Partikeln zu verwerfen, als jener, nicht aber den nemli-

chen Beruf, sie doch wieder zu anderem Zwecke in seinen Kreis zu ziehen. Er schrieb für ernste Leser, aber in einfacherer Erzählung über
leicht verständliche Gegenstände. Von diesem Unterschiede mag es herstammen, dass historische Schriften sich sogar des Gebrauchs der gewöhnlichen Schlusspartikel *(yè)* bei Uebergängen von einer Materie zur
andren überheben. Der neuere Styl des Theaters, der Romane und der
leichteren Dichtungsarten musste, da er die Gesellschaft und ihre Verhältnisse selbst darstellte und redend einführte, auch das ganze Gewand ihrer Sprache und daher ihren ganzen Partikelvorrath annehmen.[102]

Ich kehre nach dieser Abschweifung zu den vermittelst Hinzuset-
zung eines genetischen Ausdrucks entstehenden, scheinbar zweisylbigen Wörtern in einsylbigen Sprachen zurück. Sie können, insofern man
darunter Ausdrücke für einfache Begriffe versteht, an deren Bezeichnung die einzelnen Sylben nicht als solche, sondern nur verbunden
Theil haben, auf zwiefachem Wege entstehen, nemlich relativ für das
spätere Verständniss oder wirklich absolut an und für sich. Der Ursprung des generischen Ausdrucks kann aus dem Gedächtniss der Nation entschwinden und der Ausdruck selbst dadurch zum bedeutungslo-
sen Zusatz werden. Dann ruht der Begriff des ganzen Wortes zwar
wirklich auf beiden Sylben desselben; es ist aber nur relativ für uns,
dass er sich nicht mehr aus den Bedeutungen der einzelnen zusammensetzen lässt. Der Zusatz selbst aber kann auch bei bekannter Bedeutung
und Häufigkeit der Anwendung durch gleichsam gedankenlosen Gebrauch zu Gegenständen hinzutreten, mit welchen er in gar keiner Beziehung steht, so dass er in der Verbindung wieder bedeutungslos wird.
Dann liegt der Begriff des ganzen Wortes wirklich in der Vereinigung
beider Sylben, es ist aber eine absolute Eigenschaft desselben, dass die
Bedeutung nicht aus der Vereinigung des Sinnes der einzelnen hervorgeht. Dass beide Arten dieser Zweisylbigkeit leicht durch den Uebergang der Wörter von einer Sprache in eine andere entstehen können,
ergiebt sich von selbst. Eine besondere Gattung solcher theils noch erklärlicher, theils unerklärlicher Zusammenfügungen legt der Sprachgebrauch einiger Sprachen der Rede als nothwendig auf, wenn Zahlen mit
concreten Gegenständen verbunden werden. Vier Sprachen sind mir
bekannt, in welchen dies Gesetz in merkwürdiger Ausdehnung gilt: die
Chinesische, Barmanische, Siamesische und Mexicanische. Gewiss
giebt es aber deren mehrere und einzelne Beispiele finden sich wohl in
allen, namentlich auch in der unsrigen. Es vereinigen sich, wie es mir
scheint, zwei Ursachen in diesem Gebrauche: einmal die allgemeine
Hinzufügung eines generischen Begriffs, von der ich eben gesprochen
habe, dann aber auch die besondre Natur gewisser, unter eine Zahl ge-
brachter Gegenstände, wo, wenn man nicht ein wirkliches Mass an-

giebt, die zu zählenden Individuen erst künstlich geschaffen werden müssen, wie wenn man *vier Köpfe Kohl zu ein Bund Heu* u. s. f. sagt oder wo man durch die allgemeine Zahl die Verschiedenheiten der gezählten Gegenstände gleichsam vertilgen will, wie in dem Ausdruck: *vier Häupter Rinder* Kühe und Stiere einbegriffen sind. Von den vier genannten Sprachen hat nun keine diesen Gebrauch so weit, als die Barmanische ausgedehnt. Ausser einer grossen Zahl für bestimmte Classen wirklich festgesetzter Ausdrücke kann noch der Redende immer jedes Wort der Sprache, welches eine, mehrere Gegenstände unter sich befassende Aehnlichkeit andeutet, zu diesem Zwecke gebrauchen und endlich giebt es noch ein allgemeines, auf alle Gegenstände jeglicher Art anwendbares Wort *(hku)*. Das Compositum wird übrigens so gebildet, dass, von der Grösse der Zahl abhängende Unterschiede abgerechnet, das concrete Wort das Anfangs-, die Zahl das Mittel- und der generische Ausdruck das Endglied ausmacht. Wenn der concrete Gegenstand auf irgend eine Weise dem Hörenden bekannt seyn muss, wird der generische allein gebraucht. Bei dieser Ausdehnung müssen solche Composita, da schon der blosse Gebrauch der Einheit, als unbestimmten Artikels sie hervorruft, besonders im Gespräche sehr häufig vorkommen.[103] Indem mehrere der generischen Begriffe durch Wörter ausgedrückt werden, bei welchen man gar keine Beziehung auf die concreten Gegenstände errathen kann oder die auch wohl ausser diesem Gebrauche ganz bedeutungslos geworden sind, so werden diese Zahlwörter in den Grammatiken auch wohl Partikeln genannt. Ursprünglich aber sind sie allemal Substantiva.

Aus dem hier Entwickelten ergiebt sich für die Andeutung grammatischer Verhältnisse durch besondere Laute, so wie für den Sylbenumfang der Wörter, dass, wenn man die Chinesische und Sanskritsprache als die äussersten Punkte betrachtet, in den dazwischen liegenden Sprachen, sowohl den die Sylben aus einander haltenden, als den nach ihrer Verbindung unvollkommen strebenden, ein stufenweis wachsendes Hinneigen zu sichtbarer grammatischer Andeutung und zu freierem Sylbenumfange obwaltet. Ohne nun hieraus Folgerungen über ein solches geschichtliches Fortschreiten zu ziehen, begnüge ich mich, hier dies Verhältniss im Ganzen angezeigt und einzelne Arten desselben dargelegt zu haben.

Anmerkungen

1   Ich fasse unter diesem Namen mit der Bevölkerung von Malacca die Bewohner aller Inseln des grossen südlichen Oceans zusammen, deren Sprachen mit der im engeren Verstande Malayisch genannten auf Malacca zu einem

und ebendemselben Stamm gehören. Ueber die Aussprache des Namens s. 1. Buch. S. 12. Anm. 2.

2 Der Name dieses Districts, der sehr verschieden geschrieben wird, findet sich in obiger Schreibung in der Barmanischen Sprache. S. Judsons Lex. *h. v.*

3 Man vergleiche über die Nüancen der Farben Klaproth. *Nouv. Journ. Asiat.* XII. 240.

4 Marsden's *miscell. works.* S. 47–50.

5 Dieser Name hat dergestalt Sanskritische Form und Klang, dass man sich nicht enthalten kann, ihn für eine von gebildeten Malayen-Stämmen ungebildet gebliebenen gegebene Benennung zu halten. Schon dieser Umstand dürfte wohl auf eine viel frühere Scheidung dieser zwiefachen Bevölkerung hinweisen.

6 Klaproth hat gründlich und gelehrt die Unrichtigkeit der Behauptung bewiesen, dass es auf dem, Tibet und die kleine Bucharei abscheidenden Gebirge Kuen lun unter dem 35sten Grade N. B. und auf den Bergen zwischen Anam und Kamboja schwarze Völkerstämme gebe. *Nouv. Journ. Asiat.* XII. 232–243.

7 Marsden's *miscell. works.* 75. Raffles *on the Malayu nation* in den *Asiat. res.* XII. 108–110.

8 *tānah* heisst in der eigentlich Malayischen Sprache *Land, Erdboden, soil.*

9 *Foreign Quarterly Review.* 1834. *nr.* 28. Art. 6. S. 11.

10 *Miscell. works.* 62.

11 Herr Dr. Meinicke in Prenzlow, von dessen gründlicher Forschung und seit mehreren Jahren diesem Theile der Völkerkunde gewidmeten Studien sich mit Recht etwas Bedeutendes erwarten lässt, richtet seine Untersuchungen vorzugsweise auf den Punkt, ob nicht vielleicht die Negrito-Race die einzige Grundlage der ganzen jetzigen Inselbevölkerung, nur allmählich verändert durch Vermischung mit fremden Einwanderern und durch hinzugekommene Cultur, ausmacht, so dass die Frage nach einem andren Ursprung des Malayischen Völkerstammes von selbst in nichts zerfiele?

12 Man vergleiche weiter unten §. 9. 10. 35.

13 Man vergleiche meine Abhandlung über die Aufgabe des Geschichtschreibers in den Abhandlungen der historisch-philologischen Classe der Berliner Akademie 1820 bis 1821. S. 322.

14 Man vergleiche oben VII 16. 17. unten §. 35.

15 VII 16. 17. 40. 41. 43. und weiter unten §. 35.

16 Hieraus erklärt sich nun auch, warum in der Form der Sanskrit-Wurzeln keine Rücksicht auf die Wohllautsgesetze genommen wird. Die auf uns gekommenen Wurzelverzeichnisse tragen in Allem das Gepräge einer Arbeit der Grammatiker an sich, und eine ganze Zahl von Wurzeln mag nur ihrer Abstraction ihr Daseyn verdanken. Pott's treffliche Forschungen (Etymologische Forschungen. 1833.) haben schon sehr viel in diesem Gebiete aufge-

räumt, und man darf sich noch viel mehr von der Fortsetzung derselben versprechen.

17 Einige besonders merkwürdige Beispiele dieser Art finden sich in meiner Abhandlung über das Entstehen der grammatischen Formen. Abhandlungen der Akademie der Wissenschaften zu Berlin. 1822. 1823. Historisch-philologische Classe. S. 413.

18 Den Einfluss der Zweisylbigkeit der Semitischen Wurzelwörter hat Ewald in seiner Hebräischen Grammatik (S. 144. §. 93. S. 165. §. 95.) nicht nur ausdrücklich bemerkt, sondern durch die ganze Sprachlehre in dem in ihr waltenden Geiste meisterhaft dargethan. Dass die Semitischen Sprachen dadurch, dass sie ihre Wortformen und zum Theil ihre Wortbeugungen fast ausschliesslich durch Veränderungen im Schoosse der Wörter selbst bilden, einen eignen Charakter erhalten, ist von Bopp ausführlich entwickelt und auf die Eintheilung der Sprachen in Classen auf eine neue und scharfsinnige Weise angewandt worden. (Vergleichende Grammatik. S. 107–113.)

19 Bopp hat (Jahrbücher für wissenschaftliche Kritik. 1834. II. Band. S. 465.) zuerst bemerkt, dass der gewöhnliche Gebrauch des Potentialis darin besteht, allgemein kategorische Behauptungen, getrennt und unabhängig von jeder besondren Zeitbestimmung, auszudrücken. Die Richtigkeit dieser Bemerkung bestätigt sich durch eine Menge von Beispielen, besonders in den moralischen Sentenzen des Hitôpadêśa. Wenn man aber genauer über den Grund dieser, auf den ersten Anblick auffallenden Anwendung dieses Tempus nachdenkt, so findet man, dass dasselbe doch in ganz eigentlichem Sinne in diesen Fällen als Conjunctivus gebraucht wird, nur dass die ganze Redensart elliptisch erklärt werden muss. Anstatt zu sagen: *der Weise handelt nie anders,* sagt man: *der Weise würde so handeln,* und versteht darunter die ausgelassenen Worte unter allen Bedingungen und zu jeder Zeit. Ich möchte daher den Potentialis wegen dieses Gebrauches keinen Nothwendigkeits-Modus nennen. Er scheint mir vielmehr hier der ganz reine und einfache, von allen materiellen Nebenbegriffen des Könnens, Mögens, Sollens u. s. w. geschiedne Conjunctivus zu seyn. Das Eigenthümliche dieses Gebrauchs liegt in der hinzugedachten Ellipse und nur insofern im sogenannten Potentialis, als dieser gerade durch die Ellipse, vorzugsweise vor dem Indicativus, motivirt wird. Denn es ist nicht zu läugnen, dass der Gebrauch des Conjunctivus, gleichsam durch die Abschneidung aller andren Möglichkeiten, hier stärker wirkt, als der einfach aussagende Indicativ. Ich erwähne dies ausdrücklich, weil es nicht unwichtig ist, den reinen und gewöhnlichen Sinn grammatischer Formen so weit beizubehalten und zu schützen, als man nicht unvermeidlich zum Gegentheile gezwungen wird.

20 Von dieser Verwechslung einer grammatischen Form mit der andren habe ich in meiner Abhandlung über das Entstehen der grammatischen Formen ausführlicher gehandelt. Abhandl. d. Akad. d. Wissensch. zu Berl. 1822. 1823. Hist.-philol. Classe. S. 404–407.

21 Ueber die Verwandtschaft der Ortsadverbien mit dem Pronomen in einigen
    Sprachen, in den Abhandlungen der historisch-philologischen Classe der
    Berliner Akademie der Wissenschaften aus dem Jahre 1829. S. 1–6. Man
    vergleiche auch die Abhandlung über den Dualis, ebendaselbst aus dem Jah-
    re 1827. S. 182–185.

22 Ich entlehne die einzelnen in dieser Schrift über den Sanskritischen Sprach-
    bau erwähnten Data, auch wo ich die Stellen nicht besonders anführe, aus
    Bopp's Grammatik und gestehe gern, dass ich die klarere Einsicht in densel-
    ben allein diesem classischen Werke verdanke, da keine der früheren
    Sprachlehren, wie verdienstvoll auch einige in andrer Hinsicht sind, sie in
    gleichem Grade gewährt. Sowohl die SanskritGrammatik in ihren ver-
    schiednen Ausgaben, als die später erschienene vergleichende und die ein-
    zelnen akademischen Abhandlungen, welche eine ebenso fruchtbare, als ta-
    lentvolle Vergleichung des Sanskrits mit den verwandten Sprachen enthal-
    ten, werden immer wahre Muster tiefer und glücklicher Durchschauung, ja
    oft kühner Ahndung der Analogie der grammatischen Formen bleiben, und
    das Sprachstudium verdankt ihnen schon jetzt die bedeutendsten Fort-
    schritte in einer zum Theil neu eröffneten Bahn. Schon im Jahre 1816. legte
    Bopp in seinem Conjugationssystem der Indier den Grund zu den Untersu-
    chungen, die er später und immer in der nemlichen Richtung so glücklich
    verfolgte.

23 Jahrbücher für wissenschaftliche Kritik. 1827. S. 281. Bopp macht diese
    Bemerkung nur bei Gelegenheit der unmittelbar anfügenden Abwandlun-
    gen. Das Gesetz scheint mir aber allgemein durchgehend zu seyn. Selbst die
    scheinbarste Einwendung dagegen, die Verwandlung des *r*-Vocals in *ur* in
    den gunalosen Beugungen des Verbum *kṛi (kurutas),* lässt sich anders erklä-
    ren.

24 Herr Dr. Lepsius erklärt auf eine die Analogie dieser Lautumstellungen sinn-
    reich erweiternde Weise *ar* und *âr* für Diphthongen des *r*-Vocals. Man lese
    hierüber seine, der Sprachforschung eine neue Bahn vorzeichnende, an
    scharfsinnigen Erörterungen reichhaltige Schrift: Paläographie als Mittel für
    die Sprachforschung. S. 46–49. §. 36–39. selbst nach.

25 Bopp vertheidigt (Lateinische Sanskrit-Grammatik. *r.* 33.) die erstere dieser
    Meinungen. Wenn es mir aber erlaubt ist, von diesem gründlichen Forscher
    abzuweichen, so möchte ich mich für die letztere erklären. Bei der Bopp-
    schen Annahme lässt sich kaum noch der enge Zusammenhang des Guna
    und Wriddhi mit den allgemeinen Lautgesetzen der Sprache retten, da un-
    gleiche einfache Vocale, ohne dass es irgend auf ihre Länge oder Kürze an-
    kommt, immer in die, allerdings schwächeren Diphthongen des Guna über-
    gehen. Da die Natur des Diphthongen auch wesentlich nur in der Ungleich-
    artigkeit der Töne liegt, so ist es begreiflich, dass Länge und Kürze von dem
    neuen Laute, ohne zurückbleibenden Unterschied, verschlungen werden.
    Erst wenn eine neue Ungleichartigkeit in das Spiel tritt, entsteht eine Ver-

stärkung des Diphthongen. Ich glaube daher nicht, dass die Guna-Diphthongen ursprünglich gerade aus kurzen Vocalen zusammenschmelzen. Dass sie gegen die Diphthongen des Wriddhi bei ihrer Auflösung ein kurzes *a* annehmen (*ay, aw* gegen *ây, âw*), lässt sich auf andre Weise erklären. Da der Unterschied der beiden Lauterweiterungen nicht am Halbvocal kenntlich gemacht werden konnte, so musste er in die Quantität des Vocals der neuen Sylbe fallen. Dasselbe gilt vom Vocal-*r*.

26 Dies hat vielleicht wesentlich beigetragen, Friedrich Schlegel zu seiner, allerdings nicht zu billigenden Theorie einer Eintheilung aller Sprachen (Sprache und Weisheit der Indier. S. 50.) zu führen. Es ist aber bemerkenswerth und, wie es mir scheint, zu wenig anerkannt, dass dieser tiefe Denker und geistvolle Schriftsteller der erste Deutsche war, der uns auf die merkwürdige Erscheinung des Sanskrits aufmerksam machte, und dass er schon in einer Zeit bedeutende Fortschritte darin gethan hatte, wo man von allen jetzigen zahlreichen Hülfsmitteln zur Erlernung der Sprache entblösst war. Selbst Wilkins Grammatik erschien erst in demselben Jahre, als die angeführte Schlegelsche Schrift.

27 In einer, von mir im Jahre 1828. im Französischen Institute gelesenen Abhandlung: über die Verwandtschaft des Griechischen Plusquamperfectum, der reduplicirenden Aoriste und der Attischen Perfecta mit einer Sanskritischen Tempusbildung, habe ich die Uebereinstimmung und die Verschiedenheit beider Sprachen in diesen Formen ausführlich auseinandergesetzt und dieselbe aus ihren Gründen herzuleiten versucht.

28 Was ich hier über diese Form des Praeteritum der Causalverba sage, habe ich aus einer ausführlichen, schon vor Jahren über diese Tempusformen ausgearbeiteten Abhandlung ausgezogen. Ich bin in derselben alle Wurzeln der Sprache, nach Anleitung der zu solchen Arbeiten vortrefflichen Forsterschen Grammatik, durchgegangen, habe die verschiedenen Bildungen auf ihre Gründe zurückzuführen gesucht und auch die einzelnen Ausnahmen angemerkt. Die Arbeit ist aber ungedruckt geblieben, weil es mir schien, dass eine so specielle Ausführung sehr selten vorkommender Formen nur sehr wenige Leser interessiren könnte.

29 Die sogenannten accentlosen Wörter der Griechischen Sprache scheinen mir dieser Behauptung nicht zu widersprechen. Es würde mich aber zu weit von meinem Hauptgegenstande abführen, wenn ich hier zu zeigen versuchte, wie sie meistentheils sich, als dem Accent des nachfolgenden Wortes vorangehende Sylben, vorn an dasselbe anschliessen, in den Wortstellungen aber, welche eine solche Erklärung nicht zulassen (wie οὐκ in Sophocles. *Oedipus Rex. v.* 334–336. *Ed. Brunckii*), wohl in der Aussprache eine schwache, nur nicht bezeichnete Betonung besassen. Dass jedes Wort nur Einen Hauptaccent haben kann, sagen die Lateinischen Grammatiker ausdrücklich. Cicero. *Orat.* 18. *natura, quasi modularetur hominum orationem, in omni verbo posuit acutam vocem nec una plus.* Die Griechischen

Grammatiker behandeln die Betonung überhaupt mehr wie eine Beschaffenheit der Sylbe, als des Wortes. In ihnen ist mir keine Stelle bekannt, welche die Accent-Einheit des letzteren als allgemeinen Canon aussprüche. Vielleicht liessen sie sich durch die Fälle irre machen, in welchen ein Wort wegen enklitischer Sylben zwei Accentzeichen erhält, wo aber wohl das der Anlehnung zugehörende immer nur einen Nebenaccent bildete. Dennoch fehlt es auch bei ihnen nicht an bestimmten Andeutungen jener nothwendigen Einheit. So sagt Arcadius (περὶ τόνων. *Ed. Barkeri. p.* 190.) von Aristophanes: τὸν μὲν ὀξὺν τόνον ἐν ἅπαντι μέρει καθαρῷ τόνου ἅπαξ ἐμφαίνεσθαι δοκιμάσας.

30 Dies nennen die Griechischen Grammatiker den schlummernden Ton der Sylbe erwecken. Sie bedienen sich auch des Ausdrucks des Zurückwerfens des Tones (ἀναβιβάζειν τὸν τόνον). Diese letztere Metapher ist aber weniger glücklich. Der ganze Zusammenhang der Griechischen Accentlehre zeigt, dass das, was hier wirklich vorgeht, das oben Beschriebene ist.

31 z. B. Ilias. I. *v.* 178. θεός που σοὶ τόν' ἔδωκεν.

32 Ich erlaube mir hier eine Bemerkung über die Aussprache des Namens Mexico. Wenn wir dem *x* in diesem Worte den bei uns üblichen Laut geben, so ist dies freilich unrichtig. Wir würden uns aber noch weiter von der wahren einheimischen Aussprache entfernen, wenn wir der Spanischen, in der neuesten, noch tadelnswürdigeren Schreibung *Mejico* ganz unwiderruflich gewordenen durch den Gurgellaut *ch* folgten. Der einheimischen Aussprache gemäss ist der dritte Buchstabe des Namens des Kriegsgottes Mexitli und des davon herkommenden der Stadt Mexico ein starker Zischlaut, wenn sich auch nicht genau angeben lässt, in welchem Grade derselbe sich unserm *sch* nähert. Hierauf wurde ich zuerst dadurch geführt, dass Castilien auf Mexicanische Weise *Caxtil,* und in der verwandten Cora-Sprache das Spanische *pesar, wägen, pexuvi* geschrieben wird. Noch deutlicher fand ich diese Muthmassung bestätigt durch Gilij's Art, das im Mexicanischen gebrauchte *x* Italienisch durch *sc* wiederzugeben. (*Saggio di storia Americana.* III. 343.) Da ich denselben oder einen ähnlichen Zischlaut auch in mehreren anderen Amerikanischen Sprachen von den Spanischen Sprachlehrern mit *x* geschrieben fand, so erklärte ich mir diese Sonderbarkeit aus dem Mangel des *sch*-Lauts in der Spanischen Sprache. Da die Spanischen Grammatiker in ihrem eignen Alphabete keinen ihm entsprechenden fanden, so wählten sie zu seiner Bezeichnung das bei ihnen zweideutige und ihrer Sprache selbst fremde *x.* Späterhin fand ich dieselbe Erklärung dieser Buchstabenverwechslung bei dem Exjesuiten Camaño, der geradezu den in der Chiquitischen Sprache (im Innren von Südamerika) mit *x* geschriebenen Laut mit dem Deutschen *sch* und dem Französischen *ch* vergleicht und denselben Grund für den Gebrauch des *x* angiebt. Diese Aeusserung findet sich in seiner sehr systematischen und vollständigen handschriftlichen Chiquitischen Grammatik, die ich der Güte des Etatsraths von Schlözer als ein Geschenk aus dem

Nachlasse seines Vaters verdanke. Um der einheimischen Aussprache nahe zu bleiben, müsste man also die Hauptstadt Neuspaniens ungefähr wie die Italiäner aussprechen, genauer genommen aber so, dass der Laut zwischen Messico und Meschico fiele.

33 Der Endlaut dieses Worts, der durch seine häufige Wiederkehr gewissermassen zum charakteristischen der Mexicanischen Sprache wird, findet sich bei den Spanischen Sprachlehrern durchaus mit *tl* geschrieben. Tapia Zenteno (*Arte novissima de lengua Mexicana.* 1753. *p.* 2. 3.) nur bemerkt, dass die beiden Consonanten zwar im Anfange und in der Mitte der Wörter wie im Spanischen ausgesprochen würden, dagegen am Ende nur Einen, sehr schwer zu erlernenden Laut bildeten. Nachdem er diesen sehr undeutlich beschrieben hat, tadelt er ausdrücklich, wenn *tlatlacolli, Sünde,* und *tlamantli, Schicht, claclacolli* und *clamancli* ausgesprochen würden. Da ich aber, durch die gefällige Vermittlung meines Bruders, Herrn Alaman und Herrn Castorena, einen Mexicanischen Eingebornen, über diesen Punkt schriftlich befragte, erhielt ich zur Antwort, dass die heutige Aussprache des *tl* allgemein und in allen Fällen die von *cl* ist. Der Cora-Sprache fehlt das *l* und sie nimmt daher bei Mexicanischen Wörtern nur den ersten Buchstaben des *tl* in sich auf. Aber auch die Spanischen Grammatiker dieser Sprache setzen dann immer ein *t* (nie ein *c*), so dass *tlatoani, Gouverneur, tatoani* lautet. Ich schrieb den Herren Alaman und Castorena noch einmal und stellte ihnen die aus der Cora-Sprache hervorgehende Einwendung entgegen. Die Antwort blieb aber dieselbe, als zuvor. An der heutigen Aussprache ist daher nicht zu zweifeln. Man geräth nur in Verlegenheit, ob man annehmen soll, dass die Aussprache sich mit der Zeit verändert hat, von *t* zu *k* übergegangen ist, oder ob die Ursach darin liegt, dass der dem vorhergehende Laut ein dunkler zwischen *t* und *k* schwebender ist? Auch in der Aussprache von Eingebornen von Tahiti und den Sandwich-Inseln habe ich selbst erprobt, dass diese Laute kaum von einander zu unterscheiden sind. Ich halte den zuletzt angedeuteten Grund für den richtigen. Die Spanier, welche sich zuerst ernsthaft mit der Sprache beschäftigten, mochten den dunklen Laut wie ein *t* auffassen, und da sie ihn auf diese Weise in ihre Schreibung aufnahmen, so mag man hierbei stehen geblieben seyn. Auch aus Tapia Zenteno's Aeusserung scheint eine gewisse Unentschiedenheit des Lauts hervorzugehen, die er nur nicht in ein nach Spanischer Weise deutliches *cl* ausarten lassen will.

34 John Eliot's *Massachusetts Grammar,* herausgegeben von John Pickering. Boston. 1822. Man vergleiche auch David Zeisberger's *Delaware Grammar,* übersetzt von Du Ponceau. Philadelphia. 1827. und Jonath. Edwards *observations on the language of the Muhhekaneew Indians,* herausgegeben von John Pickering. 1823.

35 Den engen Zusammenhang zwischen der Volksthümlichkeit der verschiedenen Griechischen Stämme und ihrer Dichtung, Musik, Tanz- und Geberden-

kunst und selbst ihrer Architektur hat Böckh in den, seine Ausgabe des Pindar begleitenden Abhandlungen, in welchen dem Studium des Lesers ein reicher Schatz mannigfaltiger und grossentheils bis dahin verborgener Gelehrsamkeit in methodisch fasslicher Anordnung dargeboten wird, in klares und volles Licht gestellt. Denn er begnügt sich nicht, den Charakter der Tonarten in allgemeinen Ausdrücken zu schildern, sondern geht in die einzelnen metrischen und musikalischen Punkte ein, an welche ihre Verschiedenheit sich anknüpft, was vor ihm niemals auf diese gründlich historische und genau wissenschaftliche Weise geschehen war. Es wäre ungemein zu wünschen, dass dieser, die ausgedehnteste Kenntniss der Sprache mit einer seltenen Durchschauung des Griechischen Alterthums in allen seinen Theilen und nach allen Richtungen hin verbindende Philologe recht bald seinen Entschluss ausführte, dem Einfluss des Charakters und der Sitten der einzelnen Griechischen Stämme auf ihre Musik, Poesie und Kunst eine eigne Schrift zu widmen, um diesen wichtigen Gegenstand in seinem ganzen Umfange abzuhandeln. Man sehe seine Aeusserungen über ein solches Vorhaben in seiner Ausgabe des Pindar. *Tom.* I. *de metris Pindari. p.* 253 *nt.* 14., besonders aber *p.* 279.

36 Eine sehr geistvolle und von tiefer und gründlicher Lesung der Alten zeugende Uebersicht des Ganges der Griechischen Literatur in Absicht auf Redefügung und Styl giebt die Einleitung zu Bernhardy's wissenschaftlicher Syntax der Griechischen Sprache.

37 Mariner. Th. II. S. 377.

38 Izaro in der Bucht von Bermeo.

39 Unübertrefflich gesagt und mit eignem Dichtergefühl empfunden ist in der Vorrede zu A. W. v. Schlegel's Râmâyana die Auseinandersetzung über die früheste Poesie bei den Griechen und Indiern. Welcher Gewinn wäre es für die philosophische und ästhetische Würdigung beider Literaturen und für die Geschichte der Poesie, wenn es diesem, vor allen andren mit den Gaben dazu ausgestatteten Schriftsteller gefiele, die Literaturgeschichte der Indier zu schreiben oder doch einzelne Theile derselben, namentlich die dramatische Poesie zu bearbeiten und einer ebenso glücklichen Kritik zu unterwerfen, als das Theater anderer Nationen von seiner wahrhaft genialen Behandlung erfahren hat.

40 Ich habe diese Frage in Absicht der uns grammatisch bekannten Amerikanischen Sprachen in einer eignen, in einer der Classensitzungen der Berliner Akademie gelesenen Abhandlung zu beantworten versucht.

41 Wenn ich es hier versuche, der Behauptung Haughton's (Ausg. des Manu. Th. I. S. 329.) eine grössere Ausdehnung zu geben, so schmeichle ich mir, dass dieser treffliche Gelehrte dies vielleicht selbst gethan haben würde, wenn es ihm nicht an der angeführten Stelle, wie es scheint, weniger um diese etymologische Muthmassung, als um die logische Feststellung des Verbum neutrum und des Passivum zu thun gewesen wäre. Denn man muss offenherzig geste-

hen, dass der Begriff des Gehens durchaus nicht gerade mit dem des Passivum an sich, sondern erst dann einigermassen übereinstimmt, wenn man dies mehr in Verbindung mit dem Begriff des Verbum neutrum als ein Werden betrachtet. So erscheint es auch nach Haughton's Anführung im Hindostanischen, wo es dem Seyn entgegensteht. Auch die neueren Sprachen, welchen es an einem, den Uebergang zum Seyn direct und ohne Metapher ausdrückenden Worte, wie es das Griechische γίνεσθαι, das Lateinische *fieri* und unser *werden* ist, fehlt, nehmen zu dem bildlichen Ausdruck des Gehens ihre Zuflucht, nur dass sie es sinnvoller, sich gleichsam an das Ziel des Ganges stellend, als ein Kommen auffassen: *diventare, divenire, devenir, to become.* Im Sanskrit muss daher immer, auch bei der Voraussetzung der Richtigkeit jener Etymologie, die Hauptkraft des Passivum in der neutralen Conjugation (der des Atmanêpadam) liegen und die Verbindung dieser mit dem Gehen erst das Gehen auf sich selbst bezogen, als eine innerliche, nicht nach aussen zu bewirkende Veränderung bezeichnen. Es ist in dieser Hinsicht nicht unmerkwürdig und hätte von Haughton für seine Meinung angeführt werden können, dass die Intensiva nur im Atmanêpadam die Zwischensylbe *ya* annehmen, was eine besondere Verwandtschaft des *ya* mit dieser Abwandlungsform verräth. Auf den ersten Anblick ist es auffallend, dass sowohl im Passivum, als bei dem Intensivum das *ya* in den generellen Zeiten, auf welche der Classenunterschied nicht wirkt, hinwegfällt. Es scheint mir aber dies gerade ein neuer Beweis, dass das Passivum sich aus dem Verbum neutrum der vierten Verbalclasse entwickelte und dass die Sprache, überwiegend dem Gange der Formen folgend, die aus jener Classe entnommene Kennsylbe nicht über sie hinausführen wollte. Das *sy* der Desiderativa, welches auch seine Bedeutung seyn möge, haftet auch in jenen Zeiten an den Formen und erfährt nicht die Beschränkung der Classen-Tempora, weil es nicht mit diesen zusammenhängt. Viel natürlicher, als auf das Passivum passt der Begriff des Gehens auf die durch Anfügung eines *y* geformten Denominativa, die ein Verlangen, Aneignen, Nachbilden einer Sache andeuten. Auch in den Causalverben kann derselbe Begriff vorgewaltet haben und es möchte daher doch vielleicht nicht zu misbilligen seyn, sondern vielmehr für eine Erinnerung der Abstammung gelten können, wenn die Indischen Grammatiker als die Kennsylbe dieser Verba *i* und *ay* nur als die nothwendige phonetische Erweiterung davon ansehen. (Vergl. Bopp's Lat. Sanskrit-Gramm. S. 142. Anm. 233.) Die Vergleichung der ganz gleichmässig gebildeten Denominativa macht dies sehr wahrscheinlich. In den durch *kâmy* aus Nominen gebildeten Verben scheint diese Zusatzsylbe eine Zusammensetzung von *kâma, Begierde,* und *i, gehen,* also selbst ein vollständiges eignes Denominativverbum. Wenn es erlaubt ist, Muthmassungen weiter auszudehnen, so liesse sich das *sy* der Desiderativverba als ein Gehen in den Zustand erklären, was zugleich auf die Etymologie des zweiten Futurum Anwendung fände. Was Bopp (über das Conjugationssystem der Sanskritsprache. S. 29–33. *Annals of oriental literature.* S. 45–50.) sehr scharfsinnig und richtig zuerst über die Verwandtschaft des Potentialis und zweiten Futurum ausgeführt hat, kann sehr gut hiermit vereinigt werden. Den Desiderativen scheinen die Denominativa mit der Kennsylbe *sya* und *asya* nachgebildet.

42 Ich folge nemlich der, wie es mir scheint, mit Unrecht jetzt zu oft verlassenen Theorie der Griechischen Grammatiker, nach welcher jedes Tempus aus der Verbindung einer der drei Zeiten mit einem der drei Stadien des Verlaufs der Handlung besteht und die Harris in seinem Hermes und Reitz in, leider zu wenig bekannten akademischen Abhandlungen vortrefflich ins Licht gesetzt haben, Wolf aber durch die genaue Bestimmung der drei Aoriste erweitert hat. Das Verbum ist das Zusammenfassen eines energischen Attributivum (nicht eines bloss qualitativen) durch das Seyn. Im energischen Attributivum liegen die Stadien der Handlung, im Seyn die der Zeit. Dies hat Bernhardy meiner Ueberzeugung nach richtig begründet und erwiesen.

43 *Arte de lengua Mexicana.* Mexico. 1673. S. 6.

44 *Arte Mixteca, compuesta por Fr. Antonio de los Reyes.*

45 Zwischen dem selbstständigen Pronomen *coddé, ich,* und der entsprechenden Verbalcharakteristik *que* ist zwar der Unterschied scheinbar grösser. Das selbstständige Pronomen aber lautet im Accusativ *qua* und aus der Vergleichung von *coddé* mit dem Demonstrativpronomen *oddé* sieht man deutlich, dass der Wurzellaut der ersten Person nur im *k*-Laut besteht, *coddé* aber eine zusammengesetzte Form ist.

46 Die Nachrichten von dieser Sprache hat uns der sorgsame Fleiss des würdigen Hervas erhalten. Er hatte den lobenswürdigen Gedanken, die aus Amerika und Spanien vertriebnen Jesuiten, die sich in Italien niedergelassen hatten, zur Aufzeichnung ihrer Erinnerungen der Sprachen der Amerikanischen Eingebornen, bei denen sie Missionare gewesen waren, zu veranlassen. Ihre Mittheilungen sammelte er und arbeitete sie, wo es nöthig war, um, so dass hieraus eine Reihe handschriftlicher Grammatiken von Sprachen entstand, über die uns zum Theil alle sonstigen Nachrichten fehlen. Ich habe diese Sammlung schon, als ich Gesandter in Rom war, für mich abschreiben, allein diese Abschriften durch die gütige Mitwirkung des jetzigen Preussischen Gesandten in Rom, Herrn Bunsen, noch einmal mit der, seit Hervas Tode im *Collegio Romano* niedergelegten Urschrift genau vergleichen lassen. Die Mittheilungen über die Yarura-Sprache rühren vom Ex-Jesuiten Forneri her.

47 *Noticia de la lengua Huasteca que dà Carlos de Tapia Zenteno.* Mexico. 1767. S. 18.

48 Was ich von dieser Sprache kenne, ist aus Hervas handschriftlicher Grammatik entnommen. Er hatte diese Grammatik theils aus schriftlichen Mittheilungen des Ex-Jesuiten Domingo Rodriguez, theils aus der gedruckten Grammatik des Franciscaner-Geistlichen Gabriel de *S.* Buenaventura (Me-

xico. 1684.) geschöpft, welche er in der Bibliothek des *Collegio Romano* fand. Ich habe mich vergebens bemüht, diese Grammatik in der gedachten Bibliothek wiederzufinden. Sie scheint verloren gegangen zu seyn.

49 Adelung's Mithridates. Th. III. Abth. 3. S. 20., wo nur Vater das Pronomen nicht richtig erkannt und die Deutschen Wörter unrichtig auf die Mayischen vertheilt hat.

50 S. meine Schrift *Lettre à Monsieur Abel-Rémusat.* S. 23.

51 Demetrius *de elocatione.* §. 11–13.

52 Man vergleiche hierüber, so wie bei diesem ganzen Abschnitt, Diefenbach's höchst lesenswerthe Schrift über die jetzigen Romanischen Schriftsprachen.

53 S. oben.

54 Diese Sätze hat Lepsius in seiner Palaeographie auf das klarste und befriedigendste dargestellt und den Unterschied zwischen dem Anfangs-*a* und dem *h* in der Sanskritschrift gezeigt. Ich hatte im Bugis und in einigen andren, verwandten Alphabeten erkannt, dass das Zeichen, das von allen Bearbeitungen der Sprachen, welchen diese Alphabete angehören, ein Anfangs-*a* genannt wird, eigentlich gar kein Vocal ist, sondern einen schwachen, dem Spiritus lenis der Griechen ähnlichen, consonantischen Hauch andeutet. Alle von mir dort (*Nouv. Journ. Asiat.* IX. 489–494.) nachgewiesene Erscheinungen lassen sich aber durch das von Lepsius über denselben Punkt im Sanskrit-Alphabet Entwickelte besser und richtiger erklären.

55 Grimm drückt dies in seiner glücklich sinnvollen Sprache folgendergestalt aus: die Consonanz gestaltet, der Vocal bestimmt und beleuchtet das Wort. (Deutsche Gramm. II. S. 1.)

56 Vorrede zu Zeisberger's Delaware-Grammatik. (Philadelphia. 1827. 4. S. 20.)

57 *Transactions of the Historical and Literary Committee of the American Philosophical Society.* Philadelphia. 1819. *Vol.* 1. S. 405. u. flgd.

58 Zeisberger (a. a. O.) bemerkt, dass *mannitto* hiervon eine Ausnahme bilde, da man darunter Gott selbst, den grossen und guten Geist, verstehe. Es ist aber sehr gewöhnlich, die religiösen Ideen ungebildeter Völker von der Furcht vor bösen Geistern ausgehen zu sehen. Die ursprüngliche Bedeutung des Wortes könnte daher doch sehr leicht eine solche gewesen seyn. Ueber den Rest des Wortes finde ich bei dem Mangel eines Delaware-Wörterbuchs keine Auskunft. Auffallend, obgleich vielleicht bloss zufällig ist die Uebereinstimmung dieses Ueberrestes mit dem Tagalischen *anito, Götzenbild.* (s. meine Schrift über die Kawi-Sprache. 1. Buch. S. 75.)

59 So verstehe ich nemlich Heckewelder. (*Transactions.* I. 411.) Auf jeden Fall ist *ape* bloss Endung für aufrecht gehende Wesen, wie *chum* für vierfüssige Thiere.

60 Fundgruben des Orients. III. 283.

61 Der Name, den die Barmanen sich selbst geben, ist *Mranmâ.* Das Wort wird aber gewöhnlich *Mrammâ* geschrieben und *Byammâ* ausgesprochen. (Jud-

son. *h. v.*) Wenn es erlaubt ist, diesen Namen geradezu aus der Bedeutung seiner Elemente zu erklären, so bezeichnet er einen kräftigen, starken Menschenschlag. Denn *mran* heisst *schnell* und *mâ hart, wohl, gesund seyn.* Von diesem einheimischen Worte sind ohne Zweifel die verschiedenen für das Volk und das Land üblichen Schreibungen entstanden, unter welchen Barma und Barmanen die richtige ist. Wenn Carey und Judson Burma und Burmanen schreiben, so meinen sie denselben, dem Consonanten inhaerirenden Laut und bezeichnen diesen nur auf eine falsche, jetzt allgemein aufgegebene Weise. Man vergleiche auch Berghaus. Asia. Gotha. 1832. I. Lieferung. Nr. 8. Hinterindien. S. 77. und Leyden. (*Asiat. res.* X. 232.)

62   *A Grammar of the Burman language.* Serampore. 1814. S. 79. §. 1. S. 181. Vorzüglich auch in der Vorrede S. 8. 9. Diese Grammatik hat Felix Carey, den ältesten Sohn des William Carey, des Lehrers mehrerer Indischen Sprachen am Collegium in Fort William, dem wir eine Reihe von Grammatiken Asiatischer Sprachen verdanken, zum Verfasser. Felix Carey starb leider schon im Jahre 1822. (*Journ. Asiat.* III. 59.) Sein Vater ist ihm im Jahre 1834. gefolgt.

63   Anderson's Grammatik in der Tafel des Alphabets.

64   In beiden Sprachen ändert sich wegen dieses Wechsels der Aussprache der Buchstabe in der Schrift nicht, obgleich die Barmanische, was der Fall der Tamulischen nicht ist, Zeichen für alle tönenden Buchstaben besitzt. Der Fall, dass die Aussprache sich von der Schrift entfernt, ist im Barmanischen häufig. Ich habe über die hauptsächlichste dieser Abweichungen in den einsylbigen Stammwörtern, wo z. B. das geschriebene *kak* in der Aussprache *ket* lautet, in meinem Briefe an Herrn Jacquet (*Nouv. Journ. Asiat.* IX. 500.) über die Polynesischen Alphabete die Vermuthung gewagt, dass die Beibehaltung der von der Aussprache verschiedenen Schrift einen etymologischen Grund habe, und bin auch noch jetzt dieser Meinung. Die Sache scheint mir nemlich die, dass die Aussprache nach und nach von der Schrift abgewichen ist, dass man aber, um die ursprüngliche Gestalt des Wortes kenntlich zu erhalten, diesen Abweichungen in der Schrift nicht gefolgt ist. Leyden scheint dieselbe Ansicht über diesen Punkt gehabt zu haben, da er (*Asiat. res.* X. 237.) den Barmanen eine weichlichere, minder articulirte und mit der gegenwärtigen Rechtschreibung der Sprache weniger übereinkommende Aussprache, als den Rukhéng, den Bewohnern von Aracan (bei Judson: Rariñ), zuschreibt. Es liegt aber auch in der Natur der Sache, dass es nicht füglich anders damit seyn kann. Wäre in dem oben angeführten Beispiele nicht früher wirklich *kak* gesprochen worden, so würde sich auch diese Endung nicht in der Schrift befinden. Denn es ist ein gewisser und auch neuerlich von Herrn Lepsius in seiner an scharfsinnigen Bemerkungen und feinen Beobachtungen reichen Schrift über die Palaeographie als Mittel für die Sprachforschung S. 6. 7. 89. genügend ausgeführter Grundsatz, dass nichts in der Schrift dargestellt wird, was sich nicht in irgend einer Zeit in der Aus-

sprache gefunden hat. Nur die Umkehrung dieses Satzes halte ich für mehr als zweifelhaft, da es nicht leicht zu widerlegende Beispiele giebt, dass die Schrift, wie auch sehr begreiflich ist, nicht immer die ganze Aussprache darstellt. Dass im Barmanischen diese Lautveränderungen nur durch flüchtiger werdende Aussprache entstanden sind, beweist Carey's ausdrückliche Bemerkung, dass die von der Schrift abweichenden Endungen der einsylbigen Wörter durchaus nicht rein, sondern sehr dunkel und kaum dem Ohre recht unterscheidbar ausgesprochen werden. Der palatale Nasallaut wird sogar nicht ungewöhnlich in der Aussprache in diesen Fällen am Ende der Wörter ganz weggelassen. Daher kommt es, dass die in mehreren grammatischen Beziehungen gebrauchte geschriebene Sylbe *thang* in der Aussprache bei Carey bald *theen* (nemlich so, dass *ee* für ein langes *i* gilt. Tabelle nach S. 20.), bald *thee* (S. 36. §. 105.), bei Hough in seinem Englisch-Barmanischen Wörterbuche gewöhnlich *the* (S. 14.) lautet, so dass die Verkürzung bald stärker, bald geringer zu seyn scheint. In einem andren Punkte lässt sich historisch beweisen, dass die Schrift die Aussprache eines andren Dialekts und vermuthlich eines älteren bewahrt. Das Verbum *seyn* wird *hri* geschrieben und bei den Barmanen *shi* ausgesprochen. In Aracan dagegen lautet es *hi* und der Volksstamm dieser Provinz wird für älter und früher civilisirt, als der der Barmanen gehalten. (Leyden. *Asiat. res.* X. 222. 237.)

65   Nemlich nach Hough; das *r* wird bald wie *r*, bald wie *y* ausgesprochen und es scheint hierüber keine sichere Regel zu geben. Klaproth (*Asia polyglotta*. S. 369.) schreibt das Wort *jî* nach Französischer Aussprache, giebt aber nicht an, woher er seine Barmanischen Wörter genommen hat. Da die Aussprache oft von der Schreibung abweicht, so schreibe ich die Barmanischen Wörter genau nach der letzteren, so dass man nach der, im Anfange dieser Schrift gegebenen Erläuterung über die Umschreibung des Barmanischen Alphabets jedes von mir angeführte Wort genau in die Barmanischen Schriftzeichen zurückübertragen kann. In Parenthese gebe ich alsdann die Aussprache da, wo sie abweicht und mir mit Sicherheit bekannt ist. Ein H. an dieser Stelle deutet an, dass Hough die Aussprache so angiebt. Ob Klaproth in der *Asia polyglotta* der Schrift oder der Aussprache folgt, ist nicht deutlich zu sehen. So schreibt er S. 375. für *Zunge la* und für *Hand lek*. Das erstere Wort ist aber in der Schrift *hlyâ*, in der Aussprache *shyâ*, das letztere in der Schrift *lak*, in der Aussprache *let*. Das bei ihm für *Zunge* angegebene *ma* finde ich in meinen Wörterbüchern gar nicht.

66   Carey's Grammatik hebt diese Art der Composita nicht heraus und erwähnt derselben nicht besonders. Sie ergiebt sich aber von selbst, wenn man das Barmanische Wörterbuch prüfend durchgeht. Auch scheint Judson auf diese Gattung der Zusammensetzung hinzudeuten, wenn er *v. pañ* bemerkt, dass dies Wort nur in Zusammensetzungen mit Wörtern ähnlicher Bedeutung gebraucht wird. Ich lasse, um die Thatsache genau festzustellen, hier noch einige Beispiele solcher Wörter folgen:

chî: und *chî-nañ:, auf etwas reiten* oder *fahren, nañ:* (*neñ:* H.) für sich: *auf etwas treten;*

tup (*tôk.* Nach Carey wird *o* wie im Englischen *yoke,* nach Hough wie im Englischen *go* ausgesprochen) und *tupkwa, knieen, kwa* für sich: *niedrig seyn;*

nâ und *nâ-hkaṅ (nâ-gaṅ), horchen, aufmerken, hkaṅ* für sich: *nehmen, empfangen;*

pañ (*peñ* H.) und *pañ-pan:, ermüdet, erschöpft seyn, pan:* für sich dasselbe. Den gleichen Sinn hat *pañ-hrâ:; hrâ: (shâ:)* für sich heisst: *zurückweichen,* aber auch: *in geringer Menge vorhanden seyn;*

rang (*yî), sich erinnern, auf etwas sammeln, beobachten, über etwas nachdenken, rang-hchauñ,* dasselbe mit noch bestimmterer Bedeutung des Zielens auf etwas, des Heraushebens einer Sache, *hchauñ* für sich: *tragen, halten, vollenden, rang-pê:* dasselbe als das Vorige, *pê:* für sich: *geben;*

hrâ (shâ) suchen, nach etwas sehen, hrâ-kraṅ (shâ-gyaṅ) dasselbe, *kraṅ* für sich: *denken, überlegen, nachsehen, beabsichtigen;*

kan und *kan-kwak, hindern, verstopfen, vereiteln, kwak (kwet)* für sich: *in einen Kreis einschliessen, Gränzen festsetzen;*

chang (*chî*) und *chang-kâ:, zahlreich, in Ueberfluss vorhanden seyn, kâ:* für sich: *ausbreiten, erweitern, zerstreuen;*

ram: (*ran,* der Vocal wie im Englischen *pan*) und *ram:-hcha, auf etwas rathen, versuchen, forschen, hcha* für sich: *überlegen, zweifelhaft seyn. Taû* heisst auch für sich und mit *hcha* verbunden *rathen,* wird aber nicht allein gebraucht;

pa und *pa-tha, einem bösen Geiste darbieten, opfern, tha* für sich: *neu machen, herstellen,* aber auch: *mitbringen, darbieten.*

Ich habe in den obigen Beispielen Sorge getragen, immer nur mit gleichem Accent versehene Wörter mit einander zu vergleichen. Wenn aber vielleicht, worüber meine Hülfsmittel schweigen, auch Wörter verschiedenen Accentes in etymologischer Verbindung stehen können, so würden sich viel mehr Fälle dieser Zusammensetzung aufweisen, auch bisweilen die Herleitung von Wurzeln machen lassen, deren Bedeutungen dem Compositum noch besser entsprechen.

67　So erklärt Judson *(v. ma)* das Wort *ama.* Bei diesem Worte selbst aber giebt er nur die Bedeutung *Weib, ältere Schwester* oder *Schwester* überhaupt; *Mutter* lautet bei ihm eigentlich *ami.*

68　Carey. S. 144. §. 8. schreibt *hkrañ* und giebt dem Worte keinen Accent. Ich bin Judson's Schreibung gefolgt.

69　Hough schreibt *a-kun:.* Die Bedeutung dieses Worts kommt von der im Verbum *kun* liegenden: *zum Ende kommen,* welche aber von Erschöpfung gebraucht wird.

70　Carey. S. 116. §. 112. Judson. *v. chim·.*

71 Dies sagt Carey ausdrücklich an mehreren Stellen seiner Grammatik. S. 96.
    §. 34. S. 110. §. 92. 93. Inwiefern aber seine noch weiter gehende Behaup-
    tung, das Wort besässe gar keine Bedeutung für sich, gegründet ist, werden
    wir gleich sehen.

72 S. 115. §. 110. Die andern zu vergleichenden Stellen sind S. 67. 74. §. 75. S.
    162. §. 4. S. 169. §. 24. S. 170. §. 25. S. 173.

73 S. 96. §. 34.

74 So im Evangelium Johannis. 21, 2. *hri-kra-êng (shi-gya-î), sie sind* oder *wa-
    ren.*

75 Carey. S. 79. §. 1. S. 96. §. 37. S. 44. 46. Hough. S. 14. Judson. *v. êng.*

76 Burnouf und Lassen. *Essai sur le Pali.* S. 136. 137.

77 S. 109. §. 88.

78 *Asiat. res.* X. 222.

79 *A Grammar of the Thai or Siamese Language.* S. 12–19.

80 *Asiat. res.* X. 270.

81 Ueber die Siamesische Sprache giebt zwar Low höchst wichtige Aufschlüs-
    se, die noch ungleich belehrender werden, wenn man damit Burnouf's vor-
    treffliche Beurtheilung seiner Schrift im *Nouv. Journ. Asiat.* IV. 210. ver-
    gleicht. Allein über die meisten Theile der Grammatik ist er zu kurz und
    begnügt sich zu sehr, statt der Regeln bloss Beispiele zu geben, ohne diese
    einmal gehörig zu zergliedern. Ueber die Anamitische Sprache habe ich
    bloss Leyden's schätzbare, aber für den jetzigen Standpunkt der Sprachkun-
    de wenig genügende Abhandlung *(Asiat.* res. X. 158.) vor mir.

82 Mein Brief an Abel-Rémusat. S. 31.

83 *l. c.* S. 31–34.

84 In meinem Briefe an Abel-Rémusat (S. 41. 42.) habe ich den Fall der Ver-
    vollständigung als die Beschränkung eines Begriffs von weiterem Umfange
    auf einen von kleinerem bezeichnet. Beide Ausdrücke laufen aber hier auf
    dasselbe hinaus. Denn das Adjectivum vervollständigt den Begriff des Sub-
    stantivum und wird in seinem jedesmaligen Gebrauch von seiner weiten Be-
    deutung auf einen einzelnen Fall beschränkt. Ebenso ist es mit dem Adver-
    bium und Verbum. Weniger deutlich erscheint das Verhältniss beim Genitiv.
    Doch auch hier werden die in dieser Relation gegen einander stehenden
    Worte als von vielen bei ihnen möglichen Beziehungen auf Eine bestimmte
    beschränkt betrachtet.

85 S. meine Schrift über die Kawi-Sprache. 1. Buch. S. 253. Anm. 3.

86 Fundgruben des Orients. III. S. 279.

87 Herr Ampère (*de la Chine et des travaux de M. Abel-Rémusat,* in der *Revue
    des deux mondes. T.* 8. 1832. *p.* 373–405.) hat dies richtig gefühlt. Er erinnert
    aber zugleich daran, dass jene Abhandlung in die ersten Jahre der Chinesi-
    schen Studien Abel-Rémusat's fällt, bemerkt jedoch dabei, dass er auch später
    diese Ansicht nie ganz verliess. In der That neigte sich Rémusat wohl zu sehr
    dahin, den Chinesichen Sprachbau für weniger abweichend von dem andrer

Sprachen zu halten, als er wirklich ist. Hierauf mochten ihn zuerst die abentheuerlichen Ideen geführt haben, die zu der Zeit des Beginnens seiner Studien noch vom Chinesischen und von der Schwierigkeit, dasselbe zu erlernen, herrschend waren. Er fühlte aber auch nicht genug, dass der Mangel gewisser feinerer grammatischer Bezeichnungen zwar wohl im Einzelnen bisweilen für den Sinn überhaupt, nie aber für die bestimmtere Nüancirung der Gedanken im Ganzen unschädlich ist. Sonst aber hat er sichtbar zuerst das wahre Wesen des Chinesischen dargestellt und man lernt erst jetzt den grossen Werth seiner Grammatik wahrhaft kennen, da die in ihrer Art auch sehr schätzungswürdige des Vaters Prémare (*Notitia linguae Sinicae auctore Patre Premare. Malaccae.* 1831.) im Druck erschienen ist. Die Vergleichung beider Arbeiten zeigt unverkennbar, welchen grossen Dienst die Rémusatsche dem Studium geleistet hat. Ueberall strahlt dem Leser aus ihr die Eigenthümlichkeit der behandelten Sprache in leichter Anordnung und lichtvoller Klarheit entgegen. Die seines Vorgängers bietet ein unendlich schätzbares Material dar und fasst gewiss alle Eigenheiten der Sprache einzeln in sich; allein vom Ganzen schwebte ihrem Verfasser schwerlich ein gleich deutliches Bild vor und wenigstens gelang es ihm nicht, seinen Lesern ein solches mitzutheilen. Tiefere Kenner der Sprache mögen auch manche Lücken in Rémusat's Grammatik ausgefüllt wünschen; aber das grosse Verdienst, sich zuerst wahrhaft in den Mittelpunkt der richtigen Ansicht der Sprache versetzt und ausserdem das Studium derselben allgemein zugänglich gemacht und dadurch erst eigentlich begründet zu haben, wird dem trefflichen Manne dauernd bleiben.

88   St. Julien zu Paris hat zuerst auf diese Terminologie des poetischen Styls, wie man sie nennen könnte, die ein eignes, weitläufiges Studium erfordert und ohne ein solches zu den grössten Misverständnissen führt, aufmerksam gemacht.

89   Ein solches, aber gegen die bis dahin in Europa bekannt gewesenen sehr ansehnlich vermehrtes Verzeichniss hat Klaproth in den Supplementen zu Basile's grossem Wörterbuche gegeben. Es zeichnet sich auch vor dem in Prémare's Grammatik befindlichen durch höchst schätzbare, über die Chinesischen philosophischen Systeme Licht verbreitende Bemerkungen aus.

90   Siehe meinen Brief an Herrn Jacquet. *Nouv. Journ. Asiat.* IX. 496. Das Tahitische Wort für *schreiben* ist *papai* (Apostelgeschichte. 15, 20.) und auf den Sandwich-Inseln *palapala.* (Marcus. 10, 4.) Im Neu-Seeländischen heisst *tui: schreiben, nähen, bezeichnen.* Jacquet hat, wie ich aus brieflichen Mittheilungen weiss, den glücklichen Gedanken gefasst, dass bei diesen Völkern die Begriffe des Schreibens und Tattuirens in enger Verbindung stehen. Dies bestätigt die Neu-Seeländische Sprache. Denn statt *tuinga, Handlung des Schreibens,* sagt man auch *tiwinga* und *tiwana* ist der Theil der durch Tattuiren eingeätzten Zeichen, welcher sich vom Auge nach der Seite des Kopfes hin erstreckt.

91   So beginnt z. B. der Artikel über *a* folgendergestalt: *A, signifies universal*

existence, animation, action, power, light, possession cet., also the present existence, animation, power, light cet. of a being or thing.

92 *Nouv. Journ. Asiat.* XI. S. 108. *nr.* 13. und S. 126. *nr.* 13.

93 Gesenius hebräisches Handwörterbuch. I. S. 132. II. Vorrede. S. XIV. desselben Geschichte der hebräischen Sprache und Schrift. S. 125. ganz vorzüglich aber in dessen ausführlichem Lehrgebäude der hebräischen Sprache. S. 183. u. flgd. Ewald's kritische Grammatik der hebräischen Sprache. S. 166. 167.

94 *Observations sur les racines des langues Sémitiques.* Diese Abhandlung macht eine Zugabe zu Merian's unmittelbar nach seinem Tode (er starb am 25. April 1828.) erschienenen *Principes de l'étude comparative des langues* aus. Durch einen unglücklichen Zufall ist die Meriansche Schrift bald nach ihrem Erscheinen aus dem Buchhandel verschwunden. Daher ist auch die Klaprothsche Abhandlung in weniger Leser Hände gekommen und erforderte einen neuen Abdruck.

95 Man vergleiche überhaupt mit dieser Stelle VII 258–262. dieser Einleitung.

96 Lehrgebäude der Sanskrita-Sprache. *r.* 646. S. 296.

97 Man vergleiche Carey's Sanskrit-Gramm. S. 613. *nr.* 168. Wilkins Sanskrit-Gramm. S. 487. *nr.* 863. A. W. v. Schlegel nennt (Berl. Kalender für 1831. S. 65.) *waranda* einen Portugiesischen Namen für die in Indien üblichen offenen Vorhallen, welchen die Engländer in ihre Sprache aufgenommen. Auch Marsden giebt in seinem Wörterbuche dem gleichbedeutenden Malayischen Worte *barāndah* einen Portugiesischen Ursprung. Sollte dies aber wohl richtig seyn? Nicht abzuläugnen ist, dass *waranda* ein ächtes Sanskritwort ist. Es kommt schon im Amara Kôsha (Cap. 6. Abtheil. 2. S. 381.) vor. Das Wort hat mehrere Bedeutungen und der Zweifel könnte also darüber obwalten, ob die eines Säulenganges ächt Sanskritisch sey. Wilson und Colebrooke, Letzterer in den Noten zum Amara Kôsha, haben sie dafür gehalten. Auch wäre der Fall zu sonderbar, dass ein so langes Wort in verschiedener Bedeutung mit völliger Gleichheit der Laute in Portugal und Indien üblich gewesen seyn sollte. Das Wort scheint mir daher aus Indien nach Portugal gekommen und in die Sprache übergegangen zu seyn. Im Hindostanischen lautet es nach Gilchrist *(Hindoostanee philology. Vol. I. v. Balcony. Gallery. Portico.) burandu* und *buramudu.* Die Engländer können allerdings die Benennung dieser Gebäude von den Portugiesen entlehnt haben. Doch nennt Johnson's Wörterbuch *(Ed. Todd.)* dasselbe *a word adopted from the East.*

98 Er ist der Verfasser der von Jacquet *(Nouv. Journ. Asiat.* XI. 102. Anmerk.) erwähnten Sammlungen über die Madecassische Sprache, welche sich jetzt in London in den Händen des Bruders des verstorbenen Gouverneurs Farquhar befinden.

99 Gericke's Wörterbuch. In Crawfurd's handschriftlichem wird es durch *to adjust, to put right* übersetzt.

100 *Nouv. Journ. Asiat.* IX. 500–506.

101 Palaeographie. S. 61–74. §. 47–52. S. 91–93. *nr.* 25–30. und besonders S. 83. Anm. 1.

102 Ich freue mich, hier hinzufügen zu können, dass Herr Professor Klaproth, welchem ich die in dem Obigen enthaltenen Data verdanke, dem von mir geäusserten Zweifel über das Verhältniss der verschiedenen Chinesischen Style beistimmt. Nach seiner ausgebreiteten Belesenheit im Chinesischen, namentlich in historischen Schriften, muss er einen reichen Schatz von Bemerkungen über die Sprache gesammelt haben, von dem hoffentlich ein grosser Theil in das neue Chinesische Wörterbuch überfliessen wird, dessen Herausgabe er beabsichtigt. Sehr wünschenswürdig wäre aber alsdann die Zusammenstellung auch seiner allgemeinen Bemerkungen über den Chinesischen Sprachbau in einer besonderen Einleitung.

103 Man vergleiche über diese ganze Materie Burnouf. *Nouv. Journ. Asiat.* IV. 221. Low's Siamesische Gramm. S. 21. 66–70. Carey's Barmanische Gramm. S. 120–141. §. 10–56. Rémusat's Chinesische Gramm. S. 50. *nr.* 113–115. S. 116. *nr.* 309. 310. *Asiat. res.* X. 245. Wenn Rémusat diese Zahlwörter bei dem alten Style abhandelt, so hat er sie wohl nur aus andren Gründen dahin gezogen. Denn eigentlich gehören sie dem neueren an.

PERSONEN- UND SACHREGISTER